品质改变世界
Quality Changes The World

SANY 全新一代挖掘机

——自2011年连续全国销量领先

品质改变世界

Quality Changes The World

瑞昌年鉴

瑞昌市地方志编纂委员会　编

方志出版社
Publishing House of Local Records

图书在版编目（CIP）数据

瑞昌年鉴：2017 /《瑞昌年鉴》编辑委员会编. —
北京 ：方志出版社，2018.2
ISBN 978－7－5144－2981－7

Ⅰ.①瑞… Ⅱ.①瑞… Ⅲ. ①瑞昌市－2017－年鉴
Ⅳ.①Z525.64

中国版本图书馆CIP数据核字(2018)第037995号

瑞昌年鉴(2017)

编　　者：《瑞昌年鉴》编辑委员会
责任编辑：黄　彦

出 版 人：冀祥德
出 版 者：方志出版社
地址　北京市朝阳区潘家园东里9号(国家方志馆4层)
邮编　100021
网址　http：//www.fzph.org
发　　行：方志出版社图书经销中心
电话　(010) 67110500
经　　销：各地新华书店
印　　刷：江西新华九江印刷有限公司

开　　本：889×1194　1/16
印　　张：26.5
字　　数：751千
版　　次：2018年2月第1版　2018年2月第1次印刷
印　　数：0001－1000册

ISBN　978－7－5144－2981－7　　定价：350.00元

瑞昌市政区图

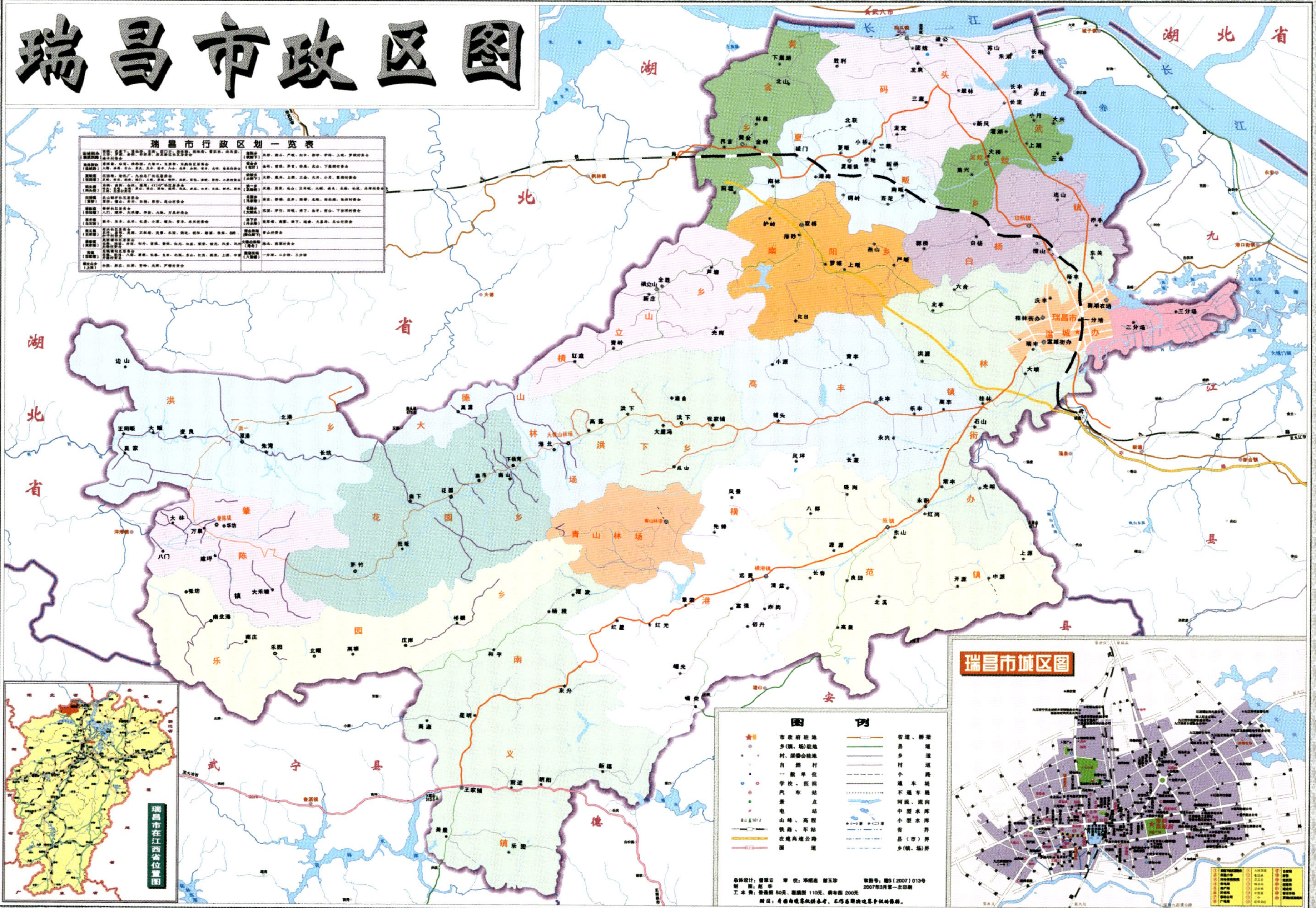

瑞昌市行政区划一览表
湖北省
长江
赤湖
九江县
德安县
武宁县
湖北省
瑞昌市城区图
瑞昌市在江西省位置图
图例
市政府驻地
乡(镇、场)驻地
村、居委会驻地
自然村
一般单位
学校、医院
汽车站
景点
电站
山峰、高程
铁路、车站
在建高速公路
国道
省道、桥梁
县道
乡道
村道
小路
通车堤
不通车堤
河流、流向
中型水库
小型水库
省界
县（市）界
乡(镇、场)界
总体设计：曾翠云　审校：邓绍连　谢玉珍
制图：赵华
工本费：普通图 50元、覆膜图 110元、铜布图 200元
审图号：赣S（2007）013号
2007年3月第一次印刷
附注：本图内境界线仅供参考，不作为划定境界争议的依据。

编 辑 说 明

一、《瑞昌年鉴》是瑞昌市人民政府主办的综合性文献，由《瑞昌年鉴》编辑委员会编辑、瑞昌市地方志编纂委员会办公室承办，逐年记录瑞昌经济社会情况，每年出版一卷。

二、为突出年鉴作为“政府公报性质的时事年刊”特点，《瑞昌年鉴（2017）》以特载形式收录市委、市政府主要领导的讲话与工作报告，同时，在“附录”中收录市委、市政府于2016年发布的有关重要文件。

三、本年鉴采用分类编辑原则，整体分为类目、分目、条目三个层次。全书共设38个类目、253个分目、1220个条目。条目为记述的基本形式，其标题用黑体字并加【 】号。《瑞昌年鉴（2017）》基本内容分为综合情况、动态信息和辅助资料三大部分。综合情况设特载、大事记、瑞昌概览4个栏目。动态信息设中国共产党瑞昌市委员会、瑞昌市人民代表大会常务委员会、瑞昌市人民政府、中国人民政治协商会议瑞昌市委员会、中国共产党瑞昌市纪律检查委员会、民主党派、人民团体、军事、法治、农业、水利、工业、经济开发区、交通运输、信息产业、商业贸易、旅游业、对外贸易与经济合作、财政税收、金融保险、经济管理与监督、城乡建设、环境保护、自然观测、科学技术、教育体育、文化、卫生和计划生育、民政、劳动和社会保障、社会生活、街道乡镇、人物•荣誉录33个栏目。辅助资料设附录1个栏目。

四、《瑞昌年鉴（2017）》编辑工作，得到全市上下和社会各界大力支持，借此表示感谢。编辑中难免有疏漏和不完善之处，敬请读者批评指正。

● 2月14日，省委书记强卫（右）在武山铜矿考察井下工作情况。

5月10日，省委副书记刘奇（中）到赛湖视察国家农业综合开发示范园。

6月21日，副省长李贻煌（中）到赛湖视察国家农业综合开发示范园。

● 3月3日，九江市县域经济发展升级巡回观摩团到瑞昌参观考察。图为九江市委副书记、市长林彬杨，市委副书记占勇，市人大常委会主任冯静，市政协主席杨小华等四套班子领导与观摩团人员一起参观新洋丰肥业公司。

●1月11日，瑞昌市第六届人民代表大会第六次会议在市文化艺术中心开幕。

●1月10日，政协瑞昌市第六届委员会第六次会议在市文化艺术中心开幕。

3月31日，全市经济工作会议在市文化艺术中心召开。

8月30 日，中国共产党瑞昌市第七次代表大会在市文化艺术中心开幕。

全省首条海底电缆生产线

海底电缆大楼

新洋丰复合肥项目生产车间

天瑞丰收复合肥项目

华中国际木业生产车间

华中木业产业园一区

● 6月16日，江联公司JZ1081号万吨轮下水。

● 江联公司下巢湖一景

7月14日，中国人民解放军东部战区司令员刘粤军上将到赛湖大堤察看汛情，慰问抗洪抢险一线官兵。

7月8日，九江市委书记杨伟东在长江大堤检查指导防汛工作。

支援瑞昌市抗洪抢险的驻浙江73052部队300名官兵驻扎赛湖

赛湖大堤抗洪抢险场景

7月18日，市文广新局组织演员到抗洪部队驻扎处慰问演出场景。

7月18日，抗洪部队官兵观看慰问演出情景。

7月28日，瑞昌市欢送抗洪子弟兵仪式现场。

7月28日，瑞昌市民欢送抗洪子弟兵场景。

● 9月28日，城市公交车新能源电动车投入运营。

● 3月1日，长江九江段禁渔期同步执法行动暨水生生物增殖放流活动。

● 植物检疫市场检疫执法检查

● 夏季食品安全检查

● 农业外来入侵生物识别与宣传进校园

● 人民银行瑞昌支行征信宣传活动

● 瑞昌农行金融知识宣传

● 瑞昌农发行金融知识宣传

● 瑞昌市老年体协成立三十周年大会场景

● “廉洁瑞昌杯”篮球、羽毛球在体育公园开幕场景。

城东新景

城西新景

目　录

特　载

大事记

瑞昌概览

中国共产党瑞昌市委员会

瑞昌市人民代表大会常务委员会

瑞昌市人民政府

中国人民政治协商会议瑞昌市委员会

中国共产党瑞昌市纪律检查委员会

民主党派

人民团体

军　事

法　治

农　业

水　利

工 业

经济开发区

交通运输

信息产业

商业贸易

旅游业

对外贸易与经济合作

财政　税收

金融　保险

经济管理与监督

城乡建设

环境保护

自然观测

科学技术

教育　体育

文　化

卫生和计划生育

民　　政

劳动和社会保障

社会生活

街道乡镇

人物·荣誉录

附 录

特　　载

◇◇本栏编辑　胡茂盛

把握新理念　抢抓新机遇　提升精气神 为打造“四个瑞昌”建设长江中游重要口岸城市争当“T”型崛起排头兵跨入全省十强县(市)全面建成小康社会而努力奋斗

——在全市经济工作会上的讲话

市委书记　罗文江

(2016年3月31日)

今天的会议既是全市经济工作会，也是实施新工业十年行动动员大会。会议的主要任务是，贯彻落实中央、省、九江市系列重要会议精神，回顾总结2015年经济工作，分析研究当前形势，安排部署2016年经济工作，动员全市上下把握新理念，抢抓新机遇，提升精气神，同心同德，实在实干，为打造“四个瑞昌”、建设长江中游重要口岸城市、争当“T”型崛起排头兵、跨入全省十强县(市)、全面建成小康社会而努力奋斗。

刚才，小云同志对全市经济工作进行了具体的部署和安排，思路清晰，措施有力，具有很强的针对性、操作性和指导性，请大家认真贯彻落实；厚红同志对新工业十年行动、招商引资、帮扶企业三个实施意见进行了解读；码头工业城和码头镇、桂林街道、南义镇、建设局、商务局、工信委、扶移办分别作了表态发言，发言有目标、有任务、有举措，体现了赶超发展的信心和决心。会议还表彰了2015年度目标管理考评先进单位和先进个人，尤其是重奖了招商引资有功之臣，向全市发出了实施招商引资“头号工程”的强烈信号。在此，我代表市委、市政府，向受到表彰的先进单位和先进个人表示热烈的祝贺！向奋战在各条战线上的广大干部群众，向关心、关注瑞昌发展的老领导、老干部，向在瑞昌投资创业的企业家朋友和支持瑞昌发展的社会各界人士表示衷心的感谢！下面，我讲三点意见。

一、倍加珍惜来之不易的成绩，坚定发展信心

过去的一年，我们认真贯彻落实中央“四个全面”战略布局和五大发展理念，按照省委省政府和九江市委、市政府决策部署，紧紧围绕打造“实力瑞昌、美丽瑞昌、法治瑞昌、幸福瑞昌”发展目标，深入推进沿江开放开发，统筹协调推动各

项工作，在经济下行压力增大的大背景下顺利完成了“十二五”目标任务，取得了令人瞩目的成绩，再创了瑞昌发展新辉煌，为今年乃至“十三五”时期发展打下了坚实的基础。

1. 发展成效好。2015年，主要经济指标继续保持在九江市第一方阵前列，继2012年、2013年后再次获得喜人的成绩。据九江市反馈情况，在14个县市区中，我市将获得九江市目标管理考评综合先进第一名，单项方面拿到6个先进，其中，固定资产投资、城市建设分别排在第一，工业、沿江开发、三农、开放型经济分别排在第二；此外，在县域经济发展升级巡回观摩综合测评中获得第二名。从主要指标来看，财政收入总量实际排名九江第一，地区生产总值增幅、工业三项指标总量、实际利用外资均排名九江第二；固定资产投资总量和增幅、工业增加值增幅、工业主营业务收入增幅、实际利用外资增幅均排名九江第三。

2. 赶超后劲足。总投资143亿元的12个重大项目集中签约，成功举行九江市第三批工业项目集中开工仪式；新洋丰复合肥实现当年签约、当年建成、当年投产、当年出口、当年纳税，创造了项目建设“瑞昌速度”；投资10亿元的吉恩重工建成试产，华中国际木业、红木产业园、天瑞丰收复合肥、理文造纸30万吨生活用纸等一批重大项目加快推进；瑞昌6家工业企业入围九江市工业企业30强，占九江市1/5；公用码头建成并投入使用，港口吞吐量达到4200万吨，占九江港总量的40%，位居九江五大港区之首；九江进境木材监管区仅用5个月时间建成并通关运行，开启了瑞昌从内陆走向沿海、由码头迈向口岸的新时代。尤其是进境木材监管区通关运行、亚泥总部回迁等十件有影响的大事，对瑞昌今后的发展将产生积极而深远的意义。

3. 城乡变化大。以创建省级森林城市和国家园林城市为抓手，持续适速推进城市建设，生态公厕、集贸市场、城市绿地、休闲广场、绿化升级等15大类115个民生城建项目顺利推进并陆续投入使用，项目之多、投入之大突破历史；投资7亿元的新人民医院、体育公园、三个活动中心、第三小学全面投入使用，并启动了第六中学建设；实施“白改黑”“绿改彩”“平加立”工程，完成城市东西两大门景观工程和瀼溪河北岸景观工程，开展城市环境综合整治，城市功能进一步完善，城市品位进一步提升，城市管理水平进一步提高。以创建生态乡村为载体，以76个新农村示范点和7个重点镇的镇村联动建设为抓手，以赛湖国家级现代农业综合开发示范园区建设为引领，推进秀美乡村建设，武蛟乡入选省级生态乡镇，小月村、范镇村入选省级生态村，南义镇创建国家级生态乡镇已通过环保厅审查并报环保部。

4. 社会大局稳。紧紧围绕党委依法执政、政府依法行政、企业依法经营、公民遵法守法，着力打造法治瑞昌。运用法治思维和法治方式开展工作，既防止因公职人员违法行政引发新的矛盾，又依法处置各类非法信访行为，同时，加强法制宣传，公民法治意识明显增强，困扰瑞昌多年、高居不下的信访问题大幅下降，信访秩序有了明显好转。2015年，市本级群众信访量同比下降66%，其中集体访人次下降82.6%；进京非访批次下降60.7%、人次下降73.8%；赴省访批次下降41.7%、人次下降73.9%。

5. 外界关注度高。瑞昌发展不仅得到了全市人民的肯定和认可，而且引起了省、九江市主要领导的高度关注，瑞昌关注度、美誉度越来越高。省委书记强卫、省长鹿心社、九江市委书记杨伟东、市长林彬杨等省市四套班子领导多次莅临瑞昌视察指导工作，对瑞昌的发展给予了高度评价，尤其值得一提的是，创造了同一天有三位省政府领导因不同工作同时来瑞昌考察的历史；湖北省及湖南省多个省市县党政代表团来我市考察学习，纷纷点赞我市沿江开放开发和城市建设；境内外客商关注瑞昌、投资瑞昌的热情高涨，瑞昌被省内主流媒体和社会各界评选为“投资江西十大首选地”。

在看到成绩的同时，我们也清醒地认识到，加快发展仍然面临诸多困难和挑战。从全国来看，宏观经济形势错综复杂，经济下行压力仍然较大，稳定经济增长、化解过剩产能、防控金融风险、守住民生底线等方面任务繁重。从全省来看，我市经济实力同南昌县、丰城、樟树等先进县市的差距仍然较大。从九江市来看，各县市区竞相发展，竞争日趋激烈，不进则退，慢进也是退。从我市来看，经济总量不大，产业结构不优，提质增效、转型升级任务仍然艰巨，发展不平衡、不协调、不持续的问题仍然存在。当前，我国经济发展的基本面、基本特征、基础条件、向好态势没有变，仍处于大有可为的重要战略机遇期，尤其是长江经济带、长江中游城市群、沿江开放开发、“双核”发展等战略叠加效应逐渐显现，为我们加快发展营造了良好的外部环境。对此，我们既要把困难估计得更充分一点，又要把信心鼓得更足一点，保持定力，主动作为，化危为机，扎实做好今年的工作。

二、深刻领会新思想、新理念、新任务，明确发展方向

去年下半年以来，中央、省委、九江市委先后召开了一系列重要会议，提出了许多新思想、新理念、新任务。中共十八届五中全会提出的创新、协调、绿色、开放、共享五大发展理念，为全面建成小康社会提供了强大的思想武器。省委十三届十二次全会提出了以“四三布局”和“十六字”方针为主要内容的具有江西特色的绿色发展新路子。九江市委十届九次全会提出了“推进‘T’型崛起、打造山水名城、率先全面小康、建设五大九江”的发展战略，明确了新工业十年行动的目标任务和举措。中央和省市系列重要会议精神，为推动瑞昌科学发展指明了方向，提供了遵循。全市上下务必深刻领会，准确把握，把上级精神运用到推动瑞昌科学发展的伟大实践中。

今年及今后一段时期的指导思想是，以党的十八大、十八届三中、四中、五中全会、中央经济工作会和习近平总书记系列重要讲话精神为指导，牢牢把握中央“四个全面”战略布局和五大发展理念，认真贯彻落实省委“十六字”方针和九江市委“推进‘T’型崛起、打造山水名城、率先全面小康、建设五大九江”发展战略，以新工业十年行动为主抓手，以新型工业化为核心，以招商引资为头号工程，深入推进沿江开放开发，促进“五化”协同发展，着力打造“四个瑞昌”、建设长江中游重要口岸城市、争当“T”型崛起排头兵、跨入全省十强县（市）、全面建成小康社会。

为什么要提出建设长江中游重要口岸城市？主要基于三点考虑：其一，2011 年市第六次党代会提出用五年时间把瑞昌建设成为鄱阳湖生态经济区中等城市。经过 5 年时间的努力，按照当时城市划分标准，我们不仅达到了 20 万人口的中等城市规模，而且实现了固定资产投资、工业主营业务收入两年翻一番，地区生产总值、财政收入三年翻一番，社会消费品零售总额五年翻一番，主要经济指标始终保持在九江市各县（市、区）的龙头领先地位，在全省同类城市中位居第一方阵，基本完成了第六次党代会提出的目标任务。此外，2014 年国务院对城市划分标准作了调整，明确城区常住人口 50 万以下为小城市、50 万以上 100 万以下为中等城市。按照新标准，我们有必要根据瑞昌实际和未来城市发展方向，调整城市发展定位，确定更高发展目标。其二，我们提出建设长江中游重要口岸城市，符合中央城市工作会提出的“城市发展要由外延扩张式向内涵提升式转变”和“发展口岸城市”的新要求，是融入长江经济带和长江中游城市群建设、策应九江建设长江经济带重要中心城市的重要载体，是对中等城市的丰富和提升，为我市在更高层次、更宽领域扩大对外开放、增强核心竞争力搭建了更为重要的平台。其三，瑞昌地处长江中游城市群的重要节点，拥有长江经济带重要的平台优势。近年来，我们依托优质的岸线资源，“无中生有”发展起来了进口原木和红木产业，适时推动进境木材监管区建设，港口货物吞吐量快速增长，口岸经济迅猛发展，为我们用两到三年时间建成长江中游综合型口岸带来了重要机遇。以此为基础，建设长江中游重要口岸城市，必将为我市开放型经济发展插上腾飞的翅膀。

为什么要提出争当“T”型崛起排头兵？九江市委提出推进“T”型崛起，其核心是推进新型工业化。瑞昌作为九江发展最快的县（市、区）之一，理应在九江市“T”型崛起中挑大梁、当先锋、做表率。从总量上看，2015 年我市规模以上工业主营业务收入、规模以上工业增加值除开发区

外均排在九江第一位，规模以上工业利税总额排在九江第二位，我们有争当“T”型崛起排头兵的实力。从质量上看，我们不仅有一批在省、市叫得响的大项目、好项目，而且有一批成长性能好、发展前景优的科技创新项目，特种电缆、风电等新材料、新能源产业也呈现出良好的发展态势。最近，我们正在对接新能源清洁燃油、新能源汽车等重大项目，战略性新兴产业有望实现新的突破。因此，我们不仅有信心在工业总量上争当“T”型崛起排头兵，而且还有信心在工业质量上争当“T”型崛起排头兵。

为什么要提出跨入全省十强县（市）？一是干群有期盼。早在2000年，市委、市政府在广泛征求意见的基础上提出“三年打基础、五年成优势、十年进十强”的奋斗目标，经过16年的努力，这个目标离我们越来越近，但夙愿未了。二是上级有要求。瑞昌区位条件优，发展态势好，九江市委、市政府对瑞昌发展寄予厚望，主要领导在多个场合希望瑞昌在“十三五”末代表九江率先进入全省十强县市行列。三是瑞昌有信心。经过这么多年尤其是“十二五”时期的能量积蓄，瑞昌具备了冲刺全省十强县市的基本实力。从财政收入来看，2015年我市完成财政收入26.8亿元，同比增长12.8%，总量在全省80个县市（包括去年撤县设区的新建区和广丰区）中排名第11位；排在第10位的分宜县完成财政收入28.7亿元，同比增长5%；排在第9位的德兴市完成财政收入33.1亿元，同比增长6.8%。财政收入总量我们与德兴、分宜的差距并不大，如果简单以2015年的增幅作为未来五年的年均增幅来分析，我们只要保持12%的年均增幅，就能够在“十三五”末超越德兴和分宜。从地区生产总值来看，2015年我市完成地区生产总值150亿元，增长10.2%，总量在全省80个县市中排名第16位。排在第10位的高安市完成地区生产总值190亿元，增长9.6%；排在第9位的分宜县完成地区生产总值207亿元，增长6.1%。同样以2015年的增幅作为未来五年的年均增幅来分析，我们只要年均增幅不低于13%，就有希望超越分宜县；只要年均增幅不低于15%，就有希望超越高安市。当然，这种比较都只是一种静态比较，因为任何一个发展较快的地方都不会坐等追兵，任何一个发展较慢的地方也不会自甘落后。因此，我们要跨入全省十强县市，还要继续保持经济中高速增长，而且要取其“高”。

为什么要提出全面建成小康社会？到2020年全面建成小康社会，是中央向全国人民的郑重承诺。与全国同步全面建成小康社会，既是重大的政治任务，也是全国最大的民生工程，我们必须旗帜鲜明地提出来并且努力去实现。全面小康社会统计监测体系主要内容包括5个方面、25项指标。从省统计局对我市2014全面建成小康社会25项指标监测情况看，我市有12项指标全面完成，5项指标达到了92%以上，总体实现程度为82.47%，比2013年递增了4.26个百分点，如果从2015年开始，我们每年都按照这样的百分点递增，我们完全能够与全国、全省同步全面建成小康社会。

三、突出工作重点和举措，增强发展实力

2016年是实施“十三五”规划的开局之年，也是实现上述目标起步之年，做好今年的工作意义重大，重点从以下几个方面着力。

（一）在新工业十年行动中提升工业“双量”

紧紧围绕九江新工业十年行动计划，以申报国家级经济技术开发区、建成长江中游综合性口岸为载体，大力培育和发展战略性新兴产业，加快传统产业转型升级，推动产业迈向中高端，促进产业集群集聚集约发展，努力实现工业总量和质量“双量齐升”。

1. 要如痴如醉抓产业。由市委主要领导挂帅，主攻新材料、新能源、高端装备制造、绿色食品、电子信息等战略性新兴产业。以吉恩重工海底电缆、和谐电缆为龙头，大力引进全国知名电缆生产企业，打造全国乃至亚洲最大的海底电缆生产基地；继续对接武汉理工大学，引进发展新型特种玻璃板材产业；依托正在对接的福建等重点区域，主攻国际国内知名食品生产企业，大力发展绿色食品产业；培育发展新能源产业，重点发展新能源汽车、风电、生物质能源，力争风电装机容量突破300兆瓦规模。同时，要进一步加快发展电子信息

等战略性新兴产业，以中财讯项目为依托，努力在大数据、云计算等领域实现新突破。由市政府主要领导挂帅，主攻传统产业转型升级。要紧紧围绕供给侧结构性改革，引导纺织服装、建筑材料、机械制造等传统产业技改扩能、争创品牌、整合重组、靠大联强，实现“脱胎换骨”“凤凰涅槃”。加快骨干企业补链、延链、壮链，促进木业家居、肥业、精细化工等产业集群发展。依托进境木材监管区、华中木业和红木产业园三大平台，打造中部地区最大的木业加工和转运集散地；以新洋丰复合肥、天瑞丰收复合肥为龙头，壮大生物肥料产业，力争在“十三五”时期产能达到300万吨以上，打造长江中游重要的肥业生产基地。要围绕理文化工积极延伸盐氟化工产业链。

2. 要如火如荼抓项目。紧紧围绕“签约项目早开工、开工项目早投产、投产项目早达标”，明确时间节点，强化工作调度，强力推进项目建设。加快理文化工双氧水和三氯化铝生产线、理文造纸30万吨生活用纸、新洋丰复合肥第二条生产线、和泽酒厂、泰玺饮料等项目建设，力争年底投产；加快华中国际木业二期建设，确保年内再建成26万平方米厂房，入驻企业40家以上，其中2016年力争申报规上企业10家；确保和谐特种电缆、天瑞丰收复合肥、特变电工100兆瓦风电等项目6月份正式开工建设；加快西矿铜业30万吨铜冶炼项目拆迁工作，力争下半年全线开工建设；力促吉恩重工海底电缆生产线年内达产达标；支持大力亚集团与喜得龙项目整合重组，力争年内正式投产；抓紧做好今年签约项目的前期准备工作，力争早日开工建设。加快新洋丰复合肥、吉恩重工等企业专用码头建设，力争今年港口货物吞吐量突破5000万吨。加快发展三路、丰收大道等沿江基础设施建设，积极推动码头工业城连接武穴长江大桥、杭瑞高速以及铁路专线等疏港通道建设，进一步提升平台承载能力。

3. 要如饥似渴抓招商。坚持把招商引资作为头号工程，以乡镇带部门组建21个招商团，成立由市领导带队的特种电缆、绿色食品、新能源汽车、电子信息产业、木业家居产业、上海产业转移等6支专业招商小分队，用更大力度、花更多时间、下更大精力招商，确保全年引进亿元以上项目30个，其中30亿元以上项目不少于3个。从近几年招商引资情况看，一方面，招商引资是我们的强项，一批在省市有影响的大项目、好项目赢得了其他县市的羡慕；另一方面，招商引资又是我们的弱项，成长性能好的中小项目数量不多，影响到我们规上企业的申报和工业利税指标。因此，在招商引资工作中，既要兼顾传统优势产业，又要紧盯战略性新兴产业，既要注重引进顶天立地的大项目，又要注重引进铺天盖地的好项目，既要主攻国内外知名企业、跨国公司、行业龙头企业，又要主攻高新技术产业。当前，要盯紧盯牢盈德工业气体、环保添加剂、新疆特变电工和江苏宜兴特种电缆、新能源清洁燃油、新能源汽车、晋江绿色食品等重大项目，确保上半年招商引资实现重大突破。要强化招商力量，市四套班子主要领导原则上每个月必须外出招商，其他四套班子领导和部门单位主要领导要确保全年1/3时间用在招商工作上。同时，要进一步完善招商引资奖励和激励机制，重奖招商引资有功人员，提拔重用招商引资有功的干部，激发全民招商的热情，形成“人人招商”的浓厚氛围。

4. 要如胶似漆抓帮扶。3月4日，习总书记在全国政协民建、工商联界委员联组会上指出，民营企业政策执行中“玻璃门”“弹簧门”“旋转门”现象大量存在，民营企业遇到了市场的冰山、融资的高山、转型的火山等“三座大山”。当前经济下行，企业产品价格下降、生产成本上升、市场订单减少，实体经济面临困难前所未有。对此，我们必须把帮扶企业工作摆在更加突出的位置，重点从落实国家政策、引导企业技改升级、鼓励企业争创品牌、降低企业运营成本、盘活企业闲置用地、帮助企业融资招工等方面进行帮扶，切实解决落户企业实际困难。要设立产业引导基金，对企业技改扩能、技术创新、争创品牌、达产达标、申规入统等方面给予支持，帮助小企业做大、大企业做强；财政出资5000万元成立中小企业融资担保有限公司，制定定期召开政银企三方圆桌会商制度，着力解决企业运行中的各类难题。同时，建立四套班子挂点帮扶企业制度，完善企业服务“110”快速处理机制，深入开展企业评部门活动，努力营造“优商、惠商、亲商、安商、扶商”的投资软环境。要盘活园区企业闲置资产，淘汰落后产能，分类施策处置“僵尸”企业，实现“老树发新芽”。

（二）在转变城市发展方式中增强发展活力

按照城市发展由外延扩张向内涵提升转变的新要求，坚持以人为本、精美大气、适速持续的发展理念，以创建国家园林城市、国家卫生城市和全国文明城市“三城同创”为抓手，紧紧围绕完善城市功能、提升城市品位、加强城市管理，科学推进城市建设，增强发展活力。

1. 推进“三城同创”。我们提出“三城同创”，是基于我们城市重要的公共设施已经基本完成，城市面貌发生了显著的变化，具备了“三城同创”的基础和条件。更重要的是，我们通过“三城同创”，可以全面提升城市品位，美化人居环境，倡导文明生活，不断增强城市软实力。城市建设只有起点，没有终点，奖牌令人向往，过程更为重要。我们要以功成不必在我的责任担当，以愚公移山的韧劲和勇气，久久为功、持续发力，力争在2018年前成功创建国家园林城市、国家卫生城市，在2020年前成功创建全国文明城市。

2. 完善城市功能。要坚持规划先行，统筹抓好老城区和新城区建设，继续加大民生城建实施力度，确保上半年全面完成6个集贸市场、6座生态公厕、4个垃圾中转站建设，尽快启动城区6个公共停车场建设。要加快城区公共服务设施和市政设施建设，公共服务设施要重点抓好六中建设，确保秋季开学投入使用，启动党校、职中、教师进修学校搬迁和五小建设。市政设施重点要完善大外环交通网络，启动北环路贯通工程和三贤路、洋鸡山路改造以及西环路建设，开辟武九高铁瑞昌南站环城新通道，加快东环路、龙泉北路等7条道路续建改建工程，打通城市内外循环，提高城区道路通达性。大唐新区要着力引进城市综合体，聚集人气，拉动新区发展。

3. 提升城市品位。要统筹好生产、生活、生态三大布局，紧紧围绕城市绿化升级，加快城市绿地、绿岛、绿道建设，启动天嗣山森林公园和瀼河公园南岸工程建设，让城市显山露水，把城区当成景区来打造，建设如诗如画的美丽城区。要注重在城市建设中彰显文化元素，把青铜文化、剪纸文化、竹编工艺等文化元素根植于城市绿化之中，进一步提升城区绿化品位、美化层次，让城市延续历史文脉，焕发现代文化气息，给人留下永久记忆。要以“三城同创”为抓手，加强城市管理和环境综合整治，持续推进城市“牛皮癣”清理、渣土运输管理等环卫保洁市场化，着力解决脏、乱、差、堵等影响城市形象的突出问题，不断提升城市文明水平。

4. 发展城市产业。要立足促进人的城镇化，大力发展生产生活性服务业，促进产城融合。着力把瑞昌打造成大庐山旅游经济圈知名的生态旅游、文化体验、休闲度假胜地，确保庐山花海5月份试营业、6月份正式对外开放；武蛟温泉五星级酒店年底基本建成，2017年正式运营；铜岭双遗址公园6月份正式运营；青山旅游综合开发项目年内正式启动建设。要创新商贸+物流的发展模式，依托林安物流，加大招商力度，吸引更多商户进驻，着力打造辐射中部地区的物流园区和小商品市场。要充分发挥大进大出的临江沿港优势，大力发展大运量物流产业，着力将码头港区打造成辐射赣北鄂东的物流集散地。要大力发展金融业，积极引进大型金融机构，重点加强同中信银行的对接，力争中信银行在我市设立分支机构，支持各类金融机构发展壮大。

（三）在推动创新创业中转换发展动能

创新创业是推动发展的强大动力。要激发全社会创新创业活力，在全市形成千方百计谋创新，千军万马勇创业的生动局面。

1. 发挥政府在“双创”中的引导作用。创新创业离不开政府的引导和支持。我们要围绕创业者期盼，多做雪中送炭事情，重点要把上级创新创业政策不折不扣落实到位，该奖补的奖补，该优惠的优惠，该放权的放权，该取消的收费坚决取消，切实减轻创新创业者负担，不断优化创新创业环境；要统筹整合闲置厂房楼宇等资源，拓展众创空间，为初创期和成长期企业提供低成本、便利化创业载体；要充分运用财园信贷通、财政惠农信贷通等融资模式，强化对创新创业者的信贷扶持。

2. 发挥企业在“双创”中的主体作用。过去五年，我市企业科技创新和成果转化取得了很好的成效，成功申请到国家、省、九江市科技项目46项，但是仍然存在创新主体较少、科技投入不足、创新能力较弱、缺乏具有竞争优势的核心技术和高附加值产品等问题。企业是创新发展的投入主体和受益主体，要主动与高等院校开展产学研合作，组建研发中心、技术中心、检测中心、院士工作站等创新服务平台，加大研发投入，加快技术升级，加强品牌打造，促进装备、技术、工艺、产品整体升级，努力实现市场扩张、产量增加、成本递减、收益递增，提高企业的获利空间和市场竞争力。

3. 发挥人才在“双创”中的带动作用。人才是创新创业和转型发展最宝贵资源。要大力实施人才兴市战略，大力发展职业技术教育，重视企业家队伍建设，优化人才引进机制，聚集更多人才助推瑞昌发展。要大力实施“瑞商回家、瑞才回家”计划，发挥市政协编辑的《瑞昌姓氏与人才》的桥梁作用，加强与在外瑞昌籍成功人士和各行各业高层次人才的联系，让更多在外瑞昌籍人才为家乡发展作贡献。要重视农村庞大的劳动力资源，引导农村劳动力尤其是青年劳动力以农民合作社、家庭农场等新型农业经营主体为载体，大力发展农产品加工、休闲农业等劳动密集型产业。

（四）在统筹协调发展中提升幸福指数

时刻牢记“发展为了人民、发展依靠人民、发展成果由人民共享”，坚持共建共享，协调抓好各项工作，努力让全市人民在发展中拥有更多获得感。

1. 突出抓好“三农”工作。农业仍然是“五化”同步的短腿，农村仍然是全面小康的短板，“三农”工作只能加强，不能削弱，任何时候都不能忽视和放松。要积极推进农业现代化。重点发展山药、蔬菜、油茶、茶叶等优势特色产业，加快推进赛湖国家农业综合开发现代示范园建设，着力打造集农业综合开发、观光休闲旅游、农业产业发展为一体的综合示范园。大力扶持家庭农场、专业大户、农民合作社、产业化龙头企业等新型主体，积极推进电子商务进农村工作，努力实现传统产业向现代农业转变，让农业成为充满希望的朝阳产业。要全面启动72个新农村点建设，重点推进南义、范镇、肇陈、夏畈一体化新区和8个中心村建设，继续开展农村生活垃圾治理工作。要加快农业农村基础设施建设，实施新一轮农村电网改造升级工程，全面完成立肇线二级公路改造，确保完成农村道路61.8千米，加快启动一批中小河流治理、水库除险加固等水利工程，重点推进总投资5200万元的范镇河、洪一双港河、赛湖等河湖治理。

2. 着力保障改善民生。坚持底线思维，继续加大民生投入力度，着力解决好群众最关心、最直接、最紧迫的现实问题。要加大就业创业扶持力度，促进下岗失业人员、城镇新增劳动力、大中专毕业生、农村富余劳动力就业；要完善社会保障体系，加快完善城镇职工基本养老、医疗、失业、生育等保险制度，逐步健全医疗救助、临时救助等社会救助体系，稳步提高城乡低保、农村“五保”等保障水平；加快保障性住房建设，完成棚户区改造2069套，发放廉租住房补贴300户。进一步优化城乡教育、公共卫生、公共文化资源配置，开展乡村级综合性文化服务中心试点，启动公共文化服务数字化平台建设，深入推进城乡公交一体化和县级公立医院改革，执行全面二孩政策，逐步建立政府主导、社会参与、公办民办并举的社会事业公共服务供给模式，加快健全覆盖城乡、普惠可及、差异缩小、财务可持续的基本公共服务体系，推进基本公共服务均等化。

3. 扎实推进精准扶贫。目前，我们瑞昌有贫困村19个、贫困户4353户、贫困人口10626人，这个群体是我们打造幸福瑞昌的短板，必须坚持把脱贫攻坚作为我们最重要的政治任务、最大的民生工程、最实的工作业绩，向贫困“宣战”。要进一步摸清贫困人口底数，搞清主要致贫原因，分类精准施策，并逐一落实到位。要加大扶贫户与低保政策的有效衔接，尽量将符合条件的重度残疾人、重病患者家庭纳入低保户，确保扶真贫、拔穷根。要全面实施扶贫攻坚工程，整合各类扶贫资金4000

万元，突出抓好产业扶贫、项目扶贫、智力扶贫、搬迁扶贫、保障扶贫五大工程，坚决打赢两年脱贫攻坚战，确保2017年之前率先在九江基本消除绝对贫困。

4. 加强生态文明建设。牢固树立绿水青山就是金山银山的理念，坚持绿色发展，着力推动环境生态化、产业生态化、生活方式生态化。要以生态文明示范区建设为抓手，严守“生态、水资源、耕地”三条红线，建立生态补偿、失地补偿和矿产资源开发生态补偿机制，开展造林绿化、退耕还林等生态林业工程，全面实施封山育林，实施山田林湖生态保护和修复工程，持续推进矿山整治、岸线整治、非法采砂整治，推动环境生态化。要将生态文明理念融入园区建设，严把项目准入门槛，坚决拒绝高耗能、高污染、高排放项目，加大对超标排污、偷排偷放、恶意倾倒等环境违法行为查处力度，着力建设环保低碳节能的生态型园区，推动产业生态化。要大力倡导绿色生活方式，广泛传播生态文明理念，增强全社会绿色消费意识，实现生活方式和消费模式向勤俭节约、低碳绿色、文明健康的方向转变，推动生活方式生态化。

5. 全力维护社会稳定。稳定压倒一切。我们在推动改革发展的同时，必须时刻维护社会稳定这个大局。去年，我市依法治访成效显著，困扰瑞昌多年的赴上三级访大幅下降，今年“两会”期间实现进京非访“零登记”，居高不下的信访形势基本扭转。但是，信访形势仍然不容乐观，思想稍有松懈就会反弹，我们决不能沾沾自喜、麻痹大意，要继续加大信访维稳工作力度，认真落实领导包案等信访工作机制，抓好矛盾纠纷排查化解，依法严厉打击各种非法信访行为，着力化解一批信访难题。要坚持抓社会治理不放松，深化平安瑞昌建设，着力抓好社会治安防控，继续保持对各类刑事犯罪高压态势；要依法及时处理非法融资行为，开展清欠农民工工资专项整治，维护群众合法利益；要加强环境保护和食品药品、安全生产监管，坚决杜绝重大环境污染事件、重大食品药品安全事件和重大安全事故发生。

（五）在全面从严治党中提高履职能力

深刻把握“两个不变、四个足够自信、一个延伸”的从严治党新要求，把纪律挺在前面，把作风建设抓在手中，真正做到如履薄冰守规矩、勇于担当干事业，为实现瑞昌赶超发展提供坚强保障。

1. 强化党建意识。抓好党建是最大的政绩，更是最大的政治责任。全市各级党组织和主要负责人要切实履行党建工作职责，努力把党建优势转化为发展优势。一要把加强党性修养作为党建工作的核心内容。加强党性修养是党员干部修身、用权、律己、干事之本，全市广大党员干部要切实增强政治意识、大局意识、核心意识、看齐意识，以坚强的党性保证中央大政方针、上级党委政府和市委、市政府的决策部署落实到位。要按照中央统一部署，在全体党员中认真开展“学党章党规、学系列讲话，做合格党员”学习教育，推动党性教育从“关键少数”向广大党员拓展、从集中性教育向经常性教育延伸，在“学”中强化党性、解决问题，在“做”中当好模范、做好表率。二要把顺利完成换届工作作为今年党建工作的重要任务。县乡换届工作群众关注、干部关心，市委更是高度重视，希望大家讲纪律、讲规矩、讲大局，正确对待个人进退流转。市委将始终坚持正确用人导向，把那些讲政治、守规矩、威信高、能力强、敢担当的干部选到重要岗位上来，把那些在基层一线、维稳前线和在项目建设、招商引资中作出突出贡献的干部选到重要岗位上来，严禁跑官要官、拉票贿选、说情打招呼等违反换届纪律的现象发生，确保选出忠诚干净担当的好干部，配出结构优功能强的好班子，换出心齐气顺劲足的好面貌，确保换届工作与经济社会发展两不误、双促进。三要把壮大村级集体经济作为今年基层党建工作的重头戏。受自然条件制约和各方面因素的影响，我市大部分村无集体经济收入，仅靠转移支付维持正常运转，无力为群众办实事、办公益事业，客观上影响了基层党组织在群众中的威信。广大村干部尤其是村“两委”主官一定要把精力放在发展村级集体经济上来，多想办法、多找出路，充分挖掘资源优势，发展优势特色农业，努力打造“一村一品”的特色产业格局，同时，要兴办实体产业，利用现有的房屋、设备、闲置土地等要素，运用招标、承包、租赁、合资等手段，盘活村级集体资产，不断拓宽集体经济增收渠道，增强村级经济实力。

2. 强化廉政意识。习总书记在中央纪委六次全会上指出，要推动全面从严治党向基层延伸。王岐山同志强调，要围绕“四种形态”，把监督执纪问责做深做细做实。这是一个强烈的信号，表明中央从严治党的重心将向基层转移、延伸，大家务必引起高度警觉，切实履行好“两个责任”，加强干部日常管理，勤咬耳朵提醒，常拉袖子制止，防止小洞变成大洞，小错酿成大错，防止个别问题发展为普遍问题、苗头问题发展为风气问题。从去年省委巡视和市县联动巡察情况来看，我们党风廉政建设还存在一些问题，有的部门单位落实“两个责任”不够到位，对干部管理力度不够、措施不硬，违规接待、违规发放津补贴、变相公款旅游、私设“小金库”、违规插手工程等现象时有发生，有少数基层干部存在优亲厚友、吃拿卡要行为，甚至还有的把手伸向民生资金、集体资金、套取国家补贴等。去年，纪检监察部门查处了一些干部，希望大家引以为戒。市委的态度是明确的，旗帜鲜明地支持敢干事、敢创新的干部，保护和宽容那些在干事创业中有失误的干部，但对那些胆大妄为、严重违纪违法的干部一定要严肃处理。

3. 强化履责意识。在其位，谋其政。在全面从严治党的新常态下，有些干部思想不稳定、工作有顾虑，存在既想干事、又怕出事的心理，有些同志年纪不大就想去轻松的单位，工作积极性不高；有些同志连市委、市政府提出的发展思路、目标和任务都不清楚，更不用说工作干出成效，反映了学习不在状态、思想不在状态、干事不在状态。当前，瑞昌发展面临着经济下行、结构调整、动能转换、区域竞争的巨大压力，广大党员干部要切实增强履责意识，自觉担负起打造“四个瑞昌”的历史重任。要加强学习新理念、新政策、新知识，尤其要学好金融知识，不断提高经济运作能力，着力破解发展难题。要善于把瑞昌发展放在全国、全省、全九江的大局中去思考、去定位、去谋划，牢牢把握发展主动权，努力实现更有质量、更有效益的发展。要结合新工业十年行动和“五化”协同发展，拿出管用的办法和举措，确保各项工作落到实处、抓出实效。要牢固树立法治观念，坚持用法治理念引领发展、用法治思维谋划社会治理、用法治方式破解发展难题，提高社会治理法治化、规范化水平。

政府工作报告

——2016年1月11日在市六届人民代表大会第六次会议上

郭小云

“十二五”时期及2015年工作回顾

“十二五”时期是瑞昌发展史上极不平凡、极为辉煌的五年。五年来，在上级党委政府和市委的正确领导下，在市人大、市政协的监督支持下，我们深入贯彻落实中共十八大、十八届三中、四中、五中全会和习近平总书记系列重要讲话精神，主动适应新常态，努力克服经济下行压力加大的不利影响，抢抓长江经济带建设和“双核”发展的重大机遇，以全面深化改革为动力，以沿江开放开发为引擎，团结和依靠全市人民，顽强拼搏，锐意进取，基本完成了“十二五”主要目标任务，经济社会保持了良好的发展势头。

——“十二五”时期，是我市市域经济快速发展、综合实力大幅提升的时期。实现固定资产投资、工业主营业务收入两年翻一番，地区生产总值、财政收入三年翻一番，社会消费品零售总额五年翻一番。荣获“江西省十大县域经济活力县市”“投资江西十大首选地”。地区生产总值由“十一五”末的62.9亿元增加到153亿元，年均增长11.8%；财政总收入从9.36亿元增加到26.8亿元，年均增长23.8%；固定资产投资从83.1亿元增加到229.2亿元，年均增长22.5%；社会消费品零售总额从20.03亿元增加到41亿元，年均增长15.4%；三次产业比例由14:66.5:19.5调整为9.8:66.6:23.6。

——“十二五”时期，是我市沿江开发取得突破、工业经济快速壮大的时期。抓住沿江开放开发上升为省级战略机遇，聚焦沿江、聚力沿江、决战沿江，沿江开放开发如火如荼。瑞昌工业园获批省级经济技术开发区，率先在全省完成调区扩区。累计投入建设资金30亿元，码头工业城建成园区道路45千米，面积扩展至24平方公里。工业经济实力明显增强，规模以上工业主营业务收入由154.3亿元增加到450亿元，年均增长22.9%；规上工业增加值由35.2亿元增加到102亿元，年均增长23.7%；规模以上工业企业110家；主营业务收入过亿元企业81家、税收过百万企业43家，分别比“十一五”末增加39家、19家，纺织服装产业被认定为省级产业基地。实际利用外资由0.5亿美元增加到1.86亿美元，年均增长30%；外贸出口由0.52亿美元增加到3.8亿美元，年均增长48.9%，连续四年荣获全省开放型经济综合先进。引进亿元以上重大项目92个，项目总投资783亿元，理文造纸、理文化工、亚泥二厂、新洋丰、吉恩重工、华中国际木业、中部红木产业园等一批重大项目纷纷落户，为发展注入强大动力。

——“十二五”时期，是我市城市空间加快拓展、城市面貌大为改观的时期。完成第二轮《瑞昌城市总体规划》修编，一市两区建成区面积30平方公里，城镇化率达47.5%，累计完成城市建设投入81.9亿元，是“十一五”时期的2.8倍。加快中心城区建设，新建、改建道路32.5千米，打通市府西路、龙泉路等10条“断头路”，新建、改造城区污水管网28.8千米，实施10项城区防洪排涝工程。持续提升城市品位，完成城区主次干道“白改黑”20千米，新建、改建安定湖公园等8个公园、广场，新增绿地面积30万平方米，成功创建省级园林城市和省级森林城市。投资

10.8亿元，完成大唐新区“七路三桥”等路网建设，拆迁房屋24.8万平方米，建成安置房4352套。体育公园、三个中心、新人民医院、国贸大厦、联盛购物广场、信华酒店、立信花园酒店等一批标志性建筑建成并投入使用；武九高铁即将通车，加速融入武汉、南昌都市圈。

——“十二五”时期，是我市三农基础不断夯实、农业农村全面发展的时期。成功申报国家农业综合开发县（市），积极争取了以赛湖农场为主体的国家级农业综合开发现代示范园。耕地保护卓有成效，耕地保有量34.5万亩，基本农田保护30.4万亩。传统农业扬优成势，粮食产量实现“十二连丰”，油菜种植面积保持在20万亩，荣获全国油料生产大县，范长青被评为全国种粮大户。特色产业不断壮大，新建6个城郊蔬菜基地，面积9000亩，新建6个白茶基地，面积8000亩，山药种植面积稳定在1.5万亩。品牌创建成效明显，“瑞昌山药”被核准为国家地理标志农产品，“溢流香”“天兴”“铜花岭”“雾上春”“幕埠山”被授予江西省著名商标。投入9000万元，完成364个新农村建设点建设，连续四年荣获全省新农村建设先进。完成造林17.5万亩，森林覆盖率由58.5%提高至60.9%。实现农村信息网络全覆盖，农村信息化获全省先进。交通设施日臻完善，瑞南线、“双黄”线升级改造工程竣工通车，完成县乡道路升级改造113千米，通自然村公路360千米。农田水利设施不断夯实，完成65座中小型水库除险加固和4条中小河流治理，通过全国第三批和第六批小型农田水利重点县项目建设，改造灌溉面积18万亩，整治山塘109座。小城镇建设步伐加快，码头镇进入全省首批百强中心镇，南义、横港等7个乡镇被授予省级生态乡镇。

——“十二五”时期，是我市民生质量持续改善、人民群众得实惠最多的时期。民生总投入达70亿元，民生保障实现全覆盖。城镇居民人均可支配收入上升到25910元，农村居民人均可支配收入上升到12155元；城乡居民储蓄存款余额92.8亿元，是“十一五”期末的2.3倍。整合资金5.6亿元，新建、改建校舍30万平方米，教育资源配置更加均衡。投资5亿元，实施文化阵地扩建工程，城乡公共文化服务网络实现全覆盖。累计发放城乡低保资金2.39亿元，城乡医疗救助资金5827万元；城乡基本医疗保险制度和基层医疗服务网络实现全覆盖；城乡养老保险参保人数由“十一五”末的4.2万人增加到24.1万人；新农合参合人数由30.1万人增加到32.9万人；出生人口性别比由116下降至111.9，荣获全国计划生育优质服务先进县（市）。投资2亿元的长江饮水工程投入使用，城区居民彻底告别饮用地下水的历史；投资1560万元完成高山聚集区人畜饮水工程，解决了7.8万人的世代饮水难题，受到水利部的高度肯定。投资6.7亿元，完成4461套城市棚户区改造；投资3.5亿元，建设保障性住房5041套；投资3888万元，完成农村危房改造3646户。城市环境空气质量优良以上天数达95%以上，人民幸福指数明显提升。

——“十二五”时期，是我市改革创新深入推进、发展内生动力显著增强的时期。推进机构改革，完成卫生、计生机构整合，完成工商、质监、食药监合并重组，成立长江港区综合协调管理局；推进行政审批制度改革，取消行政审批事项111项；开展政府购买公共服务试点；推进财政体制改革，实施新预算法；推进公务员职务与职级并行改革试点，公车改革顺利启动；推进农业农村体制改革，启动赛湖农场体制改革，完成青山、大德山国有林场改革；落实诉访分离制度，信访秩序明显好转。国防、民族宗教、外事侨务、编制、对台、残联、档案、统计、审计、国资、物价、人防、气象、防震减灾、粮食、供销、市志、工青妇等工作全面发展，税务、供电、消防、电信、移动、联通、广电、烟草、邮政等部门为经济发展做出了积极贡献。

各位代表，回顾“十二五”，我们深感光荣和自豪。特别是刚刚过去的2015年，是我市各项工作取得丰硕成果的一年。面对纷繁复杂的经济形势，我们在危机中抓机遇，在困难中求突破，在逆势中稳增长，基本完成了市人大六届五次会议确定的主要目标任务，为“十二五”顺利收官画上圆满句号。

一年来，我们重点抓了六项工作：

1. 工业经济逆势上扬，赶超的势头更加迅猛。坚持工业强市战略，持续推进沿江开放开发。工业经济更具实力。完成规模以上工业主营业务收入450亿元、工业增加值102亿元、工业利税53亿元，工业三大指标继续位居九江前三；八大重点产业实现主营业务收入357亿元，占全市工业总量的80%；经开区主营业务收入总量位居全省第24位，被认定为九江“两化融合”示范园区；骨干企业做大做强，6家工业企业入选九江市30强，总数名列九江首位；华瑞公司“华美瑞”商标被评为我市首个中国驰名商标，新增3家高新技术企业，格雷斯科技融入国家“一带一路”战略。重大项目推进有力。投资20亿元的新洋丰复合肥项目仅用8个月时间，实现当年开工、当年建设、当年投产、当年出口、当年纳税，创造了项目建设的“瑞昌速度”。投资10亿元的吉恩重工建成投产，投资12亿元的理文造纸第二条生产线、60亿元的西矿铜业启动建设，投资50亿元的华中国际木业、50亿元的天瑞丰收化工项目快速推进。招商引资持续发力。全年共引进项目40个，总投资额215亿元，其中，亿元以上项目32个，10亿元以上项目6个。总投资143亿元的12个重大项目集中签约；成功举行九江市第三批工业项目集中开工仪式，其中，我市新开工项目12个，总投资181亿元。沿江开发再添活力。进境木材监管区正式通关运行；总投资1.66亿元的梁公大道改造、中小创业园路、环湖路建设全面完成，发展一路及排洪渠快速推进；投资1.2亿元的220千伏码头输变电工程正式投入运行；投资6.5亿元的公用码头建成并进行设备调试，投资2.6亿元的新洋丰专用码头、投资5000万元的吉恩重工海底电缆码头基本建成，瑞昌港区港口货物吞吐量突破4000万吨，达到4200万吨，占九江五大港区总量的40%，稳居首位。

2. 城市建设适速推进，赶超的魅力更加彰显。以创建省级森林城市和国家园林城市为抓手，持续、适速推进城市建设，市财政投资3.6亿元，全面实施15类115个民生城建项目。城市功能更趋完善。投资6500万元完成北环路排洪渠、赛湖路排水箱涵、三径渠、南湖边沟等10大防洪排涝工程，极大缓解了城区排水压力。投资1600万元，推进桂林桥路段交通基础设施改造，可望解决南片、中片进出城交通拥堵的瓶颈问题。东环路、龙泉北路、瑞码大道南段、市场南路等12条道路升级改造快速推进。人民医院实现整体搬迁，有效改善就医环境和诊疗条件；全省县级一流的体育公园投入试运行，为广大群众健身运动提供更为优越的活动场所；青少年、妇女儿童及老年活动中心正式投入使用，集教育、培训、学习、娱乐及健身为一体。城市品位明显提升。投入5700万元，新建瀼河公园、新增10块城市绿地、完成15处绿化升级，重点打造城市东西两大门景观，进一步提升城市门户形象，“绿改彩”“平改立”面积1.3万平方米，规模位居九江各县市区前列。投入2400万元，完成龙泉路、人民北路等9条城区道路“白改黑”；投入2000万元，完成柳湖公园和护城河两大改造，城东广场基本建成；投入1000万元，推进小区路网及市政设施维护与改造；投入1000万元，更新完善城区交通标线标识、隔离护栏和电子监控设施；通过市场运作方式，规划建设6座农贸市场，建成4座生态公厕和2座垃圾中转站。城市管理不断加强。“两违”管控继续保持高压态势，拆除违章建筑2万平方米。开展城市环境综合整治，取缔占道经营摊点1200余个，圣门路、五里桥、赛湖再就业大市场等区域整治成效明显。率先在九江各县市区推行城市“牛皮癣”清理市场化运作，清理率90%。土地市场平稳运行，收储土地1290亩，出让土地3765亩；房地产市场稳中有升，共销售商品房58万平方米，房价保持总体稳定。

3. 三农工作硕果累累，赶超的基础更加坚实。坚持发展现代农业，统筹抓好“三农”工作，全年完成粮食总产量10.3万吨，油料总产量3.1万吨，生猪出栏31万头，家禽出笼129万羽。农业产业化进程加快。新增千亩以上农业产业基地8个，新增农民专业合作社57家、家庭农场95家；农业综合机械化水平不断提高，被评为全省唯一油菜农机化综合示范县；投入资金360万元，重点扶持山药、茶叶、蔬菜和油茶等产业化项目。新农村建设扎实推进。整合新农村建设资金1200万元，完成47个省级点、29个自建点和12个中心村建设。码头、肇陈、南义等7个重点镇的镇村联动工作快速推进，4个一体化新区、12个中心村、63个基础村建设全面完成。农村生活垃圾治理成效显著。投入资金3893万元，新建3个垃圾中转站和4座中型垃圾焚烧中心，购置23辆垃圾清运车和近万个垃圾桶，清理存量垃圾9000余吨，农村生态环境和人居环境明显改善。基础设施更加夯实。投入5690万元完成南义、范镇防洪工程，投入1350万元完成双港河山洪沟防洪治理，投入2057万元完成12座小（二）型水库除险加固，投入850万元完成5000亩高标准农田建设。

4. 改革创新稳步迈进，赶超的活力更加释放。稳步推进公立医院改革，实行药品零差率销售政策，基本公共卫生服务项目、免费孕前优生健康检查实现全覆盖。启动户籍制度改革，逐步建立城乡统一的户口登记制度；启动农村集体产权制度改革试点，土地确权登记颁证工作基本完成；全面实施“三证合一”“一照一码”制度；争取上级支持，获得地方政府债券转贷资金13.4亿元；实施品牌发展战略，亚东水泥、江联造船、中材科技被评为江西质量信用3A企业；成立中小企业融资担保公司，建立小微企业信用体系，出台《扶持企业上市工作办法》，九银村镇银行正式营业，瑞昌农村商业银行抓紧筹建。

5. 社会事业协调发展，赶超的合力更加汇聚。坚持统筹发展，整合资金5亿元，市本级安排7000万元，全部完成或超额完成涉及群众切身利益的50件民生实事，广大人民群众共享改革红利。就业救助普惠群众。新增城镇就业7241人，新增转移农村劳动力8295人，新增小额贷款1.6亿元，安置困难群体就业683人；为6.7万人发放养老金4.67亿元；为2.2万人发放低保金5805万元；为9267人发放困难助学金820万元；为914名90岁以上老人发放长寿补贴189万元；完善临时救助体系，安排100万元大病医疗救助专项资金；投入资金2113万元，改善了扶贫和移民重点村群众的生产生活条件，完成了4369户贫困户的精准识别。社会事业更加繁荣。科技创新力度加大，成为2015年新一批国家知识产权全省唯一试点城市；教育资源配置更加均衡，三小一期建成并投入使用，完成“三校一点”撤并，中高考成绩继续保持在九江前列，一中考生柯彦楚被北京大学录取；健全公共文化服务体系，市文化馆再评国家一级馆，夏畈文化站荣获“全国十佳优秀文化站”；卫生计生工作深入推进，新农合参合率97%，“单独两孩”政策稳妥推进，人口出生率13.9‰，投资1290万元的血防大楼完成主体工程；旅游业步伐加快，中部红木博览城获批国家4A级旅游景区。其他工作协调推进。圆满完成“六五”普法工作，法律援助中心荣获全国法律援助示范窗口，码头司法所荣获全国模范司法所；开展“反盗窃”“打击黄赌毒”等八项系列整治活动，对“天网”进行升级改造，实现网格化管理全覆盖；开展净采矿权出让试点，全省率先开通县级矿产资源网上交易；开展大气、水污染专项整治，主要河流断面水质全面达标，环境空气质量优良天数350天，环境监管网格化管理工作经验全省推广；畅通信访渠道，整顿信访秩序，信访形势持续好转；开展打非治违专项行动，安全生产形势总体平稳。

6. 自身建设与时俱进，赶超的环境更加优化。依法行政全面推进，精简和规范行政审批事项，推进“三单一网”工作，52家政府部门行政权力清单和责任清单公布；主动接受人大及其常委会的法律监督和政协的民主监督，办理市人大代表建议87件、市政协委员提案82件，办结率100%；扎实开展“党的群众路线教育实践”和“三严三实”等专题教育活动，严格执行“八项规定”政策，持续纠正“四风”问题；突出重点领域审计监督，完成审计项目308个；深入开展“红包”“领导干部违规插手干预工程项目”治理等专项整治，严肃查处了一批损害群众利益的案件，政府廉政建设责任制得到有效落实；坚持节俭办事，“三公”经费支出同比下降7.3%。

各位代表，“十二五”时期，是瑞昌经济社会发展最快、城乡面貌变化最大、全市人民获得实惠最多的五年，五年的硕果令人鼓舞，五年的成绩来之不易。这些成绩的取得，是市委正确领导的结果，是市人大依法监督的结果，是市政协民主监督的结果，更是全市干群和衷共济、团结拼搏的结果。在此，我谨代表市人民政府，向关心支持政府工作的各位人大代表、政协委员、民主党派、工商联和各人民团体，向驻市部队、武警官兵、消防官兵和公安民警，向长期辛勤工作在全市各条战线的干部群众，向所有关心、支持瑞昌经济社会发展的各界人士，表示衷心的感谢并致以崇高的敬意！

在肯定成绩、总结经验的同时，我们也清醒地认识到，我们的工作与人民的期待还有差距，经济社会发展还存在不少困难和问题。主要表现在：一是经济总量还偏小，产业层次较低，加快转型升级的任务依然艰巨；二是实体经济面临诸多困难，企业融资难、融资贵等问题还没有得到根本解决；三是城镇化水平较低，扶贫攻坚任务艰巨，与全国同步全面建成小康社会的压力不小；四是受经济下行影响，财政收入增长放缓，地方财政支出压力仍然很大，保障就业、改善民生、维护稳定的各项任务十分繁重；五是政府自身建设还存在不足，行政效能和干部作风有待进一步提高等等。对此，我们一定要高度重视，采取有效措施，认真加以解决。

“十三五”时期经济社会总体安排

“十三五”时期，是我市进位赶超、与全国同步全面建成小康社会的决胜期。未来五年政府工作的指导思想是：全面贯彻党的十八大，十八届三中、四中、五中全会和中央、省、九江市经济工作会议精神，以邓小平理论、“三个代表”重要思想和科学发展观为指导，深入贯彻习近平总书记系列重要讲话精神，牢固树立“创新、协调、绿色、开放、共享”的发展理念，紧紧围绕全面建成小康社会，跨入全省十强县（市）行列，打造实力瑞昌、美丽瑞昌、法治瑞昌、幸福瑞昌，建成长江中游重要口岸城市的奋斗目标，以改革创新为主动力，以沿江开放开发为主战略，以项目建设为主引擎，同步推进新型工业化、信息化、城镇化和农业现代化，着力推动转型升级，着力推进生态建设，着力保障改善民生，协调发展各项事业，努力实现更有质量、更有效益的可持续发展。

“十三五”经济社会发展主要目标是：到2020年，全市GDP总量达241亿元，年均增长9.5%；财政总收入达45亿元，年均增长11%；固定资产投资达481亿元，年均增长16%；规模以上工业增加值达164亿元，年均增长10%；社会消费品零售总额达69亿元，年均增长11%；产业结构进一步优化，三产比例调整为7:68:25；进出口总额达4.4亿美元，年均增长3%；人口自然增长率控制在9.03‰以内；城乡居民人均可支配收入年均增长分别为10%、11%以上；全面完成贫困人口脱贫任务；主要污染物排放量和能耗控制在指标范围内。

“十三五”经济社会发展的主要任务是：

1．坚持开放创新发展，打造实力瑞昌。实施开放、创新发展战略，建设“工业强、服务业发达、农业有地位”的实力瑞昌。扩大对外开放。坚定不移推进沿江开放开发战略，进一步夯实沿江开放平台，加快沿江基础设施和园区生活配套设施建设，积极申报国家级经济技术开发区，建设长江中游重要开放型口岸。提高对外开放水平，优化对外开放环境，提升“引进来”“走出去”能力，增强招商引资的针对性和实效性，主动承接发达地区产业转移。壮大工业实力。大力发展化学品制造业、电缆制造业、造纸及纸制品业、木业家俱制造业、装备制造业、铜及铜产品制造业、纺织服装业和建材制造业八大重点产业，着力培育化学品制造业、电缆制造业、造纸及纸制品业、木业家俱制造业、装备制造业、铜及铜产品制造业六个百亿产业集群。发挥项目引领作用，促进一批项目达产达标，进一步壮大龙头企业；促进一批重点项目早日建成投产，培育一批具有核心竞争力的骨干企业；建立差异化扶持政策，着力降低企业生产成本，促进传统产业和中小微企业健康发展；实施“互联网+”行动计划，推进“两化融合”和“智慧园区”建设。发展现代农业。全面推进设施农业、有机农业、观光农业等产业业态发展，加快建成国家级农业综合开发现代示范园；优化产业布局，抓好水稻、油菜、蔬菜、茶叶等主导产业核心示范基地建设；加强农产品安全体系建设，发展“三品一标”农产品；构建新型农业经营体系，建设农村产权交易平台，优化农产品生产结构，壮大农业龙头企业，创新农业综合服务体系，促进土地规范有序流转，大力扶持家庭农场、专业大户、农民合作社、产业化龙头企业等新型经营主体，促进传统农业向现代农业转变。繁荣现代服务业。依托临江沿港和区位交通优势，大力发展工业物流和商贸物流业；加快旅游业转型升级，对接大庐山旅游圈，打响“青铜故里、剪纸之乡、美丽瑞昌”旅游品牌；建立健全区域金融体系，扩大融资规模和渠道，提升金融服务实体经济能力；加快发展电子商务、健康养老、家政服务等行业，促进房地产市场平稳健康发展。

2. 坚持绿色协调发展，打造美丽瑞昌。着力实施绿色、协调发展战略，建设“天蓝地绿、山清水秀、天人合一、宜居宜业”的美丽瑞昌。建设宜居宜业城市。以各类创建为抓手，优化城镇空间开发布局，提升城镇发展质量。坚持高起点规划，增强城市内部布局的合理性，实现生产空间集约高效、生活空间宜居适度、生态空间山清水秀；按照适速持续的城市发展理念，完善城市功能，提升城市品位；坚持高水平管理，完善城市治理体系，提高城市治理能力，不断提升城市环境质量、人民生活质量、城市竞争力。建设和谐秀美乡村。突出新农村建设规划，完善农村基础设施，推进农村垃圾无害化处理，建设美丽乡村；统筹城镇与农村协调发展，以产业发展为支撑，推进镇村联动，引导农民向城镇和中心村集中；推进公共服务向农村延伸，现代文明向农村辐射，促进城镇和农村共同繁荣、和谐发展。加快生态文明建设。注重生态环境保护，实施山林田湖生态保护和修复工程，开展造林绿化、退耕还林等生态林业工程，全面实施封山育林，实现森林资源总量和森林覆盖率“双增长”；深入实施“净空、净水、净土”行动，建立市乡两级“河长制”；推进各个领域生产生活的节能减排，倡导绿色生活方式，加强生态文化建设，创建省级生态文明示范区。

3. 坚持推进依法治市，打造法治瑞昌。坚持依法治市，建设“公平、正义、文明、有序”的法治瑞昌。加快建设法治政府。进一步建立和完善行政决策机制，全面推行行政机关重大决策合法性审查制度。转变政府职能，切实落实上级简政放权精神和要求，建设服务型政府。加大政务公开工作力度，以公开促公平、公正。提高行政执法机关执法水平，加强行政执法监督。促进企业依法经营。引导企业依法经营、依法管理。规范市场经济秩序，依法保护企业合法权益，加大市场监管执法力度，整治市场违规行为，依法查处打击破坏市场经济秩序的违法犯罪行为，保障市场经济健康有序发展。引导企业构建和谐劳动关系，引导企业积极履行社会责任。促进公民遵法守法。全面推进“七五”普法，加强普法宣传教育，增强全社会学法尊法守法用法意识。推进诚信社会建设，健全守法信用记录，完善守法诚信奖惩机制，弘扬遵纪守法、诚实守信的社会风尚。深化信访改革，推进诉访分离，引导涉法涉诉信访问题在法治轨道上解决。加大矛盾纠纷排查化解力度，维护社会安定和谐。

4. 坚持共建共享发展，打造幸福瑞昌。实施共享发展战略，建设“人民群众基本生活有保障、就业创业有门路、读书看病有条件、日子过得有尊严”的幸福瑞昌。全力保障改善民生。大力实施民生工程，集中办好涉及群众切身利益的就业、就学、就医、住房等民生实事，使全市人民在共建共享中有更多获得感。健全收入增长机制，提高城乡居民工资性收入和经营性收入，实现居民收入增长和经济发展同步、劳动报酬增长和劳动生产率提高同步；全面推进精准扶贫，确保2018年之前基本消除绝对贫困，与全国同步全面建成小康社会。健全城乡社会保障制度。完善基本养老保险体系，健全基本医疗保险、医疗救助、疾病应急救助等制度，完善贫困家庭部分大病免费救治长效机制。构建多层次社会保障，大力发展商业养老、健康保险，提高城乡低保、农村“五保”等保障水平。加大保障性住房建设，推进棚户区、城中村和农村危旧房改造，改善群众居住条件。协调发展社会各项事业。认真落实完成好上级部署的改革任务，深入推进行政管理体制、商事制度、农业农村、财税金融等各项改革。大力推进大众创业、万众创新，以创业带动就业，以创新促进发展，发挥科技创新在全面创新中的引领作用，促进科技与经济深度融合。优化城乡教育、公共卫生资源配置，逐步建立政府主导、社会参与、公办民办并举的社会事业公共服务供给模式，加快健全覆盖城乡、普惠可及、差异缩小、财务可持续的基本公共服务体系。创新计划生育利益导向，落实“全面二孩”政策。构建全民健身服务体系，积极推动全民健身计划，提高群众健康素质。

2016年工作安排

2016年是实施“十三五”规划的开局之年，是全面建成小康社会决胜阶段的起步之年，是我市抢抓发展机遇争得应有地位的关键之年。谋划和抓好今年各项工作，对今后五年的发展都将产生积极而深远的影响。

2016年全市经济社会发展主要目标是：地区生产总值实现9.5%的增长，达到166亿元；财政收入实现12%的增长，突破30亿元；固定资产投资实现18%以上的增长，达到271亿元；社会消费品零售总额实现11%以上的增长，达到45亿元；人口自然增长率控制在9.03‰以内；城乡居民人均可支配收入分别增长10%和11%。

具体说就是努力做到以下七个方面：

1. 再战沿江，实现工业经济新跨越。坚持工业主导不动摇，坚持决战沿江不松劲。确保规模以上工业主营业务收入增长10%，达到495亿元；规模以上工业增加值增长11%，达到113亿元；外贸出口总额增长3%，达到3.9亿美元；实际利用外资增长10%，达到2亿美元。推进重大项目。完善项目推进机制，确保理文化工、新洋丰、吉恩重工年内达产达标；力促理文造纸第二条生产线、天瑞丰收化工项目年内建成投产；加速华中国际木业、红木产业园二期建设，力争建成厂房50万平方米；加快西矿铜业一期30万吨铜冶炼、和谐电缆厂房建设，确保年内完成设备订购；尽快启动理文30万吨生活用纸项目建设；同时，加快推进高秀二期、特变电工等一批项目，形成滚动发展的良好势头。强攻招商引资。继续推行组团招商、专业招商，重点围绕产业链条招商，延链、补链、壮链，加大考核力度，强化服务保障，精心组织重大招商和推介活动，确保引进亿元以上项目25个，其中30亿元以上项目2个。同时，引进、孵化一批有特色、有前景、带动能力强的小微企业。做优沿江平台。投资9500万元，启动发展三路、丰收大道等新建工程；完成发展一路及排洪渠、中小创业园管网工程；全面建成新洋丰肥业配套码头，加快建设西矿物流公用码头、华中木业专用配套码头；加速开放型口岸建设，启动建设进境木材国家级检验检疫处理区，用2~3年的时间，将瑞昌港区建成长江中游重要的开放型口岸。狠抓企业帮扶。完善领导挂点企业帮扶机制，落实推进大众创业、万众创新帮扶措施，加强银企对接，帮扶企业做大做强。支持华瑞石化、华亨皮塑、森奥达、格雷斯科技等一批企业上市，力争1~2家成功挂牌“新三板”；培育吉恩重工、瑞武设备等一批企业上规，力争全年新增规模以上工业企业15户。加速产业集聚，发展八大重点产业，培育六个百亿产业集群。

2. 建管并重，谋求城市品质新提升。坚持科学建管，完善城市功能，提升城市品位，加强城市管理。高起点规划城市。坚持规划引领作用，提前研究、提前布局，科学谋划。编制完成《城东片区控制性详细规划》，启动地下管网（综合管廊）、给排水（排涝）、绿地系统、公共管理与公共服务四个专项规划，完善高铁南站、北环路、安定湖路三项周边地块城市设计。高质量建设城市。完善大外环道路交通网络，投资3至4亿元，启动北环路贯通工程，连接郎君山路、赤乌西路、站前广场、站前一路，开辟武九高铁瑞昌南站环城新通道；加快城区道路建设，完成东环路、龙泉北路、瑞码大道南段等7条道路续建、改建工程，启动三贤路、洋鸡山路改造和西环路建设。提升城市品位，完成溇河公园续建工程，完成6个集贸市场、6座生态公厕和4个垃圾中转站建设，完成杨林中路等城市核心区道路“白改黑”。完善新区功能布局，积极引进城市综合体项目，做旺新区人气。高水平管理城市。持续推进城市环境综合整治工作，形成“全民动员、全市行动、全城担责”的整治氛围，保持“两违”管控高压态势，着力开展占道经营、车辆乱停乱放、环境卫生、占道亭棚、农贸市场、户外广告、大货车城区限行、公共秩序等八项整治活动，进一步美化城市环境。盘活存量土地，确保收储土地1000亩，出让土地2000亩。

3. 固本强基，开创三农工作新局面。巩固“三农”的基础地位，确保粮食种植面积26万亩，油料种植面积22万亩，水产养殖面积10万亩，生猪出栏30万头，努力促进农业增效、农民增收、农村发展。大力实施精准扶贫。完善工作机制，力争整合资金4000万元，加大产业扶贫、保障扶贫、安居扶贫和社会扶贫，重点打造一批扶贫和移民村庄整治示范点，全年减少贫困人口不少于4000人。着力发展现代农业。加快赛湖现代农业示范园建设步伐，发挥示范引领作用；保障粮食安全，稳定粮油生产，重点发展山药、蔬菜、茶叶、油茶等优势特色产业；充分发挥资源优势，大力发展休闲农业和林下经济；构建新型农业经营体系，新增30家农民专业合作社；加强农产品质量安全监管，大力发展“三品一标”农产品；推进智慧农业服务平台建设。不断夯实农业基础。加快高标准农田建设，实现新增和恢复灌溉面积1万亩，改善灌溉面积2万亩，治理水土流失面积16平方公里；提升交通基础设施网络建设水平，完成县乡道升级改造31.8千米，完成村村通30千米，农村危桥重建6座，新建独立桥4座；做好建设用地“增减挂”工作，力争新增耕地600余亩。推进美丽乡村建设。统筹城乡发展，开展村庄整治，建设美丽乡村，推动新农村建设发展升级，连片推进人居环境综合治理，配套完善乡村公共服务；完成造林绿化1.7万亩，全面实行封山育林；推进镇村联动，重点打造南义、范镇、肇陈、夏畈一体化新区和8个中心村建设；按照减量化、资源化、无害化总体要求，建立完善户分类、村收集、乡转运、市乡处理的长效管理机制，实现农村生活垃圾治理常态化。

4. 多措并举，激发第三产业新活力。大力发展现代服务业，进一步提高第三产业规模和质量。做活文化旅游业。高水平完成旅游发展总体规划修编和相关重点景区概念性设计；依托秦山、赤湖等旅游资源，推动秦山、峨嵋溶洞群、武蛟温泉等旅游项目开发，推进铜岭双遗址公园建设，打造精品旅游线路；进一步完善中部红木博览城4A级景区建设，加快推进庐山花海世界建筑博览园项目建设力度；挖掘民俗文化、土特产资源，打造一批特色鲜明的乡村旅游点。壮大商贸物流业。创新“商贸+物流”发展模式，创新发展第四方物流；支持经开区“智慧园区”平台建设，促进服务业与制造业融合发展；依托林安电商产业园和其他知名电商平台，扩大“互联网+”模式在城乡各个领域的应用；以港口码头为依托，发展大运量物流产业，将码头物流园打造成省重点物流园区；继续推进“万村千乡市场工程”和乡镇商贸中心建设。提升金融服务业。发挥财园信贷通、财政惠农信贷通、助保贷等政策效应，保障重点项目、中小微企业发展；完成农商行改革，启动农户信用体系建设，加强对保险业的联系、监管；规范金融秩序，打击非法集资；鼓励金融机构创新发展。

5. 改善民生，主动回应群众新期盼。始终把保障改善民生放在重要位置，精心办好一批民生实事，切实增进民生福祉。新增城镇就业4400人，新增转移农村劳动力4820人，扶持个人创业贷款1.6亿元，为城乡困难群众购买公益性就业岗位633个，安置困难群众400人；提高社会保障水平，完善医疗救助、保险救治、临时救助等救助体系；推进失独家庭再生育技术服务工作，继续开展免费婚前健康检查、免费孕前优生健康检查和流动人口健康体检，完善基本公共卫生服务；加快保障性住房建设，完成棚户区改造2069套，发放廉租住房补贴300户，健全保障性住房后期管理机制，盘活保障性住房存量资源；加强食品、药品、农产品质量安全监管，建立统一的市场监管维权体系；确保立肇线全面通车，推进城乡客运一体化进程，为群众打造便捷的出行环境；加大非法采砂、超载超限、非法占用岸线整治力度，营造稳定的社会环境。

6. 统筹兼顾，谱写各项事业新篇章。统筹发展各项社会事业，提升公共服务能力。推进各项改革。深化行政审批制度改革，全面推行“一照一码”，继续推进“三单一网”建设，加强公共资源交易中心建设，健全完善招标代理的市场准入机制；完成行政机关公务用车制度改革，推动事业单位公车改革；推进医药卫生体制改革，稳步推进县级公立医院综合改革；继续推进机关事业单位参加社会保险；推进不动产统一登记制度改革，深化农村产权制度改革，完成农村土地承包经营权确权登记颁证工作。发展社会事业。积极申报科技项目，确保新增3家高新技术企业；进一步优化教育资源配置，确保六中秋季开学投入使用，完成二小、四小、赛湖学校、武山学校改扩建工程，启动党校、职中搬迁和五小建设，确保顺利通过国家义务教育均衡发展督导评估；充分利用村级党组织活动场所，开展乡村级综合性文化服务中心试点；启动公共文化服务数字化平台建设，抓好数字档案馆建设，编辑出版瑞昌文化丛书；执行“全面二孩”政策，落实计划生育利益导向机制，提升计划生育服务水平，完善基层医疗服务模式，建立覆盖城乡的基本医疗卫生体制；推进养老服务设施建设，构建城乡养老服务体系；加强大气、水、土壤污染防治，落实“河长制”治理、生态补偿等机制，争创水生态文明示范县。维护社会稳定。完善法治建设制度体系，推进“七五”普法规划落实；深化信访改革，推进网上信访，落实信访监督，规范信访办理程序，提升群众信访参评率和满意度；推进“天网工程”资源整合并向社区、小区延伸，加大城区巡逻防控力度，严厉打击和有效防范刑事犯罪，提升公众安全感和满意度；加大煤矿、非煤矿山、危险化学品、道路交通等专项整治，遏制重特大安全事故发生。

7. 勤廉务实，打造高效政府新形象。适应新常态，进一步加强政府自身建设，切实增强政府执行力和公信力，建设为人民服务、对人民负责、让人民满意的政府。严格依法行政。坚持市委领导，自觉接受市人大及其常委会的法律监督和市政协的民主监督，认真办理人大代表建议、议案和政协委员提案，严格依照法定许可权和程序履行职责、行使权力。提高行政效能。完善公众参与、专家论证和政府决定相结合的决策机制，建立健全重大问题集体决策制和决策责任制，努力提高行政决策的民主化和科学化，提升行政效率。把抓落实摆在政府工作的首位，把主要精力投放到干实事、求实效上，完善推进措施，强化压力传导，加大督查力度，确保干事成事。倡导程序简化、材料简练、会议简短、生活简朴的实干作风，严格干部绩效管理和行政问责，严肃查处政府工作人员不作为、慢作为和乱作为。强化创新意识。把解放思想、锐意创新作为政府工作的根本动力。坚持把改革创新贯穿于经济社会发展的各个领域和环节，善于从全局上思考谋划事关经济社会发展的重大问题，善于运用改革的手段和创新的举措解决资金、土地、环境等瓶颈制约，善于用发展的眼光和创新思路解决群众关心、社会关注的热点和焦点问题，切实增强把握大局、应对复杂局面和驾驭经济社会发展的能力。坚持廉洁从政。认真落实“一岗双责”，严格执行廉洁自律各项规定，树立清正廉洁的政府形象，完善部门预算，严格执行政府采购、工程招投标、土地交易出让等各项制度，坚持用制度管权、管事、管人；严格落实“八项规定”，坚决纠正“四风”，落实好把纪律和规矩挺在前面，强化行政监察、财政监督和审计监督，严控“三公”经费支出，力戒铺张浪费，降低行政运行成本，以廉政建设的实际成果取信于民。

大 事 记

◇◇本栏编辑　胡茂盛

2016 年大事记

1　月

14 日　江西亚东水泥有限公司总部回迁签约仪式举行。瑞昌市委书记罗文江，市委副书记、市长郭小云，市人大常委会主任徐修武，市政协主席郭少雄，市领导李九萍、周洪文、邵九思、郑庆华、程厚红、潘雄、钱萍、王伟及亚洲水泥（中国）控股公司执行长吴中立，江西亚东水泥有限公司总经理张振昆等出席签约仪式。

15 日　瑞昌市人民医院举行新大楼启用仪式。

18 日　全省国土资源工作会在南昌召开，瑞昌市荣获全省地灾防治工作先进县。

19 日　省殡葬管理工作联席会议考评组到瑞昌市考评绿色殡葬建设工作。九江市政府副秘书长江彪和市发展改革委副主任杨小明、市民政局局长邓君安、副局长吴平生等领导陪同考评。瑞昌市市长郭小云向考评组汇报相关工作。考评组认真听取汇报并查阅相关资料后，高度评价瑞昌绿色殡葬建设工作。

22 日　九江市人大常委会党组书记、主任冯静一行到瑞昌市码头镇走访驻市部队官兵，送上节日问候，送去地方党委政府的关怀。九江市人大常委会副主任吕斌，副市长熊剑，政协副主席、统战部部长黄大明，政协副主席李军一同走访。瑞昌市委书记罗文江，市委副书记、市长郭小云陪同。

是月　瑞昌市被江西省知识产权局授予 2015 年度专利工作进步十强县，这是年度九江唯一获该奖项县（市、区）。一年来，瑞昌市共完成专利申请 283 件、专利授权 218 件，分别同比增长 111.2%、240.6%，其中，专利申请量、授权量增长幅度位于全省县（市、区）前列，申请量同比增长居九江市第一。

是月　瑞昌市被江西省民政厅评为 2015 年度社会救助工作优秀县（市、区）。

瑞昌市获“十二五”期间全省殡葬改革示范县称号。

瑞昌安定湖公园被列为省级湿地公园试点。

2　月

3 日　瑞昌市举办 2016 年“春风行动”专场招聘会。市领导邵九思、程厚红、钱萍、丰耿、王翠霞出席启动仪式。

4 日　瑞昌市组织收听收看全省领导干部会议。市委书记罗文江在九江分会场参加会议；郭小云、徐修武、郭少雄、周洪文、郑庆华、程厚红、淦克松、钱萍等市四套班子领导在瑞昌分会场参加会议。

5日 九江召开全市党员干部参与赌博问题专项治理工作动员部署电视电话会，分析当前形势，动员部署专项治理工作。市领导李九萍、周洪文、郑庆华在瑞昌分会场参加会议。会议深入传达学习了中纪委、中组部《关于严肃查处党员和干部参与赌博的通知》精神，宣读了专项治理工作方案。

14日 农历猴年上班第一天，省委书记强卫到瑞昌，深入武山铜矿270米深的矿井作业面，看望慰问广大一线干部职工，并向瑞昌人民致以新春祝福。

20日 省委党校常务副校长舒仁庆率省委党校工作专题调研组到瑞昌市调研指导工作。市委书记罗文江，市委副书记、市长、市委党校校长郭小云，市委常委、组织部部长周洪文出席座谈会。

23日 九江市委常委、副市长唐舒龙，副市长熊剑带队到瑞昌市走访部分工业企业，协调解决企业发展遇到的各种难题。瑞昌市委书记罗文江，市委副书记、市长郭小云陪同并汇报工作。

24日 党员干部参与赌博问题专项治理工作动员部署会召开，这是继春节前该项工作动员会后，对该项工作再动员再部署。市委常委、政法委书记、公安局局长李九萍讲话，市委常委、纪委书记郑庆华主持会议。

28日 市委副书记、市长郭小云，市委常委、副市长程厚红赴江苏昆山、太仓及浙江桐庐考察洽谈项目。

3　月

3日 九江市县域经济发展升级巡回观摩团到瑞昌参观考察。九江市委副书记、市长林彬杨，市委副书记占勇，市人大常委会主任冯静，市政协主席杨小华等四套班子领导率由各县（市、区）党政主要同志、九江市直相关部门主要同志组成的观摩团考察瑞昌一年来经济社会发展的新变化、新亮点。瑞昌市委书记罗文江，市委副书记、市长郭小云参加活动，并介绍瑞昌市2015年经济社会发展情况。

同日 在江西省政府驻北京办事处和北京江西企业商会主办的京赣情深，新篇再启——2015北京最美江西人颁奖典礼暨北京江西企业商会年会上，瑞昌籍在京创业成功人士、橘子水晶连锁酒店CEO吴海当选“2015北京最美江西人”。

9日 浙江省副省长孙景淼一行到瑞昌考察长江港口建设等情况。江西省交通运输厅副厅长王昭春、省港航管理局局长于钦民，九江市委常委、常务副市长熊永强，九江市副市长石荣国陪同考察。瑞昌市委书记罗文江、副市长周毅介绍情况。

10日 市委书记罗文江就瑞昌如何在九江新工业十年行动中率先作为，接受了《九江日报》、九江市广播电视台、《浔阳晚报》等九江主流媒体专访。

15日 九江市政协副主席古小平率调研组到瑞昌调研工作。古小平一行对瑞昌党政高度重视政协工作予以赞赏，充分肯定瑞昌政协在加强基层组织建设、完善工作机制、发挥主体作用、强化自身建设等方面的工作成绩。瑞昌市委书记罗文江介绍经济社会发展情况；市领导郭小云、郭少雄、周洪文、邵九思、周又新、李世秀、吴拥军、李汉穆、程世平等陪同或介绍情况。

16日 全省门球工作会在瑞昌召开，瑞昌市委副书记、市长郭小云出席并致辞。

同日 湖北省司法厅领导到瑞昌考察指导。省司法厅矫正管理局副局长康志文、瑞昌市政府副市长程世贵陪同。考察组一行首先到社区矫正监管中心，查看市社区矫正执法监管综合管理平台和业务执法平台，了解瑞昌市如何运用信息化平台开展社区矫正工作。

18日 九江市委十届九次全会精神宣讲报告暨市委中心组理论学习会举行。九江市政府副秘书长宋志龙作了题为《以五大理念推动供给侧改革与新工业十年行动》的宣讲报告。市委书记罗文江主持学习会并就贯彻落实会议精神提出要求。市委副书记、市长郭小云领学省委书记强卫在九江调研时的重要讲话精神。徐修武、郭少雄、李九萍、桂白丽、周洪文、邵九思、程厚红、潘雄、钱萍、王伟等市四套班子领导参加学习。

31日 全市经济工作会在市艺术中心召开。会议贯彻落实中央、省、九江市系列重要会议精神，回顾总结2015年经济工作，安排部署2016年经济工作，动员全市上下把握新理念，抢抓新机遇，提升精气神，同心同德，实在实干，为打造四个瑞昌、建设长江中游重要口岸城市、争当T型崛起排头兵、跨入全省十强县（市）、全面建成小康社会而努力奋斗。

是月 江西省林业厅公布第二批20个省级深化集体林权制度改革试点县（市、区）名单，瑞昌市名列其中。

4 月

5—6日 市委副书记、市长郭小云一行走访了浙江日昌升矿业有限公司，就深入推进混凝土细骨料制造项目与企业负责人座谈交流。在东阳和温州，郭小云一行还考察了东阳市新型墙体材料生产项目，走访了温州市龙湾区和瓯海区的相关企业并考察其防水小电器和卫浴制品项目。市领导程厚红一同考察。

8日 瑞昌市举行专业招商分队出征仪式。为更好适应招商引资新形势，增强招商引资工作的针对性，瑞昌市在成立21个招商团的基础上，又专门成立6个专业招商分队分赴全国各地专事招商，力争每个小分队全年提供有价值的3000万元以上项目信息10条、邀请有意向客商12批次到瑞昌考察，实际引进投资3000万元以上项目不少于3个，其中投资5亿元以上项目1个。市领导程厚红出席活动。

12日 瑞昌市政府与阿里巴巴举办农村电子商务合作签约仪式。

13日 九江市人大调研组到瑞昌调研检察机关规范司法行为工作。九江市人大常委会副主任吕斌率调研组一行实地察看市检察院办案工作区、远程视频接访室、案件管理中心等，并召开座谈会，听取市检察院关于规范司法行为的工作汇报，对瑞昌市检察院规范司法行为工作给予肯定。市领导郭小云、徐修武、李九萍、丰耿等陪同调研或介绍情况。

15日 九江市人大督查组到瑞昌督查县乡人大建设工作。九江人大常委会副主任熊起栋率督查组一行实地察看夏畈镇镇村规划、夏畈村代表联络工作站、铜岭遗址博物馆及桂林街道裕丰村代表联络工作站的建设情况，并召开座谈会，听取贯彻落实省、九江市人大工作会议和有关文件精神以及县乡人大建设工作情况汇报。市领导郭小云、徐修武汇报工作。市领导周洪文、李庆生、毕诗龙、刘振华、柯善富、张恭良以及市法检两长等参加座谈或介绍情况。

11—19日 市委书记罗文江一行赴广东、香港、台湾等地，开展招商推介、项目洽谈及经贸交往等招商引资活动。这次活动推进了一批在谈信息项目，促进了一批项目即将签约落户，拜访了一批有影响力的重要客商。市委常委、副市长程厚红一同参加各项活动。

20日 九江市老年大学副校长汤瑞琪率队到瑞昌考察调研老年大学工作。旨在通过考察学习县（市、区）优秀老年大学的办学模式，为九江市老年大学后续发展提供新思路、新举措。瑞昌市领导罗文江、周洪文、蒋贤智陪同或介绍情况。

20日 民政部救灾司副司长胡晓春、木莎·亚合甫一行到瑞昌调研指导工作。省民政厅副厅长饶剑明，九江市委常委赵兵，瑞昌市委书记罗文江，市委副书记、市长郭小云，副市长程世贵等陪同或汇报工作。调研组一行先后到大唐新区三个中心防灾减灾宣传教育基地及市民政局救灾装备现场、救灾物资储备库，实地考察调研瑞昌市减灾救灾工作开展情况，并观看专题片，听取瑞昌市工作汇报，与基层干部群众座谈，面对面听取农村自然灾害信息员工作意见和建议。

20日 国家处非联办副主任周家龙率调研组到瑞昌，调研督办防范打击和处置非法集资工作。九江市委常委、副市长才宏远，瑞昌市委副书记、市长郭小云，市委常委、常务副市长邵九思陪同调研并介绍情况。

22日 瑞昌市阿里巴巴农村淘宝项目启动大会举行。受市委副书记、市长郭小云委托，市委常委、常务副市长邵九思出席并讲话，市委常委、副市长王伟安排部署工作，副市长蒋贤智主持会议。

20—23日 德国沃尔泽伦市文理中学师生代表团一行20余人到瑞昌进行友好交流访问。代表团一行先后参观瑞昌市艺术中心、文化馆、博物馆、体育公园，实地了解瑞昌经济社会发展和人文历史。在市一中，德国师生与一中学生结下友谊对子，共同参加拔河、踢毽子、乒乓球、足球、剪纸、书法等文体活动。市领导罗文江、郭小云、桂白丽、邵九思、程厚红、钱萍会见或陪同外宾。

24—25日 市委副书记、市长郭小云一行赴四川成都招商。郭小云一行到中国核动力研究设计院，与该院副院长彭诗念、ACP100总设计师宋丹戎、院办副主任刘应德、科技处处长助理明哲东、副总设计师秦忠、副总设计师陈智、科技处项目主管李松及中核新能源有限公司经营规划部主任任永强等人进行了深入洽谈。市领导李九萍、程厚红、王伟一同外出招商。

27日 瑞昌市城东学校教师陈玉梅在南昌接受表彰，成为“全国五一劳动奖章”获得者。

是月 经省政府审定同意，江西省绿化委员会正式授予瑞昌市“江西省森林城市”称号。

5　月

4日 省商务厅党组书记、厅长王水平率调研组到瑞昌调研外贸工作。九江市委常委赵兵，瑞昌市领导郭小云、钱萍等陪同或介绍情况。

5日 江西省降低企业成本优化发展环境专项行动电视电话动员大会在南昌召开。会上，作为江西省一类县（市、区），瑞昌市荣获江西省2015年度科学发展综合考核评价先进县（市、区）。

9日 瑞昌市举行农村淘宝招商推介会。推介会的召开标志着瑞昌农村淘宝畅通双向流通服务体系工作正式开始。招商会吸引了57家商户参加。会上，阿里巴巴农村淘宝瑞昌负责人详细解析招商细则，并结合瑞昌实际情况，就当前电商运营和与会人员进行互动沟通。

10日 省委副书记刘奇到瑞昌视察工作。省委副秘书长李能，省林业厅厅长阎钢军，省扶贫和移民办主任章康华，省林科院院长黄小春随同。九江市委书记杨伟东，市委副书记占勇，市委常委、常务副市长熊永强，市委常委、农工部部长董金寿，副市长赵伟，市委秘书长周美祥陪同。瑞昌市领导罗文江、邵九思、程世贵、谈太君等在现场介绍情况。

11日 省煤矿安全监察局赣东北分局副局长李志彬一行到瑞昌督导工作。

8—11日 瑞昌市组队随省代表团赴香港参加2016年赣港经贸活动。省委书记强卫，九江市委副书记、市长林彬杨分别会见了意向在瑞昌投资的客商。瑞昌市委副书记、市长郭小云带队，并积极开展招商推介、项目洽谈及经贸交往等活动。此前的5月9日和10日，省委书记强卫，九江市委副书记、市长林彬杨分别会见了世纪阳光集团控股有限公司董事局主席池文富、行政总裁沈世捷、董事局主席助理吕文清等人。

13—14日 2016年非洲法语国家开发式扶贫政策与实践官员研修班一行30人到瑞昌市考察扶贫开发工作。省扶贫和移民办村庄建设处处长李林生，瑞昌市领导蒋贤智陪同考察。考察团先后前往市现代职业中等专业学校、白杨镇财政所、武蛟乡小月村实地考察学习。

17日 副省长刘昌林率宣讲组一行到瑞昌，开展降低企业成本、优化发展环境专项行动调研座谈和政策动员宣讲。省政府副秘书长王亚联，省银监局局长李虎等陪同调研；九江市委副书记、市长林彬杨主持宣讲会，市委常委、副市长才宏远，市政府秘书长王丰鹏出席动员宣讲会。瑞昌市领导郭小云、徐修武、郭少雄、邵九思、钱萍、刘振华、程世贵、王翠霞等参加动员会或在项目点介绍情况。

18日 瑞昌市、武宁县和湖北阳新县在瑞昌签订扫黄打非南岭工程联防协作协议。根据协作协议，三县市将加强交流合作，开展联合执法行动，加强信息互联，建立案件查办协作和应急处置机制，着力推进边界市县、乡镇、村基层扫黄打非工作互联互建、开拓创新，全面完成湘鄂赣扫黄打非南岭工程各项任务。

18日 参加第19届中国国际投资贸易洽谈会走进江西主宾省活动的知名企业负责人一行，到码头工业城参观考察。投洽会组委会、厦门市会展局副局长杨少菁率团走进瑞昌，九江市委常委赵兵，瑞昌领导郭小云、钱萍陪同并介绍情况。

18日 省卫计委综合监督局局长李志刚一行到瑞昌调研指导卫生计生综合监督执法工作。调研组一行通过实地察看和听取汇报的方式，详细了解瑞昌卫生计生综合监督执法工作开展情况，肯定瑞昌市卫生计生综合监督执法工作所取得成绩。

20日 宁波舟山港集团太仓万方国际码头入驻华中国际木业木材仓储区签约启动仪式、安徽省江海通供应链管理有限公司木业产业供应链平台建设战略合作签约仪式在瑞昌华中国际木业产业园举行。

23日 九江市委常委、农工部部长董金寿到瑞昌调研指导三农工作。市领导罗文江、郭小云、邵九思陪同并介绍情况。

23日 抚州市委常委、纪委书记吴伟柱率考察组到瑞昌考察党风廉政建设工作。九江市委常委、纪委书记黄赛荣，瑞昌市领导罗文江、郭小云、郑庆华陪同并参加座谈。

26日 省政协党组成员、秘书长肖为群率省委督查组到瑞昌，督查省委政协会议和赣发〔2015〕17号文件贯彻落实情况。九江市政协主席杨小华，瑞昌市委书记罗文江、政协主席郭少雄等领导陪同或出席汇报会听取工作汇报。督查期间，省委督查组还前往市体育公园、三个中心、吉恩重工、长江公用码头、新洋丰复合肥等民生城建和工业项目参观考察，对瑞昌城市建设和工业发展取得的成绩给予肯定。

28日 九江市委、市政府在瑞昌召开全市三农工作现场推进会。九江市委书记杨伟东出席会议并讲话。九江市委副书记、市长林彬杨主持会议。九江市领导占勇、董金寿、李洪涛、吕斌、赵伟、朱汉浩等出席会议。九江市相关部门单位及各县（市、区、山）党政主要领导、相关单位负责人等参加活动。

是月 瑞昌市荣获江西省2015年度农田水利重点县（项目县）建设资金绩效考评第一名。这是继2014年度荣获小型农田水利重点县建设绩效考评第一名之后，再次获此殊荣。

6 月

8日 阿里巴巴农村淘宝瑞昌市服务中心开业暨瑞昌市创业孵化基地和电子商务协会成立揭牌仪式举行。九江市商管办主任陈世超，瑞昌市领导郭小云、邵九思、潘雄、王伟及客商代表出席仪式并共同揭牌。

17日 九江市委书记杨伟东在浔会见盈德气体集团高层。双方就推进该公司拟在瑞昌投资建设的工业气体岛及综合利用项目、进一步加强深度合作进行交流。九江市委常委、副市长赵兵，市委秘书长周美祥；瑞昌市委书记罗文江、市委副书记、市长郭小云、市委常委、副市长钱萍会见时在座。

21日 副省长李贻煌到瑞昌市视察。李贻煌先后到赛湖国家农业综合开发示范园、吉恩重工、新洋丰复合肥、华中国际木业、红木产业园等企业。省政府副秘书长张小平，省工信委副主任谢光华等随同。九江市委副书记、市长林彬杨，市委常委、常务副市长熊永强陪同视察。瑞昌市领导罗文江、郭小云、钱萍等在现场介绍情况。

同日 “海智计划”格雷斯科技工作站授牌成立。江西格雷斯科技股份有限公司被省委组织部、省人社厅、省科协授予海智计划环保节能建材添加剂工作站。省科协党组书记、常务副主席罗莹，党组成员、副主席彭玲华，九江市科协主席丁冰洋等出席授牌仪式。瑞昌市委书记罗文江致辞。市领导郭小云、周洪文、邵九思、王伟、余平、张全市等参加活动。

23日 全国规范实施不动产统一登记工作专题研究班成员到瑞昌市参观赛湖农场土地整治项目。学习培训期间，研究班成员一行50余人在螺丝港农业科技示范园，实地参观辣椒、番茄、西瓜等种植大棚。市委副书记、市长郭小云，副市长周毅分别介绍情况。

是月 瑞昌考生一本、二本上线1947人（含市现代职业中专8人）。其中一本上线人数470名，有4人进入文科全省前100名内，1人进入理科全省前100名内。

26日 欧文斯建材公司与哈萨克斯坦国正式签订多项智能温室项目，以支持并服务于该国2017年世博会。在《江西省参与一带一路建设优先推进项目（2015—2017年）》中，欧文斯建材公司成为首批进入该项目群的企业，也是九江唯一一家以境外合作项目身份入选的企业。

26—29日 省政府义务教育均衡发展督导评估组一行到瑞昌市开展义务教育均衡发展督导评估。市委书记罗文江，市委副书记、市长郭小云及市领导钱萍、毕诗龙、张全市等陪同或介绍情况。

7 月

8日 九江市委书记杨伟东深入瑞昌长江堤防汛工作现场检查指导防汛抢险工作。九江市政协副主席古小平现场介绍情况，市委秘书长周美祥随同。市领导罗文江、郭小云、桂白丽、郑庆华、王伟、毕诗龙、柯善富、吴拥军等汇报工作或在防汛值守点介绍情况。

8日 驻浙江金华73051部队的220名官兵，驰援瑞昌抗洪抢险，于当晚7时许抵达赛湖农场三分场驻地。

9日 九江市委副书记、市长林彬杨深入瑞昌市赛湖堤防汛工作现场，看望慰问干部群众及人民解放军官兵，现场检查指导防汛抢修工作。市领导罗文江、郭小云、邵九思、潘雄、程世贵陪同或在防汛值守点介绍情况。

9日 九江市委常委、副市长赵兵到瑞昌市巡查指导赛湖堤防汛工作。瑞昌市领导罗文江、郭小云、郭少雄陪同并在现场介绍情况。

11日 九江市委书记杨伟东深入赛湖堤防汛一线检查指导抗洪抢险工作。九江市副市长赵伟，市委秘书长周美祥随同，市领导罗文江、郭小云、邵九思等在防汛点介绍情况。

同日 九江市委副书记、市长林彬杨在赛湖堤一线指导抗洪抢险工作。市领导罗文江、郭小云、郭少雄、邵九思、潘雄陪同或在防汛值守点介绍情况。

同日 武警水电二总队调集200多名官兵到瑞昌赛湖堤开展抗洪抢险工作。

12日 武警水电指挥部政委唐晓深入赛湖堤看望慰问一线抗洪官兵，并调研指导及商讨军地双方携手抗洪抢险工作。军地联合指挥部总指挥、九江市政协副主席古小平，武警水电二总队副政委熊壮中，军地联合指挥部副总指挥、瑞昌市委书记罗文江，市委副书记、市长郭小云介绍情况。

12—13日 全省社区矫正官制度试点工作推进会在瑞昌市召开。省司法厅巡视员简明龙、省司法厅社区矫正局局长魏淑燕，瑞昌市委常委、政法委书记、公安局局长李九萍及各试点市、县相关人员参加会议。

14日 东部战区司令员刘粤军深入赛湖堤，实地察看汛情，看望慰问抗洪抢险一线官兵。省委副书记、代省长刘奇代表省委、省政府一同看望慰问。东部战区副参谋长沙军，第一集团军政委秦树桐，省军区领导张晓明、杨笑祥、方建华，副省长尹建业，九江市委书记杨伟东，市委副书记、市长林彬杨，九江市委常委、九江军分区政委汪开华，九江军分区司令员宋朝阳，副市长赵伟，市委秘书长周美祥等陪同。瑞昌市领导罗文江、郭小云在现场介绍情况。

19日 东部战区陆军政委廖可铎少将深入瑞昌市赛湖堤，看望慰问战斗在一线的部队官兵和民兵预备役人员，并检查指导防汛工作。省委常委、省军区司令员张晓明，九江市委副书记、市长林彬杨，九江市委常委、军分区政委汪开华，九江军分区司令员宋朝阳等陪同；瑞昌市市委书记罗文江，市委副书记、市长郭小云，市领导邵九思、淦克松等现场介绍情况。

21 日 江西银监局降成本、优环境专项行动挂点企业问题协调会在瑞昌市召开。省银监局副局长卫功琦，九江市委常委、副市长赵兵，市领导邵九思、郭维勤参加工作会。九江市、修水县及瑞昌市相关单位及企业有关负责人一同参会。

23 日 北京瑞昌企业商会在京召开第一次会员代表大会。会议宣读了北京市民政局和瑞昌市政府关于同意商会成立的批复和告知单。会议选举产生了第一届理事会和监事会，徐振天当选会长。

28 日 市委、市政府举行欢送抗洪子弟兵仪式，市委书记罗文江代表市委、市政府向抗洪部队赠送“人民卫士、抗洪铁军”的锦旗。全市各部门、乡镇干部职工及社会各界人士2000余人参加欢送仪式。

31 日 国家卫计委疾控局环境处处长李全乐率全国爱卫办督导组到瑞昌调研督导防汛抗洪卫生防疫工作。督导组一行先后到赛湖七分场消杀点、赛湖堤中医院医疗点、码头水厂、市疾控中心实地查看防汛抗洪卫生防疫工作。市领导程世贵、张全市陪同或介绍情况。

8 月

1 日 省委常委、省委统战部部长蔡小明代表省委、省政府到瑞昌走访慰问解放军73868部队官兵。九江市委书记杨伟东，副书记、市长林彬杨，市政协副主席、市委统战部部长黄大明，市委秘书长周美详，瑞昌市领导罗文江、郭小云、潘雄、程世贵等陪同走访。

10 日 南昌市老年体协领导到瑞昌市调研。南昌市各县区老年体协同志在九江市老年体协主席魏改生及瑞昌市老年体协主席丁显松陪同下到南义镇调研老年人体育活动工作，并先后前往该镇朝阳村、星明村、王家铺村老年活动场所及南义镇文化活动中心建设现场参观调研。

12 日 全省青少年羽毛球锦标赛在瑞昌市拉开帷幕。省球类运动管理中心主任张松涛，省羽毛球协会副主席李玖林，省球类运动管理中心副主任姚承三，市委常委、副市长钱萍，市政协副主席、市羽毛球协会主席吴拥军出席开幕式。

14 日 国家卫计委副主任、国家中医药管理局局长王国强一行到瑞昌市调研中医和血防工作。副省长谢茹，省政府副秘书长陈敏，省卫计委主任李利，九江市副市长廖奇志，九江市政府副秘书长徐卿，九江市卫计委主任刘少华及瑞昌市市委书记郭小云，市委副书记、市长候选人江训开，副市长张全市等陪同调研或介绍情况。

15 日 九江市防汛抗洪工作总结视频会召开。会议总结防汛抗洪工作，表彰单位和个人。瑞昌市水利局、赛湖农场、桂林街道、人武部等4个单位被评为防汛抗洪工作表现突出单位，7人被评为防汛抗洪工作表现突出个人。市委书记郭小云，市委副书记、市长候选人江训开在九江主会场参加会议；徐修武、郭少雄、李九萍、桂白丽、周洪文、郑庆华、潘雄、淦克松、钱萍、郭维勤等四套班子领导及市直部门单位、各乡（镇、场、街道）负责人在瑞昌分会场参会。

16 日 全省2016年油菜绿色高产高效创建项目实施方案专家评审会在瑞昌召开。专家组对湖口、都昌和瑞昌市的创建方案进行了评审，肯定了3县市的实施方案。

30—31 日 中国共产党瑞昌市第七次代表大会在市艺术中心召开，有329名代表参加。大会听取和审议了市委书记郭小云代表中国共产党瑞昌市第六届委员会作题为《坚持实干创新，推进五大升级，在新的历史起点上奋力开启瑞昌发展新征程》的报告；听取和审议了中国共产党瑞昌市纪律检查委员会的工作报告；选举了中国共产党瑞昌市第七届委员会；选举了中国共产党瑞昌市纪律检查委员会；选举了出席中国共产党九江市第十一次代表大会代表。

是月 中国地方志指导小组对全国地方志优秀

成果406部年鉴通报表扬，《瑞昌年鉴（2013）》名列其中，获评三等年鉴。

9 月

3—4日 省农村生活垃圾专项治理工作督导组到瑞昌市检查指导工作。督导组一行深入黄金乡界首村、横港镇赤岗村和红星村、市再生资源回收中心等地进行实地督导，并听取瑞昌市相关工作汇报，就乡村生活垃圾治理、垃圾分类回收、污水治理等问题与有关人员进行交流。瑞昌市领导江训开、陈骏、郭维勤、蒋贤智等介绍情况。

6—7日 省人大常委会副主任冯桃莲率调研组到瑞昌市调研长江江西段水资源保护等情况。冯桃莲率调研组一行先后走访了理文化工、理文造纸、武山铜矿等企业，实地察看企业污水处理方式，详细了解企业建设生活和工业用水、污水处理设施、节水措施等情况。通过实地调研，冯桃莲对瑞昌市在企业在污水处理、环境保护方面所作的努力给予肯定。九江市人大常委会主任冯静、九江市副市长卢天锡，瑞昌市领导郭小云、江训开、徐修武、王伟、柯善富、蒋贤智、颉勇军等陪同或介绍情况。

8日 中国棉纺织行业协会瑞昌座谈会召开。中国棉纺织行业协会会长朱北娜出席会议。瑞昌市委书记郭小云主持会议并致辞。市领导钱萍出席座谈会。

9—11日 第三届中国中部（九江）红木家具博览会暨2016长江经济带发展论坛在瑞昌市隆重举办。博览会由国策智库研究院、中国国际经济合作学会、江西省林业产业联合会、江西省家具协会、江西立信集团联合主办，全国各地300余家红木生产企业、2000余位红木经销商参加。国家发改委原副主任、党组成员、中国中小企业协会会长李子彬，第六届全国人大常委、第七、八、九、十届全国政协常委、国家民委原副主任、党组副书记、全国总工会原副主席江家福，十一届全国政协委员、商务部原副部长魏建国，第九、十届全国政协常委、国务院参事、著名经济专家任玉岭，国务院发展研究中心原副主任侯云春，第十二届全国政协委员、全国工商联原副主席庄聪生，中国国际经济合作学会会长、商务部前合作司司长、中国驻埃及大使馆前公使衔参赞崔明谟，中央军委总参原局长、国策智库执行会长楼增泉，中国高科技产业化研究会副理事长、科技部中国产学研促进会专家委员会专家、工信部中国信息化推进联盟专家委员会资深专家刘延宁，省林业厅厅长阎钢军，九江市政协主席杨小华，九江市副市长赵伟，瑞昌市领导江训开、陈琪、徐修武、郭少雄、周洪文及蒋贤智、李世秀、王翠霞等出席。

20—22日 市政协第七届委员会举行第一次会议，有176名委员参加。大会听取和审议政协瑞昌市第六届委员会常务委员会工作报告及有关工作报告，审议通过相关决议。大会以无记名方式选举周洪文为政协瑞昌市第七届委员会主席，王翠霞、吴拥军、程世平、周华文、柯素君、王能志、董向阳为政协瑞昌市第七届委员会副主席，刘尊柱为政协第七届委员会秘书长。

21—23日 市七届人民代表大会举行第一次会议，有186名代表参加。大会听取和审议瑞昌市人民政府工作报告及有关工作报告，表决通过相关决议。大会以无记名方式选举郭少雄为瑞昌市第七届人民代表大会常务委员会主任；选举江训开为瑞昌市人民政府市长；丰耿、毕诗龙、胡桂珠、邹时宝、陈国胜、费重林为市第七届人民代表大会常务委员会副主任；朱发炳、蒋贤智、程世贵、邹建波、谈太君、颉勇军为市人民政府副市长；漆晓君为市人民法院院长、彭文忠为市人民检察院检察长。

21日 江西省双拥模范城（县）命名表彰大会在南昌召开，瑞昌市再次获评全省双拥模范城，这是连续第五次获此殊荣。

30日 瑞昌市中医药学会成立大会在市中医院召开。江西省中医药管理局副局长刘希伟、九江市卫计委副主任陈玲珠、瑞昌市副市长程世贵等出席。全市中医药从业人员260余人参加了成立大会。会议通过了《瑞昌市中医药学会章程》，选举产生了瑞昌市中医药学会会长、副会长、秘书长、副秘书长、监理会等成员，瑞昌市中医医院大内科主任、副主任中医师梁玮当选会长。

30日 市烈士陵园举行烈士公祭仪式。市委书记郭小云领祭，市委副书记、市长江训开主持仪式。市领导陈琪、郭少雄、周洪文、朱发炳、梁少清、陈骏、淦克松、余平、胡定文等出席仪式。参加仪式人员有450余人。当日，横港、肇陈、洪一等地党委政府，也分别在本地的烈士墓前或烈士陵园，举行了公祭活动。

10 月

12日 瑞昌市老年体协成立30周年庆祝大会暨市第十一届老年人健身体育运动会开幕式举行。省老年体协副主席任魁庆、九江市老年体协主席魏改生先后讲话，九江市老年体协名誉主席陈绍铨和余修炎、顾问姚洪瑞到会祝贺。瑞昌市委书记郭小云宣布第十一届老年人健身体育运动会开幕。市委副书记、市长江训开讲话。市领导陈琪、郭少雄、周洪文、丰耿、蒋贤智、王翠霞以及市老年体协主席丁显松出席活动。

14日 市统计局荣获全省统计规范化建设先进单位荣誉称号。全省共有18个县（市、区）统计局获此荣誉，九江地区仅瑞昌市和德安县获奖。

19—20日 全省农村“党建+”工作流动现场会在瑞昌召开。20日上午，九江市委组织部副部长、村建办主任胡运龙带领与会人员前往朱湖村参观调研。瑞昌市委副书记陈琪，市委常委、组织部部长邵阳在现场介绍情况。与会人员一行前往朱湖村中心广场、体育场馆、幼儿园、追思堂陵园、江边货场等地参观，详细了解朱湖村“党建+”工作推进情况。

18日 九江市委常委、纪委书记杨志军到码头工业城园区视察。杨志军一行先后深入理文造纸、公用码头、亚泥新厂等项目一线，实地考察企业生产经营状况及项目建设情况。在重大项目现场，杨志军逐一询问项目推进情况，并向企业负责人详细了解当地优化经济发展环境、服务企业发展和项目建设情况。

22日 民政部救灾司司长、国家减灾中心主任庞陈敏一行到瑞昌市专题调研减灾工作。江西省民政厅副巡视员李小荣，九江市政府党组成员彭敏，瑞昌市委副书记、市长江训开，副市长程世贵陪同调研。

23日 江西省少先队活动课程建设座谈会在瑞昌市召开。共青团中央组织部机关党委干部二处副处长潘昊，共青团江西省委副书记、省少工委主任伍复康，省教育厅基教处处长、省少工委副主任何少加，省政府督学、省少先队总辅导员文耀挺，共青团九江市委书记宋晓好、副书记周丽敏，省教育厅教研室少先队活动课程教研员、省少先队活动课程指导用书主编周自兴，瑞昌副市长程世贵等出席座谈会。来自全省11个地市部分辅导员参加座谈。

是月 市人民医院荣获省“平安医院”光荣称号。全省共有15家医院获此荣誉，市人民医院为九江地区唯一获此殊荣的县级医院。

是月 市美沃生态农林开发专业合作社被省林业厅评为“农民林业专业合作社省级示范社”，市美霞林业专业合作社、市美沃生态农林开发专业合作社还入选省级林下经济示范基地。

11 月

1日 省农业厅党委委员、副厅长、省农垦事业管理办公室党组书记、主任唐安到瑞昌赛湖现代农业示范园区调研指导工作。瑞昌市副市长蒋贤智陪同调研并介绍情况。

6日 省国土资源厅在九江市召开《第三轮矿产资源总体规划》评审会，《瑞昌市第三轮矿产资源总体规划》列入并通过评审。

8日 省卫计委确定瑞昌市人民医院为全省首批助理全科医生培训基地。

10日 省委政法委秘书长毛保国率省委改革

第四督导组到瑞昌就全面改革深化工作进行督查。九江市委政法委副书记查理，瑞昌市委副书记陈琪，市委常委、政法委书记余平陪同督查。

12日　南京朗坤智慧科技股份有限公司董事长武爱彬应市委、市政府邀请到瑞昌举办讲座，讲座主题为“用互联网+打造有时代特色的智慧瑞昌”。市委副书记、市长江训开主持，市领导梁少清、陈骏、钱萍、邵阳、余平等市四套班子在家领导聆听讲座。

11—12日　石油和化工行业领袖峰会暨《中国化工报》理事会第十二次年会在瑞昌举行。峰会由中国化工报社和九江市政府主办，瑞昌市人民政府承办。中国石油和化学工业联合会会长李寿生副会长傅向升作主题报告，中国石油和化学工业联合会副会长、中国化工报社党委书记、总编辑刘双鑫主持开幕式。百余名国内化工行业著名专家齐聚瑞昌，就石油化工行业未来发展趋势、化解产能过剩、国家“一带一路”倡议下的产业新机遇、智能时代如何胜出等相关热点问题进行研讨交流。瑞昌市委书记郭小云，市委副书记、市长江训开，市委副书记陈琪，市人大常委会主任郭少雄，市政协主席周洪文，市委常委、宣传部部长钱萍，市委常委、副市长郭维勤，副市长颉勇军等出席会议相关活动。

17日　省2016年“百万家庭亲情一线牵”恒爱行动在瑞昌启动。省妇联儿童部部长黄陶青，九江市妇联副调研员马赣，瑞昌市委副书记陈琪出席活动。

22日　市委书记郭小云会见老挝人民民主共和国川圹经济特区政府主席、老挝川圹南泥湾国际发展公司董事局主席陈宇君一行。市委副书记陈琪，市委常委、副市长郭维勤参加会见。

24日　武宁县委书记杜少华，县委副书记、县长李广松率武宁党政考察团到瑞昌参观考察。市委书记郭小云陪同。

12　月

2日　九江市委副书记、市长林彬杨到瑞昌调研项目建设。九江市政府秘书长吴照友，安监局局长曾宪奎，中小企业局局长姜展戎参加调研。

5日　市委书记郭小云主持召开市四套班子（扩大）会，专题研究讨论城乡教学网点布局规划工作和“五大升级”实施意见。市委副书记、市长江训开，市委副书记陈琪，市人大常委会主任郭少雄，市政协主席周洪文及市领导朱炳发、梁少清、陈骏、钱萍、邵阳、余平、胡定文等出席会议。

6日　国家县域义务教学均衡发展督导检查组到瑞昌开展督导检查。省教育厅副厅长杨慧文，九江市教育局党委委员、副局长何明，瑞昌市领导郭小云、江训开、郭少雄、周洪文、钱萍、毕诗龙、程世贵等陪同或出席汇报会。督导检查组通过听汇报、查资料、看现场、访师生等方式，详细了解瑞昌市义务教育均衡发展工作推进情况。他们对瑞昌市义务教育均衡发展工作特点和成效给予了肯定和好评。

11日　瑞昌市（上海）商会在上海成立。九江市副市长孙金淼，九江市政府驻沪办主任程厚红，瑞昌市委副书记、市长江训开，市委常委、统战部部长胡定文，市政协副主席、工商联主席柯愫君出席成立大会。瑞昌市（上海）商会首届会长朱汉仁，上海、九江工商联界代表，上海知青代表，瑞昌籍在沪知名人士等参加会议。

是月　2016年度江西省“绿色家庭”创建活动120名示范户名单揭晓，瑞昌市横港镇红光村范小霞家庭榜上有名。

瑞昌概览

◇◇本栏编辑　胡茂盛

综　　述

2016年，是“十三五”开局之年。瑞昌市委、市政府坚持实干创新，着力推进工业发展、对外开放、城市管理、秀美乡村、民生共享“五大升级”，保持了经济社会平稳较快发展，较好地完成全年目标任务。

工业发展开局良好。全市规模以上工业产值完成495.98亿元，增长11.3%；规模以上工业增加值完成102.75亿元，增长9.8%；规模以上工业主营业务收入505.90亿元，增长9.7%。全年在建重大工业项目46个，总投资528亿元。骨干企业加速发展。亚东水泥、理文造纸等10家企业主营业务收入过10亿元；武山铜矿、汇尔油泵等15家企业税收过千万；华瑞缝纫线、中材科技等企业运行良好；华亨宠物食品、蓝谷新能源获批“新三板”挂牌，企业上市实现零突破；吉恩重工等8家企业进入规上企业行列，规上工业企业总数达126家。

城市建设成效明显。推进城市公交运营机制改革，优化公交线路，新增新能源公交车10辆，便利市民出行。投资12.8亿元，推进52个重点城建项目建设，城市建设亮点纷呈。武九客专进入调试阶段，瑞昌高铁站、站前广场、站前一路主体工程基本建成，瑞昌即将迈入高铁时代。完成瀼河公园南岸景观建设等绿化工程，新增绿化面积4.35万平方米，城市品位进一步提升。

“三农”工作亮点纷呈。完成粮食产量10.6万吨，油菜种植面积达20万亩，获批全省油菜绿色高产高效创建综合示范区。引进亿元以上农业项目4个，新建500亩以上连片种植、养殖基地9个，新增规模以上农业企业3家、“三品一标”农产品14个、农民专业合作社86家、家庭农场167家。高丰镇青丰村入选全国“一村一品”示范村，横立山乡红旗村等5个村入选国家乡村旅游扶贫工程。完成72个新农村点建设，高标准打造南义朝阳畈、横立山杨泉等11个中心村；南义镇获评全省水生态文明乡镇，白杨镇被授予省级生态乡镇。

自 然 环 境

【地理位置】　瑞昌市位于江西省北缘，九江市西侧，长江中游南岸。地理坐标北纬29°31′~29°51′、东经115°06′~115°43′。北倚长江，与湖北省武穴市隔江相望；南止屏峰山，与德安、武宁县毗连；东沿赤、赛两湖，与廉溪区为邻；西界鼓鸣尖，与湖北阳新县接壤。全境东西长60.55千米，南北宽51.55千米，总面积1419.31平方千米，占全省面积0.85%，占九江市总面积7.6%。

【地势地貌】　域内以丘陵低山构造地貌为主，兼有侵蚀堆积地貌。由幕阜山脉分支的青山、大德山屹立中部，秦山、梅山屏障西南，大北山耸立长江边，重峦叠嶂绵延数十里，构成全市中高周低、西南高东北低的地形。海拔高度11~921.1米，其中海拔500米以上低山443.30平方千米，占陆地面积31.2%；海拔100～500米丘陵712.40平方千米，占50.1%；海拔100米以下滨湖平原267.41平方千米，占18.7%。地表水系以青山为分水岭，从东、南、西三个方向流出，分别注入长江、修河和湖北富水。

【自然资源】 境内自然资源丰富，综合利用价值较高。

土地资源 共分8大类，即耕地、园地、林地、草地、城镇村及工矿用地、交通运输用地、水域及水利设施用地、其他土地。2016年年末，全市各种地类面积分别为：耕地23514.35公顷，占总数16.6%；园地1800.06公顷，占1.27%；林地92107.34公顷，占64.9%；草地3374.82公顷，占2.38%；城镇村及工矿用地8120.65公顷，占5.7%；交通运输用地1946.83公顷，占1.37%；水域及水利设施用地8733.98公顷，占6.15%；其他土地2332.98公顷，占1.64%。

矿产资源 境内矿产资源得天独厚，已发现矿产地147处，查明矿种有7类31种。其中金属矿有金、银、铜、铅、锌、钨、钼等；非金属矿有硫、磷、煤、石灰石、白云石、大理石、硅灰石、矿泉水等。全市矿产资源地域分布相对集中，金属矿主要分布在市东北码头、白杨、夏畈和黄金等乡镇一带，西南部主产煤、大理石和矿泉水。主要矿产具有三大特色：有色金属及贵重金属矿中，共生伴生有价矿产多，综合利用效益好；地方特色矿产多，有优质石灰石、白云石、镁质黏土等；优质矿种多，水泥用灰岩、配料用砂岩、白云岩等，其品质、保有储量均居九江市首位，其中水泥用石灰岩在全省名列前茅。

水资源 水文资料统计，全市地表水资源总量为10.76亿立方米/年，其中九江、德安、武宁等邻县入境水量0.83亿立方米/年。综合域内历年降水资料，计算出平水年（P＝50%）产水量10.69亿立方米；偏枯年（P＝75%）产水量8.09亿立方米；特枯年（P＝95%）产水量5.6亿立方米。地下水蕴藏总量为2.89亿立方米/年，平水年为2.67亿立方米/年，偏枯年为2.02亿立方米/年，特枯年为1.38亿立方米/年。

建置区划

【建置沿革】 新石器时代，瑞昌就有先民定居，地属荆、杨二州。春秋战国时期，瑞昌先后属吴、越、楚国，故有“吴头楚尾”之称。

秦汉时期。始皇二十六年（前221），秦灭楚，统一全国，分天下为三十六郡，瑞昌属九江郡。

汉高祖元年（前206），瑞昌为九江王黥布封地，四年，改九江置淮南国。五年，分淮南地置豫章郡，领十八县，瑞昌属豫章郡柴桑县。王莽新朝时（9—23），改豫章郡为九江郡，改柴桑县为九江亭。莽亡，东汉复郡县故名，隶扬州刺史部。

三国·吴黄武元年（222），孙权置武昌郡，柴桑县为之属。

两晋南北朝时期。西晋元康元年（291），割扬、荆二州十郡置江州。永兴元年（304），合庐江之寻阳、武昌之柴桑二县置寻阳郡，隶江州，瑞昌属紫桑县。东晋咸和年间（326—334），先后将寻阳郡治、寻阳县治由江北迁治柴桑。义熙八年（412），省寻阳县入柴桑县。

南北朝宋、齐时（420—542），瑞昌仍属江州寻阳郡柴桑县。梁太清二年（548），折柴桑立汝南县，为寻阳郡治。太平二年（557），分江州为二、寻阳郡属西江州。陈天嘉六年（565），复江州，寻阳郡领柴桑、汝南二县，瑞昌疑属汝南县地。

隋唐五代时期。隋开皇九年（589），罢寻阳郡置江州，废柴桑、汝南县置寻阳县。十八年，改寻阳为彭蠡县。大业三年（607），改江州为九江郡，改彭蠡为彭城县，旋又更名湓城县。故瑞昌先属寻阳，再属彭蠡，后属湓城县。

唐武德四年（621），复九江郡为江州，分湓城增置浔阳县（寻加“氵”始于此）。八年，省湓城入浔阳。乾元元年（758），瑞昌属江州浔阳县。建中四年（783），以浔阳西偏僻远，分立赤乌场。

五代时，瑞昌初属杨吴（907—937），隶镇南军辖下之江州浔阳县。后属南唐（937—975），升元三年（939），升赤乌场为瑞昌县，治设桂林桥，隶奉化军（江州改名）。

宋元时期。北宋初分设路州，瑞昌属江南路江州。天禧四年（1020），分江南路为东西二路，江州属江南东路。南宋绍兴二年（1132），江州改属江南西路，瑞昌为其辖县。嘉泰三年（1203），县治迁至今址湓城镇。

元代行省下设路、州、县。至元十二年（1275），瑞昌属江州宣抚司。十三年，隶扬州行省。十四年，改南康军为南康路，瑞昌属之。十六年，江州改隶黄蕲等路宣慰使司。二十二年，隶江西行省江州路。至正十二年至二十一年（1352—1361），瑞昌一度为红中军首领徐寿辉、陈友谅占领。

明清时期。明洪武九年（1376），改江西行省为江西承宣布政使司，分5道13府，瑞昌属九江道九江府。

清沿明制。咸丰四年（1854）三月，太平军改湖口为九江郡，以九江府为江西省。太平天国失利后，清复原制。

民国时期。民国初，设道、府、州。民国3年（1914），划全省为四道，瑞昌属浔阳道。民国15年（1926）废道，县直隶省。民国21年（1932），全省设13行政区，瑞昌属第三行政区，并一度为区署驻地。民国24年（1935），缩改为8行政区，瑞昌属第五行政区。民国28年（1939），增改为11行政区，瑞昌属第九行政区，专署一度移驻境内徐源南山下、乐园寺下村。民国31年（1942），又调整为9行政区，瑞昌仍属第九行政区。

中华人民共和国　1949年5月18日，瑞昌解放。7月19日，成立江西省人民政府九江分区行政督察专员公署，辖7县，瑞昌属之。1971年2月，改九江行署为九江地区行政公署。1983年7月，撤销九江地区，成立九江市，实行市管县新体制。1989年12月，国务院批准撤销瑞昌县，设立瑞昌市，为省辖县级市，由九江市代管。

【行政区划】　2016年，瑞昌市共辖2个街道、8镇、8乡、3个农林场，下设44个居民委员会，157个村民委员会。

湓城街道　下设武庙下、望仙桥、东街、西门口、新街、杨林湖、荆林街、李家湾、雷家林、兵马垄、三贤、罗湖、惠民、广场、联盛15个居委会、78个居民组；瑞丰1个村委会，15个村民组。

桂林街道　设潘家堡、站前、桂林桥、大路口、五里桥、江航、瑞民、黄家湾、洋鸡山9个居委会、35个居民组；庆丰、裕丰、东关、大塘、六合、北亭、洪源、桂林、石山、常丰、永积、光明12个村委会，164个村民组。

码头镇　设东街、西街、金丝、港尾、江州造船厂5个居委会；码头、长咀、朱湖、苏山、梁公、团结、胜利、龙泉、新风、赤庄、长丰、长流、翠林、三源、龙窝15个村委会，144个村民组。

夏畈镇　设花园墩、船机厂2个居委会；三眼、夏畈、南林、港南、城门、禁地、铜岭、北联、百花、南畈、新桥、小桥12个村委会，111个村民组。

白杨镇　设武山铜矿、赤滨2个居委会；黄桥、檀山、赤丰、连山、白杨、郭桥6个村委会，68个村民组。

高丰镇　设乌石街1个居委会；永丰、高丰、乐丰、长垄、小源、铺头、青丰、永兴8个村委会，128个村民组。

肇陈镇　设肇祥1个居委会；华坊、八门、建坪、大禾塘、万泉、大林6个村委会，101个村民组。

范　镇　设范家铺1个居委会；范镇、陡岗、八都、源源、长春、良田、北溪、东山、红岗、高泉、上源、中源、开源13个村委会，205个村民组。

横港镇　设莫家铺1个居委会；远景、清溢、赤岗、初升、富强、繁荣、红光、红星、风景、风坪、先锋、峨荣、峨光13个村委会，159个村民组。

南义镇　设南兴1个居委会；王家铺、东升、明星、美源、美景、乐园、前进、朝阳、新福、杨段、程家、和平12个村委会，136个村民组。

武蛟乡　设大桥、集兴、上湖、三金、大兴、小月、灌湖7个村委会，68个村民组。

黄金乡　设界首、前程、金岭、林泉、北山、下巢湖6个村委会，58个村民组。

南阳乡　设双桥、燕山、严畈、红日、排砂、护岭、上畈、罗城8个村委会，93个村民组。

横立山乡　设全胜、新庄、红旗、青岭、光辉、芦塘6个村委会，78个村民组。

洪下乡　设张家铺、高露、洪下、迪畲、大屋冯、瓜山6个村委会，69个村民组。

花园乡　设花园、茅竹、田畈、南下、油市、南山、下杨湾7个村委会，107个村民组。

洪一乡　设吴家、双港、边山、王司畈、大畈、麦良、北港、长坑、朱湾9个村委会，132个村民组。

乐园乡　设南庄、桥棚、庄岸、高塘、北畈、南北港、张坊7个村委会，75个村民组。

赛湖农场　设府东新区、金桥、桃树林、祥民、阳光、东方6个居委会；一、二、三分场，19个村民组。

大德山林场　设港北、高原2个村委会，27个村民组。

青山林场　设青山1个村委会，12个村民组。

人口发展状况

【概　况】　2016年年末，全市有144770户，总人口465308人，比上年增加4685人。总人口中，男性人口244989人，女性人口220319人。常住人口428927人，其中，城镇人口211800人。政策外多孩率6.76‰，出生人口性别比为111.99，人口出生率为12.87‰，人口自然增长率8.55‰。

【从业人口有所下降】　2016年，全市从业人员261427人，比上年268098人减少6671人。其中第一产业60057人，比上年60814人减少757人；第二产业105810人，比上年108336人减少2526人；第三产业95560人，比上年98948人减少3388人。

国民经济和社会发展状况

【概　况】　2016年，在市委、市政府坚强领导下，全市上下紧紧围绕“进入全省10强县市，全面建成小康社会”战略目标，有效克服经济下行压力和大洪久汛的不利影响，较好完成了年初确定的主要任务。

2016年，全市完成地区生产总值164.19亿元，按可比价计算，同比增长9.7%。其中，第一产业增加值14.62亿元，增长4.4%；第二产业增加值109.62亿元，增长10.0%；第三产业增加值39.95亿元，增长10.8%。全市人均生产总值38369元，增长9.0%。年末私营企业6136户，个体工商户12470户。

【农　业】　农业基础地位持续巩固，农村发展态势良好，整合资金，统筹资源，突出重点，精准发力，持续加大民生投入，深入实施民生工程，大力办好惠民实事。

农业生产稳定向好。全市农业总产值完成25.59亿元，同比增长12.9%；粮食总产量103045吨，同比增长5.9%；油料总产量25206吨，同比下降18.9%；棉花总产量4044吨，同比增长5.0%；肉类总产量26195吨，同比下降3.3%；水产品总产量40640吨，同比增长3.5%。

农业产业化进程加快。引进亿元以上农业项目4个，新建500亩以上连片种植、养殖基地9个，新增规模以上农业企业3家、“三品一标”农产品14个、农民专业合作社86家、家庭农场167家。

新农村建设扎实推进。整合资金1.2亿元，统筹推进镇村联动建设；完成72个新农村点建设，高标准打造南义朝阳畈、横立山杨泉等11个中心村。高丰镇青丰村入选全国“一村一品”示范村，横立山乡红旗村等5个村入选国家乡村旅游扶贫工程，乡村旅游迈开新步伐。

【工　业】　坚持以新工业十年行动为引领，大力推动工业发展，经济量与质进一步提升，工业实力得到进一步加强。

工业经济量质齐升。全年规模以上工业产值完成495.98亿元，同比增长11.3%，其中，八大主导产业产值完成426.58亿元，同比增长10.8%。规模以上工业增加值完成102.75亿元，同比增长9.8%，总量和增幅均排九江第二；规模以上工业主营业务收入完成505.90亿元，同比增长9.7%，总量和增幅均排九江第二；规模以上工业利税总额完成60.37亿元，同比增长14.1%，总量排九江第三，增幅排九江第六。

工业实力持续加强。全年联网直报工业企业118家。创新发展新兴产业，新洋丰复合肥被评为省级智能制造试点企业，格雷斯科技获批省级工程研究中心，森奥达科研产品被列入工信部《再制造产品目录》；全市高新技术企业达7家、专利过百企业3家、院士工作站2个。

工业园区规模扩张。园区实际开发面积22.71平方千米，同比增长343.6%，工业企业个数达86家，工业增加值完成83.30亿元，同比增长11.0%，工业主营业务收入完成416.15亿元，同比增长8.9%，利税总额完成52.87亿元，同比增长16.5%。

【投资和对外经济】　加速推进项目建设，积极开展招商引资，全市呈现项目多、投入大、效果好的喜人局面。

固定资产投资高位运行。全年固定资产投资完成268.17亿元，同比增长18.0%，总量排九江第二，增幅排位九江第一。分行业看，农业投资完成3.80亿元；工业投资完成188.60亿元，同比增长23.4%；服务业投资完成75.78亿元，同比增长1.7%。5亿元产业项目投资188.98亿元，同比增长17.6%；5亿元非产业项目投资47.28亿元，同比增长78.1%。房地产开发投资14.68亿元，同比增长14.4%；商品房销售面积66.51万平方米，同比增长19.7%。

重大项目推进有力。全年在建重大工业项目46个，总投资528亿元，呈现出投资大、前景优、实力强、进展快、成效好的鲜明特点。投资50亿元的天瑞丰收项目转鼓造粒和高塔装置主体工程封顶；投资35亿元的万润兴业项目主体工程基本完工；投资6亿元的理文化工双氧水、三氯化铝、氯化亚砜项目进行设备安装调式；华中木业二期、理文造纸45万吨包装纸等项目进展顺利，和泽酒厂进行试生产；黄金工业孵化园、金岭创业园、裕丰科技园内落户项目快速推进。

开放型经济水平稳步提升。经开区获批长江经济带国家级转型升级示范开发区，瑞昌港区纳入九江港口岸扩大开放范围被列入国家口岸发展“十三五”规划。全年实际利用外资21760万美元，总量排九江第二，外贸出口33316万美元，总量排九江第四。引进重大项目36个，总投资446亿元，其中亿元以上工业项目28个，签约投资200亿元循环经济产业园、30亿元微晶新材料等一批重大项目，后发优势明显。

【贸易和物价】　2016年，全市消费市场活跃，物价基本稳定。

消费市场持续繁荣。全年社会消费品零售总额完成47.20亿元，同比增长14.5%，总量排九江第五，增幅排九江第三。按地区分，城镇零售额36.82亿元，同比增长14.2%；乡村零售额10.38亿元，同比增长15.6%。按行业分，批发业零售额3.30亿元，同比增长12.1%；零售业零售额38.77亿元，同比增长3.7%；餐饮业零售额4.72亿元，同比增长9.9%，实现了行业之间、城区之间消费品市场均衡协调发展。

物价平稳上涨。1—12月，全市居民消费价格指数同比上涨2.5%。调查的八大类消费品中六升两降，食品烟酒类同比上涨6.2%，衣着类同比上涨4.8%，生活用品及服务类同比上涨0.2%，教育文化娱乐类同比上涨0.4%，医疗保健类同比上涨3.7%，其他用品服务类同比上涨1.0%；居住类同比下降0.7%，交通通信类同比下降0.5%。2016年，商品零售价格指数上涨1.9%，农业生产资料指数上涨0.9%。

【交通和邮电】　2016年，全市交通运输完成情况良好，邮电业务收入相应增加。

交通运输情况正常。全年各种运输方式完成货物周转量100948万吨公里，其中，公路完成

51025万吨公里，水运完成49923万吨公里。旅客周转量32478万人公里，其中，公路完成32440万人公里，水运38万人公里。货运量1002万吨，其中，公路货运量785万吨，水运货运量217万吨。客运量819万人，其中，公路客运量811万人，水运客运量8万人。港口货物吞吐量4540万吨，同比增长8.0%。

邮电业务进展顺利。年末，邮政支局所24处，便民服务站、农村e邮站119家。固定电话用户44000户，同比下降15.8%，移动电话用户305277户，同比下降1.0%，计算机互联网用户88497户，同比增长25.7%。

【财政和金融】 2016年，全市财政收支更加优化，金融行业运行正常。

财政收支保持平稳增长。全市财政总收入完成25.61亿元，按同口径计算，较上年增长9.8%，其中，公共财政预算收入完成20.52亿元，上划中央收入完成5.09亿元。分部门看，国税部门完成7.85亿元，增收0.76亿元，增长10.8%；地税部门完成13.44亿元，减收2.26亿元，下降14.4%；财政部门完成4.31亿元，增收0.29亿元，增长7.3%。

财政收入结构不断优化。全年税收收入完成21.30亿元，占财政总收入比重83.2%。全年财政支出34.86亿元，增支0.30亿元，增长0.9%，其中，社会保障和就业支出4.46亿元，增长8.0%，医疗卫生与计划生育支出3.88亿元，增长7.7%，农林水支出4.03亿元，增长6.4亿元。

金融运行总体平稳。年末全市金融机构各项存款余额162.61亿元，同比增长12.3%，其中，住户存款余额107.95亿元，同比增长15.2%。金融机构各项贷款余额111.53亿元，同比增长16.0%。其中，中长期贷款77.59亿元，同比增长19.0%。

【文化教育卫生】 2016年，文教卫生事业生机勃勃，欣欣向荣，均取得显著成绩。

文化旅游加快发展。不断完善公共文化设施，改造提升基层文化场所250余处，组建群众文艺团队230个，开展群众性文化活动500余场次；组织举办亲民文化大舞台，惠及群众14万人次。大力推进秦山景区和洪一红色景区创建国家AAA级旅游景区，着力推进一批示范性乡村旅游点建设。

教育工作全面进步。全市小学33所，在校学生39417人，专任教师2140人；初中23所，在校学生16279人，专任教师964人；普通高中3所，在校学生8776人，专任教师614人；职业中专1所，在校学生1379人，专任教师98人。办学条件进一步改善，教育均衡进一步落实。投资1.4亿元，完成瑞昌六中、赛湖学校初中部等5所城区学校新建、扩建工程，有效缓解城区学校大班额问题；实施59个农村校建项目，农村办学条件明显改善；强化师资队伍建设，新增教师184名，顺利通过国家义务教育均衡发展县评估验收。

医卫条件持续完善。新人民医院投入使用，妇幼保健院搬迁改造工程顺利完成。年末，全市共有各类医疗卫生机构268家，其中，医院32家。床位数1982张，各类卫生技术人员2014人，其中，医院卫生技术人员1882人。

【人民生活和社会保障】 2016年，全市城乡居民生活水平有了提升，基本保障不断提高。

人民生活质量稳步提升。全市在岗职工人数38340人，在岗职工年平均工资52366元。农村居民人均可支配收入13237元，同比增长9.0%；农民人均生活消费支出7965元，增长12.3%，人均住房使用面积达到50平方米。城镇居民人均可支配收入28189元，同比增长8.7%；城镇居民人均生活消费支出12603元，同比增长6.9%，人均住房使用面积达到52平方米。

脱贫攻坚进展顺利。落实脱贫攻坚责任制，抽调百个部门千名干部包村联户；整合资金1.8亿元，实施就业扶贫、安居扶贫、兜底扶贫、教育扶贫、健康扶贫等13项脱贫攻坚举措，转移就业534人，资助贫困家庭学生10464人次，脱贫8041人，15个贫困村基本达到退出标准。

保障水平不断提高。新增城镇就业7436人，转移农村劳动力8369人，安置困难群体就业766人，发放创业担保贷款1.7亿元；养老保险参保26.05万人，医疗保险基本实现全覆盖；城乡低保标准分别提至每月480元、270元，惠及2.2万困难群众；发放医疗救助金989万元，救助2.91万人次；为8188名残疾发放困难残疾人生活补贴和重度残疾人护理补贴；将老年人高龄津贴发放范围由90岁以上扩大到85岁以上，近万人受益；摇号分配545套公租房，完成2564套棚户区改造任务，推进750户农村危房改造，城乡居民居住条件进一步改善。

（编辑部）

中国共产党瑞昌市委员会

◇◇本栏编辑　冯国成

综　　述

2016年，瑞昌市委深入贯彻习近平总书记系列重要讲话精神和治国理政新理念、新思想、新战略，紧紧围绕建设富裕美丽幸福江西的奋斗目标，团结和带领全市广大干部群众，坚持实干创新，推进“五大升级”，经济社会持续平稳健康发展。完成地区生产总值164.2亿元，同比增长9.7%；财政收入25.6亿元，同口径增长9.8%；固定资产投资268.2亿元，同比增长18%；工业主营业务收入506亿元，增长9.7%；工业增加值102.8亿元，增长9.8%；工业利税总额60.4亿元，增长14.1%；工业用电量22.6亿千瓦时，增长19.5%；外贸出口4.08亿美元，增长7.6%；实际利用外资2.18亿美元，增长6.6%；农民人均纯收入1.32万元，增长9%；城镇居民可支配收入2.82万元，增长8.7%。港区货物吞吐量达到4540万吨，增长8.0%，位居九江五大港区之首。主要经济指标总量和增幅均在九江市前列，取得财政总收入、地方财政收入、港口货物吞吐量“三个总量第一”，固定资产投资、工业主营业务收入、工业增加值、工业用电量、实际利用外资、现汇进资“六个总量第二”，荣获九江市县域经济发展视频观摩会综合测评第二名。

*发展思路更加完善。*8月31日，中共瑞昌市第七次代表大会，选举产生新一届中共瑞昌市委员会和中共瑞昌市纪律检查委员会。在市第七次党代会上，新一届市委发出“坚持实干创新，推进‘五大升级’，在新的历史起点上奋力开启瑞昌发展新征程”号召，明确了“力争进入全省十强县市，全面建成小康社会”一个总目标，坚持“实干创新”两大主基调，推进工业发展、对外开放、城市管理、秀美乡村、民生共享“五大升级”总体要求。在市委正确思路引领下，全市上下凝心聚力、攻坚克难，积极应对错综复杂的国内外经济形势，有效克服经济下行压力和大洪久汛的不利影响，各项工作取得新成效，实现了“十三五”良好开局。

*工业经济迅速壮大。*始终坚持项目为主，以新工业十年行动为引领，实现了工业经济总量和质量“双量”提升。全年共引进重大项目36个，总投资446亿元，其中亿元以上项目28个，新引进投资200亿元循环经济产业园、30亿元兴业新材料、10亿元天启新材料等一批战略性新兴产业的重大项目，荣获九江市招商引资内资第一名。总投资528亿元的46个重大工业项目加快推进，13个亿元以上项目建成投产，投资50亿元的天瑞丰收、35亿元的万润兴业完成主体工程，投资6亿元的理文化工双氧水等项目进行设备安装调试。亚泥、理文造纸等10家企业产值均超10亿元，武山铜矿、汇尔油泵等15家企业纳税均超千万元，华亨宠物食品、蓝谷新能源两家企业“新三板”挂牌，森奥达44个科研产品被列入工信部《再制造产品目录》，新洋丰获评省智能制造试点企业，吉恩重工获评九江市十强新企业奖，企业综合竞争力明显增强。

城乡面貌明显改观。坚持城乡统筹，大力推进城乡一体化建设，促进城乡协调发展。总投资12.8亿元的52个民生城建项目加快推进，东环路等6条城市道路建成通车，武九客专进入调试阶段，瑞昌高铁站、站前广场及站前一路主体工程基本完工；实施城区排涝能力整体提升工程，结束了城区“十年九涝”历史；开展城市管理专项整治，违规停棚全部拆除，城区露天烧烤、鞭炮噪音基本消失；推动城市绿化、美化、亮化、净化工作，城市面貌焕然一新。加快推进秀美乡村升级，推动集镇和新农村建设，高质量完成72个新农村点建设，农村生活垃圾治理步入常态化，获评全省农村清洁工程工作先进县（市）；立肇线二级公路改造工程高丰段、洪下段全面通车，瑞昌至南阳道路改造加快实施。投资1.5亿元实施一批水利项目，赛湖国家级农业综合开发现代示范园区加快建设，码头镇获评全国重点镇，高丰镇获评全国“一村一品”示范村镇，南义镇获评江西省水生态文明乡镇，白杨镇获评省级生态乡镇，农村人居环境不断改善。

人民生活持续改善。坚持把增进人民群众福祉作为根本目的，统筹社会各项事业，实现科学发展、和谐发展、更有质量的发展。扎实开展精准扶贫，通过产业扶贫、旅游扶贫、光伏扶贫、农村淘宝和邮政电商扶贫等为贫困户打开了脱贫增收新渠道，全市实现8041名贫困人口脱贫、15个贫困村摘帽，脱贫率达97.3%。大力支持就业创业，进一步完善社会保障制度，不断提高城乡保障水平，完成棚户区改造2564套，摇号分配保障性住房545套。社会事业全面进步，城乡教育、文化、卫生等公共服务更加完善，瑞昌六中、赛湖学校初中部等5所学校新建、扩建工程全部完成，顺利通过国家义务教育均衡发展督导评估；顺利完成妇幼保健院搬迁改造工程；铜岭双遗址公园加快建设，洪一苏维埃景区和秦山景区成功创建国家3A级景区；城市公交车运营机制改革顺利推进；获批国家知识产权质押融资试点城市，入选江西省首批地质灾害综合防治体系建设试点县市，荣获全省“双拥模范城”五连冠、全省人民防空先进县市。社会大局保持稳定，全年赴上三级访人次、批次分别下降35%、72%，全省社区矫正官试点顺利实施，人民群众幸福感、安全感明显增强。

党的建设不断加强。认真落实管党治党主体责任，坚持把纪律和规矩挺在前面，大力推进党风廉政建设和工作作风建设，保持风清气正的政治生态。扎实开展“两学一做”学习教育，党员干部党性修养不断提升。牢固树立“党建+”理念，把党建工作与经济发展、精准扶贫、社会稳定等中心工作相结合，基层组织建设和服务能力得到加强，形成了一批党建工作亮点。大力弘扬“铁肩膀”精神，广大干部实干和担当的干事创业精神进一步增强。圆满完成县乡两级换届，选出了好干部、配出了好班子、换出了好面貌。坚决执行党纪党规，严肃查处违纪案件，推进党员干部赌博、“违插”“红包”“微腐败”等专项治理常态化，深入开展行政审批部门“不作为、不担当”问题专项整治和扶贫领域专项巡察，全年立案95件，党政纪处分102人，党风政风更加清正。

（华　阳）

领导机关

【领导机构】　2016年，中共瑞昌市第六届委员会任期届满，8月29—31日，召开中共瑞昌市第七次代表大会，举行换届选举。中共瑞昌市第六届委员会委员31名，候补委员6名，常委会常委11名，书记1名，副书记2名。中共瑞昌市第七届委员会选举新一届委员会委员41名，候补委员10名。七届一次全委会选举常委会常委11名，书记1名，副书记2名。

【工作机构】　换届之后，市委工作机构没有变动。2016年，市委工作机构6个。即：市委办公室、组织部、宣传部、统战部、政法委、农村工作部。办公室与政策研究室合署；组织部与直属机关工作委员会合署；政法委与社会治安综合治理委员会合署。市机构编制委员会办公室，为市机构编制委员会的常设机构，既是市委工作机构，又是市政府工作机构，与人事劳动和社会保障局合署。归口管理机构2个：信访局归口市委办；老干部局归口组织部。市委党校、市档案局（与档案馆一个机构、两块牌子）仍为市委直属事业单位。

附：2016年中共瑞昌市委领导名录

书　记：罗文江（任至8月）　郭小云（8月任）
副书记：郭小云（任至8月）
　　　　江训开（8月任）　陈　琪（8月任）
常　委：罗文江（任至8月）　郭小云
　　　　江训开（8月任）　李九萍（任至8月）
　　　　桂白丽（任至8月）　周洪文（任至8月）
　　　　邵九思（任至8月）　郑庆华（任至8月）
　　　　程厚红（任至4月）　潘　雄（任至8月）
　　　　淦克松　钱　萍　王　伟　朱发炳（8月任）
　　　　梁少清（8月任）　陈　骏（8月任）
　　　　郭维勤（6月任）　邵　阳（8月任）
　　　　余　平（8月任）　胡定文（8月任）

重要会议

【全市经济工作会】　3月31日，全市经济工作会议在市文化艺术中心大剧院召开。罗文江、郭小云、徐修武、郭少雄、李九萍、桂白丽、周洪文、邵九思、郑庆华、程厚红、潘雄、淦克松、钱萍等市四套班子领导出席会议。会议贯彻落实中央、省、九江市系列重要会议精神，回顾总结2015年经济工作，分析研究当前形势，安排部署2016年经济工作，动员全市上下把握新理念，抢抓新机遇，提升精气神，同心同德，实在实干，为打造“四个瑞昌”、建设长江中游重要口岸城市、争当“T”型崛起排头兵、跨入全省十强县（市）、全面建成小康社会而努力奋斗。

【六届市委常委会77～87次会议】　2016年，中共瑞昌市第六届委员会常务委员会共召开11次会议，即77～87次会议。市委书记罗文江主持，市委常委会固定人员出席会议。

第77次常委会议。1月5日召开。会议讨论《政府工作报告（送审稿）》，讨论《瑞昌市2015年国民经济和社会发展计划执行情况与2016年计划安排（草案）及“十三五”规划编制情况的报告》《瑞昌市2015年市级总预算执行情况和2016年市级总预算草案的报告》2个送审稿，讨论“三严三实”专题民主生活会相关事项及市委常委班子对照检查材料，听取九江市公开竞争性调任乡镇（街道）党政班子副职人员工作部署会议精神汇报，研究《瑞昌市公开竞争性调任乡镇（街道）党政班子副职人选工作实施方案（送审稿）》，研究有关人事问题，听取瑞昌市六届人大六次会议筹备工作有关事宜及《瑞昌市人大常委会2016年工作要点》的汇报，听取政协瑞昌市六届六次会议筹备工作有关事宜及《政协瑞昌市第六届委员会常务委员会工作报告》的汇报，研究有关机构设立、升格、增挂牌子、撤销等事宜。

第78次常委会议。2月19日召开。会议传达全市领导干部学习五大发展理念专题研讨班开班式暨实施新工业十年行动动员大会会议精神，传达中央、省及九江市纪委全会精神，汇报全市贯彻落实情况，学习中共中央办公厅《关于认真做好市县乡领导班子换届工作的通知》，传达全国、省、九江市市县乡领导班子换届准备工作有关会议精神，研究瑞昌市公开竞争性调任乡镇（街道）党政班子副职人选，讨论《政协瑞昌市第六届委员会常务委员会二〇一六年工作要点》《二〇一六年度市政协协商工作计划》2个送审稿，研究《瑞昌市关于开展党员干部参与赌博问题专项治理工作方案（送审稿）》，研究有关案件问题。

第79次常委会议。3月18日召开。会议专题研究部分单位领导职数调整事宜。

第80次常委会议。3月29日召开。会议研究《中共瑞昌市委、瑞昌市人民政府关于打赢“两年率先脱贫”攻坚战的实施意见（2016—2017）（送审稿）》，听取2015年度党政目标管理考评工作情况汇报，研究召开全市经济工作会有关事宜，研究召开全市政法信访工作会有关事宜，研究有关人事问题，研究关于组建六支专业招商小分队事宜。

第 81 次常委会议。4 月 5 日召开。传达学习九江市组织部长暨县乡领导班子换届工作会议精神，研究全市乡镇领导班子换届工作、《中共瑞昌市委 2016 年度组织工作要点（送审稿）》及有关工作，研究《中共瑞昌市委 2016 年度宣传思想工作要点（送审稿）》及拟表彰先进单位和先进个人名单，研究《中共瑞昌市委 2016 年度统战工作要点（送审稿）》及拟表彰先进单位和先进个人名单，研究召开全市党务暨换届工作会有关事宜，讨论《关于落实发展新理念，加快农业现代化，实现全面小康目标的实施意见》及《关于表彰 2015 年度全市农业和农村工作先进单位和先进个人的决定》2 个送审稿，研究召开全市农村工作会有关事宜，讨论关于在湓城街道等单位核定政协联络处、联络处主任等事宜。

第 82 次常委会议。5 月召开。专题研究人事问题。

第 83 次常委会议。6 月 6 日召开。传达学习九江市综治中心建设年活动工作会议精神，研究贯彻落实意见，传达九江市统战部长会议精神，研究成立瑞昌市委统战工作领导小组事宜，听取市人大常委会党组关于瑞昌市市乡两级人大换届选举工作的意见，研究有关机构设立、升格和增设领导职数事宜，研究有关人事问题，听取关于公务员（参照）晋升职级有关情况汇报，研究《关于在全市党员中开展“学党章党规、学系列讲话、做合格党员”学习教育实施方案（送审稿）》，听取关于瑞昌市第七次党代会筹备工作情况汇报，研究《关于做好乡镇党委、纪委换届选举工作的意见（送审稿）》《关于召开中国共产党瑞昌市第七次代表大会的决议（草案）》及其说明，讨论召开市委全委会有关事宜，研究有关案件问题。

第 84 次常委会议。8 月 16 日召开。讨论瑞昌市第七次党代会有关工作事宜，讨论《政协瑞昌市第七届委员会换届工作方案（送审稿）》，研究《关于推荐 2016 年全市防汛抗洪工作表扬对象的方案（送审稿）》及召开全市 2016 年防汛抗洪工作总结大会有关事宜。

第 85 次常委会议。8 月 20 日召开。听取关于瑞昌市出席九江市第十一次党代会代表候选人初步人选的情况汇报，听取关于中国共产党瑞昌市第七届委员会委员、候补委员及纪律检查委员会委员候选人初步人选建议名单的情况汇报。

第 86 次常委会议。8 月 25 日召开。研究党代会有关事宜，讨论“两委”工作报告（讨论稿）。

第 87 次常委会议。8 月 28 日召开。听取第七次党代会筹备情况汇报，研究第七次党代会大会主席团、秘书长、副秘书长建议名单等有关事宜，研究市乡两级人大换届有关事宜。

【七届市委常委会 1～3 次会议】 2016 年中共瑞昌市第七届委员会常务委员会共召开 3 次会议，即 1～3 次会议。市委书记郭小云主持，市委常委会固定人员出席会议。

第 1 次常委会议。9 月 13 日召开。讨论《政府工作报告（送审稿）》，听取市关工委关于几项工作的情况汇报，研究《关于认真学习宣传中国共产党瑞昌市第七次代表大会精神的实施方案（送审稿）》，传达学习全省非公有制经济组织和社会组织“两学一做”学习教育暨党建工作推进会、九江市换届选举工作会议精神，研究贯彻落实意见，传达学习九江市纪律审查工作推进座谈会会议精神，研究调整市领导信访接待日安排及 2016 年度信访维稳包案事宜，听取市人大党组关于召开市人大七届一次会议有关事宜的汇报，听取市政协党组关于召开政协瑞昌市七届一次会议有关事宜的汇报，讨论市人大、政协第七届委员会有关人事安排。

第 2 次常委会议。10 月 28 日召开。学习《中国共产党十八届六中全会公报》，研究市委书记、副书记、常委的工作分工，研究关于调整市委全面深化改革领导小组及七个专项小组事宜，研究《关于贯彻落实九江市第十一次党代会精神的 30 条措施（送审稿）》，研究市纪委有关工作事宜，研究《瑞昌市实名推荐领导干部人选暂行办法（送审稿）》，研究有关人事问题，传达省、九江市统战工作会议精神，研究贯彻落实意见，研究整合市城乡居民医疗保险机构事宜，研究有关案件问题。

第3次常委会议。12月24日召开。传达学习鹿心社在省委十四届一次全会上的讲话，传达学习全省卫生健康大会会议精神，研究《瑞昌市80周岁以上老人高龄津贴实施办法（送审稿）》，研究《瑞昌市创建国家公共文化服务体系示范区工作规划（2015—2017）》和《瑞昌市创建国家公共文化服务体系示范区实施方案》2个送审稿，研究召开瑞昌市七届人大二次会议有关事宜，研究召开政协瑞昌市七届二次会议有关事宜，研究《关于市政协专委会等机构更名、职数核定的报告（送审稿）》，研究有关人事问题，研究《关于落实把纪律挺在前面要求的实施细则（送审稿）》，研究有关案件问题，研究推荐提名江西省出席党的十九大代表候选人人选及召开市委七届二次全会有关事宜，听取全市基层党建工作主要情况汇报及相关建议，研究《瑞昌市委常委班子专题民主生活会会议方案（送审稿）》，研究《关于实施党外干部“155培养计划”的意见（送审稿）》，研究《瑞昌市2016年度市直部门单位目标管理考评实施细则》《瑞昌市2016年度乡（镇、场、街道）科学发展综合考核评价实施细则》2个送审稿，研究《关于印发武山铜矿剥离国有企业办社会职能工作实施方案的通知（送审稿）》。

【中国共产党瑞昌市第七次代表大会】 8月29—31日，中国共产党瑞昌市第七次代表大会在市文化艺术中心大剧院召开。会议听取和审议中国共产党瑞昌市第六届委员会的工作报告，听取和审议中国共产党瑞昌市纪律检查委员会的工作报告，选举中国共产党瑞昌市第七届委员会，选举中国共产党瑞昌市纪律检查委员会，选举出席中国共产党九江市第十一次代表大会代表。

（杨　晖）

重大决策

【开展全市封山育林工作】 1月15日，市委、市政府出台《关于开展全市封山育林工作的实施意见》，提出：根据党中央、国务院《关于加快林业发展的决定》、江西省人大《关于加强森林资源保护和林业生态建设的决议》等上级有关文件精神，结合“生态立市”“建设绿色瑞昌”发展战略，确立以生态建设为主的林业可持续发展道路，建立以森林植被为主体的国土生态安全体系，建设山川秀美的生态文明社会，大力保护、培育和合理利用森林资源，实现林业跨越式发展，使林业更好地为国民经济和社会发展服务。

【加快推进旅游业发展】 1月21日，市委出台《关于加快旅游业大发展的实施意见》，提出：根据国务院《关于促进旅游业改革发展的若干意见》，江西省委、省政府《关于推进旅游强省建设的意见》和九江市委、市政府《关于深化改革创新加快推动旅游发展的意见》文件精神，推进全市旅游业快速发展，合力把旅游产业培育成新的经济增长点，进一步提升旅游产业核心竞争力，增强城市软实力。

【加快推进农业农村发展】 4月7日，市委出台《关于落实发展新理念加快农业现代化实现全面小康目标的实施意见》，提出：“十三五”期间要深入贯彻“四个全面”的战略部署，牢固树立创新、协调、绿色、开放、共享的发展理念，按照转型增效益、强基促统筹、改革添活力、增收惠民生的总体要求，加快农业供给侧结构性改革，促进农业转型升级、提质增效，加快城乡一体化，推动新型城镇化与新农村建设双驱动双促进，加快农民增收步伐，力争农民收入提前翻番，着力打造“四个瑞昌”、建设长江中游重要口岸城市、争当“T”型崛起排头兵、跨入全省十强县（市），全面建成小康社会。

【推进生态文明先行示范区建设】 4月22日，市委出台《印发〈关于推进生态文明先行示范区建设的实施方案〉的通知》，提出：根据中共中央和国务院《关于加快推进生态文明建设的意见》精神和国家发改委等六部委《关于印发江西省生态文明先行示范区建设实施方案的通知》要求及江西省委、省政府和九江市委、市政府的实施意见、方案，坚持节约优先、保护优先、自然恢复为主的基本方针，把生态文明建设放在突出的战略地位，树立“既要金山银山、更要绿水青山”的生态文明理念，努力把瑞昌建设成为长江中游地区绿色崛起城市、长江流域水生态文明建设典范城市、特色生态农林示范城市、现代生态旅游休闲城市和生态文明体制创新城市。

【开展“两学一做”学习教育】 6月14日，市委出台《印发〈关于在全市党员中开展“学党章党规、学系列讲话，做合格党员”学习教育实施方案〉的通知》，提出：开展“两学一做”学习教育，中央和省委高度重视，是推进全面从严治党向基层延伸的有力抓手，是落实党章关于加强党员教育管理要求、面向全体党员深化党内教育的重要事件，是推动党内教育从“关键少数”向广大党员拓展、从集中性教育向经常性教育延伸的重要举措。“两学一做”学习教育实施使广大党员干部增强政治意识、大局意识、核心意识、看齐意识，真正成为“讲政治、有信念，讲规矩、有纪律，讲道德、有品行，讲奉献、有作为”的合格党员。

【落实全面两孩政策】 9月20日，市委出台《关于落实全面两孩政策改革完善计划生育服务管理的工作意见》，提出：根据中共中央、国务院《关于实施全面两孩政策改革完善计划生育服务管理的决定》、江西省委、省政府《关于实施全面两孩政策改革完善计划生育服务管理的实施意见》文件精神，积极应对人口发展结构性失衡问题，扎实有序实施全面两孩政策。平衡人口性别结构，增加劳动力供给，减缓人口老龄化压力，满足群众生育意愿，促进经济持续健康发展，实现全面建成小康社会的奋斗目标。

【坚持实干创新推进“五大升级”】 8月29—31日，中国共产党瑞昌市第七次代表大会召开，会上确定坚持以实干和创新为工作主基调，全面推进工业发展、对外开放、城市管理、秀美乡村、民生共享“五大升级”，努力实现更有质量、更有效益的可持续发展，力争进入全省十强县，实现与全国同步全面建成小康社会。到2020年，全市固定资产投资突破500亿元，规模以上工业增加值突破200亿元。

（李松兵）

工作部署

【推进招商引资工作】 3月28日，市委、市政府印发《关于2016年招商引资工作的实施意见》。要求牢固树立“创新、协调、绿色、开放、共享”发展理念，全面落实九江市“新工业十年行动”部署，紧紧围绕促进传统产业转型升级，大力培育战略性新兴产业，促进产业集聚、集群、集约发展，实现工业经济总量、质量“双量”齐升。

【加快脱贫攻坚工作】 3月29日，市委、市政府印发《关于打赢“两年率先脱贫”攻坚战的实施意见（2016—2017）》。强调以“十三五”贫困村为主战场，以建档立卡贫困人口为主要对象，以产业发展、转移就业、安居扶贫、保障兜底为脱贫途径，全面推进13项脱贫攻坚举措，确保到2017年年底贫困人口全部脱贫，为瑞昌市与全国、全省同步迈入小康社会奠定坚实基础。

【部署2016年全市经济工作】 3月31日，全市经济工作会议在市文化艺术中心大剧院召开。市领导，各地、各单位领导共1000多人参加会议。会议动员全市上下把握新理念，抢抓新机遇，提升精气神，同心同德，实在实干，为打造“四个瑞昌”、建设长江中游重要口岸城市、争当“T”型崛起排头兵、跨入全省十强县（市）、全面建成小康社会而努力奋斗。

【部署2016年全市党务工作会议召开】 4月6日，全市党务工作会议在市文化艺术中心大剧院召开。市领导罗文江、桂白丽、周洪文、郑庆华、潘雄出席会议。各乡（镇、场、街道）党委书记，分管组织、宣传、统战、老干工作的领导；市委部门、市直单位党组织（党组织关系在本市）负责人、分管党务工作的领导或党务工作干部；组织部、统战部班子成员，宣教口在职副科级以上领导；民主党派、宗教团体负责人，无党派及非公有制经济代表人士；以及受表彰的先进个人，共计300余人参加会议。会议回顾总结2015年党务工作，部署2016年党务工作，并表彰2015年度全市党务工作先进集体和先进个人。会议动员全市党务工作者和广大党员干部，进一步振奋精神，开拓创新，确保换届工作顺利完成，推动党务工作再上新台阶，为打造“四个瑞昌”、建设长江中游重要口岸城市、争当“T”型崛起排头兵、跨入全省十强县（市）、全面建成小康社会提供坚强的政治保障。

【加强生态文明建设】 4月22日，市委、市政府印发《关于推进生态文明先行示范区建设的实施方案》。提出要坚持节约优先、保护优先、自然恢复为主的基本方针，把生态文明建设放在突出的战略地位，树立“既要金山银山、更要绿水青山”“绿水青山就是金山银山”的生态文明理念。紧紧围绕“打造实力瑞昌、美丽瑞昌、法治瑞昌、幸福瑞昌，建成长江中游重要口岸城市，争当T型崛起排头兵，跨入全省十强县（市）行列，全面建成小康社会”的奋斗目标，将生态文明建设融入经济建设和社会发展的全过程，推进新型工业化、城镇化、信息化、农业现代化和绿色化，促进“五化”协同发展，以构建“六大体系”、扎实推进“十二大工程”为抓手，实现生产空间集约高效、生活空间宜居适度、生态空间山清水秀，城市价值全面提升，可持续发展能力全面增强，努力把瑞昌建设成为长江中游地区绿色崛起城市、长江流域水生态文明建设典范城市、特色生态农林业示范城市、现代生态旅游休闲城市和生态文明体制创新城市。

【做好换届选举工作】 6月16日，市委印发《关于做好乡镇党委、纪委换届选举工作的意见》的通知、6月23日，市委批转《中共瑞昌市人大常委会党组关于瑞昌市市乡两级人大换届选举工作的意见》的通知、8月17日，市委批转《政协瑞昌市第七届委员会换届工作方案》的通知。要求按照民主、平等、竞争、择优的要求，切实做好换届选举工作。

（杨　晖）

上级会议和领导考察

【中国棉纺织行业协会瑞昌座谈会在瑞昌召开】 9月8日，中国棉纺织行业协会瑞昌座谈会在瑞昌市召开。中国棉纺织行业协会会长朱北娜出席会议，市委书记郭小云主持会议并致欢迎词。郭小云说，中国棉纺织行业协会专家们的到来，准确介绍了全国纺织产业发展情况及国家有关政策，同时对瑞昌棉纺织产业发展进行问诊把脉、析疑解惑，为瑞昌市推进棉纺织产业升级发展明确了方向、增添了动力，对此表示感谢。

【第三届中国中部（九江）红木家具博览会暨2016长江经济带发展论坛在瑞昌举办】 9月9—11日，第三届中国中部（九江）红木家具博览会暨2016长江经济带发展论坛在瑞昌市隆重举办。博览会由国策智库研究院、中国国际经济合作学会、江西省林业产业联合会、江西省家具协会、江西立信集团联合主办，吸引全国各地300余家红木生产企业、2000余位红木经销商参加。国家发改委原副主任、党组成员、中国中小企业协会会长李子彬，第六届全国人大常委、第七、八、九、十届全国政协常委、国家民委原副主任、党组副书记、全国总工会原副主席江家福，十一届全国政协委员、商务部原副部长魏建国，第九、十届全国政协常委、国务院参事、著名经济专家任玉岭，国务院发展研究中心原副主任侯云春，第十二届全国政协委员、全国工商联原副主席庄聪生，中国国际经济合作学会会长、商务部前合作司司长、中国驻埃及大使馆前公使衔参赞崔明谟，中央军委总参原局长、国策智库执行会长楼增泉，中国高科技产业化研究会副理事长、科技部中国产学研促进会专家委员会专家、工信部中国信息化推进联盟专家委员会资深专家刘延宁；省林业厅厅长阎钢军；九江市政协主席杨小华，九江市副市长赵伟；瑞昌市委副书记、代市长江训开，市委副书记陈琪，市人大常委会主任徐修武，市政协主席郭少雄，市政协党组书记周洪文及市领导蒋贤智、李世秀、王翠霞等出席。

【“转型升级 智慧共享”2016 石油和化工行业领袖峰会暨《中国化工报》理事会第十二次年会在瑞昌召开】 11 月 11 日，“转型升级 智慧共享”2016 石油和化工行业领袖峰会暨《中国化工报》理事会第十二次年会在瑞昌市召开。中国石油和化学工业联合会会长李寿生，副会长傅向升出席开幕式并作主题报告。中国石油和化学工业联合会副会长、中国化工报社党委书记、总编辑刘双鑫主持开幕式，中国化工报社社长、中国化工报理事会理事长崔学军，九江市委常委、副市长才宏远，瑞昌市领导郭小云、江训开、陈琪、郭少雄、周洪文出席开幕式。

【全省门球工作会在瑞昌召开】 3 月 16 日，全省门球工作会在瑞昌市召开。市委副书记、市长郭小云，市委常委、副市长钱萍，省门球协会主席胡礼通出席会议。郭小云简要介绍瑞昌市情，并表示下一步，将再鼓干劲、再添措施，学习借鉴全省先进县市成功经验，为做好新时期老年人健身工作做出新的更大贡献。

【九江市“三农”工作现场推进会在瑞昌召开】 5 月 28 日，九江市“三农”工作现场推进会在瑞昌市召开。九江市委书记杨伟东出席会议并讲话。九江市委副书记、市长林彬杨主持会议。九江市领导占勇、董金寿、李洪涛、吕斌、赵伟、朱汉浩等出席会议。瑞昌市委书记罗文江在会上作典型发言，市领导郭小云、郭少雄、李九萍、桂白丽、周洪文、邵九思、郑庆华、潘雄等分别介绍情况。九江市相关部门单位及各县（市、区、山）党政主要领导、相关单位负责人等参加现场会。会前，与会人员现场参观了赛湖国家农业综合开发现代农业示范园区、武蛟乡小月村细屋陈新农村建设点和上湖村基层组织建设示范点，对瑞昌近年来推进“三农”发展的特色、成效给予了高度评价。杨伟东强调，农业是安天下稳民心的战略产业，农村是安居乐业的美好家园，农民是全面小康的重点难点。全市上下要牢固树立五大发展理念，始终把“三农”摆在重中之重的位置，以高度的责任感和使命感，锐意进取、攻坚克难、真抓实干，坚持工业反哺农业、城市支持农村和多予少取放活方针，努力实现现代农业兴起来、秀美村庄多起来、农民腰包鼓起来、基层堡垒强起来。就进一步推进全市“三农”工作，杨伟东强调，要做到五个着力，即着力兴现代农业、着力建秀美乡村、着力补小康短板、着力添改革动能、着力强基层组织。

【九江市“治超治限”工作动员会在瑞昌召开】 2 月 25—26 日，九江市“治超治限”工作动员会在瑞昌市召开。九江市副市长石荣国，市政府副秘书长汪彪出席会议。瑞昌市领导邵九思、周毅及各县（市、区、山）分管领导和主管部门单位负责人参加会议。石荣国要求，各地各部门要在势在必行、合力共为和可以作为等方面形成三个共识，确保综合治理工作扎实有效。下步工作要做到明确目标任务、治超彻底、机制创新、抓手有力和保障到位，切实做到六禁止、八到位，外堵内限、四路齐发、全市联动，将货运车辆超限超载治理工作稳步开展。

【强卫到武山铜矿考察】 2 月 14 日，省委书记强卫到瑞昌市武山铜矿考察。省委副秘书长、办公厅主任徐延彬，省委副秘书长、政研室主任沈谦芳，省工信委主任胡世忠，省科技厅党组书记郭学勤，省国资委党委书记陈永华，九江市委书记杨伟东，九江市委副书记、市长林彬杨，江铜公司负责人李保民、龙子平及瑞昌市委书记罗文江，市委副书记、市长郭小云等陪同。

【刘奇到瑞昌视察工作】 5 月 10 日，省委副书记刘奇到瑞昌市视察工作。省委副秘书长李能，省林业厅厅长阎钢军，省扶贫和移民办主任章康华，省林科院院长黄小春随同。九江市委书记杨伟东，市委副书记占勇，市委常委、常务副市长熊永强，市委常委、农工部部长董金寿，副市长赵伟，市委秘书长周美祥陪同。瑞昌市领导罗文江、邵九思、程世贵、谈太君等在现场介绍情况。刘奇先后参观视察赛湖国家农业综合开发示范园项目、吉恩重工海底电缆项目，对瑞昌市紧紧围绕省委十六字方针和双核发展战略，努力推动经济社会协调快速发展的做法表示肯定，认为瑞昌抢抓住当前良好发展机遇，思路清楚、目标明确、定位科学，沿江产业摆布合理，城乡面貌令人欣喜，经济建设和生态发展结合较好。要求下一步，要牢固树立发展新理念，立足生态和产业优势，进一步加强环境保护，做足产业文章。与此同时，要做好脱贫攻坚、招商选资、企业帮扶等方面工作，补齐短板、伸长短腿，使经济社会全面协调发展，在全省范围谋求更好的发展位置。

【国家卫计委领导到瑞昌调研中医和血防工作】 8月14日，国家卫计委副主任、国家中医药管理局局长王国强到瑞昌市调研中医和血防工作。副省长谢茹，省政府副秘书长陈敏，省卫计委主任李利；九江市副市长廖奇志，市政府副秘书长徐卿，市卫计委主任刘少华及瑞昌市领导郭小云、江训开、张全市等陪同调研或介绍情况。王国强先后参观市血防站和湓城卫生服务中心，并指出瑞昌市各级党委、政府高度重视血防和中医工作，坚持政府主导、部门配合、全民参与的原则，坚持不懈地开展查治病、查灭螺和健康教育；充分利用、精心保护、综合开发了民间中医药特色技术，让中医药更好地为“健康中国”服务，取得了明显成效。

【民政部领导到瑞昌调研指导工作】 4月20日，民政部救灾司副司长胡晓春、木莎·亚合甫一行到瑞昌市调研指导工作。省民政厅副厅长饶剑明，九江市委常委赵兵，瑞昌市委书记罗文江，市委副书记、市长郭小云，副市长程世贵等陪同或汇报工作。调研组一行先后到大唐新区三个中心防灾减灾宣传教育基地及市民政局救灾装备现场、救灾物资储备库，实地考察调研瑞昌市减灾救灾工作开展情况，并观看专题片，听取瑞昌市工作汇报，与基层干部群众座谈，面对面听取农村自然灾害信息员工作意见和建议。调研组一行认为瑞昌市减灾救灾工作亮点多、措施实、成效明显。

【省宣讲组到瑞昌开展降低企业成本、优化发展环境专项行动调研座谈和政策动员宣讲】 5月17日，副省长刘昌林率宣讲组一行到瑞昌市开展降低企业成本、优化发展环境专项行动调研座谈和政策动员宣讲。省政府副秘书长王亚联，省银监局局长李虎等陪同调研；九江市委副书记、市长林彬杨主持宣讲会，市委常委、副市长才宏远，市政府秘书长王丰鹏出席动员宣讲会。瑞昌市领导郭小云、徐修武、郭少雄、邵九思、钱萍、刘振华、程世贵、王翠霞等参加动员会或在项目点介绍情况。

【李贻煌到瑞昌视察工作】 6月21日，副省长李贻煌到瑞昌市视察工作。省政府副秘书长张小平，省工信委副主任谢光华等随同；九江市委副书记、市长林彬杨，市委常委、常务副市长熊永强陪同视察；瑞昌市领导罗文江、郭小云、钱萍等在现场介绍情况。李贻煌先后到赛湖国家农业综合开发示范园、吉恩重工、新洋丰复合肥、华中国际木业、红木产业园等企业视察。李贻煌指出，瑞昌发展基础和势头良好，要进一步抢抓有利机遇，做好企业帮扶产业补链文章，加快推进区域经济发展升级，争得应有地位。

【冯桃莲率调研组到瑞昌调研长江江西段水资源保护等情况】 9月6—7日，省人大常委会副主任冯桃莲率调研组到瑞昌市调研长江江西段水资源保护等情况。九江市人大常委会主任冯静，副市长卢天锡；瑞昌市领导郭小云、江训开、徐修武、王伟、柯善富、蒋贤智、颉勇军等陪同或介绍情况。调研组先后到理文化工、理文造纸、武山铜矿等企业，码头工业城工业污水处理厂、市生活污水处理厂，码头镇三源村、高丰镇同丰养殖场等实地了解情况。冯桃莲对瑞昌市委、市政府高度重视水资源保护工作，并取得明显工作成效给予肯定。同时，希望瑞昌市进一步加大长江瑞昌段水资源保护力度，探索江湖保护的新经验和新做法，落实好长江瑞昌段水资源保护有关政策措施，切实改善水生态环境质量，为打造“美丽中国、江西样板、九江诗篇”做出新的更大贡献。

【刘粤军到瑞昌看望慰问抗洪抢险一线官兵】 7月14日，东部战区司令员刘粤军深入赛湖堤，实地察看汛情，看望慰问抗洪抢险一线官兵。省委副书记、代省长刘奇代表省委、省政府一同看望慰问。东部战区副参谋长沙军，第一集团军政委秦树桐，省军区领导张晓明、杨笑祥、方建华；副省长尹建业；九江市委书记杨伟东，市委副书记、市长林彬杨，九江市委常委、九江军分区政委汪开华，九江军分区司令员宋朝阳，副市长赵伟，市委秘书长周美祥等陪同。瑞昌市领导罗文江、郭小云在现场介绍情况。刘粤军指出，部队广大官兵要坚决贯彻落实习近平主席重要指示精神，发扬敢打硬仗的优良传统和顽强作风，在抢险救灾中接受教育，履行使命，发挥作用，全力支援地方抢险救灾，保护人民群众生命财产安全。

【廖可铎到瑞昌看望慰问部队官兵】 7月19日，东部战区陆军政委廖可铎深入赛湖堤，看望慰问战斗在抗洪抢险一线的部队官兵和民兵预备役人员，并检查指导防汛工作。省委常委、省军区司令员张晓明，九江市委副书记、市长林彬杨，九江市委常委、军分区政委汪开华，九江军分区司令员宋朝阳等陪同。瑞昌市领导罗文江、郭小云、邵九思、淦克松等现场介绍情况。廖可铎强调，当前赛湖堤防汛抗洪工作虽已取得阶段性胜利，但仍面临上游来水及随时出现的强降雨等天气情况压力，任务依然繁重。希望部队广大官兵坚决贯彻落实习主席重要指示精神，统一思想、坚定信心，防大洪、抗大险、救大灾，哪里最艰苦，就战斗到那里、胜利到那里，继续发扬敢打硬仗、善打硬仗的顽强作风，不获全胜绝不收兵，全力以赴保护好人民群众生命财产安全。

【唐晓到瑞昌调研指导抗洪抢险工作】 7月12日，武警水电指挥部政委唐晓深入赛湖堤看望慰问一线抗洪官兵，并调研指导及商讨军地双方携手抗洪抢险工作。九江市赛湖西堤防洪应急处理军地联合指挥部总指挥、九江市政协副主席古小平，武警水电二总队副政委熊壮中，军地联合指挥部副总指挥、瑞昌市委书记罗文江，市委副书记、市长郭小云介绍情况。唐晓要求，要针对新一轮强降雨和上游来水，充分做好研判，制订周密方案，高度戒备，迅速解决其他救援力量不能解决的具体问题，完成好各项抢险任务。

【浙江省考察团到瑞昌考察长江港口建设等情况】 3月9日，浙江省副省长孙景淼率团到瑞昌考察长江港口建设等情况。江西省交通运输厅副厅长王昭春，省港航管理局局长于钦民；九江市委常委、常务副市长熊永强，副市长石荣国陪同考察。瑞昌市委书记罗文江，副市长周毅介绍情况。孙景淼对瑞昌近年来依托优质长江岸线，紧紧围绕“打造实力瑞昌、美丽瑞昌、法治瑞昌、幸福瑞昌，建设长江中游重要口岸城市，争当T型崛起排头兵，跨入全省十强县（市），建成全面小康社会”目标，科学有序开发港口资源，大力推进沿江开放开发所取得的成绩给予充分肯定。

【省商务厅领导到瑞昌调研】 5月4日，省商务厅党组书记、厅长王水平率调研组到瑞昌调研外贸工作。九江市委常委赵兵，瑞昌市委副书记、市长郭小云，市委常委、副市长钱萍等陪同或介绍情况。王水平一行先后到码头工业城吉恩重工海底电缆、公用港口码头和口岸监管区及新洋丰复合肥等项目点，实地察看了解瑞昌2015年以来外贸出口与商务发展等情况，分析当前进出口企业面临的严峻形势，研究预测下步外贸走势，协调解决进出口企业遇到的困难和问题。王水平对瑞昌在稳定外贸工作中所做的努力表示认同，鼓励企业做大做强，并要求相关部门为当地外贸企业进出口提供更多的便利服务。

【杨伟东3次到瑞昌检查指导防汛抢险工作】 7月8日，九江市委书记杨伟东深入瑞昌长江堤防汛工作现场检查指导防汛抢险工作。九江市政协副主席古小平现场介绍情况，市委秘书长周美祥随同。瑞昌市领导罗文江、郭小云、桂白丽、郑庆华、王伟、毕诗龙、柯善富、吴拥军等汇报工作或在防汛值守点介绍情况。杨伟东先后到九江县赤心堤白杨镇防汛责任段值守点、码头梁公堤，详细了解瑞昌市防汛抢险工作开展情况，并向防汛值班值守责任领导、官兵、工作人员等表示慰问。杨伟东强调，当前防汛抢险已进入最关键时刻，要把巡堤查险作为当前最重要、最基础的任务，作为当前防汛工作的核心，把工作抓细抓实抓好，坚决打赢防汛抢险攻坚战，确保人民群众生命财产安全。

7月11日，杨伟东再次深入赛湖堤防汛一线检查指导抗洪抢险工作。九江市副市长赵伟，市委秘书长周美祥随同。瑞昌市领导罗文江、郭小云、邵九思等在防汛点介绍情况。杨伟东深入到赛湖堤四排站察看汛情，亲切看望慰问奋战在抗洪抢险一线的干部群众、部队官兵，仔细查看险工险段，听取现场水利技术人员关于泡泉处理情况的汇报，并就如何应对下一轮雨情、汛情及值守抢险工作进行指导。

7月18日，杨伟东又一次到瑞昌市考察指导防汛工作。九江市委秘书长周美祥和水利局局长叶树国陪同；瑞昌市领导罗文江、郭小云、郭少雄在现场汇报情况。杨伟东到赛湖堤螺丝港堤段实地察看除险工作开展情况，并听取瑞昌市螺丝港和乌鱼爪2个压浸工程以及加筑子堤完成情况汇报，详细了解瑞昌市防汛工作开展情况，杨伟东高度肯定瑞昌市防汛工作取得的成绩，并强调，要牢固树立防久汛、抗久灾的思想，再接再厉、再鼓干劲，坚决打赢防汛抗洪攻坚战。

【林彬杨2次到瑞昌检查指导防汛抢险工作】 7月9日，九江市委副书记、市长林彬杨深入瑞昌市赛湖堤防汛工作现场，亲切看望慰问干部群众及人民解放军官兵，现场检查指导防汛抢修工作。市领导罗文江、郭小云、邵九思、潘雄、程世贵陪同或在防汛值守点介绍情况。在防汛重点地段，林彬杨对照防汛工程示意图，现场察看水情汛情，详细询问了解当前水位、防汛物资储备、巡守值班安排、调度指挥等各种情况。林彬杨强调，防汛抗洪是当前最重要的工作任务，要切实加大巡堤查险工作力度，做最困难抗洪抢修准备，确保人民群众生命财产安全。

7月11日，林彬杨再次深入到赛湖堤一线指导抗洪抢险工作。市领导罗文江、郭小云、郭少雄、邵九思、潘雄陪同或在防汛值守点介绍情况。林彬杨强调，要调动各方力量，积极巡堤抢险，做足即将到来的抗洪攻坚战准备。

【林彬杨到瑞昌调研项目建设】 12月2日，九江市委副书记、市长林彬杨到瑞昌市调研项目建设。九江市政府秘书长吴照友，安监局局长曾宪奎，中小企业局局长姜展戎参加调研。瑞昌市领导郭小云、江训开、周洪文、陈琪、朱发炳、邵阳、胡定文、丰耿、陈国胜、程世贵、谈太君、颉勇军、王能志等分别在各责任项目点介绍情况。林彬杨先后到天瑞丰收、理文化工、理文造纸、万润兴业和市经开区黄金工业孵化园以及武九客专瑞昌南站现场听取情况汇报，实地察看项目建设进度，详细了解有关项目的规划设计、建设施工的最新情况和急需解决的困难与问题。林彬杨强调，要压实责任、严守规程，在保安全、保质量的基础上，力促项目建设序时推进。

【九江市领导到瑞昌走访工业企业】 2月23日，九江市委常委、副市长唐舒龙，副市长熊剑带队到瑞昌市走访部分工业企业，协调解决企业发展遇到的各种难题。市委书记罗文江，市委副书记、市长郭小云陪同并汇报工作。唐舒龙指出，此次了解收集到的诸如企业用工、用地、融资和项目报批等方面的问题，能解决的现场解决，不能解决的上报后协调解决，争取更多的瑞昌企业能减负运行、轻装上阵，为九江实现“T”型崛起和实施“新工业十年行动”做出更大贡献。

【唐舒龙率队到瑞昌走访调研】 2月14日，九江市委常委、副市长唐舒龙率九江市行政服务中心、台办、团市委主要负责人，到江西亚东水泥有限公司走访调研。市领导邵九思、程厚红陪同。唐舒龙一行认真听取企业情况汇报，对江西亚东水泥的发展给予肯定，对该企业在高新技术应用、清洁生产、循环经济等方面的做法给予高度评价，希望江西亚东水泥在新的一年里为九江工业发展做出更大贡献。

（冯源源）

政策研究

【概 况】 2016年，市委政研室紧扣市委中心工作，真抓实干，勇于创新，充分发挥以文以智辅政作用，较好完成各项工作任务，为推动瑞昌发展做出了积极贡献。

精雕细琢，以文辅政水平再上新台阶。把文稿起草放在参谋服务的首要位置，紧贴市委中心工作、主要领导思路、人民群众意愿，精心做好文稿撰写工作。全年共起草领导讲话稿、汇报材料等各类文稿200多篇，约100万字。把调查研究作为参谋服务的重要抓手，紧紧围绕推进“五大升级”，着眼事关大局和制约发展的重大问题，开展形式多样的调研活动。全年共开展重大调研活动6次，形成了《关于制定瑞昌市国民经济和社会发展第十三个五年规划的建议》《认真践行五大发展理念，推动瑞昌持续健康发展》《瑞昌港区岸线利用及长江下游航道通航情况调研报告》等多篇高质量调研报告。

开拓创新，全面深化改革取得新成效。市委改革办认真贯彻落实中央、省和九江市有关全面深化改革的指示精神，围绕市委工作部署，创新工作思路，努力将全市各项改革引向深入。全年向省委、九江市委改革办报送各类改革案例11篇，《九江改革》采用3篇，《九江》采用3篇。在瑞昌报开设《聚焦改革》专栏，刊发有关改革新闻4条，其中专版1期；在瑞昌电视台开设《聚焦改革》专栏，播出改革宣传节目6期。深入推进中央、省和九江市改革试点工作，形成了知识产权试点城市建设、农村信息化进村入户、社区矫正官制度试点等一批可复制、可推广的改革经验。2016年，瑞昌市全面深化改革工作在九江市改革工作年度考评中荣获综合第一名。

服务大局，经济社会发展实现新突破。着眼推动瑞昌发展，结合中央、省和九江市要求，立足瑞昌实际，牵头或参与市有关部门研究制定市委、市政府重要文件。全年牵头或参与市有关部门研究制定市委、市政府重要文件149件，其中瑞发文件15件，瑞字文件38件，瑞办字文件96件。特别是市委出台《关于开展全市封山育林工作的实施意见》文件，有效促进全市封山育林工作全面实施，全市生态质量明显提高。

千锤百炼，政研队伍作风呈现新面貌。把队伍建设作为做好政研工作的基础，着力建立一支政治过硬、作风过硬、业务过硬的队伍。坚持每周五学习例会制度，狠抓学习，强练内功，保障以文辅政质量，提高参政设谋水平。深入学习中共十八大，十八届三中、四中、五中、六中全会以及习近平总书记系列重要讲话精神，鼓励干部加强经济、法律等方面知识学习，强化干部领会政策、把握大局的能力。建立综合调研工作制度、文稿发表奖励办法等，进一步促进政研工作规范化、程序化、科学化，有效提高工作水平和效率。

【起草封山育林实施意见】 2016年，市委、市政府联合印发《关于开展全市封山育林工作的实施意见。意见共五部分：指导思想、基本原则及目标；封山育林对象、期限、方式；具体要求；实施步骤；保障措施。该文件对恢复和培育森林资源、提高森林覆盖率和林地效益，保护和改善生态环境，促进经济社会可持续发展具有十分重要意义。

（方汇达）

组 织 工 作

【概 况】 2016年，全市组织工作以全面从严治党为主线，突出“两学一做”学习教育、市乡换届两个重点，围绕中心，服务大局，改革创新，狠抓落实，各项工作取得新进展，为坚持实干创新，推进“五大升级”，在新的历史起点上奋力开启瑞昌发展新征程提供了坚强的组织保证和人才支撑。

紧扣专题、注重实效，“两学一做”学习教育活动取得新成效。5月起，根据中央、省委和九江市委部署，分“坚定执着追理想”“实事求是闯新路”“艰苦奋斗攻难关”“依靠群众求胜利”四个专题，扎实开展“两学一做”学习教育活动。把深化学习贯穿始终。通过“两学一做”微信群和QQ群分享精彩学习内容，组织广大党员参与学习心得“千字文”和微信学习精彩内容征集与推送活动，参与九江市直机关工委组织的“两学一做”学习教育知识竞赛活动。各基层党组织在“七一”前后结合建党95周年，开展重温入党誓词、传唱红色歌曲、讲述红色故事、诵读经典论著、观看《咬定青山不放松》专题纪录片等教育活动。各级党员领导干部严格执行双重组织生活制度，以一名普通党员身份参与所在党支部学习教育，自觉带头学习研讨、带头讲好党课。全市31名县处级领导建立基层学习教育联系点31个，讲党课60余堂，以实际行动为全市党员干部作出表率。把解决突出问题贯穿始终。全市1.8万多名党员重点在理想信念、党的意识、为民办事、扶贫领域、“三资”管理、部门执法等方面查摆出问题3768条。认真开展党员组织关系排查、党费收缴工作专项检查、软弱涣散党组织整顿等专项工作。全市经过查找，取得联系党员305名，失联党员16名，分步骤分批次按程序补填《入党志愿书》178份，向基层党组织发放党员党费证4000多本。把做合格党员贯穿始终。组织广大党员参与防汛工作，在抗洪抢险战斗中发挥模范带头作用。按照“一个堤坝一个党支部、一个帐篷一个党小组”原则，成立防汛前线指挥部临时党支部5个、临时党小组34个，组织375名党员组建“党员突击队”34支，组织321名党员组建“党员志愿服务队”34支。

依据政策、严肃纪律，干部队伍建设开创新局面。扎实完成市乡领导班子换届。认真细致做好乡镇领导班子换届工作，全市21个乡（镇、场、街道）按照换届人事方案顺利产生新一届党委会委员148名、书记21名、副书记45名，16个乡镇选举产生乡镇长16名、副乡镇长36名、人大主席16名、副主席11名。着力打造风清气正换届环境。先后向全市县处级领导、各乡镇、换届办工作人员发放《严肃换届纪律文件选编》60本、《换届纪律要求提醒册》240册、《严肃换届纪律、匡正换届风气》漫画21幅。组织各级领导干部、“两代表一委员”观看《镜鉴——衡阳、南充违反换届纪律案件警示录》10余次。与县级领导和乡镇科级干部、“两代表一委员”签订严肃换届纪律承诺书1100多份。建立市、乡两级换届风气监督员队伍和换届风气督查组。及时通过《瑞昌党建网》《瑞昌报》向社会公布“12380”举报电话，对换届信访进行登记办理，重大举报随时报告，努力营造风清气正换届环境。全面强化干部教育培训。2016年，采取集中培训与组团宣讲、请进来与走出去、网络学习与实体教育相结合的方式，共举办各类干部培训班7期，参加培训干部达4000余人次，配合上级组织部门调训调学21人次。

突出重点、夯实基础，党的基层组织建设迈上新台阶。以扎实推进党建九项重点任务和“党建+”工作为抓手，不断强化党建基础工作，有效提升基层党建工作整体水平。注重提升基层党建水平，全面落实党建九项任务。认真落实党员党组织关系集中排查、党代会代表和党员违纪违法情况排查、基层党组织按期换届专项检查、党费收缴专项检查、非公有制经济组织和社会组织“两个覆盖”、党建促脱贫攻坚、领导机关党员干部学习教育、党建示范点创建、推进基层党建项目化等党建九项重点任务。注重打造亮点品牌，全面推进“党建+”工作。将“党建+基层民主协商”“党建+村级集体经济发展”“党建+高山饮水工程”“党建+服务企业发展”“党建+精准扶贫”和“党建+项目建设”等六项内容作为全市“党建+”工作重点推进项目。注重加强村干部管理，全面落实激励关怀机制。推行村（社区）党组织书记考核评价机制，建立村（社区）党组织书记考核台账和绩效档案，对村（社区）定编干部实行动态化管理。落实村干部工作报酬待遇，不断提高服务群众能力和履职本领。注重发挥应有作用，着力加强大学生干部队伍建设。坚持组织部门、乡镇、村委会“三位一体”大学生干部考核管理模式，采取“双向甄别、综合评价”方式，对大学生干部严格管理，定岗定责，确保大学生干部在村工作。注重筑牢基层组织堡垒，着力强化村建帮扶机制。对全市19个“十三五”省级贫困村和10个软弱涣散村实行“第一书记”全覆盖，对10个软弱涣散村党组织进行集中整顿。认真做好第七轮市直部门包村帮扶工作，安排122个单位（含省选派挂点3个单位、九江选派挂点12个单位）挂点帮扶全市157个行政村和赛湖农场3个分场。扎实推进村级组织活动场所建设，对2015年44个新建村部、3个提升改造村部进行后续扫尾，不断提升村级组织服务群众能力。

创新机制、优化环境，人才工作激发新活力。不断创新服务载体。以开展“三建三争”和争创“双强六好”党组织活动为载体，以“党建+服务”为主线，重点打造“三块四个点”，充分发挥党员及党组织先锋模范作用。不断加强人才引进。采用政府投资结合项目招商方式，先后投入3.2亿元在工业园南区建设15万平方米的“工业园南区标准厂房”和“华友微小企业孵化基地”，成功吸引上官水钻、天鑫门业等55家本土企业入驻，引进并帮助70名企业经营管理人才创新创业。依托江联造船潘际銮院士工作站、格雷斯马克俭院士工作站，引进一批清华大学、北京大学等一流优秀人才，标志着瑞昌市在高层次人才方面迈出坚实一步。不断健全激励机制。制定《关于2016年开放型经济工作的实施意见》，设立招商引资荣誉奖，对为瑞昌市招商引资做出重要贡献的非瑞昌籍人士，授予“瑞昌市荣誉市民”称号。

【朱湖村被列为全省农村“党建＋”工作流动现场会参观点】 10月19—20日，全省农村“党建＋”工作流动现场会召开。瑞昌市码头镇朱湖村被列为参观点。20日，九江市委组织部副部长、村建办主任胡运龙带领与会人员到朱湖村参观调研。瑞昌市委副书记陈琪，市委常委、组织部部长邵阳在现场介绍情况。与会人员一行前往朱湖村中心广场、体育场馆、幼儿园、追思堂陵园、江边货场等地参观，详细了解相关工作情况，对朱湖村“党建＋”工作成效给予高度评价。

【九江“三农”工作现场推进会与会人员参观瑞昌党建示范点】 5月28日，九江市“三农”工作现场推进会全体与会人员参观瑞昌市武蛟乡上湖村基层组织建设示范点。九江市领导杨伟东、林彬杨、占勇、董金寿、李洪涛、吕斌、赵伟、朱汉浩等出席活动。瑞昌市领导罗文江、郭小云、郭少雄、李九萍、桂白丽、周洪文、邵九思、郑庆华、潘雄等陪同或介绍情况。九江市相关部门单位及各县（市、区、山）党政主要领导、相关单位负责人共计110人参加活动。

【瑞昌市第七次党代会召开】 8月29—31日，中国共产党瑞昌市第七次代表大会在市艺术中心召开。九江市人大常委会主任冯静，市委组织部副部长、村建办主任胡运龙到会指导。此次会议选举产生市委委员41名、市委候补委员10名、纪律检查委员会委员23名；选举产生瑞昌市出席九江市第十一次党代会代表24名。会议通过了《中国共产党瑞昌市第七次代表大会关于中共瑞昌市第六届委员会工作报告的决议》《中国共产党瑞昌市第七次代表大会关于中共瑞昌市纪律检查委员会工作报告的决议》。8月31日下午，在市行政大楼报告厅举行中国共产党瑞昌市第七届委员会第一次全体会议。全委会采用直接差额选举的办法，选举郭小云、江训开、陈琪、朱发炳、梁少清、陈骏、淦克松、钱萍、邵阳、余平、胡定文等11人为中国共产党瑞昌市第七届委员会常务委员会委员；采用等额选举的办法，选举郭小云为中国共产党瑞昌市第七届委员会书记，选举江训开、陈琪为中国共产党瑞昌市第七届委员会副书记。

【全市党务暨换届工作会议召开】 4月6日，全市党务暨换届工作会召开。市领导罗文江、桂白丽、周洪文、郑庆华、潘雄出席会议。会议传达学习上级有关会议精神，总结2015年党务工作，安排部署2016年党务及换届工作，动员全市党务工作者和广大党员干部进一步振奋精神、开拓创新，确保换届工作顺利完成，推动党务工作再上新台阶，为打造“四个瑞昌”、建设长江中游重要口岸城市、争当“T”型崛起排头兵、跨入全省十强县（市）、全面建成小康社会提供坚强的政治保障。

【竞争乡镇副职笔试开考】 1月23日，九江市公开竞争性调任乡镇（街道）党政班子副职人员瑞昌考点在市一中开考。市委副书记、市长郭小云，市委常委、组织部部长周洪文前往巡考。此次考试由九江市统一组织，按照集中报名、资格审查、考试考察、组织研究、公示任用等程序进行，旨在面向事业单位公开、平等、竞争、择优调任一批乡镇（街道）党政班子副职干部。瑞昌市共有234人报名参试，人数列九江各县（市）第二。

【举办村（社区）党组织书记培训班】 10月9—11日，全市村（社区）党组织书记培训班在市委党校举办，全市各村（社区）200余名党组织书记参加培训。市委常委、组织部部长邵阳出席开班仪式并讲话。开展此次培训，旨在贯彻落实各级党代会精神，提升村（社区）党组织书记素质和能力，加强村（社区）党组织书记责任意识。培训内容主要包括九江市第十一次党代会精神、瑞昌市第七次党代会精神、如何开展精准扶贫和新农村建设、如何当好基层党组织书记等。

【举办乡镇科级干部与青年干部培训班】 10月14日，全市2016年乡镇科级干部与青年干部培训班开班。市委常委、组织部部长邵阳出席开班典礼并讲话。参加培训共170余人。培训的核心任务是提高乡镇领导班子坚持实干创新、推进"五大升级"的实际操作能力。培训班为期2天，培训内容涵盖九江市、瑞昌市党代会精神、打造新常态下瑞昌工业升级版、党风廉政建设等。

【举办"坚持实干创新，推进五大升级"演讲比赛复赛】 11月2日，"坚持实干创新，推进五大升级"主题演讲比赛复赛在市政府四楼报告厅举办。市委常委、组织部部长邵阳出席并讲话。此次比赛由市委组织部牵头，市委机关、横立山乡、大德山林场等17个部门单位参加，其目的是通过演讲比赛活动进一步深刻领会市委提出的"一个目标、两大基调、推进五大升级"决策部署的丰富内涵和精神实质，把全体干部职工的思想和行动统一到党代会精神上来，为推动瑞昌经济社会又好又快发展做出应有贡献。19名参赛选手结合自身工作实际，畅谈自己对实干和创新的理解。最终选出潘春兰、李一琦、潘建雄3位选手代表本赛区参加全市演讲比赛。

（柯尊堂）

附：2016年市委组织部（机关工委）副科级以上领导名录

部　长：周洪文（任至8月）
　　　　邵　阳（8月任）
副部长：陈思明（任至6月）
副部长、老干部局局长：胡桂珠（老干部局局长任至6月）
副部长、组织员办主任：梁先武
副部长、村建办主任：周宇洋
副部长、人社局局长：罗小红（8月任）
部务委员、远教中心主任：刘建军（3月任）
部务委员、市直机关工委书记：张　鹏（3月任）
远程教育中心副主任：余湘平（任至12月）
机关工委委员：柯一于
机关工委委员：徐新星（任至10月）
村建办副主任：柯赛梅
织组员办副主任：范维维
市人才办主任：李　意（12月任）
市远教中心副主任：任新华（12月任）

机关工委工作

【概　况】 2016年，市直机关工委严格按照中央和省、市委关于基层党建工作的部署要求，团结带领市直各机关党组织和广大党员，以落实全面从严治党要求为主线，统筹推进机关党的建设各项工作，在落实全市重点工作中，充分发挥了基层党组织战斗堡垒作用和党员的先锋模范作用。

以党组织换届调整为契机，进一步加强党的领导。选优配齐班子。2016年，全市82个党组织关系隶属于市直机关工委的市直单位均按职数要求，选好配齐党组织书记、副书记及委员，党组织书记由单位主要领导担任。落实党建职责。建立工委、部门党组联席会议制度，落实党组织书记"一岗双责"制度，加强市直机关工委与部门党组间协作和配合，增强机关基层党组织合力，明确各级党组织书记第一责任人、直接责任人职责，形成分级负责，层层抓落实工作格局。

以"两学一做"学习教育为载体，进一步夯实党建工作基础。广泛开展学习。市直各单位党组织以党支部为基本单位，认真落实"三会一课"制度，召开支部党员专题学习会1000余次。认真查摆问题。通过"自己找、群众提、上级点、组织议、互相帮"等方式，查摆自身存在的不足，共查摆问题2400余个，并限期进行整改。抓好示范带动。各市直单位党员领导干部严格执行双重组织生活制度，以一名普通党员身份参与学习教育活动，并带头在所在党支部讲党课。全市机关领导班子成员讲党课765次，其中书记讲党课328

次，以普通党员身份参加所在支部活动 685 次，其中书记参加 233 次。丰富学习载体。在落实“三会一课”制度基础上，通过“两学一做”学习教育微信群和 QQ 群分享精彩学习内容，并组织广大党员参与学习心得千字文和微信学习精彩内容征集与推送活动。

以充分发挥党建引领作用为重点，进一步服务好中心工作。服务中心助发展。按照“围绕经济抓党建，抓好党建促发展”的工作思路，全市各级机关党组织积极参与项目建设、招商引资等中心工作，抽调 200 名机关干部到项目、招商、信访第一线，为实现瑞昌经济跨越发展发挥了重要作用。服务企业促发展。组织部分市直单位到企业走访，积极宣传党的路线方针、政策和市委、市政府重大决策部署，收集企业意见和建议。服务群众惠民生。组织党员干部下基层开展“结对帮扶”“党风廉政建设社会评价”等活动，帮助解决好基层干部和群众关心的热点难点问题，安排 122 个单位挂点帮扶 157 个行政村和赛湖农村 3 个分场，安排 113 个单位帮扶 33 个社区。尤其是在 7 月—8 月的防汛工作中，市直机关广大党员干部始终站在防汛最前沿，按照“一个堤坝一个党支部、一个帐篷一个党小组”原则成立 5 个临时党支部和 34 个临时党小组，24 小时轮班开展巡堤查险、防汛救灾工作，确保了安全度汛。

以党员教育管理为切入点，进一步推进机关党组织规范化建设。认真落实党建重点任务。扎实开展党员组织关系排查、党代会代表和党员违纪违法未予处理情况排查、党费收缴排查和基层党组织按期换届排查。党员组织关系进一步明确，党员和党代表违纪违法及时处理，3352 名机关党员补缴党费 111 万余元，254 个机关党支部进行换届选举。严密组织出席市第七次党代会代表选举工作。坚持把握条件、把住结构、把准节奏，严格遵循代表选举程序，共选举产生出席市第七次党代会代表 135 名，确保了市直机关代表的先进性。认真做好党员发展培训和管理工作。全年举办 2016 年度发展对象培训班 2 期，培训发展对象 313 名，新发展党员 62 人。全年接收外地转入党员 28 人，本地转出 25 人，市内调动 85 人。做好党员档案整理工作，对全市所有党员档案进行全面摸底调查，统一规范档案管理，并对遗失党员档案进行补办，第一批审核补办 82 人，第二批审核补办 25 人。

【举行新党员宣誓活动】 7 月 1 日，市直工委举行庆祝建党 95 周年暨新党员宣誓活动。市直机关 51 名新党员参加宣誓活动。活动号召广大新党员和入党积极分子，要思想觉悟更高、自我要求更严、工作业绩更好，为全力打造“四个瑞昌”、全面建成小康社会做出新的更大贡献。

（柯尊堂）

宣传工作

【概 况】 2016 年，市委宣传部深入贯彻落实中共十八大，十八届五中、六中全会精神，按照市委、市政府工作部署，以实干和创新为工作主基调，凝心聚力推进“五大升级”，工作重点突出，亮点纷呈，在服务大局中展现了新作为。荣获 2016 年度九江市党报党刊发行工作二等奖。

理论学习广泛深入。全年先后组织学习十八届六中全会、省第十四次党代会，九江市第十一次党代会，瑞昌市第七次党代会，新工业十年行动暨全市经济工作会精神等系列学习宣传活动。认真落实九江市委办公厅“三团六进全覆盖”宣讲工作，精心组织九江市人大常委会主任冯静，九江市委副秘书长、市直机关工委书记胡爱武在瑞昌的宣讲活动，并组建 5 名省、市党代表和 3 名党校教师的宣讲团，深入乡镇、企业、学校、社区等开展省、九江市党代会精神宣讲活动。下发《关于开展新工业十年行动暨全市经济工作会精神宣讲活动的通知》，组织 7 个宣讲团深入 21 个乡（镇、场、街道）和重点企业开展宣讲活动。9 月，市委印发《关于认真学习宣传中国共产党瑞昌市第七次代表大会精神的实施方案》，集中利用 3 个月时间，分学习宣传、宣讲培训、交流讨论、总结提高等四个阶段在全市范围内组织开展学习宣传市第七次党代会精神活动。宣传形式主要是围绕实干创新主基调和推进工业发展、对外开放、城市管理、秀美乡村、民生共享“五大升级”等6个主题，在全市组织开展演讲比赛活动；举办科级领导干部、村（社区）党支部书记、青年干部等多个层次的学习党代会精神培训班；开展“坚持实干创新，推进五大升级，我们怎么干？”为主题的学习大讨论活动；组成3个党代会精神宣讲团，深入各乡（镇、场、街道）集中开展互动式巡回宣讲活动；组织开展乡（镇、场、街道）党委书记和部门单位负责人学习贯彻党代会精神访谈活动；开展社论评论、理论征文、建言献策等活动。

新闻宣传有声有色。突出发挥传统媒体作用。2016年，《瑞昌报》共出报126期，专刊38期，累计刊发新闻类稿件4800余篇，开设专题专栏20个，刊发本报评论员文章22篇；市电视台《瑞昌新闻》播出238期，播出新闻类稿件1681篇，总时长2748分钟；制作播出电视专题节目18期。积极推进新媒体健康发展。市广播电视台主办的“视听瑞昌”公众号、瑞昌报社主办的“瑞昌微视界”公众号上线运作，形成新闻网、微博、微信、手机报、移动客户端的新媒体齐备格局。全年瑞昌新闻网共发稿2368条，阅读量56万余人次。“九江瑞昌发布”政务微博共计发布488条，阅读量277万人次，转载、评论、点赞达9140人次；“九江瑞昌发布”微信公众号固定用户达5500人，共发布微信194期，微文582条，阅读总量达103万次，转载、评论、点赞达20万人次，单条最高阅读量达2.8万次，尤其是在防汛抗洪期间，相关微文阅读量进入江西省县区政务微信排行榜前五，连续两周以较大优势领跑九江市县区政务微信排行榜，为抗洪宣传、吸引关注和凝聚人心、加油鼓劲起到较大促进作用。“视听瑞昌”发布微信131期。同时，市委宣传部积极推动一批反映瑞昌市好做法、好成效的微文在“江西发布”“九江发布”“九江E媒”等影响力大的微信平台转载。一年来，相继开展以“不忘初心忆长征”“长征路上奔小康”“家乡风景独好”“指尖上的微党课”等为主题的微传播作品征集活动，开展治国理政网络评论文章征集活动。制定了《关于政务微博、微信等新媒体编发的工作方案》等工作制度，实行“监制—总编—编审”三级审稿制，对新媒体编发内容进行严格把关。为适应传统媒体与新媒体融合趋势，开展全媒体中心调研工作，组织人员赴江西省分宜县开展全媒体调研活动，并形成调研报告，进一步加强全市各媒体之间互联互通、资源互惠互享。

外宣工作成绩显著。全年接待九江市级以上媒体记者10批次30余人次，接待中央、省、九江市集中大型采访活动5批次。全年在九江市级以上主流媒体用稿1697条（不含网络用稿），其中中央级媒体用稿16条（另人民网、新华网、央广网等重要主流网站上稿49条），《江西日报》127条（头版头条1个，地方要闻头条6个，专版1个），江西卫视《全省新闻联播》52条（综合头条2个），江西人民广播电台86条，《九江日报》506条（头版头条22个，其中自采头条10条；地方版面头条11条），组织九江日报社“瑞昌新闻”专版5期、稿件50余篇。九江电视台314条（头条30个，另制作播出《直通县区》52期280条），九江电台316条（头条7个）。其中《江西日报》和九江电视台《九江新闻》上稿数量位居九江各县区第一，《九江日报》上稿位居九江各县区第二。《瑞昌手机报》顺利合入《江西手机报》县区版，每周推送2次。摄制完成“长江明珠、祥瑞之城”宣传片，协助举办“2016年全国化工峰会暨中国化工报十二届理事会”，开展“百媒进千企”促进非公经济更好更快发展系列宣传活动，在市内外反响良好。

网信管理力度加强。网信办安排专职人员，每天分时段不间断浏览各大重点网站、论坛和微博，对瑞昌相关舆情进行实时监测，共计编发《互联网负面舆情处理单》125期，向市主要领导和分管领导报送《舆情信息》45期、《舆情专报》1期、《汛期舆情日报》16期，为市领导和各地各部门单位研判、处置舆情提供了翔实的第一手资料。通过强化与省、市网信部门沟通联系，及时成功处置“赤湖湿地未审批被建光伏发电场”“瑞昌人民医院给患者注射过期药水”等一批负面舆情，保证了全年未出现重大负面舆情。建立“互联网企业党建工作调查数据库”，完成全市各网站党员人数的统计；建成“瑞昌市互联网违法和不良信息举报中心”，强化互联网舆情管理；联合公安、工信部门开展打击网上暴恐音视频、清理涉疆涉恐信息专项行动；开展关键信息基础设施网络安全检查工作；对“瑞昌网”无资质转载新闻等网络违规行为进行认真整改。

文化建设有力推进。基层文化阵地建设进一步加强。改造提升乡镇文化站20个、农家书屋90个、文化小广场140个，健全社区文化活动室28个、行政村文化活动室130个、公共电子阅览室190个，组建群众文艺团队230个，覆盖城乡基本公共文化服务体系基本形成。群众文化生活日益丰富。全年开展群众性文化活动500余场次，先后以“中国梦”、践行“两学一做”学习教育等为主题组织大型文艺节会13场次，依托文化阵地，组织剪纸、书法、舞蹈等各类培训45场，开展“文艺下基层”等活动，累计送戏120场，送电影2027场，送书4000册，送讲座展览140余场。文化市场管理不断规范。开展“护苗·2016”“清源·2016”“净网·2016”“秋风·2016”等专项整治行动，进一步建立健全“扫黄打非”邻省联防协作机制，推进与湘鄂边界市县、乡镇、村基层“扫黄打非”工作互联互建，推进全市“扫黄打非”基层全覆盖。传统文化保护工作扎实开展。完成1241件（套）可移动文物调查、认定和登记工作，完成对全市历史建筑保护情况、历史文化名村重要历史建筑危房、古建筑传统工匠调查工作，开展瑞昌剪纸、瑞昌竹编、瑞昌采茶戏等三个项目10名传承人申报九江市级传承人工作。

精神文明建设继续加强。积极培育和践行社会主义核心价值观，开展“图说我们的价值观”“我们的节日”等主题教育活动，为深化实践养成提供有效载体。进一步规范爱国主义教育基地管理，注重爱国主义教育基地保护和功能发挥，组织党员干部、中小学生、企业职工到爱国主义教育基地开展“重温入党誓言”“传承革命精神”“争做时代先锋”等主题教育活动300余场。与妇联联合开展寻找“最美家庭”活动，评选出江选龙等瑞昌市十佳“最美家庭”。发挥典型示范引领作用，突出宣传报道抗洪抢险过程中涌现出的典型人物，刘礼升、曾昭忠、柯峰等先进典型事迹在《新华每日电讯》、人民网、新华网、《江西日报》、江西电视台等主流大网、大报、大台报道。联合市场监督管理局开展“节俭养德 文明餐桌”活动，发放宣传单5000份，张贴宣传画1000份。积极开展省、九江市级文明单位“文明生态村”帮建活动，共投入资金100万元用于改善村容村貌、保护生态环境、培植富民项目，乡风文明得到进一步提升。组织开展“文明信用村镇”评选活动，武蛟乡、横立山乡等被评为“瑞昌市文明信用村镇”。花园乡被评选为江西省第五届文明村镇，市地税局等十家单位被评为江西省十四届文明单位。在全市中小学中开展文明校园创建活动，瑞昌市实验小学等6所学校被评为文明校园。洪一学校少年宫和夏畈中心小学少年宫分别被省文明办评为2016年度优秀少年宫和优良少年宫。持续开展“身边好人”推荐学习、宣传活动，何海花、张木胜2人荣获“第六届感动九江十大最美人物”称号，何文娣、蔡志芳荣获第二届九江市“十大贤母”称号，市公安局交管大队车管所副所长郎雅冰获选九江首届十大“最美”交警，城东学校教师陈玉梅获“全国五一劳动奖章”，城东学校学生谈煜华获九江市首届“十佳美德少年”，乐园学校学生柯湘云获九江市首届“十佳美德少年”提名奖，市一中教师周升明获九江市“德艺双馨”育人楷模称号。

【分片区宣讲市第七次党代会精神】 9月26—27日，市委宣传部牵头，从市委党校抽调教师组成宣讲团深入花园、码头、范镇等乡镇分片区集中宣讲市第七次党代会精神。宣讲团成员为农村基层干部深刻阐述“五大升级”内涵及实干创新重要性等，受到基层干部热情欢迎。

【举行寻找“最美家庭”演讲比赛】 10月17日，寻找“最美家庭”演讲比赛在市广播电视台演播大厅举行。市委副书记陈琪，市委常委、宣传部部长钱萍，副市长蒋贤智出席活动并为获奖家庭颁奖。此次活动由市委宣传部主办，市文明办、市妇联、瑞昌报社、市广播电视台共同承办，旨在通过寻找“最美家庭”的深入开展，进一步弘扬家庭美德，树立良好家风，在全社会营造注重家庭、注重家教、注重家风的文明新风。演讲比赛共有20个家庭入选，经过近4个小时角逐，最终江选龙、郎雅冰、何冬桂、董彦健、朱爱香、肖敦木、柯银枝、付子欢、左敏、蔡志芳等10户家庭获评“最美家庭”。

（王　宇）

附：2016年市委宣传部副科级以上领导名录

部　长：桂白丽（任至8月）
　　　　钱　萍（8月任）
副部长、文明办主任：徐新佳（任至6月）
常务副部长、社联主席：张功和（常务副部长10月任、社联主席任至12月）
副部长、社联主席：谈际贵（社联主席12月任、文联主席任至12月）
副部长、文明办主任：何常玉（11月任）
文联主席：朱黎民（12月任）
市新闻中心主任：张　勇（任至6月）
市新闻中心主任：袁小鹏（12月任）
社联副主席：张梦丹
文联副主席：丁　涛
新闻中心副主任：费伦锋（任至6月）
新闻中心副主任：雷勉鸿（12月任）
市网信办专职副主任：王　宇（12月任）

统 战 工 作

【概 况】　2016年，市委统战部紧紧围绕全市中心工作，坚持实干创新，充分发挥统一战线凝心聚力优势，全力服务经济社会发展，为推进瑞昌“五大升级”作出了积极努力。

助力“五大升级”，凝聚思想共识。加强组织领导。市委把《中国共产党统一战线工作条例（试行）》和《中共江西省委贯彻〈中国共产党统一战线工作条例（试行）〉实施细则》等统战理论列入市委中心组学习内容，通过专题学习不断适应新时期统战工作新形势。新一届市委常委领导班子高度重视统战工作，换届后2次在市委常委会上研究统战工作，及时调整瑞昌市委统战工作领导小组，建立党外干部培养选拔工作联席会议制度，讨论通过党外干部“155培养计划”。加强学习培训。建立健全机关学习例会制度，注重抓好统战工作法律法规学习，不断提高统战工作水平。组织开展统一战线成员培训工作，举办市政协委员培训班，进一步增强政协委员的政治意识、角色意识、履职意识和标杆意识。采取以会代训形式，向各民主党派、无党派人士通报中共十八届六中全会精神，进一步强化核心意识和统战思维。加强调研工作。围绕“五大升级”深入开展调研，积极建言献策。民进瑞昌支部提出取缔露天烧烤，提升城市品位的建议，得到市政府采纳并迅速整改到位。民革瑞昌总支《规范我市物业管理，让城市生活更美好》、农工党瑞昌总支《创新思路优服务，转型升级促发展》等调研文章均作为市七届政协一次会议发言材料。

助力“五大升级”，提供人才支撑。注重党外干部培养考察，积极向组织输送优秀党外干部。2016年换届工作中，安排3名党外干部到副处级岗位，4名到正科级岗位，6名到副科级岗位。建立党外干部培养选拔工作联席会议制度。与市委组织部联合出台《关于建立瑞昌市党外干部培养选拔工作联席会议制度的意见》，要求每年至少召开一次会议，专题研究解决党外干部队伍建设等问题，为全市党外干部发展提供制度保障。研究制定党外干部“155培养计划”。明确在本届任期内重点培养正科级党外干部10名左右，副科级党外干部总数达到50名左右，一般党外后备干部总数达到50名左右。

助力“五大升级”，增添发展动力。大力推行“党建+非公经济”发展新模式，全市非公经济建立党组织334个，其中80家园区企业建立党组织32个，1050家乡镇非公企业建立党组织291个，698家个体工商户建立联合党支部11个。同时，组建了北京瑞昌商会和上海瑞昌商会流动党支部，实现非公经济党组织和党的工作“两个覆盖”。积极指导组建外埠商会，7月23日，北京瑞昌企业商会成立，实现瑞昌外埠商会零的突破。随后，上海瑞昌商会、厦门瑞昌商会相继成立，广州、泉州、南昌等地外埠商会开始积极筹建。

助力“五大升级”，营造良好环境。注重引导和协助各民主党派加强组织建设，指导农工党瑞昌总支圆满完成换届工作，选举产生新一届领导班子。健全民族宗教管理制度，及时调整市乡村宗教工作三级网络，对民族宗教事务实行网格化管理。帮助宗教场所解决实际困难，协助基督教中心堂点落实建设用地，将9处道教活动场所列入全市电网改造工程计划，协调解决了文昌阁新建大雄宝殿规划审批事宜和天嗣山万寿古寺新建寮房等问题。积极弘扬优秀宗教文化，完成《瑞昌市道教志》编撰，联合庐山道协举办扬琴、古筝等传统器乐培训班。

【开展“适应新常态，崇廉创事业”主题活动】 2016年，市委统战部在全市党外代表人士中广泛开展“适应新常态，崇廉创事业”主题活动。活动中，组织了《中国共产党廉洁自律准则》和《中国共产党纪律处分条例》学习报告会，向参会的民主党派、党外人士、非公人士赠送一批廉政书籍，并现场签订崇廉创事业承诺书200余份；联系九江市薪火艺术团到瑞昌市举行“适应新常态，崇廉创事业”专场慰问演出，有效营造风清气正、稳定和谐的政商环境。

【做好党外人士和非公经济代表人士在人大、政协中的政治安排】 2016年，经过选举或推荐，市七届人大常委会当选常委共20名，其中党外人士6名，占人大常委总数30%。市七届政协一次会议安排委员189名，其中党外代表人士111名，非公经济代表人士43名。政协常委中党外人士20名，占常委总数的66.67%。

【发动统战人士参与精准扶贫】 2016年，市委统战部充分运用“统战+”模式，发动统一战线人士积极参与精准扶贫。全年动员江西凤竹等7家企业到乐园乡捐赠精准扶贫资金23万元；组织各民主党派、知联会走访贫困户，发送扶助金12000元；带领佛教协会、道教协会、基督教协会三大宗教团体走访慰问贫困户，发送扶助金15500元。

（汪　胜）

附：2017年市委统战部副科级以上领导名录

部　长：潘　雄（任至8月）
　　　　胡定文（8月任）
常务副部长：廖小水（12月任）
副部长、民宗局局长：李治国（任至6月）
　　　　　　　　　　王义宋（6月任至11月）
　　　　　　　　　　蔡元鹏（11月任）
副部长、工商联党组书记：何　花（12月任）
民宗局副局长：汪　胜（12月任）

农业农村工作

【概 况】 2016年，市委农工部紧紧围绕上级农业农村工作会议精神，结合市委提出的“秀美乡村升级”工作思路，坚持改革创新，狠抓工作落实，圆满完成各项工作任务。瑞昌市荣获全省农业和农村工作先进县（市、区）和全省农村清洁工程工作先进县（市、区）。

新农村建设亮点频现。2016年，市财政投入1201.58万元，整合涉农各项资金4352万元，大力推进以“三清七改五普及”为主要内容的村庄整治，高质量完成72个新村点建设任务，惠及群众1万余人。树立精品理念，在开发乡村旅游、挖掘历史文化、做足山水文章等方面下功夫，打造出一批特色亮点新农村。范镇高泉村余家桥新村点在结合乡村旅游，打造乡村休闲基础上，凸现廉政文化氛围；武蛟乡小月村周家依托“万亩油菜花”和千年古樟，修建农耕文化展示馆，挖掘农耕文化底蕴。在11个中心村高标准进行基础设施建设，认真对照“8+4”标准，完善各项功能，实现从“物的新农村”向“人的新农村”转变。

垃圾治理步入常态化运行。加大资金投入，完善工作措施。新建5座垃圾焚烧中心、6座垃圾压缩中转站，新购置垃圾清运车27辆、垃圾压缩车1辆，发放各类垃圾桶约17.4万个；按农村人口3‰比例足额配备保洁员1068名，按农村人口50元/人足额配套专项经费1780万元。积极寻求与相关企业合作，探索推广无公害焚烧垃圾终端处理方式，降低污染物排放；采取市场运作、财政奖补模式，由瑞昌市金茂再生资源有限公司负责管理并配备设备和人员，合理安排布置回收网点20个，重点对废旧电池等有毒有害垃圾进行回收封存处理。农村生活垃圾治理工作步入常态化运行，在省暗访和第三方评估工作过程中，工作成效得到省、九江市充分肯定。

镇村联动建设扎实推进。全面整合各单位项目资金，统筹用于重点镇镇村联动建设。共计整合资金12060.7万元，其中南义镇整合资金4570万元，范镇整合资金3489万元，肇陈镇整合资金1614.7万元，夏畈镇整合资金2387万元。南义镇一体化新区中，鼎盛小区、王仙小区全面完工，南兴小区快速推进；范镇东山新区完成打桩，第一期工程正式启动，开始实施地梁、垫层等基础工程；肇陈镇一体化新区完成新区内道路建设；夏畈镇一体化新区路网建设基本完成。

农业产业化步伐日益加快。新引进亿元以上农业项目4个、3000万元以上项目12个；新发展瑞昌市晨雾茶场、九江金玉米农业股份有限公司、瑞昌市万禾农业科技有限公司等3家农业企业。通过财园信贷通贷款500万元、贷款贴息41万元、专利奖补10万元，为瑞昌市溢香农产品有限公司扩建征用土地21.03亩；支持江西华亨宠物食品有限公司通过新三板挂牌上市，实现扭亏为盈。年内新增农民专业合作社75家，总数达505家；新增家庭农场150家，总数达400家。新建500亩以上连片种植或水产养殖基地9个。年内获无公害农产品证书10个、有机食品证书2个。

农村信息化工作不断创新。继续巩固提高已建的17个乡镇信息服务中心站和96个村级信息服务站。充分利用瑞昌市“三农”综合信息服务平台，开展农产品网上交易，大力发展农村电子商务，整合邮政农村e邮、农业部门益农社等项目，与阿里巴巴、京东集团等电商巨头签订合作协议，努力开启农村电商时代。

【九江农工部长会在瑞昌召开】 3月10—11日，九江市农工部长会议在瑞昌市召开。九江市委常委、农工部部长董金寿出席会议并讲话。瑞昌市委书记罗文江致辞。九江各县（市、区）农工部长参加会议。与会人员先后到武蛟万亩油菜基地、码头压缩中转站、夏畈镇市闽发养殖有限公司、黄金乡农村生活垃圾治理现场及界首中心村、市“三农”信息服务中心等地，实地考察瑞昌市“三农”工作进展与成效。董金寿认为，瑞昌市“三农”工作有特色、有亮点、有借鉴意义，值得相互学习，共同提高。会议要求，要继续深化农业和农村体制改革，大力推进农业产业化，加快农业发展升级，不断提升新农村建设水平，增添“三农”活力。

【九江“三农”工作现场推进会在瑞昌召开】 5月28日，九江市“三农”工作现场推进会在瑞昌市召开。九江市委书记杨伟东出席会议并讲话。九江市委副书记、市长林彬杨主持会议。九江市领导占勇、董金寿、李洪涛、吕斌、赵伟、朱汉浩出席会议。九江市相关部门单位及各县（市、区、山）党政主要领导、相关单位负责人参加会议。瑞昌市委书记罗文江在会上作典型发言。修水、都昌、永修、九江4县书面交流经验。与会人员现场参观赛湖国家农业综合开发现代农业示范园区、武蛟乡小月村细屋陈新农村建设点和上湖村基层组织建设示范点，对瑞昌市近年推进“三农”发展的特色、成效给予高度评价。会议强调，要做到“五个着力”，即着力兴现代农业、着力建秀美乡村、着力补小康短板、着力添改革动能、着力强基层组织，进一步推进全市“三农”工作。

【全市农村工作会召开】 4月8日，全市2016年农村工作会暨防汛、封山育林动员会召开。会议传达贯彻中央、省、九江市农村工作电视电话会议精神，总结2015年全市“三农”工作，表彰先进，安排部署2016年农村工作。市委书记罗文江对全市“三农”工作作出批示，强调2016年，全市上下要强化短板意识，坚持五大发展理念，坚持改革创新，紧紧围绕“农业要强、农民更富、农村更美”发展目标，统筹抓好“三农”各项工作。市委副书记、市长郭小云作会议讲话，要求具体工作中，要坚持以创新为核心，加快推进农业现代化；以开放为动力，积极拓展农业发展空间；以绿色为引领，促进农业农村可持续发展；以民生为根本，协调推进城乡一体化；以精准为目标，着力打好扶贫攻坚战。市领导邵九思、淦克松、张恭良、蒋贤智、余平、周又新等出席会议。乡（镇、场、街道）、市直涉农部门负责人等参加会议。

【实施“一村一名大学生工程”】 2016年，全市“一村一名大学生工程”入学新学员共77名，2017级成人高等教育函授报名人数48名，2017级远程教育函授报名人数45名，均超额完成计划任务。

【推进“财政惠农信贷通”工作】 2016年，瑞昌市积极推进“财政惠农信贷通”工作，全年共发放贷款11000万元，受益经营主体达780家，超额完成计划任务。

【瑞昌农村开启“电商时代”】 6月8日，阿里巴巴“农村淘宝”瑞昌市服务中心开业运营，同步建成33个村级服务站和80个淘宝帮手服务站投入使用，瑞昌由此开启农村“电商时代”。瑞昌市是九江市首家阿里巴巴“农村淘宝”项目示范县。项目建成投用，农产品“入网”，实现小生产与大市场有效对接。截至11月底，共完成营业额1500万元，33名村级服务站合伙人平均每人每月收入在3000元以上，最高的月收入超过1万元。

（詹小勤　范飞飞）

附：2016年市委农工部副科级以上领导名录

部　长：曹　华（任至6月）
　　　　张友利（6月任至8月）
　　　　陈　骏（9月任）
常务副部长：张友利（9月任）
副部长、新村办主任：蔡泽贤
副部长、农办主任：程广红
农办主任：李文瑞（任至12月）
清洁办副主任：李文瑞（12月任）
新村办副主任：温科周
农办副主任：黄兰章（任至12月）
科技兴农办党支部书记：邹雅珍（12月任）
科技兴农办主任：邹雅珍（任至12月）
　　　　詹小勤（12月任）

信访工作

【概　况】 2016年，市委信访局按照中央、省和九江市关于信访工作的重要指示精神，围绕开展信访积案化解攻坚年、网上信访拓展年、基础工作提升年等活动，进一步强化责任担当，大力化解信访突出问题，维护群众合法权益，取得明显工作成效。全年共受理群众信访总量1623件次，接待群众来访1029批5019人次，办理群众来信93件，网上投诉482件，电话信访6件，领导信箱13件；办理上级发函交办件12件，其中，中央巡视组5件，省委巡视组1件，省级2件，九江市级4件；办理信访复查案件7件，协助九江市复核终结1件。全市共发生赴“上三级”访33批73人次，比2015年52批259人次，批次下降36.54%、人次下降71.81%。其中进京访3批4人次，批次下降72.72%、人次下降63.64%；赴省访17批24人次，批次持平、人次上升9.09%；赴九江访14批47人次，批次下降41.67%、人次下降79.2%。荣获全省2016年度信访工作“三无”县（市、区）称号。

强化信访领导。市委、市政府高度重视信访工作，切实加强信访工作领导，全年市委常委会、政府常务会研究信访工作4次，召开信访工作联席会议3次，每季度召开信访领导小组会议一次，市分管领导5次召开专题调度会议研究突出信访个案，有力推动信访积案及疑难问题解决；全市24件突出信访问题均列入市领导包案调处，调处率100%；全国“两会”、杭州G20峰会、全国综治工作“南昌会议”、中共十八届六中全会等重要时段，市主要领导亲自部署信访工作，实现全国“两会”等重要敏感时期赴省进京非访“零登记”。

畅通信访渠道。严格实行市领导信访接待日制度，市四套班子领导坚持每个工作日轮流到信访局开门接访。全年共49位市领导接访247次，接待来访群众162批505人次，作出批示件122件，上级视频抽查到岗率100%。发挥网上信访自助服务平台作用，积极引导群众多网访、少走访，让数据多跑路，让群众少跑腿，切实为信访群众提供便捷服务。全年共受理群众来信网访594件，同比上升268.94%。

化解信访积案。按照“积案化解攻坚年”方案要求，全市共排查出28件积案，件件立案建档，成立包案领导小组，制定详细包案化解措施，明确包案化解责任，确定具体化解时间表。针对不同信访积案特点，深入查找原因，通过情理感化、困难帮扶、教育疏导、信访救助、信访三级终结以及开展信访监督员活动等途径，有针对性制定化解措施，引导信访人依法理性表达诉求。全年共化解信访积案24件，化解率85.71%，全市信访积案增量得到有效控制，存量明显减少，进一步消除矛盾隐患，为维护社会稳定奠定了坚实基础。

维护信访秩序。坚持村级每周一排查、乡镇每半月一统计、市级每月一汇总工作制度，2016年共排查出各类矛盾纠纷和不稳定因素248件。坚持诉访分离，及时把涉法涉诉信访事项导入司法处理机制，全年共登记接待涉法涉诉信访事项154件，出具不予受理告知书154份。加大依法逐级信访和网上信访宣传力度，让群众更多地选择网上渠道反映诉求，引导群众依法经过办理、复查、复核三级终结程序，对多年缠访、闹访和历史遗留积案逐步依法按程序予以终结，促使停访息诉。

【省信访局领导到瑞昌检查指导信访工作】 9月20日，省信访局副巡视员聂明慧一行到瑞昌市，检查指导信访积案化解攻坚“秋季会战”工作，九江副县级信访督察员曹开越陪同，瑞昌市领导余平介绍情况。

【开展网上信访宣传日活动】 10月10日，市信访局组织开展网上信访宣传日活动。分别在市政府广场、火车站等地开展网上信访宣传咨询，共发放《瑞昌信访事项网上办理工作细则》《瑞昌信访网上服务中心系统操作手册》等宣传资料200余份，接受群众咨询150余人次。对过往群众宣传讲解《信访条例》等相关法律法规及政策，引导群众依法理性反映诉求，收到良好效果。

【获省信访联席会议通报表彰】 2016年，瑞昌市作为“三无”（无进京非正常集体上访和非正常重复上访、无进京越级集体上访和越级重复上访，无来省越级重复集体上访和非正常集体上访）县（市、区），受到省信访联席会议通报表彰。

（陈媛媛）

附：2016年市委信访局副科级以上领导名录

局　长：张吉奎（任至6月）
　　　　雷新国（6月任）
副局长：曹汉荣　占国荣　张　锟
市委副科级信访督查员：陈媛媛
接访中心主任：陈艺昆

老干部工作

【概　况】 2016年，市委老干部局以“让党组织放心、老干部满意”为目标，切实做好老干部服务管理工作，深入推进为党和人民事业增添正能量活动，全市离退休干部“两项建设”进一步加强、“两个待遇”全面落实，有效维护社会和谐稳定。

落实“两个待遇”。市委、市政府高度重视老干部工作，坚持把老干部工作纳入全市综合考评，做到重大决策邀请老干部参加，重要工作向老干部通报，重大节日走访慰问老干部。2016年，市党务工作会表彰老干部工作先进个人10名、先进集体10个；组织召开全市经济社会发展情况通报会，组织老干部参观考察市庐山花海、体育馆等重点项目；开展“七一”走访困难和生病住院离休干部、春节走访慰问离退休副处级以上干部等活动，年内组织187名离退休干部健康体检。全市关心和爱护老干部、重视和支持老干部工作形成常态。全市绝大多数单位建立并落实重大节日邀请老干部座谈、重要工作向老干部通报、重大决策向老干部征求意见、在职人员经常联系老干部、老干部阅文体检、参观考察、生病慰问及去世悼念等各项制度。全市离退休干部离退休费和津补贴按政策规定发放到位，离休干部医疗费单独统筹经费按2万元/人标准落实到位。认真执行特困离退休干部帮扶制度，全年用于走访慰问生病住院老干部经费2万余元，节日走访、帮扶老干部经费17.2万元。

加强“两个建设”。抓好思想政治建设。加强政治学习，采取灵活多样形式，组织老干部认真学习十八届六中全会和习近平总书记系列重要讲话精神，引导广大老干部始终保持思想常新、理想常存、作用常在。创新学习方法，建立学习活动日制度，将每月16日定为全市离退休副处级以上干部学习活动日；坚持寓教于乐，开展多形式学习比赛活动，以增强感染力，提升学习兴趣。抓好离退休干部党支部建设，举办全市离退休干部党支部书记培训班，继续开展离退休干部党支部书记片区活动，有效发挥离退休干部党支部在涉老组织中的龙头和引领作用。

充分发挥正能量。围绕老干部如何发挥正能量课题认真开展调研，撰写调研文章。2016年省《老友》专辑刊登瑞昌市《做好“三个三”发挥正能量》调研文章。重阳节期间，与电视台、报社合作，宣传报道2名退休干部及法院、财政局离退休干部党支部等4个老干部工作先集体典型事迹。市关工委组织市“五老”报告团成员，深入9个乡镇和学校，向青少年宣讲“三爱”的时代内涵和养成途径，受教育青少年达1700多人次。市水利局退休干部张肇广积极为赛湖城防堤防汛建言献策，受到市委、市政府高度重视。检察院退休干部自发组织到学校、社区宣讲未成年人保护法，接待上门咨询法律人员，配合辖区公安派出所教育挽救失足青少年，为打造平安和谐瑞昌积极贡献力量。

【召开老干部代表座谈会】 8月26日，市委召开老干部代表座谈会。市委书记郭小云主持会议，市委副书记、代市长江训开通报全市“十二五”期间和上半年经济社会发展情况。市领导陈琪、徐修武、郭少雄、梁少清、邵阳出席会议。会议邀请曾担任副处级以上实职、享受副处级以上待遇老干部及离退休干部党支部书记共48人参加。会议听取老同志对瑞昌市未来五年规划发展意见建议。老干部代表充分肯定全市“十二五”期间和上半年经济社会发展取得的显著成绩，就瑞昌经济发展、城乡建设、干部作风建设和环境保护等方面提出意见建议，并表示将一如既往支持新一届市委、市政府工作，为推进“五大升级”发挥正能量。

【组织老干部参观考察】 10月11日，市委老干部局组织离休和副处级以上退休干部100余人在市内开展参观考察活动。老干部一行先后参观考察庐山花海、瑞昌六中、大唐新区、市体育馆等市重点项目及桂林街道休闲生态农业示范园隐心谷，大家对市委、市政府坚持民生优先，为民办实事好事，大力推进经济社会发展予以高度评价。

（周平栋）

附：2016年市老干部局副科级以上领导名录

局　长：胡桂珠（任至7月）
　　　　柯卫彬（7月任）
书　记：曾武君
副局长：雷　敏　蔡勤英

关工委工作

【概　况】 2016年，全市各级关工委坚持以中共十八届五中、六中全会精神和习近平总书记系列重要讲话精神为指导，深入贯彻落实习近平总书记关心下一代工作重要指示精神，牢牢把握“四个全面”战略布局对关工委工作的新要求，坚持服务青少年的正确方向，以“听党话、跟党走，万老圆梦”活动为载体，以“三级联创”活动为抓手，充分发挥“五老”优势，深入开展主题教育活动，积极参与社会管理创新，取得较好成绩。

自身建设注入新活力。根据九办字〔2016〕26号文件精神，抓住换届契机，配齐配强各级关工委班子。市级换届结束后，市委及时对市关工委班子作出调整和充实。市关工委主任由市委副书记兼任，配执行主任1名；顾问4名；新配副主任6名（由市委常委、组织部长和市人大、市政府、市政协各1名副职领导兼任，另配副主任兼秘书长1名，副主任兼办公室主任1名），委员由市委组织部、宣传部、政法委、市教体局、民政局、财政局等16家相关市直单位主要负责人担任。6月，乡镇换届结束后，各地按照市委部署和要求，注重年龄与专业结构的优化组合，坚持“有进有出，进出有序，配齐配强”的原则，对乡镇场街道关工委班子进行调整和充实。乡（局）级关工委办公室配有1名年轻在职干部协助办理日常工作。全市调整乡级关工委主任兼任在职领导21名，占总数的100%；调整常务副主任老同志8名，占总数的38%；调整充实委员160多名，占总数的70%以上。各地还对少数村（社区）级关工委班子进行适度调整。通过调整和充实，进一步建立健全市、乡（局）、村关工委主任由在职领导兼任、相关部门和团体负责人参加、老同志为主体的工作体系。

“三级联创”取得新进展。开展“三级联创”推进年活动，着力推进基层关工委组织建设，进一步巩固和发展“三级联创”活动建设成果。对基层关工委组织现状进行调查分析，摸清空架子、空运转、空白点情况，按照模范乡（镇）、示范村（社区）创建标准的“五个落实”“五个有”，突出重点，强化措施，实行分类指导，狠抓行政村、自然村（新农村）关工委组织建设。全市新建立自然村关工小组50多个。白杨镇投入4万元用于关工委组织网络建设，全镇6个行政村和68个村民小组全面建立关工委组织。同时，着手推进关工委组织网络向驻市条管单位、市直单位下属二级单位延伸，不断扩大关工委组织覆盖面。

关爱帮扶出台新举措。根据九江市关工委部署要求，在全市开展“听党话、跟党走，万老圆梦”活动。全市2000多名“五老”人员，与社会团体、企事业单位、社会各界爱心人士联动，与全市困难青少年和留守儿童手拉手，结对帮扶。按照“财政挤一点，爱心人士捐一点，市直单位支持一点”办法，建立市、乡两级关爱帮扶基金。9月13日，瑞昌市委常委会研究决定，筹集200万元资金，设立瑞昌市青少年关爱帮扶基金，重点用于关爱帮扶留守、单亲、贫困、残疾、失足青少年。市、乡（镇）、村三级联动帮扶活动进一步向基层延伸，向广度发展。全年落实青少年特殊群体重点帮扶对象共610多人，其中市关工委组织市直单位关工委落实50多人，乡（镇、场、街道）关工委组织落实110多人，村（社区）关工委组织落实430多人。春节期间，各级关工委组织“五老”全面进行走访慰问，上门帮扶，送去慰问金11万多元及大批棉被、棉衣、食品和学习用品等。

主题教育增添新内容。强化青少年思想道德教育，把党史、国史、家乡史教育作为2016年主题教育活动重要内容。进一步充实报告团成员，围绕“三史”教育这个重点，进行学习培训，提升宣讲水平。市关工委先后组织报告团成员分别深入肇陈、乐园、洪一、高丰、四中等地作“三史”和法制主题教育报告。同时，各级关工委根据要求调整和充实“五老”宣讲团，组织老同志到学校、农村、街道向广大青少年宣讲“三史”。全年各级关工委创办“三史”主题教育宣传栏、墙报、黑板报共130多期，收到征文稿件90多篇，举办演讲比赛16场次。

【九江市关工委领导到瑞昌调研指导工作】 4月27日，10月19日，九江市关工委副主任张勋任一行先后2次到瑞昌市调研指导工作，市领导周洪文、蒋贤智，市关工委主任朱汉盛等陪同并介绍情况。调研组分别深入黄金、白杨、湓城街道荆林街等社区实地查看关工委基层组织建设、开展“万老圆梦”活动情况以及青少年服务组织建设情况。调研组认为瑞昌市关心下一代工作投入力度大、组织网络健全，工作思路清晰，方法科学，推进有力，有典型、有亮点、有成果。

【全市关心下一代工作会召开】 4月29日，瑞昌市关工委全委会暨全市关心下一代工作会召开。市委书记罗文江，市委副书记、市长郭小云分别做出批示。市领导周洪文、蒋贤智、李世秀，老同志何仁先、陈孝林、张肇山、曹继忠等出席会议。

罗文江批示指出，近年来市关工委紧紧围绕中心、服务大局，急党政所急、想青少年所需、尽关工委所能，扎实开展“三级联创”“三爱”教育、“三级联帮”活动，在九江市关心下一代工作中有位次、有影响、有荣誉。希望全市各级关工委充分发挥“五老”的独特优势，积极关爱和帮扶青少年。各地各单位要高度重视、大力支持关工委工作，为关心下一代工作提供强有力的保障，为打造“四个瑞昌”、建设长江中游重要口岸城市、争当九江市“T”型崛起排头兵、跨入全省十强县市、全面建成小康社会做出新的更大贡献。

郭小云在批示中希望全市各级关工委继续发挥优势作用，创新工作方式，丰富活动载体，努力把关心下一代工作做得更加扎实、更有成效、更富特色。各地各部门要一如既往加强服务保障，积极协调配合，支持关工委工作，携手共创全市关心下一代工作新局面。

（刘　平）

附：2016 年市关工委办公室副科级以上领导名录

主　任：周升志

副主任：刘　平　胡小英

党 校 工 作

【概 况】 2016 年，市委党校以习近平总书记系列讲话精神为指导，认真学习贯彻中共十八届五中、六中全会精神，坚持党校姓党原则，紧紧围绕市委、市政府中心工作，扎实开展党员干部培训，圆满完成各项工作任务，为瑞昌推进“五大升级”，建设全省十强县市做出了应有贡献。荣获 2016 年度九江市党校系统目标考评先进单位称号。

发挥干部培训主渠道作用。2016 年，市委党校举办各类培训班 27 期，培训党员干部 4263 人。其中举办主体班 11 期，共培训党员干部 1663 人；部门合作办班 16 期，共培训 2600 人次。主要班次是入党发展对象培训班 2 期，培训 315 人；全市基层党组织书记“两学一做”学习教育专题培训班 4 期，培训 717 人；全市村（社区）党组织书记培训班 1 期，培训 200 人；全市科级干部、青年干部培训班 2 期，培训 331 人。同时，安排骨干教师配合市委组建宣讲团深入乡镇、企业、学校、社区等开展宣讲活动 30 余场次。

发挥理论武装主阵地作用。2016 年，编印出版校刊《学习与思考》4 期，刊登理论文章共 20 篇。其中第三期为瑞昌市委第七次党代会精神专刊，共翻印 600 册分发到全市各单位学习参考。积极开展理论研讨，参与省、市等征文活动。全年在不同层级、各类报纸杂志网站上公开发表理论文章 20 篇。其中九江市级报刊网站发表 3 篇，省级报刊、网站发表 6 篇；获九江市委党校理论征文二等奖 1 项，三等奖 2 项，省委党校基层治理征文三等奖 1 人次，九江市委第十一次党代会精神征文三等奖 1 人次。

加强办学基础设施建设。2016 年，市政府研究决定投入 25 万元，结合三贤路改造修建校园大门，改造校园道路，同时市委、市政府启动党校新校区建设，年内完成立项、可研、规划设计等前期工作。年内党校自投资金 5000 余元，购置图书 200 余册。

配合市委、市政府中心工作。做好村建帮扶工作，选派一名副校长到挂点的南阳乡双桥村兼任第一书记，并提供 3 万余元帮扶资金；为对接帮扶单位三贤居委会提供 2000 元帮扶资金。参与防洪抢险工作，组织干部教师值守赛湖堤 1 个月，1 名副校长获防洪抢险先进个人称号。参与招商引资工作，全年引进项目 2 个，资金 6500 万元。

【省委调研组到瑞昌调研指导党校工作】 2 月 20 日，以九江市委党校常务副校长舒仁庆为组长的省委关于进一步加强和改进党校工作专题调研组到瑞昌市调研指导党校工作。市委书记罗文江，市委副书记、市长、市委党校校长郭小云，市委常委、组织部部长周洪文陪同或介绍情况。舒仁庆代表调研组对瑞昌市干部教育培训和党校工作给予肯定，认为市委党校在干部培训、改革创新、科研资政等工作上主动作为，锐意进取，取得了显著成绩。

【省委党校教授到瑞昌调研】 8 月，省委党校教授吴志远到瑞昌市专题调研“创新与工业减负”

工作。市委常委、常务副市长朱发炳出面接待并协调相关事宜，保证了调研工作顺利开展。

（尹礼政）

附：2016 年市委党校副科级以上领导名录

校　长：郭小云（任至 10 月）
　　　　陈　琪（10 月任）
常务副校长：邹永峰
副　校　长：冯道江　陈春初　吴　琦

督查工作

【概况】　2016 年，市委督查室根据市委办公室和上级党委督查部门工作安排，以推动工作落实为核心，围绕全市工作大局和市委重大决策、重要工作部署，坚持“突出重点、解决难点、抓住关键、规范程序、提升水平”的工作思路，不断加大督查抓落实力度。全年共开展各项督查活动 80 余次，共办理领导批示（交办）件 16 件，向市委主要领导呈报各项督查材料、表格 40 余份。

【开展重要决策落实情况督查】　2016 年，市委督查室围绕市委重要决策部署开展督查工作。先后开展精准扶贫工作督查、森林防火工作督查、招工工作督查、乡镇换届纪律督查、防汛工作督查、“政银企圆桌会”企业所反映问题解决情况督查、改进干部作风建设督查、环境卫生整治督查、环保工作会落实情况督查等专项督查活动。

【开展重点项目督查】　2016 年，市委督查室紧紧围绕市委、市政府主要领导主持召开的项目调度会议定事项落实情况开展督查工作。全年分别对全市重点项目调度会、招商引资项目推进会、天瑞丰收项目调度会、园区企业闲置土地收回工作会等会议议定事项，以及市领导实地察看城建项目时现场所提出的要求进行跟踪督查，确保问题切实解决、项目顺利推进。

【督办领导批示件】　2016 年，市委督查室对 16 件市委书记批示件，按照“批给谁、谁承办、谁负责”的原则，明确具体承办单位和承办人，并及时进行督办、催办，确保领导批示精神得到较好贯彻落实，做到事事有结果，件件有回音。

【督办政协提案】　2016 年，市委督查室对市政协六届六次会议转交市委各部门办理的 4 件市政协委员提案及时进行转办，并多次督促承办单位办理。经共同努力，交办的提案全部办理完毕，经征询提案人意见，对办理结果全部表示满意。对市政协七届一次会议转交市委各部门办理的 5 件市政协委员提案进行了转办，全部办理完毕，满意率 100%。

【开展会风会纪督查】　2016 年，市委督查室坚持把狠抓会风会纪督查作为提高会议效果的有效手段，加大对市委组织召开的全市性重大会议的会风会纪督查力度。年内分别对全市经济工作会、党务工作会、省“两学一做”视频会、党代会、全市领导干部会等重要会议全程跟踪督查会风会纪，并将督查结果现场通报，有效促进全市会风会纪好转。

【围绕上级督查事项抓督查】　2016 年，市委督查室围绕上级督查事项抓督查，牵头配合做好九江市委督查组对瑞昌市 4 次督查工作。分别是 1 月 27 日到瑞昌实地核实 2014 年、2015 年招商平台签约项目、5000 万元以上在建项目、集中开工项目的督查，7 月 11 日到瑞昌开展九江“新工业十年行动”及招商引资情况实地核实，11 月 4 日到瑞昌开展九江市 1、2 季度集中开工项目推进情况实地核查以及 12 月 29 日到瑞昌开展九江“新工业十年行动”及招商引资情况实地核实等。

（曹树明）

对台工作

【概况】　2016 年，市台办牢牢把握总书记习近平对两岸关系的重要讲话精神，坚持两岸关系和平发展的正确方向，以联系台商台属为抓手，以服务台资企业为重点，持续推动各领域交流合作，较好完成年初确定的工作目标任务。

健全“四台”基础台账。2016年，市台办对全市台胞、台属、台商和台资企业开展全面调查摸底，基本健全了“四台”情况基础台账，为更好地开展对台工作，服务全市经济社会发展夯实了基础。经走访调查，到2016年12月，全市共有台资企业9家，常驻台商、台干42人。台属136户。

服务全市台资企业。热情接待来访台商，定期联系走访台资企业，持续做好在瑞台企服务工作，努力协调解决台企合理诉求。年内协调解决亚东水泥申请设置苗母山水泥用灰岩探矿权、景利农业有限公司与赛湖农场种植户摩擦纠纷等问题。

加强两地交流交往。努力做好政企交流桥梁纽带，协助做好第十四届赣台会瑞昌市参会的组织工作、亚东水泥有限公司2016年会的省、市领导邀请和接待工作。配合接待到瑞昌考察的台籍团组。全年共协助接待桃园市观光旅游协会姜岳峰会长一行等2批20人次。快速高效办理赴台人员相关手续。全年共办理公职人员赴台手续2批3人次，非公职人员1批13人次。积极开展对台宣传，全年在华夏经纬网刊用稿件3篇。

【九江台办领导到瑞昌走访台资企业】 12月24日，九江市台办主任桂白丽到瑞昌市走访台资企业。市委副书记陈琪陪同。桂白丽先后走访亚东水泥、亚联环保、益东机械等台资企业。桂白丽希望各台资企业在当前全球经济发展下滑的大环境下，及时调整发展思路，加速产业升级，在确保可持续发展，保持市场竞争力的同时，进一步加强安全生产监督管理工作。并表示台办将尽最大努力为企业做好协调服务工作。

（盛思佳）

机要工作

【概 况】 2016年，市委机要局按照省、九江市有关加强机要工作的文件要求，在市委密码工作领导小组直接领导下，认真抓好各项工作落实，工作成效明显，获评全市机要工作先进单位，局长张文英被评为全省机要工作先进个人。

加强值班管理。市机要局根据机要工作特点，高度重视值班管理，严格落实24小时值班制度，确保岗不离人、密不离人，切实保障密码通信安全畅通；严格遵守交接班制度，做好未处理电报和其他事项的告知和移交工作，认真做好在岗值班日记，确保不丢失、不错办、不漏办任何电报和文件。全年江西省、九江市机要局分别对全省、全市密码通信值班情况进行多次不打招呼电话查岗，市机要局在查岗过程中没有发生一起反应迟缓、无人接听、擅自脱岗情况。

加强设备管理。2016年，市机要局严格按照《江西省核心密码使用管理工作规范》，做好核心密码使用管理工作。指定干部作为密码、密码设备专职管理员，实现密码、密码设备“专人负责、专簿登记、专柜保存、专车递送”；严格执行密码柜双人开启制度，定期对机房设备、线路和环境进行巡检，全面消除安全隐患；严格按照规范进行密钥更换、密码设备领取、报废硒鼓退换等工作，确保密码工作的绝对安全。

推进装备升级。根据省局《2016—2017年市、县密码科技装备及经费计划的通知》统一要求，市机要局及时向市政府打报告申请落实建设经费和预算经费，并按照省局节点要求，顺利完成机要电话系统升级改造、加密视频会议室建设等重要的密码科技装备计划，为全市密码工作水平提升提供了保障。

【实现电报办理零差错】 2016年，市机要局共收到明传电报475件，其中特提电报117件；收到密码电报330件，其中特提电报52件。共向上级发送明传电报15件，密码电报27件。同时依据管理规定销毁超过保存期限的密码电报及业务电报。全年没有发生一起失泄密事故，实现电报办理零差错。

（吴 晗）

保密工作

【概 况】 2016年，市国家保密局紧紧围绕全市中心工作，认真贯彻落实保密工作有关政策法规，创新工作思路，加强保密安全管理，加大保密法宣传教育和保密执法检查力度，全市保密管理工作水平进一步提升的。

狠抓保密宣传教育。抓好保密工作人员学习教育，组织深入学习习近平总书记重要讲话精神，使保密人员准确把握做好保密工作新理念、新举措；抓好中央、省委、九江市委文件学习贯彻，把贯彻落实中央加强和改进保密工作意见和省委实施意见作为全市保密战线重大政治任务来抓；结合瑞昌实际，制定出台瑞昌市“七五”保密法治宣传教育规划。

强化保密制度建设。加强对涉密人员、涉密载体、涉密计算机管理，从登记、传递、清收、归档和销毁等环节严格把关。加强网络保密管理，严禁涉密计算机上网，严禁一机双网，认真落实部门单位门户网站、微博、微信公众号信息发布保密审查制度，对部分重点机关、单位加强工作指导。

夯实保密组织基础。配强市保密局干部队伍，落实全市各乡（镇、场、街道）、各部门单位设立保密委员会办公室制度，强化保密组织保障。加大保密工作经费投入，将保密工作经费纳入市财政预算；全市各乡（镇、场、街道）、各部门单位均设立了专项保密经费。

（瞿　宁）

接待工作

【概 况】　2016年，市委、市政府接待办认真学习贯彻中共十八大和十八届历次中央全会精神，以提升接待服务水平为目标，真抓实干，勇于创新，较好完成公务接待、会议服务等各项工作。全年共接待来宾356批次，其中政务接待113批次、商务接待243批次。

【重大政务接待】　2016年，市委、市政府接待办把重大政务接待作为严肃政治任务，精心组织，周密安排，确保重大政务活动顺利开展。全年先后接待包括省委书记在内的省部级领导10人次，接待非洲法语国家扶贫研修班、瑞昌友好城市德国沃尔泽伦市代表团等外宾2批次。

【重大商务接待】　2016年，市委、市政府接待办把重大商务接待作为服务全市经济发展的重要工作内容，通过热情、周到、细致的服务工作，充分展现瑞昌优越的投资环境，让客商充分感受到瑞昌人民的热情和诚意。全年先后接待亚东水泥控股公司执行总裁张振崑、香港理文化工集团董事长李文恩、凤竹纺织科技股份有限公司董事长李春城、香港盈德气体集团有限公司副总裁钟明钢、江苏茅迪集团总裁马志强、世纪阳光集团总裁池碧芬、山东地矿集团总经理郭长洲、江苏振球集团总裁黄振球、深圳光彩集团董事长翁浩等9位重要客商。

【重要会议接待服务】　2016年，市委、市政府接待办主动参与市委中心工作，积极协助秘书科做好重要会议服务工作。先后参与市第七次党代会、全市经济工作会等重要会议服务工作，并积极协助中国化工报承办2016年石油和化学工业领袖峰会暨中国化工报社理事会第十二次年会、瑞昌市老年体协成立30周年大会暨全市第十一届老年人健身体育运动会和九江市委、市政府在瑞昌召开的全市“三农”工作现场推进会等。

【开展公务接待自查自纠工作】　11月，市委、市政府接待办联合市纪委、市财政局、市审计局共同发文，在全市范围内组织开展国内公务接待自查自纠工作。全市82个市直单位和部门高度重视、积极配合，在规定时间内提交了国内公务接待自查表，上报了2015年以来的公务接待批次和费用数据。对检查发现的清单制、公函制履行不到位的单位及时提出整改意见，进一步规范全市公务接待工作。

（朱婷婷）

瑞昌市人民代表大会常务委员会

◇◇本栏编辑　冯国成

综　　述

2016年，市人大常委会认真组织学习中共十八大及十八届历次全会精神，深入贯彻以习近平总书记为核心的党中央治国理政新理念、新思想、新战略，紧紧围绕全市发展大局，坚持党的领导、人民当家做主、依法治国有机统一，依法行使职权，扎实开展工作，为坚持实干创新，推进“五大升级”，在新的历史起点上开启瑞昌发展新征程做出积极贡献。

围绕重点务求实效，依法履行监督职责。市人大常委会牢固树立大局意识，紧紧围绕全市经济社会发展的重大问题和人民群众广泛关注的热点焦点问题，积极履行职责，扎实推进各项监督工作。全年依法着重对市财政运行和预算执行情况、保障性住房建设及资金管理使用情况、市六届人大六次会议《关于在全市范围内全面实施封山育林的决定》的贯彻落实情况、市人民检察院规范司法行为工作及全市“七五”普法等工作进行监督，有效促进各项工作顺利开展。

夯实基础搭建平台，促进代表履职担当。市人大常委会把代表工作作为人大基础性工作来抓，通过打造代表履职平台，健全代表工作机制，提高代表建议办理实效，为代表依法履职提供支持和保障。针对换届新代表比例增加实际，常委会积极组织开展人民代表大会制度和依法履行职责的专业知识学习培训，切实提高全体代表履行职责的能力。继续推进代表联系选民工作站工作，探索建立市人大代表履职考核机制，促进代表履职担当。

精心组织周密安排，圆满完成换届工作。加强领导。根据省、九江市人大要求，依法成立市乡（镇）选举委员会和街道（场）选举指导组，确立以户籍所在地为原则的选民登记方案，有效解决流动人口登记难问题。强化督导。成立督导组，分三批次督导各乡（镇）、街道、场选区划分、选民登记、代表候选人公布、投票选举等工作，确保市、乡代表换届选举工作依法依规进行。从严把关。严把代表考察关，对照代表条件做好认真细致审查工作，对不符合代表条件的一律不予审查通过。全市共登记选民327649人，参加市乡代表投票选举选民278273名，依法选举产生市人大代表188名，乡（镇）人大代表841名。

机构成员

瑞昌市两级人民代表大会共有17个，其中市级人民代表大会1个，乡（镇）人民代表大会16个。9月换届前，瑞昌市第六届人大常委会实有组成人员23名，其中主任1名，副主任6名，委员16名；组成人员中，驻会12名，不驻会11名。常委会下设办公室、内务司法工作委员会、选举任免联络工作委员会、财政经济工作委员会、农业和农村工作委员会、教科文卫工作委员会、城乡建设和环境保护工作委员会、外事侨务民族宗教工作委员会、预算审查工作委员会、备案审查工作委员会等10个工作机构（正科级）和湓城街道、桂林街道、赛湖农场、大德山林场、青山林场5个联络处。

9月换届后，瑞昌市第七届人大常委会实有组成人员28名，其中主任1名，副主任6名，委员21名；组成人员中，驻会14名，不驻会14名。常委会下设办公室、内务司法工作委员会、选举任免联络工作委员会、财政经济工作委员会、农业和农村工作委员会、教科文卫工作委员会、城乡建设和环境保护工作委员会、外事侨务民族宗教工作委员会、预算审查工作委员会、备案审查工作委员会等10个工作机构（正科级）和湓城街道、桂林街道、赛湖农场、大德山林场、青山林场5个联络处。

附1：2016年瑞昌市第六届人大常委会领导名录

主　任：徐修武（任至9月）
副主任：李庆生　毕诗龙　刘振华　丰　耿
　　　　柯善富　张恭良（6名副主任皆任至9月）
副调研员：丁瑞林
党组成员：吴小明

2016年瑞昌市第七届人大常委会领导名录

主　任：郭少雄（9月任）
副主任：丰　耿　毕诗龙　胡桂珠　邹时宝
　　　　陈国胜　费重林（6名副主任皆9月任）
副调研员：丁瑞林
党组成员：吴小明

附2：2016年市人大常委会工作机构及联络处副科级以上领导名录

办公室主任：吴小明
副　主　任：曾绯绯（任至11月）
　　　　　　冯军辉（任至11月）
　　　　　　刘文娟（11月任）
内务司法工委主任：何火炬（任至11月）
　　　　　　　　　陈新进（11月任）
副主任：曹祥辉
选举任免联络工委主任：曹继全
副主任：饶　瑾（任至11月）
财政经济工委主任：范　华
农业和农村工委主任：陈洪地
副主任：杜和平
教育科学文化卫生工委主任：曹晓枫（任至11月）
　　　　　　　　　　　　　祝国金（11月任）
副主任：周庆庐（任至11月）
　　　　曾绯绯（11月任）
城乡建设和环境保护工委主任：罗革星
副主任：何庆华（任至6月）
　　　　周　勇（6月任）
外事侨务民族宗教工作委员会主任：张志平（6月任）
副主任：江金星（6月任）
预算审查工作委员会副主任：朱　夔（6月任）
备案审查工作委员会副主任：冯军辉（11月任）
湓城街道人大联络处主任：周振宁（6月任）
桂林街道人大联络处主任：李　峰（任至6月）
　　　　　　　　　　　　李卫华（6月任）
赛湖农场人大联络处主任：曾唯忠（任至6月）
　　　　　　　　　　　　周步进（6月任）
大德山林场人大联络处主任：何卫东（任至6月）
　　　　　　　　　　　　　梁　坚（6月任）
青山林场人大联络处主任：柯丽华（任至6月）
　　　　　　　　　　　　朱模清（6月任）

重要会议

【市六届人大六次会议】　1月10日—13日，瑞昌市第六届人民代表大会第六次会议在市艺术中心举行。会议听取市人民政府市长郭小云作的《政府工作报告》、市六届人大常委会主任徐修武作的《瑞昌市人民代表大会常务委员会工作报告》、市人民法院院长漆晓君作的《瑞昌市人民法院工作报告》、市人民检察院检察长彭文忠作的《瑞昌市人民检察院工作报告》；市人民政府向大会提交《瑞昌市国民经济和社会发展第十三个五年规划纲要（草案）》（书面）；市发展和改革委员会主任周诚、市财政局副局长余作银受市人民政府委托，分别向大会提交《关于瑞昌市2015年国民经济和社会发展计划执行情况与2016年计划安排（草案）及“十三五”规划编制情况的报告》（书面）《关于瑞昌市2015年市级总预算执行情况和2016年市级总预算（草案）的报告》（书面）。大会经过认真审议和审查，批准上述报告。会议听取和审议陈小敏、徐维德、朱夔等30名代表联名提出的《关于要求市人民代表大会作出在全市范围内全面实施封山育林决定的议案》，会议决定批准这个议案，作出《关于在全市范围内全面实施封山育林的决定》。

会议共收到代表提出的建议、批评、意见49件，由市人大常委会选举任免联络工作委员会会同市人民政府、市人民法院、市人民检察院研究处理办法，分别转交有关部门办理并负责答复代表。

会议号召，全市人民要在中共瑞昌市委的坚强领导下，以更加饱满的工作热情，更加务实的工作作风，更加昂扬向上的工作干劲，为实现“全面建成小康社会，跨入全省十强县（市）行列，打造实力瑞昌、美丽瑞昌、法治瑞昌、幸福瑞昌，建设长江中游重要口岸城市”的奋斗目标做出新的更大的贡献。

【市七届人大一次会议】 9月20日—23日，瑞昌市第七届人民代表大会第一次会议在市艺术中心举行。会议听取了市人民政府代市长江训开作的《政府工作报告》、市六届人大常委会主任徐修武作的《瑞昌市人民代表大会常务委员会工作报告》、市人民法院院长漆晓君作的《瑞昌市人民法院工作报告》、市人民检察院检察长彭文忠作的《瑞昌市人民检察院工作报告》。大会经过认真审议和审查，批准了上述报告并作出了相关决议。会议通过无记名投票方式，选举产生了市七届人大常委会组成人员，市人民政府市长、副市长，选举产生了市人民法院院长、市人民检察院检察长以及瑞昌市出席九江市第十五届人民代表大会代表。

会议共收到代表提出的建议、批评、意见84件，由市人大常委会选举任免联络工作委员会会同市人民政府、市人民法院、市人民检察院研究处理办法，分别转交有关部门办理并负责答复代表。

会议号召，全市人民要在中共瑞昌市委的坚强领导下，凝心聚力、团结拼搏，坚持实干创新，推进“五大升级”，在新的历史起点上奋力开启瑞昌发展新征程！

【市六届人大常委会第三十六次至第四十二次会议】 2016年市六届人大常委会在市人大常委会会议室共举行7次会议，即第三十六次至第四十二次会议。人大常委会主任、副主任和委员出席会议，会议实到人数符合法定人数；市人民法院、市人民检察院主要负责人，市人大常委会各委办，湓城、桂林、赛湖、大德山、青山人大联络处负责人，部分乡（镇）人大主席、市人大代表列席会议；市政府有关领导和部门负责人列席相关会议。

第三十六次会议。1月8日举行。会议审查瑞昌市2015年预算执行情况和2016年财政预算草案的报告，决定提请市六届人大六次会议审议批准；审议通过市六届人大六次会议代表团划分及代表名单；审议通过市六届人大六次会议各代表团团长、副团长建议名单；审议通过市六届人大六次会议主席团和秘书长建议名单，决定提请市六届人大六次会议预备会通过；审议通过市六届人大六次会议主席团常务主席建议名单、市六届人大六次会议大会执行主席值日分组建议名单、市六届人大六次会议日程草案和主席团会议日程草案、市六届人大六次会议副秘书长建议名单、市六届人大六次会议议案审查委员会成员建议名单、市六届人大六次会议财政预算审查委员会成员建议名单、市六届人大六次会议《议案和决定、决议表决办法（草案）》、市六届人大六次会议《提交议案截止时间的决定（草案）》，决定将以上名单、草案等提请市六届人大六次会议主席团会议通过；审议通过市六届人大六次会议列席人员建议名单；审议通过瑞昌市人大常委会工作报告，决定提请市六届人大六次会议审议。会议进行了人事任免。会议以电子表决方式通过以上有关议案。

第三十七次会议。2月26日举行。会议审议通过市人民政府关于提请审议市本级2016年部门预算（草案）的议案；听取和审议市国土资源局、市工信委预算草案编制情况的报告。会议进行了人事任免。会议以电子表决方式通过以上有关议案。

第三十八次会议。5月6日举行。会议审议通过市人民政府关于要求调整瑞昌市赛湖学校等四所学校用地性质的议案。会议进行了人事任免。会议以电子表决方式通过以上有关议案。

第三十九次会议。6月29日举行。会议审议通过市人大常委会关于市乡两级人大换届选举的决定；审议通过市人大常委会主任会议关于设立市乡两级选举委员会和街道（场）选举指导组的议案。会议进行了人事任免。会议以电子表决方式通过以上有关议案。

第四十次会议。8月18日举行。会议听取和审议市人民政府关于瑞昌市2016年1—6月国民经济和社会发展计划执行情况的报告；听取和审议市人民政府关于瑞昌市2016年1—6月财政预算执行情况的报告；听取和审议市人民政府关于市六届人大六次会议代表建议、批评和意见办理情况的报告；审议通过市人大常委会关于调整市乡两级人大换届选举时间的决定；审议通过市选举委员会关于市七届人大代表名额分配的决定。会议进行了人事任免。会议以电子表决方式通过以上有关议案。

第四十一次会议。9月6日举行。会议审议通过市人民政府关于提请审查批准2015年财政决算情况的报告；听取和审议市人民政府关于瑞昌市2015年财政预算执行和其他财政收支的审计工作报告；审议通过市人大常委会主任会议关于召开瑞昌市第七届人民代表大会第一次会议决定的议案；审议通过市人大常委会关于确认调整市乡两级选举委员会和街道（场）选举指导组组成人员的决定；审议通过瑞昌市人大常委会工作报告，决定提请市七届人大一次会议审议。会议以电子表决方式通过以上有关报告。

第四十二次会议。9月12日举行。会议审议通过市六届人民代表大会常务委员会代表资格审查委员会关于瑞昌市第七届人民代表大会代表资格的审查报告；审议通过市七届人大一次会议代表团划分及代表名单；审议通过市七届人大一次会议各代表团团长、副团长建议名单；审议通过市七届人大一次会议主席团和秘书长建议名单，决定提请市七届人大一次会议预备会通过；审议通过市七届人大一次会议主席团常务主席建议名单、市七届人大一次会议大会执行主席值日分组建议名单、市七届人大一次会议日程草案和主席团会议日程草案、市七届人大一次会议副秘书长建议名单、市七届人大一次会议议案审查委员会成员建议名单、市七届人大一次会议《选举和议案表决办法（草案）》、市七届人大一次会议《提交议案截止时间的决定（草案）》、市七届人大一次会议《代表十人以上联合提名候选人截止时间的决定（草案）》，决定将以上名单、草案等提请市七届人大一次会议主席团会议通过；审议通过市七届人大一次会议列席人员建议名单。会议以电子表决方式通过以上有关报告。

【市七届人大常委会第一至二次会议】 2016年，市七届人大常委会在市人大常委会会议室共举行2次会议，即第一次至第二次会议。人大常委会主任、副主任和委员出席会议，会议实到人数符合法定人数；市人民法院、市人民检察院主要负责人，市人大常委会各委办，湓城、桂林、赛湖、大德山、青山人大联络处负责人，部分乡（镇）人大主席、市人大代表列席会议；市政府有关领导和部门负责人列席相关会议。

第一次会议。11月7日举行。会议审议通过市人大常委会关于设立市第七届人民代表大会代表资格审查委员会的议案；听取和审议市人民政府关于我市“六五”普法工作和“七五”普法规划情况的报告；审议通过市人大常委会关于开展第七个五年法治宣传教育的决议。会议进行了人事任免。会议以电子表决方式通过以上有关报告。

第二次会议。12月29日举行。会议审议通过市人民政府关于调整2016年财政预算的报告、市人民政府关于全市保障性住房建设及资金管理使用情况的报告；听取和审议市人大常委会调研组关于全市保障性住房建设及资金管理使用情况的调研报告、市人民政府《关于在全市范围内全面实施封山育林的决定》贯彻落实情况的报告、市人大常委会调研组《关于在全市范围内全面实施封山育林的决定》贯彻落实情况的调研报告；听取和审议市人民检察院关于规范司法行为工作的报告、市人大常委会调研组关于规范司法行为工作的调研报告；审议通过《瑞昌市人民代表大会代表履职考核暂行办法》；审议通过市人大常委会主任会议关于举行市七届人大二次会议的议案；审议通过市七届人民代表大会常务委员会代表资格审查委员会关于代表资格的审查报告。会议以电子表决方式通过以上有关报告。

重要活动

【省人大调研组到瑞昌调研水资源保护工作】 9月6—7日，省人大常委会副主任冯桃莲率调研组到瑞昌市调研长江江西段水资源保护等情况。九江市人大常委会主任冯静，九江市副市长卢天锡；瑞昌市领导郭小云、江训开、徐修武、王伟、柯善富、蒋贤智、颉勇军等陪同或介绍情况。调研组一行先后到码头工业城园区企业、市镇两级污水处理厂、部分农村，实地了解相关工作情况。冯桃莲指出，近年来，九江、瑞昌两级党委、政府高度重视水资源保护工作，坚持高位统筹推进，切实加强污染防治，积极推动生态创建，高度重视人大评议工作，措施有力，成效明显，为今后水资源保护工作打下了坚实基础。同时强调，要深入贯彻长江经济带发展“生态优先、绿色发展”的要求，充分认识开展长江江西段保护工作的重要意义，着力优化沿江工业，加快重污染企业结构调整，切实深化重点领域污染防治，不断提升环境污染防控治理的能力。并希望瑞昌市以这次调研活动为契机，进一步加大长江瑞昌段水资源保护力度，探索江湖保护的新经验和新做法，落实好长江瑞昌段水资源保护有关政策措施，切实改善水生态环境质量，为打造“美丽中国、江西样板、九江诗篇”做出新的更大贡献。

【冯静到瑞昌走访慰问驻市部队】 1月22日，九江市人大常委会党组书记、主任冯静一行到瑞昌市码头镇走访慰问驻市部队官兵，代表地方党委、政府送上节日问候。九江市人大常委会副主任吕斌，副市长熊剑，政协副主席、统战部部长黄大明，政协副主席李军一同走访。瑞昌市委书记罗文江，市委副书记、市长郭小云陪同。冯静认真听取驻市部队2015年工作情况介绍，对驻市部队自身建设与军政军民共建工作成绩给予肯定，对部队为地方经济社会发展做出的特殊贡献表示感谢。冯静希望大家继续发扬拥军爱民优良传统，希望地方各级党委、政府一如既往全力支持国防建设各项工作，继续巩固九江市在军政军民建设中取得的丰硕成果。

【九江人大调研组到瑞昌调研现代农业示范园建设】 4月7日，九江市人大常委会副主任吕斌率调研组到瑞昌市，调研现代农业示范园建设情况。瑞昌市人大常委会主任徐修武、副主任张恭良等介绍情况。调研组一行到横港、赛湖，实地察看现代农业示范园建设情况，对这2个示范园建设工作给予高度评价。

【九江人大调研组到瑞昌调研检察机关规范司法行为工作】 4月13日，九江市人大常委会副主任吕斌率调研组到瑞昌，就检察机关规范司法行为工作开展专题调研。市委副书记、市长郭小云，市人大常委会主任徐修武，市委常委、政法委书记、公安局局长李九萍，市人大常委会副主任丰耿等陪同调研或介绍情况。调研组一行实地察看市检察院办案工作区、远程视频接访室、案件管理中心等，并召开座谈会，听取市人民检察院关于规范司法行为的工作汇报，对瑞昌市人民检察院规范司法行为工作给予肯定。调研组指出，瑞昌市人民检察院硬件建设到位，工作抓到了点子上，日常工作始终坚持问题导向，精准找问题，细心研究并采取措施，在抓好“三个落实”、接受内外监督及落实办案责任上下了功夫，实现了“从经验办案向规范办案、从书面约束向软件制约、从‘要我规范’向‘我要规范’”的转变。希望瑞昌进一步强化“立检为公、执法为民”的理念，筑牢规范司法行为的思想根基，强化政治、法律、规矩意识；进一步规范、完善司法工作制度；进一步加强执法监督力度，特别是对民事案件的监督，同时要加强公诉队伍建设，不断完善与行政执法机关的对接制度，推动规范司法行为工作再上新台阶。

【九江市委督查组到瑞昌督查指导县乡人大建设工作】 4月15日，九江市人大常委会副主任熊起栋率九江市委督查组到瑞昌市督查指导县乡人大建设工作。市委副书记、市长郭小云，市人大常委会主任徐修武汇报工作。市领导周洪文、李庆生、毕诗龙、刘振华、柯善富、张恭良以及市法检“两长”等参加座谈或介绍情况。督查组一行实地察看夏畈镇镇村规划、夏畈村代表联系选民工作站、铜岭遗址博物馆及桂林街道裕丰村代表联系选民工作站建设情况，并召开座谈会，听取相关工作情况汇报。督查组对瑞昌市委认真贯彻落实省委、九江市委关于人大建设工作的相关文件精神，加强党对人大工作的领导，重视支持人大工作等给予肯定，认为瑞昌市乡两级人大工作扎实，发挥了人大应有的作用。

【九江市人大调研组到瑞昌调研人防工程建设】 6月21日，九江市人大常委会副主任熊起栋率调研组到瑞昌市调研人防工程建设情况。市人大常委会主任徐修武，市委常委、常务副市长邵九思，副市长余平陪同调研。调研组一行先后前往市人民防灾减灾宣传教育基地、联盛国际人防工程及富豪花城人防工程所在地，实地查看人防工程建设及使用情况，并召开座谈会，听取市人防工程建设情况汇报。调研组认为瑞昌市委、市政府高度重视人防工作，做了大量卓有成效的工作，人防事业获得长足发展，尤其是在人防工程建设及人防易地建设费收缴方面走在九江地区前列。

【九江人大督查组到瑞昌专项督查长江水资源保护工作】 12月19日，九江市人大常委会副主任戴晓慧率督查组到瑞昌市专项督查长江水资源保护工作评议反馈意见整改落实情况。市委副书记、市长江训开，市人大常委会主任郭少雄，副市长颉勇军陪同督查。督查组一行先后前往江西理文造纸、理文化工、码头工业城污水处理厂、城区第一排涝站，采取看、听、查、测、议等方式，详细了解沿江企业废水排放去向、在线监测管理情况、污水处理厂管网建设运行情况及污水处理厂运行记录等，并安排专业技术人员现场采集样本进行检测。在座谈会上，戴晓慧要求相关县市区本着实事求是的态度，积极主动配合督查监测，对于发现的问题要立即采取措施，确保整改到位，切实抓好长江水资源保护工作。

监督工作

【财政预决算审查监督】 2016年，市人大常委会密切关注财政运行和预算执行情况，听取和审议《关于提请审议市本级2016年部门预算（草案）的议案》和《关于瑞昌市2016年1—6月份财政预算执行情况的报告》，并对国土资源局、工信委的部门预算进行重点审查。审查和批准2015年市本级决算、2015年财政预算执行以及其他财政收支审计工作的报告。根据市政府提请，及时调整2016年预算，对2017年预算编制提出改进和完善意见。

【保障房建设管理监督】 11月，市人大常委会成立调研组，对全市保障性住房建设及资金管理使用情况开展专题调研。在全面了解全市保障房建设和资金管理使用情况的基础上，提出“科学合理编制保障性住房建设规划，盘活存量资源，控制新建公共租赁住房建设规模；严把项目建设质量验收关，及时解决现有保障房存在的房屋质量问题；整合房管局保障科和房管所职能，打造高效有力的专职管理队伍；建立健全保障性住房分配和管理长效机制，严格入住资格审查，实施动态管理，及时清退不符合条件住户，确保公平公正”等审议意见。

【封山育林工作监督】 10—11月，市人大常委会先后成立视察组和调研组对全市封山育林工作开展代表视察和专题调研，全面了解市六届人大六次会议《关于在全市范围内全面实施封山育林的决定》的贯彻落实情况。针对全市封山育林工作存在的问题，市人大常委会提出了“整合林业执法力量，明确责任主体；增加工作经费，确保林业部门工作正常运转；强化护林巡查队伍建设，及时清理不合格护林员，允许村组干部兼任护林员；强化督查考核，加大年度党政综合目标管理考评中的评分比重；规范小山竹、毛竹砍伐审批手续；有计划逐步对确已进行实质性投入、承包合同到期的商品用材林进行间伐、轮伐”等审议意见。

【司法监督】 10月，常委会对全市普法工作开展专项调研，听取和审议了市人民政府《关于我市“六五”普法工作和“七五”普法规划情况的报告》，七届人大常委会第一次会议作出了《瑞昌市人大常委会关于开展第七个五年法治宣传教育的决议》，决定从2016年到2020年在全市公民中开展第七个五年法治宣传教育。

11月，市人大常委会组织部分委员和市人大代表对市人民检察院规范司法行为工作开展专题调研。调研组在肯定检察机关成绩的同时，指出了诸如庭审和法律文书制作存在个别不规范现象、民事行政案件监督效果不太明显等问题。在听取和审议市人民检察院专项工作报告后，常委会提出了“深入开展规范司法行为专项整治，提高法律文书质量，端正庭审着装和言行，杜绝人情案；加大抗诉力度，提高抗诉质量，依法监督纠正错误的判决、裁定；深化检务公开，依法依规及时发布检务工作动态、司法办案情况和重要案件信息，尊重群众的知情权、参与权和监督权”等审议意见。

12月，政府司法行政管理部门组织了换届以来第一次公务人员普法考试。

选举与任免

【换届选举】 9月23日，在市第七届人民代表大会第一次会议上，郭少雄当选为市第七届人民代表大会常务委员会主任；江训开当选为市人民政府市长；丰耿、毕诗龙、胡桂珠、邹时宝、陈国胜、费重林当选为市第七届人民代表大会常务委员会副主任；朱发炳、蒋贤智、程世贵、邹剑波、谈太君、颉勇军当选为市人民政府副市长；漆晓君当选为市人民法院院长，彭文忠当选为市人民检察院检察长（须报经九江市人民检察院检察长提请九江市人民代表大会常务委员会批准）；王金枝、卢岳华、李卫华、吴小明、吴远光、何冬桂、何雪平、余瑞林、张志平、陈洪地、陈高生、幸成、范华、罗革星、周宇洋、周贲、周振宁、修晓明、曹晓枫、曹继全、谭湘萍当选为市第七届人民代表大会常务委员会委员，王能瑾、尹诗学、朱志模、冯静、华金国、刘春晖、江训开、孙金森、李建豪、陈玉梅、陈刚、陈萍、陈敬全、范长青、林宝剑、欧阳志平、易呈禄、周青标、郑万里、胡敏、柯丹、洪碧霞、徐振天、郭小云、郭少雄、唐平、黄磊、曹钟安、盛利勤、符信勇、蒋贤智、程用新、傅永华、楼健栋、蔡卫宁当选为出席九江市第十五届人民代表大会代表（提请九江市人大常委会代表资格审查委员会审查通过）。

【人事任免】 市人大常委会按照充分发扬民主、严格依法办事原则，进一步完善任前法律考试、考试情况通报、任职表态发言、无记名投票表决、向宪法宣誓和颁发任命书等制度，切实维护人大常委会依法任免国家工作人员的严肃性和权威性。全年任免国家机关工作人员82人次，其中任命55人次，免职27人次。

1月8日，在市第六届人民代表大会常务委员会第三十六次会议上，决定免去陈迪尧市财政局局长职务。

2月26日，在市第六届人民代表大会常务委员会第三十七次会议上，决定免去陈明市交通运输局局长职务。

5月6日，在市第六届人民代表大会常务委员会第三十八次会议上，决定免去罗永林的市安全生产监督管理局局长职务，免去范新军的市工信委主任职务，免去吴学银的市审计局局长职务，免去冯礼的市科技局局长职务；决定任命宋巍为市审计局局长，任命罗永林为市交通运输局局长，任命陈卫国为市安全生产监督管理局局长，任命王定荣为市科技局局长。

6月29日，在市第六届人民代表大会常务委员会第三十九次会议上，决定免去何庆华的市人大常委会城乡建设和环境保护工作委员会副主任职务，李峰的市人大常委会桂林街道人大联络处主任职务，曾唯忠的市人大常委会赛湖农场人大联络处主任职务，何卫东的市人大常委会大德山林场人大联络处主任职务，柯丽华的市人大常委会青山林场人大联络处主任职务；决定任命张志平为市人大常委会外事侨务民族宗教工作委员会主任，周勇为市人大常委会城乡建设和环境保护工作委员会副主任，江金星为市人大常委会外事侨务民族宗教工作委员会副主任，朱夔为市人大常委会预算审查工作委员会副主任，周振宁为市人大常委会湓城街道人大联络处主任，李卫华为市人大常委会桂林街道人大联络处主任，周步进为市人大常委会赛湖农场人大联络处主任，梁坚为市人大常委会大德山林场人大联络处主任，朱模清为市人大常委会青山林场人大联络处主任。

会议决定任命郭维勤为市人民政府副市长。

会议决定免去陈思明的市人力资源和社会保障局局长职务，周诚的市发展和改革委员会主任职务，柯卫彬的市建设局局长职务，徐成的市水利局局长职务，张志平的市畜牧水产局局长职务，祝炳光的市文化广电新闻出版局局长职务；决定任命陈刚为市发展和改革委员会主任，周明为市工业和信息化委员会主任，罗小红为市人力资源和社会保障局局长，余作银为市财政局局长，李珺为市建设局局长，易呈禄为市水利局局长，蒋义明为市畜牧水产局局长。

会议决定免去雷勉力的市人民法院民事审判一庭副庭长、审判员职务；决定任命周纲为市人民法院横港法庭庭长。

8 月 18 日，在市第六届人民代表大会常务委员会第四十次会议上，决定任命江训开为市人民政府副市长；决定接受郭小云辞去市人民政府市长职务的请求，并报瑞昌市第七届人民代表大会第一次会议备案；决定江训开代理市人民政府市长职务。

11 月 7 日，在市第七届人民代表大会常务委员会第一次会议上，决定免去曾绯绯的市人民代表大会常务委员会办公室副主任职务，冯军辉的市人民代表大会常务委员会办公室副主任职务，何火炬的市人民代表大会常务委员会内务司法工作委员会主任职务，曹晓枫的市人民代表大会常务委员会教育科学文化卫生工作委员会主任职务，周庆庐的市人民代表大会常务委员会教育科学文化卫生工作委员会副主任职务，饶瑾的市人民代表大会常务委员会选举任免联络工作委员会副主任职务；决定任命刘文娟为市人民代表大会常务委员会办公室副主任，陈新进为市人民代表大会常务委员会内务司法工作委员会主任，祝国金为市人民代表大会常务委员会教育科学文化卫生工作委员会主任，曾绯绯为市人民代表大会常务委员会教育科学文化卫生工作委员会副主任，冯军辉为市人民代表大会常务委员会备案审查工作委员会副主任。

会议决定任命王伟、郭维勤、张全市为市人民政府副市长。

会议决定任命汪新锋为市人民政府办公室主任，陈钢为市发展和改革委员会主任，周明为市工业和信息委员会主任，何毓轩为市教育体育局局长，王定荣为市科学技术局局长，邹剑波为市公安局局长，谈际秀为市监察局局长，曾细球为市民政局局长，黄润为市司法局局长，余作银为市财政局局长，罗小红为市人力资源和社会保障局局长，李珺为市建设局局长，罗永林为市交通运输局局长，宋巍为市审计局局长，温景雄为市统计局局长，易呈禄为市水利局局长，幸金甫为市农业局局长，陈德春为市林业局局长，蒋义明为市畜牧水产局局长，程用新为市文化广播新闻出版局局长，陈卫国为市安全生产监督管理局局长，涂香仁为市卫生和计划生育委员会主任，鄢俊彬为市市场和质量监督管理局局长。

会议决定免去张红雄的市人民法院副院长、审判委员会委员、审判员职务。

会议决定免去冯祖兴的市人民检察院副检察长、检察委员会委员、检察员职务。

代表工作

【提高代表履职能力水平】 2016 年，市人大常委会高度重视换届后新当选代表培训工作。采取以会代训形式，向常委会组成人员宣讲人民代表大会制度和依法履行职责的专业知识，分四个片区对全体人大代表开展初任培训，围绕人民代表大会制度基本理论知识、代表如何履职，如何提出高质量的代表议案、建议、批评和意见等内容对新一届人大代表进行履职辅导，有效提高全体代表履行职责的能力。

【加强代表联系选民工作站建设】 2016年，市人大常委会按照“总结、完善、提高”的要求，在进一步完善和巩固赛湖农场祥民社区、南义镇王家铺村2个代表联系选民工作站基础上，新建桂林街道裕丰村、高丰镇高丰村和夏畈镇夏畈村3个代表联系选民工作站。同时，积极探索新方法、新经验，努力把代表工作站建成人大上下联动的“交流站”、法律政策的“宣传站”、促进和谐的“减压站”、为民解难的“服务站”。

【办理代表议案和建议】 2016年，市人大常委会把办好代表建议作为集中民智、保障民生、促进发展的大事来抓，对市六届人大六次会议收到的68件代表建议、批评和意见以及市七届人大一次会议收到的115件代表建议、批评和意见及时整理分类，转交办理，开展专项督查，并挑选22件事关群众民生福祉的建议安排常委会领导重点督办，切实将代表建议办理工作落到实处。

（朱志超）

瑞昌市人民政府

◇◇本栏编辑　邹圣敖

综　　述

2016年，市人民政府紧紧围绕市第七次党代会提出的奋斗目标和战略部署，攻坚克难，积极破解经济下行难题，有效克服大洪久汛的不利影响，实干创新，着力推进工业发展、对外开放、城市管理、秀美乡村、民生共享“五大升级”，保持了经济社会平稳较快发展，较好完成全年各项目标任务，实现“十三五”良好开局。全市完成地区生产总值164.19亿元，增长9.5%；完成财政收入25.61亿元，同口径增长9.8%；完成固定资产投资268.2亿元，增长18%；完成社会消费品零售总额47.2亿元，增长11.6%；城镇居民人均可支配收入28189元，增长8.7%；农村居民人均可支配收入13237元，增长9.0%；主要经济指标继续保持九江各县（市、区）前列。

工业发展强劲有力。坚持以新工业十年行动为引领，大力推动工业发展。全市规模以上工业产值完成495.98亿元，增长11.3%，其中八大主导产业产值完成426.58亿元，增长10.8%。规模以上工业增加值完成102.75亿元，增长9.8%，总量和增幅均排九江第二；规模以上工业主营业务收入505.90亿元，增长9.7%，总量和增幅均排九江第二；规模以上工业利税总额完成60.37亿元，增长14.1%，总量排九江第三，增幅排九江第六。重大项目加力推进。全年在建重大工业项目46个，总投资528亿元。投资50亿元的天瑞丰收项目转鼓造粒和高塔装置主体工程封顶；投资35亿元的万润兴业项目主体工程基本完工；投资6亿元的理文化工双氧水、三氯化铝、氯化亚砜项目进行设备安装调试；华中木业二期、理文造纸45万吨包装纸等项目进展顺利，和泽酒厂进行试生产；黄金工业孵化园、金岭创业园、裕丰科技园内落户项目快速推进。骨干企业加速发展。亚东水泥、理文造纸等10家企业主营业务收入过10亿元；武山铜矿、汇尔油泵等15家企业税收过千万；华瑞缝纫线、中材科技等企业运行良好；华亨宠物食品、蓝谷新能源获批“新三板”挂牌，企业上市实现零突破；吉恩重工等8家企业进入规上企业行列，规上工业企业总数达126家。重点产业加快集聚。传统产业转型升级。凤竹纺织、鸿达纺织等企业技改创新，纺织服装业逆境突破，稳步增长；建筑材料业主营业务收入达77.7亿元；华中木业等企业与行业巨头合作，木业家居业主营业务收入68.4亿元。新兴产业创新发展。新洋丰复合肥被评为省级智能制造试点企业，格雷斯科技获批省级工程研究中心，森奥达科研产品被列入工信部《再制造产品目录》；全市高新技术企业达7家、专利过百企业3家、院士工作站2个；精细化工、装备制造、新材料、绿色食品等战略性新兴产业实现主营业务收入110亿元，占比达22%。

开放水平快速提高。坚持以开放促发展，着力构筑双向开放新格局。经开区获批长江经济带国家级转型升级示范开发区；瑞昌港区纳入九江港口岸扩大开放范围列入国家口岸发展“十三五”规划。全年实际利用外资2.18亿美元，增长6.6%；外贸出口4.07亿美元，增长7.3%。园区平台更趋完善。征地拆迁取得新突破，全年完成征地8657亩。码头片区完成土地征收6244亩，拆除房屋9.3万平方米；在主城区规划建设裕丰科技园、黄金工业孵化园、金岭创业园，总占地面积1800亩；顺利完成武蛟等乡镇土地开发，新增耕地2200亩，成功报批土地2926亩，发展空间进一步拓展。盘活闲置厂房2万余平方米，园区土地利用效率进一步提高。建成6个5000吨级码头泊位，货物吞吐量达4540万吨，再创历史新高。招商引资成效明显。采取多种形式，大力开展招商引资，全年组织外出招商300余次，接待客商260余批次；引进重大项目36个，总投资446亿元，其中亿元以上工业项目28个，签约投资200亿元循环经济产业园、30亿元微晶新材料等一批重大项目。发展环境持续优化。大力开展降成本优环境专项行动，建立领导、部门帮扶企业制度，设立企业投诉中心，解决企业困难问题。积极执行省、市惠企政策，清理取消一批涉企行政事业性收费，降低企业运行成本。建立政银企对接机制，通过“财园信贷通”等方式为企业发放贷款25亿元，缓解企业融资难题。开放形象显著提升。成功承办2016年全国石油和化工行业领袖峰会，顺利举办第三届中国中部红木家居博览会暨2016年长江经济带发展论坛；立信集团与上海国储集团开展股权战略合作，“央企入赣”取得突破；格雷斯等企业积极参与国家“一带一路”建设，与外企开展合作；北京、上海、厦门等地瑞昌商会相继成立。

城市管理卓有成效。按照“铁腕整治、精心打造、科学管理、宜居宜业”工作思路，大力推进城市管理升级。城市管理力度大。整合资源、集中力量、营造氛围，着力整治群众反映强烈的突出问题。推进城市公交运营机制改革，优化公交线路，新增新能源公交车10辆，便利市民出行；强力推进城区禁燃禁放整治，引导露天烧烤进入夜市集中经营，全面清理取缔违规亭棚，有序开展工地围挡、渣土泼洒、乱停乱放等整治活动，城市环境明显改善；推行物业管理新规，小区居住环境进一步优化；整合各方力量，“全民动员、全市行动、全城担责”的管理机制逐步形成。城市建设亮点多。投资12.8亿元，推进52个重点城建项目建设。武九客专进入调试阶段，瑞昌高铁站、站前广场、站前一路主体工程基本建成，瑞昌即将迈入高铁时代；全长7.6千米的外环路项目启动建设，桂林桥路段交通改造全面完成，总长6.4千米的东环路、龙泉路北段等6条道路建成通车；实施城区排涝设施提升工程，经受住了汛期集中强降雨严峻考验，城区内涝问题有效解决；苏山新区一期、五里雅居10万平方米安置房建成入住；龙泉路农贸市场基本建成，兵马垄农贸市场投入使用；新建一批垃圾中转站和公厕，城市功能进一步完善。完成瀼河公园南岸景观建设等绿化工程，新增绿化面积4.35万平方米，城市品位进一步提升。

“三农”工作亮点纷呈。农业基础地位持续巩固，农村发展态势良好，荣获全省农业农村工作先进县（市）。不断改善基础条件。投入1.5亿元，实施小农水重点县项目、水利血防治理和节水配套改造工程，完成12座小型病险水库除险加固和104座山塘整治，新增灌溉面积1.2万亩；快速推进灾后水利设施建设，启动城防堤加固工程，完成7座危桥重建；立肇线高丰段、洪下段全面通车；完成16千米县道升级改造、35千米通村水泥路建设。大力发展农业产业。引进亿元以上农业项目4个，新建500亩以上连片种植、养殖基地9个，新增规模以上农业企业3家、“三品一标”农产品14个、农民专业合作社86家、家庭农场167家；完成粮食产量10.6万吨，油菜种植面积达20万亩，获批全省油菜绿色高产高效创建综合示范区，传统产业扬优成势；茶叶、山药种植面积分别达到1.5万亩，水产养殖10万亩，油茶、油桃、翠冠梨、中药材等特色产业稳步发展；持续推进赛湖农业综合开发现代示范园建设，进驻省级龙头企业3家，千亩以上大户4户；高丰镇青丰村入选全国“一村一品”示范村，横立山乡红旗村等5个村入选国家乡村旅游扶贫工程。着力优化乡村风貌。整合资金1.2亿元，统筹推进镇村联动建设；完成72个新农村点建设，高标准打造南义朝阳畈、横立山杨泉等11个中心村；严格落实“河长制”，扎实开展“清河行动”，河湖保护初见成效；全面推进封山育林，完成造林1.54万亩，荣获全省春季森林防火平安县称号；积极创建生态乡村，南义镇获评全省水生态文明乡镇，白杨镇被授予省级生态乡镇；持续推进农村生活垃圾治理，完善运行保障机制，荣获全省农村清洁工程工作先进县（市）。

百姓福祉持续增进。整合资金，统筹资源，突出重点，精准发力，持续加大民生投入，深入实施民生工程，大力办好惠民实事。脱贫攻坚进展顺利。落实脱贫攻坚责任制，抽调百个部门千名干部包村联户；整合资金1.8亿元，实施就业扶贫、安居扶贫、兜底扶贫、教育扶贫、健康扶贫等13项脱贫攻坚举措，转移就业534人，资助贫困家庭学生10464人次，脱贫8041人，15个贫困村基本达到退出标准。保障水平不断提高。新增城镇就业7436人，转移农村劳动力8369人，安置困难群体就业766人，发放创业担保贷款1.7亿元；养老保险参保26.05万人，医疗保险基本实现全覆盖；城乡低保标准分别提至每月480元、270元，惠及2.2万困难群众；发放医疗救助金989万元，救助2.91万人次；为8188名残疾人发放困难残疾人生活补贴和重度残疾人护理补贴；将老年人高龄津贴发放范围由90岁以上扩大到80岁以上，近万人受益；摇号分配545套公租房，完成2564套棚户区改造任务，推进750户农村危房改造，城乡居民居住条件进一步改善。环境保护持续加强。坚决执行环评“一票否决制”，加强环境整治和执法力度，严厉打击环境违法行为，关停一批违法排污企业，对环境违法行为实行“零容忍”；启动国家地下水监测工程，落实饮用水水源地保护制度；强化农业面源污染防治，加强地质灾害点治理，实施水土保持项目；强力推进矿山整治、治超治限，减少粉尘污染，保护生态环境；顺利通过中央环保督察、环保部综合督查、省际交叉执法检查、省人大长江江西段水资源保护评议等多项检查，省人大评议满意度97.7%。社会事业均衡发展。投资1.4亿元，完成瑞昌六中、赛湖学校初中部等5所城区学校新建、扩建工程，实施59个农村校建项目，强化师资队伍建设，新增教师184名，顺利通过国家义务教育均衡发展县评估验收。2938名学子进入大学深造，两名考生录取北大。成功承办全省青少年羽毛球锦标赛，举办第十一届老年人健身体育运动会。大力推进全国基层中医药工作先进县市创建，扎实开展国家级血吸虫病传播阻断综合防治示范区建设；全省县级一流的新人民医院投入使用，妇幼保健院搬迁改造工程顺利完成。深入实施先天性心脏病、白内障等重大疾病免费救治，整合孕检、婚检、流动人口体检三项检查，积极推进妇幼“安康工程”。全面落实二孩政策，发放二孩生育服务卡2505例。不断完善公共文化设施，改造提升基层文化场所250余处，组织举办亲民文化大舞台，惠及群众14万人次。社会秩序保持稳定。牢固树立安全发展理念，全年未发生较大安全生产事故，被列为全省隐患排查治理暨行政执法信息系统试点县（市）；全面推进食品安全网格化监管，强化食品快速检验检测手段，提升食品安全检测水平，加大食品安全领域违法行为打击力度，有力保障群众食品安全；重拳打击各类违法犯罪行为，破获全国性特大传销案件等一批重点案件，公众安全感、公安工作社会满意度进一步提升；转变信访工作机制，及时解决群众合理诉求，信访秩序进一步好转，实现重要敏感时期进京赴省非访“零登记”。

（陈俊辉）

政府组成

【第七届市政府领导成员】　2016年，第七届政府领导成员共有10名，市长1名，副市长9名。

【工作部门】　2016年，市政府工作部门24个：政府办公室、发展和改革委员会、文化广电新闻出版局、教育体育局、科学技术局、环境保护局、水利局、畜牧水产局、林业局、农业局、交通运输局、国土资源局、建设局、统计局、审计局、财政局、民政局、市场监督管理局、安全生产监督管理局、人力资源和社会保障局、监察局、司法局、公安局、工业和信息化委员会、卫生和计划生育委员会。其中，监察局与纪律检查委员会机关合署办公，列政府工作部门序列，不计人政府机构个数。

（陈俊辉）

附：2016 年瑞昌市第七届人民政府领导名录

市　长：郭小云（任至 8 月）
　　　　江训开（8 月任）
常务副市长：邵九思（任至 8 月）
　　　　朱发炳（8 月任）
常委副市长：程厚红（任至 4 月）
　　　　钱　萍（任至 8 月）
　　　　王　伟　郭维勤（6 月任）
副　市　长：蒋贤智　余　平（任至 8 月）
　　　　周　毅（任至 8 月）
　　　　程世贵　张全市　邹剑波（8 月任）
　　　　谈太君（8 月任）
　　　　颉勇军（8 月任）
副县级干部：吴瑞平

重要会议

【第六届人民政府常务会议】　2016 年，瑞昌市第六届人民政府共召开常务会议 7 次，即第 55—61 次政府常务会议。

第 55 次会议 1 月 4 日召开。会议审议市财政局《关于瑞昌市 2015 年财政预算执行情况与 2016 年财政预算草案的报告（送审稿）》。

第 56 次会议 1 月 29 日召开。会议听取关于《瑞昌市迎接省县域义务教育均衡发展督导评估工作实施方案（送审稿）》文件起草工作的情况汇报，关于瑞昌市 2016 年国有建设用地划拨供地计划安排相关工作事宜，关于《人文瑞昌》丛书（暂定名）编纂相关工作事宜。

第 57 次会议 3 月 17 日召开。会议听取市扶移办关于《中共瑞昌市委、瑞昌市人民政府关于打赢“两年率先脱贫”攻坚战的实施意见（2016—2017）（送审稿）》文件起草工作的情况汇报，听取市残联关于《瑞昌市困难残疾人生活补贴和重度残疾人护理补贴制度实施细则（送审稿）》文件起草工作的情况汇报，研究关于贯彻落实粮食安全生产省长责任制实施意见及考核办法相关工作，关于瑞昌市 2016 年土地储备计划相关工作，关于解决乡镇（公社）老放映员历史遗留问题相关工作，关于瑞昌市 2016 年教师招聘相关工作，关于上报 2016 年招收定向培养农村教师计划相关工作事宜。

第 58 次会议 4 月 19 日召开。会议审议并通过市科技局关于《瑞昌市创建国家知识产权质押融资试点城市工作实施方案（送审稿）》，听取市政府督查室关于 2016 年市《政府工作报告》工作任务责任分工相关工作情况汇报，听取市商管办关于《瑞昌市阿里巴巴农村电子商务合作协议（送审稿）》和《瑞昌市阿里巴巴农村淘宝建设工作实施方案（送审稿）》文件起草工作的情况汇报，听取市卫计委关于《瑞昌市中医药事业发展三年工作规划（2016—2018 年）（送审稿）》和《瑞昌市创建全国基层中医药工作先进单位实施方案（送审稿）》文件起草工作的情况汇报，研究关于申报 2016 年度江西省农村订单定向医学生免费培养计划相关工作事宜。

第 59 次会议 5 月 30 日召开。会议审议并通过市人社局《关于印发促进青年创业若干措施的通知（送审稿）》，审议并通过市国资局关于《2016 年瑞昌市全市行政事业单位国有资产清查工作方案（送审稿）》，研究关于深化集体林权制度改革相关工作事宜。

第 60 次会议 6 月 28 日召开。会议听取市人社局关于《瑞昌市整合城乡居民基本医疗保险工作实施方案（送审稿）》文件起草工作的情况汇报，听取市农业局《关于推进绿色生态农业十大行动的实施方案（送审稿）》文件起草工作的情况汇报，听取市财政局关于《瑞昌市公务消费一体化监管工作实施方案（送审稿）》文件起草工作的情况汇报，研究关于提高临时环卫工人待遇相关工作，关于提高离岗退出乡村医生养老生活补贴标准相关工作事宜。

第 61 次会议 7 月 29 日召开。会议听取关于全市上半年经济形势分析和做好下半年经济工作建议的汇报，听取市国土局关于《2016年瑞昌市土地开发和旱地改水田土地整治项目实施方案（送审稿）》文件起草工作情况汇报，听取市教体局关于《瑞昌市乡村教师支持计划（2015—2020）实施细则（送审稿）》文件起草工作情况汇报。

【第七届人民政府常务会议】 2016年，瑞昌市第七届人民政府共召开常务会议4次，即第1—4次政府常务会议。

第1次会议9月29日召开。会议审议并通过市政府办公室关于《瑞昌市人民政府工作规则（送审稿）》，研究推进我市"五大升级"相关工作事宜。

第2次会议11月1日召开。会议听取市地矿局关于《瑞昌市矿产资源总体规划（2016—2020年）（送审稿）》编制工作相关情况汇报，听取市水利局关于《瑞昌市城乡供水一体化项目合作协议书（送审稿）》文件起草工作的情况汇报，听取市卫计委关于《瑞昌市血吸虫病传播阻断综合防治示范区创建工作实施方案（2016—2020年）（送审稿）》文件起草工作的情况汇报，听取市国资局关于《武山铜矿剥离国有企业办社会职能工作实施方案（送审稿）》文件起草工作的情况汇报，听取市老龄办《瑞昌市80周岁以上老人高龄津贴实施办法（送审稿）》文件起草工作的情况汇报，研究关于启动我市综合协同办公系统建设相关工作事宜。

第3次会议12月1日召开。会议听取市供销社关于《瑞昌市深化供销合作社综合改革实施方案（送审稿）》文件起草工作的情况汇报，听取市文广新局关于《瑞昌市创建国家公共文化服务体系示范区实施方案（送审稿）》《瑞昌市创建国家公共文化服务体系示范区工作规划（送审稿）》文件起草相关工作的情况汇报，听取市公安局关于全市禁毒工作的情况汇报，研究关于全市安全生产相关工作，关于全市精准扶贫相关工作，关于2015年冬季退役士兵岗位安置相关工作事宜，审议并通过市人社局关于《瑞昌市关于全面治理拖欠农民工工资问题的实施意见（送审稿）》。

第4次会议12月18日召开。会议听取关于《政府工作报告（送审稿）》起草及修改的情况汇报，听取市卫计委关于《关于进一步加强乡村医生队伍建设的实施意见（送审稿）》和《瑞昌市村级产权公有卫生计生服务室标准化建设实施方案（送审稿）》文件起草工作的情况汇报，听取市金融办关于《瑞昌市工业企业倒贷资金管理办法（送审稿）》文件起草工作的情况汇报，研究关于2017年度市本级财政投资项目计划相关工作，关于政府系统党风廉政相关工作，关于全市环境保护相关工作，关于建立经济困难的失能老年人护理补贴制度相关工作，关于解决乡镇（公社）老放映员历史遗留问题相关工作事宜，审议并通过了市民政局《关于加强农村留守儿童关爱保护工作的实施方案（送审稿）》。

（陈俊辉）

施政举措

【推进民生共享升级】 1月19日，市政府印发《瑞昌市城乡居民基本养老保险村级金融便民服务点建设实施方案》，要求打通服务广大农村群众"最后一千米"，夯实城乡居民养老保险基础，服务到基层。12月28日，市政府印发《关于加强农村留守儿童关爱保护工作的实施意见》，要求落实"以人为本"的科学理念，建立健全留守儿童关爱服务体系，优化留守儿童成长环境，深化关爱活动，促进未成年人健康成长，促进家庭幸福与社会和谐。

【强化安全生产】 4月14日，市政府印发《2016年全市安全生产工作要点》。12月28日，市政府印发《关于进一步加强工业园区安全生产工作的实施意见》，要求牢固树立安全发展观念和红线意识，坚持依法治理、标本兼治、源头治理，压实责任，严格准入，确保安全生产工作落到实处。

【深化简政放权】 4月26日，市政府印发《关于衔接国务院取消和调整一批行政权力项目的通知》，《关于衔接国务院清理规范一批行政审批中介服务事项的通知》。5月23日，市政府印发《关于衔接九江市政府下放一批审批权力事项的通知》，要求继续坚定不移的推进行政审批制度改革，加大简政放权力度，优化审批流程，改进审批方式，压缩审批时间，提高审批效率，创优发展环境，加强监督制约，不断提高政府管理科学化、规范化法制化水平。

【注重生态保护】 5月5日，市政府印发《瑞昌市沿江非法码头综合整治专项工作实施方案》。6月17日，市政府印发《瑞昌市环境保护专项整治工作实施方案》。11月30日，市政府印发《瑞昌市入河湖排污口专项整治行动工作方案》。12月6日，市政府印发《瑞昌市货运车辆超限超载治理工作实施方案》。12月23日，市政府印发《全市开展非法电力捕鱼专项整治行动实施方案》，要求进一步整合资源，多部门联合行动，下大力气进行生态环境的保护和治理，进行全方位的摸排，对发现的问题及时跟进和处理，将生态环境保护和治理有机的结合起来，给子孙后代留下一片绿水青山。

【强力攻坚精准扶贫】 6月12日，市政府印发《瑞昌市建档立卡贫困户参加城乡居民养老保险工作方案》，12月14日，市政府印发《瑞昌市健康扶贫工程实施方案》，要求紧紧围绕全面建成小康社会奋斗目标，从多层面，多渠道，多形式地开展脱贫攻坚工作，扎实推进扶贫工作快速发展，确保全市扶贫工作迈上新台阶，为全市全面脱贫工作打下坚实基础。

【全力化解过剩产能】 7月15日，市政府印发《关于关闭瑞昌市南义镇第六号煤矿等五对矿井的决定》，要求严格贯彻落实上级化解煤炭行业过剩产能的指示精神，对瑞昌市南义镇第六号煤矿、瑞昌市峨嵋乡岩下煤矿和岩下煤矿钟家湾矿井、瑞昌市乐园乡阳坡煤矿、瑞昌市高泉煤矿等五对矿井实施关闭，做好群众稳定工作和遗留问题处置，严防死灰复燃确保关闭成功。

（陈俊辉）

办理人大代表建议和政协委员提案

【概　况】 2016年，市政府部门单位承办市人大常委会和市政协常委会交办的建议和提案共353件，其中人大代表建议198件（市六届六次会议84件、市七届一次会议114件），政协委员提案155件（市六届六次会议74件、市七届一次会议81件）。市六届六次会议84件人大代表建议和74件政协委员提案全部办结，办结满意率100%。市七届一次会议114件人大代表建议和81件政协委员提案基本办结，其中人大代表建议办结113件，只有6号转市七届二次会议办理，80号、107号代表反馈基本满意，其余建议代表反馈均为满意，满意率97.4%。政协委员提案全部办结，10号、74号委员反馈不满意，22号委员反馈基本满意，其余提案委员反馈均为满意，满意率96.3%。

【加强建议、提案办理力度】 市政府领导高度重视建议提案办理工作，适时召开办理工作专题调度会，提出具体要求，明确办理责任。对代表建议、政协提案逐一登记，对每一份建议的内容、要求认真梳理，市政府专门印发《关于落实市人大市政协有关建议和提案办理任务的通知》，将代表建议、政协提案细化分解给相关部门、单位和乡镇办理，落实办理责任。所有建议都明确市政府领导为责任领导，各承办单位主要负责人为责任人。制订办理工作流程图，将办理工作分为三个阶段，并对每一个阶段进行详细分解，并对交办、调整、办理各个环节明确规定，使办理工作由被动办理向主动办理转变。在正式答复代表、委员之前，答复初稿必须由各承办单位主要领导签字把关，呈报市分管领导审核同意后，由各承办单位按照规范格式向代表、委员进行答复。

【提高建议、提案办理质量】 2016年，市政府督查室在办理工作中，坚持深入调查研究，了解建议、提案的要求和内涵，找准问题症结，理清工作思路，明确办理方向，增强承办工作的针对性、实效性。对所承办的建议、提案内容进行梳理归纳和综合分析，捕捉和掌握代表建议、政协提案中宝贵的信息资源和智力资源，努力从代表、委员提出的建议中，发现和归纳出带有宏观性、普遍性和前瞻性的问题及对策，为领导决策提供参谋服务。对代表建议、政协提案中提出的问题，应当解决且能够解决的，及时细化方案，加大工作力度，抓紧解决；对目前暂时无法解决的，认真分析论证，拟定计划规划，创造条件逐步解决；对确实无法解决的问题，努力征得代表、委员的理解和支持。

【强化建议、提案办理实效】 根据各承办单位的工作任务和办理时限要求，拟制“建议办理进度一览表”，采用电话督查、书面督查等方式，督促相关单位加快办理进度。市政府督查室会同市人大选任联工委和市政协提案委组成联合督查组，对办理任务较重及承办了重点建议提案的单位和部门开展了专项督查，有力推动了办理工作的开展和落实。办理工作告一段落后，市政府督查室对部分建议、提案中涉及的项目进度进行了跟踪督查，确保真正落到实处。

（郭遗森）

机构编制

【概 况】 2016年，市编办分设独立运行，深化行政审批制度改革，切实做好控编减编和超编整治等工作，着力加强机构编制规范化建设，促进了机构编制工作新发展，被九江市委编办评为超编专项整治和控编减编工作先进单位。

深入推进行政审批制度改革。市编办按照“该减必减、真减真放、放管结合”的工作原则，对全市有审批事项的部门开展了“拉网式”清理，进一步规范行政审批事项名称和设定依据等要素；优化了行政审批行为，承接了25个行政审批项目，取消了12个行政审批项目；2次对56个单位中介服务事项进行清理规范，共保留21项、取消1项、调整22项；编制了行政审批项目目录和中介服务事项目录，调整了权责清单，并已在瑞昌政府网和江西政务服务网上公布。

巩固职能转变和机构改革成果。按照省、九江市相关文件精神，进一步巩固政府职能转变和机构改革成果。调整个别单位内设机构设置，进一步明确卫生计生行政执法机构和不动产登记整合后林业局、国土资源局（不动产登记局）等单位职责，规范市场监管机构名，划转和整合新农合管理职责、人员编制和机构，配合上级做好环保、审计、法院、检察院等单位垂直管理机构、编制摸底工作。

严格执行机构编制规定。按照“撤一建一、合并组建、先减后增”的原则，从严审批机构编制调整事项，做好机构编制动态管理，确保机构编制控制在2012年底基数内。2016年，撤销5个机构，收回了40余名编制，重新核定了中小学校编制。执行进人核编制度，结合开展控编减编工作，进一步明确了相关部门协调工作规定和职责。严格落实实名制管理系统规定，建立新增、调动、减少人员出入编台账，及时更新管理系统机构编制和人员信息。

扎实开展清理整治活动。先后开展了超编整治、控编减编、“五项清理”等专项活动，进一步加强了机构编制管理。保持高压态势抓超编人员消化工作。在严控市直党政群机关人员进入关的前提下，不断拓宽消化超编人员渠道，165名超编人员消化任务全部完成。持续开展控编减编工作。按照《瑞昌市控编减编工作方案》推进各项工作任务落实，扎实抓好机构编制动态管理工作。采取高标准开展“五项清理”专项整治工作。经单位自查自纠、部门联合审核，工作成效显著。积极参与公车改革、职务与职级并行等工作编制审核，充分发挥机构编制服务保障作用。

加强机关事业单位管理。已为272个单位进行了法人登记，其中2016年新登记25个；接受了247家单位年度报告工作并更换证书，为25个新设立事业单位发放证书和40个行政机关赋码；严格审核了乡镇公立幼儿园申请登记材料，并实地核查，批准了3家幼儿园设立登记；已完成239个单位中文域名注册或续费，为18个自建网站挂上党政机关或事业单位标识。

（甘自强）

附：2016年市编办副科级以上领导名录

主　任：曾火平

副主任：尹传雄

副主任：王国栋
审改办专职副主任：余时洁

人事管理

【概况】 2016年，瑞昌市公务员（含参照）总数1743人，其中研究生37人、本科927人、大专677人、中专以下102人；事业编总数7065人，其中研究生35人、本科3004人、大专2708人、中专以下1318人；全年为教育局等事业单位招聘人员226名，安置服务期满“三支一扶”大学生24名。为84名企业退休“军转干”人员发放解困资金近110万元，为2名企业失业“军转干”人员发放解困资金近4万元。为高校毕业生人事档案存放人才交流中心提供“绿色通道”，截至年底，共为4189名高校毕业生办理人事代理业务。

人才服务培训得到提升。建立高层次专业技术人才库，全市入库人员已有793人。2016年度，经过努力，江西格雷斯科技股份有限公司成功获批博士后创新实践基地。结合国家、省市中小学职称制度改革精神，进一步创新培训考试方式方法，共组织1368人培训考试。积极参加上级组织的新型职业农民电子商务创业及茶叶栽培技术培训班，着力培养新型职业农民和产业带头人。为园区企业提供技能提升培训4495人次，组织职业技能鉴定1273人次。组织3家引智成果示范推广企业参加“一带一路”建设2016中国（杨凌）现代农业引智成果展览并开展合作洽谈，其中一家企业获得后稷奖。

事业单位招聘得到肯定。全年共招聘事业单位人员218人，其中教育系统中小学普通教师100人，特岗教师56人，卫生系统34人，为文广新局引进1名硕士研究生。招聘和面试工作做到了公开、公平、公正，社会反响很好，为全市经济社会发展提供了人才支撑。

事业单位人事管理得到加强。对机关事业单位工作人员进行了2015年度考核，规范机关事业单位工作人员请假、领办创办企业审批备案制度，督促机关事业单位年初上报上一年度内本单位工作人员是否存在“吃空饷”的情况报告，加大对信访举报“吃空饷”案件的查处力度，做到有报必查、严查。

工资福利政策得到落实。认真落实调整机关事业单位基本工资标准和优化工资结构，规范公务员津贴补贴工作。根据赣府厅发〔2016〕69号文件和省、市相关工作会议精神，结合实际情况，及时制定具体的实施细则，并于12月6日召开工作布置和业务培训会，对全市1729名机关和6735名事业工作人员的基本工资和津补贴、绩效工资进行了调整。

职称制度改革得到深化。根据江西省人民政府办公厅转发《省人社厅、省教育厅关于江西省深化中小学教师职称制度改革实施意见》和九江市人民政府办公厅《关于九江市深化市中小学教师职称制度改革工作实施意见》文件精神，扎实开展深化中小学教师职称制度改革，建立了与事业单位聘用制度和岗位管理制度相衔接、符合教师职业特点统一的中小学教师职称（职务）制度，充分调动了广大中小学教师的积极性，为全面实施素质教育提供制度保障和人才支持。全市共推荐高级申报30人，中级申报67人。

招才引智工作得到进展。积极为市园区企业江西格雷斯科技股份有限公司申报博士后创新实践基地并成功获得上级审批，同时积极协助企业招收科研人员及申报科研项目。围绕“人才强市”战略，实施“浔商回家、浔才回家”计划，在全市范围内开展海外瑞昌籍高层次人才摸底推荐工作，向上级推荐上报38人。围绕海外人才江西行活动，在全市范围内宣传推荐拟引进海外专家，深入企业、事业单位推荐对接，为全市经济社会发展主动提供海外人才与智力帮助。

【积极争取“一村一品”项目】 市人社局通过积极向上申报争取，使瑞昌市渝瑞实业有限公司、南阳乡红日村山药产业、瑞昌市夏畈百花综合养殖专业合作社分别获批省级“一村一品”示范企业、示范村和示范合作社。

（蔡金星）

经济研究

【概 况】 2016年，市政府经研室围绕市政府总体工作部署和重点工作，围绕群众关心的热点、难点问题，积极开展调研工作，切实发挥以文辅政作用，参谋助手水平不断提高，得到了市领导的认可。

【办理公文】 严格按照公文处理程序，做好各类文件、电报、电传的收发、办理工作，不断提高公文处理质量和运转效率，确保政令畅通。全年共处理各级各类文（电）3732份，处理省、市及有关部门文件1561件。

【政务调研】 围绕全市中心工作，围绕群众关心的热点、难点问题，深入开展调查研究，为领导科学决策提供参考依据。在精准扶贫与低保、小区物业管理、水价、知识产权等方面进行了专题调研，撰写了有价值有深度有影响的调研报告。

【信息采编】 按照全国政府网站普查要求，政府及时准确公开政府信息。全年在政府信息公开平台上为各部门、单位公开信息17268条。围绕全市中心工作，在精准扶贫攻坚工作、行政调研工作、学习贯彻市第七次党代会精神等方面开辟专栏，采编信息，及时解读。同时积极向省、九江市政府网站、电子政务简报、专栏报送信息103条，全面真实反映和宣传了瑞昌经济社会建设成果。

【起草报告】 为领导起草讲话、报告，始终保持精益求精的态度，从篇章结构、材料运用、语言表述到标点符号，都要反复推敲，斟词酌句，一丝不苟，力求全面、真实、准确表达领导的思想和群众的愿望，反映瑞昌经济建设和社会发展的成就，明确形势和任务。2016年，较好地完成了市政府主要领导在全市经济工作会上的讲话、七届一次人大会政府工作报告、七届二次人大会政府工作报告等大型会议材料的撰写，得到了市政府领导的认可和肯定。

（经研室）

目标管理考评

【概 况】 2016年，考评工作按照“推进工业发展、对外开放、城市管理、秀美乡村、民生共享‘五大升级’”的总体目标和发展思路，充分发挥目标管理机制作用，起草方案，组织考评，总结经验，积极助推全市各项工作快速发展。在全市各地、各部门、单位共同努力下，瑞昌市荣获2016年度九江市经济社会发展目标管理考评综合先进二等奖、工业发展第二名、固定资产投资第二名、开放型经济综合先进单位等光荣称号。

【制定考评方案】 10月，市考评领导小组召开考评领导小组会，讨论制定2016年全市考评方案，经报市政府常务会和市委常委会议通过。12月，以市委办公室和市政府办公室名义联合下发《瑞昌市2016年度乡（镇、场、街道）科学发展综合考核评价实施细则》和《瑞昌市2016年度市直部门单位目标管理考评实施细则》，以“五大升级”为工作重点，主要考评党的建设、社会建设、生态文明建设、经济发展及成效、民生工程以及上级和市本级目标任务完成情况。考评对象为全市21个乡（镇、场、街道），68个市直党政群一级单位，27个驻市单位。

【组织全市考评】 根据考评方案，市考评领导小组精心组织开展全市考评工作，整个考评工作分为三个阶段进行：2017年1月6日至13日，组织工信、卫计等相关部门单位组成8个考评组，对21个乡（镇、场、街道）和95个市直部门单位的2016年目标任务完成情况检查验收；2月14日，全市经济工作会表彰2016年目标管理考评124个先进单位和200名先进个人。

【迎接省市考评】 及时组织召开市考评领导小组会议，研究学习上级考评方案，部署落实考评工作，按照对口原则，将省及九江市考评指标任务分解落实到具体的市分管领导和相关责任单位。12月28日，市委副书记陈琪主持召开了迎接考评工作调度会，对1—12月全市目标完成情况进行调度，提出下步工作重点和年终考评目标。同时，市委办和政府办联合印发《关于做好迎接省及九江市考评工作的通知》，市考评办会同两办督查室适时对各目标责任单位开展督促检查工作，并对各地完成情况进行通报，认真细致做好迎接省及九江市考评的各项准备工作。

（考评办）

行政服务

【概 况】 2016年，市行政服务中心以“廉洁、规范、高效、便民”为宗旨，不断增强为民服务意识，改进工作作风，提高工作效率，坚持实干创新，积极助推全市“五大升级”，政务服务效能显著提升。全年大厅窗口办理审批事项49968件，办结49458件，办结率达98.9%，与上年同期相比办件量增长300%以上，窗口办件量和办结率都处在九江市县级中心前列，公共资源交易中心共完成各项交易356项，总成交额达11.7亿余元。

市行政服务中心顺利搬迁。为进一步优化发展环境、提高为民服务水平，瑞昌市行政服务中心于2016年3月29日迁至市南环路40号国贸大厦新址办公。在搬迁工作中，中心管委会精心部署，周密安排，成立了搬迁领导指挥小组，全面协调指挥整体搬迁工作。中心全体工作人员各负其责，服从统一安排，明确各自的职责。顺利实现了市行政服务中心管委会、公共资源交易中心以及34个窗口的整体搬迁。经过三天搬迁调试后，4月1日，市行政服务中心新址正式对外办理相关业务。建成后的新行政服务中心建筑面积近7000平方米，窗口工作人员140余人。瑞昌市最新向社会公布的346项行政审批事项全部进入中心集中受理。并将供电、供水等7家便民服务窗口纳入中心管理。按照“两集中、两到位”的要求，各行政审批单位行政审批科整体进驻，实现了“前窗口受理，后审批室审批”的高效审批模式。各进驻单位对窗口首席代表充分授权，做到“受理、审查、审批、缴费、发证”全环节在中心办理，方便了企业和群众办事，提高了办事效率。

深化行政审批制度改革。以“三集中三到位”工作落实为抓手，切实推进窗口进驻、事项进驻落到实处。起草并以政府办文件发布《瑞昌市人民政府办公室关于进驻新行政服务中心窗口单位、进驻事项和纳入监管专业办事大厅有关工作的通知》，明确了必须进驻大厅的单位、必须进驻的审批事项及其他进驻要求，同时进行了审批事项的流程梳理和环节精简工作，重新核定了各窗口的办事指南、材料范本。大厅共单设涉审部门窗口24家，企业便民服务窗口7家，进驻了国、地税综合办税大厅及不动产登记大厅3家综合办事大厅。在全市动态管理的行政许可目录中，共有行政许可事项194项，进驻中心大厅办理的达138项，另有其他审批权等公共服务事项100项进驻大厅办理。

优化发展环境。中心认真践行降低企业成本、优化发展环境专项行动。落实相关政策，对照省委第80条、九江市委第29条两项政策，对涉及企业收费事项进行重新梳理并将清单对外公示，做到清单之外行政事业性事项一律不收费。规范交易行为，为减轻企业负担。从1月开始，免除了公共资源交易中心所有收费。在交易业务量日益增多和繁杂的情况下，抓住重点，分清缓急，确保重点交易项目的顺利实施。走访帮扶企业。中心前后3次对中福采掘有限公司进行帮扶走访，进一步了解该企业的真实状况，梳理并建立问题台账，制定帮扶方案，切实帮助企业解决实际困难。组建企业投诉中心。中心设立了瑞昌市人民政府企业投诉中心，开通了市企业投诉电话：0792－4212110，确保24小时全天候企业投诉渠道畅通，并制定了《瑞昌市企业投诉中心管理办法》及相关工作制度，提升管理的制度化、规范化水平，做到有章可循。

落实简政放权。为落实国务院简政放权各项政策，进一步优化审批流程、减少审批环节、缩短审批时限。市行政服务中心牵头联合发改委、建设、规划等相关部门，梳理了全市企业投资项目并联审批流程，制作了审批流程图，将项目审批时限由原来的180余个工作日压缩到60个工作日；继续推进商事制度改革，全面推行“五证合一，一照一码”登记制度改革，并于10月8日颁发瑞昌市第一张“五证合一”营业执照；推进国、地税联合办税服务，高标准建设联合办税服务大厅，使纳税人只需要取一次号，就可以在中心办理原先在两个部门多个科室的所有业务。国、地税联合办税服务大厅自10月8日正式对外办公，仅10月就办理业务27706件，即来即办，当场办结率达100%。

完善平台建设。升级电子政务平台。以新服务大厅信息化升级建设为契机，高起点超前性打造政务信息化系统，实现政务服务电子化。投入55万元建立了集预约叫号系统、满意度双屏交互系统、电子范例展示系统、多媒体展示查询系统、政务自助服务系统等六个智能化一体的政务服务信息化系统。并开发了微信网上服务平台，目前正在试运行中，通过打造信息化网上办事平台，方便群众办事，规范办事流程，提升服务质量。搭建全新交易平台。目前交易中心面积约2000平方米，建有3个招投标大厅、3个电子评标室、2个竞争性谈判室和1个评委抽取室。设备齐全，软件硬件高规格。做到全市所有公共资源交易行为全部进场交易。并设立了咨询台和交易中心窗口，现场解决投标人咨询、接受项目报名、签到、办理保证金退还手续，极大地方便了投标人。加强视频监察平台。在新中心场地建设中，着重加强了视频监察系统的建设，在新大厅共配备了83个高清摄像头，并单独设立了电子监察室，配备10余平方米的视频显示系统，可通过视频监察系统，全天候无死角地监察窗口和工作人员的动态，并实现与省、九江电子监察系统对接，接受上级有关部门监督。

强化基础管理。深化窗口服务建设。贯彻“两学一做”，落实从严治党。切实解决侵害群众利益的不正之风和腐败问题，中心利用一个月的时间开展行为作风突出问题专项整治活动，重点整治窗口工作人员作风不实、办事不畅、形象不良等问题。并建立问题台账，切实加强整改，取得了实实在在的效果；中心不断完善日检查、月通报、季考核、年总评的考核体系，加强对窗口工作人员的工作纪律、仪表语言、服务态度、办事效率等情况常态化管理考核，配合相关部门加大违规违纪处理力度。提升队伍能力建设。注重学习提高。以学习型党组织建设为依托，坚持以“中心”组学习为龙头、支部学习为基础、干部轮流宣讲为手段，不定期邀请有关老师授课辅导的理论学习模式，组织学习党的理论政策、党纪条规等，并通过知识竞赛来检验党员干部对党纪条规的学习效果；开展评先评优活动。认真开展星级窗口、星级个人评选活动，并通过党员示范岗、文明窗口的评比，在工作人员中营造出了比学赶超的浓厚氛围。开展健康有益的文娱活动，先后组织举办了迎“七一”唱红歌比赛、“两学一做”知识竞赛、学习宣传市第七次党代会精神演讲比赛，丰富了中心干部职工的文化生活，为树立良好的窗口服务形象打下坚实的基础。在“廉洁瑞昌杯”羽毛球比赛中，中心代表队取得了第二名的好成绩，充分展示了行政服务中心工作人员良好的精神风貌和顽强的战斗力。加强监督考核机制。在中心办事大厅，通过满意度双屏交互系统，了解办事群众对窗口工作人员的综合满意度情况。通过调查问卷、电话回访、网上征询、设意见箱、召开座谈会等形式，广泛征求社会各界对中心工作提出合理化意见和建议。在年度测评中，窗口办事效率和服务态度好评率分别达到97.13%和99.6%。中心通过各项监督措施，着力打造优质高效、热情服务的政务服务平台。

【省调研组深入行政服务中心检查指导工作】 4月12日，省政府办公厅督查处调研员马景高，省政府办公厅督查处主任科员刘科华、汤剑锋，九江市市政府督查室主任范贵芳一行在市委常委、常务副市长邵九思、副市长张全市的陪同下，到市行政服务中心实地调研行政审批流程再造工作。调研组一行向工作人员询问了解部门窗口的行政许可审批事项进入、授权办理、业务流程和工作成效等情况，并同前来办事的群众亲切交流。在新大厅自助政务服务区，马组长还观看了信息化自助服务的演示，对市行政服务中心工作取得的成绩给予充分肯定，并称赞瑞昌市委、市政府高度重视行政服务工作，在新中心建设方面投入大，始终把提高机关效能、优化发展环境作为一项重点工作来抓，努力创新工作方式，规范许可审批行为，真正实行了“一站式审批”“一条龙服务”的阳光政务运行模式。中心的办事效率、服务质量、工作作风及精神面貌都得到检查组一行的好评。

【九江编办督查组到瑞昌督查行政审批制度改革落实情况】 6月12日，九江市委编办督查组到瑞昌督查和调研行政审批制度改革落实情况。他们实地察看了行政服务大厅窗口的办件流程、服务指南及窗口工作人员服务群众、办件效率等情况。督查组组长刘贤宗对瑞昌市行政审批制度改革工作给予了充分肯定，对行政服务大厅建设给予了高度赞扬，认为瑞昌市行政服务大厅适度超前、功能完善、便民利民。同时，对下一步工作提出要求：对下放的行政审批项目要加强检查和指导，确保承接机关顺利承接、有序办理；对保留的行政审批项目，进一步做好行政审批政务公开工作，提升行政审批项目办理的透明度；进一步加大督查力度，加强取消下放的行政审批事项的事中事后监管，把行政审批制度改革工作做扎实，确保改革政策落实到位，让企业和群众充分享受到改革释放的红利。

【九江市行政服务中心领导到瑞昌调研指导工作】 12月19日下午，九江市行政服务中心管委会主任高修庭一行3人到瑞昌市行政服务中心调研指导工作，看望、慰问窗口一线工作人员。并实地察看了行政服务中心建设和运行情况，详细了解大厅各窗口的办件情况，对大厅各窗口的工作给予了充分肯定。他指出，行政服务中心窗口工作人员要树立为办事群众服务的意识，时刻保持严谨、规范、务实、干练的工作作风，不断提高服务质量，创新服务方式方法，让办事群众高兴而来满意而归；要加强与中心管委会各业务科室之间的协调配合，全面提升工作能力水平，不断优化审批流程，提升审批效率；要继续保持团结奋进的精神状态，有效推进队伍整体建设，力争把中心窗口工作人员打造成为一支具有高度凝聚力和高效执行力的团队，以实际行动、工作实绩取信于民。

【召开新网上审批系统业务培训会】 11月23号下午，在行政服务中心二楼一号开标室召开新网上审批系统业务培训会，全市38个具有行政审批职能单位的相关人员70余人参训，本次培训会邀请了九江市行政服务中心信息科科长蔡奇峰和山东浪潮公司技术人员为大家做了指导和讲解。举办此次培训会，是为了进一步落实瑞昌市“三单一网”工作，及时完成省统一事项梳理子系统与网上审批新系统的对接，为新系统的投入使用做好前期准备。会议对新系统的使用提出了三点要求：要充分认识网上审批工作的重要性；要正视存在问题，重点解决工作中的难题；要吃透培训内容，了解操作流程，全面掌握新系统。随后，相关技术人员对新网上审批系统业务的操作流程进行了详尽、细致的讲解和指导，并针对窗口业务人员提出的问题进行了现场答疑。通过此次培训，提升了全市政务服务工作人员的业务能力和服务水平，为新网上审批系统的建成和应用奠定了坚实基础，将进一步提升市政务服务工作效率水平，为瑞昌“坚持实干创新、推进五大升级”营造良好的政务环境。

（柯桂荣）

附：2016年市行政服务中心副科级以上领导名录

主　任：吴国锋

党工委书记：王能先

副书记、公共资源交易中心主任：宋田华

副主任：吴　睿　黄　芳　陈　晓　陈敬文

金融工作

【概 况】 2016年，市金融工作紧紧围绕市委、市政府“进位赶超、增量提质、深化改革”的战略部署，强力助推“五大升级”，着力加强信贷体制改革，努力调整信贷结构，推进金融创新，扩大信贷总量，为全市经济转型升级和支持实体经济发展提供金融服务。

总量指标稳步增长。截至12月末，全市金融机构各项存款162.6亿元，比年初增加17.57亿元，同比增长12.11%，较上年同期多增0.79亿元，在九江市各县（市、区）中排名第三；各项贷款111.53亿元，比年初增加15.37亿元，同比增长15.99%，较上年同期上涨3.13亿元，在九江市各县（市、区）中排名第二，其中，中长期贷款77.59亿元，比年初增长12.43亿元，在九江市名列第二。

信贷投放力度加大。政府财政注资5000万元，组建政府独资的中小企业融资担保公司，为5家企业提供担保贷款450万元，为3家企业提供过桥资金100万元，降低企业融资成本。协助银行加大对不良资产核销力度。政府出资280万元统一收购167户企业单位在农行不良贷款9726.7万元，增强了银行的风险抵御能力。充分利用好“财园信贷通”“助保贷”和“财政惠农信贷通”等政策，积极帮扶企业，全力维护企业正常生产经营。落实金融扶贫政策。人民银行给农商行、村镇银行分别发放扶贫再贷款9000万元和2000万元，支持建档立卡贫困户和带动贫困户脱贫致富的经济组织及专业合作社，贷款利率不超过4.75%。

融资服务举措得力。积极开展企业帮扶活动，落实帮扶责任。市委、市政府出台了《关于开展企业帮扶活动的实施意见》，四套班子30位领导重点帮扶56家企业。开展银企对接，在银企对接会上帮助8家企业融资1650万元。开展了“降成本、优环境”活动。建立银行抽贷报告制度，对恶意抽贷的银行定期通报并与财政性存款实行挂钩，每恶意抽贷一次，退减该行财政性存款10%。协调处理了凤竹纺织、立信园艺、兴海王子等6家企业的续贷问题。实行财政性资源与信贷投放相挂钩政策。出台了《瑞昌市金融业支持地方经济发展考核奖励办法》和《瑞昌市财园信贷通考核奖励办法》，鼓励银行加大信贷投入，去年共对银行业金融机构发放奖励资金380万元。探索新增、盘活倒贷基金，建立企业“倒贷资金池”，解决企业倒贷、续贷难的问题，让更多企业享受实惠。已为江联造船、天兴农业、华中木业等企业倒贷4.51亿元，为企业降低融资成本8000万元。

金融监管不断强化。加强全方位监管，规范各类融资行为，引导其业务规范经营，抓紧开展金融风险专项排查和整治，坚决遏制非法集资蔓延势头。加快建设小微企业信用体系建设。组织工商、税务等单位按时填报、录入信息，确保在当年系统上线运行。开展农村信用体系建设，在高丰镇、武蛟乡开展农户信用档案收集试点工作，6月底已评选出6个信用乡镇、55个信用村、4150个信用户，农村信用信息系统已全面上线。

改革促进产品创新。积极推动农村信用合作联社改制为农村商业银行，政府收购信用社不良贷款5971万元，降低了信用社不良贷款率，农村信用合作联社于6月成功改制为农村商业银行。积极推动银行开展信贷产品创新，开展知识产权质押融资试点工作。格雷斯已在九江银行质押贷款500万元。推进江西银行与预备上市企业对接。农商行与林业部门合作，在江西省率先开展林权流转抵押贷款试点。邮政银行推出了光伏产业扶贫信贷通产品。建立健全地方金融监管体系，计划筹建以林安物流、正达玻璃、得一康管业等五家企业为主发起人的瑞昌市民间融资等级服务中心，注册资本500万元，使民间借贷向“阳光化、规范化、法制化、专业化”方向发展，切实解决中小企业“融资难、融资贵”问题，让民间金融更好的服务实体经济，规范行业发展。

【推进企业上市工作】 建立领导帮扶企业上市责任制，将10家有意愿上市的企业分组包干，采取“一企一策、特事特办”的工作方法，协调解决有意愿上市企业面临的困难和障碍，大力推进企业上市挂牌工作。华亨宠物食品于7月8日在“新三版”上市挂牌，蓝谷新能源于12月27日在“新三版”上市挂牌。

督查工作

【概况】 2016年，市政府督查室认真履行政务督查工作职能，积极开展了一系列督查活动，有力地推动了市委、市政府各项方针、政策及重大决策的贯彻落实。全年共开展专项督查 20 余次，接受上级督查 10 余次，印发督查通报 6 期。督办领导批示件 30 余件，办结率 100%。督办市人大代表建议 198 件、委员提案 155 件，代表满意率 97.4%，委员满意率 96.3%。办理九江市“民声直通车”“我为九江献一策”诉求单 58 件，满意率 100%。顺利通过国务院第三次大督查，取得良好成效，获得督查组肯定。政务督查工作在九江市排位第一，在九江市政府办公系统工作会议上获得表彰，并就政务督查工作作交流发言。

【围绕重点工作督查】 2016 年，市政府督查室把督查重点放在贯彻、落实中央、省、九江市决策部署上面。对上级下达的目标任务，及时进行分解、全面跟踪督办，确保上级重大战略和重点工作落到实处。9 月，顺利通过国务院第三次大督查，取得良好成效，获得督查组肯定。把《政府工作报告》确定的任务、经济工作会议制定的目标和政府常务会、市长办公会议定的重要事项作为督查工作的主线，做到任务项目化、项目清单化、推进机制化，逐一分解、逐一细化，确保各项工作有序推进。把项目建设作为督查工作的重中之重，对产业项目、民生项目，倒排工期、挂图作战，按照时间节点进行跟踪督查，快速推动项目建设。采取联合督查、随机督查方式，联合市委督查室对全市 52 个重大城建项目建设进展情况进行全程跟踪督查。

【抓好专项工作督查】 积极开展专项督查工作。在做好重大城建项目建设进展情况督查的同时，市政府督查室围绕防汛抗洪、城区亮化工程、稳增长政策措施落实、城市环境综合整治、精准扶贫及民生工程建设等，开展专项督查，督促相关单位按照会议及文件确定的目标任务抓好落实，同时将各单位的工作落实情况向市政府主要领导和分管领导进行书面汇报，或在《政务督查》上进行通报，对进展缓慢，没有达到目标进度的，督促责任单位及责任人切实采取有力措施，迎头赶上，通过督查，进一步推动了市政府各项工作的顺利进行。

【认真办理领导批示件】 办理领导批示件，确保领导批示件件件落到实处。领导批示件的办理是政务督查工作的一项重要内容，对于上级交办事项、市政府领导批示件和相关的重要文件，市政府督查室始终按照“批给谁、谁承办、谁负责”的原则，确定具体承办单位和承办人，及时转交具体承办单位和承办人处理，明确办结期限，及时督办，对督办中发现落实不力或办理难度较大的事项，加大协调力度，确保领导批示精神得到全面落实。一年来，根据市领导的批示精神，对公车改革、范镇“旱改水”、武蛟乡土地开发等工作进行了跟踪督办，切实做到了“有批必查、有查必果”。

【及时反馈民生诉求】 及时将民生诉求反馈到有关职能部门落实处理。对人大建议、政协提案的办理，在坚持方案“先行”、调研“铺路”、协调“发力”三步走的基础上，同步做好电话催办、登门推办、跟踪督办三结合，有力推动办理工作的开展和落实。对群众反映的涉及切身利益事情，在不第一时间了解情况，督促职能部门进行处理，并公开回复，做到民有所呼、我有所应，民有所求、我有所为。全年，督办市人大代表建议 198 件、委员提案 155 件，办理九江市“民声直通车”“我为九江献一策”诉求单 58 件。

【督查工作创特色】 改进督查工作方法，改革创新，构建大督查工作体系。以项目为依托，按类别设立项目督查工作组；以单位为基础，组建单项工作推进督查组；以中心工作为重点，成立市级层面专项督查组，形成大督查格局。同时，充分利用市政府办公室人员熟悉各方面情况、熟悉各领域业务的优势，做到人人参与政务督查，力促工作快落实、早见效。创新督查工作平台。组建市政府领导和部门乡镇领导参与的微信平台，畅通信息交流渠道；对发现的问题，及时上传图片、发布信息，督促责任单位进行整改，方便领导及时掌握动态。提升督查工作效率。改变以往单一的书面通报形式，通过短信、微信、QQ 等方式，将督查情况及时向市政府领导、部门单位反馈，全年通过短信平台共发送 30 余批次 3000 多条信息，有效提升了督查反馈效率。

（郭遗森）

外事侨务

【概况】 2016年，市外事侨务工作以科学发展观为统领，坚持为总体外交服务，为侨服务，为经济建设服务的原则，坚持多元开拓，以创新的方式求发展，积极推动瑞昌对外交流和对外开放工作不断前进。全年接待访问团2批次，人数50人；办理因公出访1批次，人数6人（不含赴香港招商周团组）；办理外国人入境来华到瑞昌开展商务洽谈25人14批次。为便利出口型企业开展国际业务，积极开展APEC商务旅行卡宣传推介，恒大进出口公司、立信公司两家企业5人已领卡；金三秒公司、西矿铜业、欧文斯、立信、华亨5家企业9人正在申请办理。办卡和受理人次居九江地区前列。友城工作实现可持续发展，交流活动频繁。

【礼宾工作水平不断提高】 4月20—23日，德国沃尔泽伦市文理中学副校长福斯特女士，沃尔泽伦-瑞昌友好协会副主席徐震博士，文理中学教师克劳斯先生共计20人到瑞昌市访问，期间学生在瑞昌一中开展了丰富多彩的社团活动如拔河，踢毽子，乒乓球，篮球或者足球，剪纸，书法等。德国学生走进课堂了解中国和瑞昌的人文历史，进行文化交流。在接待非洲法语国家开发式扶贫政策与实践官员研修班考察团人员（30人）过程中，接待工作规范细致，得到外宾和上级部门的高度赞扬。为提高外事接待水平，市政府确立信华建国酒店、立信酒店为涉外接待点，确立包括红木大市场、瑞昌市博物馆、瑞昌市文化艺术中心的涉外接待路线，并与相关部门商定确立了一套参观点解说词，培训了专门外语解说人员，形成了一支包括解说、翻译的涉外接待团队。

【对外交流渠道不断拓宽】 2016年，根据出访计划，高质量安排领导出访活动：年内已安排瑞昌市组团出访美国和墨西哥，执行友城交流和经贸洽谈。

【外事管理服务水平不断规范】 认真贯彻落实九外发文〔2009〕4号文、九办发〔2015〕10号等有关因公出国（境）管理规定，严格执行经费先行审核制度，行前安全教育，行后总结和护照回收统一保管制度。认真制定出访计划，按照出访计划安排领导干部出访，减少出访随意性，确保市因公出国（境）管理工作健康有序的发展。在做好管理的前提下，优化服务。鼓励企业开拓国际市场，为企业“走出去”搭建平台，为出国团组及时办理报批手续。对市内企业邀请外国商务人员、技术人员来华工作商务活动，严格审核来访人员身份和行程。

【参加省侨联工作培训】 11月1—4日，参加省侨联工作培训会，学习了中央省委有关七五普法工作要求、江西省绩效管理工作、全省侨联公共机构节能工作、综治工作等业务知识。

【组织作文参赛】 认真组织由中国侨联、全国台联等共同主办的“第十七届世界华人学生作文大赛”，按照计划，选择瑞昌三小和瑞昌城东学校进行参赛，两校高度重视，经过初赛和复赛选出50篇作文报送九江侨联参赛。共有13名学生和11名教师分别荣获大赛一、二、三等奖和优秀指导奖。其中，瑞昌市城东学校王唯贤老师指导范文雁同学写作的《绽放在手心的美丽》、柯小燕老师指导胡书勤同学写作的《糍粑》被评为一等奖作文。“第十六届世界华人学生作文大赛”中，有两名学生分获一等奖和三等奖。积极组织参加“第十八届世界华人学生作文大赛”。

【为侨服务水平进一步提升】 及时摸清全市老年归侨底数，足额落实归侨生活补助政策，及时将九江新增归侨补助金足额落实到位。工作细致周到，得到归侨朋友的赞扬。积极加强同侨胞的感情联络，在节日里开展困难侨眷属，老年归侨走访慰问活动，全年落实慰问金5000元。对在海外的知名人士，寄上圣诞贺年卡，以表节日祝贺，增进家乡人民的友情和亲情。

（董　恒）

电子政务

【概况】 2016年，市政府信息办进一步强化和规范政务公开工作，提升政府网站建设和管理水平，加强电子政务网络建设和应用推进工作，较好地完成了全年各项任务。市政府网站荣获全省县（市、区）政府优秀网站。

主动及时公开政府信息。按照全国政府网站普查的要求，政府网站要及时公开政府信息。全年各部门单位在政府信息公开平台上主动公开信息的总量为17268条。依申请公开工作，全年通过统一平台依申请数量共2件，并予以及时回复。围绕全市中心工作开辟了瑞昌市精准扶贫攻坚工作专题、瑞昌市行政调解工作专题、学习贯彻瑞昌市第七次党代会精神等栏目。在传统公开的形式上，进一步拓宽信息公开覆盖面，通过微博、微信方式进行图文并茂、重点有序及时解读信息。

提高政府网站建设和管理水平。落实内容保障责任，向省、九江市政府网站、电子政务简报、专栏报送信息，全年共报送信息103余条，全面真实宣传和反映了瑞昌经济社会建设成果。“我为九江献一策”栏目2016年收到6件，已全部回复。建立健全制度，制定《瑞昌市电子政务管理办法》《“中国瑞昌网”管理办法》，规范了政府网站信息公开流程，保障了网站栏目内容来源，强化网站安全防范，提高了政府网站建设质量。增强政民互动服务，通过“民声通道”栏目加强与网民的沟通交流，原则上5个工作日内予以回复。全年完成开展“在线访谈”节目6次，开展4次网上调查活动。加强网站安全防范工作，对数据做到每周一备份。借鉴先进地区网站建设和管理经验，根据全省政府网站绩效评估，每月开展一次网站自查，相互交流工作经验，不断提高网站建设和管理水平。加大政府网站管理力度，在全国政府网站普查的基础上对正在运行的部门网站按照普查指标要求来管理，对不符合要求的网站，通知整改。已搭建起统一平台为部门及乡镇提供网站建设。

强化电子政务网络建设和应用系统推进能力。电子政务网络实行纵横全覆盖，全市电子政务统一网络横向覆盖了61个市直单位、纵向覆盖了全市21个乡镇场街道，加强对各部门单位电子政务网络管理人员的技术指导，确保发生网络故障时能够及时研判、解决问题。依托“乡乡通工程”开展信访办理和综治中心的工作，建设了以综治维稳为主的网络应用系统。加强机房建设和管理工作，实行机房值班巡查制度，建设门禁管理和监控视频管理系统，实现自动烟雾报警、高温自动报警等功能，进一步提升了机房管理水平。全市各项电子政务网络应用系统稳定运行，视频会议系统稳定高效运行；网上审批和电子监察系统安全规范运行；政务服务网瑞昌分厅已正式运行，权力清单、责任清单、中介清单，各部门单位已进行数据录入及检查。智慧城市建设启动了顶层规划设计。瑞昌市智慧城市顶层规划设计的中标单位是华为技术有限公司，华为公司已对主要领导和分管领导进行了座谈，并且对全市部门和乡镇及社区进行了调研，规划设计正在进行之中。

机关事务管理局

【概 况】 2016年，市机关事务管理局有干部7人，物业管理职工46人，司勤人员28人，管理员2人，承担市行政中心42个单位，500多名干部职工保安、保洁、降温、供暖、维修、用餐、用车等服务保障工作。同时负责全市公共机构节能日常工作。一年来，机关事务管理局认真贯彻机关事务管理工作方针政策，紧紧围绕市委、市政府中心工作，充分落实“八项规定”，以提质、提速、提效为目标，积极服务于驻市行政中心各机关单位。

提升机关事务管理水平。严格落实执行机关事务管理制度，在人员考勤、财务管理、采购流程、能耗统计、食堂管理等方面照章办事精准精细。在每周例会和每月例会上，都要认真检查、总结各项工作，积累经验，扬长避短，不断提升服务水平。

推进公共机构节能工作。利用公共机构节能宣传周，加强节能宣传工作。在节能宣传活动中共张贴节能标语50多条、宣传画30幅、悬挂宣传横幅45条，免费向市民发放节能灯具2000多个，环保袋购物袋3000多个，环保宣传围裙500多件，垃圾桶500个，免费发放40000兆微信流量红包宣传公共机构节能知识。组织开展了能源紧缺体验活动、绿色低碳出行活动、限塑令活动、绿色回收活动、节能常识进校园活动（节能主题班会、节能演讲比赛、节能手工作品创作、节能绘画作品展示、作文有奖征集评选等）、节水图片展、节粮宣传、组织志愿者绕市区低碳骑行等。邀请节能专家对全市300名各单位分管节能工作的领导和经办人进行公共机构节能培训，传授节能知识。组织市卫计委、市司法局、市审计局、市地矿局、市房管局、市残联积极参与节约型和节水型示范单位创建活动。进行公共机构节能改造，投入2万元购买LED光源对市行政中心大厅灯具进行更换，投入8万元对市行政中心中央空调系统、电梯系统进行维修改造。积极开展节能招商，成功引进特变电工新疆新能源股份有限公司10亿元100兆瓦风力发电项目落户横立山，已完成“测风”，正在报批。

规范公车管理工作。2016年全面完成瑞昌市行政单位和参公事业单位公务用车制度改革。成立了公务用车服务中心，保留52辆公车，建立了机要通信应急用车平台、调研接待用车平台、综合执法用车平台，确保公车管理规范有序。

附：2016年市政府办公室副科级以上领导名录

主　任：汪新锋
副主任、考评办主任：何黎黎
副主任：徐国坚
副主任、金融办主任：周小石（任至10月）
　　余国平（10月任）
副主任：张绪汉（任至10月）　李英豪（任至6月）
　　邓居良（任至9月）　徐新星（11月任）
　　蒋　力（10月任）
法制办主任：曾昭华
市志办副主任：傅霖辉　董柏村（10月任）
督查室主任：徐国坚（任至11月）
　　张　智（11月任）
机关事务局局长：周永坚（任至4月）
　　华　蓉（10月任）
经研室主任：王　奔（10月任）
信息办主任：柯　琪
信息办书记：邓光荣（任至6月）
外侨办主任：余国平（任至10月）
考评办副主任：蒋　力（任至10月）
机关事务局书记：徐亚敏

中国人民政治协商会议瑞昌市委员会

◇◇本栏编辑　邹圣敖

综　　述

2016年，市政协牢牢把握团结和民主两大主题，团结和依靠广大政协委员，切实履行政治协商、民主监督和参政议政三大职能，围绕中心、服务大局，为全市经济社会发展做出积极贡献。

参政议政有成效。紧紧围绕“五大升级”，广泛开展调查研究，充分利用调研报告、提案和社情民意等方式，向市委、市政府提出建议。强化提案办理。七届一次会议期间共收集提案106件，经审查立案86件，对20件未立案的提案转作社情民意。市委、市政府领导高度重视提案工作，召开高规格提案交办会议，挑选出18件提案作为市政府、市政协领导领办督办的重点提案。会后，市政协提案委联合市委、市政府督查室对提案办理情况进行督办，要求承办单位必须按时按质量办理提案。12月底，86件提案已全部办结。深入开展调研。10月，开展赤湖养殖情况的调研，对赤湖水质和养殖现状进行深入调研，对存在的问题进行认真梳理，就保护、合理开发利用赤湖提出“要加强管理，保护环境资源；要招商引资，实现综合开发；要强化执法，实施长效管理”三条建议。就开发乡村旅游开展“瑞昌市中片乡村旅游情况”和“打造江家岭旅游品牌”调研，对全市的旅游景点进行摸底，给出规划建议，提出措施办法。为推动瑞昌农业产业发展，开展“瑞昌市现代农业产业发展情况”调研，建议瑞昌结合特色农业产业，建立“生产+加工+销售”一体化农业产业园。

助推发展有力度。班子成员按照市委统一安排，分别负责天瑞丰收、红木产业园、特变电工100兆瓦风电、台达新能源35兆瓦地面光伏站、华润风电、卫生防护制品生产等14个重点项目，责任领导积极对接、密集调度，带领工作组成员做好土地征收、项目报批、工程建设等工作，有力推进了重点项目建设。全体机关干部和广大政协委员积极参与招商引资工作，充分利用各种资源大力招商。全年共报送招商信息9条，接待客商10余批次，在谈项目4个，引进项目1个并投产。招商引资呈现出良好的发展势头。1月至4月，对五年来沿江产业用工情况进行专题调研，通过摸底调查发现，全市沿江产业用工人数五年增加了2.5万人，增幅达48%，工业产业从业人员年平均工资由2010年末的16975元上升到2015年末的37924元，增幅123%。为市委、市政府决策提供了翔实的数据和有力的依据。

服务民生有成果。持续关注农业、乡村旅游，并开展专题调研。对城区农贸市场、校园周边食品安全及农业产业化相关提案办理情况进行视察，有效推动了提案办理落实。在高丰镇长垅村大力推行光伏产业脱贫。每个参与户建设3千瓦光伏组件，年均增收3000元左右；村集体建设60千瓦光伏组件，每年集体收入增加6万元。同时，广大政协委员积极参与慈善活动，捐款20多万元，用于资助贫困学生和帮扶新农村建设等，得到社会各界的好评。

自身建设有提升。注重班子建设。坚持每月召开一次工作例会，每半个月召开一次主席碰头会，交流协商各阶段的工作方向和工作任务，确保政协工作的有序推进。加强委员队伍建设。举办七届市政协全体委员培训班，建立委员个人档案，修改完善《市政协委员履职考核暂行办法》，进一步加强委员管理工作。加强机关作风建设。在机关全体党员中开展"两学一做"学习教育活动，认真组织政协党组成员和全体党员学习党章、党规，学习习近平总书记系列重要讲话精神等，组织召开全体党员组织生活会，围绕四个专题针对性查摆问题，机关党总支查摆突出问题21条，已全部整改到位。认真做好老干部工作。通报换届以来工作情况，虚心听取老干部对政协工作的意见和建议，使老干部在思想和行动上与市委保持一致，并在宣传市委、市政府决策部署，参与社会矛盾化解，支持项目建设方面发挥积极作用。政协老干部门球队参加九江市政协系统老干部门球赛，夺得了团体第二名的好成绩。

机构成员

【概况】 2016年，政协瑞昌市第六届委员会任期届满，9月中旬进行换届选举。3月，设立学习文史委员会和提案委员会，同时撤销学习文史提案委员会。

【政协瑞昌市第六届委员会组成人员及工作机构】

政协瑞昌市第六届委员会共有委员267名；常务委员会组成人员41名，其中主席1名、副主席6名、秘书长1名、常务委员33名。

政协瑞昌市第六届委员会设有办公室、学习文史提案委员会、经济科技委员会、教文卫体委员会、祖国统一法制社团委员会、人口资源环境委员会、委员工作委员会。

【政协瑞昌市第七届委员会组成人员及工作机构】

截至12月30日，政协瑞昌市第七届委员会共有委员189名；常务委员会组成人员37名，其中主席1名、副主席7名、秘书长1名、常务委员28名。

政协瑞昌市第七届委员会设有办公室、提案委员会、经济科技委员会、教文卫体委员会、祖国统一法制社团委员会、人口资源环境委员会、委员工作委员会、学习文史委员会。

附1：2016年政协瑞昌市第六届委员会领导名录（至9月）

主　席：郭少雄（任至9月）
副主席：周又新（任至9月）
　　　　李世秀（任至9月）　吴拥军
　　　　李汉穆（任至9月）　王翠霞　程世平
党组成员：周华文
秘书长：刘遵柱（1月任）
调研员：郎小军（任至4月）　刘明珍
副处级干部：苏堂孝

附2：2016年政协瑞昌市第七届委员会领导名录（9月任）

主　席：周洪文（9月任）
副主席：王翠霞　吴拥军　程世平
　　　　周华文（9月任）　柯愫君（9月任）
　　　　王能志（9月任）　董向阳（9月任）
秘书长：刘遵柱
调研员：刘明珍
副处级干部：苏堂孝

附3：2016年瑞昌市政协机关副科级以上领导名录

办公室主任：吴永坚
　　副主任：张连娣（任至6月）
　　　　　　余泽金（任至6月）
　　　　　　徐勋栋（6月任）
提案委员会主任：朱光东
　　　副主任：徐维德（6月任）
经济科技委员会主任：曹爱军
　　　　　副主任：吴乐平
教文卫体委员会主任：刘堂泽（任至11月）

陈　东（11月任）
副主任：黄晓爱
祖国统一法制社团委员会主任：陈新仁
副主任：朱　红（6月任）
人口资源环境委员会主任：高先香（任至11月）
刘堂泽（11月任）
副主任：王定华（不驻会）
委员工作委员会主任：熊爱民
学习文史委员会主任：陈新进（任至11月）
蔡茂江（11月任）
副主任：黄爱慧（11月任）

重要会议和活动

【市政协六届六次会议】　1月10—12日，政协瑞昌市第六届委员会第六次会议在市文化艺术中心大剧院召开。市政协主席郭少雄，副主席周又新、李世秀、吴拥军、李汉穆、王翠霞、程世平出席会议。市委书记罗文江，市委副书记、市长郭小云，市人大主任徐修武等市委、市人大、市政府领导出席会议。市法院院长、市检察院检察长、市公安局政委，市政协历届领导等应邀出席会议。驻瑞昌的九江市政协委员，各乡（镇、场、街道）党委书记，市委有关部门、市直和驻市有关单位党组织负责人，市政协机关、市委统战部、各民主党派、市工商联、市科协、市宗教团体等有关方面负责人、离退休干部和群众代表列席大会。

会议听取、审议市政协副主席程世平代表政协瑞昌市第六届委员会常务委员会所作的工作报告、市政协副主席王翠霞代表政协瑞昌市第六届委员会常务委员会所作的提案工作情况的报告。列席市人大六届六次会议，听取并讨论市政府工作报告和其他报告。补选刘遵柱同志为政协瑞昌市第六届委员会秘书长。会议通过政协瑞昌市第六届委员会第六次会议决议、政协瑞昌市第六届委员会提案审查委员会关于六届六次会议提案审查情况的报告。七名政协委员作大会发言。会议还表彰了2015年度优秀政协委员、提案工作、民主监督小组、“双争四创”工作和社情民意工作先进集体和个人。

【市政协六届二十六次至三十一次主席会议】
2016年，六届市政协共召开6次主席会议。

六届二十六次主席会议。1月8日召开。市政协主席郭少雄主持会议，副主席周又新、李世秀、吴拥军、李汉穆、王翠霞、程世平，党组成员周华文，秘书长候选人刘遵柱出席会议。会议听取并讨论2015年度市政协委员履职情况考评的通报；协商讨论市政协关于2015年度相关工作进行表彰的事项；协商讨论市政协六届六次会议大会发言材料。

六届二十七次主席会议。2月17日召开。市政协主席郭少雄主持会议，副主席周又新、李世秀、吴拥军、李汉穆、王翠霞、程世平，党组成员周华文，秘书长刘遵柱出席会议。会议协商讨论《政协瑞昌市第六届委员会常务委员会二〇一六年工作要点（讨论稿）》；协商讨论《二〇一六年度市政协协商工作计划（讨论稿）》；审查市政协六届六次会议提案；协商讨论市政协2016年重点督办提案；协商决定召开市政协六届二十五次常委会议相关事项。

六届二十八次主席会议。5月24日召开。市政协主席郭少雄主持会议，副主席周又新、李世秀、吴拥军、李汉穆、王翠霞、程世平，党组成员周华文，秘书长刘遵柱出席会议。会议协商讨论《关于我市新修农村公路管理与养护情况的视察报告（讨论稿）》；协商决定相关专门委员会的设置和变动；协商通过有关人事任免事项；协商讨论政协瑞昌市第六届委员会委员调整事项；协商决定召开市政协六届二十六次常委会议相关事项。

六届二十九次主席会议。8月12日召开。市政协主席郭少雄主持会议，副主席周又新、李世秀、吴拥军、李汉穆、王翠霞、程世平，党组成员周华文，秘书长刘遵柱出席会议。会议协商通过有关人事任免事项；协商讨论《瑞昌市沿江产业用工情况调研报告（讨论稿）》；协商讨论委员留任情况；协商通过市政协六届二十七次常委会议相关事项。

六届三十次主席会议。9 月 1 日召开。市政协主席郭少雄主持会议，市政协党组书记周洪文，副主席周又新、李世秀、吴拥军、李汉穆、王翠霞、程世平，党组成员周华文，秘书长刘遵柱出席会议。会议协商讨论政协瑞昌市七届一次会议筹备工作领导分工安排；政协瑞昌市七届一次会议秘书处人员名单及工作职责；大会材料准备工作；大会发言选题。会议协商通过政协瑞昌市七届委员会规模、构成及界别设置；政协瑞昌市七届一次会议议程；政协瑞昌市七届一次会议日程；政协瑞昌市七届一次会议列席人员名单及不编组列席人员名单。

六届三十一次主席会议。9 月 7 日召开。市政协主席郭少雄主持会议，市政协党组书记周洪文，副主席周又新、李世秀、吴拥军、王翠霞、程世平，党组成员周华文，秘书长刘遵柱出席会议。会议协商讨论《政协瑞昌市第六届委员会常委会工作报告（讨论稿）》。协商讨论《政协瑞昌市第六届委员会提案工作情况的报告（讨论稿）》。协商讨论七届一次会议大会发言材料。协商通过关于召开政协瑞昌市第七届委员会第一次会议的决定（草案）。协商通过关于政协瑞昌市第七届委员会第一次会议主席团、秘书长名单；关于政协瑞昌市第七届委员会第一次会议分组讨论安排；政协瑞昌市第七届委员会第一次会议提案审查委员会成员名单。协商通过政协瑞昌市第六届委员会第六次会议以来优秀提案和先进承办单位。协商决定召开市政协六届二十八次常委会议相关事项。协商通过瑞昌市第七届委员会委员安排。

【市政协六届二十五次至二十九次常委会议】
2016 年，六届市政协共召开五次常委会议。

六届二十五次常委会议。2 月 18 日召开。市政协主席郭少雄，副主席周又新、李世秀、吴拥军、王翠霞、程世平，党组成员周华文，秘书长刘遵柱参加会议。副主席李汉穆主持会议。会议传达学习省、九江市“两会”精神。协商讨论《政协瑞昌市第六届委员会常务委员会二〇一六年工作要点（讨论稿）》。协商讨论《二〇一六年度市政协协商工作计划（讨论稿）》。

六届二十六次常委会议。5 月 25 日召开。市政协主席郭少雄，副主席周又新、李世秀、吴拥军、李汉穆、程世平，党组成员周华文，秘书长刘遵柱参加会议。副主席王翠霞主持会议。会议协商讨论《关于我市新修农村公路管理与养护情况的视察报告（讨论稿）》；协商决定相关专门委员会的设置和变动；协商通过有关人事任免事项；协商讨论政协瑞昌市第六届委员会委员调整事项。

六届二十七次常委会议。8 月 13 日召开。市政协主席郭少雄，副主席周又新、李世秀、吴拥军、李汉穆、王翠霞，党组成员周华文，秘书长刘遵柱参加会议。副主席程世平主持会议。会议协商通过有关人事任免事项；协商讨论《瑞昌市沿江产业用工情况调研报告（讨论稿）》。

六届二十八次常委会议。9 月 10 日召开。市政协主席郭少雄，市政协党组书记周洪文，副主席李世秀、吴拥军、李汉穆、王翠霞、程世平，党组成员周华文，秘书长刘遵柱参加会议。副主席周又新主持会议。市委办主任郑建平、市政府办主任汪新锋列席会议。会议听取市委办、政府办通报六届六次会议以来提案办理工作情况；协商讨论政协瑞昌市第六届委员会常委会工作报告（讨论稿）；协商讨论政协瑞昌市第六届委员会提案工作情况的报告（讨论稿）；协商通过关于召开政协瑞昌市第七届委员会第一次会议的决定（草案）；协商通过政协瑞昌市七届委员会委员规模、构成及界别设置；协商通过政协瑞昌市第七届委员会委员建议名单；协商通过关于政协瑞昌市第七届委员会第一次会议的有关事项。

六届二十九次常委会议。9 月 14 日召开。市政协主席郭少雄，市政协党组书记周洪文，副主席周又新、吴拥军、李汉穆、王翠霞、程世平，党组成员周华文，秘书长刘遵柱参加会议。副主席李世秀主持会议。会议协商通过政协瑞昌市第七届委员会委员调整安排；协商通过政协瑞昌市第七届委员会第一次会议主席团、秘书长建议名单调整安排。

【市政协七届一次会议】 9月19—22日，政协瑞昌市第七届委员会第一次会议在市文化艺术中心大剧院召开。九江市“两会”指导组组长、九江市人大常委会副秘书长王小军，九江市“两会”指导组成员、九江市监察局第一监察分局副局长李晓中亲临会议指导。六届市政协主席郭少雄、七届市政协主席候选人周洪文，六届市政协副主席周又新、李世秀、李汉穆，七届市政协副主席候选人王翠霞、吴拥军、程世平、周华文、柯愫君、王能志、董向阳，七届市政协秘书长候选人刘遵柱等出席会议。市党政领导、人武部领导、法检两院领导、市政协副县级干部、历届市政协主席应邀出席会议。市委有关部门、市直和驻市有关单位负责人，各乡（镇、场、街道）党委书记，在瑞昌的省、九江市政协委员以及市委统战部、各民主党派、市工商联、市科协、市宗教团体、少数民族、市政协各委办等有关负责人、退休干部等应邀列席会议。市委书记郭小云在会议开幕时发表讲话，七届市政协主席周洪文作闭幕讲话。

会议听取和审议市政协副主席吴拥军代表政协瑞昌市第六届委员会常务委员会所作的工作报告、市政协副主席程世平代表政协瑞昌市第六届委员会常务委员会所作的提案工作情况的报告。列席市人大七届一次会议，听取并讨论市政府工作报告和其他报告。

会议选举产生政协瑞昌市第七届委员会主席、副主席、秘书长和常务委员；会议通过《政协瑞昌市第七届委员会第一次会议关于提案审查情况的报告》和《政协瑞昌市第七届委员会第一次会议会议决议》。

【市政协七届一次至三次主席会议】 2016年，七届市政协共召开3次主席会议。

七届一次主席会议。10月8日召开。市政协主席周洪文主持会议，副主席王翠霞、吴拥军、程世平、周华文、柯愫君、王能志、董向阳，秘书长刘遵柱出席会议。会议协商讨论市政协领导分工和工作例会制度。

七届二次主席会议。10月14日召开。市政协主席周洪文主持会议，副主席王翠霞、吴拥军、程世平、柯愫君、王能志、董向阳，秘书长刘遵柱出席会议。会议协商通过市政协委员活动小组成员名单；协商通过举办政协委员培训班相关事项；协商通过规范市政协专委会名称的报告；协商通过政协专门委员会与党政职能部门及有关单位对口工作联系安排。

七届三次主席会议。11月21日召开。市政协主席周洪文主持会议，副主席王翠霞、吴拥军、程世平、周华文、柯愫君、王能志、董向阳，秘书长刘遵柱出席会议。会议协商通过提案委员会和学习文史委员会工作职责；协商通过委派政协委员担任民主监督员工作实施方案；协商通过市政协各专委会组成人员名单；协商通过市政协相关人事任免决定；协商通过市政协七届一次常委会相关事项。

【市政协七届一次常委会议】 2016年，七届市政协共召开一次常委会议。

七届一次常委会议。11月25日召开。市政协主席周洪文，副主席吴拥军、程世平、周华文、柯愫君、王能志、董向阳，秘书长刘遵柱参加会议。副主席王翠霞主持会议。会议协商通过市政协相关人事任免决定，市政协各专委会组成人员名单，市政协委员分组情况，提案委和学习文史委工作职责，市政协统一委派政协委员担任民主监督员工作实施方案以及政协专门委员会与党政职能部门及有关单位对口工作联系安排。市政协主席周洪文同志作重要讲话。

【省政协领导到瑞昌督查】 5月25日，省政协党组成员、秘书长肖为群率督查组到瑞昌督查省委政协会议和赣发〔2015〕17号文件贯彻落实情况。九江市政协主席杨小华、秘书长洪华，市委书记罗文江、市政协主席郭少雄、市政协副主席周又新、程世平，市政协秘书长刘遵柱陪同或出席汇报会。督查组还实地视察了体育公园、“三个中心”、新人民医院、吉恩重工、公用码头、新洋丰肥业、红木产业园等项目。

【九江市政协调研组到瑞昌调研】 4月21日，九江市政协理论研究会副会长、民政局局长邓君安带队，到瑞昌调研“发挥政协界别优势，促进社会事业发展”工作。市政协主席郭少雄、副主席程世平陪同调研，秘书长刘遵柱作主题汇报。

【江苏省泰兴市政协考察组到瑞昌考察】 6月23日，泰兴市政协副主席顾爱军率考察组到瑞昌考察学习重点城镇建设工作。市政协副主席吴拥军陪同考察。

【武宁县政协考察组到瑞昌考察】 4月19日，武宁县政协主席余育民率考察组到瑞昌学习考察“在乡镇设立政协工作联络组的经验做法”工作。市委副书记、市长郭小云，市政协主席郭少雄，市委常委、公安局局长李九萍，市政协副主席周又新、程世平，秘书长刘遵柱陪同考察或绍介情况。

【湖北省武穴市政协领导到瑞昌考察】 10月26日，武穴市政协副主席率考察组到瑞昌参观山药种植基地及相关加工企业。市政协副主席吴拥军陪同考察。考察组一行先后参观了高丰镇永兴村山药基地和渝瑞山药实业有限公司。

【德兴市政协领导到瑞昌考察】 11月14日，德兴市政协党组副书记、副主席王金燕率考察组，到瑞昌考察茭白生产农业项目和提案工作。市政协党组副书记、副主席王翠霞陪同考察。

【举办政协联络处主任培训班】 8月16日下午，在市政协一楼常委会议室举办政协联络处主任培训班。秘书长刘遵柱主持。九江市政协办公厅副调研员、提案办公室主任胡明忠，九江市政协委工委主任张铁虎，市政协委工委主任熊爱民进行了授课。市政协副主席程世平作总结讲话。

【举办七届市政协委员培训班】 11月10日至11月11日，在市委党校举办为期一天半的七届市政协委员会培训班。省政协办公厅副主任、省社会主义学院客座教授、省人民政协理论研究会副秘书长王国龙，九江市政协办公厅副调研员、提案办公室主任胡明忠进行了授课。市政协主席周洪文，副主席王翠霞、吴拥军、程世平、柯愫君、王能志、董向阳，秘书长刘遵柱等出席开班仪式，市委常委、统战部部长胡定文在结业仪式上讲话。

履行职能

【政治协商】 坚持以市政协全委会、常委会、主席会为平台，围绕市委、市政府中心工作，展开讨论，协商建言。组织集体协商。在市政协六届六次和七届一次会议期间，充分利用分组讨论、座谈发言等形式，组织委员围绕《政府工作报告》开展协商，提出意见和建议，与会的市委、市政府领导认真听取、积极交流，讨论效果显著。参与决策协商。市政协主席通过列席市委常委会，市政协副主席通过列席市政府常务会，参加四套班子会等重要会议，参与“五大升级”实施意见、城市规划、招商引资、安全生产、精准扶贫等全市重要工作和重大事项的决策讨论，为推进瑞昌经济社会发展积极提出协商建议。

【民主监督】 市政协根据换届后委员的变化，向市检察院、法院、行政服务中心派驻民主监督员，向纪委推荐4名政协委员担任党风政风监督员，向市市场和质量监督管理局推荐5名政协委员担任食品安全社会监督员，并积极组织委员参与全市党风廉政建设评价工作。对城区农贸市场、校园周边食品安全及农业产业化相关提案办理情况进行视察，有效推动了提案办理落实，促进了行风政风的转变，这些单位工作效率和民众满意度显著提升。

【助推相关产业发展】 根据市委安排，市政协班子成员分别担任推进五大升级领导小组副组长，金属原材料产业发展研究小组、体育事业改革和发展领导小组及工业相关产业发展研究小组组长或副组长。在推进体育事业改革和发展工作过程中，市政协班子成员多次前往国家体育总局和省体育局沟通汇报，积极申办国家、省级体育赛事。结合瑞昌实际，草拟“关于推进体育事业发展和改革工作的意见”。其他课题也积极深入开展调研，力求以高质量的调研成果推动瑞昌产业发展。

提案工作

【概况】 2016年，市政协共收集提案197件，审查立案164件。立案提案中，委员联名提案84件，委员个人提案67件。截至12月底，立案提案全部办结。提案所提问题已经解决或基本解决的51件，占31.1%；正在解决或列入计划解决的103件，占62.8%；因条件所限，暂时难以解决的10件，占6.1%。从委员反馈意见看，对办理效果满意的153件，基本满意的9件。

提案质量明显提高。组织委员培训。通过举办政协委员培训班、联络处主任培训会、委员小组学习活动等形式，拓宽委员知情明政渠道，提高委员履职水平，让更多委员参与到提案工作中来。做好提案征集工作。围绕市委、市政府中心工作和群众普遍关心的热点难点问题，有针对性地编写提案征集目录，供委员选题参考，引导委员撰写“选题准、分析深、建议实”的提案。严格审查立案。严格执行《瑞昌市政协提案工作操作规程》，确保审查立案工作的严谨性。

提案办理取得实效。市政协认真落实提案工作有关要求，狠抓关键环节，确保提案办理取得实效。及时交办。提案委对收到的提案及时整理、分类，并对任务进行分解，及时提交办理。继续实行重点提案市领导领办督办制度。从提案中遴选出重点提案，作为市政府、政协领导领办督办的重点提案，通过重点提案的督办，强化提案的督办力度，较好地推动提案的办理落实。开展联合督办。市委办、政府办及时将提案分类汇总，落实承办单位，并要求承办单位必须在2016年底将承办的提案按质按量办理完毕；在提案办理期间，提案委还联合市政府督查室、人大选任联对建议提案办理情况进行督办。承办单位认真办理。相关提案承办单位严格按照办理流程，坚持以解决实际问题为切入点，对事关群众切身利益的提案，采取多种方式认真办理落实。市场和质量监督管理局办理提案做到有工作方案、明确责任科室、责任人，措施得力，效果明显，提案人满意度高。开展提案办理视察活动。11月30日、12月12日，组织提案委组成人员、提案人以及提案办理单位，对城区农贸市场、校园周边等食品安全及农业产业化相关提案办理情况进行视察及现场督办，得到提案人及提案承办单位一致好评，有效地推动了提案办理落实。

提案管理更加规范。规范提案办理运行机制。对收集到的提案，提案委建立台账，明确责任，限期办结。强化提案办理协商机制。完善提案者、承办单位、督查室、提案委四方联动的沟通协商机制，要求各承办单位与提案人面对面交流，点对点沟通，共同探讨切实解决问题的办法与措施。完善提案办理表彰机制。市政协每年都评选出提案办理先进单位和优秀提案，在政协全体会议上进行表彰，激发全体委员撰写提案的积极性及承办单位认真办理提案的主动性。市政协七届二次会议对《关于加大对“四小”食品安全监管，提高百姓生活质量的建议》等8件优秀提案以及市场监管局等3个先进承办单位予以表彰。

专委会工作

【经济科技委员会】 抓好横立山100兆瓦风电项目建设，多次组织召开项目服务推进会，组织各相关部门具体负责人到项目所在地实地调研、现场办公，全力做好项目协调、服务等工作。对高丰镇长垅村两名贫困户进行帮扶、关心贫困户的生产生活，帮助解决贫困户在就业、子女上学、居住等方面的实际困难。加强对民主监督工作小组的指导，向市场监管局推荐5名政协委员担任食品安全社会监督员。深入开展“三进三服务”活动，带领委员到荆林街社区开展扶贫济困、捐资助学等活动，累计捐款捐物3万余元。

【教文卫体委员会】 组织委员集中学习党的五中、六中全会精神、市政协有关章程、《中共江西省委关于进一步加强政协工作充分发挥人民政协在发展协商民主中重要作用的意见》。确保每个委员活动小组全年活动不少于4次，在杨林湖社区精心打造“委员之家”，提供委员学习、交流平台。组织委员们深入社区积极开展好“三进三服务”活动，春节前开展送文化、送温暖、送祝福等活动。引导委员积极反映社情民意和撰写提案，就教育、医疗卫生、交通等民生问题多次以社情民意形式呈报市委、市政府或转发给相关职能部门。

【祖国统一法制社团委员会】 结合委员小组活动，组织和引导委员认真学习十八届三中、四中、五中、六中全会和习近平总书记系列重要讲话精神，学习统一战线和人民政协理论。对派驻相关部门民主监督员进行个别调整，制定《瑞昌市政协民主监督员建议书》。借鉴外地政协的好做法，经协商讨论，形成《瑞昌市第七届委员会统一委派政协委员担任民主监督员工作实施方案》。配合政协领导做好九江艺锦诚医疗器械有限公司服务工作。

【人口资源环境委员会】 带领委员活动小组深入白杨、武蛟开展赤湖养殖情况的调研，形成翔实调查报告，并让委员在政协会议上发声。开展“瑞昌现代农业产业发展情况”调研，组织委员前往浙江考察学习浙江的中国农港城，建议瑞昌参照中国农港城的做法，建立“生产＋加工＋销售”一体化农业产业园。认真组织开展“三进三服务”活动，对口指导的委员活动小组共捐款20余万元，用于资助贫困学生和帮扶新农村建设等，得到社会各界的好评。

【委员工作委员会】 组织全市新一届政协委员在市委党校参加政协业务知识培训，参训委员达150余人。开展“沿江工业产业用工情况”专题调研，通过走访部分乡镇、沿江工业企业和召开座谈会等方式对本市的沿江产业的用工、企业发展等情况有了更深入的了解，找出了企业用工、工业布局及企业发展之间的辩证关系。结合实际情况，对沿江产业的发展、布局提出意见和建议，为市委、市政府的决策提供理论依据。根据《政协章程》的要求，与市委组织部、市委统战部相互协商、密切配合、严格把关，顺利完成了换届工作。

【学习和文史委员会】 4月，由市政协主席带队，前往北京、洛阳、靖安、黄梅等地，就有关文史资料的收集、编辑和保护等方面的课题进行调研考察，互相学习，取长补短，收获了丰富的知识和经验。对《瑞昌姓氏与人才（样本）》的错漏处进行及时的修改、补充、完善，最终出版6000本。该书共收录瑞昌现有的462个姓氏资料和8000余名各类人才，共约140万字。依据工作地点和工作性质的不同，从《瑞昌姓氏与人才》一书中搜集瑞昌籍在外成功人士的联系方式编写成通信录，为瑞昌的招商引资工作提供人脉资源，共编印通信录34本。

专题调研

2016年，市政协常委会组织专题调研视察3次：委工委3月至4月牵头开展“沿江产业用工情况”专题调研。人口资源环境委5月至6月牵头开展“现代农业产业发展情况”专题调研，10月开展“赤湖养殖现状”专题调研。各调研视察组深入基层、深入一线，通过“听、看、查、访、问”等形式，全面了解情况，掌握一手资料，形成调研报告，为市委、市政府决策提供有价值的参考。相关专委会指导委员开展“修建文化地标‘赤乌楼’”“瑞昌市中片乡村旅游情况”“打造江家岭旅游品牌”“农村自来水现状”等专题调研视察，为助推“五大升级”建言献策。

（周　祥）

中国共产党瑞昌市纪律检查委员会

◇◇本栏编辑　邹圣敖

综　　述

2016年，瑞昌市纪委监察局在上级纪委和市委、市政府的正确领导下，以推动全面从严治党“两个责任”落实为抓手，把纪律挺在前面，积极践行“四种形态”，聚焦主责主业，创新方式方法，全面提升党风廉政建设和反腐败斗争工作水平，为瑞昌经济社会发展提供坚强的纪律保障。

落实“两个责任”。认真落实全面从严治党“两个责任”要求，当好参谋，积极协调和推动市委主动担责、以上带下。增强责任意识，开设“落实‘两个责任’、推进作风建设”电视访谈节目，组织21个乡（镇、场、街道）党委书记和13个重点市直单位“一把手”就党委主体责任进行访谈。通过签订主体责任书、监督责任书、述责述廉等方式，推进责任落实。强化责任追究，坚持“一案双查”，全年共问责9起14人，有效推动监督责任落实。

营造廉洁氛围。做优做强“廉洁瑞昌”品牌，利用报纸、电视、广播、网络等多媒体以及主动争取在中央、省、市主流媒体全方位宣传廉洁瑞昌。充分发挥传统媒体和新兴媒体作用，《瑞昌报》每月按照一个主题制作“赤乌清风”专版，瑞昌电视台坚持对全市进行党风廉洁建设常态化教育宣传，市纪委网站坚持每天发布党风廉洁建设最新动态，全年“廉洁瑞昌”微信发布571期，关注人数53423人，连续4个月位居九江各县区廉政微信影响力排行榜第一方阵。挖掘本地厚重的文化基因，创作《菊花清茶》微电影、《光辉历程》剪纸等一批优秀廉洁文化精品，深入开展廉政宣传。强化阵地建设，提升6个乡镇廉政文化示范点档次。通过组织任前考廉和开展“党风廉政宣传教育月”“廉洁瑞昌”杯篮球（羽毛球）比赛、发放廉政书籍等活动，切实提升党员干部的纪律意识和党性修养。

转变干部作风。严肃查处违反中央“八项规定”精神的问题，实行节前预警机制和部门联查机制，坚持常规监督检查和专项检查相结合，全年开展明察暗访71次，查处违反中央“八项规定”精神典型问题5起，给予党纪政纪处分4人。市纪委牵头起草以市委办名义下发《关于改进干部作风的实施方案》，重点推动解决作风方面5个突出问题，开展行政审批部门干部“不作为、不担当”问题专项整治。推进“红包”“违插”“赌博”专项治理常态化，查处收受“红包”党员干部2名、参与赌博党员干部9名，全市党员干部主动上交“红包”34万元，“违插”专项治理期间上缴违规插手工程项目获利款92.42万元。

坚决惩治腐败。加大执纪审查力度，健全完善信访线索处置、巡察线索处置、违反党风政风问题线索处置和纪律审查过程中发现问题的线索处置。开展扶贫领域专项巡察，实现乡镇执纪审查全覆盖。集中查处34起基层“微腐败”问题，下发通报7期，切实维护群众利益。2016年，全市纪检监察机关共处置反映问题线索166件，立案97件101人，给予党政纪处分96人，移送司法机关3人，采取“两规”措施1人，重点查处了畜牧水产局原局长贪污受贿等典型案件，在全市形成有力震慑。坚持依纪依法安全文明办案，确保办案“零事故”。

加强自身建设。结合市乡换届工作安排，做好市、乡纪委班子换届，配齐配强股级干部岗位，全市21个乡镇场街道共选举产生纪委委员93名，其中纪委书记21名、纪委副书记21名。激发干部干事创业的激情与活力。市纪委下发《加强发挥市纪委委员职能作用的意见（试行）》，提高纪委委员履职意识。扎实开展委局机关“两学一做”学习教育活动，在全市纪检监察系统开展树立“四种好作风”教育活动，举办委局机关“实干创新 从我做起”演讲比赛，组织全市纪检监察干部在江西交通学院举办新年理论培训班，举办全市纪检监察干部培训班，积极参与上级纪委组织的各项培训，共选派纪检监察干部参加中国纪检监察学院等培训6人次，江西省纪委业务培训2人次，并推荐4名优秀年轻干部到中纪委、省纪委、九江市纪委业务科室跟班学习，有效提升纪检监察干部履职能力。完善纪委常委会议事、内部管理、考评考核等15项内部管理制度，强化纪检监察干部监督，对1名乡镇纪委副书记违纪问题予以查处，严防“灯下黑”。

机构队伍

【领导机构】 2016年，中共瑞昌市第六届纪律检查委员会委员23名，常务委员会委员9名。书记1名，副书记3名。

【工作机构】 市纪委监察局机关内设机构9个，即办公室、党风政风监督室、组宣室、监管室、案件审理室、信访室、第一纪检监察室、第二纪检监察室、第三纪检监察室。派出机构6个，即第一纪工委（监察分局）、第二纪工委（监察分局）、第三纪工委（监察分局）、第四纪工委（监察分局）、第五纪工委（监察分局）、第六纪工委（监察分局）。

市直部门单位纪检组（纪委）11个，乡（镇、场、街道）纪委21个。纪检监察人员编制54个，在职人员54人。

附：2016年中共瑞昌市第六届纪律检查委员会领导名录（任至8月）

书　记：郑庆华

副书记：邹时宝　谈际秀

常　委：董绍军　陈高生　曹淑华　李广荣　郑金国

附：2016年中共瑞昌市第七届纪律检查委员会领导名录（9月任）

书　记：梁少清

副书记：谈际秀　陈高生　董绍军

常　委：李广荣　郑金国　黄朝喜　何祥云　王　瑶

重要会议和活动

【市纪委六届六次全会】 2月24日，中共瑞昌市第六届纪委六次全会召开。市委书记罗文江出席会议并讲话。市委常委、纪委书记郑庆华代表市纪委常委会作《坚持纪挺在前，转变执纪方式，为打造“四个瑞昌”提供坚强纪律保障》的工作报告。九江市纪委二室主任高玉宝到会指导，市委副书记、市长郭小云，市人大常委会主任徐修武，市政协主席郭少雄及李九萍、桂白丽、邵九思、郑庆华、程厚红、潘雄、淦克松、王伟等市委常委、市政府党员副市长（副县级干部）、市法院院长、市检察院检察长应邀出席会议。23名市纪委委员参加会议。各乡（镇、场、街道）党委书记，市委各部门、市直各单位主要负责同志应邀参加会议。各乡（镇、场、街道）纪委书记，市直单位纪检组长（纪委书记），市纪委机关、各纪工委监察分局全体干部列席会议。会议审议通过了市第六届纪律检查委员会第六次会议工作报告和全会公报；签订了2016年度党风廉政建设主体责任书、监督责任书；部分乡（镇、场、街道）和部门党委（党组）主要负责人向市纪委六届六次全会进行述责述廉，并通报述责述廉民主测评情况。

【市纪委七届一次全会】 8月31日，中共瑞昌市第七届纪律检查委员会举行第一次全体会议，市委常委、纪委书记梁少清主持会议。市委书记郭小云，市委副书记、代市长江训开，市委副书记陈琪，市委常委、组织部部长邵阳出席会议。23名市纪委委员参加会议。会议通过了《中国共产党瑞昌市第七届纪律检查委员会第一次全体会议选举办法（草案）》和监票人、计票人名单。会议以无记名投票的方式，选举产生了中共瑞昌市第七届纪律检查委员会常务委员会委员9名：梁少清、谈际秀、陈高生、董绍军、李广荣、郑金国、黄朝喜、何祥云、王瑶；选举产生纪委书记1名、纪委副书记3名，梁少清当选为新一届中共瑞昌市纪律检查委员会书记，谈际秀、陈高生、董绍军当选为中共瑞昌市纪律检查委员会副书记。

【市纪委常委会议】 2016年1—8月，中共瑞昌市第六届纪律检查委员会常委会议共召开11次（89～99）会议；8—12月，中共瑞昌市第七届纪律检查委员会常委会议共召开9次（1～9）会议。市纪委书记主持，市纪委常委出席会议，市监察局副局长和各纪工委书记列席。会议研究决定的重大事项有：讨论市纪委六届六次、七届一次全会筹备情况；研究全市巡察及党风廉政建设有关工作；明确2016年纪检监察工作总体思路，决定党政纪案件和信访件的处理。

【九江市纪委领导到瑞昌调研】 10月18日，九江市委常委、纪委书记杨志军到瑞昌调研指导党风廉政建设和经济社会发展等工作。市委常委、纪委书记梁少清，市人大副主任、码头工业城党组书记陈国胜陪同调研或介绍情况。

7月16日，九江市纪委常务副书记、监察局局长李小林到瑞昌督查防汛抗洪工作，并看望慰问在防汛抗洪一线的纪检监察干部。九江市纪委党风政风监督室负责人欧阳益群，市委常委、纪委书记郑庆华陪同督查。

【抚州市纪委领导到瑞昌调研】 5月23日，抚州市委常委、纪委书记吴伟柱率抚州市纪委考察团到瑞昌考察党风廉政建设工作。九江市委常委、纪委书记黄赛荣，瑞昌市委书记罗文江、市长郭小云、市纪委书记郑庆华陪同或参加座谈。抚州市纪委副书记黄发高，市纪委常委、市监察局副局长罗少韬，市纪委常委汪月清，部分市纪工委书记、县纪委书记和市纪委机关室（部）负责人参加考察活动；九江市纪委常务副书记、监察局局长李小林、纪委副书记欧阳礼兴，部分纪委常委班子成员、纪工委书记、机关室（部）负责同志陪同考察。

【九江“廉戏进园区”艺术团到瑞昌演出】 4月15日，由九江市纪委、九江市委统战部联合主办的“适应新常态，崇廉创事业”九江市薪火艺术团送戏进园区演出活动在瑞昌市文化艺术中心举行。共演出15个节目，既有廉政歌曲，也有以廉政为主题的小品。节目寓意深刻，感染力强，进一步激发了瑞昌广大党外代表人士政治上自信、发展上自强、守法上自觉。

廉政建设

【概 况】 2016年，全市党风廉政建设工作，全面落实从严治党新要求，压实管党治党责任，强化反腐倡廉教育，认真落实中央“八项规定”精神，严格整治“四风”，党员干部廉政意识不断增强，党风廉政建设取得新成效，为瑞昌社会经济发展营造风清气正的政治生态环境。

推进两个责任落实。市委认真落实全面从严治党主体责任，主动担责、以上带下，带动全市各级党组织主体责任全面落实。在2月24日纪委全会上组织全市各级党组织和纪检监察组织分别向市委和市纪委签订主体责任书129份和监督责任书34份，明确责任内容，自上而下实现压力层层传导。组织23名部门单位“一把手”向纪委全会述责述廉，汇报班子和本人落实党委主体责任情况，并组织现场评议，按得分排序。召开乡镇纪委书记向纪委常委会汇报落实纪委监督责任情况报告会，切实了解乡镇纪委履行监督责任情况。坚持“一案双查”，加大问责力度，对市场监督管理局和洪下乡的2起公车私用问题进行责任追究，在处理当事人的同时对分管领导进行追责。全年共问责9起14人。

强化专项治理。统筹推进四个专项治理，确保专项治理成果。“红包”专项治理常态化。市纪委下发关于进一步深化“红包”治理工作的文件，建立“红包”治理工作月调度机制；在深化教育、医疗、殡葬、税收四个系统“红包”问题治理的基础上，重点推进公安、交通、环保、住建四个系统的“红包”治理工作，严肃查处教育系统2名领导干部收受“红包”问题，全年党员干部主动上交廉政账户33.69万元。“违插”专项治理有成果。坚决遏制工程建设领域腐败问题蔓延势头，促进领导干部依法行政、廉洁从政，营造风清气正的政治生态，维护公平公正的市场经济秩序，“违插”专项治理共排查项目2787个，党员干部主动上缴违规插手工程项目获利款92.42万元。“治赌”专项治理有成效。认真开展党员干部参与赌博问题专项治理，对党员领导干部参与赌博的，一经查实按组织程序一律先免职，再依据有关党纪政纪规定给予相应的处分，共查处9名党员干部参与赌博或带彩娱乐问题，其中乡科级3名，在广大党员干部中产生了强烈反响。集中整治“微腐败”有亮点。组织全市104个部门单位认真自查自纠，各地各单位干部职工（含村居干部）均填写自查自纠表和承诺书，其中1200余名科级干部在纪委备案，共查处基层“微腐败”问题32起，立案24件，给予党纪政纪处分27人，其中2人移送司法机关，全市通报5期15起20人。

深化党风廉政教育。不断加强反腐倡廉宣传教育力度，开展“适应新常态 崇廉创事业”系列活动，向全市科级干部赠送廉政读本1000余册，向全市非公企业主赠送廉政读本100余本，筑牢拒腐防变的思想防线。创作拍摄宣传廉洁瑞昌剪纸作品，并积极向上级纪委选送剪纸作品，其中《共饮甘泉》和《光辉历程》被收录到《江西省廉政书画作品精选》；书法作品《唐代廉洁自律诗数首》、绘画作品《风清气正》等13个作品在九江市纪委廉政文化精品创作征集中获奖。升级更新柳湖廉政长廊，指导桂林、赛湖、武蛟、码头等多个廉政文化示范点档次提升；坚持每月一个主题，认真制作更新电梯廉政宣传图片。

执纪审查

【概况】 2016年，全市纪律审查工作以遏制腐败蔓延势头为目标，转变执纪审查方式方法，坚持鲜明的执纪导向，把执纪监督“四种形态”贯穿到纪律审查各个环节，加大执纪办案力度，重点查处党员干部损害群众利益、贪污贿赂和失职渎职案件，保持惩治腐败的强劲势头。

畅通信访举报渠道。在原信访系统与监督执纪问责信息管理系统对接的基础上，进一步畅通群众反映问题和表达诉求主渠道。全年共受理群众信访举报198件次，同比下降52.86%，其中本机关受理87件次，上级纪委转交办187件次。检举控告类信访件187件，占信访总量的94.44%。反映乡科级领导干部信访问题93件次，占信访总量的49.73%。

加大信访办理力度。加快信访件受理、呈批、提请分流的节奏，落实领导定期接访制。每月6号、16号、26号，安排1名班子成员在信访室接访，建立台账，转办后班子成员跟踪督办，一抓到底，确保件件有着落、事事有回音。结合党风廉政建设社会评价工作，委局多次组织纪检监察干部深入村组社区、园区厂矿，摸底排查群众信访反映的问题，变群众上访反映问题为领导干部主动下基层为群众解决实际问题。群众信访问题涉及其他部门的，发挥部门业务优势和主导作用，落实责任措施，促使信访问题得到及时处理。全年共解决群众各类信访问题310件。推进群众实名举报，一方面，在纪律审查中方便与举报人取得联系，对所举报的问题及时进行核实，收集相关证据，促使案件得以快查快结。另一方面，对群众信访举报形成一种导向，有效减少道听途说、捕风捉影类信访举报，提高接处访效率。

强化执纪审查效果。进一步拓宽线索来源渠道，充分发挥反腐败协调小组作用，加大查办案件力度，2016年，全市纪检监察机关共处置反映问题线索166件，立案97件101人，给予党纪处分96人，其中党内警告33人，党内严重警告35人，撤销党内职务1人，留党察看19人，开除党籍8人。综合运用谈话函询、组织调整等“第一种形态”方式处理64件80人。重点查处了畜牧水产局原局长蔡泽民贪污受贿等典型案件，在全市形成有力震慑。坚持查案与保护干部并重，对群众有举报但核查不实的12名科级干部及时澄清了事实，让干净干事者不受屈、有舞台。

行政监察

【概 况】 2016年，行政监察工作适应新形势赋予新要求，健全完善督查机制，深入开展廉政巡查，加强专项检查治理，认真纠正“四风”问题，不断强化干部作风与行政监督，加强行政机关作风建设，切实提高拒腐防变和抵御风险能力，为确保国家法律法规和政府决定命令的执行提供坚强保证。

完善督查机制。健全完善督查工作机制，实行节前预警和部门联查机制。节前预警机制：在重要时间节点，以发送手机短信、廉政公开信等形式，提醒和倡议广大党员干部廉洁过节。部门联查机制：从财政、审计、税务、公安、交警等部门抽调人员，组成固定督查组，对全市各大宾馆酒店、餐厅茶楼、商场超市、旅游景点、农家乐和土特产店进行全覆盖式督查，对各地各部门财务开支情况和大额资金使用情况进行抽查检查。坚持每月开展监督检查，逢节假日必开展检查，全年进行明察暗访71次，对查处的问题均在全市范围内予以通报。积极参与市委、市政府的中心工作，参与并完成换届风气的督查、市委、市政府领导督办件调查、安全生产事故调查、防汛工作督查、精准扶贫督查、省委专项巡视等工作。

发挥巡察利剑作用。开展两轮巡察，启动扶贫领域专项巡察工作，采取“一托二”的方式，分两轮对市财政局、市民政局等12个部门单位进行为期20天专项巡察；组建6个市县联动巡察组，对全市21个乡（镇、场、街道）进行廉政巡察，巡察组还“下沉”至各单位扶贫项目延伸涉及的乡镇、基层站所及村（社区）。巡察共发现问题148个，其中“四个着力”方面问题103个，发现党员干部问题线索69条，涉及干部79人，其中：乡科级干部23人，村组干部46人，其他下属单位干部10人。加大巡察反馈问题整改力度，巡察反馈的相关问题已基本得到整改或改进，巡察发现的69件党员干部问题线索，已立案15件（查处16人，并移送司法2人），直接移送司法机关处理4人，诫勉谈话9人，信访了结36件，正在办理2件，转暂存3件。对其中6起发生在基层群众身边的“微腐败”典型案例进行了通报，切实维护了群众利益。

切实改进干部作风。坚持不懈地纠正“四风”，实施作风常态监管工程，强化干部作风建设。落实《关于改进干部作风的实施方案》，集中整治党员干部“党性不强、作风不实、处事不公、办事不畅、为政不廉”的问题，开展“规范基层党内生活、规范基层行政执法、惠农资金（项目）清理、基层腐败问题线索大清底、群众评议基层干部”五大专项行动，分别明确牵头单位和督办单位，并对各地各部门单位开展“集中整治”工作情况开展2轮督查，共梳理排查有关违纪问题线索20条，谈话函询38人次。开展行政审批部门干部“不作为、不担当”问题专项整治，对市发改委等10个重点审批部门、卫计委和教体局2个群众关注度较高的的单位进行了督查；聘请“两代表一委员”、老党员、退休老干部、党外人士及企业、群众代表、一线工作人员共计38人为党风政风监督员，提供各类问题线索7条。使机关和基层单位干部中存在的思想作风问题及时得到发现和纠正，促进了干部队伍思想作风转变。

（余文文）

附：2016年市纪委、监察局副科级以上领导名录

监察局局长：邹时宝（任至10月）
谈际秀（10月任）
副局长：李广荣　郑金国
纠风办主任：陈高生（任至10月）
廉政办主任：曹淑华（任至6月）
巡察办主任：陈绪春
第一纪工委书记：董绍军（任至6月）
朱黎民（6月任）
副书记、监察分局局长：阮海权
副书记：蒋　魁（6月任）
第二纪工委书记：吴普文
副书记、监察分局局长：邓红瑛
第三纪工委书记：张友义
副书记、监察分局局长：刘孟忠
第四纪工委书记：曹晓平
副书记、监察分局局长：谈际杰
副书记：蔡小兵（6月任）
第五纪工委书记：王新贤（任至6月）
李治国（6月任）
副书记、监察分局局长：吴阳西
副书记：曹林峰（10月任）
第六纪工委书记：聂爱红
副书记、监察分局局长：张远济
副书记：李进平（6月任）
办公室主任：王　瑶（任至8月）
组宣室主任：陈　曦（任至6月）
信访室主任：周利铭
案件审理室主任：汪　杰
党风政风监督室主任：蔡国庆
监管室主任：周　渊
纪检监察一室主任：黄朝喜（任至8月）
纪检监察二室主任：何祥云（任至8月）
纪检监察三室主任：戴希敏
廉政办副主任：涂绪华

民主党派

◇◇本栏编辑　谈少英

中国国民党革命委员会瑞昌市总支委员会

【概 况】　中国国民党革命委员会瑞昌市总支委员会紧紧围绕市委、市政府“推进工业发展、对外开放、城市管理、秀美乡村、民生共享‘五大升级’”中心工作，引领全体党员认真履行“参政议政、民主监督、民主协商”职能，积极开展调查研究，热情服务社会，在本职工作中建功立业，为瑞昌区域经济发展做出积极贡献。

积极参政议政。民革瑞昌总支深入基层调研，先后就物业管理、乡村旅游及文化、农贸市场、精准扶贫等进行调研，形成《关于尽快解决供电公司至立信花园酒店路灯照明的提案》《关于加强早餐食品安全的建议》《发挥农村祠堂作用，为推进秀美乡村添彩》《关于扎实推进乡村大旅游的建议》《关于加大农贸市场管理力度 提升食品安全的提案》。在市七届政协大会上，党员董恒代表民革瑞昌总支所作的《规范我市物业管理，让城市生活更美好》大会发言，得到充分肯定。

加强组织建设。2016 年，民革瑞昌总支发展新党员 2 名，来自文化和教育部门，输入年轻力量，优化组织结构。

爱岗敬业创佳绩。总支副主委王晓声克服经济下行压力，纪风实业有限公司保持良好发展势头，为区域经济发展做出贡献；党员朱雪琴的“N5 动手操作能力 - F3 实验法”荣获省优课程，还获得 2016 年九江市“骨干教师”称号；党员况潺泓指导学生荣获江西省高中英语听力能力提升活动一等奖；党员柯玲玲在市商务局“开放升级 实干创新”演讲比赛中荣获一等奖。

【开展精准扶贫工作】　4 月，走访武蛟乡小月村、集兴村和洪一乡双港村，为部分贫困家庭送去米油等生活用品；9 月，走访乐园乡长坑村的贫困家庭，送去慰问金；12 月，对高丰镇 5 个困难家庭进行看望。

【积极投入防汛抗洪】　7 月，瑞昌洪水肆虐，赛湖水位告急，市总支全体党员在不同岗位、以不同形式参加抗洪。总支副主委、江西纪风实业有限公司董事长王晓声，到赛湖大堤看望慰问部队官兵，送去价值 2.1 万元的纯净水、饮料、食品及西瓜等慰问品；党员张长春参加防汛抗洪慰问文艺演出，女党员董恒日夜值守防汛一线，党员黄兰章组织市农口部门慰问部队官兵，市“三八红旗手”、党员熊桂安参加市防汛抗洪妇女后勤保障突击队，党员桂初霞在防汛抗洪一线巡诊看病。

（李中华）

附：2016 年中国国民党革命委员会瑞昌市总支委员会领导名录

主　　委：蒋贤智
常务副主委：李忠华
副 主 委：王晓声

中国民主促进会瑞昌市支部委员会

【概 况】 2016年，中国民主促进会瑞昌市支部围绕市委、市政府中心工作，开展各项专题调研、积极参政议政，撰写多份提案，反映社情民意。加强组织建设和思想建设，不断提高履职能力与水平，以实干之风、创新之举在推进瑞昌“五大升级”中做出积极贡献。支部获得民进九江市委颁发的2015年度“综合先进支部”光荣称号。

积极参政议政。2016年，民进瑞昌支部围绕市委提出的一个目标、两大主基调、推进五大升级的号召，积极履行职责，政协委员陈立新、谭向阳、方乾发、罗志威、周雪琛积极建言献策。在市政协六届六次会议提交《关于改善市公交车设施、整修和补建公交站台，建设美丽瑞昌的建议》《关于在全市范围内禁止未成年人骑电动车上路，倡导安全出行构建安全幸福瑞昌的建议》提案在大会上印发交流；在市政协七届一次会议提交《关于加强第六中学周边的交通整治，确保师生出行安全，建设幸福瑞昌的建议》等6篇提案，《关于依法禁止在城区露天烧烤，美化城区环境、建设美丽瑞昌的建议》提案市政协安排谭向阳委员在大会上发言。陈立新还担任九江市第十五届政协委员，提交了《关于制定政策、切实解决我市城区义务教育阶段教师性别失衡问题的建议》的提案。

加强组织学习。2016年，民进瑞昌支部多次开展政治学习活动，通过多种形式，深入学习贯彻习近平总书记系列重要讲话，专题学习中共中央五中、六中全会精神和中央统战工作会议精神。9月，支部组织专题学习贯彻中共瑞昌市第七次党代会精神，领会实干与创新两大基调，争取在推进五大升级中体现新作风，展现新形象，实现新作为，保持与市委“同心、同向、同行”。10月，支部组织专题学习中共九江市第十一次党代会精神。

【爱岗敬业成绩显著】 2016年，民进瑞昌支部许多会员是各个单位的管理和教学骨干，会员陈立新担任一中校长助理，分管学校教务工作，同时担任一中高三志远班语文教学工作，所教的班级成绩突出，深得学生爱戴；会员方乾发担任二中行政办公室主任，负责的各类工作多次得到各级主管部门表彰；会员谭向阳担任一中高三志远班物理教学工作，被评为市教育系统先进个人、江西省第三批中小学骨干教师，同时被聘为市人民医院行风监督员；会员罗志威担任一中高三志远班历史教学工作，所教学生雷书婉在年度高考中以优异成绩考入北京大学，被评为一中“十佳命题教师”；会员杜志斌获一中“十佳师德标兵”；会员张晓军参加江西省第五届全民健身运动会气排球比赛获全省第三名。

【开展精准扶贫】 8月12日，民进瑞昌支部响应市委、市政府精准扶贫号召，赴乐园乡对定点帮扶对象邹圣英家走访慰问，捐助3000元解决上学困难。

【市领导到民进瑞昌支部调研】 10月12日，中共市委常委、统战部部长胡定文一行到民进瑞昌支部走访调研。他强调，支部要紧紧围绕第七次党代会确定的目标和任务开展工作，在推进“五大升级”中有作为，要在深入调研的基础上踊跃建言献策，多提质量高、有分量的提案，拓展社会服务工作新途径。

【民进九江市委会主委到瑞昌调研】 11月1日，民进九江市委会主委吴杰一行到瑞昌调研。吴杰看望支部会员时强调，要按照民进中央提出的“建设21世纪的高素质参政党”要求，以“服务大局有地位、参政议政有作为、基层组织有活力”为目标，不断加强自身建设。

（罗志威）

附：2016年民主促进会瑞昌市支部委员会领导名录

主　委：陈立新

副主委：方乾发　谭向阳

委　员：罗志威　周雪琛

中国农工民主党瑞昌市总支委员会

【概 况】 2016年，中国农工民主党瑞昌市总支委员会在瑞昌市委、市政府正确领导下，深入学习贯彻上级会议精神，提高党员思想认识，发挥民主党派的自身优势，认真履行参政党职能，加强组织建设，稳中有序推进各项工作，为实现“四个瑞昌”推进“五大升级”做出积极贡献。农工党瑞昌总支被农工党九江市委评为“宣传报道优秀集体”“组织发展优秀集体”。

积极参政议政。总支继续以“重质量、求实效、出精品”为目标，发挥自身优势，深入基层开展调研。《创新思路优服务 转型升级促发展》调研报告，列入政协七届一次大会发言材料，《打造江家岭品牌休闲游》调研报告，在政协工作报告中获好评。全年在市人大和政协会上共提交11篇提案、议案。

加大社会宣传。为更好地发挥党员宣传党派积极性，利用农工党中央《前进论坛》、省委《学习与工作》和市委会《农工党简讯》和各级政协网络平台，蔡秋明撰写的《众志成城防讯抗洪 风雨同舟拥军爱民》在中国政协网、农工党中央《前进论坛》网站发表，陈新娅撰写《满怀农工情 心系戈壁滩》在农工党中央《前进论坛》发表。全年共发表省、市级新闻媒体30余篇，较好地提升瑞昌农工党组织的党派影响力。

党员成绩突出。市诗词联学会和二中联合举办“何毓阳《高中语文〈每课一诗〉》研讨会”，推广普及“诗教”这一教改成果。教育支部何毓阳应邀参加省教育厅举办、江西师大文学院长承办的“特级教师送课下乡”活动。柯晓会被评为2016年瑞昌教育系统“先进教师”，王金枝被评为2016年九江市语文学科“骨干教师”，陈新娅被评为克州二中“四好教师”。

【农工党瑞昌总支五届党员大会召开】 4月28日，农工党瑞昌市总支第五次党员会议在市政协一楼会议室召开。农工党九江市委会主委傅朗林，中共瑞昌市委常委、组织部部长周洪文，市委常委、统战部部长潘雄，市人大常委会副主任毕诗龙，市政府副市长蒋贤智，市政协副主席周又新、李汉穆等出席会议。

会议听取瑞昌市第四届总支主委李汉穆代表农工党瑞昌市第四届总支部委员会作的工作报告，选举产生农工党瑞昌市第五届总支委员会。董向阳当选为总支主委，王定华、王金枝、陈连欢当选为副主委，杨晓宝、蔡秋明、柯昌礼当选为委员。

【慰问抗洪官兵】 7月12日，农工党瑞昌市总支主委董向阳带领总支委员前往赛湖农场三分场驻地看望抗洪一线部队官兵，并送去防暑药品、矿泉水及生活物资，代表农工党瑞昌市总支对人民子弟兵感谢之情。

【深入乐园乡精准扶贫】 8月13日，农工党瑞昌市总支参加由中共瑞昌市委统战部组织的精准扶贫工作，深入乐园乡开展精准扶贫并赠送慰问金3000元。中共瑞昌市委统战部副部长王义宋出席活动。

【开展专题调研活动】 12月12日，市政协副主席、总支主委董向阳，组织农工党政协委员到南阳乡江家岭开展秀美乡村发展休闲旅游专题调研活动。调研组与当地政府、村委会负责人进行座谈，结合瑞昌市委提出的“五大升级”之秀美乡村的升级展开探讨，对保护古村落、水库水质等问题进行实地察看。

（蔡秋明）

附：2016年中国农工民主党瑞昌市总支委员会领导名录

主　委：李汉穆（任至4月）　董向阳（4月任）
副主委：陈新娅（任至4月）　董向阳（任至4月）
　　　　王定华　王金枝（4月任）
　　　　陈联欢（4月任）
委　员：邹清炳（任至4月）　王金枝（任至4月）
　　　　陈联欢（任至4月）　杨晓宝（4月任）
　　　　蔡秋明（4月任）　柯昌礼（4月任）

人民团体

◇◇本栏编辑　谈少英

瑞昌市总工会

【概 况】　2016年，市总工会切实保持和增强政治性、先进性和群众性，不断提升工会的凝聚力、服务力、创新力，团结动员广大职工为瑞昌经济社会发展建功立业。市总工会具有维护、参与、建设、教育等四大职能，充分发挥党联系职工群众桥梁和纽带作用。全市共有基层工会1410家，会员69046名。

【做好劳模评选走访工作】　2016年，市总工会积极向上级推荐全国、省、九江市劳模工作。全年推荐评出“全国五一劳动奖章”1名，省劳动模范1名，九江市劳动模范6名。对获得全国、省、市劳模称号的职工进行深入细致的摸底调查工作，完善劳模纸质档案、电子档案管理，确保劳模库“信息准、情况明、无遗漏、无误差”。走访慰问劳模16人次，发放困难劳模慰问金18.6万元。组织劳模外出疗养6人次。

【开展“四送”帮扶活动】　2016年，市总工会充分发挥职工服务中心平台作用，积极开展春送岗位、夏送清凉、秋送助学、冬送温暖“四送”帮扶活动。全年建立困难职工档案7595份，共发放各类帮扶资金177.84万元，帮扶困难职工2325人。投入资金8万余元为260余名下岗职工、农民工提供技能培训。联合市人社局、经开区在市中心区域举行“春风就业行动”，为返乡农民工、城镇下岗失业人员、农村剩余劳动力转移就业、困难职工家庭高校毕业生提供就业岗位600多个。

【扎实推进职工互助保障】　2016年，市总工会加大宣传力度，进一步提高职工对互保工作的认知度，将互保宣传到人，宣传到班、组，宣传到基层，不断提高互保的投保率，扩大投保面。开展向环卫职工送互保活动人数达300多人，金额6.5万元。全市参保职工17155人次，参保金额76万元，超额完成任务。已获理赔35人，赔付金54.8万元。

【维护职工合法权益】　2016年，市总工会认真做好职工来信来访，共接待各类职工来信来访、法律咨询62人次，职工维权诉求受理办结率100%。积极开展厂务公开、职代会、“三师”进园区等工作，厂务公开率、职代会召开率达85%以上，“三师”进园区覆盖率达80%以上。积极参与市政府组织的安全生产月宣传和安全生产检查，全年共进行安全生产监督检查2次，安全生产事故调查6起。

【深入开展劳动竞赛活动】　2016年，市总工会在全市开展“建功十三五、当好主力军”劳动竞赛活动，围绕关系国计民生的关键领域和战略性新兴产业，进一步提升职工参与率和受益度。将工业园区、重大项目、重点产业、重大基础设施建设、新兴产业作为开展劳动竞赛、技术比武活动重点领域，充分调动全市广大职工为实现“十三五”规划建功立业积极性。全市共有290家企事业单位参加此次竞赛活动，参赛职工38600余人，参赛率达92%以上。共表彰劳动竞赛活动先进集体29个，先进个人29名。

【积极开展“工人先锋号”创建活动】　2016年，市总工会按照九江市总工会要求，在全市范围内开展“工人先锋号”创评活动。活动以“比诚信服务，赛爱岗敬业；比效能建设，赛管理水平”为内容，在基层班组、岗、站、所等工作中深入开展经济技术创新。共有1400个班组参加，达2920人次。开展技术比武51项，提合理化建议505条，被采纳262条，取得较好的效果。

【推动园区工会组建】 2016年，市总工会开展“进园区、强基层、惠职工、促发展”行动，工业园区工会组织建设工作。截至年底，园区企业已组建工会132家，园区企业工会组建率达98%，发展会员21372名。在建会的同时，为建会企业工会制作了牌匾、制度、工会主席桌牌及胸牌，规范企业工会建设，园区企业工会“双亮”率达到93%，“六有四上墙”率达到85%。在工业园区集中开展入会行动的同时，按照“两个覆盖”要求，在全市范围内开展工会组建工作，全年共新建工会组织22家，发展会员760名。全市基层工会达到1410家，建会率98%；共有会员69046名，入会率达98%。

【开展“端午送关爱”活动】 6月6日，市总工会举行“迎端午，送关爱”专项帮扶资金发放仪式，市人大常委会副主任、总工会主席柯善富出席仪式并发放资金。专项帮扶活动共帮扶困难职工112人，发放专项帮扶资金14.8万元，赠送互保金额2.11万元，帮扶资金全部以职工龙卡形式统一发放。帮扶活动主要对象为本人或家庭成员患有各种癌症、特重大疾病并在治疗中的特困职工和农民工。

【举办第二十九届“八一”杯足球赛】 8月4日下午，由市总工会、教体局联合主办的瑞昌市第二十九届“德润工程”杯“八一”职工足球比赛在市二中开幕。此次球赛历时14天，共有9支球队参赛，“八一”青年足球联赛是瑞昌市一项传统的体育赛事，每年暑期举办一次，至今已举行28届。这一赛事极大丰富了市民文体活动，营造出全市浓厚的足球氛围，深受全市人民喜爱。

【开展大病救助活动】 2016年，市总工会开展大病救助活动，通过基层申报、帮扶中心调查核实，共救助符合条件的困难职工120人，发放救助资金18万元。

【举办职工文体活动】 2016年，市总工会组织开展各类职工文体活动10余次，共投入资金近30万元。先后举办青年职工足球赛，首届职工五人制足球赛，赣、鄂、浙、皖友好城市羽毛球赛，“工会杯”篮球赛、乒乓球赛，协办“廉洁瑞昌杯”篮球、羽毛球赛等大型全市性区域性职工文体活动。各基层工会也开展形式多样的职工文体活动，极大地丰富广大职工的业余生活。

（段　凯）

附：2016年市总工会副科级以上领导名录

主　席：柯善富（任至11月）　丰　耿（11月任）

常务副主席：袁孝友

副主席：王友华（6月任）　胡红花（6月任）

共青团瑞昌市委员会

【概 况】 2016年，共青团瑞昌市委员会在市委的坚强领导下和九江团委的指导下，紧紧围绕市第七次党代会提出的“坚持实干创新、推进五大升级”战略部署和团九江市委“4+2+2+N”工作要求，突出凝聚青年、当好桥梁、服务大局、从严治团四维工作格局建设，扎实开展一系列重点工作，开拓进取，勇于创新，狠抓落实，在服务中心、服务社会、服务青年和加强自身建设上取得新成效。被九江团市委授予“2016年度九江市共青团工作先进单位”。

【深化主题教育】 2016年，团市委通过举办“与信仰对话”“18岁成人仪式”为重点的成人主题教育，让社会主义核心价值观植根于青年学生心中；以“青春建功中国梦”为主题，服务企事业单位青年职工建功成才；抓住中国共产党成立95周年、长征胜利80周年、孙中山150周年诞辰等重大契机，扎实开展“我们是共产主义接班人”、青少年“严实”品德教育等主题活动，帮助广大青少年扣好人生第一粒扣子。

【推动新媒体全面发展】 2016年，团市委以“俊哥说”为龙头，组织全市各级团营造开设微博、运作微信群、使用微邦等“多位一体”新媒体矩阵初步形成。以“1＋100”工作为契机，推动全市共青团、少先队、青年志愿者组织中专、兼职干部开通个人微信、微博号，广泛推广运用微信、微博来开展活动。通过联谊交流、专题培训、微博大赛等活动，在新媒体上亮出团的旗帜，推动网络活动和现实工作线上线下有效对接。进一步加强各级团组织微博、微信的信息发布频率，提高新媒体在广大青年心中的引导作用，针对网上一些负面舆情，勇于亮出自己观点。

【推进“青年之声”平台发展】 2016年，团市委组织全市青年团干部对“青年之声”平台的使用培训，明确责任主体，细化到人，建立全市微邦运作交流群体，开展交友、联谊等活动，确保微邦平台用起来、活起来。“青年之声·瑞昌”平台全年访问量达1418591次，累计提问回答5943次，落地帮扶300人次，逐步实现每个团组织在网上有组织、有声音、有互动，让每一名团员都通过网络有联系、见思想、出成效，实实在在地把“青年之声”打造成青年想得起、信得过、靠得住的响亮品牌。

【发挥青年志愿者作用】 2016年，团市委不断深化“青年文明号”“青年岗位能手”“青年安全生产示范岗”等团青品牌工作，为青年成长成才搭建良好平台。积极参加抗洪抢险，组织一支500余人抗洪抢险青年突击队，协助抗洪官兵完成10千米圩堤子堤合拢。协助省人大组织的柘林湖水资源综合利用保护暑期“三下乡”调研队，帮助获得水资源情况第一手资料，向三下乡师生们展示瑞昌在水资源综合保护和利用上取得的成果。承办江西省第二届少先队辅导员说课大赛，市实验小学少先队员的综合素质得到参赛嘉宾和老师广泛好评。积极孵化郎君山生态儿童体验园和小碗蒸餐饮服务等创业大赛涌现的优秀项目，确保项目落地运营。开展系列网络微活动，在官方微博以“身边好人”为话题，发布青年志愿者和志愿服务团队的典型事迹及活动动态，发掘身边的好人好事，进行专题报道和宣传，净化网络空间，传播正能量。推进学雷锋志愿服务活动，联合市文明办组织全市机关单位志愿者定期开展内容丰富形式多样的志愿服务活动，先后组织多支志愿者队伍参与城市环境综合整治、绿动赣鄱植树造林、交通安全知识宣传、公共机构节能环保进万家等服务活动。

【服务青年就业创业】 2016年，成功举办“林安杯”全市青年创新创业大赛，共评选出优秀参赛项目15家。联合北京瑞昌商会举办瑞昌在外人士创业大赛，引导获奖项目回乡创业。积极联合市内各类培训机构，为青年就业进一步优化合作流程、拓宽合作载体，开展小额贷款担保类技能培训达500余人次。大力实施青年就业创业小额贷款工程，加强与邮储银行、农商银行、九江银行等金融机构的合作，解决青年在创业过程中的资金瓶颈问题。

【服务青少年权益保护】 2016年，团市委进一步深化全市重点青少年群体服务管理和预防犯罪工作，助力打造“法治瑞昌”，认真开展“法治宣传进校园”“案例宣讲进课堂”等法治宣传活动，构筑预防青少年违法犯罪防线；全市各中小学全部配备法治副校长，每个学期不定期邀请各法治副校长们到学校开展各种法治服务活动；积极开展共青团与“人大代表”“政协委员”面对面活动，深化“青少年维权岗”创建，进一步拓展活动领域和范围，其中市综治办被评为全国青少年维权岗。

【创新帮扶救助】 2016年，团市委继续实施希望工程“圆梦行动”，创新开展“1%捐助”“微爱一元捐”活动。采取集中开展和日常开展相结合方式，以微心愿活动助力精准扶贫，市四套班子领导全部认领并帮助实现微心愿100余人次，全年共募集物资18万余元，救助贫困学生120余名。结合共青团生态文明示范村建设，支持帮扶贫困村开展助学帮困、基础设施建设、技能培训、产业扶贫、党团建设等工作。

【推进青年空间示范点建设】 2016年，团市委以建立青少年活动场地为主要任务，着力推进青年空间示范点建设。完成市青少年活动中心装修，建立起青少年影院、俊哥说工作室、青少年法治教育基地、青少年图书馆等。推进街道区域化团建，在湓城街道荆林街和桂林街道站前建起青年空间，社区青少年服务平台得到完善。巩固乡镇实体化大团委建设，推进特色农村青年空间建设，在夏畈镇搭建青少年剪纸平台，在洪一乡利用苏维埃纪念馆挖掘红色文化，丰富基层团建载体建设。

【推进少先队示范校建设】 2016年，团市委以实验小学和第三小学为主体，深入推进少先队示范校建设。完善各学校少先队标准队室建设，落实少先队课本征订工作，推进全市学校1～8年级每周都设少先队课制度。在传统少先队活动课程基础上，市直学校充分利用校园文明交通劝导示范基地、校园电视台、校园法治教育基地等平台，组织开展交通秩序小讲堂、爱国主义教育小课堂、法治教育小学堂，丰富少先队活动内容。

【开展共青团生态文明示范村建设】 2016年，团市委按照政治文明、青年文明、生态文明等工作要求，争取市委支持，创造性地开展共青团生态文明示范村建设。在新农村建设过程中，要求示范村建设标准列入新农村验收考评，做到新农村建到哪，团属阵地就建到哪。并将建立青年林、青年亭、留守儿童之家、红领巾理事会等团属阵地。高丰镇乐丰村磨塘胡被评为全省共青团生态文明示范村。

（李　俊）

附：2016年团市委副科级以上领导名录

书　记：沈承峰（任至6月）　幸　成（12月任）

副书记：黄吴名（任至11月）

幸　成（任至12月）　徐达胜（12月任）

瑞昌市妇女联合会

【概　况】 瑞昌市妇女联合会坚持以服务大局、服务妇女为宗旨，发挥本部门的组织优势和职能优势，以建设“坚强阵地”和“温暖之家”为目标，着力抓好妇女发展、妇女维权、家庭文明和妇女组织建设等重点工作，促进全市妇女儿童事业健康发展，推进“五大升级”，各项工作取得新成效，荣获江西省妇联舆论阵地建设先进单位。

【加强组织建设】 2016年，市妇联以省级乡镇“妇女之家”示范创建为依托，积极配套本级资金，以“3＋X”万元模式，在码头、南义等14个乡镇开展标准化、统一化建设。完成荆林街社区创建全省示范“妇女之家”工作，启动湓城街道、黄家湾社区、双港村创建九江市示范“妇女之家”工作。争取省妇联下发的儿童中心项目资金300万元。积极选派干部到宜春、南昌、杭州、北京等地参加妇联工作专题培训和学习，提升干部综合素质和业务水平。全年先后开展心理咨询知识讲座、《中华人民共和国反家庭暴力法》万人宣讲活动和专题讲座、登青山比赛、看望剪纸女艺人、参观苏维埃革命遗址和“巾帼心向党”随手拍等活动，表彰一批“三八红旗手”和集体以及妇女工作先进个人和集体。

【服务妇女创业就业】 2016年，市妇联主动参与市人社局举办的“搭建供需平台，促进转移就业”为主题的“春风行动”大型招聘会，为各大企业输送女工2472人。向中国妇女基金会争取到“母亲健康快乐——关爱导乐分娩”服务项目，并面向全市招聘导乐师2名。联合就业部门开设家政、月嫂、缝纫、电脑、养殖等专业技能培训班，增强妇女就业技能，近80名学员完成学业并通过家政结业考试，持证上岗率达99%。

【帮扶困难妇女儿童】 2016年，市妇联通过多渠道、多途径帮扶困难妇女儿童。开展困难妇女儿童调查摸底和建档工作，建立困难女童档案600余人，两癌妇女档案65人。开展“春蕾计划”10元捐助学活动，全年共募集捐款93646元，比2015年增加19645元，帮扶112名春蕾女童和3名困难女大学生。积极做好“两癌”普查工作，共对9200余名农村妇女进行“两癌”免费筛查，为17名两癌妇女争取救助金17万元。开展包村帮扶工作，全年共走访困难妇女70名，发放4万元慰问金；走访困难“三八红旗手”4名，发放2000元慰问金；走访困难妇女主任19名，发放11500元慰问金。为患肝腹水的实验小学学生曹海睿募捐7500元，黄金乡患白血病妇女募捐4280元。“六一”期间，联合社会爱心人士走访慰问10名留守儿童，送去3000元慰问金和节日礼物，全年共走访困难女童38名，发放慰问金19500元。

【维护妇女权益】 2016年，市妇联联合多家单位开展以“建设法治中国·巾帼在行动——维权服务进社区、进家庭、到身边”为主题的“三八”妇女维权周集中宣传活动。通过发放宣传材料、设立咨询台等形式宣传法律知识、解答群众疑惑。积极宣传《中华人民共和国婚姻法》《中华人民共和国妇女儿童权益保护法》《中华人民共和国反家庭暴力法》等法律法规，发放实施两孩政策等各类宣传材料4800余份，签订反家庭暴力承诺3000余份。全年共接待妇女群众来信来访来电84件次，其中来访75件，来信1件，来电8件，结案率100%。

【深化“双学双比”和“巾帼建功”活动】 2016年，市妇联持续开展“双学双比”活动，为恒洲果蔬、百花养殖合作社分别争取项目资金3万元。积极开展巾帼建功活动，公立幼儿园、非税收入征收管理局、人民医院妇产科3个单位被评为九江市巾帼文明岗，人民医院护士吴小梅、公安局民警费裕琳、龙翔国际董事曹溪被评为九江市巾帼建功标兵，中医院护理部主任张春英被评为九江市巾帼建功先进工作者，市畜牧兽医总站副站长黄珊、市地税局纳税服务分局获得九江市三八红旗荣誉。推选6位“巾帼星”参加九江市“巾帼心、巾帼行、巾帼星”主题系列活动。

【开展预防儿童伤害主题活动】 2016年，市妇联组织开展2次预防儿童伤害主题活动，以提高儿童自身保护能力。4月27日，组织实验小学50余名学生到防灾防空宣教馆参观，学习了解公共安全、户外求生等知识。6月24日，在市公立幼儿园，开展预防儿童防溺水宣传活动，发放300余份宣传资料，增强教师、家长和孩子们的安全意识。

【开展寻找“最美家庭”活动】 2016年，市妇联联合市委宣传部、市文明办组织开展寻找“最美家庭”活动。这次活动得到全市广大家庭支持参与，通过组织推荐、群众自荐等方式推出红色革命家庭、廉洁奉公家庭、道德模范家庭、文明和谐家庭等“最美家庭”50余户，经过初评、复评，最终评选出江选龙、郎雅冰、何冬桂、董彦健、朱爱香、肖敦木、柯银枝、付子欢、左敏、蔡志芳10位家庭“最美家庭”，并在《瑞昌报》张榜公布。同时，评出市五中副校长何文娣为九江市“十大贤母”，推荐一批女性和家庭参加“感动江西十大母亲”、全省“绿色家庭”“最美家庭”和“感动九江十大人物”等活动，其中横港镇范小霞家庭被评为全省“绿色家庭”，范镇李玉明家庭被评为全省“最美家庭”。

【省、市妇联领导到瑞昌调研】 8月30日，省女企业家协会会长李亚平、省妇联副主席肖晓兰一行到瑞昌调研优秀女企业家创业情况。九江市直工委书记胡爱武、妇联主席洪碧霞，瑞昌市委副书记、代市长江训开，副市长蒋贤智陪同调研。先后到恒洲果蔬专业合作社、溢香农产品有限公司实地了解企业生产模式、经营情况、发展规划等情况，认真听取女企业家介绍创业经历和工作意见建议，共同探讨如何破解发展难题、拓展发展新路。

【开展“平安家庭”创建活动】 11月7日，市妇联联合市综治办开展“平安家庭”创建活动。这次活动在桂林街道黄家湾社区和南义镇王家铺村作为创建示范点，经过家庭自评、群众互评、干群座谈评议、公示征求意见等环节，评选“平安家庭示范户”8户，并授予荣誉称号。

【“百万亲情一线牵”恒爱行动在瑞昌启动】 11月17日，江西省“百万亲情一线牵”恒爱行动在瑞昌启动，省妇联儿童部部长黄陶青、九江市妇联副调研员马赣出席活动，瑞昌市委副书记陈琪作讲话。活动面向全市征集50位“爱心妈妈”为新疆阿克陶县的孤残儿童编织爱心毛衣，现场共发放毛线25公斤。12月19日收到“爱心妈妈”们精心编制的60件毛衣、帽子、手套、围巾等成品统一邮寄到新疆，为新疆阿克陶县孤残儿童送去瑞昌爱心妈妈们的一片爱心。

【全力参与防汛抗洪】 2016年，市妇联全力参与防汛抗洪任务。在防汛期间，临时组织“三八红旗手”、优秀女企业家等社会热心女性100余人，成立防汛抗洪后勤保障突击队，参与装沙袋，垒堤坝，为抗洪子弟兵送防暑降温汤千余份。

（千　婧）

附：2016 年市妇联副科级以上领导名录

主　席：刘　薇

副主席：胡红花（任至 6 月）　胡承慧

叶　春（6 月任）

瑞昌市工商业联合会

【概　况】　2016 年，工商联紧紧围绕全市中心工作和发展大局，履职尽责，积极作为，荣获全国“五好”县级工商联、九江市工商联“服务经济建设先进单位”“组织建设先进单位”，瑞昌市“包村挂点先进单位”“统战工作先进单位”。

【开展主题教育实践活动】　2016 年，市工商业联合会在清明节和“七一”期间开展主题教育实践活动。清明节期间，组织会员祭扫烈士陵园，缅怀革命先烈。“七一”期间，组织商会 48 名党员和入党积极分子到瑞昌县苏维埃纪念馆接受革命传统教育。

【防汛抗洪受表彰】　2016 年，市工商联干部在防汛工作中，日夜轮流值守大堤，并组织商会青年突击队参与防汛突击抢险行动，先后发动基层商会、会员企业进行防汛慰问，捐赠慰问物资 6 万余元。北京瑞昌企业商会赶赴瑞昌抗洪，受到市政府表彰。

【建言献策获好评】　7 月，在市政协七届一次会议上，工商联界别委员提交政协提案 16 件，其中《规范车辆停放，推进城市管理升级》调研报告，作为政协大会发言，被评为“优秀提案”，并被列为重点督办。

【精准扶贫有成效】　2016 年，市工商联精准扶贫工作取得成效。通过组织会员和企业到乡村，为肇陈镇万泉村帮扶村级产业 3 万元，为花园乡南山下帮扶村建 3 万元，为乐园乡水毁工程建设援助 6 万元，支持赛湖金桥社区“六联六户”建设 2000 元。在九江市联“百企帮百村”精准扶贫行动中，瑞昌会员企业凤竹房地产公司帮扶修水县义宁镇养老事业 10 万元。春节慰问贫困户 4500 元，9 月资助 10 名贫困学生学费 3000 元。

【弘扬社会光彩事业】　2016 年，市工商联加强会员思想建设，引导会员自觉履行社会责任，弘扬社会光彩事业。端午节走访市敬老院，送去慰问品 6000 余元；“七一”走访慰问洪一乡光荣院，送去 2000 余元慰问品；工商联常委柯军向铜城、城东、四中三所学校捐赠图书价值 13 万元。据不完全统计，工商联会员在参与社会公益活动中，全年献爱心 40 余万元。

【维护会员合法权益】　2016 年，市工商联与威瑞律师事务所签约，聘请专业律师担任会员法律顾问，为会员提供免费法律咨询和文书审定服务，指导企业规范经营，科学发展。加强与政府职能部门协调，帮助会员维权 3 起，办实事 6 件。

【开展“3·8 长沙行”联谊活动】　3 月 8 日，市工商联合会组织商会女会员及会员女家属 40 余人，赴湖南长沙橘子洲、嶽麓书院文化之旅，与当地商会组织进行联谊活动。

【征集“瑞昌商会”徽标】　6 月 24 日，市工商联（总商会）通过报社、电视、网络等媒体面向社会开展“瑞昌商会徽标征集活动”。至 7 月 24 日，共收到作品 35 件，经评选，南派新锐设计师黄海创作的“鼎”型图标最终评为瑞昌商会徽标。

【举办民营经济发展论坛】　8 月 26 日，市工商联在市文化馆举办企业互联网营销转型战略论坛。论坛由中国电子商务协会网络营销推广中心（江西）主任、全国牛商总会（江西）监事长、单仁资讯集团江西分公司总经理易德峰主讲，有 70 余名企业会员参加授课。

【组织上海知青回瑞昌“探亲”】　9 月 2—4 日，市工商联组织接待上海知青回瑞昌“探亲”活动。此活动由瑞昌市（上海）商会发起，上海汉仁集团承办，49 名上海知青和 14 名上海企业人士参加。9 月 3 日晚，在立信花园酒店举行欢迎仪式，市委副书记、市长江训开出席并致辞，九江市政府驻沪办主任程厚红，知青代表、瑞昌县原副县长郑慧怡，瑞昌历任老领导欧阳春、冷绪河、何仁先、陈孝林、朱汉仁等参加欢迎仪式。活动期间，上海知青走访了范镇、南义、南阳、武蛟、肇陈、乐园等当年工作和生活的插队乡村，参观了瑞昌城市建设和工业发展重点项目。其间，举行瑞昌市（上海）商会（瑞昌总部）揭牌仪式。

【推进瑞昌外埠商会建设】 2016年，为适应建设瑞商大联盟、服务瑞昌大发展思路，市工商联着力推进瑞昌外埠商会建设。7月23日，北京瑞昌企业商会成立；8月14日，瑞昌（上海）商会成立；12月31日，瑞昌（厦门）商会成立。瑞昌外埠商会成立后，开展了系列有声势、有影响的活动。北京瑞昌企业商会举办千人龙舟赛、中秋联谊会、运动会、大型春晚；组织返乡商务考察、创业大赛；与农商银行合作，帮助会员企业融资千万元；发动会员献爱心，帮困助学12万元。瑞昌（上海）商会组织“上海知青回瑞昌”、端午赛龙舟、包粽子活动，帮助横立山果农销售翠冠梨，为家乡在沪务工陈某维权争取劳保赔偿218万元，向商务局提供产业转移信息10余条。3月，在福建省福清市举办招商推介会；12月，在上海市闵行区举办招商推介会，市长江训开亲自做招商推介；在厦门市举办招商推介会，副市长颉勇军做招商推介。

（章征山）

附：2016年市工商联副科级以上领导名录

主　　席：柯愫君
党组书记：何　花（12月任）
副 主 席：章征山　王　俊
非公党工委书记：柯亨木
副书记：周玉霞

瑞昌市残疾人联合会

【概 况】 2016年，市残联紧紧围绕市委、市政府和上级残联部署的工作重点，认真履行“代表、管理、服务”职能，代表残疾人共同利益，维护残疾人合法权益，开展各项业务和活动，进一步推进全市残疾人事业发展。

【推进残疾人康复工作】 2016年，市残联切实提高服务水平，残疾人康复工作成效明显。全年完成残疾人康复调查与评估建档800人，为贫困肢残者安装普及型假肢7例，适配助听器7例，完成贫困精神病患者服药180人，补助资金15.3万元。开展贫困残疾人免费申请用品用具工作，共发放轮椅、拐杖等156件。为残疾人机动车燃油补贴92人，补贴资金共2.392人万。

【强化残疾人生活保障】 2016年，全市落实贫困残疾人生活补贴4298人，重度残疾人护理补贴3899人，全年共发放补贴资金近490万元。建立贫困残疾人临时救济登记制度，救助贫困残疾人家庭370户，发放救助资金12.4万元。全年重度残疾人免缴城乡居民社会养老保险1971人。

【开展扶残助残工作】 2016年，市残联结合“关注孤独症儿童，走向美好未来”助残日，开展扶残助残工作。全年提供公益岗位26个，补贴15.6万元。通过开展“自强自立、创业致富”主题活动，争取到九江市扶持农村种养业基地3个，扶持资金9万元。基层残联组织输送上级助学、培训，共组织60名残疾人城乡职业培训，80名农村残疾人实用技术培训。资助贫困残疾人家庭及残疾人大学新生8名，投入资金2万元。与企业联合帮扶，为全市贫困残疾人家庭送去400件冬被和暖手宝。安排残疾人停车收费员40名，解决他们基本生活收入来源问题。

【核发第二代残疾人证】 2016年，市残联开展全市范围内残疾人证核发工作，累计核发第二代残疾人证11292人次，其中视力1526人、听力659人、言语96人、肢体6493人、智力748人、精神652人、多重1118人，共核发证件11292本，办证率48%。

（周　军）

附：2016年市残联副科级以上领导名录

理 事 长：祝国金（任至11月）

陈莘梧（11月任）
党组书记：蔡小江（任至11月）
副理事长：聂晓芳　邓水生（任至6月）
张绪勇（6月任）

瑞昌市文学艺术界联合会

【概况】　2016年，瑞昌市文学艺术界联合会在市委、市政府坚强领导，市委宣传部直接领导和九江文联关心爱护下，深入贯彻落实中共十八届六中全会精神，坚持学习与实践相结合，思考与创新相结合，创作与调研相结合，充分调动广大文艺工作者积极性和创造性，努力开创文化大市建设新局面，为推进瑞昌“五大升级”提供应有的文化支撑。

鼓励创作文艺精品。继续落实市委宣传部2013年下发的《关于进一步繁荣我市文艺创作生产的意见》及《瑞昌市文艺创作暂行奖励办法》文件精神，采取精神奖励与物质奖励相结合，表彰先进单位和先进个人。2016年度从文化发展资金中列支专项经费，对文艺创作精品和优秀人才进行奖励和鼓励。

文化设施提升有力。进一步加强基层文化阵地建设。按照市本级、乡镇、行政村、社区“十有”标准，巩固提升“三化”建设成果，改造提升乡镇文化站20个、农家书屋90个、文化小广场140个；健全社区文化活动室28个、行政村文化活动室130个、公共电子阅览室190个；组建群众文艺团队230个，开展群众性文化活动500余场次，城乡基本公共文化服务体系逐步提升。进一步加强重点文化工程设施建设。铜岭遗址博物馆主体工程基本完工，陈展大纲通过省文化局专家组评审；遗址考古发掘区抢险加固工程、尾砂库坝安全治理工程、公园大门工程、围墙与安防工程、基础设施工程等全面推进。

壮大基层文艺队伍。市诗词联学会、仙峤诗会、苏亭诗社均换届成功，不断注入新生力量，壮大各个基层文艺队伍。新成立林泉诗社和诗词联学会码头分会。以武蛟乡诗友为基础，成立武蛟诗词分会，吸纳更多基层诗词爱好者，为瑞昌打造中华诗词之乡奠定基础。

艺术作品不断创新。全年新创作歌舞类节目有《给我的爱人》《武铜之歌》，大型情景表演《我的武山我的梦》、编排小戏曲《走访》、大型荒诞秀《多彩武铜人》、诗朗诵《武铜礼赞》、舞蹈《赤湖春色》《腾飞》等丰富多彩节目，改编的《红梅惊疯》《送香茶》《皮瞎子算命》等经典剧目参加由江西省文联、省戏剧家协会主办的江西省第二届汤显祖戏剧奖·地方戏曲经典传统小戏、折子戏大赛，获得优秀组织奖。先后开展“中国梦”、践行“两学一做”学习教育、“精准扶贫”“廉洁瑞昌”“闪亮的武铜”等主题活动13场次，原创歌舞作品《赤湖春色》《武铜之歌》和《人民解放军占领南京》等在活动中脱颖而出。

书画作品再创佳绩。2016年，书画作品再创佳绩。修晓明书法作品荣获江西省第九届青年书法展优秀奖，与瑞昌籍书法家李广志、修晓明应邀在敦煌画院举办了“悠然南山”个人书法作品展。王志坚作品入选《民盟九江书画院作品集》和中国武术家协会江西省分会成立特邀作品展。

文化传承不遗余力。深入基层、走访剪纸老艺人，现场拍摄影像、收集整理剪纸、竹编、采茶戏、秧号、荷灯节、牛歌等“非遗”项目实物资料，进一步充实“非遗”资料库。组织人员整理编纂《人文瑞昌》系列丛书之《茶戏歌韵》。瑞昌剪纸、竹编、采茶戏10名传承人申报九江市级传承人。继续做好非遗文化保护基础性工作。开展历史建筑保护情况、历史文化名村重要建筑危房、古建筑传统工匠调查工作，完成1241件（套）可移动文物调查、认定和登记；洪下乡迪畲村敦彝堂外围墙壁进行修缮；启动铜岭双遗址考古发掘区抢险加固工程。开展“博物馆与文化景观”“昆虫科普展览”等主题活动，营造出全社会共同参与文化遗产保护的良好氛围。依托“非遗”传习所、瑞昌职中剪纸基地等阵地，积极开展剪纸展览培训进校园、进社区、进农村活动，启动剪纸艺术普及教育计划，免费开设剪纸培训班，培训后备人才。

文化活动丰富多彩。依托文化阵地主作用，广泛开展比赛、展览、讲座、培训、文艺辅导等活动，其中各种比赛14场、各类培训45场、展览25场，书法欣赏、阅读、讲座20余场。先后举办“亲民惠民爱民”文化节、“文艺下基层”“结对子、种文化”帮扶活动110余场次，累计送戏120场、送电影2027场、送书4000册、讲座展览140余场。继续打造“赤乌讲坛”品牌，开展文化公益课堂21期、“免费电影周”12场，参与人数达2400余人次。组织文艺工作者参加九江市庆祝中国共产党成立95周年大型群众歌咏比赛、九江市“七一”晚会，通过参与活动熏陶教育思想，从而更好地激发起政治责任感。通过“护苗·2016”“清源·2016”“净网·2016”“秋风·2016”等专项整治行动，加强文化市场规范化管理。

【建立“扫黄打非”邻省联防协作机制】 2016年，瑞昌市与湘鄂等相邻边界市县、乡镇、村基层“扫黄打非”工作的互联互建，根据区域特点，相互磋商，建立健全区域联防协作机制，签订联防协作协议，推进全市“扫黄打非”基层全覆盖。

【瑞昌剪纸成为瑞昌对外交流展示靓丽名片】 2016年，瑞昌剪纸作为指定交流项目之一，代表江西省参加由文化部、中央文明办主办的“春雨工程”——全国文化志愿者广西行暨第八届“魅力北部湾”（防城港）系列群众文化活动，进一步加强对外宣传交流，提升国家级非物质文化遗产瑞昌剪纸品牌影响力。先后还组织剪纸精品参加在山东济南举办的“江西风景独好”南昌—九江—景德镇—抚州—（济南）旅游招商推广活动和第十二届中国（深圳）国际文化产业博览交易会，广受好评。

【铜岭遗址管理处升格】 2016年，铜岭遗址管理处升格为正科级全额拨款单位，为市政府直属单位，增挂江西瑞昌铜岭铜矿国家矿山公园、瑞昌市铜岭铜矿考古遗址公园、瑞昌市铜岭铜矿遗址博物馆三块牌子。

（丁　涛）

附：2016年市文联副科级以上领导名录

主　席：谈际贵（任至12月）
　　　　朱黎民（12月任）
副主席：丁　涛

瑞昌市社会科学界联合会

【概 况】 2016年，瑞昌市社会科学界联合会不断创新社科理论研究，规范社科组织建设和管理，着力做好社科知识普及与社科项目申报，积极配合市委、市政府中心工作，为瑞昌经济社会跨越发展提供强有力的理论支持。社科研究、学术研讨和社科普及等各项工作都取得显著成效。

深入学习宣传系列会议精神。组织学习中共十八届六中全会、省第十四次党代会，九江市第十一次党代会，新工业十年行动暨全市经济工作会精神，下发了《关于开展新工业十年行动暨全市经济工作会精神宣讲活动的通知》，组织7个宣讲团深入21个乡（镇、场、街道）和重点企业开展宣讲活动。9月，市委印发《关于认真学习宣传中国共产党瑞昌市第七次代表大会精神的实施方案》，集中三个月时间，在全市范围内组织开展学习宣传市第七次党代会精神活动。全市各系统各单位举行演讲比赛，围绕实干创新主基调和推进工业发展、对外开放、城市管理、秀美乡村、民生共享“五大升级”等6个主题，按单位预选赛、分专题初赛和决赛3个层次开展演讲比赛活动。市委组织部、党校举办科级干部培训班、党支部书记培训班、青年干部培训班等多个层次的学习党代会精神培训班；开展“坚持实干创新，推进五大升级，我们怎么干?”为主题的学习大讨论活动；组成3个党代会精神宣讲团，深入各乡（镇、场、街道）集中开展互动式的巡回宣讲活动，确保党代会精神的宣讲横向到边、纵向到底；组织乡（镇、场、街道）党委书记和部门单位负责人访谈活动，围绕学习贯彻党代会精神谈认识、提建议、定措施、抓落实；开展社论评论、理论征文、建言献策等活动。

中心组龙头作用发挥突出。2016 年，市委中心组发挥“排头兵”作用，率先垂范，采取集中学习、专题讲座、辅导报告、交流研讨、参观考察、观看专题片等形式，组织了依法治国、“两学一做”、中共十八届六中全会、从严治党等专题集中学习，邀请九江市政府副秘书长宋志龙宣讲九江市委十届九次全会和实施新工业十年行动动员大会精神。深入开展“两学一做”学习教育，结合党风廉政建设和各级会议精神等内容开展学习，副处级领导干部均分批次就“两学一做”不同的专题分别作主题发言。继续坚持市领导理论学习联系点制度，市四套班子领导带头讲党课并指导联系点的理论学习工作。为使党课的内容具有现实性和针对性，副处级以上党员领导干部紧密联系自身分管或部门工作实际，通过深入基层、走访调研，根据党员、干部的所思所想所盼，认真撰写党课讲稿，把理论学习与实际工作相结合，讲课内容接地气，受到广大基层党员干部的欢迎。

基层理论学习全面推进。在市委中心组的学习示范带动下，基层各级党组织按照学习要求，通过中心组学习、班子会议、干部会议以及“三会一课”等形式，狠抓党员干部的理论学习，都做到“五有”：有年度学习计划、有集中学习讨论记录、有签到登记、有个人学习笔记、有学习心得体会文章。结合基层工作实际，深入组织开展系列“送学”活动，围绕中共十八届六中全会、省第十四次党代会、九江市第十一次党代会、新工业十年行动暨全市经济工作会精神、瑞昌市第七次党代会主题先后组织 3 批宣讲团，深入乡镇、企业开展宣讲。全年共向市副科级以上领导干部发放《学习活页文选》《全面小康热点面对面》《习近平总书记系列重要讲话读本（2016 年版本）》《“一带一路”机遇与挑战》等理论书籍共计 6000 余本。

社科普及活动稳步开展。组织开展江西省第七届社科普及周活动，做好铜岭铜矿遗址考古发掘的社会科学知识普及宣传活动；“名家进校园”活动邀请知名儿童文学作家董宏猷到小学讲课；开展“九江市 2016 年‘百名法学家百场报告会’”法治宣讲活动；向省级社联争取基层社联活动资助项目 2 个。

【掀起学习市七次党代会精神热潮】 9 月，根据市委印发的《关于认真学习宣传中国共产党瑞昌市第七次代表大会精神的实施方案》，集中在 3 个月，组织开展学习宣传市第七次党代会精神活动。

【组织开展“三团六进全覆盖”活动】 2016 年，市社联为落实九江市委办公厅“三团六进全覆盖”宣讲工作，深入组织学习中共十八届六中全会、省第十四次党代会，九江市第十一次党代会，新工业十年行动暨全市经济工作会精神，瑞昌市第七次党代会等系列学习宣传活动，组织迎接九江市人大常委会主任冯静，九江市委副秘书长、市直机关工委书记胡爱武到瑞昌宣讲，并组建 5 名省、市党代表和 3 名党校教师宣讲团深入基层面向乡镇、企业、学校、社区等开展宣讲活动。

（张梦丹）

附：2016 年市社联副科级以上领导名录

主　席：张功和（任至 9 月）
　　　　谈际贵（12 月任）
副主席：张梦丹

瑞昌市红十字会

【概　况】 2016 年，市红十字会以机制创新为核心，以人道救助为主线，紧紧把握红十字事业改革发展的有利时机，促进红十字会机制理顺，周密部署，完善措施，不断提高红十字会各项能力，为瑞昌红十字会事业发展创造良好的社会环境，得到了上级部门的肯定。

【红十字会设为独立单位】 12 月 24 日，市委常委会研究同意，将市红十字会单独设立，改卫计委代管为市政府领导联系，列群众团体序列。

【开展帮困助弱活动】 2016 年，市红十字会以群众中的孤、老、病、特困户为重点救助对象，开展“救老助残”和博爱送温暖爱心活动。2 月，募得爱心家庭包 40 个，走访慰问 40 个困难家庭。10

月，发放贝因美奶粉48箱，价值7.2万余元，扶助170多个困难家庭。募捐得“比比我”品牌童鞋1014双，价值7万余元，帮助1000多名贫困儿童。募得资金7576元，救助2户因病致困家庭各2000元，实现近几年来零的突破。全年，共发放救助物资总价值近16万余元，救助1200多个贫困家庭。争取小天使资金6万元，用于救助白血病儿童，还有2个在申请中。

【加强备灾救灾仓储管理】 2016年，市红十字会加强对备灾救灾仓库管理，做到赈济物资按规定发放到位。通过借用湓城社区服务中心一楼一间空置房作为临时仓库，进一步建立健全救助物资的存储、分发等规章制度。7月，及时下发救灾家庭包64个，药品11箱，帐篷2个，总价值13.5078万元，5000余人受益。

【举办应急救护培训班】 2016年，市红十字会先后举办8期培训班，进一步拉高应急救护水平。在市委党校、卫计委会议室举办应急救护员培训班3期，共培训应急救护员351人；分别在市一中、四中、二中、三小、实小、武庙下社区居委会、老年大学、桂林街道社区卫生服务中心，举办初级卫生救护培训班8期，受训2000余人。受训人员涉及公安消防人员、乡村干部、市直机关干部及学校教师、学生等多个行业部门，受训面广，效果好，影响大。

【“三献”取得新突破】 2016年，无偿献血、捐献器官等“三献”工作取得新突破。市红十字会联合市中心血站组织无偿献血活动，全年，参加无偿献血2790人，共献血5308.5U个单位，同比增长8.2%。用血报销25人，金额3.63万元。全年有8人进行器官捐献登记，其中1人成功进行眼角膜捐献，为瑞昌首例捐献者。

【志愿工作者队伍日益壮大】 2016年，市红十字会充分利用社会资源，发动社会积极参与，健全基层组织和志愿者组织，不断壮大红十字事业队伍。4月新组建九江市无偿献血捐献造血干细胞志愿服务队瑞昌分队，为志愿工作者队伍增添新的力量。

（王梅花）

附：2016年市红十字会副科级以上领导名录

主　任：王梅花

军　　事

◇◇本栏编辑　李木林

瑞昌市人民武装部

【概 况】　2016 年，市人武部牢记习主席视察驻赣部队时的殷殷嘱托，紧紧围绕“五部”职能要求，坚持用改革强军目标引领思想，认真学习贯彻省军区、军分区党委全会精神，树立“求稳、求实、求新”发展思想，以提高战斗力水平为牵引，深入推进举旗铸魂工程，着力在提高应急应战能力上下功夫，在扎实推进基层建设上下功夫，积极提高后勤保障能力，有效开展党管武装工作，使人武部各项建设得到较好较快发展。

强化改革强军意识。2016 年是国防和军队改革实质性展开的第一年。人武部紧紧围绕习主席改革强军的指示要求，紧贴部队建设发展实际，结合开展“两学一做”活动、党委中心组理论学习和组织生活，着力把干部职工思想统一到拥护改革、支持改革上来，通过加强思想教育工作，干部职工对改革强军有了更深的认识，一致表示在改革强军面前服从组织、服务大局。

加强党委自身建设。一年来，人武部始终把加强班子自身建设摆到重要位置，抓好以民主集中制、《政工条例》《党委工作条例》为重点内容的学习贯彻，提高一班人领导部队建设科学发展的能力水平。党管武装氛围日益浓厚，军地关系更加密切。抓基层打基础效果好，基层规范化水平逐步提高。2016 年是瑞昌“整市整乡整村”推进第三年，也是收官之年，通过不间断抓紧基层建设，全市 21 个乡镇场按省军区要求均实现达标，基层民兵连达标率 95% 以上。

深入推进军事工作落实。2016 年，人武部按照省军区、军分区要求，针对本市战时所负担的任务，组织相关人员进行重要目标勘察，进一步完善六类平时应急方案。4—5 月，对辖区内的防汛重要目标梁工堤、赤心堤、城防堤、高泉水库、石门水库、幸福水库、横港水库进行了实地勘察，拍摄了重要目标图片，汇集了防汛抗洪资料。加强了经常性战备工作，落实各类战备值班，确保战备工作落实。

【开展“两学一做”教育活动】　年初以来，人武部认真学习习总书记关于开展“两学一做”活动的指示精神，坚持大事大抓，党委主责，支部主抓，认认真真学党章、学党规、上党课，原原本本学习理论，应知应会内容考试，进一步巩固党规党纪理论基础。通过党员订诺、支部审诺、公开亮诺、积极践诺、组织评诺，进一步增强党性意识、党员责任。通过完成防汛抗洪、高炮训练等重大任务，进一步落实学是基础，做是关键的基本要求。在本级组织“两学一做”总结时，广大党员都认为开展“两学一做”活动对强化党员意识、履行党员义务、做合格党员是一次很好的锻炼。

【抓好民兵力量整合】　人武部坚持从实际出发，加大公务员、退伍兵和专业技术骨干比例，减少在农村、流动性和难以离岗的人员比例，大量吸收学历较高、年富力强、岗位稳定的人员进入应急队伍，同时在原有实力基础上预编 10% 机动力量，确保随时全员出动。一季度，党委班子成员带干部职工采取分片报告，对12个乡镇街道进行按照现场地，对6种支援分队493人组织了3次拉动点演练，促进了支援保障作战能力整体提升。

【加强战备力量建设】 严格落实干部值班，战备值班分队24小时内在职在位，通畅指挥通信系统，确保一有情况，迅即出动；加强民兵情报信息员队伍建设，先后组织专武部长和42名民兵进行情报信息集训，规范情报信息搜集、信息分析处理、信息报告流程，坚持每季度一次信息成果评比通报，半年组织一次工作讲评，列入全年度单位考评依据，确保了辖区内重要情况第一时间掌握报告。

【抓好各级各类人员训练】 4月，完成干部职工和专武干部实弹射击和手榴弹实投；5月底至6月初，利用15天时间，组织125名民兵应急分队人员，进行应急维稳、抗洪抢险、森林灭火、抗震救灾等理论知识和警棍盾牌操、军体拳、队列、风力灭火机、摩托锯、冲锋舟操作等训练；针对2016年专武干部新任人员比较多、基础弱的实际，人武部坚持每周二组织专武干部培训，采取以会代训的方式对专武干部进行业务训练。

【积极投入防汛救灾工作】 7月，瑞昌市遭受暴雨袭击，抗洪形势严峻，东部战区司令员刘粤军、省长刘奇等领导亲临赛湖大堤视察指导抗洪工作。人武部积极组织民兵预备役人员8000多人次，投入到赛湖堤、梁工堤等防汛抢险任务中，共筑堤1.3千米，堵管涌15处，协调地方慰问部队80多批次，出色完成抗洪抢险任务，荣获九江市表彰的抗洪抢险先进单位。

【圆满完成征兵任务】 2016年新兵征集任务是165人，人武部针对网上报名的新特点，做到早宣传早发动，干部职工分片包干和乡镇主要领导一起走村串户，进行上门服务。网上报名人数1450人，确保征兵工作任务有效完成。

【加强党风廉政建设】 坚持领导带头，以身作则，党委一班人自觉做到按规定、按制度办事。对干部使用、经费开支、房屋招租等敏感问题坚持公平公正公开，为部队做好表率。坚持预防为主，重视抓好党风廉政教育，把上级有关指示精神和政策法规作为理论学习、集中教育、组织生活、经常性思想工作的重要内容。坚持较真碰硬，以纠治“四风”为抓手，重点抓好“训风”“演风”、经费管理、公款吃喝等方面问题的查纠，有力促进了部队党风廉政建设。

【扎实开展精准扶贫工作】 2016年，人武部与肇陈镇八门村17户平困户结对帮扶。由部长政委牵头的扶贫工作领导小组，精心挑选5名事业心责任感强的干部职工组成扶贫工作队，定期召开会议研究部署精准扶贫工作；部首长和机关人员多次到扶贫点进行帮扶活动，制定了帮助他们推广油桃种植和光伏产业、举办农村实用技术培训、组织送医下乡活动、发展特色养殖、加强村文化活动中心民兵之家建设、开展党员结对帮扶和结对帮扶贫困学生活动等十二条具体措施。5名干部与5名贫困学生建立结对帮扶关系，每年为2名学生捐资1500元，为3名学生捐资800元，帮助他们完成学业，同时还协调教育部门为2名贫困生分别申请了每年1000元和800元助学金。10月，人武部购买了15000元的米、油、被套等物资，走访慰问17户贫困户，还给每户送上500元慰问金。

【规范后勤管理工作】 坚持抓好《厉行节约严格经费管理的规定》贯彻落实，强制执行公务卡结算目录、实行公务接待清单和行政消耗性开支内部公示，推行经费支出绩效评价。围绕经费支出管控、资金账户票据管理、慰问经费和补助补贴发放、地方政府专项经费、物资集中采购、资产使用、油料供应7个方面，开展财经管理秩序专项整治活动。按照上级有关指示精神，先后开展了假发票的清理整治、财经管理专项整治以及“小金库”的集中整治。

武警瑞昌市中队

【概 况】 2016年，武警瑞昌市中队本着“永远做党和人民的忠诚卫士”的革命情怀，认真学习、贯彻习主席关于军队建设的一系列重要指示，积极进取、真抓实干、开拓创新，各项工作成绩斐然。部队管理规范有序，安全稳定；官兵团结一致，政治合格；执勤任务完成圆满，被武警江西总队评为“先进基层中队”“先进基层党支部”。

抓好抓实政治思想教育。中队始终把政治思想教育作为治本工程来抓，在开展思想政治教育上，把掌握官兵思想和心理活动情况作为开展工作的前提和基础，通过开展交心谈心、定期听取思想汇报、召开思想和心理分析会、问卷调查、集体座谈、日常观察等方法及时了解和掌握官兵真实的思想和心理动态，同时认真抓好“改革强军”主题教育活动、“两学一做”活动。结合主题教育，利用好社会这个大课堂，组织官兵参观革命烈士纪念碑，用红色资源熏陶官兵，开展“走读瑞昌、感受发展”活动，用瑞昌驻地经济社会发展的成就教育激励官兵，让官兵认识到社会主义制度优越性，从而坚定对中国特色社会主义信念，提高听党指挥自觉性，激发保家卫国积极性。

加强加紧各项军事训练。中队始终坚持“居安思危”战略思想，将维护社会稳定作为拥政爱民首要任务，紧贴看守勤务的实际特点，突出急、难、险、重等科目训练，加强擒敌、战术、应急出动实兵演练。特别是为了应对各种突发事件，中队建设培养了一支集狙击、突击、侦查等实战能力为一身的应急班队伍，有效提高了执行多样化军事任务能力。中队多次出动兵力协助公安机关搞好社会综合治理；执行突发情况和执行押解任务多次。同时，以严整的警容、良好的形象、灵活多变的处置方法，多次圆满完成了市委、市政府赋予的临时性安全保卫任务，受到上级领导充分肯定。

做好做实拥政爱民工作。中队始终以服务人民，为驻地建设贡献力量作为拥政爱民的最终目标和唯一途径。虽然干部战士流动大、更新快，但中队拥政爱民的优良传统没有丢。全年进行军地人才交流 20 余次，坚持到县中心血站义务献血 1 次，累计献血达 20000 余毫升。3 月，中队开展学习雷锋活动，先后出动 230 余人次为公共场所打扫卫生、擦拭栏杆、清扫路面、清理垃圾、整理市容。除夕之夜，中队官兵坚守自己岗位，在万家灯火、万家团圆之时，舍小家顾大家，在执勤哨位上悉心守护社会安宁与和谐。

【郭小云走访慰问武警中队官兵】　8 月 1 日，瑞昌市委书记郭小云代表瑞昌市四套班子到武警中队看望慰问武警官兵。郭小云对武警中队为维护瑞昌社会稳定，促进地方经济发展做出的贡献表示感谢，希望部队继续发扬拥政爱民的优良传统，发挥自身优势，增强军民团结，为瑞昌市经济建设发展再立新功。

（武警中队）

瑞昌市公安消防大队

【概 况】　瑞昌市公安消防大队主要职能是：负责辖区消防监督、火灾调查、建筑消防工程审核、验收、灭火、抢险救援等工作。2016 年，大队党委一班人带领官兵按照“抓建设、强队伍、促发展，保稳定”的总体工作思路，深入开展改革强警主题教育和“两学一做”学习教育，严抓廉政建设，积极开展打造消防铁军、构筑社会消防安全“防火墙”工程、提升全市火灾防控能力等一系列活动，通过全体官兵的共同努力，全年各项工作卓有成效，实现部队管理和社会面消防安全双稳定。

加大防火监督检查力度。结合辖区实际，请示政府分管领导并取得政府的支持，联合相关职能部门在全市开展了易燃易爆场所、劳动密集型企业、歌舞娱乐场所、工业园区“三合一”场所及小区电动车楼道集中充电等专项整治行动。开展了“G20”杭州峰会安全保卫工作。在安保期间，大队监督干部实施“5 +2”“白 + 黑”工作方式，通过开展多领域的消防安全整治行动，火灾起数和直接财产损失都大为降低，全市未发生一起重特大火灾事故，火灾形势高度平稳，专项整治行动成效明显。在专项整治行动中，共检查单位789家，发现火灾隐患1583处，整改1376处，整改合格率87%。查封单位12家，“三停”单位32家，罚款26.56万元。

积极开展拥政爱民工作。大队党委高度重视警民共建工作，2016年以来大队共开展警民共建活动10次，为民做好事120余件，开展消防安全培训32余次，开放消防站52次，接待参观人员1.2万人，开放消防科普站6次、接待人员1500人，深入机关、学校、农村等场所开展消防“七进”活动，特别是深入农村孤寡老人家宣传消防安全知识，大大提升了辖区火灾防控能力，消防安全感得到全面提升。同时还组织官兵在节假日看望慰问孤寡老人、残疾青年和下岗职工，捐助贫困学生，官兵共向社会捐款捐物合计近25000余元，树立了良好的消防队伍形象，进一步密切了军政、军民关系。

加强全民宣传教育。以媒体宣传、主题宣传、教育培训、公益广告等为抓手，结合冬春火灾防控暨劳动密集型企业消防安全专项整治和夏季消防安全专项整治工作，积极开展消防宣传“七进”活动，着力提升全民消防安全素质；在全国法制宣传日、全国安全生产宣传月、全国“119消防宣传日”携手消防宣传志愿者深入各类场所开展宣传，并利用市中心联盛购物广场大屏幕播放消防公益短片并发放宣传资料。同时，大队开通了官方微信公众号，随时向广大市民宣传消防安全知识。

完成灭火救援战斗任务。2016年，大队接警195起，其中火灾140起，抢险救援、社会救助55起，出动车辆285辆次，出动警力1390人次，抢救被困人员78人，疏散被困人员450人，抢救财产价值2186.6万元。全年中队开展辖区六熟悉72次，更新数字化预案25份，开展实地演练61次，其中夜间演练5次，出水演练43次。通过这一系列演练活动，使部队官兵作风更实、素质更高、战斗力更强。

【积极扑救现代城火灾】 11月7日凌晨1时7分，瑞昌市现代城29栋一单元突发火灾，瑞昌市消防大队接警后，迅速出动2辆消防车、14名官兵赶赴现场扑救。消防官兵到达现场后，发现停放在一楼楼道内的电动车着火，火势蔓延到二楼楼梯间，并产生大量浓烟，烟雾通过楼梯间和建筑外墙的窗户扩散到整个楼层及房间，整个单元楼14户居民急待救援，情况万分危急。现场指挥员命令：立即对现场进行灭火，同时成立两个搜救小组对楼上住户进行搜救和疏散。十分钟后，火势被扑灭，搜救小组逐层进行搜救。经过近50分钟的搜救，救出8名儿童和2名受伤群众，疏散人员30多人，其中学生20余人。

【油罐车起火被迅速扑灭】 9月24日晚20时46分，瑞昌市安定路一厂房院子内油罐车突然起火。瑞昌市消防大队接到报警后，迅速出动警力赶往现场扑救。消防官兵赶到现场后发现，事发厂房的车棚内一辆油罐车车头部位正在起火，现场浓烟滚滚，火势正在向罐体蔓延，周围站满了围观的群众。得知情况后，中队指挥员立即命令灭火组对火势进行扑灭；疏散组拉出警戒线，对周围围观群众进行疏散。5分钟后，现场明火扑灭，随后官兵们又射水对车体进行了降温处理，有效地解除了危险。

【深山营救采菇人】 瑞昌市横港镇媚光村山中盛产蘑菇，到了每年10月，三三两两的村民便会结对进入山中采摘蘑菇。24日清晨，村中周大姐只身一人进入山中采蘑菇，但进山后再也没了消息。10月25日上午8时许，瑞昌市消防大队接到媚光村村民电话，请求消防官兵帮忙进山搜寻失踪的村民。得知情况后，消防大队立即出动一辆抢险救援车7名官兵赶往现场救援。上午8时50分，消防官兵赶到了媚光村，携带绳索、扩音器，强光灯等救援装备，由当地村民做向导进山搜救。官兵们边搜寻边用扩音器呼喊周大姐的名字，希望周大姐也能听到消防官兵营救的声音，终于在9时47分把周大姐救出深山。

【圆满完成赛湖堤除险加固工作】 7月，瑞昌市连续几天遭遇强降雨，导致赛湖水位一直上涨，居高不下，达21.49米，超警戒水位2.49米，目前九江段水位高于赛湖水位，湖水无法外排，水位仍在上涨，城防堤险情不断发生。面对严峻形势，7 月 11 日，瑞昌市成立了赛湖防洪应急处理指挥部，并召开会议，决定在赛湖堤险段加筑子堤。险情刻不容缓，瑞昌市消防部门在接到命令后，立即调整精干力量对赛湖堤进行加固作业，消防官兵连续多天冒着 37℃的高温天气，在堤坝上挖土、搬运、填坑。作业不久，汗水就浸湿了官兵的衣衫，因为时间紧迫，消防官兵顾不上劳累，一直在高温酷暑中坚守。累了官兵们就在堤坝上就地而睡，饿了官兵们就地吃干面充饥补充体力。7 月 15 日凌晨，经过消防官兵连续多天的共同努力，加固工作提前完成，为赛湖堤除险加固工程全部完成和安全度汛做出了应有贡献。

（杨　俊）

附：2016 年瑞昌消防大队领导名录

大队长：胡竹菲

教导员：刘慧敏

人民防空

【概 况】 2016 年，瑞昌市人防办坚持“长期准备、重点建设、平战结合”的人民防空工作方针，全面落实五大发展理念，进一步增强政治意识、大局意识、国防意识和责任意识，深化改革、积极创新，聚焦重点、补齐短板，不断提升市人民防空建设水平，圆满完成了年度目标任务。瑞昌市被江西省国防动员委员会评为全省人民防空先进城市，被省人防办评为全省县级人防先进单位。市人防办被九江市人防办评为目标管理考核先进单位，获全省“六五”普法法治宣传教育先进单位。

完善组织指挥建设。坚持每周视频系统联调联试。将配备 25 瓦短波通信电台纳入预算，按照九江市办统一标准、统一制式进行招标采购。按照上级要求对瑞昌市 2012 年《防空袭方案》进行修改。全面落实人防指挥机构、机关、指挥通信保障、专业队的人防训练任务。对人防专业队进行了重新整组，组建了信息防护、心理防护和引偏诱爆等新型专业队，在上年基础上再次扩编人防志愿者 10 人，发展人防志愿者队伍至 40 人。按要求参加国动委、省人防办指挥演练，圆满完成“9・18”防空警报试鸣演练。

抓好工程维护管理。组织“人防工程质量年”活动，开展“人防工程质量年”宣传与检查工作。加强人防工程维护管理，严格落实人防工程维护管理责任制，对市区已验收人防工程进行维护管理检查，及时对富豪花城水泵故障进行维修。对早期人防工程安全隐患进行排查治理，确保人防工程无重大安全隐患。

深入推进依法行政。继续推进“三单一网”，完善网上审批。严格行政审批，全年共审批 14 个项目，收缴易地建设费 1080 万元。规范行政执法，通过法律程序对欠缴人防易地建设费的民用建筑项目进行追缴。妥善处理联盛广场、瑞桂花园人防地下室使用纠纷，依照法律法规维护开发商合法权益。

开展人防宣传教育。以防空防灾宣教馆为平台，结合“3・1 国际民防日”“5・12 防灾减灾日”“9・18 警报试鸣日”和“12・4 国家宪法日”，开展防空防灾摆台咨询与宣传活动。落实中小学人防知识教育，城区初二年级学生人手一本教材，全年共发放教材 3000 本；依托党校平台，组织 1000 人次市直机关和乡镇科级领导干部以及村、社区干部人民防空知识培训教育。

【防空防灾教育馆投入启用】 2016 年，投资近 800 万元建成的全省首个县级防空防灾宣教馆投入启用，接待各级领导参观以及组织市妇联、教育、民政、地震系统人员、社会群众集中宣教达 3500 人次，充分发挥其融国防、人防、民防于一体的人防宣教作用。

【修订完善《防突袭方案》】 2016 年，市人防办认真 落实南京军区、江西省政府《印发〈关于加强基层人民防空规范化建设的意见〉》文件精神，对瑞昌市 2012 年《防空袭方案》进行了修改。

【荣获全省人民防空先进城市】 2016 年，市委、市政府按照习近平总书记“战时防空、平时服务、应急支援”的指示精神，贯彻人防建设与经济建设协调发展，与城市建设相结合原则，以人防工程建设为龙头，形成总量达标、布局合理、状态良好、有机联系的防护体系，从整体上增强了全市的综合防护能力。瑞昌市被江西省国防动员委员会评为“全省人民防空先进城市”。

（柯华春）

附：2016 年市人防办（民防局）副科级以上领导名录

主任、局长：傅义彬

党组书记：朱文涛

副主任、副局长：郑梦蓝　熊小峰　朱槐荣

法　　治

◇◇本栏编辑　冯国成

政法委及综治

【概况】　2016年，市委政法委以“平安瑞昌、法治瑞昌”建设为载体，以创新为抓手，突出综治三项建设和法治建设两项重点，激活源头预防、依法治理、创新发展、队伍建设四大板块，扎实开展矛盾纠纷排查调处，严厉打击各类违法犯罪，突出重点问题集中整治，大力加强社会治安防控，切实强化政法队伍建设，不断提升公众安全感和群众满意度，各项工作取得明显成效。综治、维稳、反邪教、执法监督等工作分别荣获九江市先进。

着力维护社会稳定。加强矛盾纠纷调处工作。完善市、乡、村、组四级矛盾纠纷调处机制，经常性、不间断、拉网式开展排查，重点排查可能引发民转刑案件、群体性事件的苗头和隐患。整合公安、检察、法院、司法等政法部门及维稳、信访、人民调解等力量，全面落实司法调解、行政调解、人民调解相互衔接配合的“大调解”工作机制。全年共排查各类矛盾纠纷723件，调处化解稳控720件。推进社会稳定风险评估工作。完善社会稳定风险评估机制，加大社会稳定风险评估工作力度，切实从源头上防范和化解矛盾，年内开展社会稳评风险评估项目18个。完善应急处置工作机制。出台《处置市民服务中心区域异常上访应急预案》，加强政治核心区域矛盾化解处置机制建设。组织对群体性事件进行专题研判，预测风险系数。全年成功处置突发性群体性事件4起。加强国安工作。依托综治信息网络，完善专群结合、人力和技术结合的市、乡两级情报信息工作网络，加强相关部门情报信息共享和综合研判，做到底数清、情况明。组织开展《中华人民共和国国家安全法》《中华人民共和国反间谍法》《中华人民共和国反恐怖法》学习宣传和知识竞赛活动，全市共有137个单位2578名干部参加。推进反恐工作。加强对涉恐人员境内外联络等情况侦查工作，及时发现、打击其勾结活动，并结合网格化防控体系建设，强化对涉恐重点人员的动态管理，强化对公共交通工具和人员密集场所的防控。开展反邪教工作。实行“宣传、帮教、打击”三位一体，做好敏感时期重点人员防控工作，确保“五个不发生”。联合监狱狱政管理部门对在押人员开展教育转化工作，打造全省教育转化亮点。

深入推进依法治理。推进法治建设工作，不断完善集体学法制度、法制讲座制度、法律培训制度、法律知识考试考核制度和普遍建立法律顾问制度。推进公共法律服务平台建设，建成全省一流的首个法律服务中心。深入推进普法教育工作，开通“法治瑞昌”微信平台和“法治瑞昌”电视专栏节目，丰富“法律六进”活动形式。充分发挥法学会职能作用，作为九江市第一批成立的两个县（市）级法学会之一，团结引领全市法学法律工作者，组织“法律大讲堂”等法治宣传教育活动20余场次，受众达2万余人。推进政法工作改革，坚持标准，严格程序，全面落实好法官、检察官员额制；督促落实《领导干部干预司法活动、插手具体案件处理的记录、通报和责任追究规定》和《司法机关内部人员过问案件的记录和责任追究规定》，依法依规监督司法机关公正行使职权。认真执行《瑞昌市关于诉讼与信访分离工作暂行办法》，保护合法信访、制止违法闹访。教育引导群众自觉通过法律渠道表达诉求，运用法律武器维护权益。继续实施《瑞昌市国家司法救助工作暂行办法》，不断加大司法救助力度，对19名特困当事人给予司法救助，支付救助金43.7万元。推进政法部门依法履职。公安机关开展打击“盗抢骗”“黄毒赌”“缉枪治爆”等专项行动，共破获刑事案件529起，刑事拘留犯罪嫌疑人316人，抓获逃犯365人。市人民检察院受理提请批捕案件165件207人，受理移送审查起诉案件295件425人，经审查提起公诉227件305人。市法院共受理各类刑事案件277件，审结238件，判处罪犯310人，取得良好的法律效果和社会效应。

继续加强综治工作。推进综治规范化建设。市、乡、村三级综治中心全面建成，按照综治办+综治信息化+组团式服务模式，实现6个“百分之百”，即挂牌率100%、视频监控进综治中心100%、信息纵横联通100%、数据认领准确率100%、合理划分网格覆盖率100%、村居“三室一窗口”规范率100%，做到“三个超标”，即乡镇30%安装4块显示屏、村居30%安装40英寸液晶电视机比例超标、网格员配备数量超标、手机终端配备数量超标。加强重点防控体系建设。完善“天网”功能，城区共安装各类视频监控点251个，建设出城道路实时抓拍卡口9个，乡镇安装视频监控点117个，全部接入同级综治中心，并与市公安局110指挥中心联网，完成12个社会资源接入公安机关指挥中心工作。年内全市通过“天网”破获各类案件100余起。加强重点人员管理。对全市精神病人进行重新摸底和身份确认，共梳理确认肇事肇祸精神病人166人，普通精神病患者381人，全部落实管控责任，全年安排精神病人监护以奖代补资金42.7万元；完善社区矫正工作，实行社区矫正对象GPS手机定位监管和“天网”即时视频监管，在全省率先启动社区矫正官制度试点；做好流浪乞讨人员救助工作，继续推进市级救助站和流浪未成年人救助保护中心建设，健全救助服务网络，全年共救助296人次；强化流动人口服务管理，结合用工单位、出租房屋进行日常管理，切实做到逐人登记、逐人比对，共登记流动人口2420人。加强重点行业监管。在旅馆业、旧货业、公章刻制业，机动车改装业、废品收购业、娱乐业等重点行业推动实名制登记，落实法人责任，全面推进治安管理信息系统建设；全面落实邮件快件100%收寄验视、100%实名寄递、100%X光机安检等制度，切实维护物流寄递安全。开展专项整治行动。开展为期9个月校园及周边环境整治，下发整改通知单72张，监督意见720余条；通过“关停并转、综合整治”等方式开展矿山企业整治，对矿山周边环境及车辆装载进行规范；开展城区道路交通秩序整治，重点整治酒后驾驶、涉牌涉证等严重交通违法行为；将铁路护路联防工作纳入网格化管理，选拔兼职承包队员，在铁路沿线重要部位安装高清摄像头。开展平安创建活动。重点开展平安医院、平安校园、平安边界、平安铁路、平安家庭创建活动，把形式和内容有机结合，以点带面，全面推进平安单位、平安乡镇、平安社区、平安水域创建。2016年市人民医院顺利通过省平安医院创建验收。

【全市政法信访会议召开】 4月8日，全市政法信访工作会议在市艺术中心召开。会议总结回顾2015年工作，分析面临的形势，研究部署2016年全市政法信访工作。市委书记罗文江作出批示，市委副书记、市长郭小云作讲话，市委常委、政法委书记、公安局局长李九萍作工作报告，会议对2015年度综治信访先进集体和个人进行了表彰。市领导邵九思、丰耿、程世贵、周又新出席会议，市法检两长、市直部门单位、各乡（镇、场、街道）负责人以及获奖先进个人共440余人参加会议。

【开展防溺水工作】 6月，市综治办联合教育局等部门组织开展全市防溺水专项行动，指导全市各中小学加强学生防溺水安全知识教育，联合对全市21个乡镇场及学校开展防溺水工作督查。由于工作措施得力，成效显著，全年无一例溺水事件发生。

【举办综治维稳干部培训班】 8月9—10日，全市综治维稳干部培训班在市委党校举办，各乡镇场街道综治分管领导及综治专干和市委各部门、市直及驻市各单位综治专干共160多人参加培训学习。瑞昌市委政法委及综治办、维稳办安排专人为学员们授课。

【市综治中心揭牌成立】 10月14日，市综治中心揭牌成立。九江市综治办主任张松生，瑞昌市委常委、政法委书记余平共同揭牌。副市长、公安局局长邹剑波、市政协副主席王翠霞等领导出席揭牌活动。市综治中心既是全市综治工作的综合管理机构，也是社会治安综合治理的指挥中心，位于市行政服务中心一楼，占地220平方米，共有27个部门进驻办公。中心采用“综治办＋综治信息化＋组团式服务”模式，提供法律法规咨询、受理群众投诉、化解矛盾纠纷等一站式服务。

【推进“免疫工程”】 2016年，瑞昌市在“免疫工程”原有工作基础上，按照“三理交融、三位一体”模式，以培养代替管控，法院“青少年法庭”，检察院“青少年维权组”，公安机关“青少年维权岗”建设更加规范，做到与社会无缝对接，预防办牵头大力打造“法制关护基地”和“阳光班级”，切实维护青少年合法权益，有效预防和减少青少年违法犯罪，促进青少年健康成长。市综治办被共青团中央、中央综治委授予“全国青少年维权岗”称号，全省仅有2家综治单位获此荣誉。

【组织开展“平安家庭”创建活动】 2016年，市综治办与市妇联坚持依托舆论引导、依托资源优势、依托文明创建、依托样板家庭，采取重点帮扶、潜移默化、典型带动等方法，组织开展“平安家庭”创建活动，共评选出1900个“平安家庭”，在全市发挥了引领和示范作用。

【建立严重精神病患者“以奖代补”制度】 2016年，瑞昌市认真贯彻落实赣综治办〔2016〕4号文件要求，在2015年建立严重精神病患者“有奖监护”制度基础上，在九江市率先建立健全“以奖代补”机制，对598名严重精神病患者，全面落实“四方”责任，即乡镇、村（居）、派出所、监护人，肇事肇祸精神病人收治率达100%。全年财政共拨付奖补资金42.7万元，受到国家省市领导专家高度评价。

【实现“零医闹”目标】 2016年，市医调中心积极作为，成功调处医患纠纷29起，有效控制医闹事件发生，全市实现“零医闹”目标。

（董彦健）

法治政府建设

【概　况】 2016年，市政府法制办紧紧围绕市委、市政府中心工作，以全面推进依法行政、建设法治政府为目标，积极推动体制机制创新，着力加强制度建设、行政决策与执法规范化建设、矛盾纠纷化解能力建设，将法治政府建设不断推向深入，为推进全市“五大升级”创造良好法治环境。

*当好法治参谋助手。*为市政府重大决策提供法律意见。政府法制办全程参与市政府常务会等重大会议，积极参与解决各类问题，对市政府各类单项重大决策事项及问题解决认真进行法律把关，依法为处理各类问题提供法律意见，有效推动各类问题依法稳妥解决。审查市政府出台的文件和签订的合同。本着维护政府全局利益、投资者利益和群众利益宗旨，全年对市政府出台的涉及有关重大政策和重大措施的100余个文件和以市政府名义签订的20余份合同文本进行严格法律审查，确保出台的文件合法合规，切实防范各类合同法律风险。

*化解各类矛盾纠纷。*积极参与信访案件调查处理工作。积极组织参与信访案件复查工作，坚持参与信访实地调查，严格审查答复意见，全年共参与复查各类群众信访案件7件，均已提请市政府作出复查决定。依法进行行政复议案件调查处理工作。坚持“以人为本，复议为民”原则，以

建设法治政府，构建和谐社会为目标，依法受理，依法办理，积极运用和解、调解等多种手段化解矛盾，平衡利益，不断提高行政复议案件办理的质量和效率。全年受理行政复议案件申请2件。积极承担处理政府行政应诉工作。对政府行政应诉案件积极协调，依法应诉。全年法制办共负责办理市政府作为被告的行政诉讼案件4件。不断深入推进行政调解工作。印发《关于做好2016年全市行政调解工作的意见》，部署安排全市行政调解工作，积极构建多元化社会矛盾化解机制，推动行政调解组织机构建设和队伍建设。坚持行政调解联席会议制度，定期召开联席会议商讨研究行政调解重大事项。加强行政调解宣传工作，开展行政调解专项培训活动。继续深入推进劳动人事争议、交通事故、医疗卫生、学校意外死亡事故、山林土地水利矿产资源权属、环境污染、物业管理等矛盾纠纷专业性、行业性调解平台建设，完善并充分发挥平台的积极作用。同时，按时向九江汇总上报行政调解案件分类统计数据及典型案例，积极参与全省优秀行政调解案例及案卷评选活动。2016年，全市各级行政调解主体共处理行政调解案件1665件，达成协议1589件，其他处理40件，未达成协议36件，调解成功率95%，有效维护社会和谐稳定。

加强行政执法监督。加强执法主体资格管理。严格规范行政执法单位和行政执法工作人员资格审批和日常监督管理，依法开展行政执法单位主体资格证和执法人员执法资格证办理工作。全面审查执法单位、执法人员执法资格、条件的合法性，严把执法资格准入关。开展基层执法集中整治。印发《关于开展集中整治和查处行政执法不公侵害群众利益专项治理的工作方案》，在全市范围内开展集中整治和查处行政执法不公侵害群众利益不正之风和腐败问题专项治理。对全市行政执法机关（含法律、法规授权的组织）在履行行政监管职责的过程中实施的行政处罚、行政检查、行政审批、行政强制、行政征收活动，尤其是与群众有密切相关的土地征收、房屋拆迁、村镇规划、城市管理、交通与治安管理、道路运输、市场监管、生猪屠宰、卫生与计生、生态环境与资源保护等行政执法活动，从严格执法、公正执法、规范执法、廉洁执法、文明执法和执法监管等6个方面进行全面整治。2016年，在住房保障方面，共清理不符合保障性住房保障条件的对象479户，确保了住房保障执法方面的公平、公正；在农村“三资”监管方面，“三重一大”议事程序进一步规范，监管网络实现全覆盖，农村集体“三资”家底进一步清楚；在民政救助帮扶方面，低保管理水平进一步提升，全市共清理不符合保障条件低保户202户330人。

推进依法行政工作。推动政府学法工作。严格执行市政府常务会议学法制度，年内市政府常务会议重点学习了《中华人民共和国大气污染防治法》《农田水利条例》《居住证暂行条例》等法律法规，并且邀请法律专家在会上开展专题讲座2次。推进“双随机一公开”工作。积极落实市政府部署安排，推进简政放权、放管结合、优化服务改革，创新行政监管方式，规范行政检查行为，切实解决执法不公、检查扰民、监管不严等问题，推动全市行政检查“双随机一公开”工作全面落实，营造公平竞争的发展环境，促进社会公平正义。对全市40余家行政执法单位报送的《随机抽查事项清单》《检查对象名录库》《执法检查人员名录库》《随机抽查工作细则》及《2017年度行政检查计划》进行严格依法审查和备案。参与公共服务事项简化优化工作。根据全市统一部署，积极参与简化优化公共服务流程方便群众办事创业工作，对各部门单位报送的公共服务事项流程图、所需出具的证明材料、办理时限等进行合法性审查。

【做好权责清单及行政审批中介服务事项合法性审查工作】 2016年，市政府法制办认真落实上级文件要求，切实做好权责清单及行政审批中介服务事项合法性审查工作，及时衔接权责事项取消调整。全年共审查承接或取消行政权力事项37项，提出删除事项、修改事项、补充或变更事项依据等建议20余条；审查行政审批中介服务事项51项，提出修改事项、取消事项、补充或变更事项依据等建议30余条。

（范玮芳）

公　安

【概 况】 2016年，市公安局围绕市委、市政府工作部署，立足公安主业，强化社会防控，较好完成各项工作任务，为全市创造安全稳定经济社会发展环境。

大力维护社会稳定。积极排查化解矛盾纠纷，围绕劳资纠纷、债务纠纷等重点领域开展矛盾纠纷大排查，对排查出的矛盾纠纷及时调处化解，全年排查化解各类矛盾纠纷402起。加强情报信息分析研判，坚持每月开展情报会商，及时发现并妥善处置影响社会稳定的苗头事件。抓好敏感时期安保工作，加大“G20”杭州峰会、市第七次党代会、市“两会”等敏感时期安保力度，确保会议期间社会秩序稳定。

重拳打击违法犯罪。认真履行打击违法犯罪职责，全年共破获刑事案件709起，刑事拘留378人，提请批准逮捕199人，移送起诉462人，打掉犯罪团伙5个，其中各类多发性侵财案件584起。查处治安案件2157起，行政拘留862人。共办理“黄赌毒”案件271起，刑事拘留58人，行政拘留303人，强制戒毒41人。全年抓获网上逃犯365名，其中协外抓获逃犯31名。

强化社会治安整治。扎实开展缉枪治爆、交通违法等社会治安整治行动。侦破系列网络制贩枪支弹药案，捣毁制贩枪支弹药窝点2个，抓获犯罪嫌疑人15名，缴获各类枪支30余支、铅弹7000余发、制作气枪模具4套。开展超载超限专项治理，查处超限超载案件444件，查处超载车辆452台，卸载超载货物4102.8吨，切割改装车辆1800多台，扣分累计1367分，处罚金额117万余元，有效控制货运车辆超限超载违法行为。

建设过硬公安队伍。把抓好队伍管理作为提升公安工作重要抓手，做到从优待警，从严治警。率先落实警衔工资调标工作，如数兑现民警工作奖金。建立“民警之家”微信群，并依托该平台成立篮球、乒乓球、足球等俱乐部，组织民警利用业余时间进行训练、比赛。建成占地面积100余平方米的图书室和阅览室，投资7万余元添置各类图书6000余册。积极开展公安业务技能培训，全年共有76人次在上级部门组织的各类竞赛中获奖。出台《瑞昌市公安局警务大督察工作实施办法》，对警风警纪等进行严格督查，下发督察通报16期。全年查处民警违纪违法案件3件，查处3人，给予党纪处分1人，给予政纪处分2人，通报批评1人，约谈6人。

【九江市政府领导到瑞昌调研指导公安工作】 2月4日，九江市副市长、公安局局长张荣先到瑞昌市调研指导公安工作。副市长程世贵陪同调研。调研中，张荣先认真听取市公安局2015年工作情况汇报，先后视察桂林派出所大塘警务室、市拘留所、教育训练基地，对市公安局工作给予充分肯定，并就做好春节安保等工作提出指导意见。

【开展打击“盗抢骗”专项行动】 2016年，市公安局在全市组织开展打击“盗抢骗”专项行动取得丰硕成果。全市共破获此类案件374起，打掉犯罪团伙5个，抓获犯罪嫌疑人173人名，为群众挽回经济损失150余万元。

【举办推进城市管理升级演讲比赛】 10月26日，市公安局举办“实干创新，推进城市管理升级”主题演讲比赛。副市长、公安局局长邹剑波出席并讲话。全局25名民警参加比赛。经过激烈角逐，宋潇获得第一名。

【举行新民警入警暨警衔晋升仪式】 12月12日，市公安局举行新录用民警入警暨老民警警衔晋升仪式。局党委副书记、副局长周佐林向21名警衔晋升民警颁发警衔肩章，21名警衔晋升及6名新招录民警重温或宣读入警誓词。

【举行反恐演练】 12月13日，市公安局在瑞昌火车站广场举行反恐演练，副市长、公安局局长邹剑波任总指挥。公安、特巡警、消防、医护人员近100人参加演练。此举旨在提高对恐怖袭击事件应急处置能力，确保在恐怖袭击事件发生时能够迅速应对，妥善处置。

【抓获一名部督A级逃犯】 2月27日，市公安局抓获一名部督A级逃犯。2月25日，根据九江市公安局通报，在南昌市湾里区太平镇涉嫌故意杀人作案2起，致3死1伤的部督A级逃犯李某某可能潜逃九江市境内。接通报后，市公安局迅速展开大规模排查布控。2月27日上午，码头派出所民警在码头镇团结村将犯罪嫌疑人抓获。

【捣毁一个制枪窝点】 3月4日，市公安局成功捣毁一涉嫌制枪窝点，抓获犯罪嫌疑人1人，缴获各类疑似枪支13支，自制手雷两枚，用于制作枪支零部件的加工车床3台，枪支零部件及原材料若干，冰毒8.3克。其中JP915制式手枪1支，制式手枪子弹6发，高压气动力手枪9支，高压气动力狙击步枪3支。

【破获一起特大诈骗案】 4月27日，市公安局破获一起特大诈骗案。4月2日，市公安局民警在办理一起敲诈勒索案时，发现年仅19岁的范某，家境一般，却驾驶高档轿车，花钱十分阔绰，于是对其收入来源引起怀疑。经侦查，民警发现从2015年9月开始，范某在互联网上冒充女子用微信与一男子网恋，骗取其钱财，截至案发，共骗取其人民币188万元。审讯中范某对诈骗犯罪行为供认不讳。

【破获系列砸车玻璃盗窃案】 5月31日，市公安局破获一起系列砸车玻璃盗窃案。5月30日晚至31日凌晨，市区沿街有10辆轿车车窗玻璃被砸，车内财物被盗。接报后，市公安局立即组织民警进行侦破。经侦查，发现作案现场均出现一辆载有3人的踏板摩托车，经视频追踪，民警于5月31日中午在九江县某小区将犯罪嫌疑人吴某某、琚某某抓获，6月1日上午，在九江市区将另外2名犯罪嫌疑人殷某某、王某某抓获。经审讯，4人先后3次到瑞昌市区、安定湖公园等处采取砸车玻璃、强拉车门方法盗窃车内财物，共作案23起。

【破获一起特大传销案】 8月，瑞昌市公安局通过6个多月缜密侦查，破获一起涉及全国31个省、市35万人的特大组织传销案，涉案总金额达7.87亿元，抓获主要犯罪嫌疑人29人，在逃5人，查封冻结涉案资产2亿余元。经查实，2013年2月，犯罪嫌疑人马某在江苏省南京市江宁区注册成立南京“缘来一家”网络科技有限公司，销售自己注册的“好老婆（LOOOPOOO）”牌商品。2015年2月，马某开发“好老婆”网络销售软件，开始组织传销活动，至2016年5月，共发展会员近35万人，其中区域代理5700余人，层级达109级以上，收取会员费5.2亿余元。

【破获一起命案积案】 11月17日，市公安局成功破获一起发生在2002年的命案积案。2002年5月20日晚，市三中一女生被人奸杀。案发后，市公安局立即进行案件侦破，但未发现有价值线索，导致案件未能及时破获。11月14日，民警侦查发现夏畈镇人朱某某有重大作案嫌疑，随即在夏畈镇将其抓获。经审讯，朱某某对其奸杀女学生案供认不讳。

（高　伟）

检　　察

【概 况】 2016年，市人民检察院紧紧围绕全市工作大局，忠实履行宪法和法律赋予的职责，着力强化法律监督、强化队伍建设，各项检察工作取得新进展。

认真履行批捕公诉职能。全年共受理移送审查批捕案193件242人，经审查批准逮捕152件195人，不批准逮捕41件47人；受理移送审查起诉案321件460人，经审查提起公诉269件364人，不起诉31件50人。进一步强化维稳意识，严厉打击危害社会稳定的刑事犯罪，通过提前介入、引导侦查、落实联席会议制度等措施，加大打击刑事犯罪力度。在公安机关对方某某等16名犯罪嫌疑人邪教组织犯罪案件立案后，市人民检察院迅速派员提前介入此案，移送审查起诉后，办案人员仔细审查案卷，全面厘清各犯罪嫌疑人在犯罪中的行为、地位和作用，为该案提起公诉奠定了基础。在办理马某某等26人特大组织、领导传销活动案中，市人民检察院引导公安机关及时取证、固定和完善相关证据，并依法追捕漏犯3人。

依法惩治各类职务犯罪。坚持有腐必反、有案必查，立案侦查职务犯罪案件6人。按照最高人民检察院部署，积极开展集中整治和预防扶贫领域职务犯罪专项活动。以乡镇征地拆迁领域为侧重点，深入基层摸排线索，立案侦查了原夏畈镇南林村支书陈某某、村主任吴某某涉嫌共同贪污征地款26万余元的犯罪案件。结合开展加强生态检察专项监督活动，深入林业部门调查林木保护情况，立案侦查了花园乡林业工作站护林员徐某某不主动履行职责致20余亩国家生态公益林90余立方林木被损毁的玩忽职守案。积极开展职务犯罪预防工作，应邀到政协机关、国税局等部门进行预防职务犯罪专题讲座，对涉及群众利益的民生工程进行跟踪监督，筑牢民生工程职务犯罪防线。

全面加强各项诉讼监督。切实履行侦查监督职责，运用多种形式纠正侦查活动中存在的问题，监督立案1件1人，追捕5人、追诉1人，纠正程序违法2件；加大审判活动监督力度，对一审刑事判决提起抗诉3件，对生效民事裁判提请九江市院抗诉2件，提出再审检察建议1件，办理民事执行监督案4件；不断加强刑事执行监督，加强日常驻所检察，强化社区矫正监督，建议撤销缓刑2人，监督不符合监外执行条件的收监执行1人；稳步推进控告申诉检察，配置远程视频接访系统，建立涉检信访人员信息档案，妥善处理群众来信来访44件，立案复查刑事申诉4件。

深入推进规范司法工作。认真落实人大代表批评、意见和建议，积极配合市人大常委会开展代表视察、专题调研和执法检查。向市人大常委会专题报告近年来规范司法行为工作，并根据人大常委会审议意见，建立整改台账，有针对性地改进工作；强化内部监督，加强办案监督管理，及时发现和纠正违法违规办案情形，开展“规范司法行为提升年”活动，有效促进执法问题整改；深化检务公开，开通“两微一端”等新型媒体，发布各类信息200余条，通过人民检察院案件信息公开网公开案件程序信息447件、法律文书273份、重要案件信息47条，建立QQ、微信律师接待平台，促进检察工作与社会联系沟通。

高度重视检察队伍建设。始终坚持把思想政治建设摆在第一位，深入开展“两学一做”学习教育活动，引导全体干警尊崇党章、遵守党规，争做合格共产党员；通过“瑞昌检察”微信公众号、“两学一做”微信群、党组书记上党课等渠道和形式，营造浓厚学习氛围；组织党务工作者和青年干警到革命老区洪一乡苏维埃革命纪念馆接受革命传统教育，重温入党誓词，强化全体党员党性观念；坚决贯彻落实中央八项规定精神，切实加强机关党风廉政建设，及时纠正工作中存在的问题；加强检察干警理论学习培训，组织全体干警参加各类辅导报告7次，参加各类培训30人次，组织“规范司法在心中”演讲比赛，进一步深化司法规范化建设，提升干警素质能力。

【省人民检察院评估组到瑞昌评估基层检察院建设工作】 11月28日—12月2日，省人民检察院政治工作综合处副处长葛春瑜等一行6人组成评估组到瑞昌市就最高人民检察院《2014—2018年基层人民检察院建设规划》贯彻落实工作进行评估。评估组采取“听、考、查、访”的方式，开展问卷调查、知识测验、民主测评，查阅2013年以来案件卷宗、会议记录、制度文件、统计数据，并实地查看办公设施和登记台账，对2013年以来市人民检察院执法规范化标准化、队伍专业化职业化、管理科学化信息化、保障现代化实用化进行全面检验评估。通过评估，省院评估组认为：瑞昌市人民检察院牢牢把握“八化”建设方向，抓班子强队伍，抓基层强基础，抓管理强保障，扎实推进各项检察工作，基层院建设发展目标明确，思路清晰，措施有力，成效明显。此次省人民检察院共确定在全省4个基层检察院进行抽样评估工作，瑞昌市检察院为其中之一。

【九江市人大领导到瑞昌调研指导检察工作】 4月13日，九江市人大常委会副主任吕斌率调研组到瑞昌市，就检察机关规范司法行为工作进行专题调研。市委副书记、市长郭小云，市人大常委会主任徐修武，市委常委、政法委书记、公安局局长李九萍，市人大常委会副主任丰耿等陪同调研或介绍情况。调研组一行实地察看市人民检察院办案工作区、远程视频接访室、案件管理中心等，并召开座谈会听取相关工作汇报，对市人民检察院检察机关规范司法行为工作予以肯定。

【建立律师接待微信群】 3月，市人民检察院通过微信平台，建立了案件管理律师接待群。此举极大方便辩护律师及时向案件管理部门了解、查询案件信息及提前预约阅卷。

【成立2个生态检察工作站】 1月21日与5月4日，市人民检察院先后成立驻环保局、地矿局2个生态检察工作站。此举旨在实现行政执法部门和检察机关信息互通、资源互享、优势互补、工作互助。在打击生态资源领域违法犯罪时提前介入，对部门或乡镇的生态保护行政监管行为进行有效监督，对人民群众反映强烈、媒体关注度高、社会影响较大的生态环境违法犯罪案件进行联合挂牌督办，有效防止有案不立、有罪不究、以罚代刑等问题，更好地服务全省“绿色崛起”发展大局。市人民检察院每周一次派员前往工作站开展工作。

【首用远程视频进行公诉】 7月20日，市人民检察院通过远程视频对被告人柯某涉嫌容留他人吸毒案进行公诉，这是该院首次通过远程视频办理的公诉案件。因受强降雨影响，通往市看守所道路被洪水淹没。为不影响开庭审判，市人民检察院、法院一致决定，采用远程视频提讯系统开庭审理案件。

【连续十届荣获省文明单位称号】 2016年，市人民检察院荣获第十四届省级“文明单位”称号，这是该院连续十届获此殊荣。近年来，该院始终坚持“以抓精神文明创建促业务发展，以抓规范执法树检察形象”的工作思路，倾力建立文明创建机制，着力提高全员文明素质，大力提升检察文明形象，两个文明建设有机结合，法律监督工作与检察文化建设各有特色。先后被高检院评为“全国文明接待室”，被授予江西省“先进基层检察院”、九江市“公众满意政法单位”、瑞昌市综合治理“优胜单位”等荣誉称号。

【依法执行批捕首例破坏计算机信息系统犯罪案件】 7月，瑞昌市人民检察院以涉嫌破坏计算机信息系统罪依法批准逮捕犯罪嫌疑人吴某，这是该院依法执行批捕的首例破坏计算机信息系统犯罪案件。犯罪嫌疑人吴某，现年23岁，四川省内江市隆昌县人，初一辍学后沉迷于网络。4月6日，吴某在四川省内江市隆昌县某网吧上网使用DDOS攻击工具对九江市某网络科技有限公司服务器进行攻击，导致该公司网络瘫痪4小时，后多次通过QQ、手机短信与该公司联系，将攻击的截图发给该公司，向其索要1000元。索要不成后，4月9日，吴某再次对该公司五台服务器进行攻击，导致该公司网络服务器瘫痪2小时20分，并再次通过QQ向该公司索要2000元。4月11日，被害单位向公安机关报案，犯罪嫌疑人吴某于6月30日被公安机关抓获归案。

（何祖善）

审　判

【概 况】 2016年，市人民法院紧紧围绕“让人民群众在每一个司法案件中都感受到公平正义”目标，认真履行审判执行职能，积极践行司法为民宗旨，努力争创一流工作业绩，各项工作取得新进展。全年共受理审判执行案件5316件，审结各类案件4305件，法定审限内结案率98.8%，服判息诉率96.8%，受案数及结案数均创历史新高，为全市社会经济发展提供了有力司法保障。

履行审判执行职能。依法惩治刑事犯罪。全年受理刑事案件301件，审结276件，判处罪犯325人，其中判处10年以上刑罚6人，判处3年至10年刑罚40人。审结故意杀人、故意伤害、强奸等侵犯公民人身权利的犯罪案件47件，审结抢劫、诈骗、敲诈勒索等侵犯财产案件70件，审结非法吸收公众存款、逃税、串通投标等破坏社会主义市场经济秩序案件9件，审结危险驾驶、交通事故肇事等危害公共安全案件59件，审结涉黄、赌、毒以及寻衅滋事等妨害社会管理秩序案件83件，审结贪污、贿赂、挪用公款等职务犯罪8件。坚持宽严相济刑事政策，判处3年以下有期徒刑、拘役、管制等刑罚279人，缓刑199人、免刑2人。妥善审理民商事案件。受理民商事案件3144件，审结2604件。审结涉企纠纷1489件、民间借贷类案件580件、金融借款类案件286件、婚姻家庭纠纷类案件437件、买卖合同类案件198件、劳动争议及追索劳动报酬类案件189件、交通事故责任纠纷类案件271件、物业服务合同纠纷类案件176件。积极化解行政争议。受理行政案件14件，审结4件，审结行政非诉案件110件。全力推进执行攻坚。全年受理执行案件1746件，执结新旧案件1311件（含积案923件），涉案标的款2.31亿元，实际执结标的款8300万余元。集中开展积案清理工作，共清理积案2560件。被省高院列为“用两年时间基本解决执行难”示范法院，被九江中院评为“执行积案清理”先进单位。

践行司法为民宗旨。拓展便民举措。实行一次性书面告知制度，提供“一站式”诉讼服务，推行数字法院业务系统，通过“12368”诉讼服务热线，及时将案件办理进度等信息，向当事人告知反馈。开展诉前联调、审前调解、小额诉讼等工作，快立快审简易民事纠纷。推进巡回审判。实行一季一安排，将庭审搬到村委会、村民家中和田间地头，进行就地审判、当即调解，以案普法，教育群众，全年巡回开庭29次，涉及当事人80余人。实施司法救助。依法对17名经济困难当事人缓减免诉讼费用16.5万元，为23位贫困执行申请人发放救助金29.75万余元。落实援助律师在诉讼服务中心值班制度，为当事人提供诉讼服务310余人次。化解涉诉信访。坚持院领导包案责任制和院领导每日轮流接访制度，全年接待、处理涉诉来访2700余人次，督办落实信访案件11件，来信来访案件办结率100%，救助案件息访率100%。

积极创新工作思路。推进“一院一品”工程。充分发挥服务沿江开放开发合议庭作用，全年受理各类涉企及其他具有重大影响案件20余件，涉及金额1500余万元，依法为亚东水泥、理文造纸、理文化工等多家沿江企业追回货款数百万元，为沿江企业发展提供实用性、针对性司法服务，有力保障沿江开发顺利推进。创优少年法庭职能。少年法庭推行刑事、民事、行政“三合一”审判模式，全年办理刑事案件97件，民事案件24件。同时积极扩展其社会服务职能，开展法治宣传进校园、关爱留守儿童等活动；探索开展心理干预，聘请心理咨询师对未成年被告人进行心理疏导。破解人少案多矛盾。出台《关于破解审判案件“案多人少”难题的若干意见》，创建“繁简分流、简案速裁”机制，努力实现简案快办、难案精办。组建速裁审判团队，从事庭前调解等工作，负责集中快速办理分流的“简单”案件，在立案庭调解化解案件246件。以购买社会化服务方式，面向社会公开招聘合同制书记员10名，进一步优化审判辅助人员结构。落实院庭长办案制度，明确各院领导及一线办案法官的办案任务，全年院庭长办案共1128件，占全部诉讼案件的43.32%。推进司法公开。认真落实裁判文书上网规定，全年裁判文书上网1088件。依托审判流程、执行信息公开平台，推行案件电子卷宗，强化法院系统内部监控管理，全年形成电子卷宗4198件，上传文书4312份。积极开展法院开放日活动，主动邀请社会各界人士200余人次参观了解法院工作、旁听案件审理。强化审判管理。严格审限延长报批，对需延长审限案件，由院长审批把关，防止变相超审限。开展民间借贷案件超审限情况专项核查、超审限（执行期限）案件大检查、上网裁判文书质量评查等活动，确保案件质效。成立环境资源审判庭，与行政庭合署办公，统一受理涉及环境资源的各类审判案件。建立涉金融案件归口统一审理机制，抽调精干审判力量集中审理涉金融债权案件。

【省高院检查组到市人民法院检查工作】　3月16日，省高院执行局处长陈红率检查组到瑞昌，对市法院执行款物管理、执行积案清理、执行信息化建设3项工作进行检查。检查组通过查阅相关资料，听取工作汇报，认为市法院“3项工作”有亮点、有特色，给予充分肯定。

【省公、检、法联合调研组到瑞昌人民法院调研】 12月8日，由省高级人民法院刑二庭正科级审判员吴晓安、省人民检察院侦监一处助理检察员余意、樟树市公安局法制大队教导员张建辉组成的省公、检、法联合调研组到瑞昌人民法院调研刑事诉讼涉案财物移送工作。九江中院刑二庭负责人蔡报刚、九江市人民检察院案件管理中心主任万里陪同；瑞昌市人民法院刑事审判庭、少年法庭及瑞昌市人民检察院案件管理中心、瑞昌市公安局法制科等相关部门负责人参加调研座谈会。

【九江中院领导到瑞昌人民法院调研指导工作】 12月21日，九江市中级人民法院党组书记、院长鄢清员深入瑞昌市人民法院调研指导工作。市纪委驻中级人民法院纪检组组长、党组成员樊革新随同调研。瑞昌市委书记郭小云，市委常委、政法委书记余平，市人民法院党组书记、院长漆晓君等陪同或介绍情况。

【九江中院领导到瑞昌慰问防汛抗洪干警】 7月22日，九江中院党组成员、副院长王永宏到瑞昌法院防汛责任点—瑞昌城防堤，看望慰问驻堤防汛抗洪干警，并送来盐汽水、方便面、花露水、风油精等慰问品。受强降水影响，瑞昌赛湖、长河水位持续上涨，7月2日首超警戒线，防汛形势严峻。根据市委、市政府统一部署，市法院抽调50周岁以下男性干警44名在该院防汛责任点实行24小时轮流值守，历时1个多月。

【漆晓君做客中国江西网直播访谈栏目】 2月2日，市人民法院党组书记、院长漆晓君参加中国江西网组织的“基层法院院长话执行”直播访谈栏目。访谈中，漆晓君着重介绍瑞昌人民法院为进一步缓解“执行难”问题，采取对失信人员加大曝光力度、严厉打击拒执犯罪行为、不定期开展集中执行攻坚、加大执行救助力度等经验作法。

【启动夏季集中执行攻坚活动】 6月13日，市人民法院启动夏季集中执行攻坚活动，执行局、法警大队全体干警分组到不同执行地点开展执行。经过近3个小时紧张工作，执结案件4件，涉及金额17万元，拘留1人，罚款1人，移送公安机关1人，为夏季集中执行攻坚活动开展打响第一炮。

【依法公开开庭审理“血水圣灵”邪教案】 8月25日，市人民法院依法公开开庭审理方胜林等16名被告人涉嫌组织利用邪教组织破坏法律实施罪一案。市人民检察院派员出庭支持公诉，16名被告人及6名辩护人出庭参加诉讼，部分公安干警及涉案被告人亲友60余人旁听了庭审过程，庭审过程长达6小时。

【推进巡回开庭常态化】 2016年，市人民法院从方便群众，提升服务水平出发，积极推进巡回开庭常态化，变往年一年一安排为一季一安排。年内深入乡村、企业、社区、机关等地开庭29次，涉及当事人80余名。

【开展“司法为民大走访”活动】 12月，市人民法院采取“领导带案下访、干警联户走访”形式，组织全院干警开展“司法为民大走访”活动。一个月共召开各类座谈会11场次，走访乡村、社区干部群众950余人次，发放法律宣传资料5500余份，征求对法院工作意见建议38条。

【召开执行款发放暨全年工作新闻通报会】 12月15日，市人民法院举行执行款发放暨全年工作新闻通报会。通报会邀请市人大代表、政协委员、人民陪审员、司法监督员及省、九江市、本市新闻媒体记者等20余人参加。现场发放执行款408万元。截至2016年11月底，市人民法院共受理各类案件2643件，审结2487件，执结执行案件1189件（其中积案854件），结案标的款2.83亿元，共拘留69人次，罚款6人，以拒执罪移送公安机关立案侦查11人，判决3人，实施强制搜查5次。

【雷琴获九江市“铿锵玫瑰”荣誉】 2016年，市人民法院少年法庭庭长雷琴荣获九江市政法委、九江市妇联授予的“铿锵玫瑰”荣誉。雷琴从事少年审判工作10余年，参与了瑞昌人民法院近十年来全部未成年人刑事案件审理工作，在雷琴的积极推动下，瑞昌人民法院成立了九江市首个独立建制的少年法庭，并启用九江市首个“圆桌法庭”。

【获评九江法院系统“执行积案清理工作先进单位”】 10月12日，瑞昌人民法院在九江中院第三季度执行工作会上获评九江法院系统“执行积案清理工作先进单位”，受到表彰。九江中院奖给瑞昌人民法院价值1万元的无人飞机1架。

【刘小伟受邀走进《法治天下》栏目现场说法】 2016年，瑞昌人民法院肇陈法庭庭长刘小伟受邀走进最高人民法院人民法院报社与中国教育电视台一频道合办的《法治天下》栏目接受访谈。在访谈中，刘小伟解析了该院审理的1起共有财产纠纷案件。这是瑞昌人民法院法官首次受邀该栏目现场说法。

【律师代理申诉工作室揭牌运行】 5月25日，“律师代理申诉工作室”在市人民法院诉讼服务中心正式挂牌成立。市人民法院与市司法局联合制定下发《关于推动律师参与化解和代理涉诉信访案件工作的实施办法》，对涉法涉诉信访案件建立律师参与化解和代理申诉工作机制，市司法局安排9名律师到“律师代理申诉工作室”开展代理申诉工作。

【成立环境资源合议庭】 2016年，市人民法院新成立环境资源合议庭。该庭与行政审判庭合署办公，由分管行政庭的副院长兼审判长，专门审理涉及环境资源保护方面的民事、行政、刑事案件，履行涉环境资源方面民事、行政、刑事“三合一”审判职能。

【在九江法院系统第三届“天平杯”乒乓球比赛中获佳绩】 8月2—3日，九江市中级人民法院在德安县举办九江市法院系统第三届“天平杯”乒乓球比赛，经过20多场激烈比赛，瑞昌人民法院代表队取得团体赛第三名、女子单打冠军、男子单打第四名的佳绩。

【汤恒贞获九江法院系统演讲比赛一等奖】 11月14日，九江市法院系统“创一流、争五好”主题演讲比赛选拔赛在九江市中级人民法院举行。瑞昌法院年轻干警汤恒贞以《俯首孺子牛，甘为摆渡人》为题参加演讲比赛，荣获比赛一等奖，并被选拔代表九江法院参加全省法院系统“创一流、争五好”主题演讲比赛。

（周晓琪）

司法行政

【概 况】 2016年，市司法局紧紧围绕“推进五大升级”发展战略，认真履行司法行政职能，主动作为，精准发力，各项工作取得明显成效，为社会稳定和经济发展提供了强有力法律保障。

法治建设继续加强。建立健全法治瑞昌建设领导机构，出台《2015—2020法治瑞昌建设规划纲要》，下发《法治瑞昌建设2016年工作要点》，建立科学的法治建设指标体系和考核标准，纳入年终全市党政目标管理考评内容，并将学法用法情况作为考察干部的重要条件和干部提拔任用的重要依据。全面推行法律顾问制度，积极引导各律师事务所和执业律师以服务大局为己任，主动参与市委、市政府中心工作，为市委、市政府及各顾问单位依法决策、依法行政以及重大事件的评判提供精准的法律依据和法律意见。

普法教育广泛开展。创新平台建设，投入15万元完善柳湖法治主题公园建设；投入数万元改造市民休闲广场双百米法治宣传长廊，做到一季一更新；利用广播电视、报刊等新闻媒体开辟《法治瑞昌》《法治天地》等专题栏目，全年市电视台播出法治栏目34期，《瑞昌报》刊登法治专题报道28期；综合利用公共场所及教育、金融、电信三大系统窗口单位电子显示屏开展公益普法宣传；开通“法治瑞昌”微信平台，每周发送法治宣传等信息；严格落实国家机关“谁执法谁普法”责任制，举办4期市委理论学习中心组法治讲座，2次全市领导干部法治讲座和1次统一法律知识考试，实现领导干部学法用法制度化、规范化、常态化，形成部门分工负责、各司其职、齐抓共管的“大普法”新格局。

人民调解成效明显。加强调解组织建设。全面完成调委会整顿和充实工作，全市共有各类调委会216个，其中乡镇（街道）人民调解委员会20个，村居人民调解委员会194个，驻公安派出所调解委员会1个。发挥调解组织作用。全年共排查各类矛盾纠纷823件，调处化解稳控820件，调处率达99%。其中主持调解重大或跨界矛盾纠纷17件，成功化解突发事件23起，医疗事故纠纷29件，有效维护社会和谐稳定。

社区矫正亮点突出。开展社区矫正官制度试点工作，出台《瑞昌市社区矫正官试点工作实施方案》《瑞昌市社区矫正官试点工作制度》，成立瑞昌市社区矫正管理局及瑞昌市社区矫正执法大队，实行社区矫正工作人员统一着装、统一证件、统一标志、统一标准监管。全省社区矫正官试点工作现场推进会在瑞昌市召开。推进社区矫正日常监管规范化，创新“五个一”工作法，即每天一次平台登录、每周一次集中办公、每月一次督查通报、每季一次风险评估、每年一次量化考评。开展社区矫正执法规范深化年活动，印发《瑞昌市社区矫正执法规范深化年活动实施方案》，严格落实审前调查制度，制定审前社会调查实施意见，健全调查评估机制，全年共进行社区矫正适用前社会调查评估155起，同意适用社区矫正128人次，不同意27人次，法院采信率为98.9%；严格落实监管执法制度，严格请销假制度及居住地变更、警告、提请撤销缓刑假释、收监执行等审批制度，全年共办理11人次居住地变更手续，暂予监外执行人员期满收监执行1人，不服从监管撤销缓刑收监执行1人；严格落实集中入矫宣告制度，全年开展集中宣告活动10次。完善社区矫正信息化建设，运用移动定位、指纹签到等信息技术，对在矫329名社区服刑人员实行电子建档及指纹报到，手机定位323人，并运用“天网”视频监控系统对重点人员及定位轨迹异常人员进行视频点验。

法律援助不断强化。扩大法援范围。将工伤事故、医疗事故、交通事故等人身损害赔偿等列入法律援助范围，简化申请、受理、审批等程序。加强法援宣传。印发《法律援助指南》2000册和法律援助宣传资料3000份，深入各乡镇、社区和学校多形式多渠道开展法律援助咨询和宣传活动；投入5万余元，在全市21个乡镇场157个村（组）设立了永久性法律援助宣传牌，实现了全市法律援助永久性宣传牌全覆盖；开通“瑞昌市法律援助中心”微信公众号，拓宽弱势群体依法维权的途径。提高法援水平。主动协调好与律师事务所、基层法律工作站、公证处及法院等相关部门关系，严格按照法律援助“四统一”原则，认真做好法律援助案件受理、审查及指派等工作；开展精准法律援助活动，联合市扶贫办、民政局等单位开辟法律援助“绿色通道”，根据摸底排查发放法律援助“连心卡”，切实服务应援群体。全年共受理法律援助案件286件，接待法律援助咨询2000余人次。

【省司法厅领导到瑞昌视察指导工作】 11月2日，省司法厅厅长沙闻麟一行到瑞昌市视察指导工作。九江市副市长、公安局局长张荣先，市委政法委常务副书记沈晖，司法局局长宋琪；瑞昌市委副书记陈琪，市委常委、政法委书记余平等陪同。沙闻麟一行先后视察瑞昌市法律服务中心、柳湖法治主题公园等，对瑞昌市司法行政工作给予高度评价。

【全省社区矫正官制度试点工作现场推进会在瑞昌召开】 7月12—13日，全省社区矫正官制度试点工作现场推进会在瑞昌市召开。省司法厅巡视员简明龙出席会议并讲话，省司法厅社区矫正局局长魏淑燕、副局长康志文，九江市司法局局长宋琪及各试点设区市、县分管社区矫正工作领导参会，瑞昌市委常委、政法委书记李九萍致辞。会上，各试点单位结合各自社区矫正官试点工作进展情况及存在的问题进行交流汇报；魏淑燕对全省社区矫正官前阶段试点工作进行了总结，肯定了各地在推进社区矫正官制度试点工作中所做的探索创新，同时指出了试点工作普遍存在的问题与不足，并对下一阶段试点工作进行部署安排。简明龙对下一步工作提出了新的要求。

【湖北省司法厅领导到瑞昌考察】 3月16日，湖北省司法厅社区矫正管理局副局长周孝军一行到瑞昌市考察社区矫正信息化建设工作。江西省司法厅社区矫正局副局长廖志文陪同。副市长程世贵介绍情况。周孝军对瑞昌市社区矫正信息化工作平台建设给予高度评价，认为该平台在推进社区矫正监管网络化、执法规范化、定位动态化上成效显著。

【甘肃省司法厅领导到瑞昌考察】　5月26日，甘肃省司法厅副厅长钟建龙一行到瑞昌市考察司法行政工作。省司法厅信息中心副主任曾力华，九江市司法局纪检组长李瑞涛，瑞昌市政府副市长程世贵陪同考察。钟建龙一行重点考察瑞昌市远程帮教系统建设，并在市司法局远程会见室，现场观摩在监服刑人员与家属远程网络视频会见，对瑞昌市利用信息化技术打造远程帮教会见平台的创新做法给予高度评价。

【栾川县司法考察团到瑞昌考察学习】　9月30日，河南省栾川县司法系统考察团到瑞昌市考察学习法制文化阵地建设工作，副市长邹剑波介绍情况。考察团对瑞昌市法制文化阵地建设及公共法律服务体系建设等给予高度评价。

【省司法厅拍摄组到瑞昌拍摄《司法行政工作创新与升级》专题片】　6月21日，省司法厅拍摄组一行到瑞昌市就司法行政工作创新进行选景拍摄。拍摄组一行先后对瑞昌市社区矫正监管中心、社区矫正执法监管平台、手机定位及“天网”、新入矫人员入矫报到、集中宣告、集中点验及学习教育、公益劳动和工作走访等11项工作进行拍摄。

【荣获“全省法治宣传教育先进县（市、区）”称号】　6月20日，在江西省第十三次法治宣传教育工作会议上，省委、省政府联合表彰20个先进县（市、区），瑞昌市荣列其中，被评为“2011—2015年全省法治宣传教育先进县（市、区）”。五年来，瑞昌市积极贯彻省委宣传部、司法厅和省普法办文件精神，精心组织实施“六五”普法，圆满完成“六五”普法规划所确定的目标和任务。以宪法为核心的法律知识得到较为广泛普及，人民群众法律意识和法律素质明显提升；依法治理工作深入开展，各项事业法治化管理水平明显提高，有力促进“法治瑞昌”“平安瑞昌”建设。

【市普法办获评“全国先进普法办”】　6月，中央宣传部、司法部召开第八次全国法制宣传教育工作会议，对全国“六五”普法先进集体和先进个人进行表彰，瑞昌市普法办荣获“2011—2015年全国先进普法依法治理领导小组办公室”荣誉称号。

【出台司法所管理实施意见】　5月，瑞昌市司法局制定出台《瑞昌市司法局关于加强司法所管理实施意见》。该意见分别对司法所管理的指导思想、工作目标、管理内容、管理办法及奖惩等五方面作了详细规定；重点从队伍管理、业务管理、财务管理、制度管理等方面提出14项管理措施。该意见对基层司法所管理规范化和制度化建设具有重要指导作用。

【获九江市目标管理综合考评“七连冠”佳绩】　3月25日，市司法局在2016年度九江市司法行政系统目标管理综合考评中，再次荣获“先进单位”称号，并位列九江各县（市、区）第一名，创造了目标考评“七连冠”佳绩。近年来，市司法局紧紧围绕市委、市政府中心工作，充分发挥法治宣传、法律服务和法制保障职能作用，司法行政工作逐步迈入九江市、全省乃至全国先进行列。

【圆满完成防汛抗洪任务】　7月，市司法局按照市委、市政府部署要求，把防汛抗洪作为压倒一切的重要政治性任务，精心组织，周密部署，局主要领导亲自抓、带头做，先后安排班子成员以及副科级以上干部12人带班，组织30人上堤，巡查148人次，排查险情4处，灌装沙袋2800余袋，较好完成防汛抗洪工作任务。

【法律服务中心建成投入使用】　9月18日，瑞昌市法律服务中心正式建成并投入使用。该中心位于市司法局一楼大厅，总面积500平方米，总投资一百余万元，共分为引导区、受理区、休闲区、等候区、综合功能室等5大功能区，进一步提升司法行政部门服务水平，让群众真正享受“一个门进来、一个窗口受理、一站式服务”。

【开展社区矫正人员集中点验教育活动】　6月21日，市司法局组织170余名社区矫正人员开展集中点验和学习教育活动。活动中对170余名社区矫正人员进行逐一点名，到会率达100%。对日常监管中不服从管理人员进行批评教育。

（曹裕东）

农　业

◇◇本栏编辑　冯国成

综　述

2016年，全市农业工作紧紧围绕“进入全省10强县市，全面建成小康社会”战略目标，坚持实干创新，着力推进“五大升级”，较好完成各项工作任务，农业发展稳定向好。全市农业总产值完成25.59亿元，同比增长12.9%。粮食总产量103045吨，同比增长5.9%；油料总产量25206吨，同比下降18.9%；棉花总产量4044吨，同比增长5.0%；蔬菜总产量131573吨，同比增长3.1%；生猪出栏287900头，同比下降4.3%；肉类总产量26195吨，同比下降3.3%；水产品总产量40640吨，同比增长3.5%。完成植树造林1026公顷，封山育林工作在全市全面推开。

规模农业快速发展。全年引进亿元以上农业项目4个，新建500亩以上连片种植、养殖基地9个，新增规模以上农业企业3家、“三品一标”农产品14个、农民专业合作社86家、家庭农场167家；持续推进赛湖农业综合开发现代示范园建设，服务中心大楼基本建成，进驻省级龙头企业3家，千亩以上大户4户。

绿色农业扎实推进。牢固树立绿色发展理念，以省级绿色生态农业十大行动试点县（市）建设为契机，重点推进农药、化肥零增长行动，着力推动病虫害统防统治工作，全市专业化统防统治面积达16206公顷，全年指导农作物防治面积79940公顷。全市农药使用量同比减少7.86%，化肥使用量同比减少3.5%。大力推进农业品牌创建、农业资源保护、秸秆综合利用等行动。新增“三品一标”农产品14个，总数达49个，其中绿色农产品3个，有机农产品5个，地标农产品1个，无公害农产品40个；开展秸秆综合利用，建立青贮玉米饲料商品化试点1个，万亩水稻秸秆机械粉碎深耕还田秸秆肥料化试点1个，秸秆食用菌基料化利用试点1个。

农业开发进展顺利。2016年，全市获批实施农业综合开发项目3个，总投资2855万元，其中土地治理项目1个，总投资400万元；农业产业化经营项目1个，总投资140万元；现代农业园区试点项目1个，总投资2315万元。赛湖国家农业综合开发现代农业示范园建设快速推进，年内投资2175万元，完成高标准农田建设工程项目1个；投资140万元，完成产业化经营项目1个。南义镇、南阳乡2015年度农业综合开发高标准农田建设项目顺利通过九江市检查验收。获九江市农发系统2016年度农业综合开发工作第一名。

（编辑部）

种 植 业

【概 况】　2016年，市农业局牢固树立五大发展理念，全面贯彻“五大升级”发展战略，坚持围绕发展现代农业总目标，以农业供给侧结构性改革为主线，以绿色发展为导向，以改革创新为动力，着力强产业、建园区、促经营、优服务、保安全，进一步筑牢农业发展基础，厚植农业发展优势。

产业结构持续优化。粮油、蔬菜、茶叶、山药、芝麻、水果、中药材等产业主导作用进一步增强。2016年，全市粮食播种18634公顷，总产103045吨；春收油菜13313公顷，总产23610吨，秋播油菜13333公顷；蔬菜播种5989公顷，茶叶新增266公顷，总面积突破1000公顷，总产16吨；山药种植面积1000公顷，总产1.5万吨；水果种植面积2920公顷，总产17588吨。

产业发展深入融合。大力发展农产品加工业，新建1条菜籽低温冷榨生产线；溢香禽蛋、天兴农业等农业产业化龙头企业新增投资2.3亿元。加快发展休闲农业和乡村旅游，涌现了浪翠谷、隐心谷、蓝月谷、江家岭、宝龙山庄等一批休闲农业和乡村旅游示范点。唱响农产品品牌，“独一支”牌瑞昌山药获得江西名牌农产品称号，并获得第十二届江西鄱阳湖绿色农产品（上海）展销会金奖，秦山山青和晨雾之盛茶叶在第三届庐山问茶会上获得金奖。

生态农业扎实推进。以绿色生态农业十大行动为抓手，重点开展农药、化肥零增长行动。全市新增专业化防治组织4家，总数21家，日作业面积1万亩；全市专业化统防统治面积16206公顷，增长22.41%；应用太阳能杀虫灯1500台、色板5万多亩次、性诱剂2万亩次。全年发放配方施肥建议卡7万份，免费为7.6万农户提供测土配方施肥技术服务。全市农药使用量441.7吨，同比减少7.86%；化肥使用量2.46万吨，同比减少3.5%。大力推广农业标准化生产，全市“三品一标”农产品新增14个，总数达到49个。扎实推进农业面源污染治理，建立农田残膜治理、秸秆综合利用示范点；铲除加拿大一枝黄花、水花生等外来入侵生物140余公顷。加强农村沼气建设，新建户用沼气池322户、集中联户沼气工程5处212户。

设施装备加速升级。推进智慧农业建设，赛湖大田农业物联网加快建设，与省农业厅智慧农业云平台即将实现对接。实施农业部农业信息进村入户试点工程，为“农业服务下乡、农产品进城”拓宽渠道。通过“12316”短信服务平台，年发送服务短信1万多条。完成农机购置补贴资金330万元，全市农机总动力达到31.03万千瓦，同比增长3.23%，水稻耕种收综合机械化水平达到74.3%。以农机合作社、家庭农场等新型农业经营主体为依托，在赛湖农场、横港镇、高丰镇建立水稻生产全程机械化示范区，示范面积266公顷。示范区实现水稻机耕、机插（机播）、机防、机收、烘干全程机械化，综合机械化率达到96%。2016年争取省农业厅项目资金80万元，建标准农机库棚8个，面积5996平方米。

园区建设步伐加快。积极落实省“百县百园”工程建设要求，整合资源集中打造赛湖现代农业示范园区。2016年，赛湖园区新建高标准农田666公顷，蔬菜钢架大棚100公顷，自动化智能玻璃温控大棚1.4万平方米，农业物联网设施即将覆盖全园，一座“四区四型”综合性现代农业示范园区正在加快形成。4月，九江市“三农”工作会在瑞昌召开，与会领导参观赛湖园区水稻机插、机防展示现场，对园区建设给予高度评价。

农业改革不断深化。全力推进农村土地确权登记颁证工作，证书颁发到户率99.13%。积极推动农村土地承包权有序流转，全市农村土地流转8200公顷，新增农民合作社100家，总数达到535家，其中省级示范社12家；新增家庭农场178家，总数达到456家，其中省级示范家庭农场5家。加强农村集体“三资”管理工作，推进农村集体“三资”网络监管工作，全市161个村级单位全部实现村级财务监管网络化和会计电算化，在九江市走在前列。

科技推广精准发力。开展送科技下乡、科技对接服务活动，大力推广良种良法。加强基层农技推广体系建设，省农业厅将瑞昌市列为全省基层农技推广服务体系标准化项目县。集中力量，实施好油菜绿色高产高效创建示范项目，推行“1+6”创建模式，着力建设赛湖1个核心区以及横港、武蛟、南义、桂林、花园、洪一6个示范区，示范区成为引领全市油菜新品种、新技术展示推广的主平台。积极开展新型职业农民培训工作，2016年举办新型职业农民培训班6期，培训新型职业农民204人。

安全监管全面强化。落实农产品质量安全联席会议制度，强化属地管理责任、部门监管责任和生产经营者主体责任。加强农资市场综合执法，全年查处违法违规种子案例15起，立案11起。加大农产品检测抽检工作，全年完成定量检测300批次，农残速测1500批次。在部、省专业检测机构全国例行监测或九江市级监督抽查中，辖区内农产品未发现有使用禁限用药物现象；全年未出现一起农产品质量安全事故。

【省农业厅领导到瑞昌调研指导工作】 11月1日，省农业厅党委委员、副厅长，省农垦事业管理办公室党组书记、主任唐安来到瑞昌市赛湖现代农业示范园区调研指导工作。九江市农业局相关人员，瑞昌市副市长蒋贤智陪同并介绍情况。唐安来对赛湖现代农业示范园区建设取得的成绩给予充分肯定。

【九江市农业电子商务暨益农信息社建设工作现场推进会在瑞昌召开】 4月12—13日，九江市农业电子商务暨益农信息社建设工作现场推进会在瑞昌市召开。省农业厅、九江市农业局相关负责人到会指导，九江市各县（市、区）领导参加会议。会议组织与会人员参观桂林街道常丰村、范镇范镇村及湓城街道“益农信息社”，并召开座谈与培训会，传达农业部和省农业厅关于发展农业电子商务工作有关文件精神，开展电子商务业务培训、各县工作交流等活动。

【九江市农机化工作暨水稻机插秧现场会在瑞昌召开】 4月27日，九江市2016年农机化工作暨机插秧现场会在瑞昌市召开。各县（市、区）农机局（站）长参加会议。与会人员先后参观横港镇碧野农机合作社育苗中心、粮食烘干中心、农机维修流动服务站等地。会上，瑞昌市作典型发言。

【九江农业科教工作暨农业服务体系建设推进会在瑞昌召开】 8月25日，九江市农业科教工作暨农业服务体系建设推进会在瑞昌市召开。九江市农业局有关领导，各县（市、区）农业局分管领导、科教站长参加会议。会议安排与会人员到横港碧野合作社参观学习。

【信息进村入户工程试点县建设有序推进】 2015年12月，瑞昌市被列为农业部信息进村入户工程试点县。2016年，该项工作在全市有序推进。年内建成县级农产品电商运营服务中心1家，乡、村级益农信息社42家，有效拓宽“农业服务下乡、农产品进城”渠道。

【瑞昌被列为省级绿色生态农业十大行动试点县（市）】 2016年，为全面贯彻“创新、协调、绿色、开放、共享”发展理念和习近平总书记视察江西讲话精神，省政府提出全面推进绿色生态农业十大行动。瑞昌市被列为九江市唯一省级绿色生态农业十大行动试点县（市）。一年来，瑞昌市大力开展农药零增长、化肥零增长、绿色生态产业、“三品一标”农产品发展、绿色生态品牌、养殖污染防治、农田残膜治理、秸秆综合利用、农业资源保护等统筹推进的绿色生态农业十大行动工作。全年全市建设绿色生态产业标准化基地11个，新增“三品一标”农产品14个，省著名商标7个，2家企业获得ISO 9001体系认证，农药用量比上年减少7.86%，化肥用量减少1942吨，全市整合各类项目资金615.6万元用于生态农业十大行动建设。在九江市2016年度考核中，瑞昌市获评绿色生态农业十大行动建设先进单位。

【全面实现农村集体“三资”网络化监管】 2016年，瑞昌市依托九江市廉洁服务网，构建农村集体“三资”监管平台，全面实行农村财务会计电算化和监管网络化。全市21个乡（镇、场、街道）共161个村级单位，全面开展清产核资，建立台账，集体“三资”数据和有关图片、原始凭证等信息全部录入网络平台，网络化建账率100%，并及时更新。同时，在进一步完善“村账乡代理”基础上，以乡镇“三资”委托代理服务中心为主体，建成融合资金管理、资产管理、资源管理、合同管理、报表分析、预警提醒、网络公开等功能于一体的监管系统，实现农村集体“三资”管理运行情况的实时查询、实时分析、实时监管。

【现代农业示范园区建设成效显著】　2016年，按“政府主导、部门联动、企业主体、分类建设”的思路，坚持以工业化的理念发展提升现代农业示范园区，取得显著成效。赛湖核心园区建成面积1426公顷，其中粮油面积766公顷，蔬菜面积近200公顷，水产面积约200公顷，蔬菜育苗及温控大棚面积266公顷，有农业企业5家，农民专业合作社13家，家庭农场9家，种养大户40户。

【新增2个省级示范农民专业合作社和5个省级示范家庭农场】　5月，省农业厅发文公布省级示范农民专业合作社和省级示范家庭农场名单，瑞昌市2个农民专业合作社和5个家庭农场入围。至此，全市有省级示范农民专业合作社12个，有省级示范家庭农场5个。

【“雾上春”获全国绿茶类一等奖】　8月，瑞昌青山茶业开发有限公司选送的“雾上春”牌庐山云雾茶在中国茶叶学会组织开展的第四届“国饮杯”全国茶叶评比第一阶段活动中，获绿茶类“一等奖”。

（周　君）

附：2016年市农业局副科级以上领导名录

局　长：幸金甫
党组书记：廖小水（任至12月）
副局长：何中军　陈　飞　吴高茂
总经济师：朱烈强（任至6月）
　　　　　王　轶（6月任）
党组成员、能源办主任：王忠柳（任至6月）
农机局局长：范国新（任至6月）
农机局党支部书记：熊少平
种子局局长：王蓉蓉
种子局党支部书记：王建成
棉种场场长：聂瑞明
棉种场党支部书记：熊爱芳
农科所所长：陈敌欢
农科所党支部书记：范回桥

畜牧水产业

【概　况】　2016年，市畜牧水产局坚持以科学发展观为指导，认真贯彻落实市委、市政府决策部署，紧紧围绕“五大升级”发展战略定位，扎实推进现代畜牧水产业建设，成功应对禽流感、口蹄疫、小反刍兽疫等挑战和危机，畜牧水产生产稳步发展，资源环境保护与生态建设等方面取得显著成效，为农业农村经济持续健康发展做出了重要贡献。全市生猪出栏28.79万头，家禽出笼121万羽，牛羊出栏1.67万头，肉、蛋产量分别为2.62万吨、3161吨，水产养殖面积6500公顷，水产品产量达到4.06万吨，其中特种水产品1.55万吨。全年未发生重大动物疫情和畜禽水产品质量安全事故。被省农业厅授予2016年度全省“十二五”家畜血防先进单位和九江市农业局授予2016年度全市畜牧兽医工作、畜禽规模养殖污染治理工作、渔业工作先进单位荣誉称号。

加快产业转型升级。巩固生猪、草食动物、水产、家禽四大主导产业，大力推广螃蟹、小龙虾、泥鳅、翘嘴鲌等特种养殖，引导发展蜜蜂养殖、网箱养黄鳝、稻田养虾等新品种、新技术。继续开展畜禽标准化和池塘标准化改造，强化政策引导，重点对年出栏2000头以上生猪规模养殖场和集中连片20公顷池塘进行标准化改造，加强养殖场基础设施建设，推进标准化创建和规范管理。积极组织符合条件的新赣农生态农牧科技园、同丰养殖场申报省级和市级标准化示范场，大力发展“龙头企业+合作社+家庭牧场（农户）”模式，全市小龙虾主养面积扩大到80公顷；邱家生态养殖公司带动周边群众进行翘嘴鲌养殖，投入苗种11万多尾；渔跃湾生态园和九江市水产研究所合作的主养黄颡鱼效益初显。

疫情形势保持稳定。按照“应免尽免、不漏空当”的要求，督促规模养殖场程序化免疫，强化散养户春秋集中免疫，严格日常补免，层层签订责任状，坚持“一线工作法”，机关干部分区挂片对全市21个乡镇场驻乡进村入场进行技术指导，继续全面推行散养生猪“三针同免”工作。各类疫病免疫抗体合格率均较往年有所提高，实现了“疫情不扩散、人员不感染”的防控目标。全年累计免疫生猪23.6万头次、牛1.65万头次、羊1.95万头次、禽类107.65万羽次，全市重大动物疫病常年免疫密度达100%，免疫抗体合格率平均保持在90%以上。对全市畜禽养殖场、屠宰场、交易市场进一步加大消毒灭源力度，及时统一发放消毒药物，增加消毒频次，调整药水剂型，提高消毒效果。在春秋防期间，共发放消毒药4.6吨，“三场”累计消毒面积28万余平方米。按照集中监测和日常监测相结合原则，开展疫病监测和流行病学调查，共采集畜禽血样1600份、环境样70份，组织样70份。

产品质量总体安全。加强动物产地、屠宰环节检疫监督，严格执行畜牧兽医“六条禁令”和屠宰“五不得”，开展官方兽医执法能力培训，规范检疫行为和检疫出证管理，强化动物卫生证章标志管理；开展官方兽医常态化巡查，督促企业落实进厂（场）检查登记、肉品检验、“瘦肉精”自检等制度，严格巡查抽检，坚决查处出售、屠宰病死畜禽等违法行为，下达整改通知书30余份。积极督促指导养殖场（企业）建立健全养殖监管档案，推行痕迹化管理，强化规模养殖场（企业）依法履行主体责任，构牢畜禽水产品质量安全防线，开展“瘦肉精”、饲料兽药、水产品、养殖业农资打假、病死动物及产品、生猪屠宰六大专项整治行动和畜禽产品、饲料以及水产品安全专项监测，在农业部、省农业厅例行抽样检测中，产地畜禽水产品质量合格率达到99%以上，实现违禁药品零检出、质量安全事故零发生工作目标。

资源养护成效明显。积极开展渔业资源人工增殖放流活动，共投放各类鱼苗鱼种747万尾。在长江、赤湖、长河、南阳河、乌石河等流域重要河段组织开展“打击电力捕鱼”专项行动和渔业安全生产大检查，立案查处12起，缴获非法电力捕鱼设备30台，有效遏制非法捕捞现象；采取“农牧结合、种养平衡、工程治理”等方式加强畜禽粪污综合治理，加强与环保、能源等部门协调和合作，将农业源减排任务与畜禽清洁生产相结合，对新建或改建的规模养殖场严格执行环境影响评价和“三同时”制度，对35家畜禽规模养殖场粪污处理设施进行升级改造，有效减少粪污直接排放和环境污染。

全面落实惠农政策。鼓励养殖户（场）投保，降低养殖风险，及时协助财保公司为养殖户办理理赔相关手续；全面落实病死猪无害化补助政策，审核发放病死猪无害化处理补助资金566240元，理赔无害化处理病死母猪211头、育肥猪3059头。组织新型职业农民到彭泽、星子、浙江等地参观学习，积极搭建平台，充分发挥兽药、饲料、种畜禽等上游企业人才、资金优势，举办各类培训班8次，受益养殖户达到320余人次。在全市遴选377个具有代表性的畜牧水产科技示范户和1个试验示范基地，指派38名科技指导员结对开展科技指导，为养殖户解决生产技术、疫病防控等实际困难，发放消毒药等示范物资15.79万元。加快“财政惠农信贷通”政策实施，对全市符合条件、有贷款意愿的养殖户（合作社）进行全面摸底，严把审核关，确保把国家惠农政策用好、用实，真正起到促进农业增效、农民增收作用。到年底累计有198家养殖户通过审核。

【长江九江段禁渔期同步执法行动暨水生生物增殖放流活动在瑞昌举行】 3月1日，长江九江段禁渔期同步执法行动暨水生生物增殖放流活动在瑞昌市举行。省渔政局副局长余爱广，九江市农业局局长胡卫东，瑞昌市相关领导和部门负责人参加活动。当日上午，在瑞昌水域码头向长江分批放流72万尾“四大家鱼”和胭脂鱼鱼苗，其中瑞昌市畜牧水产局投放“四大家鱼”27万尾。即日起，长江江西段进入为期4个月的禁渔期，同往年比，禁渔时间提前一个月。

【开展春季送科技下乡活动】 3月24日，市畜牧水产局深入高丰镇开展2016年春季送科技下乡活动，组织畜牧、兽医、水产以及养殖业等方面专家，与群众进行面对面交流，开展科技法规咨询，推广养殖实用新技术。活动以“科技入户进园区、发展绿色生态农业”为主题，以服务本地主导和特色畜牧水产产业为重点，与农民需求有效对接，并免费向农民群众赠送各类科普资料300余份，接受咨询100余人次。

【开展渔业增殖放流活动】　6月28日上午，市畜牧水产局在长江瑞昌段狗头矶开展渔业增殖放流活动。九江市渔业局相关领导，瑞昌市电视台、公证处、渔民代表及周边群众共30余人参加活动。此次放流品种及数量为：青鱼夏花150万尾，鲢鱼夏花250万尾，鳙鱼夏花200万尾。

【举办乡村兽医培训班】　6月30日，市畜牧水产局乡村兽医培训班开班，乡村兽医从业人员、规模养殖场技术员共60余人参加培训。培训班邀请省畜牧兽医局专家就动物疾病防控知识和动物疫病流行趋势专题进行授课。

【组织四大家鱼原种资源库防汛抢险】　7月4日上午，因持续强降雨造成黄泥滩四大家鱼原种资源库水位急剧上涨，夏花鱼池子坝出现漫坝。市畜牧水产局、四大家鱼原种场迅速组织干部职工投入防汛救灾，经过连续几天奋战，终于完成防逃网片架设工作，确保了黄泥滩四大家鱼原种资源库安全。

【九江动物防疫职业技能赛夺魁】　9月1—2日，九江市动物疫病防疫职业技能竞赛在九江县举行。瑞昌市代表队夺得团体第一名，并包揽个人前三名。此次竞赛，九江各县（市、区）共有12支代表队36名动物疫病防治员参加，内容包括理论考试、鸡翅静脉采血、鸡心脏采血、鸡体解剖与采样、猪瘟疫苗免疫注射和猪前腔静脉采血技能操作。此次夺得个人前三名的选手，将代表九江市参加全省“振兴杯”动物疫病防疫职业技能竞赛。

【开展“寒冬送温暖”慰问帮扶活动】　11月15日，市畜牧水产局到白杨镇开展“寒冬送温暖”慰问帮扶活动。活动共走访慰问贫困户13户，送去慰问帮扶款2万元。

【开展打击电力捕鱼专项行动】　12月23日，瑞昌市召开打击电力捕鱼专项行动工作会，副市长蒋贤智主持会议并讲话。专项行动为期1个月，分宣传动员、集中整治、执法检查、总结巩固、建立长效机制5个阶段。

（桂良罡　董志刚）

附：2016年市畜牧水产局副科级以上领导名录

局　长：张志平（任至5月）　蒋义明（6月任）
书　记：刘全利（任至4月）
副局长：李迪波　邓水山（兼任长江四大家鱼原种场场长，任至5月）　王　斌　杜玉权
市防重办副主任：桂良罡
维稳信息督查员：梁光明
长江四大家鱼原种场场长：雷明新（6月任）
长江四大家鱼原种场党总支书记：宋相春（6月任）
长江四大家鱼原种场副场长：万正义（任至6月）　王　虹　黄　丹

林　业

【概　况】　2016年，全市林业工作，紧紧围绕市委“一个总目标、两大主基调、推进五大升级”决策部署，以生态林业和民生林业为主要抓手，大力开展国家森林城市创建工作，圆满完成年度各项工作任务。全年完成造林面积1026公顷，占省下达1000公顷任务的103%。9月19日，在国家召开的森林城市建设会上，瑞昌市荣获“国家森林城市”称号。

大力推进造林绿化。持续开展义务植树活动，全年适龄公民参加义务植树劳动20万余人次，共植树110余万株，植树存活率、保存率达87%以上。扎实实施林业工程项目，全年完成血防林项目造林466公顷，巩固退耕还林项目300公顷，精准扶贫新造油茶造林260公顷；完成油茶低改项目333公顷，防护林低改发行项目420公顷，长防林封山项目366公顷及完善退耕还林项目3380公顷。继续巩固提升“创森”成果，以中心城区绿化、乡村绿化、生态文化建设为重点，坚持城乡造林绿化一体化建设、一体化管理，努力实现“树有

高度、林有厚度、绿有浓度、景有美度、城有韵度”的目标，重点抓好肇陈镇大禾塘村、桂林街道东关村周家组、花园乡下杨湾村下杨湾组，高丰镇永丰村6组和铺头村1组等省级示范风景林建设，配合九江市创建办开展“十大树王”评选，向九江市推选候选“树王”12棵，洪一乡1棵树龄1600余年苦槠树获“九江市十大树王”称号。

切实保护森林资源。全面实施封山育林。按市委、市政府部署安排，在全市全面推进封山育林工作。召开全市封山育林动员大会，张贴封山育林《通告》7000余份、印发封山育林宣传册9万份，设立固定宣传牌200余块，出动宣传车600车次，书写宣传标语2000余条，并通过电视台等宣传媒介广泛宣传动员。全市商品材首次实现零指标，新增活立木蓄积12万立方米，森林覆盖率提高0.2%，林业产值净增1亿元。强化林地保护管理。严格审核、审批林地征占用手续，按照占一补一原则，做好植被恢复工作，确保森林资源稳定增长。全年共审核审批征占用林地18宗、面积37.6公顷，其中长期征占用林地审核上报5宗，面积19.3公顷；临时占用林地审批13宗、面积18.3公顷。加大林政执法力度。在全市范围内开展森林资源集中整治专项行动，以沿江、沿湖、沿路可视范围内林政案件查处为重点，加大乱砍滥伐等违法犯罪行为打击力度。全年共查处涉林案件82起，其中森林刑事立案12起，侦破12起（积案1起），刑拘7人，提请批准逮捕3人，移送起诉12起、13人。会同森林公安、林业工作站开展非法采伐红豆杉、破坏湿地、猎捕候鸟等联合执法，全年累计救助放飞白鹇、白鹭等受伤鸟类10余只，紧急转运6只受伤小天鹅到九江市局野生动物救助中心进行救治。抓好森林防火工作。召开全市森林防火工作会议，签订市、乡、村三级防火工作责任状，印发防火公告、公开信12万余份，发送防火短信9.6万条、预警预报信息48万条。对全市“五种人”进行登记造册，落实监护人，明确监护责任。进一步健全市森林消防大队、乡镇森林消防半专业队和村级应急队三级队伍。新建森林防火隔离带100公顷、生物防火林带58.1公顷，实施九岭山一期和瑞昌二期森林重点火险区项目建设，完善防火指挥监测系统，实现重点林区重点部位林火视频监控全覆盖。荣获“2016年全省春季森林防火平安县”称号。

积极推进林业改革。深化集体林权制度改革。以“两注重、两到位”为指导，在横港、高丰、横立山等3个乡镇开展省第二批集体林权制度改革试点工作，安排资金完善硬件设施，搭建林权流转统一信息服务平台，完成县、乡、村三级服务平台建设，实现与省、九江市网络互通，并于10月16日办理第一本林地经营权流转证。扩大林下经济发展规模。2016年全市林下经济发展涉林面积达到16666公顷，创产值4.5亿元；年内发展培育新型林业经营主体89家，其中专业合作社48家，家庭林场16家，林业专业大户19户，林业龙头企业6家。做优做强特色林业产业。依托全市重点油茶种植和加工企业，高标准建设6个油茶产业科技示范园，即洪下乡神州通油茶科技示范园144公顷、乐园乡京州林业科技示范园133公顷、花园乡申科油茶发展科技示范园120公顷、九江市天兴农业发展有限公司40公顷、江西绿泉园林开发有限公司33.3公顷、乾亨农业科技有限公司53.3公顷。

【国家林业局督查组到瑞昌市督查森林资源连续清查工作】 6月29日，国家林业局华东院教授级高工查印水率督查组到瑞昌市检查指导森林资源连清工作。省市联合督导检查组九江片负责人陪同。督查组随机抽查位于洪一乡的137样地，按规定对样地因子进行逐一复测，经过检查核对，督查组一致认为瑞昌市第九次全国森林资源连清工作调查技术规范，调查数据准确可靠。督查中，查印水对连清业务工作进行了全方位指导。

【省林业厅调研组到瑞昌调研林改试点工作】 6月24日，省森林公安局政委钟世富率队到瑞昌市调研集体林权制度改革试点工作。通过听汇报、查资料、座谈走访，调研组肯定了瑞昌市林改试点工作取得的阶段性成果。

【九江市林业局领导到瑞昌调研指导封山育林工作】 3月24日，九江市林业局局长江少文到瑞昌市调研封山育林工作。江少文先后深入白杨、武蛟、码头等乡镇，现场查看相关资料，听取有关封山育林工作开展情况汇报，对瑞昌市全面实施封山育林给予充分肯定，并就封山育林工作提出五点指导意见：一要加大宣传，营造浓厚工作氛围，做到群众家喻户晓；二要“科学经营”，通过封、管、造、护、改等措施努力补好森林质量不高的短板；三要狠抓落实，确保封育责任明确到人、压力传导到人；四要协调推进，密切联系相关部门，围绕建设生态文明建设，努力构建县、乡、村三位一体的工作体系；五要抓好产业发展，处理好封山育林与林农生产生活等实际问题，集中精力、想好方法，积极引导林农流转林地，大力发展林下经济，确保林兴民富。

【开展新春植树团拜活动】 2月14日，全市党政机关、市直单位干部职工新春植树团拜活动在桂林街道苗圃基地举行。市委书记罗文江，市委副书记、市长郭小云，市人大常委会主任徐修武，市政协主席郭少雄等市四套班子领导与数百名机关干部职工参加团拜活动。活动中，全体干部职工共栽植红豆杉、含笑、杜英、无患子、桃树等苗木1万余株，面积约13公顷。这是瑞昌市连续第十年举行干部职工新春植树团拜活动。

【成功创建省级森林城市】 3月30日，经省政府审定同意，省绿化委员会授予瑞昌市“江西省森林城市”称号。2013年，瑞昌市正式启动省级森林城市创建工作，全市上下紧密围绕“天蓝地绿、山清水秀、天人合一、宜居宜业”的城市发展定位，把生态发展和地域特色有机融合，累计投入建设资金5亿多元，重点推进“森林城市、森林乡村、绿色通道、绿色屏障、生态文化、生态保护”六大创森工程。3年来，全市共完成各种造林13333余公顷，全市森林覆盖率达60.9%，城区绿化覆盖率为44.09%、城区人均公园绿地面积达到12.65平方米；市内铁路、国道、高速等宜林地段绿化率达95.8%，河道、渠道、堤防和骨干道路宜林地段绿化率在95%以上，初步形成“青山拥翠、水岸铜都”的城市森林风格。

【防治森林病虫害】 2016年，市林业局严格贯彻“预防为主，科学治理，依法监管，强化责任”方针，认真做好森林病虫害防治工作。全年林业有害生物轻度发生面积1460公顷，有害生物发生率2.32%，成灾率近乎0。防治面积2133公顷，预测发生面积1406公顷，检疫面积256公顷，监测面积530200公顷，防疫率、检疫率、监测率等“五率”均达标。

【瑞昌被列为第二批省级深化林改试点县】 3月，省林业厅将瑞昌市列入第二批省级深化集体林权制度改革试点县（市、区）。第二批省级深化林改试点主要内容包括：推行林地经营权流转证制度，实现林地经营权流转证在林地流转合同签证备案、林业金融、林木采伐、申请林业项目、享受林业政策等权益事项的证明作用；依托省林权流转管理服务信息平台，建立健全省、市、县、乡、村五级林地流转管理服务体系，促进林地流转和适度规模经营；创新林地流转形式，为培育专业大户、林地合作社、家庭林场、资源培育型林业龙头企业等新型林业经营主体提供保障，探索一条林地流转交易管理新路子。

【江西立信园艺有限公司通过国家林业重点龙头企业认定】 5月，国家林业局公布第二批国家林业重点龙头企业名单，驻市江西立信园艺制品有限公司在全国247家申报企业中脱颖而出，成功晋升为“国字号”林业重点龙头企业。第二批国家林业重点龙头企业认定，以企业规模、带动辐射力、产品竞争力、企业盈利能力、信用等级、可持续发展能力等10项内容作为基本标准，经过对产业规模、带动能力、资源环保等八大类26个指标的严格评审，全国共有166家林业企业通过认定。国家林业重点龙头企业认定和管理工作每两年推荐和选定一次，获得认定的企业可享受资金、税费、保险、物流等国家有关优惠和扶持政策。

【开展森林消防队员集训】 7月27—28日，瑞昌市防火办抽调技术骨干，组织市森林消防大队、青山林场、大德山林场中队和各乡镇半专业扑火队开展集中培训。此次培训采取军事化管理，培训内容主要包括林火基础理论、森林防火理论、灭火装备机具使用和扑火应急指挥等。通过2天培训，参训人员理论水平、机具操作能力等普遍得到提高。

【龙口源森林公园总体规划通过审查】 5月，省林业厅下发《关于同意江西莲花洞等10处省级森林公园总体规划备案的函》，通过了《江西龙口源省级森林公园总体规划设计（2015—2025年）》审查备案。龙口源森林公园地处瑞昌市城区西北面，距市中心2.5千米，规划总面积约3.3公顷，现有各类动植物1361种，龙泉寺、显济庵、大罗宫、城隍庙等人文景观坐落其中，园内绿地率达96.6%。

【2家林业企业入选“全省示范”】 9月，瑞昌市美沃生态农林开发专业合作社被省林业厅评为“农民林业专业合作社省级示范社”，同时，该社与瑞昌市美霞专业合作社入选省级林下经济示范基地。近年来，瑞昌市坚持以林业为主体，大力发展林下种植、养殖，促进林业增效、林农增收。2015年，美霞林业专业合作社和美沃生态农林开发专业合作社共带动当地农民实现就业580户，社员分红返利达114.38万元，社员人均收入高出当地其他农民30%以上。

【组织干部职工义务献血】 12月12日，市林业局组织干部职工参加义务献血活动。局机关、下属单位和基层林业工作站等40余名青年干部职工参加义务献血活动，其中26人成功献血，献血总量达10300毫升。

（张辉军）

附：2016年市林业局副科级以上领导名录

局　长：陈德春
书　记：谈红斌（任至11月）
副局长：艾向荣　徐达春　何育稀
党组成员：何瑞忠
副局长：雷在盛（任至6月）
总工程师：曹　骥
党组成员：叶海林
市防火办主任：范承芳（任至6月）
市防火办副主任：吴　韧
市绿化办副主任：幸甫新　何振中
林科所所长：曹琳琳
林科所党支部书记：柯国庆

扶贫和移民工作

【概 况】 2016年，市扶贫和移民办围绕“两年率先脱贫”攻坚目标，全力实施十三项攻坚举措，累计整合投入资金1.8亿元，实现脱贫人口8041人，占贫困人口总数80.28%；退出贫困村15个，占贫困村总数78.95%。瑞昌市顺利通过江西省非贫困县第三方评估组脱贫退出评估核查，成为九江市2个达标县（市、区）之一，被评为九江市“脱贫攻坚先进县（市）”。

多措并举，全力打好脱贫攻坚战。产业扶贫稳步实施。投入专项资金805万元，扶持贫困群众发展种养产业171个，带动一批贫困户创业增收；投入资金288万元，启动洪一边山等7个光伏扶贫村级站建设，其中高丰长垅村成功并网发电；投入70.5万元，重点打造40个农村淘宝和“村邮乐购”精准脱贫站，有效拓宽农产品销售渠道。就业扶贫成效明显。整合岗位实现贫困人口就业534人，其中结合春季企业用工招聘安置87人，通过政府购岗安置126人；积极开展劳动技能培训，举办各类技能培训15场1000余人次，为贫困劳动力实现转移就业奠定基础。乡镇帮助就业，各乡镇结合自身实际，多种形式帮助贫困人员转移就业。如横港镇协调镇内企业用工105人，赛湖协调39名贫困劳动力进赛湖万亩现代农业综合示范园转移就业。安居扶贫有序推进。市建设部门将建档立卡贫困户危房改造全部纳入农村住房保障体系，优先安排危房改造指标。全市住危旧房贫困户542户，年内实施危房改造248户；实施特困户危房改造“交钥匙”工程，全年先后启动二批共40户“交钥匙”工程，完成19户，在建21户。兜底扶贫保障有力。充分发挥低保兜底保障作用，切实做到“应保尽保”，全市扶贫人口低保衔接率达59.16%，比2015年提高15.76%。同时，将农村低保补助标准提高到3240元/年人，确保了低保人口收入稳定高于同期全国扶贫标准20%以上。教育扶贫有声有色。积极开展扶贫助学活动，对建档立卡贫困子女按照每年就读学前教育1000元/人、小学1000元/人、初中1250元/人、高中2000元/人、大学5000元/人资助标准，春秋两季资助家庭困难学生10464人次、886.99万元；对215名在读高中（含职高）贫困学生落实每人每年补助2000元扶贫助学政策，其中专项扶贫资金补助108人、21.6万元；积极推动社会助学，市工会、妇联等部门年内发放助学金70万元，绝大多数包村单位或企业开展了金秋助学活动。健康扶贫落到实处。为全市4697名患有大病、长期慢性病的贫困人口免费建立健康档案；落实“两免”政策，由财政为建档立卡贫困户代缴120元/人的农村医疗参保费、90元/人的大病补充医疗参保费；落实惠民举措，兑现落实健康扶贫政策，贫困参合人员大病报销比例提高5个百分点，大病保险封顶线从25万元提高至30万元，对特别困难家庭给予减免或直接免费，全年累计直接减免医疗费35万元。退出工作推进有力。出台《瑞昌市贫困户贫困村脱贫退出实施方案》，建立严格、规范、透明的贫困退出机制；对贫困村中路、水、厕、沟等基础设施建设欠账，落实相关职能部门归口对接、推进责任。财政投入扶贫资金2268万元，整合新农村、交通、水利和供电等涉农项目资金2000余万元，有序组织开展贫困村脱贫退出工作。

统筹兼顾，扎实做好移民后扶工作。2016年，市扶移办通过“一卡通”发放水库移民直补资金339.66万元、涉及5661人。争取各类水库移民后期扶持项目114个，资金1002.32万元，并根据水库移民资金使用管理规定，突出脱贫攻坚重点，整合27个项目204.5万元资金，专项用于贫困户发展脱贫产业；整合87个项目资金用于水库移民村基础设施建设和产业发展，有效保障水库移民和贫困群众同步脱贫、共享成果。同时，通过整合新农村等项目资金，高标准打造南义镇新福村刘李组和朝阳村湾里组等一批移民新村；筹资91万元提前启动南义镇110千瓦光伏发电站建设，为当地贫困户和水库移民脱贫提供保障。

【非洲法语国家开发式扶贫政策与实践官员研修班到瑞昌考察】　5月13—14日，2016年非洲法语国家开发式扶贫政策与实践官员研修班一行30人到瑞昌市考察扶贫开发工作。省扶贫和移民办村庄建设处处长李林生，九江市扶贫和移民办党组书记、主任孙丽敏，瑞昌市副市长蒋贤智等陪同考察。考察团先后到市现代职业中等专业学校、白杨镇财政所、武蛟乡小月村实地考察学习，对瑞昌智力扶贫、产业扶贫等扶贫经验表示赞赏。

【九江督查组到瑞昌开展脱贫攻坚专项督查】　10月11—12日，受省委督查室和省扶贫办委托，九江市扶移办副主任朱云一行到瑞昌市就贯彻落实省委、省政府和九江市委、市政府有关脱贫攻坚决策部署工作情况开展专项督查。市委常委、农工部部长陈骏，副市长蒋贤智陪同检查并介绍情况。督查组在听取市政府自查情况汇报后，以随机抽查方式，深入到高丰镇铺头村、乐丰村和武蛟乡集兴村，查看村级精准扶贫办公室建设和脱贫攻坚档案资料，实地了解扶贫工程项目建设情况，并每村抽查10户建档立卡贫困户上门面对面交流，了解帮扶情况。通过督查了解，朱云对瑞昌市脱贫攻坚工作给予充分肯定，同时指出了问题和不足，提出了整改意见。

【扶贫领域专项巡察工作动员会召开】　11月8日，全市2016年扶贫领域专项巡察工作动员会召开。九江市委巡视办副主任王志贤到会指导；九江市委第二巡视组正县职巡察专员汪洲作业务培训；市委常委、纪委书记、市委巡察工作领导小组组长梁少清出席会议并讲话，市委常委、组织部部长、市委巡察工作领导小组副组长邵阳主持会议。市委专项巡察组全体成员、公检法及21个乡（镇、场、街道）党委书记等共120余人参加会议。此次专项巡察共设3个巡察小组，分两批对财政局、建设局、民政局、农业局等12个涉及扶贫领域的部门单位进行巡察，旨在大力整治发生在百姓身边的违规违纪行为，增强基层党组织凝聚力、战斗力。

【加大扶贫宣传工作力度】　2016年，市扶移办高度重视扶贫宣传工作，采取多种形式加大扶贫宣传工作力度。全年印发“一证两册”、结对帮扶明白卡2万份，编制《脱贫攻坚简报》3期，在《瑞昌报》开辟专栏21期、制作专刊1期，在瑞昌电视台设置专题15期、制作精准扶贫微电影《春雨》一部。在各级新闻媒体上稿300余篇，其中国家级65篇，省级60篇，九江级80篇，本市150余篇。

【瑞昌首部精准扶贫微电影《春雨》正式开拍】
9月26日，瑞昌市首部精准扶贫微电影《春雨》正式开机。该片以政府推进精准扶贫工作为主线，以解决高山农民饮水问题为切入点，从主攻产业扶贫、教育扶贫等方面，描述基层一线扶贫工作现状，讲述精准扶贫中的感人故事，讴歌一线党员干部帮助群众脱贫致富的事迹。该片拍摄地点为真实的扶贫村，演员多为本地干部群众本色出演。

（谈荣雄　谈振华）

附：2016年市扶贫和移民办副科级以上领导名录

党组书记、主任：蔡茂江（任至10月）
曾宪利（11月任）
副主任：毕诗忠　谈荣雄　刘礼豪
维稳信息督查员：周志坚

农业综合开发工作

【概 况】　2016年，市农开办认真贯彻落实省、九江市农村工作会议和全市经济工作会精神，坚持以“实干创新，打造秀美乡村”为目标，以“农业开发，发展农村；开发农业，富裕农民”为着力点，紧紧围绕中心，服务大局，圆满完成年度各项工作任务，为全市经济社会发展和秀美乡村升级做出了积极贡献。全市2016年获批农业综合开发项目3个，项目投资2855万元。年内，如期完成2015年度农业综合开发项目，并于9月顺利通过九江市检查验收。获九江市农发系统2016年度农业综合开发工作第一名。

【刘奇视察赛湖国家农业综合开发示范园项目】
5月10日，省委副书记刘奇到瑞昌市视察赛湖国家农业综合开发示范园项目。省委副秘书长李能，省林业厅厅长阎钢军，省扶贫和移民办主任章康华，省林科院院长黄小春随同。九江市委书记杨伟东，市委副书记占勇，市委常委、常务副市长熊永强，市委常委、农工部部长董金寿，副市长赵伟，市委秘书长周美祥陪同。瑞昌市领导罗文江、邵九思、程世贵、谈太君等在现场介绍情况。刘奇认真听取瑞昌市领导及项目负责人汇报，并依次走进各个大棚察看，对示范园建设情况表示满意。

【九江市委领导到瑞昌调研指导“三农”工作】
5月23日，九江市委常委、农工部部长董金寿到瑞昌市调研指导“三农”工作。市委书记罗文江，市委副书记、市长郭小云，市委常委、常务副市长邵九思陪同并介绍情况。董金寿深入赛湖现代农业示范园玻璃温控大棚、粮油基地、芦笋及供港蔬菜基地和果园基地等处，实地了解示范园区建设情况，对示范园建设所取得的成绩予以充分肯定。

【高标准农田建设项目顺利通过九江市验收】　9月，南义镇、南阳乡高标准农田建设项目顺利通过九江市农发办、市财政局验收。南义镇、南阳乡高标准农田建设项目为2015年度国家农业综合开发项目，于2015年11月正式开工建设，2016年5月竣工。共完成313.33公顷高标农田建设，干、支、斗渠衬砌15.5千米，修筑农田道路12.2千米，新建过水涵闸158座，下田分水口266座，栽植池杉防护林3000余株。项目区“田成方、渠成网、路相连，绿树成荫，天蓝水清”，成为旱涝保收、高产稳产的高标准农田。

【瑞昌市国家农业综合开发现代农业园区试点项目2016年度实施计划获批】　6月29日，瑞昌市国家农业综合开发现代农业园区试点项目2016年度实施计划批复正式下达（九农综开办字〔2016〕25号），农业综合开发项目总投资2315万元，其中，中央财政资金1500万元，地方财政配套600

万元，自筹资金215万元。分别为高标准农田建设项目资金2175万元，农民专业合作社项目资金140万元。

【2016年高标准农田建设项目获批】　根据九农综开办字〔2016〕24号文件批复，瑞昌市2016年获批国家农业综合开发土地治理高标准农田建设项目1个，项目总投资400万元，其中中央财政资金250万元，地方财政配套100万元，自筹资金50万元。项目内容为建设高标准农田0.25万亩，粮食仓库500平方米，秸秆加工棚1000平方米，衬砌渠道9.1千米、埋设涵管165座、修筑渠系建筑物154座、土地平整33.27公顷、修建田间机耕道2.2千米、安装下田分水口154座等。

【获批国家农业综合开发2016年度产业化经营财政补助项目1个】　根据九农综开办字〔2016〕33号文件批复，瑞昌市2016年获批国家农业综合开发产业化经营财政补助项目1个，即500亩茶叶种植基地扩建项目，项目总投资140万元，其中中央财政资金50万元，地方财政配套20万元，自筹资金70万元。

【成功申报2017年国家农业综合开发项目4个】　2016年，市农业综合开发办认真做好项目申报前期规划和可行性研究报告编制工作，成功申报2017年农业综合开发项目4个（存量资金土地治理项目1个，产业化经营项目3个）。

（余小英）

附：2016年农业综合开发办副科级以上领导名录

主　任：郝震林

书　记：刘小兵

副主任：张炳球　华佳佳　李小平（12月任）

水　利

◇◇本栏编辑　冯国成

综　述

2016年，市水利局积极践行新时期治水思路，以水利安全、民生水利和水生态文明建设为重点，全面推进水利事业发展，圆满完成年度各项工作任务。分别被省政府、九江市政府评为防汛抗洪工作先进单位，被九江市委评为“河长制”先进单位，被九江市水利局评为农村水利工作第一名，横港水库被省水利厅评为水利工程维修养护典型管理单位。

防汛抗洪取得全面胜利。2016年，全市遭遇1998年以来最为严重汛情，河流、水库、山塘全面超警戒水位，水利工程经受严峻考验，特别是城防大堤，达到历史次高水位，而且受洪水长时间浸泡，散浸、漏水、漏洞等险情频频出现。面对严峻防汛形势，市水利局党组带领全系统党员干部投身防汛抗洪第一线，发扬“一不怕苦，二不怕死”精神，与全市人民一道团结战斗，夺取防汛抗洪全面胜利，实现未垮一坝、未倒一堤、未死一人的防汛抗洪总目标，确保了人民群众生命财产安全和社会稳定。

水利工程建设顺利推进。市水利部门广大干部职工牢记全心全意为人民服务宗旨，积极服务水利工程建设，深入工程一线，加强技术指导，强化督查管理，确保各项水利工程按时按质完工。年内完成小农水重点县和农村饮水安全工程建设，完成石门灌区节水配套改造项目建设，完成病险水库除险加固、中小河流治理、国有公益和农水维养、重点山塘整治等任务。

水行政管理不断加强。加强涉水法律法规宣传，结合“世界水日”“中国水周”，多措并举宣传《中华人民共和国水法》《中华人民共和国防洪法》等法律法规，进一步强化市民相关法律意识；严格把好审批关，全年共办理审批事项16项，申报率、审批率均达到100%；加大水行政执法力度，全年开展水行政执法巡查37车次，出动人员170人次，实行部门联合执法1次；积极推进“三单一网”工作，公开行政权力清单210项；组建水事纠纷调解专家库，配齐行政调解硬件设施，建立行政调解三级联动机制；成立长江港区综合协调管理局，对长江码头岸线全面管控，构建“水陆联动”“部门联合”“综合执法”管理工作新格局；完成理文造纸有限排污口设置审批登记，在排污口竖立排污信息牌，公示排污口排污基本信息，接受社会监督；严格落实水资源开发利用、用水效率和水功能区限制纳污“三条红线”控制指标，落实用水总量控制、用水效率控制、水功能区限制纳污及水资源管理责任和考核等“四项制度”，重点抓好长江河道采砂管理，重点打击占用水利工程乱建行为，重点加强以水源地保护为主的水资源管理；大力推行“河长制”，努力实现“水清、河畅、岸绿、影美”的河湖管理保护目标。

防汛抗旱

【概 况】　2016年，全市共有万亩以上圩堤2座，即长江堤（全长10.55千米）和赛湖大堤（全长23.2千米），各类水库94座，其中中型水库4座、小（一）型水库8座、小（二）型水库82座，重点山塘2302座，重点河流7条，防汛任务繁重。按照九江市防汛抗旱指挥部统一部署，4月1日，市防汛办正式开始汛期值班，执行汛期24小时值守制度。

加强防汛组织领导。调整机构明确责任。成立由市长任指挥长，分管副市长为常务副指挥长，市人武部部长和分管城建工作的副市长及市水利、气象局长为副指挥长的防汛指挥机构，明确各成员单位职责，明确各重点水利工程防汛行政责任人和技术负责人。严肃纪律整顿队伍。对全市小型水库（堤防）安全管理员进行考核，对工作不力、责任心不强的管理员按有关规定进行处理，直至撤换，并按要求对全市251名（其中水库98人，堤防153人）小型水库（堤防）专职安全管理员进行一对一续聘，签订聘用合同。组织检查实施整改。市防指根据上级防指要求，组织9个防汛检查组，在全市开展3次防汛大检查，分别对全市各乡镇、场、街道及相关单位防汛工作进行检查，对检查的情况进行梳理汇总，提出整改要求，及时整改到位。

做好应急准备工作。市财政安排98.3万元防汛经费，比2015年增加48.3万元，及时补充防汛物资。市防汛仓库累计储备编织袋36万条，草袋4万条，麻袋2万条，三色布4万平方米，土工布0.66万平方米，冲锋舟6艘，橡皮船27只，救生圈10个，移动照明系统1台，防汛应急照明手电筒20个，救援麻绳3000米、铁锹、镐各100把，防汛前哨指挥帐篷4个，便携光伏发电机8台，物资总价值达312.31万元。梁公堤、赤心堤、赛湖堤、各类水库预备抢险砂石料和块石2.6万立方米，各乡镇和各工程点储备编织袋50万条。各水库、堤防按国汛〔2010〕15号文件精神和《防汛物资储备定额规程》规定的防汛物资储备标准进行补充和储备。各中型水库所在地乡镇按每座200人、小（一）型和小（二）型水库所在乡镇分别按每座80人、30人、各地方河堤管理单位根据各自管辖距离长短组建防汛抢险队伍。

夺取防汛抗洪全胜。7月，全市强降雨过程集中，特别是受长江上游降雨和三峡泄洪影响，7月上旬，长江、赛湖水位一路攀升，先后突破警戒线。赛湖7月2日首超警戒水位（19米），随后连续突破20米、21米，至15日达21.66米，超警戒水位2.66米。赛湖堤成为全市防汛抗洪主战场。市防指分别于7月3日、4日、7日启动防汛Ⅳ级、Ⅲ级、Ⅱ级应急响应，并从7月6日开始，抽调全市71个机关单位干部职工700余人，赛湖农场、桂林街道干部职工400余人在赛湖堤实行24小时不间断巡查值守。7月8日和11日，驻浙江某部420名官兵和驻江西南昌武警水电二总队四支队510名官兵先后紧急驰援瑞昌，守护赛湖大堤，军民携手奋战20天，加高垒筑子堤10.4千米（土石方1万余立方米），排除险情600余次，确保赛湖大堤安全度汛，夺取防汛抗洪全面胜利。

【举办防汛、地质灾害、气象知识培训班】　6月24日，全市防汛、地质灾害、气象知识培训班在市委党校举行。市防汛抗旱指挥部成员单位负责人、各乡（镇、场、街道）防汛指挥长、防汛办主任、水利员120余人参加培训。培训班邀请相关专家就防洪抢险、地质灾害防治及突发性灾害应对等进行深入讲解，有效提升参训人员相关工作能力和水平。

【解放军官兵抵瑞昌支援抗洪抢险】　7月8日晚7时，驻浙江金华73051部队220名解放军官兵奉命抵达瑞昌市支援抗洪抢险。该支部队曾参加1998年九江抗洪救灾工作。7月11日，武警水电二总队调集260名官兵到赛湖堤开展抗洪抢险工作。加上后续增援，2支部队共派出930名官兵到瑞昌市支援抗洪抢险。

【赛湖堤新筑万米子堤】　受强降水影响，赛城湖水位持续上涨，7月2日，水位首超警戒线，之后，节节攀升，严重危及赛湖堤安全。赛湖堤承担着保护瑞昌城区、九江城西港区、九江赤湖工业园、赛湖农场、九江县永安乡、港口街镇、城子镇及九江棉科所的度汛安全。为确保赛湖堤安全，瑞昌市防汛抗旱指挥部决定对10400米赛湖堤加高垒筑子坝。经过部队官兵及瑞昌市干部群众十余天艰苦奋战，7月17日，赛湖堤万米子堤顺利合龙。期间共组织千余台次运输车运输土方1.2万余立方米，发动乡镇、部门单位、志愿者、部队官兵近万人，灌装沙包46万袋。

【实施2处险工险段加固压浸工程】 赛湖堤乌鱼爪和螺丝港2段因沼塘较多，加之堤坝受长时间洪水浸泡，成为赛湖堤最危险堤段。7月11日，赛湖西堤防洪应急处理军地联合指挥部决定对这2处堤段进行除险加固。2处工程于7月12日8时启动，7月15日8时完工，历时3天，比原计划提前2天完成。分别完成螺丝港150米加固压浸工程，宽度20米，高度5~6米，用方量1.6万立方米；完成乌鱼爪1280米加固压浸工程，宽度10米，高度3~5米，用方量4.7万立方米。期间调用重型卡车600余辆，运送车次4000余次，运料约7万立方米（13万吨），从全市21个乡镇调用农用运输车400余辆，运送车次1200余次，运料6万余立方米。

【数千名干群欢送抗洪部队官兵】 7月28日，瑞昌市委、市政府举行仪式，热情欢送进驻瑞昌支援抗洪抢险的驻浙江73052部队273名官兵。5点30分，该市数千名干部群众闻讯自发走上街头，拿着小红旗、拉起条幅，夹道欢送防汛抗洪部队官兵。20天来，73052部队数百名官兵与瑞昌人民并肩作战，顶烈日，战高温，筑堤护坝，建立了深厚感情，夺取了抗洪抢险阶段性胜利，即日奉命班师归营。6时，30余辆军车缓缓启程，自发欢送子弟兵的群众在道路两边排成长长两行队伍，绵延几千米，伴着锣鼓鞭炮声，挥手与子弟兵告别，许多群众提着煮熟的鸡蛋、玉米、花生、馒头塞给即将离开的子弟兵，场景十分感人。

水利建设

【概 况】 2016年，全市水利建设在做好2015年工程项目扫尾基础上，重点实施小农水重点县建设项目、水利血防项目、中央财政小型农田水利设施维修养护项目及市本级财政小型农田水利“以奖代补”项目。

做好2015年工程项目扫尾工作。加强对2015年未竣工项目督促检查，确保工程项目顺利完工。完成投资189.68万元的洪下乡集中供水工程，完成投资2508万元涉及南义、横港、乐园、桂林等4个乡（镇、街道）的小农水重点县建设项目，完成投资545万元涉及武蛟乡、赛湖农场等4座湖泊水利血防工程二期工程，完成总投资1582.21万元涉及夏畈、南阳2个乡（镇）的石门灌区节水配套改造项目。

推进2016年工程项目建设。加强工程技术指导，做好项目跟踪服务工作，按时间节点有序推进工程项目建设。投资2508万元涉及乐园、洪一、高丰、横港、赛湖、桂林等6个乡（镇、场、街道）的小农水重点县建设项目、投资916.29万元的赛湖等4座湖泊治理水利血防二期项目主体工程基本完工，并及时上报瑞昌市水利血防三期规划。争取中央财政小型农田水利设施维修养护项目资金102万元，及时下拨各维修养护工程点，各工程点项目如期通过验收。认真做好农村安全饮水项目规划方案编制报批工作。完成瑞昌市农村饮水安全巩固提升工程“十三五”规划编制并通过县级批复，完成瑞昌市2016年农村饮水安全巩固提升工程实施方案编制上报，完成瑞昌市2017年农村饮水安全巩固提升计划项目编制上报。同时，积极启动中小河流治理项目，完成横港镇防洪工程勘察设计招标和市城防堤加固工程勘察设计采购招标工作。根据《九江市农村小型水利设施建设“以奖代补”实施办法》精神，市财政安排2016年第一批小型农田水利建设工程项目市本级小农水“以奖代补”资金168万元，用于乡（镇、场、街道）冬春农田水利基本建设项目奖补。

【瑞昌市长河桂林段防洪工程通过竣工验收】 11月10日，九江市水利局会同九江市财政局在瑞昌市主持召开瑞昌市长河桂林段防洪工程竣工验收会。会议组成瑞昌市长河桂林段防洪工程竣工验收委员会，验收委员会由九江市水利局、财政局，九江市防汛抗旱指挥部办公室、九江市水利水电工程质量监督站，瑞昌市水利局、财政局、瑞昌市堤防泵站管理局等单位领导和专家组成。验收委员会成员、项目法人、设计、施工、监理等有关单位代表参加竣工验收会。验收结论为瑞昌市长河桂林段防洪工程已按批准的建设内容完成，施工质量达到设计要求，工程质量等级合格，财务管理基本规范，投资控制基本合理，工程资料基本齐全，河道初期运行正常，已发挥良好的经济和社会效益。

水务管理

【概况】　2016年，市水利部门以中共十八届五中、六中全会精神为统领，深入贯彻落实习近平总书记提出的“节水优先、空间均衡、系统治理、两手发力”治水方针，切实加强用水总量控制、用水效率控制、纳污总量控制，全市水务管理进一步规范。

水法律法规宣传不断深入。结合“世界水日”“中国水周”多措并举，广泛宣传《中华人民共和国水法》《中华人民共和国防洪法》《江西省水资源条例》《江西省河道管理条例》等法律法规，有效提高广大人民群众水法律法规意识及对计划用水、节约用水、合理用水必要性、重要性认识。

水政执法管理明显加强。制定《最严格水资源管理制度目标与工作计划（2016—2020年）的报告》，对全市“三条红线”控制目标做出明确规定。组织开展2016年水资源管理考核工作，严格按照取水许可审批制度，对江西蓝谷新能源有限责任公司、江西铜业有限公司武山铜矿、江西亚东水泥进行取水许可审批。持续开展公共机构节水型单位创建工作，印发《瑞昌市第二批公共机构节水型单位创建工作的通知》，市行政中心、市委办公室、市信访局等25家单位被评为“瑞昌市公共机构节水型单位”。全市机关单位完成验收并命名的单位达33家，超过单位总数30%。加强水功能区监测，严把纳污总量控制关，与环保局联合制定《入河排污口联动机制》。认真执行《江西省水政监察规定》，坚持每月巡查制度，年内开展巡查45车次，出动人员180余人次，依法查处各类水事违法案件24起，联合执法1起，现场警告处理6起10人次，做询问笔录10份，下发责令停止通知书8份，责令改正通知书5份，开出限令拆除通知书1份、行政处罚事先告知书3份、行政处罚听证告知书3份、行政处罚决定书3份，有效维护水行政秩序。依法妥善调处水事纠纷，成功妥善处置洪下采砂场因采砂影响洪下大屋冯村9组村民生活用水纠纷。依法征收水资源费，对全市23个取水户做到全部足额征收，全年征收水资源费近80万元。

行政审批效率日益提高。进一步优化行政审批流程，缩短行政审批时限。将“建设项目水资源论证报告书审批”“取水许可”2项合并为“取水许可”1项；将“非防洪建设项目洪水影响评价报告审批”“水工程建设规划同意书审核”“河道管理范围内建设项目工程建设方案审批”“一般水文测站上下游建设影响水文监测工程的审批”“在跨行政区域的边界河道修建水工程以及河道整治工程的许可”等5项合并为“洪水影响评价审批”1项。从方便企业和群众出发，做到即办事项，当天予以办理，其他承诺事项承诺期内予以办理。行政审批窗口全年共办理审批事项15件（含水保）。

【省人大常委会检查组到瑞昌检查《中华人民共和国水法》落实情况】　6月20日，省人大常委会检查组到瑞昌市检查《中华人民共和国水法》贯彻落实情况。九江市人大常委会副主任吕斌陪同，瑞昌市领导郭小云、徐修武参加座谈或陪同检查。检查组一行先后到赛湖农场螺丝港农业科技示范园、南义镇乐园村高标准农田项目区及横港水库实地检查，并召开座谈会听取瑞昌市贯彻落实《中华人民共和国水法》情况汇报，对瑞昌市贯彻落实《中华人民共和国水法》工作予以充分肯定。

【长河九江市级河长第一次会议在瑞昌召开】　6月6日，长河九江市级河长第一次会议在瑞昌市召开。会议传达市级“总河长”第一次会议精神，研究部署长河“河长制”相关工作。长河九江市级河长、九江市人大常委会副主任熊起栋；九江市水利局局长叶树国；瑞昌市副市长余平，市政府党组成员、副县级干部谈太君；九江县副县长孙卫东等领导参加会议。会议由九江市人大城环委主任委员张云角主持。会议对瑞昌市、九江县推进长河“河长制”工作予以肯定，认为领导重视、行动迅速、工作实在，前期取得了良好的工作成效。会议要求两地务必要进一步统一思想、提高认识，进一步增强工作实效。要在理念转变、责任落实、专项整治、系统治理、机制建设等方面下功夫；要做好深入摸底、制定方案、搭建平台、广泛宣传等工作。

【完成辖区内水功能区确权立碑工作】 2016年，瑞昌市完成辖区内水功能区确权立碑工作。按九江市文件要求，完成长江缓冲区等4个功能区4牌、6碑设立，自主开展并完成九江级2个水功能区2碑设立。

【开展饮用水水源地保护工作调查】 2016年，按照《江西省水利厅关于报送饮用水水源地保护有关工作情况的函》的要求，市水利局在全市范围内组织开展饮用水水源地保护工作调查。截至2016年7月，全市共有集中式饮用水水源地14个。按水源地类型分，河流型水源地5个，湖库泉型水源地9个，地下水型水源地0个，饮用水源地现状水质为Ⅱ类或Ⅲ类，符合国家规定饮用水源地水质标准，全市城镇达标水源地为14个，占水源地总数的100%。

【开展入河排污口整治行动】 11月，市水利局牵头，在全市组织开展入河排污口专项整治行动。整治行动对全市22个排污口进行调查、统计、复核，全面准确掌握当地入河湖排污口设置单位、位置、审批（审核）、排污量等信息。行动中，对发现的15个排污口存在的手续不全问题，要求企业在12月底前整改；对2个不达标排放的，要求限期封堵。整治行动分调查核实、集中整改、检查整改和建章立制四个阶段进行，时间将持续到2017年6月。

水土保持

【概 况】 2016年，市水保部门按照市第七次党代会“坚持实干创兴，推进‘五大升级’”战略部署，深入贯彻“大水保、大生态、大战略、大效益”的指导思想，以水生态文明村建设为引领，扎实推进农发水保项目建设，坚持水土流失综合治理和预防监督两手抓，为推进全市生态文明建设做出了积极贡献。

持续开展水保宣传工作。以“水土保持国策宣传学习行动”为契机，持续深入开展《中华人民共和国水土保持法》等法律法规宣传工作。继续开展宣传车进社区、学校、机关、企业、乡村“五进”宣传活动，全年出动宣传车20辆次；在《瑞昌报》设立宣传专栏，发表宣传纪念文章和图片3篇；向市政府机关、上级业务部门领导及项目建设负责人等共计1000余人发送新《中华人民共和国水土保持法》施行宣传短信；同时，采取以往各种行之有效方式，广泛开展宣传活动，有效提高社会各界和广大群众对保护和合理利用水土资源、预防和治理水土流失重要性和紧迫性的认识。

不断强化执法监管工作。制订《瑞昌市2016年生产建设项目水土保持监督检查方案》，下发《关于开展生产建设项目水土保持监督检查的通知》，切实加强对生产建设项目的监督检查工作。加大水土保持方案监督管理力度，对新上马的开发建设项目严格执行水土保持方案审批制度，并认真落实水土保持方案监督检查制度，坚决控制生产建设过程中水土流失发生。同时，认真做好水保设施竣工验收及规费征收工作。全年累计申报水土保持方案4份，审批4份，水土保持设施竣工验收4个，征收水保补偿费60余万元。

有效推进水保项目建设。2016年，全市水保项目推进顺利。2015年国家农发水保项目源头山项目区北山小流域综合治理工程全面完成，进入工程审计阶段；南山下生态清洁小流域治理工程完成审计工作；2016 年国家农发水保项目源头山项目区南山和北山两条小流域治理续建工程，完成工程量95%；完成花园南山下、大德山港北村、南义镇朝阳湾里水生态文明试点村建设。全年完成水土流失治理面积 1600 公顷，水土流失治理区林草覆盖率达 75% 以上。

【源头山项目区北山小流域综合治理工程全面完成】　2016 年，瑞昌市 2015 年国家农发水保项目源头山项目区北山小流域综合治理工程全面完成。该项目涉及花园乡南下、油市、花园、田畈、茅竹 5 个行政村，10900 余人。项目总投资 264.3 万元，其中财政资金 246.3 万元〔中央财政 180 万元、地方财政 66.3 万元（省级财政 51.9 万元、地级财政 7.2 万元、县级财政 7.2 万元）〕、群众自筹 18 万元。工程于 2015 年下半年动工，历时 9 个多月，完成水土流失治理面积 6 平方千米，其中：营造水保林 136.62 公顷，开发经济林 89.93 公顷，封禁治理 373.45 公顷，新建蓄水池 4 口，沉沙池 25 口，沟渠 3.297 千米，水平阶整地 43248 个，田间道路 6.9182 千米。通过项目实施，每年新增产值 474.9 万元，提高水资源涵蓄量 77.64 万平方米，植被覆盖率提高 3.6%，农民人均增收 390 元。

（柯良才）

附：2016 年市水利局副科级以上领导名录

局　　长：徐　成（任至6月）
　　　　　易呈禄（6月任）
党组书记：周　勇（任至6月）
防办主任：柯柏荣（任至6月）
　　　　　王少钦（6月任）
副 局 长：杜玉胜　朱晚垂
　　　　　胡万祥（兼水保办主任）
党组成员、总工程师：王险峰
河道局局长：王少钦（任至6月）
　　　　　　何卫东（6月任）
维稳信息督查员：刘礼荣
党组成员、工委主任：徐勋勋
党组成员、水保办支部书记：杜小盾
防办副主任：陈小平
河道局支部书记：文学智

工　　业

◇◇本栏编辑　邹圣敖

综　　述

2016年，市工业经济以新工业十年行动为引领、以招商引资为“头号工程”、以项目建设为抓手，坚持实干、创新，推进“五大升级”，采取有效措施，积极应对经济下行等不利因素，确保全市工业经济持续稳定健康发展，新工业十年行动首战告捷。全市规模以上企业124家，全年完成工业主营业务收入505.90亿元，同比增长9.9%；完成工业增加值102.75亿元，同比增长9.8%；完成利税总额60.37亿元，同比增长14.07%；完成工业固定资产投资188.6亿元，同比增长23.4%；完成工业用电量22.61亿千瓦时，同比增长19.46%；完成工业增值税2.24亿元。在九江市实现工业增加值、工业主营业务收入、工业用电量3个增幅第一；工业增加值、工业主营业务收入、利税总额、工业用电量4个总量第二；工业固定资产投资、工业增值税2个总量第三的好成绩。

发展后劲显著增强。工业固投持续快速增长。全年实现工业固定投资188.6亿元，同比增长23.4%，占全市固投总额70.3%。工业项目建设快速推进。全年新开工亿元以上项目30个，其中战略性新兴产业13个，占比43.3%；新竣工0.3~1亿元项目15个，1亿元~5亿元以上项目11个，其中战略性新兴产业9个，占比34.6%，投资50亿元的天瑞丰收高塔主体完工，投资35亿元的万润兴业纸业主体基本完工。申规入统工作持续发力。全年实现8户新申规企业，全市规模以上企业达124户。

产业集聚势头强劲。战略性新兴产业迅速壮大。全市战略性新兴产业规模以上企业达37户，实现主营业务收入110.8亿元，占全市比重21.9%，其中装备制造业、新材料业、新能源业、绿色食品业及节能环保业分别实现主营业务收入63.5亿元、34.6亿元、8572万元、11.9亿元和3967万元，占全市比重分别为12.6%、6.8%、0.17%、2.4%和0.8%。传统产业转型升级加快。全市传统产业规模以上企业69家，实现主营业务收入373.7亿元，占全市比重73.9%，其中新型建材业、纺织服装业、木业家居业、精细化工业和造纸及纸制品业分别实现主营业务收入93.2亿元、158.2亿元、51.5亿元、37.9亿元和32.9亿元，占全市比重分别为18.4%、31.4%、10.2%、7.5%和6.5%。重点企业做大做强。全市主营收入过亿元企业达83家，过5亿元企业达40家，过10亿元企业达10家，其中理文化工、立信园艺等6家企业主营收入首次突破10亿元。

平台建设长足发展。增强园区的承载能力。5月，市经开区获批长江经济带国家级转型升级示范开发区。新建5000吨级码头泊位7个，新增吞吐能力600万吨，全年完成货物吞吐量4539.59万吨，占九江港总量40%，继续列五大港区之首。创建中小企业发展平台。规划约2000亩用地，快速建成黄金工业孵化园、金岭创业园和裕丰科技园三个中小企业园区，至12月底，共入驻企业14家，为中小企业落户提供了良好的平台。加快智慧园区建设速度。依托华瑞缝纫线，市财政投入资金，创建园区企业线上交易电子商务平台，推进园区信息化和工业化融合发展，支持众创、电商产业集聚；依托林安现代物流智慧园，推动物流产业集聚发展，引入物流企业24家、快递12家，被列为省级现代服务业集聚区。提高标准厂房的建设规模。华中木业累计建设标准厂房27万平方米，累计入驻企业达28家。

转型升级进展迅速。转变工业发展方式。积极指导企业进行技术改造，在争取技改资金的同时为企业提供政策支持，延伸产品链，提升产业和产品技术含量，全年实施技改项目13个。建立企业技术改造的长效机制，推进全市新型工业化。帮助企业整合重组、靠大联强，提高产业集中度，促进规模化、集约化经营。2016年，重点推进立信红木与上海国储恒基股权投资基金公司合作，开展股权改造，提升企业管理水平和发展规模；推进华中木业与中国林业集团联合，促进企业技术、资金、人才等方面全方位升级；探索纺织服装企业合作事宜，引导凤竹纺织、鸿达纺织加强行业内联合，做长产业链，做大产业规模。推进工业和信息化的融合。积极打造“两化融合”示范企业，指导企业编制两化融合示范企业申报材料，帮助企业申报省、九江市示范企业。至12月底，全市有14家企业被评为九江市“两化融合”示范企业，1家企业被评为省“两化融合”示范企业。积极推进企业智能化发展，引导企业向智能化转型，2016年，新洋丰肥业被评为省智能制造试点企业。

企业上市顺利推进。制定推进企业上市的工作措施和计划，在全市范围内开展全面、细致的摸底工作，建立企业上市后备库，推动更多优质企业进入资本市场。对华瑞缝纫线、格雷斯、森奥达等基本符合上市条件且具有上市意愿的企业，引导其按照上市企业的标准做好股改上市的前期准备。森奥达参加首届江西投融资高峰论坛并在现场进行项目路演，华亨宠物食品和蓝谷新能源成功在“新三板”挂牌上市。

新型建材业

【概 况】　2016年，全市新型建材产业有规模以上企业25家，主要涉及水泥、机砖、大理石、白云石、石灰、碎石等行业。龙头企业亚东水泥拥有六条新型水泥生产线，并配套建设两条余热发电项目，年产能达到1400万吨，是江西最大的水泥生产基地。全市规模以上建材企业实现主营业务93.2亿元，完成利税12.6亿元。

【江西亚东水泥有限公司总部回迁瑞昌】　1月14日上午，江西亚东水泥有限公司总部回迁签约仪式在市行政中心报告厅举行。市委书记罗文江，市委副书记、市长郭小云，市人大常委会主任徐修武，市政协主席郭少雄，市领导李九萍、周洪文、邵九思、郑庆华、程厚红、潘雄、钱萍、王伟及亚洲水泥（中国）控股公司执行长吴中立，江西亚东水泥有限公司总经理张振昆等出席签约仪式。市委副书记、市长郭小云代表市人民政府，与江西亚东水泥有限公司总经理张振昆在合约上签字。市领导李庆生、毕诗龙、刘振华、张恭良、蒋贤智、余平、周毅、程世贵、张全市、周又新、李世秀、吴拥军、王翠霞、程世平，江西亚东水泥有限公司协理吴建华，副经理钱民等一同见证签约仪式。

【瑞昌欧文斯公司与哈萨克斯坦签订多项智能温室项目】　6月下旬，省政府组团出访中西亚哈萨克斯坦等多个国家，瑞昌园区企业欧文斯建材公司作为九江市唯一随团企业参加活动。26日，欧文斯建材公司与哈萨克斯坦正式签订多项智能温室项目，以支持并服务于该国2017年世博会。此次签订的多项智能温室项目，主要是将传统温室改造成现代化的阳光板农业智能恒温温室，项目一期建设规模为5.2万平方米。

纺织服装业

【概 况】 2016年，纺织服装产业为全市第一大支柱产业，有25家规模以上工业企业，从业人数1万多人，占总人数的33.4%。年产能达55余万锭，服装产能达到2000万件，制鞋800万双，其中华瑞缝纫线是全国主要纯涤纶线生产商。全年完成主营业务收入158.2亿元，实现利税19.2亿元。

【中国棉纺织行业协会座谈会在瑞昌召开】 9月8日，中国棉纺织行业协会座谈会在瑞昌召开。中国棉纺织行业协会会长朱北娜出席会议，市委书记郭小云主持会议并致欢迎词，市委常委、宣传部部长钱萍出席座谈会。郭小云说，中国棉纺织行业协会作为整个行业的“司令部”，拥有广阔的信息和资源，希望协会和瑞昌能进一步增深认识、增进感情，为瑞昌提供更多的项目信息和政策支持，推进瑞昌棉纺织产业升级发展。朱北娜表示，瑞昌市委、市政府非常重视本地棉纺织产业的发展，在政策、融资、用工、用地等方面为棉纺织企业提供了周到精细的服务。瑞昌作为江西重要的棉纺织生产基地，协会将会提供更多的政策和信息支持，帮助当地棉纺织产业又好又快发展。

木业家居业

【概 况】 2016年，全市木业家居业有8家规模以上工业企业，现有职工2600余人。华中木业和红木产业园为主要产业基地，着力培育红木家具为主的家具及木制品产业。华中木业主要建设进口原木物流园区和产业加工园区；红木产业园项目分两期建设，其中一期占地560亩，建筑规模40万平方米，主要产品为红木家具、木雕工艺品及其他木制品，项目全部建成后预计年产值超100亿元。全年木业家居业实现主营业务收入51.5亿元，实现利税总额6.2亿元。

【立信集团与上海国储恒基公司建立战略合作关系】 10月15日，江西立信集团·上海国储恒基股权战略合作新闻发布会在立信酒店举行。江西立信集团、上海国储恒基股权投资基金管理有限公司共同约定，在资金、人才、管理等方面展开合作，共拓市场。“央企入赣”又一项目获突破。红木产业是瑞昌重点推动的产业之一，具有良好市场前景，本次引入的上海国储恒基公司，是国内优秀的创新型金融服务公司，将为立信集团量身打造综合金融服务解决方案，并不断加深与地方政府的合作、加大对红木产业的投入，力争让江西红木产业尽快进入资本市场。

精细化工业

【概 况】 2016年，精细化工业有7家规模以上工业企业，现有职工1600余人。龙头企业理文化工总投资65亿元，目前一期氟化工已建设完毕，一期盐化工设备基本安装完毕，全部投产可实现主营收入过100亿元。积极延伸盐氟化工产业链，着力打造精细化工产业园，依托已投产的江西新洋丰年产120万吨复合肥项目和在建的江西天瑞丰收化工有限公司投资建设的年产140万吨的新型肥料项目，打造长江中游肥料基地。全年精细化工产业实现主营业务收入37.9亿元，实现利税总额4.6亿元。

【2016中国石油和化工行业领袖峰会暨《中国化工报》理事年会在瑞昌召开】 11月11号，“转型升级 智慧共享”2016石油和化工行业领袖峰会暨《中国化工报》理事会第十二次年会在瑞昌隆重召开。中国石油和化学工业联合会会长李寿生，副会长傅向升出席开幕式并作主题报告。中国石油和化学工业联合会副会长、中国化工报社党委书记、总编辑刘双鑫主持开幕式，中国化工报社社长、中国化工报理事会理事长崔学军，九江市

委常委、副市长才宏远，瑞昌市委书记郭小云，市委副书记、市长江训开，市委副书记陈琪，市人大常委会主任郭少雄，市政协主席周洪文出席开幕式。

【江西新洋丰肥业生产基地码头工程获批复】 1月，江西新洋丰肥业生产基地码头工程使用港口岸线获得交通运输部正式批复，这标志该公司取得长江岸线的使用权。批复同意工程可行性研究报告推荐的总平面布置方案，按245米泊位长度使用所对应的港口深水岸线。建设1个5000吨级杂泊位和1个5000吨级散货泊位，设计年通过能力247万吨。

造纸及纸制品业

【概 况】 2016年，造纸及纸制品业依托理文造纸发展，处于起步培育阶段，有4家规模以上工业企业，分别为理文造纸、瑞翔再生纸、荣昌包装和锦丽实业，有职工1418人。理文造纸分期建设250万吨高档包装纸和50万吨生活纸生产线，第一条年产55万吨包装纸生产线投产，第二条45万吨生产线和生活用纸生产线在建。全部建成投产后，年可实现主营收入100亿元，形成以理文造纸为龙头，精品纸包装等加工企业为配套的造纸产业，有望成为江西最大的造纸生产基地。全年造纸及纸制品业实现主营业务收入32.9亿元，实现利税总额2.2亿元。

【万润兴业项目一期主体工程完工】 7月27日，万润兴业30万吨生活纸项目签约落户瑞昌市码头工业城。该项目由香港万润兴业有限公司投资建设，占地面积738亩，总建筑面积约30万平方米，项目总投资35亿元，其中固定资产投资25亿元。项目分两期建设，一期年产30万吨，二期年产20万吨，主要产品为大卷生活原纸、卷纸、抽纸、手帕纸等。项目达产达标后，年产高档生活纸50万吨，实现年产值35亿元，年创税收2亿元，可解决1500人就业。项目于9月启动建设，12月底一期主体工程基本完工。

装备制造业

【概 况】 2016年，装备制造业有规模以上工业企业19家，职工4000余人。龙头企业江联造船是江西最大的造船企业，年造船规模达到30万载重吨，九江三钻被央企中材科技整体兼并重组，依托央企资金、人才、市场力争打造国内钢瓶生产基地，形成70万只/年工业气瓶规模；汇尔油泵现有生产能力年产高压油泵总成70万缸、喷油器总成50万只；人民冲压是国内主要汽车制造厂家冲压件供应商。2016年，实现主营业务收入63.5亿元，实现利税总额7.7亿元。

【江联公司万吨化学品船下水】 6月16日，江联公司16500吨化学品船JZ1081船下水典礼举行，成为该公司走出困境、再次扬帆启航的重要标志。江西省国防科工办船舶处处长陈松青，九江市相关部门负责人，瑞昌市领导罗文江、郭小云、钱萍等出席活动。德国索罗门航运公司执行总裁伊迪，美国船级社大中华区副总裁乐斯科斯基，中海重工集团有限公司行政总裁张士宏、董事汪三龙等参加活动。江联公司常务副总经理吴秋平主持典礼。

新材料业

【概 况】 2016年，新材料产业有规模以上工业企业11家，职工2200余人。主要依托瑞昌非金属矿和铜金属矿发展，产品为非金属材料、保温材料、水泥减水剂、铜材料、特种电缆等，是瑞昌今后重点培育的新兴产业。苏瑞矿业、苏科冶金和璟裕矿业冶金溶剂年总产能达到400万吨。由江西吉恩重工投资10亿元建设年产1000余千米光电复合海缆生产线投产，是江西省首条、中国第六条海底电缆生产线，项目全部达产达标后，预计可实现年产值20亿元、年税收6000万元。同时，发展电线电缆上下游配套产业，形成从生产、研发、铺设全产业链条。全年新材料业实现主营业务收入34.6亿元，完成利税4.2亿元。

【格雷斯科技公司院士工作站授牌】 10月26日，江西格雷斯科技股份有限公司院士工作站授牌仪式在公司举行，中国工程院院士马克俭出席仪式，江西省科协副主席孙卫民为院士工作站授牌。市委书记郭小云在九江参加“两会”期间，专程会见了马克俭教授。九江市相关部门负责人，瑞昌市领导陈琪、邵阳、张全市出席授牌仪式。格雷斯科技公司院士工作站的成立，在瑞昌企业中是第二家。该公司是一家科技先导型企业，主要生产减水剂产品，采用世界最先进的无热源生产技术，极大地降低生产能耗。2015年获评国家高新技术企业、江西省专精特新中小企业，成功申报“海智计划”，并在融入国家“一带一路”发展战略中取得突破。

新能源业

【概 况】 2016年，新能源业是正在培育的新兴产业，重点发展风电、光电、生物质能源、清洁能源等产业，有规模以上企业2家，正在推进的新能源项目有年产100万吨新能源清洁燃油生产基地项目、华润风电、新疆特变电工风电、大唐风电、天佑风电和范镇、赛湖、武蛟等地光伏发电项目，新能源产业即将形成一定的规模效应，全年实现主营业务收入8572万元。

【10万平方米商用屋顶光伏电站项目落户林安】 6月，江西省湘能能源投资有限公司与林安（九江）商贸物流发展有限公司举行签约仪式，决定前期投资6000万元，在林安（九江）商贸城国际物流园57栋建筑屋顶上建设一座10万平方米的商用屋顶分布式光伏电站。该项目建成投用后，年发电量可达到760万千瓦时，可有效减少建筑能耗、改善屋内工作环境，成为瑞昌迄今为止规模最大的商用屋顶光伏电站。

绿色食品业

【概 况】 2016年，绿色食品业有规模以上企业4家，特色产品为宠物食品以及山药、禽蛋、芝麻等产品精深加工，重点培育饮料、果蔬、方便和保健食品等大型食品产业，溢香禽蛋、天兴芝麻、渝瑞山药、华亨宠物食品等产品在国内都具有一定知名度。在建项目有年产10万吨果蔬饮料的泰玺饮料项目、年产3000吨养生酒的和泽养生酒项目和新签约的天华甘宝山药项目。全年实现主营业务收入11.9亿元。

节能环保业

【概 况】 2016年，节能环保业依托落户的再生资源循环基地和森奥达再制造节能电机基地项目发展，促进废玻璃、废塑料、废金属、废纸、废旧汽车分选拆解、深加工等全产业链资源综合利用，发挥再制造电机技术和国家推广优势，建设节能电机再制造生态科技园。森奥达科技公司全年实现主营业务收入3967万元。

（曾 凯）

附：2016年市工信委副科级以上领导名录

主 任：范新军（任至4月） 周 明（6月任）
党委书记：谈太山（任至6月）
副主任：梁 丽 周会桂（任至10月）
柯丽华（6月任） 王舒平（10月任）
维稳信息督导员：余 新（任至4月）
党委委员：陈 强

二轻工业

【概 况】 2016年，市二轻总公司按照市委、市政府安排部署，紧紧围绕全市中心工作，以实干和创新精神，积极开展招商引资、民生工程、精准扶贫、安全维稳等各工作，为推进瑞昌“五大升级”，促进经济社会发展做出应有的贡献。公司被九江市轻化集团公司、手工业联社评为2016年度目标考核先进单位。

招商引资工作成果显著。公司大力实施招商引资“头号工程”，采取走出去与请进来相结合的方式，积极开展招商引资工作，主要领导自4月起，主动外出招商，驻扎广东、福建沿海等地，对有产业转移意向的企业进行拜访，将更多时间和精力用于招商引资。全年共收集有效招商信息二十余条，邀请五批十多位外商到瑞昌实地考察，分别与市主要领导、分管领导见面洽谈。引进项目两个。9月，成功引进电商零息网公司，9月27日零息网瑞昌公司落户瑞昌正式挂牌运营。引进武蛟乡集兴村樱花园项目，占地600余亩，一期投资1.5亿元，11月底，项目土地流转成功，12月25日，项目正式签约。该项目主要从事旅游观光、农业开发，已启动建设。正在进一步对接和洽谈的项目有三个。分别是深圳合新供应链项目、深圳佳慧科技园项目和太平洋建设集团投资的基础设施建设等相关项目。

继续落实民生工程。根据赣轻字〔2010〕13号和26号文件精神、江西省轻工行业管理办公室《关于继续做好全省手联社大集体企业未参保退休人员养老生活补助工作的通知》，公司精心组织，严格把关，继续妥善做好退休人员养老生活补助工作，确保这项惠民工程成为阳光工程、廉洁工程，及时掌握人员增减情况，并及时上报、审核、发放。2016年，共向上争取资金112.038万元，为263人发放生活补助。

推进精准扶贫和包村帮扶工作。公司加大对扶贫点范缜源源村帮扶力度，将精准扶贫纳入日常工作。7月，机关全体工作人员，带着食用油、水果等慰问品，深入源源村结对帮扶的14位困难户家中走访，针对每户不同困难情况，分别就脱贫的方式和途径进行沟通和探讨，达成共识。8月，与源源村村干部一起，为困难户陈世凡添置衣物、被子、粮油等生活用品。11月，深入困难户家中开展再甄别工作，及时掌握困难户家庭情况。通过与村组共同努力，10户困难户通过验收已全部脱贫。对公司包村帮扶点码头翠林村，公司派员坚持定期到村到组走访贫困农户，挤出1万元资金予以帮扶。

全力做好维护稳定工作。公司继续耐心做好本系统改制企业干部职工政策宣传解释和信访维稳工作。全年未发生群体性上访、越级上访事件，确保一方平安和稳定。同时，高度重视二轻大楼及机关内部的安全工作，特别在重大节假日期间，加强对重点部位的排查、跟踪督查，确保在元旦、春节、国庆等重大敏感时期未发生一起安全生产事故。

加强党风廉政建设。公司认真落实党风廉政建设两个责任和一岗双责，聚焦作风建设，强化教育监督。结合实际，集中整治微腐败。把为群众办事态度、效率、满意度作为集中整治活动的重点，在规定的时间节点内，通过组织学习活动和开展批评与自我批评、群众评议活动，对查找出来的问题清单和整改承诺及时进行公示，对存在问题进行分类汇总，制定整改方案，限时整改，确保问题能及时全面整改到位。正风肃纪，狠抓作风建设，以落实中央八项规定为重点，扎实开展“红包”问题治理、办公用房清理、防止工作人员违规插手工程建设等问题专项治理活动。完善《二轻总公司机关管理办法》，建立健全各项工作制度，坚决查处服务承诺不兑现、办事拖拉推诿等行为，促进干部作风的好转。

（万　钧）

附：2016年市二轻总公司副科级以上领导名录

总 经 理：陈治名（任至6月）　王四军（6月任）

副总经理：王四军（任至6月）

工委主任：刘敏娇

电力供应

【概况】 2016年，国网瑞昌市供电公司按照市委、市政府工作部署，积极推进电网建设，强化精益管理，提升优质服务，创效争先，主动作为，谋划发展，不断提高公司综合管理水平和综合实力，创建步履坚实、创新求变的公司发展之路，为全市经济社会建设提供高效电力保障，顺利完成各项工作任务。公司获评省第十四届“文明单位”，档案规范化管理“省特级单位”；获得江西省电力公司“安全生产先进集体”“调控工作先进单位”；获得九江供电公司“先进单位”；获九江供电公司、瑞昌市政府“抗洪抢险先进集体”称号。公司工会荣获省公司总工会“模范职工之家”称号。

主要指标持续增长。2016年，全社会电量26.18亿千瓦时，同比增长16.98%，九江地区排名第二。其中工业电量22.61亿千瓦时，同比增长19.46%；供电公司口径电量销售6.19亿千瓦时，同比上升10.7%；完成损耗为4.85%，同比下降1.0个百分点；实现电压合格率99.816%、供电可靠率99.928%。同业对标位列全省A段。

电网建设步伐持续加快。积极推进电网规划和建设，完成瑞昌市电网设施专项规划及码头工业城专项规划、9个供区的“一图一表”工作。简化项目审批程序，与市政府签订瑞昌市小城镇（中心村）电网改造升级工程合作协议。成立“整乡整镇”项目部，确保工程管理各环节严格落地。完成多项主网属地化协调前期工作：武汉至南昌1000千伏特高压线路已获得瑞昌市政府和国土局的路径回复函，500千伏九江西输变电工程，项目已获省发改委核准。110千伏黄金变电站和35千伏肇陈变电站新建工程成功投运。农网升级改造工程按进度实施，完成2016年配电网项目可研报告。全年共完成电网投资4020.95万元，新建改造配变30台5160千伏安，改造10千伏线路20.98千米，新建改造0.4千伏线路167.56千米。注重差异化设计，严格管理农网工程项目工艺质量，10千伏南Ⅱ线新建工程获评省公司优质工程，国网公司“农网百佳工程”。

营销服务效能持续显现。公司扎实开展“客户经理进万家”活动，畅通用户与公司沟通渠道。构建10分钟缴费圈，推广费控客户4.6万户，完成自有平台APP推广3.4万户。提供“一站式保姆服务”简化业扩和优化报装流程，重大项目专人跟踪服务。加强用电信息采集建设，批量进行户表改造，消除用户表箱安全隐患，日均采集成功率每月进入全省A段，指标提升至99.83%。开展降损增效活动，全年台区日线损达标率保持在96%以上。积极探索“互联网+营销服务”方式，利用新媒体渠道和技术，建立更为便捷的沟通互动渠道。增加城区线路抢修布点，建设城区“一刻钟”抢修圈，提高城区电力抢修效率。闭环管理、从严管控优质服务投诉事件，全年累计发生营销类属实投诉5起，环比下降76.4%，实现生产类零投诉，优质服务竞赛九江市排名第三。

【九江首个大型公用港口岸电项目在瑞昌投运】
为全面推进落实国家节能减排推广电能替代项目，瑞昌市供电公司针对江苏茅迪集团地处沿江码头、来往停泊靠岸船只多等现状，建议该公司即刻筹建港口码头岸电供电装置，打造绿色长江码头服务于水上的电力供电项目。该码头配套新建配变台区2台（总装机容量2500千伏安），为船舶停靠期间提供基础所需照明、生活、排水操作及生产吊装和搬运传送的可靠用电。截至5月20日，已安装三箱四线岸电配电箱11个，能同时满足11只以上不同等级停靠船舶同时用电的需求，最高日服务能力可达80船次，发挥节能减排、推广电能替代的作用。

【110千伏黄金变电站新建工程成功投运】 4月28日，瑞昌110千伏黄金变电站新建工程正式投运。该工程总投资6134万元，主变容量100兆伏安。投入运行后，将进一步增强瑞昌110千伏的电网的主供电能力，满足瑞昌市日益增长的电力负荷需求，提高供电可靠性。

【10千伏南林Ⅱ线新建配变工程获国网公司“农网百佳工程“称号】 在新一期的国家电网公司

“农网百佳工程”名单中，瑞昌市供电公司10千伏南林Ⅱ线新建配变工程榜上有名，这是公司连续两次获此殊荣。公司严格贯彻执行农网工程“三通一标”，建立精品工程建设常态机制，不断提升农网升级改造工程管理水平。

【搭建网络服务平台　拓宽沟通联系渠道】　2016年，供电公司与“瑞昌政府便民服务网”“瑞昌生活圈”等平台合作，推广宣传便民服务活动，在平台上公布供电片区77名客户经理姓名、联系电话及服务区域，方便客户直接联系客户经理解决用电问题。供电公司还按用电性质进行分类，选派不同的客户经理在政府便民服务微信群中解答客户关心的热点问题，精心打造“电保姆”服务形象，与客户建立长效沟通机制，积极构建和谐的供用电关系。

【九江全市电能替代现场推进会在瑞昌召开】　8月24日，九江全市电能替代现场推进会在瑞昌市召开。会议指出，九江地处赣北，北临长江，水上交通便利，结合当前国家全面推进节能减排使用清洁能源工作的大局，是推行岸电系统的最佳机遇，供电公司将加快推动港口码头岸电项目实施，积极落实交通运输、环境保护的相关政策，加快岸电相关技术的研究以及标准的制定，保障岸电系统在九江地区又好又快发展。

（魏安强）

附：2016年市供电公司领导名录

经　　理：符信勇

党委书记：王建宁（任至2月）　王国民（2月任）

副 经 理：叶立新　万光华　柯　杰

纪委书记、工会主席：高　萍

财务总监：袁晓燕（任至11月）　费林平（11月任）

安全总监：詹琪龙

中小企业

【概　况】　2016年，全市中小企业和非公有制经济发展工作，按照全市经济发展总体部署，坚持科学发展观，紧扣全年目标任务，积极实施开放带动、产业带动和项目带动，转变作风，强化服务，落实政策，优化环境，大力发展主导产业，努力提高发展质量，全市中小企业和非公有制经济发展呈现稳中上升的状态。全市非公企业及个体工商户共19733户，同比下降3.2%；主营业务收入760.64亿元，同比增长12.5%；实缴税金21.51亿元，同比增长9%；税收过百万的企业户数有161家，同比增加1.8%；销售收入过千万元企业户数279家，同比增加4.5%。

积极扶持企业发展。市中小企业局主动与金融机构联络，向金融部门推介重点企业、重点建设项目、急需资金促发展的企业，积极争取“财园企惠贷通”“助保贷”对企业的资金支持，为22家企业获得银行10080万元贷款的支持。组织企业申报国家、省、九江市的资金扶持，14家企业获得九江市中小企业发展专项资金、九江市全民创业扶持资金，共计71万元。2015年政府出资5000万元组建的瑞昌市中小企业融资担保公司已于2016年4月开展业务，共受理企业申请16家，共为5家企业提供银行担保450万元；为企业解决短期流动资金周转330万元。

引导企业转型升级。鼓励引导中小企业走专业化、精细化、特色化、新颖化发展路子，促进企业结构调整和转型升级。被认定为“专精特新”中小企业的，给予技改、融资等专项资金和公共服务资源的重点扶持，通过积极推荐和帮扶，全市共有7家企业列入全省“专精特新”企业数据库。加大调研力度，结合企业生产经营情况，通过网络QQ、手机短信、微信等方式为企业提供市场信息，引导企业进行生产技术创新，紧密结合市场需求和行业标准，采取“走出去、引进来”，寻求技术专利转让、院校合作研发、深度加工开发、转变市场营销模式等形式，提升企业创新能力，提高企业产品市场竞争力。

帮扶企业解决实际困难。通过政府在春节前后召开的专场招聘会、与各乡镇场及企业积极联系、前往瑞昌籍务工人员较为集中的地区召开招聘会等多种途径，引导和协助务工人员在本地就业，尤其是各种技术工人，切实解决企业用工问题；为中小企业符合条件的职工争取市公共保障性住房，帮助企业解决职工住房问题；深入企业开展各项帮扶活动，积极配合市总工会，在全市企业群体中，广泛开展“金秋助学”“大病救助”“日常帮困”等各种帮扶工作，帮助企业解决困难职工子女就学、日常生活困难等问题。

做好企业申规入统工作。2016年，经核实申报，九江屹峰木业有限公司、江西中福瑞能源设备有限公司、市珑丰家具工艺品有限公司、市君联木业有限公司、市江涛采石场、市新开路碎石厂6家年销售收入突破2000万元的中小企业，纳入全市规模企业调度。

【瑞昌3家企业获评“江西省专精特新中小企业”】

6月，江西省工业和信息委员会公布的“江西省专精特新中小企业”认定名单中，江西格雷斯科技有限公司、市渝瑞实业有限公司、市溢香农产品有限公司等三家企业榜上有名，入选企业户数位列九江市前列。

（王嘉冀）

附：2016年市中小企业局副科级以上领导名录

局　长：文松林

副局长：朱　红（任至6月）　何明风　周佐春　胡　刚

中小企业融资担保公司董事长：柯茂大

总经理：徐长春

经济开发区

◇◇本栏编辑　邹圣敖

综　　述

瑞昌市经济开发区由城区工业园、码头工业城和大唐新区三个园区板块构成，总规划面积1914.89公顷。2016年，市经开区以新工业十年行动为引领，以项目建设为抓手，把项目引进、管理服务、非公党建作为工作重点，扎实做好经济运行、企业服务、党建引领等各项工作，圆满完成各项工作指标和任务。全区有入园企业170家，规模以上企业63家，新增规模以上企业3家。全年完成工业主营业务收入416亿元，同比增长8.9%，总量和增速在全省均排名第22位、在九江市均排名第2位；完成利税52.87亿元，同比增长16.46%；实现工业增加值83.3亿元。实现利用外资2.18亿美元，增长6.9%；外贸出口4.07亿美元，增长7.3%。安排从业人员32240人，同比增长13.59%。2016年6月，瑞昌市经济开发区获批长江经济带国家级转型升级示范开发区。在2016年度九江市新工业发展目标考核中获园区发展奖第二名。

项目建设快速推进。2016年，经开区全力推进项目建设，力促引进项目尽早落户建成投产。城区工业园着力打造黄金工业孵化园、金岭创业园、裕丰科技园三个特色园区，三园区新落户16家企业，15家开工建设，8家建成投产。码头工业城当年签约落户投资35亿元的万润兴业生活纸项目一期主体工程竣工，投资26亿元的泰德新能源超清洁燃料、投资1.2亿美元的兴业新材料项目启动建设。和谐电缆、天瑞丰收、华中木业二期等5个重大项目快速推进。新建成6个5000吨级码头泊位，货物吞吐量达4540万吨，再创历史新高。

园区平台更加优化。2016年，码头工业城启动投资4000万元、全长2192千米丰收大道建设；投资500万元全长345米的新村西路、投资44万元的镇区园区积水改造等配套设施建设全面完工。城区工业园投资3000万元用于洋鸡山路道路改造和阳光路、金星路、湓城东路维护，对园区路灯、绿化、环卫不断完善。大唐新区投资340万元，启动西环路建设，道路全长194米，占地11.58亩；引导24家物流企业、12家快递公司入驻林安物流园，林安电子商务创业孵化基地入驻阿里巴巴“农村淘宝”、九江三厘米科技有限公司等电商企业46家；总投资7400万元，建筑面积2.98万平方米的瑞昌六中建成秋季投入使用。

服务企业倾心尽力。城区工业园春节期间发布各类招工信息450多条，帮助企业招工1700人；通过“财园信贷通”为37户企业发放贷款1.45亿元；码头工业城完成万润兴业项目730亩用地、翠林村3000亩土地征收和朱湖村412户农房拆迁；完成华中木业、理文生活纸、天瑞丰收等项目总投资1480万元、74万平方米土地平整，保障项目建设顺利推进。大唐新区启动历史遗留的12户老拆迁户的拆迁工作，完成胡垅69户1.5万平方米的拆迁任务，确保项目建设不受影响。

【瑞昌经济开发区获批长江经济带国家级转型升级示范开发区】　2016年5月，国家发改委公布

《关于建设长江经济带国家级转型升级示范开发区的通知》，将全国33个开发区确定为长江经济带转型升级示范开发区，瑞昌经济开发区被列其中，成为江西省三家之一。瑞昌经济开发区将在规划引导、改革试点、专项安排等方面获得更多国家层面的重点支持。

【万润兴业30万吨生活纸项目一期主体工程完工】 7月27日，万润兴业30万吨生活纸项目签约落户瑞昌市码头工业城。该项目由香港万润兴业有限公司投资建设，占地面积738亩，总建筑面积约30万平方米，项目总投资35亿元，其中固定资产投资25亿元。项目分两期建设，一期年产30万吨，二期年产20万吨，主要产品为大卷生活原纸、卷纸、抽纸、手帕纸等。项目达产达标后，年产高档生活纸50万吨，实现年产值35亿元，年创税收2亿元，可解决1500人就业。项目于9月启动建设，12月底一期主体工程基本完工。

【年产100万吨超清洁燃料项目落户瑞昌】 5月28日，由山东泰德新能源有限公司投资，年产100万吨超清洁燃料项目签约落户瑞昌市码头工业城。该项目总投资26亿元，分两期建设，首期投资7.5亿元，项目包括100万吨/年催化柴油加氢转化装置，30万吨/年溶剂油改质装置、30万吨/年清洁燃料油装置等。建成投产后年销售收入可达100亿元，利税超2亿元。项目已启动建设。

【兴业新材料项目签约落户瑞昌】 12月20日，总投资1.2亿美元的兴业新材料项目签约落户瑞昌市码头工业城。该项目由中国兴业太阳能技术控股有限公司投资 ，分两期建设，固定资产投资9000万美元，新建微晶玻璃生产线6条、硼玻璃生产线2条、产品加工区4个，其中一期新建微晶玻璃生产线2条，硼玻璃生产线1条，产品加工区2个。达产达标后年产值可达50亿元人民币，一期年产值可达12亿元，利税3000万元。12月底，项目已启动建设，正在进行土地平整。

【长江中上游唯一木材专业码头落户瑞昌】 6月，九江港瑞昌港区华中国际木业有限公司木材专业码头工程使用长江港口岸线获交通运输部批复。项目建成后将填补九江港没有木材专业码头的空白，成为长江中上游唯一木材专业码头。该木材专业码头拟建3个5000吨件杂货泊位，设计年通过能力234万吨，使用长江岸线360米。

（范香芸）

城区工业园

【概 况】 城区工业区位于主城区，沿黄金大道、浔阳东路分南、北、西三区，总规划面积3.07平方公里已全部开发建设。2016年，经开区努力打造三个特色园区，快速推进项目建设，完善优化园区平台，加强园区综合管理，全力服务园区企业，各项工作取得新成效。

快速推进项目建设。2016年，全力打造黄金工业孵化园、金岭创业园、裕丰科技园三个特色园区，加速推进项目建设。金岭创业园落户8个项目，7个项目已开工建设，盛广饰材、旅游箱包项目实现年底试生产；黄金工业孵化园6家落户企业全部开工建设，其中泰玺饮料、和泽酒厂、赛邦鞋业年底投产，贝诺婴儿车、三樱电子部分投产；裕丰科技园落户2家企业启动土方平整。盘活闲置厂房2万平方米，安排新项目入驻。引导企业挖潜增效，推动龙昌电子、凤竹纺织、利瑶纤维等企业增产扩产。

完善优化园区平台。投资3000万元用于洋鸡山路道路改造和阳光路、金星路、湓城东路维护，对园区路灯、绿化、环卫不断完善。打造智慧园区平台，以华瑞缝纫线公司电子商务团队为主导，创建园区企业电子商务基地。

倾力服务园区企业。积极为企业排忧解难。发布各类招工信息450多条，帮助企业招工1700人；通过“财园信贷通”为37户企业发放贷款1.45亿元；协调处理各类纠纷400余件，其中涉及劳资纠纷40起、30家企业600多名职工、资金2000多万元，维护了企业、职工利益和社会稳定；帮扶困难职工200余人，发放慰问金10万元；给困难职工子女40余人，发放助学金11万元；为

27户园区外来职工解决住房问题。

强化园区综合管理。对经开区内违规建筑、闲置土地、改变土地利用性质情况、安全生产、环境保护、劳动就业等工作进行规范，及时发现经开区及企业存在的问题；完善经开区责任巡查制度，全年共发现并制止违建15处，拆除违建4起，收回闲置土地100亩。部门联动严抓安全生产，联合市安监局、消防大队、供电公司等部门，在园区全面开展安全检查2次，共检查企业近100多家，查出各类安全生产隐患250处，目前已整改隐患220余处，占总隐患数88%。全年园区没有发生大的安全生产事故，无安全生产死亡事件。多元驱动做好信访维稳工作，发挥企业班组长、企业管理人员、园区管委会和综治、信访、劳动监察等多方职能作用，及时化解矛盾，实现园区和谐稳定，未发生刑事、治安案件和群体越级上访事件。

（范香芸）

附：2016年经开区管委会副科级以上领导名录

党工委书记：陈志锋（任至6月）　徐济忠（6月任）

党工委副书记、主任：叶礼江

党工委副书记：王能瑾（任至6月）

副主任：王能志（任至6月）

党工委委员、副主任：何深鹏（任至6月）

熊旭超（6月任）

周素珍（6月任）

党工委委员、总工程师：沈水华（11月任）

码头工业城

【概况】　2016年，码头工业城以项目推进为重点，抓协调、重参与、快落实，各项工作稳步推进，出色完成年度各项目标任务。落户企业共有46家，其中规模以上企业9家，全年完成工业总产值82.92亿元，实现主营业务收入87.19亿元，实现利税总额9.16亿元，分别较上年度增长8.6%，9.1%和55.1%。瑞昌港区货物吞吐量全年完成4539.59万吨，同比增长8.0%；其中，集装箱完成2.8488万标箱，同比增长20.5%。货物吞吐量占九江港总量40%，继续位列九江港五大港区之首。

项目建设快速推进。集中精力推进引进项目快速投入建设。当年签约落户投资35亿元的万润兴业生活纸项目一期主体工程竣工，投资26亿元的泰德新能源超清洁燃料、投资1.2亿美元的兴业新材料项目启动建设。和谐电缆、天瑞丰收、理文化工新增项目、华中木业二期、瑞翔造纸等项目快速推进。

基础设施不断完善。启动投资4000万元、全长2192千米丰收大道建设；投资500万元全长345米的新村西路、投资44万元的镇区园区积水改造、发展一路及排洪渠、中小创业园管网、污水提升泵站及压力管新建等工程全面完成，园区平台更加优化。

服务企业落到实处。完成万润兴业项目730亩用地、翠林村3000亩土地征收和朱湖村229栋412户农房拆迁；完成华中木业、理文生活纸、天瑞丰收等项目总投资1480万元、74万平方米土地平整，保障项目建设顺利推进。7月遭遇洪涝灾害，组织企业员工及城管队员450人，筑围堰、堵涵洞、排水涝，修筑围堰1.52万立方米、子坝1000余米，确保企业正常生产。

对外影响日渐增强。随着社会各界对瑞昌沿江开放开发的日益关注，码头工业城作为瑞昌对外开放窗口形象的作用越来越明显，2016年全年接待各级领导和客商考察共计210余批次。5月18日，省商务厅副厅长朱元发一行参观考察；9月1日，省工信委副主任万庆胜等开展双看双促考察；9月6日，工信部副司长杨铁生一行作专项调研；9月23日，中央化工报社考察；11月11日，“转型升级 智慧共享”2016石油和化工行业领袖峰会暨《中国化工报》理事会第十二次年会在瑞昌隆重召开，并参观工业城。

（董　陟）

附：2016 年码头工业城副科级以上领导名录

党组书记：陈国胜

党组副书记、管委会主任：刘剑舞

党组副书记：王　震　谈华灿　袁志峰（任至6月）
　　　　　　华　蓉（任至10月）

党组成员、管委会副主任：高海宝　黄开良
　　　　　　　　　　　　徐　通

管委会副主任：王　龙　董柏村　董　恒

维稳信息督察员：余　星（任至6月）

大唐新区

【概 况】　2016 年，大唐新区紧紧围绕市第七次党代会提出“五大升级”的总体思路，坚持实干创新为工作主基调，优化项目服务，推进园区平台建设，提升城市管理水平，实施产城融合综合深度开发，各项工作取得显著成绩。

优化项目服务。协助林安集团规划好瀼溪河箱涵工程、林安标志性大型门头、加油站、商住楼等8个即将启动建设的企业投资项目，家具建材博览城10月建成开园；协助庐山花海项目完成国际建筑博览园总体规划。启动历史遗留的12户老拆迁户的拆迁工作，完成胡垅69户1.5万平方米的拆迁任务，确保项目建设不受影响。启动华益管业245亩闲置土地回收工作，及时整合土地资源，提升土地利用效率。

完善园区平台。投资340万元，启动西环路建设，道路全长194米，占地11.58亩；总投资5900万元，建筑面积5.01万平方米的大唐家园二期续建项目顺利推进；总投资5300万元，建筑面积5万平方米的盛世家园续建项目主体工程完工；总投资7400万元，建筑面积2.98万平方米的瑞昌六中建成秋季投入使用。

加强城市管理。随着新区安置区入住率的提高，学校、企业人员不断增加，新区环卫、城市管理压力日益增大，及时启动大唐新区城市管理机构组建工作。成立城市管理领导小组，由管委会主任亲任组长；设城市管理科，专职负责新区城市管理工作；组建大唐环卫所，聘请环卫工人88名，投入资金30万元新购置垃圾转运车两台，对新区60万平方米路面分组分标段清扫保洁。多次开展环境卫生专项整治活动，集中清理新区内道路两边人行道板杂草，对绿化进行整改，保障新区环境整洁优美。

【林安国际家居建材博览中心开业】　9月29日，林安国际家居建材博览中心盛大开业暨首届瑞昌市家居建材博览会在大唐新区林安国际家居建材博览中心隆重举行。林安国际家居建材博览中心，是由品牌建材旗舰店、家具大卖场、建材商业街及仓储组成，可全面满足市区及各乡镇中高档消费者的一站式采购需求。此次家居博览会上共接洽800多个订单，销售额近千万。

（周庆仁）

附：2016 年大唐新区管委会副科级以上领导名录

党工委书记：易呈禄（任至6月）
　　　　　　刘文斌（7月任）

副书记、管委会主任：徐　东（任至6月）
　　　　　　　　　　王能瑾（7月任）

党工委副书记：周瑞珍　范远强（任至6月）

党工委委员、管委会副主任：余凌峰　邹显锋
　　　　　　　　　　　　　柯晓青

党工委委员：鄢喜愿　姚俭鹏（任至6月）
　　　　　　王国生（任至3月）

总工程师：梁　超

交通运输

◇◇本栏编辑　李木林

综　述

2016 年，市交通运输工作围绕省、九江市交通工作会议精神和瑞昌市总体发展目标，适度调整交通基础设施建设项目，充分抓住交通发展机遇期，乘势而上，迎难而进，抢抓重点交通工程项目建设，着力推进县乡道升级改造、村村通公路建设，不断提升完善市域公路路网等级和质量，积极推进城区公交车运营模式改革工作，进一步提升公共服务能力和水平，为全市“五大升级”的推进和人民群众出行便利做出应有贡献。

交通基础设施建设再创佳绩。立肇线二级公路改造里程 49.19 千米，高丰段 13.248 千米全面完成，完成投资 4811 万元；洪下段 10.195 千米全面竣工，12 月底结束养护期全面通车，完成投资 7476 万元；大德山、花园段 18.5 千米完成土地征用，房屋拆迁丈量、评估等基础工作；肇陈段完成施工图设计。全长 800 米新桂林桥和连接线全面竣工，8 月已正式通车，投资达 1414 万元。站前广场和站前一路建设顺利推进。站前广场总面积 5.1 万平方米，场地平整全部完成，完成中心广场碎石和混凝土铺垫，完成石材铺贴 8000 平方米，完成公交车和出租车停车场二层水稳，完成广场景观灯具、停车场照明、高杆灯、庭院灯以及中心广场两边 16 个树池等基础工程。站前一路全长 1362.79 米，已完成土方挖方、回填、雨污水管道铺设、路基平整等基础工作。农村公路完成了瑞昌至南阳三级公路升级改造 16 千米（全长 18.9 千米）混凝土路面硬化，大德至大坳（洪一段）5.7 千米，高丰至塘山（横港段）10.5 千米，完成施工图设计和评审工作；乡道改造项目 4 个 10.4 千米，已完成施工图设计和评审。25 户以上通自然村公路建设项目 41 个 35 千米全面完成，达目标任务 100%；投入 62 万元帮助精准扶贫村横港镇风景村、嵋光村、嵋荣村修建公路，解决了群众出行难问题。危桥改造项目：南阳双下桥危桥改造 31 米，全面完工。农村公路养护更加规范完善，2016 年农村公路水毁修复 60 处，投入资金 209 万元，农村公路养护大中修 55.8 千米（其中县道 11 千米、乡道 39.8 千米、村道 5 千米），投入资金 397 万元。

交通运输保障能力不断巩固优化。全市客运企业 11 家，班线客运车辆 223 辆，客运班线 77 条，其中省际 5 条、高速 10 条、市际 5 条、县际 6 条、县内班线 51 条。全年客运量 811 万人，客运周转量 32440 万人千米。出租车企业 3 家，车辆 210 辆。公交车企业 2 家，公交车 43 辆，其中工业园公交车 10 辆，新组建的长运集团瑞昌公交公司公交车 33 辆（含购置的新能源电动车 10 辆）。全市货运企业 58 家，货运车辆 2399 辆，因货运企业和货运车辆进行信誉质量考核，取缔不合格企业和车辆，与去年相比有所减少。全年货运量 785 万吨，货运周转量 51025 万吨千米。全市二级客运站 1 个，三级客运站 2 个。2016 年春运共投入运输客车 474 辆/10794 座位，运送旅客 51.7 万人次，略低于 2015 年春运。春运历时 40 天，实现了无重大安全责任事故和“安全优质、平稳有序”的春运总体目标要求。

公交车运营模式改革成效显著。公交车运营模式改革是2016年交通运输一项重点改革工作，由市政府主导、交通局组织、长运集团瑞昌公司具体实施的市区公交车运营模式改革稳步推进，并圆满成功上线运营。8月根据第16次市长办公会议纪要精神，决定成立九江长运集团瑞昌公交公司，9月2日前完成了公交车队固定资产收购工作，9月7日新公交公司正式接管运营，新购置的10辆新能源电动公交车正式上线运营。由此结束了公交车队挂靠的个体公交车运营模式。公交车改革后的运营配套建设项目：一个枢纽站，2个首末站和7条公交线路，新建128个移动站台，移装17个站台，总建筑面积1833.96平方米，总投资1441万元。

交通运输管理规范有序。交通运输管理行政执法程序进一步规范化、透明化。全年共查处违规车辆1000余辆，非法营运车辆20余辆，纠正违章经营行为92起，受理举报、投诉110余起，回复率100%，未发生一起行政复议或行政诉讼案件。客车运营稽查专项整治活动中共查处“黑车”20余辆，罚没10余万元，其他类违章31起。在公路运输管理中把质量信誉考核作为一项重点工作来抓，完善客货运输企业和运输车辆的进退机制，通过开展质量信誉考核，取缔货运企业20家，二类维修企业3家。三类维修企业8家，二类维修企业降级3家。

行政许可审批与行政执法进一步加强。按时完成市政府和上级业务主管部门要求的行政许可、行政审批事项的衔接、取消和下放工作，全年共办理行政许可件191件、非许可件1021件。积极组织行政执法人员参与市超限超载治理工作。按照省交通运输厅对高速公路沿线广告设施专项清理整治工作的部署和要求，由市政府统一部署，交通部门对高速公路瑞昌段用地外缘起80米范围内的广告设施进行清理整顿，拆除清理广告牌9块。

交通运营安全监管力度大。建立健全长效安全生产责任制，全面落实“党政同责、一岗双责”的安全生产规定意见，落实严格的安全生产综合目标责任，落实重点企业、重点岗位、重点环节、重点时段的安全生产责任督查。做到每月检查、每季度大检、重要节日、重要会议专项检查；建立水上交通、海事、港航、港口等多部门的水上安全联合督查机制，建立信息共享、相互配合、共同执法的安全体系，查处水上1起非法运输。在公路运输安全督查方面，交通、运管联合，对客运站场、客运班线、公交出租、货运物流、驾校、汽车维修等企业，每季度进行一次全面督查。对公路、桥梁，交通会同公路管理、质监部门共同督查，发现安全隐患督促业主部门限期整改，确保2016年交通运输行业无重大安全生产责任事故，死亡人数为零。

【交通工程招投标进一步规范】 2016年，完成交通工程建设项目行政监管10项，工程招标总金额1260万元，工程招投标主要采取网上电子CA系统(纸质招投标形式3项)。

【交通战备】 5月，配合九江长江航务军事代表处做好长江渡口应急保障能力调研工作。7月，配合省、九江市交战办做好瑞昌市支援抗洪救灾部队交通保障工作。9月，积极主动组织宣传《国防交通法》。10月，参与省国防交通数据采集更新暨国防动员潜力数据统计采集业务培训，做好相关数据的采集更新。

【武九铁路客运专线工程建设】 2016年，武九客运专线建设工程瑞昌段已全线完成铺轨，进入轨道调度阶段，瑞昌城西火车站工程建设全面完成。客运专线建设中，涉及周边群众336户生活用水及718户由隧道爆破和桩基施工造成房屋的受损，已勘察评估、协调解决，确保2017年武九客运专线投入运营。

【九瑞高速营运安全管理优化】 2016年，九瑞公司以安全保畅、服务群众安全便捷出行为宗旨，坚持一岗双责、防治并重和内控闭环，狠抓安全生产，把安全生产贯穿于经营管理全过程，扎实有效推进各项工作。公司成功建立并上线九瑞高速微信公众号，通过公众号介绍九瑞服务方向和路况信息，为司乘朋友提供便捷服务，也提升了九瑞高速社会知名度和影响力。公司针对全线五隧道高压钠灯能耗高、故障灯多等情况，实施了智能LED调光照明系统技改，既节能环保，又提高了行车安全系数。九瑞高速全年折算全程流量为146万辆次，其中客车折算全程流量增加达13万辆。

（宋增英）

附：2016年交通运输局副科级以上领导名录

局　长：罗永林（5月任）　陈　明（任至2月）
党组书记：罗永林（4月任）
　　　　　张绪玛（任至4月）
党组副书记：张绪圣（任至6月）
副局长：刘海清　张绪圣（7月任）
　　　　蔡锦林（任至4月）
　　　　张绪鹏（任至4月）
　　　　周宇财（任至7月）
交战办主任：张吉安
总工程师：陈衍阳
工委主任：邓红安（6月改任主任科员）
党组成员运管所支部书记：胡瑞柏（任至6月）
运管所所长：雷新国（任至6月）
交战办副主任：易云峰
运管所负责人：姜文胜（6月任）

公　路

【概 况】 2016年，瑞昌公路分局按照九江市公路局提出的“内强素质严管理、外塑形象争进位”的工作思路，围绕实现“七优”工作目标，团结拼搏，锐意进取，工程、养护、路政等主要工作成效明显，较好地完成了市局下达的各项目标任务，促进了瑞昌公路事业的顺利发展。获九江市公路管理局综合考评先进单位、瑞昌市政府综合考评市直组三等奖。

工程建设顺利推进。全年公路工程建设总值达到1.1亿元，完成机务生产总值73.7万元，设备完好率97%，所有项目建设的质量、进度、效益均保持较好水平，全年未发生重大安全生产事故。婺桃线（武宁段）9千米二级公路改造项目第三合同段、立肇线（洪下段）二级公路改造二期工程已完工。顺利推进南义桥、大店桥、皮坑桥等危桥重建项目及国道316线7千米路面大修项目主体工程。立肇线（花园至肇陈段）二级公路改造三期和四期工程正在筹备，预计2017年春节前启动招投标工作。2016年是“十三五”开局之年，分局工程建设任务主要呈现重、难、散等特点。年初仅有立肇线二级公路改造项目正在实施，其他已启动的项目由于上级部门资金批复不到位、建设单位决策未落实及施工审批手续办理滞后等原因，迟迟不能动工。下半年分局工程建设任务将扎堆实施，人员、技术、设备压力都会很大。面对困难，分局采取了有效的应对措施：把握重点，兼顾全面，在人员、资金和施工力量配备上，采取适度倾斜，合理安排工期、工序，从而确保各项目有序推进。为尽早消除桥梁安全隐患，果断向市公路局请示报告，分局自垫资先行启动三座危桥改造项目。分局班子成员明确责任分工，日常碰头会沟通，班子会适时调度，充分发挥民主决策，各项目之间协同合作，为全面完成各项工程施工任务提供有力保障。在工程项目管理上大胆使用人才，一批实干型技术骨干担任项目经理和总工，确保了工程建设的质量、进度、安全。注重劳务合作队伍的选择，不断扩充劳务合作队伍信息库，依据资金实力、施工能力、工程业绩、农民工工资支付信用、服从管理的执行力及廉洁意识等诸多方面，选择了一批较好的合作队伍，使工程进展顺利。

公路养护质量提升。分局继续对立肇线K0－K12.38段采取对外包干承包管理。探索公路养护市场化，有利于强化行业职能，控制资金；能够为今后改变传统的作业方式，逐步走向市场化养护建立有效的监管制约机制。为加快分局养护机械化，分局添置了部分养护小型机械设备，从各道班抽调精干力量，组成养护小修队伍，定期组织培训，采取以点带面的形式，提高每位职工操作技能。结合迎国检内业标准和要求，指定专职内业资料员，组织开展培训班，定期检查评比，确保业内资料数据准确、标准规范、外观整齐、归档及时。养护生产的年末好路率达 81.2%，其中水泥路好路率为 96.9%，出工出勤率分别达 99.1%、100%，全年整修标准路肩 109.6 万平方米，清理边沟 896618 米，清理塌方 960 立方米，植树 3 万株，路树刷白 10.5 万株，割路肩草 136.2 万平方米，油路补坑槽 1.05 万平方米，清理桥涵 4913 次，开挖标准沟 254 米，水泥路面灌缝 58896 米，小修保养总投入 251.2 万元。

路政执法规范有序。根据《开展 2016 年全省普通国省干线公路路域环境综合整治活动的通知》和九江市局文件通知精神，在分局辖区路域环境相对落后的形势下，于 4 月、6 月、9 月和 11 月分别进行了四次大动作的路域环境整治工作，全面整治侵犯路产路权现象。在地方政府和相关职能部门配合下，全体路政员放弃节假日，全力投入到路域环境整治工作中，重点治理“四违”现象，努力实现整治路段沿线路域环境“八个无”目标，使分局管养路域环境得到较大提升。大队人员上路巡查 3506 人次，共计发现路政案件 53 起，发现率达 100%，结案率达 100%；其中行政处罚案件 22 起，路产赔补偿案件 30 起，受理行政许可案件 1 起，共计收取路产赔偿费 521105.54 元。拆除非公路标牌 243 块，清除集贸摊点棚 3 处，拆除电杆 10 根，举行联合清障行动 9 次，清除公路各类堆积物 2392 立方米，出动宣传车宣传公路相关法律法规 6 车次，宣传投稿 17 份，制作刷新路政宣传标语 23 条，悬挂路政宣传横幅 62 条，与公路沿线乡镇联系走访 22 次。

治超工作成效显著。为深入贯彻《全省深入开展货运车辆超限超载治理工作方案》文件精神，3 月 22 日，瑞昌市政府组织成立了瑞昌市公路治超指挥中心。公路治超指挥中心下设 1 个视频监控中心和 3 个路面执法小组，办公地点设在瑞昌公路分局。指挥长由公路分局局长担任，副指挥长由交管大队教导员、公路分局分管副局长担任。每个执法小组配备执法人员 10 人，执法人员由公路、交管和运管抽调人员组成，轮流负责路面 24 小时备勤执法和受理群众举报。在路面执法过程中，采取顶格立体处罚。全年共计检查货运车辆 8347 辆，查处超限运输车辆 485 辆，卸载货物 4489 吨，交警扣分 1502 分，切割非法改装治超过程中，各部门密切配合，科学分工，联合执法，大队人员严守工作纪律，严格办案程序，严把人情关，做到执法标准一杆尺。车辆 1800 辆，处罚金额 1228774 元。全市货运车辆基本恢复出厂标准，超限行为得到有效遏制；治超办在处罚车辆的同时对相应矿山进行处理并扣缴履约保证金 77 万余元，有效规范矿山企业运输车辆装载运输行为。治超工作得到省交通厅和省公路局多次通报表扬。

【路面保畅通应急能力得到提升】 2016 年投资 50 余万元，建成了应急保障储备中心，集应急物资储备、大型机械保养、应急人员培训等功能于一体，已于 11 月投入使用。配合上年建成的公路路网应急指挥中心，公路分局应急保障能力及反应速度等综合水平得到全面提升。

【四项工作获上级表彰】 公路路政工作在九江市公路管理局连续第 6 年被评为先进单位；治超工作得到省厅及省公路局多次通报表扬；分局养护股被江西省交通工会授予“五一巾帼标兵岗”，分局财务股被九江市直属机关妇女工作委员会授予“九江市直机关巾帼文明岗”。

【三人被授予荣誉称号】 公路分局夏小燕被省政府授予“江西省先进工作者”称号。徐游喜获得省交通厅“公路养护标兵”称号、“九江市劳动模范”称号。陈新法获得省交通厅“路政管理标兵”称号。

附：2016 年九江市公路管理局瑞昌分局副科级以上领导名录

局　长：黎　敏（5 月任）　黄续权（任至 5 月）
党支部书记：余照武（12 月任）
　　　　　　吴瑞忠（任至 5 月）
副局长：陈世君　潘应强（任至 5 月）

水路管理

【概 况】 2016年，瑞昌港航分局按照年初确定的各项工作目标任务，以沿江大开发为机遇，统一思想，精心组织，进一步加强行业管理，加大运政稽查和安全监管力度，提升为企业服务水平，有效推进港航管理工作顺利发展。获“省级文明单位”荣誉称号。

【开展年度核查工作】 按照九江市局统一部署，分局召开“2016年水路运输（服务）企业年度核查工作会”“水运企业诚信座谈会”，通过核查10户水运企业“水路运输许可证”，发现各企业管理人员配备基本到位、台账比较完整，截至2016年年底辖区船舶没有发生一起安全事故。对瑞昌市亚航轮船有限公司、瑞昌市金海轮船有限公司和瑞昌市第一航运公司运力达不到经营资质管理规定要求的问题（现有船舶1艘，船舶总吨不到600吨），责令整改，向企业下达了整改通知书，要求企业尽快引进运力。

【开展诚信水运企业服务】 为进一步落实国家有关水运市场宏观调控的举措，加强与企业的沟通和联系，及时获取企业生产经营与市场运力供需状况，保障信息畅通。成立诚信企业领导小组，召开座谈会，广泛征求意见。截至年底，瑞昌市第二航运公司、瑞昌市黄金船务有限公司已取得了江西省3A级诚信企业荣誉称号。

【招商引船突破万吨】 2016年，瑞昌港航分局进一步加大招商引船力度，积极和有关部门主动走出去、请进来，认真学习水运经济发达地区的先进经验，并邀请有关业户到瑞昌市参观考察，大力宣传推介瑞昌市招商引船的优惠政策。召开水运经济发展座谈会，加强与地方党委政府、金融、海事等部门的沟通交流，共同探讨和破解制约招商引船工作的瓶颈问题，积极争取优惠政策，力争为分局招商引船工作提供便利。同时在全局干部职工中牢固树立业户无小事，服务不过夜的观念，积极为业户排忧解难，扎扎实实的为业户解决实际困难，对符合经营资质的企业和船舶，全程陪同和指导办理相关手续，为业户提供全方位优质配套服务。截至11月已引进新增船舶4艘，新增船舶运力1.1527万吨。

【运政管理进一步规范】 针对客运码头现状，加强上下船客人安全管理，瑞昌分局在客运码头确定一名领导和一名工作人员为安全监管员，为便于联系，更好地服务企业安全管理，印制《运政管理联系卡》。实行专人负责制度，制定了《瑞昌客运码头安全生产事故应急救援方案》，确保一旦发生安全生产事故的应急救援。由于各项安全监管措施落实到位，客运码头的生命财产没有发生一起安全责任事故。

【加强运政稽查力度】 每天坚持两次航查，上午、下午各一次，严查船舶超载离港，重点查处无营运资质船舶参与营运，“三无”船舶等，全年共检查过往船舶2898艘。

【加强企业安全生产标准化建设】 分局成立领导小组，督促水运企业开展自查自纠，指导企业对照安全生产考核暂行办法内容和评分标准逐项评定自评打分，进行综合考核。年内共有5家企业通过安全生产标准化考核，还有5家正在申请准备中。

【加强安全生产与综合治理】 制定《九江市港航管理局瑞昌分局安全管理网络图》，把安全管理责任，措施落实到各股及每位责任人。将安全生产与综合治理工作齐抓并举。由于措施得力，宣传到位，一年来没有发生任何社会治安案件和安全生产责任事故，确保了安全生产目标实现。认真开展“安全生产月”活动。认真召开职工会议传达学习市局文件精神，悬挂横幅，营造安全月氛围，全面排查，发现隐患及时排除。

【开展扶贫助学活动】 2016年，分局领导班子多次深入挂点村贫困家庭，与贫困户交心谈心，实地开展调查研究，对致贫原因、存在问题进行分析，研究解决方案，制定脱贫工作计划。重点了解贫困户的生活状况，共同讨论帮扶措施。投入慰问帮扶资金8000余元。爱心助学，持之以恒。分局自2012年以来，一直把“金秋助学”列入议事日程，每年9月至10月都会向贫困特困生送爱心书包及学习用品。9月22日，分局班子成员又带领部分党员到码头亚东希望小学，为该校10名特困生送去了三千余元的爱心书包及学习用品，同时还为该校在籍的30名小记者每人发放了一份纪念品，鼓励他们好好学习，积极参与社会实践，多为社会作贡献力量。

【加强运政队伍建设】 抓好运政队伍建设，不断提高运政队伍素质。2016年，分局切实抓好运政队伍政治思想教育工作，每月安排2次政治理论和职业道德学习，促进员工树立正确人生观、价值观。学习《中华人民共和国新水条》《中华人民共和国行政处罚法》等各项相关法规，提高员工执法能力和水平。为便于社会群众和业户的监督，促进行风、政风建设，在办公场所设立政务公开栏、公开办事程序、公开处罚标准、公开运管人员职责、并设立群众举报箱和举报电话，有效地促进了运管工作健康发展。全年，分局未出现一起违法案件，未发生一起“三乱”行为。

（杨　云）

附：2016年九江市港航管理局瑞昌分局领导名录

局　长：陶晓军

副局长：赵　兆

港口管理

【概况】 2016年，九江市港口管理局瑞昌分局围绕将瑞昌港区打造成为长江中下游区域综合枢纽的总目标，按照“严格执法行政、强化安全监管、创建服务企业、加快项目建设”思路，突出工作重点，强化措施落实，圆满完成了各项目标任务，实现了“十三五”良好开局。全年货物吞吐量为4539.6万吨，总量占九江港全港的40%，位列九江港五大港区之首；港口集装箱完成2.85万余标箱，同比增长20%。

港政管理成效显著。大力宣传港口规划，经常向地方政府沟通汇报，争取地方政府和相关部门对港口规划、科学利用岸线资源的重视。严格遵守港口总体规划，实时关注港口总体规划修订进展，严把港口岸线使用申请初审、转报关，持续跟进岸线审批进度，有力促进岸线的审批，年内使港区内江西华中木业码头项目获得交通运输部批准使用港口岸线245米。创新开展服务港口项目建设。针对辖区内亚东、理文、新洋丰、吉恩重工、江联、华中木业以及工业城公用等重点码头项目存在的问题，分局深入企业，现场出谋献策，能现场回答解决的当场解决好，不能解决的及时向市局汇报，邀请市局领导及业务科室到港区协调指导，解决实际困难，有效推进项目建设进度，全年在港区内建成5000吨级码头泊位7个，新增通过能力600万吨。在积极服务港口企业、港口建设项目的同时，鼓励港区老码头利用现有岸线进行扩能改造、挖潜升级，促进港区内码头向大型化、专业化、集约化发展。全年共服务港口企业96人次。强力开展非法码头综合整治。与海事、水利、公安、市监、城管、发改等部门开展联合执法，对未经审批的码头，继续采取五不原则：即在未经审批的码头上装卸的船舶，海事不予签证、供电部门不予供电、矿山不得在非法码头上装卸货物、搅拌站不得为其提供混凝土、运输车辆不予运输。已关停取缔非法码头16处、泊位19个，其中拆除非法码头泊位4个，关停并清理沿线堆砂场10个，切割“三无”涉砂船舶38艘，非法码头整治工作效果初显。

安全工作力度加大。2016年，瑞昌分局始终以创造平安和谐港口为宗旨，以服务港口企业为导向，牢固树立以人为本的安全管理理念，注重源头管理，强化现场监管，突出重点整治，有效保障了辖区港口安全形势的持续稳定。为做好清明、“五一”、端午、中秋、国庆等重大节假日安全检查，瑞昌分局共进行了多次安全隐患突击检查，累计260人次，下达了整改通知书5份。在安全生产月活动期间，在每个码头张贴标语、宣传画，同时出版专题板报进行宣传，并与在建港口项目单位进行座谈。整个安全月期间，检查企业

15 家，联合执法 2 次。重点检查了客运企业和港口危险货物企业，进一步完善了隐患排查治理台账。稳步推进安全生产标准化，注重督促和落实。分局始终加强指导辖区内港口企业开展安全生产标准化建设，对已达标的企业督促其按照标准化体系运行，督促企业落实安全生产主体责任。港区客渡企业和危货企业以及其他 6 家长期港口经营许可的企业均获得了安全标准化达标。另有 6 家临时普货企业正在启动达标工作，其中江西理文物流公司危货码头正在申报普货二级达标。

【瑞昌港区形成港口体系】 根据《九江港总体规划》一港五区的划分原则，瑞昌港区是九江港五大港区之一，拥有长江岸线 16.5 千米，规划有下巢湖、金丝、梁公堤等三大作业区。2016 年瑞昌港区现有港口经营业户 26 家，拥有包括码头工业城公用码头，亚东水泥、理文物流、新洋丰肥业、中石化油品运输码头、江联造船舾装码头等大型化、专业化码头，以及汽渡、轮渡和相关执法单位工作码头，共计 54 个泊位，其中：生产经营性泊位 45 个，非生产经营性泊位 9 个（分别为：舾装泊位 2 个、执法泊位 2 个、汽渡和轮渡泊位各 1 个、部队泊位 1 个、取水口泊位 2 个）。基本形成了布局合理、层次分明、功能齐全、内外兼顾的港口体系。

【瑞昌港区梁公堤作业区新洋丰码头工程使用港口岸线获批】 九江港瑞昌港区梁公堤作业区新洋丰肥业生产基地码头工程使用港口岸线获交通运输部批复。拟建工程位于长江中游武穴水道右岸，理文公用码头上游约 330 米，建设 1 个 5000 吨级件杂泊位和 1 个 5000 吨级散货泊位，设计年通过能力 247 万吨，泊位长度 245 米。

【瑞昌港区华中木业专用码头岸线获批】 交通运输部下发文件，批复九江港瑞昌港区华中国际木业有限公司木材专用码头工程使用长江港口岸线。该项目拟建 3 个 5000 吨件杂货泊位，设计年通过能力 234 万吨，使用长江岸线 360 米。该项目获批及建成后将填补九江港没有木材专用码头的空白，进一步发挥长江岸线资源优势，完善瑞昌港区港口配套设施建设，服务地方经济发展。

【瑞昌港区货物和集装箱吞吐量双创新高】 2016 年，瑞昌港区货物吞吐量再次突破 4000 万吨，全年完成吞吐量总量 4539.59 万吨，同比增长 8.0%。其中，集装箱完成 2.8488 万标箱，同比增长 20.5%。货物吞吐量占九江港总量 40%，继续位列九江港五大港区之首。

【省交通厅疏港公路建设调研组到瑞昌港区调研】 9 月 8 日，省交通运输厅规划处、省公路局、省港航局疏港公路调研组一行到瑞昌港区调研下巢湖作业区疏港公路建设情况。调研组由省交通厅规划处副处长彭辉勇带队，瑞昌市副市长颉勇军、九江市交通局、瑞昌交通局以及瑞昌港口分局相关负责人陪同调研。调研组察看了疏港公路项目拟建地点，并到江联造船舾装码头、公用码头调研港口规划建设、吞吐量组成及港口物流发展情况。对港区疏港公路项目建设标准、线型方案以及可研报告进行详细了解，并提出相关意见。

（吴瑞武）

附：2016 年港口管理局瑞昌分局领导名录

局　长：柯瑞华

书　记：王少锋

副局长：罗小兵（任至 9 月）　刘国保

　　　　张燕斌（9 月任）

铁　　路

【概　况】 瑞昌火车站地处江西省瑞昌市桂林街道办，本站中心里程位于武九线 212 千米 567 米处，隶属南昌铁路局九江车务段管辖。按技术作业分为中间站，按业务性质分为客货运站，车站等级为三级站。全站干部职工总数 37 人，其中干部 4 人，职工 33 人。2016 年，车站以“保安全、保稳定、保增长、促发展”为指导，以“严格管理、关爱职工”为主线，深入落实安全风险管理，认真推进安全生产规范化管理，夯实安全基础，实现生产运输安全畅通。

【客运量提升】 2016 年车站图定运行旅客列车 124 列，其中瑞昌站办理营业的旅客列车 23 列（含动车组 13 列）。方向为北京、上海、成都、呼和浩特、包头、郑州、福州、厦门、温州、武汉、南昌。旅客发送人数 41 万人，同比增长 4.4%，客运收入 2633.49 万元，同比增长 17.7%。

【货运量回升】 尽职尽责办理全国铁路各货运站货物运输（危险品运输除外），全年完成货发 11244 吨，同比增长 286.9%，货运收入 179.7 万元，同比增长 294.1%。

【进一步加强安全风险管理】 2016 年，瑞昌火车站全面贯彻铁路总公司、南昌铁路局安全生产总体部署，认真落实“三点共识”“三个重中之重”的指导要求，深入落实安全风险管理，认真推进安全生产规范化管理，重点抓好各项安全生产经营运输工作，积极推进“安全风险管理考核”机制，落实安全生产经营责任。年内车站生产运输安全畅通稳定，并实现了 2016 年行车运输及劳动人身安全年，截至 2016 年 12 月 31 日，车站实现安全行车 4060 天。

（易　峰）

附：2016 年瑞昌火车站领导名录

站　　长：王华银（任至 5 月）
　　　　　易　峰（5 月任）
总支书记：陈新东
副 站 长：林志福

信息产业

◇◇本栏编辑　李木林

邮　　政

【概 况】　2016 年，瑞昌市邮政分公司内设管理部门2个：综合部、市场经营部；业务部门4个：金融业务局、客户中心、报刊发行中心、电子商务中心；生产班组3个：分拣投递组、后勤保障组、邮政营业组。下属邮政支局（所）18个、邮政代办所4个。经办的主要业务有函件、包裹、报刊、集邮、广告、储蓄、汇兑、特快及代发工资、代收话费电费、代理保险、个人理财等。全年累计实现业务收入3342.3万元，占年计划107.26%，同比增长17.61%，收支差额完成901.6万元，完成预算目标，收入规模在九江市同行业中排名第二，各项工作成绩显著。荣获九江市级“平安邮政 服务质量”竞赛一等奖、“平安邮政 综治竞赛”三等奖、“机要通信质量”二等奖、“投递服务规范达标”二等奖、“营销体系建设组织”二等奖，“全市邮政对标赶超竞赛”优胜单位等奖项。

【金融业务快速发展】　2016 年，邮政分公司采取多种措施促进金融业务快速发展。设立风险金、员工双创基金、及时兑现各项业务奖励和业务酬金等激励机制，充分调动员工发展业务积极性，拓宽金融业务渠道，利用理财 POS 共计挖掘他行资金1.01亿元。坚持“以客户为中心，以活动为抓手”，通过开展丰富多彩的活动来带动余额的增长。揽入拆迁征地款项目资金3000万元，新增代发工资5户，月新增代发金额60万元。“互联网+”邮商联盟项目，用利他思维，实现客户、商户、企业三赢，发展商户 POS 机154台，签约商户76户，沉淀资金1046.22万元。在发展趸交保险同时，积极发展期交保险，培育期交客户，举行期交产说会40余场，营销期交保费500多万元，促进全年期交共完成1359万元。通过整合客户资源，实行邮务类客户与金融客户互动，为金融客户提供全方位的增值服务。强化管控，加强督导，指定专人指挥调度金融重点业务营销发展，实行日通报、周管控，旬调度、月 PK。全年完成“双2亿”计划目标，其中邮储余额净增2.06亿元，邮储余额规模达到12.03亿元；保险完成1.42亿元，折算标保2.93亿元，其中期交完成1334万元。金融类业务的发展为全年收入计划的超额完成奠定了坚实的基础。

【电商专业创新发展】　2016，瑞昌邮政分公司根据省市邮政公司邮乐购站点建设要求，及时下发《关于加快推进邮乐购站点建设》相关文件，明确职责，采取网点选点，电商中心审核，全面推进农村电商网点建设工作。按照成熟一个装修一个的方式，聘请大学生盘货、录入系统，确保站点建设如期完成。全年共建成脱贫站点15个，标准邮乐服务站点100个，乡级运营中心1个。实现客户双引流，全年转介金融客户425户，转介金额580万元。利用平台销售瑞昌本地特色农产品及农副产品（菜油、南阳山药、横立山翠冠梨、红薯等）9000余单，销售额90余万元。得到了政府部门及当地老百姓的一致好评，社会各方媒体争相报道。利用端午、中秋和国庆金融客户答谢会的方式，组织3

场车险团购会，合计营销保费46.82万元。全年车险业务实现稳步增长，营销车险816单，合计保费234.21万元，同比增长48.61%，营销保费规模进入全省前10名行列，营销车险单数和保费规模两项指标排名均列九江地区第一位。

【包快业务跨越发展】 2016年，瑞昌邮政分公司努力加大微商寄递市场开发力度，提升市场占有率，以服务客户为出发点，深入市场审时度势，找准包快市场目标，推广“标快段道双创”“仓储+寄递”模式，实现包快业务跨越发展。特别是在俏千金项目上通过做好人员支撑、技术支撑、价格支撑、网运支撑、仓储支撑及服务支撑6个方面工作，成功实现项目规模与效益双提升，全年累计完成收入260.4万元，完成计划的173.58%，同比增长177.95%。连续6个月在全省县域包快业务小组PK赛荣获第一名。全年实现快递包裹交寄业务量21.06万件，超额完成年初7万件的快包认标计划，实现包快业务量同比增长465%。

【传统业务转型发展】 2016年，瑞昌邮政分公司对报刊收订工作做到早布置、早落实，实现双创机制，把投递员的奖金与流转额挂钩，鼓励员工踊跃收订，促进了投递服务质量的提高。报刊大收订流转额完成601.1万元，完成计划的112.36%。其中党报党刊完成180万元，完成计划的110.43%；包畅销报刊完成62.8万元，完成计划的114.18%。积极适应市场需求，实现函件业务转型升级，从传统产品向文化传媒转型，取得了较好成绩。5月引用双创机制推进商演项目，实现商演收入20.3万元。全年累计完成函件业务收入103.1万元，完成成计划103.1%。在2016—2017函件跨赛活动中，封片卡计划68万元，目标74万元，实际完成76.04万元，完成计划111.82%。利用瑞昌市青铜遗址、剪纸艺术等传统文化，制作形象年册及生肖邮品出售，累计完成集邮收入101.8万元。

【深化改革激发企业发展活力】 2016年，瑞昌邮政分公司深化网点损益核算，对城区网点实行“包利润、包收入、包服务、包安全”经营承包，有效激发企业发展活力。低产网点在完成网点年度收入计划基础情况下，按年度新增利差收入的50%给予其分成激励，实行年度清算方式进行结算。1—12月人均月薪酬为4209元，同比增加达1244元，最高的网点人均月薪酬达到7458元。推进认标机制改革。对收入、余额和保险认标等采取认标方式自行认购计划，充分调动员工创效增收的工作热情，18个网点均认领中级包以上，收入认标额达到2863万元，超底标364万元，余额和保险的认标额分别超出底标1160万元和2515万元。推进双创机制改革。先后制定并下发4个双创承包方案，经由员工自主申报“双创”承包项目共计9个。截至目前，项目累计已实现收入389.75万元，兑现项目分红激励99367.2元。推进人事制度改革。创新人才选拔机制，开展金融网点正副支局所长公开竞聘上岗，真正做到能者上，平者让，劣者下。通过竞聘，选拔出3名新支局（所）长，10个网点配备副支局（所）长，对14个网点负责人进行了岗位轮换。制定大学生员工培养计划，让大学生任网点副支局（所）长挂职锻炼，施展才华，为瑞昌邮政事业的发展注入了新的生机与活力。推进“三合一”改革。7月制订《“三合一”工作推进方案》，转运、分拣、投递实现大平台作业，10月正式成立邮件处理组，进一步优化作业结构、提高作业时效、实现邮速互融，为邮运网转型和流程优化起到促进作用。

【基础平台建设力度加大】 2016年，瑞昌邮政分公司加大基建设施投入，装修改造4个金融网点，其中城东网点打造为精品网点，提升网点竞争能力，为后期长效发展提供了硬件支撑。加快运输能力的提升。新增1台投递车辆、5辆电动三轮车，全力保障投递服务质量提升；新增皮带机1台，优化分拣有效作业流程。加强工程改善的力度。全年完成投递生产场所改造建设5个，更新热水器5台、抽油烟机7台，配置电视机11台。倾情开展“春夏秋冬员工关爱”“春节送温暖”和“夏季送清凉”活动，为奋战在一线的员工发放防寒服、防寒手套和防暑降温饮料和药品。加速信息网络建设。对网点线路全面提速，更新网点通信设备，为网点智能项目建设及其他各项系统上线提供保障。

【加强安全管理】 2016年，瑞昌邮政分公司加大安防检查频次和隐患整改力度，组织金融专业“两加强、两遏制”专项检查活动。全年组织2期安全防范、消防知识培训及防抢、防盗、防暴、防火预演，累计更换消防灭火器142个，配置保险柜26个，配置狼牙棒、防暴叉35支，对网点、金库安全检查76次，检查报告书130份，组织110等测试68次，对金库和ATM等设备按时检查和维修。集中监控对网点进行24小时集中监控，并对大院内各个角落、楼层设置了监控探头，有效保障了企业人财物的安全。

【抓党建工作促企业发展】 2016年，瑞昌邮政分公司按照瑞昌市委组织部要求，把每个月的5日定为“党员活动日”，组织全体党员进行学习培训，提高党性观念，增强责任意识，转变工作作风。11月开展2008至2016年上半年的党费补收缴、党组织换届选举、成立集邮协会党支部等工作，取得了良好成效。5月开展“两学一做”专项学习教育活动，8月开展以“思想大讨论动员会”为主题的活动。在支委会、周例会、经营分析会上多次学习省、市有关文件，针对两项活动中聚焦的突出问题，强化解决措施，把解放思想的重点真正转到推动创新企业发展的实际行动上来。特别是“两学一做”的四个专题，要求每个党员干部撰写学习心得和问题排查并按期提出整改意见。不断夯实基层党建基础，促进基层干部作风大提升、大转变，营造齐心协力干事业，凝心聚力谋发展的浓厚氛围，促进公司各项事业全面发展。

（许美琴）

附：2016年市邮政分公司领导名录

总经理、党支部书记：吴天平

副总经理：姜　敏

电　　信

【概　况】 2016年，瑞昌电信分公司在地方政府正确领导下，紧密围绕“做好三篇文章、落实七大工程、共创和谐幸福标杆企业”总体工作思路，从“打造光网瑞昌、拓展渠道建营、深挖重点市场、深耕流量经营、继续夯实基础”五个方面努力，实现了公司各项工作持续提升。全年完成业务收入6900万元，在九江地区排名第一；网络建设维护工作在九江地区综合排名第二，大县方阵排名第一，荣获九江“年度全业务服务支撑优胜单位”荣誉称号；顺利完成市委、市政府“互联网＋综治信息化”专项工作，荣获市委授予的“综合治理先进单位”荣誉称号。

【党建统领改革发展】 2016年，瑞昌电信坚持抓党建工作促改革发展，两手抓两促进，坚定不移贯彻集团公司“256”重点工作部署，践行“四个坚持”、强攻“七大工程”，推进各项事业再上一个新台阶。全面加强党的建设，全面推进依法治企，促进企业健康发展。2016年新当选的党委认真落实全面从严治党要求，毫不动摇坚持党的领导，理直气壮加强党的建设，扎实开展“两学一做”学习教育，持续深化巡视整改，全面开展“四个专项”治理，党建工作更加完备，党内政治生活常态化，党建基础工作更加扎实，党员干部廉洁自律意识普遍增强，违纪违规问题明显减少，营造了风清气正的发展环境。在“七大工程”建设中，瑞昌电信全体员工大力弘扬井冈山精神，发扬“奋斗为本”企业精神，抢时间、争速度，奋力拼搏，进一步提升执行力，坚持市场份额导向，顺利推进全光网瑞昌、渠道建营、“互联网＋信息化”、商客及中小幼拓展、服务及存量价值提升、流量拓展、4G网络覆盖等七大工程建设，较好实现规模、份额双提升目标。

【提速降费强化转型】 2016年，瑞昌电信瞄准目标，敢闯敢拼，积极实行国家“提速降费”政策，广泛开展“学河北、找差距、找业绩”活动，抢市场，拓渠道，斗酷暑，战严寒，跨越20%移动起飞线，打赢宽带“生死”战，在全省率先建成城区全网城市。所有农村乡镇和90%以上行政村实现了光纤全覆盖，光宽用户占比高达96%，宽带普遍提速至100兆，流量经营实现量收“双丰收”。随着令人瞩目的全国社会治安综合治理创新工作会议在南昌顺利召开，电信公司承建的信心平台作为核心应用在各级会上演示，得到了参会领导、专家高度赞扬。该项目为瑞昌各级综治部门及工作人员提供了260条专线，270部4G综治智能手机，有效促进了地方“互联网+综治信息化”工作。6月，全集团“两学一做”总经理研修班及务虚会在井冈山顺利召开，中国电信在井冈山会议上首次提出了转型3.0战略。瑞昌电信积极践行，探索战略转型新要求，牢牢抓住“信息瑞昌”建设和“互联网+”的机遇，全力拓展信息化大市场，情报助手、环保E通成功扩网约100余户，智慧教育成功办理幼儿园120户。

【工匠精神精品网络】 2016年，瑞昌电信员工秉承“工匠精神”，架基站，铺光缆，强支撑，快响应，夜以继日奋战在建设维护阵地，支撑保障工作扎实有力，建维及服务水平持续提升。建成4G精品网，打造业内最佳4G网络，城区速率及乡村覆盖超越友商。瑞昌电信超规模部署4G网络，新增室外站点114个，形成了农村800M低频4G网络全覆盖。在移动网建、维、优一体，“质量大提升、建设大提速”方面，聚焦农村800M-LTE，快速实现了农村LTE网络全覆盖；聚焦高铁和密集局域，顺利完成了境内武九客运专线4G网络全覆盖及15个大流量基站建设开通工作，有效解决了区域信号弱覆盖及客户投诉问题。在精品装维服务方面，为有效提升用户光网感知，对瑞昌城区广大用户公开承诺“880服务”（8小时装机、8小时修机、无条件受理）。以“两智能、三自动”为抓手，建立宽带端到端的营维一体化体系。9月，瑞昌电信实现了对宽带的智能验收、智能分析、自动受理、自动开通、自动判障等五大功能，便于营销人员推广受理业务，便于客端工程师快速装通修障，便于客户自助服务，顺利通过了集团省市公司验收，得到了上级领导“有创新、有特色、值得推广”的高度评价。

（桂　斌）

附：2016年瑞昌电信分公司领导名录

总 经 理：曹　理

副总经理：桂　斌

总经理助理：周志强　刘　春

移动公司

【概　况】 2016年，中国移动通信集团江西有限公司瑞昌市分公司认真践行“正德厚生，臻于至善”企业核心价值观，全体员工努力拼搏，各项工作均取得优异成绩，被九江市公司授予“先进基层党支部”“先进基层工会”和“渠道管理优胜单位”等荣誉称号，被市消协评为“诚信经营、放心消费”示范单位。截至2016年年底，瑞昌移动用户总数达23万户，年收入达1.4亿万元，是瑞昌市最大的通信运营商；全年上缴税收500余万元，解决劳动就业2000余人，建成覆盖所有城区、乡镇、村的营销服务网络；年平均固定资产投入达5000余万元，建成了覆盖所有城区、乡镇、行政村和自然村的2G、3G、4G无线网络，是瑞昌市无线通信网络覆盖最好最广的通信运营商。公司积极响应“宽带中国”和“互联网+”的号召，加大了有线宽带的建设，建成了100%覆盖集团单位，100%覆盖城区和乡镇的光纤网络，建成覆盖10万个家庭的光纤到户网络，极大地提高了瑞昌市信息化水平和宽带的普及率。

【加大通信网络建设】 2016年，市分公司为进一步提升移动服务质量，不断加大通信网络建设力度，年底，全市移动通信基站达到450余个，杆路总里程达到1000余千米，管道总里程达到150余千米，完成99个乡镇无线改有线的杆路建设，完成瑞昌境内4G网络信号全覆盖。

【扩大营业服务网点】 2016年，市分公司为方便全市客户办理移动通信业务，持续加大服务网点建设力度，到年底，全市共有移动服务网点200余家，遍布全市城区和农村。与此同时，瑞昌移动不断优化、亮化各网点，不断提升各网点的服务质量，星级网点均达到5S服务标准，整体服务水平在全市名列前茅。

【加强集团客户服务】 2016年，瑞昌移动组建“集团客户服务部”，专门针对集团单位开展各类通信服务工作。为集团单位提供各类基础通信服务、集团单位标准化产品等应用，包括集团专线和宽带、集团短彩信、集团IMS融合通信等，集团单位信息化产品使用率达到80%，为集团单位节省了大量通信成本，极大地提升了办公效率；公司客户经理常态化开展集团服务日活动，为全市所有集团客户提供4G销售服务，使集团客户享受到方便快捷的4G通信服务；教育产品不断升级，促进家校沟通，中国移动“人人通”、电子学生证等产品得到了广泛使用，“人人通”的家校沟通、平安校园等服务得到社会各界和广大家长的充分肯定；打造一批ICT重点建设项目，瑞昌市国家级示范智慧农业项目、码头镇平安乡镇视频系统等，提高了各单位信息化水平。

（胡映刚）

附：2016年瑞昌移动分公司领导名录

总 经 理：吴　超

副总经理：杨　新　姚江梅

商业贸易

◇◇本栏编辑　邹圣敖

商业管理

【概况】　2016年，全市商业行业围绕瑞昌经济建设大局，积极推进城乡经贸体系建设，加强市场管理，优化经贸发展环境，拓展商品销售渠道，大力发展电子商务，做好商贸流通各项工作，取得较好成绩。全年共实现社会消费品零售总额47.2亿元，同比增14.6%；电子商务交易额10.3亿元，同比增86.1%；限额以上企业消费品零售额24.13亿元，同比增30.5%；新增入统企业14家，其中新增10家电商企业，4家贸易限额以上企业。荣获2016年省级电商进农村示范县（市）、九江市商贸特色创新工作先进单位和物流电商发展工作先进单位。

完善城乡经贸体系建设。物流建设成效显著。联合市场监管、城管、运管、公安、消防等部门，历时近百天对城区零担物流企业进行清理规范，引导24家物流企业、12家快递公司入驻林安物流园，基本实现主城区无物流企业；组织推荐江西理文卫生用纸制造有限公司、市溢香农产品有限公司、林安（九江）商贸物流发展有限公司等3家企业进入九江市首批13家物流标准化试点企业行列，获得扶持资金640万元；瑞昌港区2016年货物吞吐量达4539.59万吨，同比增长8.0%，继续位列九江港五大港区之首。拓展完善专业市场。华宸图书大市场，继续扩大仓储面积，逐步打造全国规模最大、品种最全、影响力最大的图书、教学仪器采购中心，全年实现主营业收入4000万元；市财政投资800万元对原兵马垄农贸市场按照高标准高要求进行升级改造，于6月中旬动工，占地面积约2000平方米，建筑面积4309平方米，属两层钢筋混凝土结构，12月底建成投入使用，切实改善了农产品交易和周边居民购物环境，方便了市民生活。

优化商贸发展环境。积极开展“降成本、优环境”活动。商管办围绕商贸企业“降成本、优环境”，组织专门力量先后走访20多家商贸物流企业，征求意见，并就企业发展中遇到的问题和困难，多方寻求支持，全年为企业解决用工、人才培训等方面的困难13件，帮助瑞昌联盛商业连锁有限公司、瑞昌市创新创业孵化服务有限公司两家企业争取上级扶持资金20万元。加强商贸统计工作。重点协调做好21家电商企业、31家贸易企业的商贸统计工作，建立商贸统计调度例会和奖励制度，千方百计调动企业上报数据的积极性；2016年新增10家电商企业入统，新增4家贸易限额以上企业。搞活流通，促进消费。组织全市重点商贸流通企业，各大型商场、超市、专业市场、餐饮服务企业，利用元旦、春节、“五一”、端午节等节假日开展各类促销活动，开展积分购物、打折购物、有奖购物等各类惠民购物活动；按照省、九江的统一部署，组织市属企业参加国家、省、市食品博览会展、名特优产品会展等活动，一年来，组织全市17家企业，参加会展5次，拓展了全市农特优产品的销售渠道。

推进电子商务快速发展。电商产业基地形成

规模。林安电子商务创业孵化基地已入驻电商企业46家，以阿里巴巴“农村淘宝”、九江三厘米科技有限公司等为龙头，以“农村淘宝”等电子商务平台为载体，以点带面形成了一个以C2C为主，B2C为辅的电子商务创业孵化基地；华瑞境内外B2B电子商务产业服务基地以“中国网库”为引领，主推境内外B2B电商专业化运营，重点营销瑞昌本土化的工业品和特色产品，形成一个以B2B为主，B2C为辅的境内外电子商务产业服务基地。农村电商发展迅速。4月，瑞昌市与阿里巴巴农村淘宝正式签约，成为九江市农村淘宝项目示范县（市）；6月8日“瑞昌市阿里巴巴农村淘宝县级服务中心”“电子商务创业孵化基地”及“瑞昌市电子商务协会”在林安电商创业孵化基地同时揭牌，标志着瑞昌市电子商务正式驶入发展的快车道，至12月底，农村淘宝已建成村级服务站39个，农村淘宝合伙人营业额已突破1600万元；邮政公司的“农村e邮”，已建成标准站点108个，包括精准脱贫站点19个（省级贫困村），通过e邮平台线上线下销售瑞昌本地特色农副产品（瑞昌山药、黄金鱼面、荞麦豆折等农特产品），销售额达近120万余元，带动贫困户每户增收900多元；农业部门的“益农社”已建成14个村级站，营业额约20万元。企业电商快速发展。充分发挥电子商务产业园、电子商务协会的组织、协调、人才培训、产品推介作用，引导工业和农业企业积极开展对外合作，2016年全市纳入统计的电商企业有21家，全年电子商务营业额达7.487亿元，其中跨境销售2860万美元（华瑞缝纫线1400万美元、华亨皮塑1000万美元、胜美特460万美元）。据统计，2016年瑞昌市从事电商和有电商业务的企业及个体工商户有368家，从业人员达5263人。

规范市场秩序管理。加强食品安全管理。积极协助市场监管局等部门单位，对市区5大农贸市场及乡镇9个菜市场不定期进行检查巡查，督促企业或个体商户，建立安全诚信档案，在6月的“食品安全宣传周”活动中，制作横幅标语12条，发放宣传小手册2000份。抓好单用途预付卡工作。认真落实商务部办公厅《关于进一步加强单用途商业预付卡管理工作的通知》及省、九江市商管办有关文件要求，及时召开相关会议，下发《关于开展全市单用途商业预付卡管理工作专项检查的通知》，对发卡的24家加油站、40家超市进行约谈，督促全市发卡企业备案率达到100%、“三项制度”（实名登记、限额发行、非现金购买）落实率100%；市商管办商务执法大队不定期对全市的9个重点相关企业开展现场检查，对2家检查不合格的企业下达《责令改正通知书》，督促符合条件的企业及时到商管办备案，按时上报有关信息，完善相关台账。强化综合执法力度。加强酒类流通市场监督管理，督促经营户建立酒类流通随附单和酒类销售台账，做好酒类流通企业备案登记年检，年检率达到98%以上；拓展成品油市场管理、再生资源回收管理、单用途商业预付卡管理等三项执法领域，确保执法工作落实到位；强化商务法规宣传，弘扬诚信守法经商典型，适时曝光违法行为，进一步规范商务经营行为；加强“12312”平台建设，商管办“12312”服务站收到九江市商管办“12312”服务站转来的1起举报投诉电话，对所举报的企业，迅速上门调查核实，及时回复举报人。

餐饮服务

【概况】 2016年，全市餐饮服务业企业71家，限额以上餐饮服务业8家，其中个体户4家。全年餐饮服务企业实现营业额为1137.1万元，比上年同期增加472.7万元，增71.1%。餐饮服务业个体户实现营业额为1853.6万元，比上年同期增加227.9万元，增长14%。

（徐勋华　何建兰）

附：2016年市商管办副科级以上领导名录

主　任：黄新华

书　记：余　弘（任至6月）

副主任：蔡茂鸿（任至4月） 徐勋华
柯新华 李 峰（6月任）

石油经营

【概 况】 2016年，中石化瑞昌石油分公司以助力市委、市政府“坚持实干创新，推进五大升级”战略为发展目标，引导广大干部员工凝心聚力，较好完成目标任务。全年为地区供应成品油6万余吨，上缴地方税收562万元。加油站易捷便利店销售百货商品1200余万元，油库全年吞吐油品12.6万吨。未发生安全环保等级事故，确保瑞昌成品油供应稳定。

【强化安全质量】 2016年，公司认真落实安全生产岗位责任制，持之以恒地抓好安全生产。加强突发事件预防和管控，日常落实好领导干部值班、信息报告和预案演练、应急准备等各项工作，把安全工作落到实处。从严把好油品的数量和质量关，确保全过程受控。强化油库、加油站油品管理的责任考核与追究机制。强化油品出入库、保管等各环节的质量监控，确保全年油品质量100%合格。

【加快易捷便利店发展】 2016年，公司加油站内的易捷便利店始终践行“易捷万店无假货”理念，积极打造易捷便利店成为“汽车生活驿站”，加大代销瑞昌特色商品，大力发展环保产品、保险、车联网、金融、汽服、广告等新业务，在城南加油站开辟汽服项目。加油站易捷便利店增加微信支付方式，给市民消费带来便捷。与邮政、移动、电力等进行合作，完善市民生活缴费等便民功能。

【加强企业党建工作】 2016年，公司党委落实全面从严治党要求，认真学习贯彻落实中共十八届三中、四中、五中、六中全会精神。抓实党建思想政治工作和党风廉政建设“一岗双责”，坚持中心组集体学、领导干部讲专题党课领学、普通党员轮流上微党课互动学、以学促做相结合，扎实推进“两学一做”学习教育。坚持做好支部目标管理考核，开展基层示范党支部创建。认真开展“走基层、访万家”活动，走、访进度双双超过50%。按照“真困难、真帮助”原则，精准帮扶、主动帮扶、延伸帮扶，增强员工凝聚力。重视发挥关工委作用，深入推进“为党的事业增添正能量”活动，成效显著。认真落实“两个责任”，始终把纪律挺在前面，着重抓好中央“八项规定”精神的落实。

（柯盼盼）

附：2016年中石化江西瑞昌石油分公司领导名录

经理、党委副书记、纪委书记：叶安华
经理助理：周丽玲
安全总监、党委委员：王天靖

粮食流通

【概 况】 2016年，瑞昌市粮食局认真贯彻落实粮食安全省长责任制，推进“放心粮油”惠民工程建设，严格执行国家粮食收购政策，增强储粮保粮能力，全面完成各项工作任务。全年共收购粮食8600吨，其中新增市级储备和轮换收购4000吨，保护价收购4600吨，粮食库存达5.5万吨，创历史新高。获评九江市粮食流通工作综合考评第一名。

落实粮食安全省长责任制。2016年，为全力推进瑞昌市粮食安全省长责任制落实，市政府建立粮食安全保障联席会议制度，成员由政府相关部门单位组成。市政府印发《关于贯彻落实粮食安全省长责任制的实施意见》，下发《2016年粮食安全责任书》；同时，制定《瑞昌市粮食安全省长责任制考核办法》和《瑞昌市落实粮食安全省长责任制考核细则》，使这项工作形成制度化、规范化，确保工作落到实处。

推进“放心粮油”工程建设。2016年，市粮食局把放心粮油和应急保障工作相结合，将军供站资源进行整合，全面改造升级；注册成立瑞昌市粮油应急保障中心，将其打造成放心粮油配送、应急保障和军粮供应“三位一体”的粮油供应保障体系，在全市范围内建立2个“中心”（即放心粮油配送中心和粮油应急保障中心）和15个经营网点。放心粮油网络可辐射到21个乡、镇、场、街道。

完善储粮基础设施。2016年，市粮食局自筹131万元仓库维修资金，对国家粮食储备库、高丰、南义、范镇等粮食购销公司的仓库进行大面积维修和硬件提升，新购输送粮设备6台，地上笼155米，轴流风机6台，提高了储粮保粮能力。电脑电子测温、机械通风储粮占全部储粮的93%，储粮技术得到进一步提升，实现环流熏蒸和薄膜覆盖储粮。

落实保护价粮食收购政策。2016年，码头公司、国家储备库、南义公司通过申请移库、销售、危仓老库维修等办法，共腾出仓容8500吨，有效缓解了收购仓容不足的局面，为最低价收购工作打下坚实基础。最低价收购全面启用“一卡通”收购，在收购前，先后2次派出业务人员参加操作培训，并及早与工商银行联系，到各个收购网点现场为广大农户办理“惠农卡”，提前做好收购准备工作，全年共收购保护价粮食4645吨，未出现农民卖粮难和违反国家粮食收购政策现象。

【做实精准扶贫和村建帮扶】 2016年，市粮食局帮扶肇陈镇大林村发展油茶、翠冠梨产业，为20户村民建档立卡，落实帮扶措施，资助该村脱贫资金5万元；帮助范镇源源村河下李家村理事会搞好“六改七普及”工作，全年投入帮扶资金3万元；资助湓城办事处惠民社区“六联六户”、灭螺等帮扶资金达2.3万元。

【帮助种粮大户范长青摆脱困境】 11月，市横港镇种粮大户范长青中晚稻收割烘干临时储存过程中，出现水分超标，导致稻谷出现大面积变黄，达不到收购标准无法销售，面临霉烂报废困境。得知这一消息后，市粮食局立即派员上门了解情况，发挥储粮保粮优势，采取相关处理措施，并帮助联系广东、福建客商，多次协商沟通，最终帮范长青把2000余吨黄变稻谷销售出去，挽回经济损失40多万元。

（李俊荣）

附：2016年市粮食局副科级以上领导名录

局　长、党总支书记：詹立松

副局长：朱巨华　朱卫忠（任至6月）

叶少春（任至6月）　骆任超

朱学军（11月任）

供　　销

【概　况】 2016年，瑞昌市供销社认真贯彻落实中央、省、九江市关于深化供销合作社综合改革文件精神，围绕“三农”工作大局，坚持为农服务宗旨，提升为农服务能力，强化基层组织建设，创新联合社治理机制，推进供销合作社综合改革，较好完成各项工作任务。全市供销社系统实现销售总额54亿元，比上年同期增长16%；实现利润3041万元，比上年同期增长20%。其中社直属企业实现销售总额27亿元，基层单位汇总销售5.3亿元，专业合作社销售总额21.7亿元。供销社本级全年实现利润10万元，同比略增。荣获九江市供销社系统综合先进。

深入推进供销社综合改革。贯彻落实上级文件精神，开展供销社综合改革试点工作。召开专题学习会、市社班子会、工作推进会等，研究改革工作推进计划及目标任务。成立供销合作社综合改革实施方案起草小组，赴省综合改革试点县安远、上栗两县和九江市第一批试点县彭泽县等县供销社开展专题调研。认真起草《瑞昌市深化供销合作社综合改革实施方案》，实施方案经多次讨论修改，并多次征求领导小组各成员单位意见建议，最后报市政府常务会议和市委常委会审议通过，予以印发执行。

助推专业合作社稳步发展。2016年，经积极申报，投资152万元的湓香禽类专业合作社新增生产线项目，11月通过省供销社、省财政厅、省农开办验收，争取到70万元资金扶持；瑞昌市玉鑫果蔬、鑫莲鑫莲子两个专业合作社申报九江市现代流通服务体系建设引导资金项目，各获得8万元资金支持；市本级引导资金安排20万元支持白杨供销社仓储设施改造、市会茂畜牧养殖专业合作社养殖基地建设等6个项目建设。这些资金扶持项目为专业合作社扩大生产和种植规模、带动当地农民致富注入了新的活力。

全力抓好农资供应。抓好农资淡储和春耕、备耕工作，充分发挥农资配送中心、农资直营店、农资连锁加盟店和村级综合服务社的服务功能，实行电话预约，送货上门等便民措施，全力保障春耕农资供应。春耕期间，全市供销社农资网点共销售各类化肥3100余吨，农药20吨，农膜9吨。入冬后至12月底已储备各类化肥4600吨。

【横港供销合作社惠农综合服务项目建成】 8月，横港供销合作社惠农综合服务项目顺利建成。该项目自2015年1月启动建设，2016年8月建成，比原计划提前2个月完成。项目总投资132.93万元，主要建设内容是：扩建日用消费品超市800平方米，新建120平方米仓库等相关附属设施，购置安装经营设施；新建食用油生产加工车间，购置安装生产加工设备等。12月顺利通过省供销社、省财政厅验收，获40万元财政资金支持。

【省供销社领导到瑞昌调研】 11月2日，省供销社财务处调研员汪慧一行到市供销社调研、验收专业合作社建设项目。

12月20日，省供销社合作指导处副处长马俊彦一行到市供销社调研、验收专业合作社建设项目。

【九江市供销社领导到瑞昌调研】 8月11日，九江市供销社主任谭晓峰一行到瑞昌，实地察看辉祥有机果蔬专业合作社建设项目、溢香禽类专业合作社新增生产线建设项目、南阳太空莲鑫莲鑫专业合作社建设项目，查看项目建设实施情况，并就供销社综合改革情况开展调研。

12月20日，九江市供销社副主任罗小彭到市供销社调研专业合作社建设项目工作。

（吴铉登）

附：2016年市供销社副科级以上领导名录

主　任：陈　东（任至10月）
　　　　王义宋（11月任）
党组书记：蔡元鹏（任至10月）
监事会主任：熊金玖
副主任：万凤玲（任至3月）　费重爱　王新军
维稳信息督查员：陈　军

烟草专卖

【概 况】 2016年，瑞昌市烟草专卖市局（分公司）认真落实全国、省、九江市烟草工作会议精神，全面落实从严治党要求，深入推进“两学一做”学习教育，加强专卖、精益管理，优化营销服务，提升工作质量，全面推进各项工作再上新水平。全年实现利税1945万元。

【实行精准营销服务】 坚持以引导式营销为核心，切实做好营销各项落实工作。积极开展合理定量工作，以重点客户为突破口，为重点客户制定个性化的经营指导书；把“三大计划”制作成通俗易懂的宣传图片，结合客户经理、专卖人员、送货员的日常工作，形成三员互动推进宣传；深入开展“消费者在哪里，我们就到哪里”主题营销活动，积极适应新常态的变化，建立以消费者为中心的营销理念，做到向农村要销量，向消费者要销量。

【强化市场监管】 2016年，持续加强和规范市场与内部监督管理，在日常检查和重点检查过程中，坚持宣传、教育、管理相结合，有针对性的进行检查，严格查处违法经营行为，有效维护全市良好的卷烟经营秩序。全年共受理行政许可242份，准予许可239份，不予许可3份，无一份行政许可产生复议或行政诉讼。查处违法案件104起，查扣违法卷烟6424.9条，涉案金额77.46万元，实现罚没款7.18万元，其中，查获5万元以上大要案7起，1万元至5万元案件8起，移交追刑案件7起。

【开展“两学一做”学教活动】 市烟草专卖局及时做出开展“两学一做”学习教育活动安排，采取多项措施深入学习贯彻习近平总书记系列重要讲话和党章、党规，要求党员根据自身情况做好个人学习计划，并积极引导和组织党员结合自身思想、工作和生活实际写好学习心得笔记。每月定期举行党员学习讨论会，引导与会人员畅所欲言，互相交流学习心得，争做先锋模范。建立党员学习微信群，加强学习动态交流，提高党员学习积极性。组织参加“两学一做”学习教育知识竞赛活动，在线学习相关资料、练习题库，并进行知识竞赛答题，营造良好的学习氛围，全面推动党员坚定理想信念，尊崇党章、遵守党规，争做合格党员。

（刘金剑）

附：2016年市烟草专卖局（分公司）领导名录

局长（经理）、党支部书记：李瑞明（任至9月）
杨勤伟（9月任）

副经理：陈　芳

副局长：洪　峰

旅　游　业

◇◇本栏编辑　冯国成

综　　述

2016年，瑞昌市旅游发展委员会紧紧围绕"长江明珠、祥瑞之城"形象新定位，抢抓长江中下游旅游经济带发展机遇，在强根基、破瓶颈、补短板、谋长远上下功夫，以招商引资、宣传促销、项目建设、景点开发、旅游扶贫等重点工作为着力点，全力推进瑞昌旅游产业快速发展，为推进"五大升级"，建设长江中游重要口岸城市、争当九江"T"型崛起排头兵、跨入全省十强县市、全面建成小康社会做出应有努力。全年共完成旅游接待量370.37万人次，同比增长159%，其中国内旅游340.1万人次，同比增长138%；入境旅游30.27万人次，同比增长46%，完成旅游总收入36.01亿元。瑞昌市旅发委获评九江市2016年度旅游宣传营销先进单位。

市场开发

【概　况】　2016年，市旅发委着重开发旅游市场，加大旅游宣传促销力度，通过与主流媒体对接、举办旅游宣传活动、参加旅游推介活动和参加各类旅游比赛等方式，积极宣传瑞昌旅游，全方位展示瑞昌旅游品牌形象。秦山景区和洪一红色景区成功申报AAA级景区；江西隐心谷生态休闲园、北纬30度乡村生态文化旅游创意园、翔龙山庄、刘果果果园和旅游文化夜市成功申报AAA级乡村旅游点；村里红酒店成功申报三星农家旅馆。

【借助主流媒体宣传瑞昌】　2016年，市旅发委积极与宣传、文化部门对接，重点在《江西日报》《九江日报》和电视台等多家新闻媒体宣传报道，全面展示瑞昌旅游品牌形象。在《江西日报》上稿4篇，《九江日报》上稿30篇，《瑞昌报》上稿35篇，九江电视台上稿2篇，瑞昌电视台上稿20篇。在瑞昌电视台和《瑞昌报》分别开设"瑞昌旅游"板块，着重介绍市内各景点及人文历史文化，让市民更方便、更快捷地全面了解瑞昌旅游。市涉旅企业负责人做客《九江广播电视台》向观众直接介绍瑞昌旅游景点。

【参加九江市旅发委在山东主办的旅游招商推介会】　4月11—17日，市旅发委主任沈晓华带队参加由九江市旅发委在济南、泰安、烟台举办的"江西风景独好"旅游招商推介会。九江市旅游发展委员会领导、济南市旅游局领导、九江市各重点旅游县市区分管领导、各地旅游局局长（主任）、重点景区负责人、江西省和九江主流媒体等230人参会。推介会上，瑞昌市国家级非物质文化遗产剪纸传承人现场剪纸表演，赢得观众一致好评。同时，发放宣传资料3000余份。

【举办"中国旅游日"活动】　5月19日，市旅发委组织相关涉旅企业开展以"旅游促进发展，旅游促进扶贫，旅游促进和平"为主题的中国旅游日活动，发放旅游宣传资料2000余份、《中华人民共和国旅游法》资料500余份，在全市营造关注旅游、参与旅游、支持旅游、推动旅游的良好氛围。

【参加2016年江西省旅游产业博览会】 9月23—25日，市旅发委主任沈晓华带队参加2016江西旅游产业博览会。会上瑞昌市旅游商品红木小饰品、山药系列产品、溢香禽蛋受到热捧。同时，瑞昌溢香农产品有限公司与菜肴故事餐饮有限公司达成长期合作，签订700万元旅游商品合同。惠农山药合作社与菜肴故事网络科技有限公司就山药糕系列产品签订100万元合约。

【参加九江市旅发委在广东主办的旅游招商推介会】 9月15—21日，市旅发委主任沈晓华带队参加由省旅发委在广东省广州市举办的“江西风景独好”（广东）联合营销及旅游招商系列活动，主动与广之旅及有合作意向的投资商对接，落实市场开拓和招商引资相关工作。

【第三届中国中部（九江）红木家具博览会在中部庐山皮革红木大市场举办】 9月9—11日，第三届中国中部（九江）红木家具博览会暨2016长江经济带发展论坛在瑞昌市中部庐山皮革红木大市场隆重举办。此次博览会由国策智库研究院、中国国际经济合作学会、江西省林业产业联合会、江西省家具协会、江西立信集团联合主办，江西省立信红家具有限公司、中部红木产业园、中部红木大市场承办，吸引了来自全国各地的300余家红木生产企业、2000余位红木经销商参加。博览会的举办，大大提高了瑞昌的影响力，实现红木家具产业与文化旅游产业的良性互动发展。红木家具文化产业的蓬勃发展，将与市青铜文化、剪纸文化一起成为瑞昌特色名片。

【开展“百城万众厕所文明宣传大行动”活动】 10月，市旅发委开展主题为“文明如厕，从我做起”的“百城万众厕所文明宣传大行动”活动。此次活动是积极响应国家“厕所革命行动”，进一步动员社会各界积极参与厕所革命、厕所文明宣传，引导游客和居民养成卫生习惯。活动中制作90余件宣传服装，并招募90名厕所文明宣传志愿者，发放荣誉证书。

【3家旅游企业或商品获奖】 2016年，铜岭生态农庄荣获第二十三届中国杨凌农高会后稷奖，是江西省参评单位唯一获此殊荣的业主。“溢流香”品牌蛋在中国农交会和中国绿博会上荣获金奖。“雾上春”牌庐山云雾茶荣获第四届“国饮杯”全国茶叶绿茶类“一等奖”。

项目建设

【概 况】 2016年，市旅发委坚持抓项目就是抓旅游的竞争力，加快推进一批具有示范性、带动性的重点旅游项目建设。全市共实施旅游开发项目27个，其中，竣工10个、新建14个、续建13个，及时完善重大项目市领导联系制度，协调解决一批制约项目开发建设难点问题，积极争取3个项目列入省、市重点。

【推进旅游厕所建设】 2016年，市旅发委按照“全国旅游厕所建设管理三年行动计划”，推进各地旅游厕所建设。推进过程中，积极组织相关旅游企业按照旅游厕所建设标准，建设设施完备、功能实用、通风良好、清洁卫生的旅游厕所，并安排专人跟进和上报厕所建设进度情况，实行每月一调度工作制度。全年共上报旅游厕所14座，其中12座旅游厕所建成待验收。

【推进铜岭国家双遗址公园建设】 2016年，铜岭国家双遗址公园建设按节点推进。铜岭国家双遗址地面以下的工程基本完工，公园大门、大门公厕、地标塔即将完工。铜岭遗址公园建成后，将与铜岭铜矿遗址博物馆同步对外开放，为瑞昌再添一张世界级文化名片。

【推进乡村旅游点建设】 2016年，隐心谷、繁农四季2个乡村旅游点建设有序推进。隐心谷生态休闲农场一期于5月建成并对外试营业。该项目于2014年10月开工建设，规划面积5000亩，主要以黄精古道、太子福地、野茶沟、水果采摘、垂钓、登山、竹筏捕鱼、水底摸鱼、亲子拓展活动、农产品体验、农耕文化体验等旅游项目为主。繁农四季庄园项目计划总投资3亿元，占地1.5万亩，一期投资1.3亿元，用于民俗风情体验区、生态休闲旅游区建设，一期工程（浪翠谷）已于12月底完工。

行业管理

【概　况】　2016年，市旅发委进一步健全和完善各涉旅企业规章制度，加强安全执法检查，抓好旅游安全工作，做好行业安全生产监督管理，组织涉旅企业工作人员培训，促进瑞昌旅游环境不断改善。全市旅行社2家，旅行社门市部10家，旅游商品生产企业5家（剪纸产品2家、山药系列产品2家、竹编制品1家）。

【加强安全执法检查】　2016年，市旅发委加强对旅游消费安全、设施设备安全、食品卫生的检查，针对小长假及时下发相关安全生产工作文件，做好对各涉旅企业的节前检查、节中监督。全年共组织旅游市场秩序检查20余次，其中日常检查16次，专项检查5次，联合检查3次，重点整治群众反映强烈的无资质经营旅游业务、无导游资格执业、零负团费、强迫购物、诱导消费、虚假广告、合同欺诈、超范围经营、挂靠承包、户外组织旅游带团等十大突出问题，共警告约谈10余次。

【创建秦山国家AAA级旅游景区】　2016年，市旅发委积极筹备秦山国家AAA级旅游景区创建工作。按照创建标准，按时完成申报汇报材料的撰写审定工作，并将相关创AAA材料上报九江旅发委、省旅发委。秦山加快AAA标准建设，景区道路、标志牌等基础设施明显改观。

【创建洪一国家AAA级旅游景区】　2016年，市旅发委按照AAA级景区标准，完成洪一红色景区申报AAA景区汇报材料的撰写审定工作，并将相关创A材料上报九江市旅游发展委员会。按照AAA级景区标准对洪一红色景区进行建设，邀请九江市景区评定委员会领导和九江学院专家组针对景区游客服务中心选址、停车场规划、旅游标示牌制作、景区的核心价值等进行实地指导。

【创建AAA级乡村旅游点5家】　2016年，市旅发委积极筹备5家乡村旅游点创建工作，按照创建标准，按时完成申报汇报材料的撰写审定工作，并将相关创AAA材料上报九江旅发委、省旅发委。

【强化业务培训】　2016年，市旅发委强化旅游人才培训，促进旅游服务整体水平提高。组织有旅游发展潜力的18家乡村旅游点和农家乐等企业负责人，前往南昌湾里和景德镇婺源学习先进地区乡村旅游点和农家乐建设的经验和做法；安排旅游相关工作人员和有旅游发展潜力的乡镇主要领导参加省旅发委主办的第二届乡村旅游“百县千人”培训班；组织辖区内酒店200名服务人员参加培训3期，旅行社、分社及门市部管理人员65人参加业务和法律培训4次，通过办班培训，旅游从业人员整体素质有了明显提高。

（陈利丽　陈彩云）

附：2016年市旅发委副科级以上领导名录

主　任：沈晓华

副主任：陈利丽　柯　杨

对外贸易与经济合作

◇◇本栏编辑　邹圣敖

综　　述

2016年，瑞昌市开放型经济工作紧紧抓住沿江大开发和“双核”发展战略机遇，全面落实九江“新工业十年行动”部署，着力实施招商引资“头号工程”，大力推进沿江开放开发，积极搭建招商引资平台，深入挖掘开放型经济潜力，不断提升服务水平，招商引资成效显著，开放型经济工作保持稳中快进的发展态势，为推进对外开放升级做出应有贡献。获得九江市开放型经济工作领导小组颁发“2016年度全市开放型经济综合先进第二名”、内资招商一等奖、外经工作先进单位。

招商引资成果丰硕。全市全年引进项目39个，亿元以上工业项目31个，其中5亿元以上重大工业项目10个，累计进资107.93亿元，完成年计划任务102.79%。

外资现汇再创佳绩。全年实际利用外资总量为21760万美元，完成年计划106.7%，在九江排位第二，其中现汇进资6484万美元，完成年计划102.9%，在九江排位第二。

外贸出口平稳发展。全年实现外贸出口33116万美元，其中生产型企业出口6734万美元，占比20.3%。

招商引资

【概　况】　2016年，市招商引资工作以“新工业十年行动”为引领，一心一意谋开放，脚踏实地抓招商，心无旁骛办实事，全市上下共识共干，主动作为，较好完成全年招商引资工作目标任务，全年引进重大项目39个，总投资446亿元，其中亿元以上工业项目31个，包括总投资35亿元的香港万润兴业项目、总投资30亿元的微晶新材料项目、总投资26亿元的鲁地泰德新能源项目、投资10.5亿元的天启新材料等。

多措并举，招商引资成果丰硕。明确重点，精准招商。结合经济发展趋势和本地产业优势，将引资项目锁定在节能环保、新材料、绿色食品、新能源等战略性新兴产业和精细化工、木业家居、纺织服装、新型建材等传统产业；以长珠闽地区，特别是深圳、温州等经济发达地区产业转型升级、北京非首都功能疏解机遇为重点区域，承接产业转移；同时，充分发掘瑞昌矿产、棉纺等优势资源，招商引资全面提质增效。靠大联强，以商招商。市主要领导和招商局人员多次走访在瑞昌落户的大型企业理文、亚东、世纪阳光等集团董事长，多次与中国林业、中国光彩、中国电建、中国核工业、中国国储等央企接触洽谈，通过落户企业现身说法，以商招商。通过理文集团引进万润兴业项目，通过立信集团引进中国国储集团。加强推介，扩大影响。全程参与中央、省、九江组织的各类招商活动，与中林集团签订投资50亿元的木材木制品家具制造项目；成功承办2016石油和化工行业领袖峰会，展示瑞昌良好的对外开放形象和优越的投资环境；组建上海、厦门等地“瑞昌商会”，借助商会巩固老关系、结识新客商、引进好项目。市场化运作，委托招商。学习借鉴外地成功经验，尝试以政府购买服务的方式开展委托招商和中介招商。聘请瑞昌市家具建材行业协会参与招商，在中林集团投资的木材木制品家具制造项目中发挥了积极作用。

优化园区，搭建项目发展良好平台。5月，瑞昌经济开发区获批长江经济带国家级转型升级示范开发区。市经开区全年完成征地8567亩，拆除房屋9.3万平方米，项目建设始终没有因为征地拆迁而耽搁；在主城区规划建设占地1800亩的裕丰科技园、黄金工业孵化园、金岭创业园，打造小企业孵化基地，延伸产业链；盘活闲置厂房2万平米，提高园区土地利用率；建成6个5000吨级码头泊位，瑞昌港区扩大开放被列入国家“十三五”口岸发展规划；不断加大园区水、电、路等基础设施建设，逐步完善园区公共交通、商业服务、金融服务等配套设施，打造高效、节能、共赢的智慧园区，园区建设更趋完善。

提升服务，促进项目快速落实。市委、市政府成立重大项目洽谈组，实行集体会商决策；对全市重大项目施行“周、月、季、半年、全年”密集调度；成立瑞昌市重大项目马上落实办公室，常委任主任及副主任，专门负责指导、调度、督察和通报全市重大项目进展情况；设立“经济110”，受理企业投诉，坚决打击破坏投资环境的“害群之马”；在考察接待、合作洽谈、项目建设过程中提供全程周到服务；完善考核机制，扩大考核成果运用。通过“财园信贷通”等方式为企业发放贷款25亿元，争取专项补助资金2000余万元，市发改委成功将4个项目挤进省重点工程的“笼子”，市国土局成功报批土地2926亩，完成土地开发补充耕地2200亩，武蛟乡40天时间就完成1830亩林场的土地开发任务。全市上下竭尽全力为企业破解在用地、融资、政策扶持等方面的难题，引进项目落户和投入建设进展迅速，当年签约落户投资35亿元的万润兴业生活纸项目一期主体工程竣工；投资26亿元的泰德新能源超清洁燃料、投资1.2亿美元的兴业新材料项目启动建设。

【江西亚东水泥有限公司总部回迁瑞昌】 1月14日上午，江西亚东水泥有限公司总部回迁签约仪式在市行政中心报告厅举行。市委书记罗文江，市长郭小云，市人大常委会主任徐修武，市政协主席郭少雄，市领导李九萍、周洪文、邵九思、郑庆华、程厚红、潘雄、钱萍、王伟及亚洲水泥（中国）控股公司执行长吴中立，江西亚东水泥有限公司总经理张振昆等出席签约仪式。郭小云代表市人民政府，与江西亚东水泥有限公司总经理张振昆在合约上签字。市领导李庆生、毕诗龙、刘振华、张恭良、蒋贤智、余平、周毅、程世贵、张全市、周又新、李世秀、吴拥军、王翠霞、程世平，江西亚东水泥有限公司协理吴建华，副经理钱民等一同见证签约仪式。

【湖北省党政代表团到瑞昌考察】 5月5日，湖北省委书记、省人大常委会主任李鸿忠，湖北省委副书记、省长王国生率湖北省党政代表团到瑞昌，先后在市区、码头工业城进行实地考察，详细了解瑞昌市经济社会发展的做法与成效。省委书记、省人大常委会主任强卫，省委副书记、省长鹿心社等省、九江市和瑞昌市党政领导陪同考察。

【浙江省副省长孙景淼一行到瑞昌考察】 3月9日，浙江省副省长孙景淼一行到瑞昌考察长江港口建设等情况。省交通运输厅副厅长王昭春、省港航管理局局长于钦民，九江市常务副市长熊永强，九江市副市长石荣国陪同考察。市委书记罗文江、副市长周毅介绍情况。

【特变电工客商到瑞昌进行投资考察】 3月18日，受新疆特变电工股份有限公司董事长张新委托，特变电工山东鲁缆公司副总工程师王红一行到瑞昌就海底电缆项目进行投资考察。特变电工新能源公司副总经理、风能事业部总经理刘志刚陪同考察。市委书记罗文江，市长郭小云，副市长程厚红等介绍情况。

11月25日，特变电工股份有限公司党委书记、董事长张新率团到瑞昌考察，新特能源股份有限公司董事长、特变电工新疆新能源股份有限公司总经理张建新，特变电工新疆新能源股份有限公司副总经理兼风能事业部总经理刘志刚等随行。九江市副市长罗文江，市委书记郭小云、市委副书记陈琪、常务副市长朱发炳、宣传部部长钱萍等介绍情况。张新一行到码头工业城实地考察了海底电缆、公用港口码头、亚东水泥、华中木业等企业，对瑞昌区位优势、工业基础及良好的发展势头给予肯定。特变电工是为全球能源事业提供系统解决方案的服务商，是世界输变电行业的龙头企业，该企业变压器年产能达2.66亿千伏安，位居世界第一位。

【豫、粤两地客商到瑞昌作投资考察】 4月2日，河南新马车辆有限公司董事长吕生银、广东东莞泽锋智能机械有限公司董事长陈锋分别率团到瑞昌作投资考察。市委书记罗文江，市长郭小云，副市长程厚红陪同并介绍情况。

【武宁县党政代表团到瑞昌考察】 11月24日，武宁县委书记杜少华，县委副书记、县长李广松率武宁县党政考察团到瑞昌参观考察，市委书记郭小云陪同。考察团一行到码头工业城海底电缆、公用港口码头、新洋丰复合肥、华中国际木业等地，听取企业负责人对项目建设情况介绍，详细了解项目施工进度、运营模式、产品设计、经营销售等方面情况。武宁县委副书记郑庆华，县政协主席朱必香一同考察。市委副书记陈琪，市政协主席周洪文，市委常委宣传部部长钱萍、市人大常委会副主任陈国胜陪同并介绍情况。

【杨伟东会见盈德气体集团有限公司高层】 6月17日，九江市委书记杨伟东在浔会见盈德气体集团有限公司副总裁钟明钢一行，就推进该公司拟在瑞昌投资建设的工业气体岛及综合利用项目、进一步加强深度合作进行交流。九江市委常委、副市长赵兵，市委秘书长周美祥；瑞昌市领导罗文江、郭小云、钱萍会见时在座。盈德气体集团有限公司是一家致力于中国民族气体工业发展的大型专业气体公司，于2001年10月创立，经过十余年的发展，目前已发展成为亚洲最大的工业气体服务公司，并在香港联合交易所主板挂牌全球上市。

【罗文江会见福建客商】 3月8日，市委书记罗文江会见到访的福建大力亚集团有限公司董事长吕自力、喜得龙（中国）有限公司董事长林水盘一行，双方就整合重组喜得龙项目进行洽谈。副市长程厚红、钱萍，市人大常委会副主任柯善富参加会见。

【罗文江、郭小云会见中核新能源客商】 5月19日，市委书记罗文江，市委副书记、市长郭小云会见到瑞昌进行项目考察的全国政协委员、中核集团中核新能源有限公司总经理钱天林，中核集团江西联络部主任、核工业江西矿冶局副局长徐有财一行，双方就有关投资合作事宜进行洽谈。副市长钱萍、王伟介绍情况。钱天林一行先后考察了江西吉恩重工海底电缆、公用港口码头，并深入江西江州联合造船有限公司，详细了解企业生产能力、基础设施、造船技术和基础条件等情况。

【郭小云会见中林集团客人】 11月27日，市委书记郭小云在市行政中心会见中国林业集团公司旗下镇江中林林业有限公司总经理柳凤柱一行。市人大常委会主任郭少雄，市政协主席周洪文，市委常委、宣传部部长钱萍，市人大常委会副主任陈国胜，副市长颉勇军等参加会见。中国林业集团公司是国务院国资委管理的央企，公司总部设在北京，下辖全资及控股企业20多家。目前，中林集团正在长江中游地区进行产业布局，寻求行业合作，打造华中地区产业集群基地。

【郭小云会见微晶石项目客商】 11月28日，武汉理工大学教授、博士生导师程金树，中国兴业太阳能技术控股有限公司董事局主席刘红维等客商到瑞昌，就微晶石项目落户作深入磋商。市委书记郭小云及钱萍、郭维勤、丰耿、陈国胜等市领导会见客商一行。兴业太阳能集团是专业从事太阳能技术、建筑节能技术及相关功能性新材料研发制造的高新技术企业集团，经过多年的发展，形成了新能源产业、节能环保产业、新材料产业等三大产业体系，并已完成三大基地布局。根据当日商定，微晶石项目落户于码头工业城，建设内容包括生产厂区和新材料研究院等。该项目的建成，将对瑞昌微晶石产业的形成和产业格局的优化，起到良好的推动作用。

【罗文江率队赴山东、河北、上海等地考察招商】

3月22日至24日，市委书记罗文江率队赴山东济南、河北石家庄、上海等地，先后考察了山东联星能源集团有限公司等企业。副市长程厚红等参加招商活动。在山东省济南市，罗文江参观考察了山东地矿股份有限公司与山东联星能源集团有限公司合作项目的生产现场，与地矿集团董事长张虹、联星能源集团董事长张成如、泰德新能源有限公司副总经理熊长祥等进行洽谈，就年产100万吨新能源清洁燃油生产项目达成合作意向。在河北省石家庄市，罗文江参观考察了河北跃迪新能源科技集团有限公司生产车间及产品展示区，并与集团董事长吕洪涛进行会谈。在上海市，罗文江参观考察了盈德（上海）投资有限公司生产区，详细了解企业生产流程，并与公司副总经理钟明钢就拟投资项目合作细节进行深入洽谈。

【郭小云率队赴浙江招商】 4月5日至6日，市委副书记、市长郭小云率队赴浙江招商引资，走访考察相关企业，推进在谈项目。副市长程厚红一同考察。郭小云一行走访了浙江日昌升矿业有限公司，就深入推进混凝土细骨料制造项目与企业负责人座谈交流。在东阳和温州，郭小云一行考察了东阳市新型墙体材料生产项目，走访了温州市龙湾区和瓯海区相关企业。

【瑞昌6个专业招商分队分赴全国各地专事招商】

4月8日，市政府举行专业招商分队出征仪式。市委常委、副市长程厚红出席活动并讲话。为适应招商引资新形势，市政府在成立21个招商团的基础上，2016年专门成立6个专业招商分队分赴全国各地专事招商，要求每个小分队全年提供有价值的3000万元以上项目信息10条、邀请有意向客商到瑞昌考察12批次，实际引进投资3000万元以上项目不少于3个，其中投资5亿元以上项目1个。

【罗文江赴粤港台招商】 4月11日至19日，市委书记罗文江一行赴广东、香港、台湾等地，开展招商推介、项目洽谈及经贸交往等招商引资活动，副市长程厚红一同参加各项活动。

4月11日，罗文江一行到台湾远东集团实地考察，同集团董事长徐旭东、亚洲水泥中国控股公司执行长吴中立、江西亚东水泥公司总经理李坤炎等，就江西亚东水泥项目建设、企业在矿产开采及产品销售过程中存在的问题进行深入交流和推动。

4月16日，罗文江一行赶赴香港，走访中海重工集团有限公司、盈德气体（集团）有限公司、世纪阳光集团控股有限公司、香港理文集团有限公司等企业。在中海重工集团，罗文江与公司名誉主席周安达源、董事局主席李明、行政总裁张士宏等进行亲切座谈，并就江联公司船舶出口、企业融资、立体停车场项目建设等问题深入交换意见。在盈德气体（集团），罗文江与该公司副总裁钟明钢、投资部副经理张静等就拟在瑞昌投资建设工业气体岛及综合利用项目进行深入洽谈。在世纪阳光集团，罗文江与集团主席兼行政总裁池文富、副总池碧芬、副总沈世捷等，就企业在瑞昌投资年产140万吨复合肥项目及拟投资的新型镁合金项目前期审批等问题深入交换意见。在香港理文集团，罗文江与集团首席执行官李文恩、江西理文化工公司总经理黄绍威进行深入研究交谈，希望企业尽快启动江西理文造纸一期生活用纸及一期第二条包装纸生产线项目建设。

4月18日、19日，罗文江到广东深圳、东莞等地开展招商活动。在深圳创东方投资公司、前海总体规划展示厅及前海梦工厂和新路田公司等地，罗文江与深圳市前海联合发展控股有限公司董事、副总经理陈卫，创东方投资公司董事长肖水龙，TCL公司投资总监石碧光，新路田公司总经理助理邹卫国等，就他们有意合作在瑞昌投资建设新能源清洁汽柴油项目进行洽谈。在东莞，罗文江先后到东莞大岭山泽锋智能机械、星城际地产及龙升电子等公司，分别就有意在瑞昌建设智能机械园、城市综合体项目进行洽谈，并就即将落户码头工业城的龙升电子家用电表项目与公司高层领导磋商。

【郭小云一行赴四川成都招商】 4月24日至25日，市委副书记、市长郭小云，政法委书记李九萍、副市长程厚红、副市长王伟一行赴四川成都招商。郭小云一行到中国核动力研究设计院，与该院副院长彭诗念、ACP100总设计师宋丹戎、院办副主任刘应德、科技处处长助理明哲东、副总设计师秦忠、副总设计师陈智、科技处项目主管李松及中核新能源有限公司经营规划部主任任永强等人进行深入洽谈。

【市领导赴福建晋江招商】 5月3日至4日，市人大常委会主任徐修武、市政协主席郭少雄、副市长程厚红带队赴福建晋江招商。市领导一行先后与福建喜多多食品有限公司和爱乡亲食品有限公司董事长许金锁，福建大力亚集团有限公司董事长吕自力，喜得龙（中国）有限公司董事长林水盘进行洽谈。在喜得龙和大力亚公司，政企双方就前期洽谈的拟投资项目进行深入沟通，并就具体合作细节进行探讨。

【王伟赴江苏宜兴招商】 7月30日至8月1日，市委常委、副市长王伟带队赴江苏宜兴招商考察。宜兴市委常委、副市长储红彪陪同。

在无锡曙光电缆公司，王伟与公司董事长谭志文开展洽谈，就该公司在瑞昌投资的吉恩重工海底电缆项目许可证办理路径进行沟通，达成共识。在江苏宝安电缆有限公司，王伟与董事长杨健进行洽谈，参观考察该公司新老两个厂区生产车间。在江苏振球集团，王伟一行考察了耐火材料生产线。集团董事长黄振球陪同考察并介绍情况。市委办、商务局、市监局、夏畈镇、黄金乡等相关单位负责人随同招商考察。

【郭小云赴重庆招商】 8月5日，市委副书记、市长郭小云赴重庆招商，副市长程世贵随同。在重庆泰山电缆有限公司，郭小云与公司董事长周长明、总经理李亚军开展洽谈，对已落户或推进中的重大项目情况作了具体介绍。双方就拟落户瑞昌电缆项目的选址及泰山电缆与吉恩重工集团合作事宜进行深入商谈。周长明表示，公司海缆生产项目可研性报告已通过，正在进行项目选址，新项目将生产50万千伏海缆等新产品。

【郭小云赴山东世纪阳光集团洽谈招商】 8月17日至18日，市委书记郭小云赴山东世纪阳光集团洽谈招商，市委常委、副市长钱萍随同。郭小云与世纪阳光集团董事局主席池文富、行政总裁沈世捷、副总裁池碧芬会见，双方就已落户瑞昌年产140万吨复合肥生产项目的进展及拟落户瑞昌的镁合金产业园下一步招商情况进行深入洽谈。郭小云详细介绍瑞昌经济社会发展情况，并热情邀请董事局主席一行早日到瑞昌就镁合金产业园项目建设作进一步洽谈，争取项目早日签约落户。池文富感谢瑞昌市委、市政府给予复合肥生产项目的大力支持，表示将尽快努力促成台湾车毂生产项目落户瑞昌。

【郭小云赴北京开展招商活动】 11月16日至19日，市委书记郭小云率队赴北京招商，市人大常委会主任郭少雄、市委常委宣传部部长钱萍、副市长王伟、市人大常委会副主任毕诗龙随同。17日上午，郭小云一行参观考察天华甘宝（国际）投资有限公司，会见公司总经理周耀强，双方就拟投资的山药研发中心项目进行详细洽谈。随后，郭小云一行考察爱德亚医疗科技服务公司，并与公司董事长张炳君进行洽谈。18日上午，郭小云一行抵达中核工业集团，与集团规划发展部主任毋涛等人开展座谈，双方就集团拟投资瑞昌项目进行深入洽谈，并就近期到瑞昌实地考察事项达成一致。下午，郭小云一行参观考察北大燕园科技园和中诚国联北京投资管理有限公司。在中诚国联北京投资管理有限公司，郭小云与公司董事长雷振刚就拟落户瑞昌项目进行深入洽谈，企业方表示将积极谋划，争取瑞昌项目早日签约、早日开工建设并投产。

【万润兴业30万吨生活纸项目一期主体工程完工】 7月27日，万润兴业30万吨生活纸项目签约落户瑞昌市码头工业城。该项目由香港万润兴业有限公司投资建设，占地面积738亩，总建筑面积约30万平方米，项目总投资35亿元，其中固定资产投资25亿元。项目分两期建设，一期年产30万吨，二期年产20万吨，主要产品为大卷生活原纸、卷纸、抽纸、手帕纸等。项目达产达标后，年产高档生活纸50万吨，实现年产值35亿元，年创税收2亿元，可解决1500人就业。项目于9月启动建设，12月底一期主体工程基本完工。

【年产100万吨超清洁燃料项目落户瑞昌】 5月28日，由山东泰德新能源有限公司投资，年产100万吨超清洁燃料项目签约落户瑞昌市码头工业城。

该项目总投资26亿元，分两期建设，首期投资7.5亿元，项目包括100万吨/年催化柴油加氢转化装置，30万吨/年溶剂油改质装置、30万吨/年清洁燃料油装置等。建成投产后年销售收入可达100亿元，利税超2亿元。项目已启动建设。

【中国网库项目签约落户瑞昌】 12月27日，中国网库项目落户瑞昌签约仪式在市政府五楼会议室举行。市委书记郭小云致辞，市长江训开、副市长王伟、副市长颉勇军出席签约仪式。中国网库联合创始人、执行总裁邱广志，副总裁宁义忠参加活动。中国网库主要通过打造综合电子商务服务平台为实体企业提供单品电子商务交易服务，是继阿里巴巴和慧聪网之后国内第三大内贸B2B电子商务服务公司和国内最大的单品电子商务聚集平台。

【瑞昌市（上海）商会成立】 12月11日，瑞昌市（上海）商会在上海成立。九江市副市长孙金淼，九江市政府驻沪办主任程厚红，市委副书记、市长江训开，统战部部长胡定文，市政协副主席、工商联主席柯愫君出席成立大会。瑞昌市（上海）商会首届会长朱汉仁，上海、九江工商联界，有关商会负责人，上海知青代表，瑞昌籍在沪知名人士等参加会议。江训开代表瑞昌市委、市人大、市政府、市政协向商会成立表示热烈祝贺，希望商会致力于团结凝聚瑞昌在沪力量，搭建瑞昌连接上海的经济桥梁，为建设瑞商大联盟、推进瑞昌“五大升级”做出积极贡献。

商品进出口贸易及对外投资

【概 况】 2016年，全市商品进出口贸易及对外投资继续呈现平稳发展的势头，全市共实现外贸出口33116万美元，同比增长-12.7%。当年办理对外贸易经营者备案登记企业20家，全市共有对外贸易经营权企业达126家。其中，有出口实绩的企业达48家，比上年增加6家；出口额超过1000万美元的企业达8家，实现出口23148万美元，占全市出口总额69.9%；出口3000万美元以上企业4家，500万美元以上企业11家。

【出口总量保持稳步发展势头】 全市出口总额达33116万美元。出口商品以园艺制品、宠物食品、纺织鞋服、家居建材等为主，商品出口总额达到6734万美元，占出口总值20.3%；其中园艺制品出口1595万美元，占出口总值4.8%；家居建材出口1465万美元，占出口总值4.4%；宠物食品出口1264万美元，占出口总值3.8%；纺织鞋服出口954万美元，占出口总值2.9%；外商投资企业出口4650万美元，占出口总值14%。

【对外投资】 2016年，全市外经工作取得较大进展，市主管部门大力宣传国家对外投资政策，鼓励企业积极“走出去”，有对外投资企业3家，实现对外投资总额409万美元，其中：华亨美国公司（65万美元），金三秒尼日利亚公司（49万美元），金三秒越南公司（45万美元），欧文斯（俄罗斯）公司（250万美元）；有新批对外承包工程企业一家，实现对外承包工程投资360万美元。

区域经济合作

【概 况】 2016年，瑞昌市积极参加省、九江市组织的各类经贸合作洽谈会，大力宣传瑞昌，与客商深入对接，取得较好的成绩。成功举办“转型升级，智慧共享”2016石油和化工行业领袖峰会暨《中国化工报》理事会第十二次年会、中国棉纺织行业协会座谈会、九江农业电子商务推进会等大型活动。邀请德国沃尔泽伦市代表团、上海产业合作考察团、苏州客商团等考察团到瑞昌考察。积极参加第四届绿色发展投资贸易博览会、第十九届投洽会走进主宾省活动、江西省与跨国公司合作（上海）恳谈会、九江（珠三角）重点产业对接座谈会、江西省承接长三角地区加工贸易企业转移恳谈会、第十四届赣台经贸文化合作交流大会等国家、省级、九江市级举办的各类招商活动。

【上海产业合作考察团到瑞昌考察】 1月5日，由上海产业合作促进中心主任唐德根带队的上海产业合作考察团到瑞昌考察。省政府驻上海办事处党组成员、副主任温浙兴，九江市副市长熊剑，市长郭小云、副市长程厚红、副市长钱萍介绍情况。考察团一行到华中国际木业一期、吉恩重工、公用码头、进境木材国检监管区、红木产业园、理文造纸、理文化工、喜得龙标准厂房等地现场察看，并详细了解码头工业城的基础条件和产业布局，表示将认真比较，争取在瑞昌觅得发展良机。

【九江农业电子商务推进会在瑞昌举行】 4月12日至13日，九江市农业电子商务暨益农信息社建设工作现场推进会在瑞昌举行。推进会以培训班、座谈会、现场交流及实地考察等方式进行，以农业电子商务和如何建好益农信息社为内容开展培训，并前往桂林街道常丰村、范镇范镇村及湓城街道益农信息社实地参观考察。至12月，全市建有农村e邮店9家。

【苏州客商团到瑞昌考察】 7月17日，苏州仕铭科技公司董事长吕仕铭、昆山产业转型办常务副主任徐志良等23位苏州客商到瑞昌考察。九江市政府驻上海办事处副主任王辉及市委书记罗文江、市长郭小云、副市长钱萍、副市长郭维勤等会见客商一行并介绍情况。罗文江对客商团一行前来考察表示热烈欢迎。郭小云介绍市情。其间，客商团一行先后前往吉恩重工、公用码头、新洋丰肥业、亚泥新厂等地考察。

【中国棉纺织行业协会瑞昌座谈会召开】 9月8日，中国棉纺织行业协会瑞昌座谈会在瑞昌召开。中国棉纺织行业协会会长朱北娜出席会议。市委书记郭小云主持会议并致欢迎词。市委常委、宣传部部长钱萍出席座谈会。

【“转型升级，智慧共享”2016石油和化工行业领袖峰会暨《中国化工报》理事会第十二次年会在瑞昌隆重召开】 11月11号，“转型升级 智慧共享”2016石油和化工行业领袖峰会暨《中国化工报》理事会第十二次年会在瑞昌立信隆重召开。中国石油和化学工业联合会会长李寿生，副会长傅向升出席开幕式并作主题报告。中国石油和化学工业联合会副会长、中国化工报社党委书记、总编辑刘双鑫主持开幕式，中国化工报社社长、中国化工报理事会理事长崔学军，九江市委常委、副市长才宏远，市委书记郭小云、市长江训开、市委副书记陈琪、市人大常委会主任郭少雄、市政协主席周洪文出席开幕式。出席开幕式的还有国家有关部门及石油和化学产业规划机构负责人以及市领导钱萍、郭维勤、颉勇军等。中石油炼油与化工公司、陕西延长石油集团、西川福华集团、青岛海湾集团、巴斯夫、杜邦等100余位业内骨干企业代表参加开幕式。

【市福建商会举行2016年年会】 11月28日，市福建商会2016年年会在信华酒店举行。市委书记郭小云出席并讲话。市委常委、统战部部长胡定文，市政协副主席、工商联主席、总商会会长柯愫君，福建商会会长、页岩建材有限公司董事长严瑞明等出席。

（严盛松）

附：2016年市商务局副科级以上领导名录

局　长：王　敏

党组书记：陈苇梧（任至11月）

党总支书记：严春智（11月任）

副局长：李　臣（任至5月）

朱学军（任至11月）

严春智（任至10月）

姚俭鹏（挂职11月任）

黄吴名（11月任）　柯德耀（11月任）

招商服务中心主任：徐勋圣

财政　税收

◇◇本栏编辑　冯国成

财政管理

【概况】　2016年，市财政局紧紧围绕市委、市政府提出的“推进五大升级”工作目标，充分发挥职能作用，努力克服经济下行压力和“营改增”影响，抓重点、攻难点，较好完成全年各项工作任务。荣获全省“一事一议”财政奖补工作绩效考评工作先进单位、九江市财政决算编报及决算组织管理工作先进单位等荣誉称号。

财政收入平稳增长。收入总量继续领先。2016年，在有效压缩收入水分5.4亿元前提下，全市财政总收入完成256068万元，同口径比上年增长9.8%，收入总量继续位列九江第一。收入结构更为合理。全市税收收入完成212979万元，占财政总收入比重83.17%，在财政总收入256068万元中，国税完成78543万元，地税完成134436万元，财政完成43089万元，三方面收入结构比为31:53:16，全市以工业为主的税源型财政效果明显。

支出结构继续优化。坚持把优化支出结构放在突出位置，压缩一般性支出，严控消费性支出，新增财力向民生倾斜，让广大人民群众共享发展成果。积极扶持就业创业。大力实施职业培训，安排资金79.84万元开展就业职业培训，培训3520人。不断健全社保体系。全年筹集城镇居民基本医疗保险2200万元、新型农村合作医疗资金14600万元；筹集资金4622万元用于提高城乡居民养老保险提标扩面，筹集资金6233万元用于提高城乡低保、农村“五保户”等保障标准。支持教育发展。全年安排资金4811.38万元用于全市义务教育和特殊教育公用经费支出，以及学前教育、义务教育、高中教育等资助补助。支持“三农”工作。全面落实支农惠农政策，共拨付耕地地力补贴、早稻育秧补贴、农机补贴和农业保险补贴资金4179.8万元；做好专项资金拨付管理工作，确保病险水库除险加固和小型农田水利建设等工程项目顺利实施。2016年全市实现财政支出348309万元，基金预算支出302455万元，均实现收支平衡、略有节余的目标。

服务经济力度加大。充分运用财政政策和资金杠杆与保障作用，认真落实结构性减税政策，大力清理涉企涉民收费，扩大“财园信贷通”覆盖范围，通过“财园信贷通”发放贷款75170万元，帮助158户企业获得银行贷款，筹集过桥资金3000万元，缓解企业经营困难；加大融资力度，合理调度资金，在融资到位资金31.2亿元中，安排28.65亿元用于还本付息、征地拆迁补偿、工程款、税收兑现等支出，保障全市重点工程项目建设顺利推进。规范政府性债务管理，争取债券置换76044万元，年节省利息支出2700万元；采取竞争性谈判确定融资贷款利率，有效降低银行融资成本，商业银行融资利率由过去基准利率上浮30%以上，降为基准利率上浮10%左右，资金使用成本明显降低。

理财水平逐步提高。继续深化国库集中支付改革，全年办理资金支付业务87617笔，实现直接支付417803万元；进一步规范政府采购行为，节约资金2226万元；通过“一卡通”发放惠农补贴资金2.12亿元，做到项目资金当月到达、发放和数据上传；推进“收支两条线”管理向纵深发展，非税收入完成43089万元；实施“一事一议”财政奖补项目159个，项目总投资1597.93万元，130个行政村、25万农村人口从中受益；全面推进“财政数据仓库”“OA办公自动化系统”等信息化应用系统，形成以财政业务为主线、以规范管理为目的、以信息化建设为抓手的“智慧财政”管理体系。

财政监督不断强化。积极开展财政监督检查，全面推进绩效管理，确保财政性资金使用效益最大化。全年对463个政府性投资项目实施财政评审，节约财政资金3.9亿元；开展会计、财经纪律、彩票公益金支持项目、民生资金等监督检查，涉及60个单位、5个科室，纠正违规、违纪金额1651.6万元；全面推进预算绩效评价，对市教体局、市卫计委、市建设局等7个单位重点项目资金支出进行评价，评价项目资金6391.11万元，全年累计评价项目资金1.74亿元，占全市项目资金总量的60.5%；全市公务消费一体监管平台全面上线，公务出差和培训支出管理进一步规范，“三公”经费支出继续下降。

【举办江西省公务消费网络监管平台使用培训班】11月29日，市财政局举办江西省公务消费网络监管平台使用培训班，全市各预算单位、21个乡（镇、场、街道）及部分商家等500余人参加培训。南昌梦想公司工作人员通过PPT方式讲解省公务消费网络监管平台和省公务消费注册商户服务平台的注册及使用方法，重点讲解公务接待、因公出国（境）、公务用车三项财务支出操作及监督方法。该系统12月在瑞昌市正式联网运行。

【开展专项资金绩效评价】　12月，市财政局在教育、卫生、城建、文化、粮食安全等重点领域，选择三小、基本卫生公共服务、绿地管护、中小企业发展、艺术中心、粮食储备补贴、信访等7个项目专项资金共6391.11万元进行重点绩效评价。评价采取财政和主管部门组织、第三方中介机构具体实施方法进行，实行定量分析与定性分析相结合，项目实施单位自评与工作小组现场评价相结合，运用比较法、公众评议等方法进行评价。评价内容主要是设计项目决策管理、资金拨付及使用、项目进展情况，以及取得的社会效益、经济效益、生态效益等4个方面。

【重点企业纳税贡献突出】　2016年，市重点企业纳税贡献突出。年内新增纳税超千万元企业2家，纳税超两千万元企业1家，全市共有纳税超千万元企业14家。该14家企业全年纳税43681.82万元，占全市税收收入20.5%，成为市财政收入稳健增长点。

（华晖晖）

附：2016年市财政局副科级以上领导名录

书　记、局　长：余作银（局长6月任）
副局长：艾施坚　周　平
党组成员、副局长：徐　东（7月任）
　　　　　　　　　王新贤（7月任）
维稳信息督查员：董才勇
党组成员：陈学民　熊卫红　任祥瑞
总会计师：李年忠（7月任）
市非税收入征收管理局局长：吴远国
市非税收入征收管理局书记：陈爱华
市乡镇财政管理局局长：朱胜模
市政府采购办公室主任：刘琳骅
市财政监督检查局局长：柯昌瑶
市财政监督检查局书记：李洪学
市国库集中收付核算中心党支部书记：肖翠萍
市码头财政分局局长：陈立忠
市码头财政分局书记：陈洪先

国　税

【概　况】　2016年，市国税局认真落实省、九江市国税工作会议精神，围绕综合考评进入九江市国税系统第一方阵目标，凝心聚力、攻坚克难，取得显著工作成绩。全年完成全口径税收收入

81773万元，同比增长10.28%，完成财政口径税收收入78380万元，同比增长10.53%。被江西省委、省人民政府授予“江西省第十四届文明单位”称号。

全力组织税收收入。强化税源征收管理。在加强对重点税源企业重点监控同时，加强对小规模纳税人和特色税源征管。继续推进和优化“炸药控税”“以电计税”“最低能耗控税”等征管措施，加强对采石行业、砖瓦行业税收管理；继续推进“最低税负率预警控税”征管措施，加强对企业所得税管理。通过完善“建筑耗材”发票控管，增加入库增值税225.07万元。加强税收评估稽查。加大税收稽查力度，有针对性开展重点行业稽查和抵扣税款异常企业的专项检查。全年共评估税款3053.07万元，专项检查40户，共补税罚款及加收滞纳金242.2万元，督促企业自查补税及加收滞纳金712.12万元；查处或协查案件16起，补税、罚款、收缴滞纳金共计99.28万元。

全面推开“营改增”改革。做好对接工作。市国税局按照省、九江市局统一部署，认真落实《九江市人民政府办公厅关于印发九江市全面推开营业税改征增值税试点工作方案的通知》，有计划有步骤开展各项前期试点准备工作。向地税移交2批次1594户“营改增”纳税人，组织8个调查组进行全面调查核实，确认并登记“营改增”纳税人1102户。做好宣传工作。加大营改增宣传力度，印发宣传资料3000余份，在各级各类宣传媒体发表宣传信息报道26篇（条、期），其中国家级网站3篇，省委刊物2篇，省级网站5篇。做好服务工作。认真做好开票辅导、申报辅导等业务指导工作，在办税服务厅开辟“营改增”绿色通道，设立“营改增”导税台，增设服务窗口3个，增加导税员2人，增加办税服务人员8人。

认真落实税收优惠政策。向市委、市政府等部门报送《关于落实国家税收优惠政策的贯彻意见》，在对全市范围内鼓励类产业企业、总分机构和关联企业进行调查摸底基础上，辅导企业对照目录认真自查，全面完成享受2016年增值税、所得税优惠备案申请工作。全市共有1206户企业享受增值税优惠4384万元、所得税优惠1056万元。其中减免未达免征额小微企业纳税人税款1524.46万元，减免国有粮食购销企业、饲料生产企业、销售农业生产资料、农业生产者销售自产农产品等减免税款2056.37万元，即征即退资源综合利用企业税款166.73万元，按企业所得税法规定，办理农户小额贷款利息减计收入285.35万元、批准列支税前扣除项目1509万元。

深化国地税征管体制改革。根据《深化国税、地税征管体制改革方案》，市国税局联合地税局积极探索合作新路子，开展全方位合作。8月在码头镇建立江西省首家基层分局国地税联合办税服务厅，年初在城区互派干部进驻服务大厅，并于10月共同进驻市行政服务中心。做好共管户信息数据清理比对工作，及时完成数据归集、补录和推送。联合与九家银行签订银税互动协议，解决中小企业融资难问题。建立信息交换制度，交换税务登记、户籍管理、申报征收等信息数据达22157条，联合办理894个税务登记证件，联合对工商局2013—2015年三年以来未报企业共计1992户进行比对清理。启动“银税互动”战略，4月27日，九江银监分局瑞昌办事处、瑞昌国税局、地税局组织瑞昌九大银行共同签订“银税互动、信息共享”合作协议，实现税银多边信息交换。推进互助服务执法，建立国地税联席会议制度，成立联合工作领导小组，对539户纳税人开展联合定税，对830户纳税人进行纳税信用等级评定，评出A级纳税人4户，B级纳税人226户，C级纳税人493户，D级纳税人8户。联合参与市政府财税平台数据采集、上报和共享，联合开展税法宣传、纳税人培训、税务稽查等活动。

【“营改增”工作全面推开】 5月1日，瑞昌市首张建筑企业“营改增”专用发票开出，代开企业为江西省弘磊建设工程集团有限公司，随后，市税务局执法人员在市爆破服务公司、九银村镇银行、上岛咖啡、龙泉福居项目部、地税服务大厅见证其开具增值税专用发票。这6张“营改增”发票开出，标志瑞昌市建筑业、金融服务业、生活服务业、房地产业等四行业“营改增”工作全面推开。

【开展股级干部推荐选拔工作】 2016年，市国税局认真贯彻落实新修订的《党政领导干部选拔任用工作条例》，组织实施股级干部推荐选拔工作。3月和6月，分2次进行民主推荐、考察考核和市局党组票决，共有2名副股级干部选拔到正股级岗位，2名一般干部选拔到副股级岗位。

【加大“红包”治理力度】 2016年，市国税局进一步加大“红包”治理力度，通过设立举报箱，公布举报电话、举报邮箱，畅通投诉举报渠道；层层签订“红包”治理责任书，明确各级管理职责；开展自查自纠，及时发现存在的问题。全年召开纳税人座谈会3次，发放《致纳税人的一封信》300余份，走访纳税人940户。层层约谈部门负责人和重点岗位人员共36人次。

【国税地税联合办税大厅正式进驻市行政服务中心】 10月8日，国税地税联合办税大厅正式进驻市行政服务中心。从此，凡涉及税务登记、税务认定、发票管理等税务事项都能在此办理，实现了国税、地税服务资源的有机融合，为纳税人提供了更大方便。

（谈雨非）

附：2016年市国家税务局副科级以上领导名录

党组书记、局长：张景龙

副局长：付晓佳　刘青龙　曹晓勤　田先斌

纪检组长：邓青松

地　税

【概况】 2016年，瑞昌市地方税务局认真落实省、市局工作要求，坚持组织收入一个中心，把握依法治税、信息管税两个关键，抓住深化改革、纳税服务、队伍建设三个重点，强化学习意识、责任意识、纪律意识、团结意识四种意识，按照“重构业务、重建队伍、重塑形象”要求，积极打造“责任、服务、活力、人文”地税机关，全力开启“二次创业”新征程，工作成效明显。获得九江地税系统绩效考核第一名，连续9年被授予九江市地税系统“绩效管理考核先进单位”称号。在国家总局开展的绩效管理工作“一市一县推经验”活动中，成为全省唯一向总局推荐的参评单位。

大力组织税收收入。坚持以组织收入为中心，克服“营改增”等税收政策对地方税源减收约5.4亿元的不利影响，强化征管，全年累计入库达13.46亿元，同比减收2.24亿元，减少14.27%，收入总量在九江各县（区）排名第一。加强房地产业、建筑安装业“两业”税收清理。2016年“两业”入库营业税3.52亿元，其中建筑安装业2.17亿元，房地产行业0.95亿元。加强企业所得税管理。全市476户企业实现软件年度申报，上线率100%，全年征收企业所得税8995万元。加强个人所得税管理。完成2015年度年所得12万元以上个人所得税自行申报纳税工作，个税上线率超过99%，全年征收个人所得税6058万元。加强资源税管理。对铜矿、金矿、石灰石等资源性企业进行实地调研，并形成客观、全面的资源税费改革调研报告，获得九江市局肯定。全年共征收资源税1.9亿元，同比增收0.35亿元。加强房产、土地税源管理及明细申报工作。全年征收房产税、城镇土地使用税1.59亿元，同比增收483万元。加强耕地占用税管理。开展“以地控税、以税节地”工作，加大力度清理企事业单位用地、招商引资入园企业征地。全年耕地占用税入库1.94亿元，增收0.5亿元，增长35.03%。加强重点企业税收管理。全年落实缴纳税费2000万元以上的企业5家、1000万元以上的企业15家、500万元以上的企业12家、100万元以上的企业168家。

开启“二次创业”征程。根据九江市局“二次创业”实施方案，将工作任务分解成82项工作指标，逐项落实，明确责任、限时完成，在新形势下开启新征程。完成“金税三期”上线工作。发扬“白加黑”“五加二”精神，全局三个月不休假，完成纳税人信息审核、采集、补录等工作任务共计4316条。完成“金三”上线以来，九江市局共推送任务56批次，对“金三”指挥部进行代码采集及维护6758条。在率先“小双轨”运行期间，“金三”系统办结4704笔业务，展现1532户纳税人涉税信息，提交99个问题。推进依法治税。严格过错责任追究，对税收优惠政策等5方面工作进行执法督查并及时整改。全年税务稽查25户，查补入库税款1011万元，加收滞纳金53万元，罚款139万元。江西铜业股份有限公司武山铜矿、江西亚东水泥瑞昌公司资源税改革效应分析均获省局好评，并作为优秀范本上报国家税务总局。同时，建立健全法律顾问制度，“法律六进”工作得到九江市法建委充分肯定。抓好“营改增”工作。全年完成1195户“营改增”纳税户管户信息和征管资料等移交；成立6个清理小组，按照“税清、户清、票清”要求，清理“营改增”纳税户欠缴营业税2604.96万元。人民网江西频道以“六票齐开 江西瑞昌‘营改增’工作全面推开”为题，报道瑞昌地税“营改增”工作经验。推进信息管税。转变单兵作战观念，综合全市财税上线48家单位信息平台，实行全面联网，提高了社会护税协税意识。同时，对各类第三方数据进行分析、比对，寻找风险点，努力实现各部门信息共享和业务协同推进。全年对70户企业开展实体化应对，查补税款1820万元；定期开展数据交换和信息共享，全年比对涉税信息7758条，比对入库税款1.55亿元。深化国地税合作。落实《合作规范2.0版》《深化国税、地税征管体制改革方案》，共建国地税联合办税大厅，并建立九江首个农村联合办税大厅，让“进一家门、办两家事”逐渐成为国地税联合办税的新常态；使一窗办结率达95%，办事效率提高40%以上。强化“双代”工作。“营改增”后受理纳税人销售其取得不动产业务753笔，代征增值税152万元；受理个人出租不动产业务243笔，代征增值税17万元；国税部门代征地方税费1868条，代征税款29.5万元。联合开展税务稽查。共同制定《瑞昌市国、地税联合稽查实施方案》，开展了2户联合稽查；对829户营改增个体户联合开展双定，对458户纳税人联合开展信用等级评定。

提升干部综合素质。凝聚干部队伍合力，创“五型”领导班子，班子成员带头团结协作，发挥班子整体作用；健全用人机制与激励机制，制定《考核考勤办法》，严格部门与个人绩效考核，在评先评优、晋升晋级上，充分引用考核结果，激发干部队伍奋发向上争先创优潜力。持续开展“营造四种风气、打造四型机关”“扬清风正气，树地税形象”主题教育活动；开展“岗位大练兵，业务大比武”，举办业务操作劳动竞赛，提高地税干部应对改革能力；鼓励干部职工学习信息化知识和技能，全局通过计算机晋级考试20人。开展“比党性，树遵纪守法标兵；比贡献，树爱岗敬业标兵；比作风，树文明形象标兵；比技能，树软件操作标兵；比素质，树业务学习标兵”为主要内容的“五比五树”活动。在九江市地税系统“业务大比武、岗位大练兵”中，获得团体第一名，并有3名干部代表九江市局参加省局“大比武”，获得团体二等奖。全年开展干部作风督查3次，印发督查通报3期，对7个基层单位全面进行经费审计，发现有待完善的事项2个，及时予以纠正。严守“八项规定”，对基建维修项目建设、案件管理情况、党员干部参与赌博问题、干部兼职情况、“四风”新动向、新表现及收送“红包”等6个方面问题开展自查自纠。

提升地税部门站位。优化服务举措。深入开展“便民办税春风行动”，不断提高纳税人满意度和税法遵从度。坚持“马上就办”，杜绝纳税人“多头跑”现象，新增即办事项140多项，即时办结事项增加3倍以上。提升服务形象。第一时间将税收政策、管理举措、工作动态等，向市委、市政府及相关部门主动宣传，取得各级领导支持；为纳税人提供全方位纳税宣传服务，通过电视、报纸、内部网站等及时向纳税人推送有关信息。全年在各级媒体上稿200余篇，其中人民网2篇，国家级报纸19篇，《江西日报》及江西卫视新闻联播各1篇，省局网站及《江西地税》28篇，市局网站及《九江地税》162篇。落实优惠政策。全年2675户次纳税人共减免各项税收2082.75万元。其中122户纳税人享受小型微利企业所得税减免

29.73万元，52户纳税人享受小微营业税减免7.93万元。办理201户次纳税人退税业务，退税6582万元。495户次纳税人领购免税发票，领购发票金额288万元，减免税款23.3万元。

【省地税局领导到瑞昌调研资源税改革工作】　7月15日，省地税局党组成员、副局长黄正逊带队到瑞昌市就资源税改革工作开展调研，省局流转处处长钟文智随同调研。九江市地税局党组书记、局长温亚涌、调研员胡建平陪同调研。

【国税地税联合办税大厅正式进驻市行政服务中心】　10月8日，国税地税联合办税大厅正式进驻市行政服务中心。从此，凡涉及税务登记、税务认定、发票管理等税务事项都能在此办理，实现了国税、地税服务资源的有机融合，为纳税人提供了更大方便。

（徐勋忠）

附：2016年市地税局副科级以上领导名录

局长、党组书记：欧阳志平

党组成员、副局长：李建英（任至10月）

邓见星（任至8月）

李少军（任至8月）

吴　猛（8月任）

邓志宏（8月任）

二分局局长：吴　猛（任至7月）

纪检组长、党组成员：李建新

四分局局长：邓志宏（任至7月）

一分局局长：柯尊彪（任至6月）

五分局局长：朱小兵

三分局局长：柯志军

纳税服务分局局长：李晓军

稽查分局局长：梁先德

金融　保险

◇◇本栏编辑　谈少英

银行业监管

【概 况】　2016年，瑞昌银监办在九江银监分局党委的正确领导下，在市委、市政府的关心支持下，认真贯彻落实上级监管决策部署，充分发挥基层监管部门前哨职能作用，较好地完成全年各项工作任务。截至12月，全市银行机构各项存款156亿元，比年初增加22亿元，增长16.4%；各项贷款111亿元，比年初增加16亿元，增长16.8%。全市金融发展较为平稳，贷款总量和增长率仍保持九江市各县（市、区）第一。

【加大实体经济和三农支持力度】　2016年，瑞昌银监办积极围绕分局提出小微企业贷款“三个不低于”和农户贷款“一个高于”目标，推动小微企业和“三农”金融服务。协助市委、市政府举办“银企对接”洽谈会，参与市委、市政府组织的支持工业经济发展联合调研，重点走访95家中小微企业，了解资金需求状况，及时宣传重点扶持中小企业政策，在风险可控情况下，合理引导信贷投向，共向136户中小微企业发放贷款11.3亿元，确保信贷资金流向重点项目、重点企业、小微企业，促进实体经济发展。

【加强农村金融机构监管和普惠金融工作】　2016年，瑞昌银监办分别对农商行、村镇银行每两个月到现场了解一次情况，每季度开展一次经营风险分析，对有关问题分别约见主要领导谈话，及时整改。农商行按规定时间上报年度监管报告、案防评估。4月27日，根据分局统一布置，组织九家银行同国税、地税部门签订银税互动战略合作协议，建立联系人制度，要求按月把相关情况报送给监管部门，为银行和企业搭建信息共享平台。农信社通过农商行改革，各项工作都有较大转变和发展，发挥了农村金融主动脉作用。

【积极推进精准扶贫工作】　2016年，瑞昌银监办作为银行监管部门，积极要求涉农银行主动与地方扶贫部门联系和对接，做好贫困户贷款资金帮扶。已完成精准扶贫的贫困乡镇、贫困村调查摸底和贫困户建档立卡工作，通过政府“财政惠农信贷通”政策，给予部分建档立卡贫困户贷款，全市“财政惠农信贷通”共发放贷款9748万元。其中：农商行5935万元、邮储银行856万元、农行2957万元。

【开展银行机构重点风险督查】　2016年，瑞昌银监办按照分局布置，多次对辖内银行机构理财“双录”专区建设达标情况开展督查，对存在问题的银行金融机构约见高管人员谈话，并下发监管意见书，要求在规定时间进行整改。开展打击电信网络新型违法犯罪专项督导。在各银行机构自查基础上，分别督查30家银行营业网点，对督查中存在的有关问题责成相关银行机构采取措施，核对客户相关信息，对多开银行卡行为进行销卡处理，加强开卡账户的监督管理，防止此类问题再次发生。开展邮储机构内控联动巡查工作。每季度按照《九江银监分局关于印发邮政储蓄内控联动巡查实施方案的通知》要求，对瑞昌邮储银行及代理机构21个网点开展内控联动巡查，并对巡查中存在的问题及时下达监管意见书。根据分局要求，9月中下旬，根据银行类别分别对国有商业银行、政邮及城商行、农村中小金融机构“雷霆行动”专项排查活动开展督导。

【积极配合省局做好降成本优环境挂点工作】 5月，瑞昌银监办为推进供给侧结构改革，切实降低企业成本、优化发展环境，有效增强企业盈利能力，提升竞争力，省委、省政府出台《关于降低企业成本优化发展环境的若干意见》（简称80条）。根据省委、省政府部署和安排，省银监局挂点瑞昌工业园区10户企业，进行政策宣讲和相关政策落实。积极配合省局挂点干部先期进园入企开展调查，摸清企业生产、经营、融资等方面情况，为下一步有针对性降低企业成本以及后期所取得的成效情况提供决策参考。

【开展金融机构安全保卫工作检查】 2016年，瑞昌银监办为切实加强银行机构安全保卫工作，多次与公安部门合作，开展一系列安全保卫工作检查。2月上旬，开展元旦、春节安全大检查。在各行自查的基础上，共对辖内各行、社、局9家银行金融机构、11个网点、20台柜自助设备、自助银行的安全管理进行抽查，抽查面达20%。8月中下旬，对邮储银行和农商行安全保卫开展抽查，抽查面占应查机构的15%。通过检查，原先存在的问题基本都得到整改，后期的问题已着手整改落实。

【积极组织开展“金融知识进万家”宣传服务月活动】 2016年，瑞昌银监办结合实际制定《瑞昌市2016年“金融知识进万家”宣传服务月活动方案》。精心部署，认真安排，召集各银行机构分管领导召开碰头会，落实具体责任人，将活动要求认真布置下去。按照上级统一时间安排，9月1日各银行机构设置10多个宣传点，向市民介绍金融知识；各行还在办公楼、各个营业网点张贴悬挂宣传标语和电子跑屏打出有关金融知识的宣传内容，较好地提高公众认知度。同时还利用进社区、进校园、网上银行、官方微博、微信平台、《瑞昌日报》以及社会媒体进行全方位的金融知识宣传，多渠道、多形式地向社会公众开展金融知识集中宣传教育，营造良好的宣传氛围，取得显著的社会效果。

（刘美兰）

附：2016年九江银监局瑞昌办事处领导名录

主　任：殷瑞平

中国人民银行瑞昌市支行

【概 况】 2016年，中国人民银行瑞昌市支行深入贯彻落实中央经济工作会议及上级行工作会议精神，紧紧围绕九江市中支提出的“从严从实，求新求进”总体要求，坚持紧跟形势、科学履职，抓早抓准、抓住主线、一以贯之，积极探索科学高效的监管模式，各项工作取得明显成效。截至12月末，全市金融机构各项存款余额167.38亿元，比年初增加12.1亿元；各项贷款119.6亿元，比年初净增8.09亿元。

【加强金融市场监管】 2016年，人行瑞昌支行积极联合市政府金融办和银监办、公安局、市监局、中小企业局等部门，对民间融资风险进行有效管控，及时预防和处置民间融资转化为非法集资案件，有力维护社会稳定和辖内金融安全。同时加强日常金融监管，建立政策监测评估制度，重点加强对农商行宏观审慎监测，引导信贷投向更加合理。落实重大事项报告制度，全年共收到各银行业金融机构重大事项报告14份，分别就银行业金融机构的领导班子变动、新增机构、机构迁址、领导出境、网点暂停营业等重大事项及时向人行报备，使行领导及时掌握金融机构动态，全面加强金融业的日常性监管。

【强化反洗钱检查】 2016年，人行瑞昌支行积极做好市支行西线区反洗钱工作。5月30日至6月15日，人行瑞昌支行组织西线区反洗钱人员对江西银行瑞昌支行开展反洗钱现场检查，不断强化对地方法人金融机构开展反洗钱月巡工作。采取以会代训的方式组织相关人员学习《金融机构反洗钱监督管理办法》《金融机构反洗钱风险评估标准》等新下发的反洗钱监督管理办法。组织辖内金融机构开展《中华人民共和国反洗钱法》颁布十周年宣传活动。根据上级行有关反洗钱工作安排，自6月起组织辖内各金融机构充分发挥营业场所平台，向社会公众发放宣传资料、利用电子显示屏、多媒体等多形式宣传。9月开学季支行又联合市农商银行举办反洗钱知识进校园活动，推进反洗钱宣传在特定领域的深入开展。

【推进金融基础设施建设】 2016年，人行瑞昌支行推进金融基础设施建设，提升金融服务水平。为加大金融扶贫工作力度，人行瑞昌支行为农商行和九银村镇银行各争取9000万元和2000万元扶贫再贷款，加大对“三农”和金融扶贫工作信贷支持。创建金融服务联动机制，有效发挥政府金融办的协调和沟通功能，努力推进银政、银企对接。采取定量考评与定性考评相结合的办法，积极推进外汇指定银行办理跨境人民币结算业务，取得良好工作效果。截至12月底，瑞昌共办理跨境人民币业务47256.83万元。其中，农行4000万元，中行16447.18万元，建行26803.65万元。

【提升国库服务能力】 2016年，根据《江西省国库会计标准化管理办法》，瑞昌市支库认真组织学习领会，从国库组织建设、内控管理、会计管理、业务操作、档案规范和服务要求等方面，对2016年度国库会计业务和核算管理等五方面进行逐条对照检查并逐笔整改。为增强国库服务意识，拓展国库服务领域，瑞昌支行积极与财政局等部门紧密协作、密切配合，全年共计直拨省级农业产业化专项资金、林木良种繁育和推广资金、文化产业发展资金等项目资金101.4万元到农户及企业账户。

【推进信用体系建设】 2016年，人行瑞昌支行加快推进农村信用体系建设。3月启动农村信用体系建设，9月末农村信用系统数据库已经建立，收录邮政储蓄银行、农商银行、农业银行3家金融机构农户贷款信息，从市监局收集的家庭农场和经济合作组织信息。据《系统》统计，当前收录人数为55496人，收录经济合作组织为508户，家庭农场60家。对还未收录进来的单位正在联系和走访论证，不断完善，及时更新，实现全面建成瑞昌市农村信用体系。

【加强征信管理和宣传】 2016年，人行瑞昌支行切实加强征信管理和宣传。以《征信业管理条例》实施为契机，大力开展征信宣传。开展“征信知识进社区”宣传活动，在各个金融机构开设个人征信查询窗口，大力宣传征信基础知识；积极开展征信窗口查询。把窗口查询作为主业来抓，努力开展征信查询标准化窗口，在全市率先开办规范化的征信查询窗口，购买自助查询机器，极大地方便查询信用报告，受到社会一致好评。全年共办理个人查询7174笔，同比增长65%以上。做好征信管理工作。支行对辖内异常查询进行严格管理，要求本行异常查询必须由“一把手”签字审批备案，要求金融机构异常查询一律要到人行备案，同时，严格控制企业查询信用报告，主动为企业办理“机构信用代码证”。全年，为企业办理“机构信用代码证”153份，便利高效的金融服务，得到企业的称赞。

【创新外管工作方式】 2016年，人行瑞昌支行根据新业务、新政策变化情况，支局对内控进行全面修订并合理制定各级审批权限。合理分工，明确职责，防范内控风险。夯实各项日常管理工作，促进贸易投资便利化改革，深入强化资本项目非现场监测，积极完成货物贸易核查工作。截至11月为止，全市货物贸易档案企业55家，列入名录企业51家，其中A类企业50家，B类企业1家。严格执行外债“三查”管理，逐步落实外债审慎管理。有力支持企业发展，促进地方经济建设。健全银行服务功能，扩大企业贸易融资规模。充分考虑瑞昌外向型经济发展状况与特点，加强与金融监管部门的沟通与协调，为银行开办金融外汇新业务创造条件。结合外汇宏观形势变化，重点做好“控流出”工作。针对2016年外汇形势变化，把“控流出”列为重点工作。强化外汇宣传、培训工作，提高外汇服务质量。外汇工作方式的转型，不仅要求外管队伍实现转型，对企业与银行的要求也更高。为畅通外汇政策传导，积极参加上级行培训工作，加强对企业与银行的培训指导工作，建立各种工作协作联系机制，实现资源信息共享，提高外汇服务质量。创新外管工作方式，及时进行政策反馈，努力提高调研水平，继续做好外汇政策的快速反馈工作。外汇收入12461.1万美元，支出3.82亿美元。其中，货贸收入5905.5万美元，支出5234.3万美元；理文造纸货贸支出4141.6万美元，占货贸支出79.1%。进口4153.1万美元，出口21481.5万美元，出口不收汇金额达15485.4万美元。

【强化内部风险管理】　2016年，人行瑞昌支行加强内部风险管理，确保各项工作有序开展。根据工作形势和任务的新变化，不断修订和完善办公室内部岗位、工作业绩考核办法及制度汇编，在规范各项工作流程的同时进一步健全内部风险管理。加强保密安全管理。按照总行要求，规范重大保密工作事项报告（报备）制度，加强密码设备运行维护管理，做好密码设备定期核查、密钥不定期更换和设备日常运行维护工作，确保密码通信安全畅通。严格会计财务管理，严肃各项财经纪律。规范操作，严肃财经纪律。通过南昌中支对支行开展人员经费专项检查，促使支行在财务管理和财务核算中进一步规范。做好项目资金的会计核算。认真执行建设项目监理制，支行依据中支下拨的项目维修工程，严格管理基建资金，做到基建支出核算手续齐全合规，会计科目和凭证使用正确，记账和对账及时、准确。

【加强党建教育】　4月27日上午，人行瑞昌支行机关党支部召开“两学一做”学习教育动员部署会，深入学习党章党规、习近平总书记系列讲话，做合格党员，贯彻落实中央、总分行党委“两学一做”学习教育文件精神进行动员部署。人行瑞昌支行还积极开展行员参与赌博专项治理活动，通过组织动员、自查自纠、落实责任等“三项措施”促进支行始终保持风清气正的政治生态环境。

（邓永进）

附：2016年中国人民银行瑞昌支行领导名录

行　　长：冷寒冰
副 行 长：张红斌　喻东宝（任至8月）
纪检组长：陈瑞军（任至12月）

中国工商银行瑞昌市支行

【概　况】　2016年，中国工商银行瑞昌市支行紧紧围绕上级行的发展战略和当地经济发展态势，精耕市场、广拓客户、从严治行，各项工作取得突破性进展。全年实现拨备前利润3877万元。获省行旺季大零售业务“综合优胜支行”、市行大零售业务“2016年旺季优胜支行”等荣誉。“九江市文明单位”顺利通过年检，全年实现安全无事故。截至12月，各项存款余额187063万元，增加18254万元，较上年增长10.8%，其中储蓄存款余额121989万元，增加6801万元，增长5.9%，各项贷款余额188998万元，增加55312万元，较上年增长41.37%，其中个人贷款余额80714万元，增加4686万元，增长6.16%，公司贷款余额108284万元，增加50626万元，增长87.8%。

【营销机制不断完善】　2016年，瑞昌支行围绕做强“大零售”、做精“大公司”的总体构想，以发展载体、拓宽渠道为抓手，全力做好业务拓展工作。制订《2016年旺季营销方案》《2016年绩效考核分配方案》及《2016年员工绩效合约书》等机制策应营销。优化客户经理外拓团队人员组合和主管领导挂点团队，积极探索商品市场信贷合作新模式，通过信贷业务介入推动商品市场深入拓展，同时加大对存量商友客户的挖掘维护。延伸农村市场触角，遴选营销触点，密切关注码头工业园撤迁动向，确保拆迁资金落户支行。重点抓好一、二手房屋项目的准入工作，由客户经理组团上门接单；积极探索二手房按揭程序，加强与职能部门、中介服务机构合作，从源头上拓宽按揭渠道。通过政府项目合作，以对公账户为核心来带动对公存款、统发工资、公务卡、个人信用消费等政府资源合作。制订和完善支行涵盖劳动纪律、文明服务等九大方面的《工作规程（100

条)》，日常工作中，推行重点产品业绩日通报、周碰头、月分析及季总结会议制度，通过上述制度设计与运作来强化精细化管理。

【新兴业务效果明显】 2016年，为解决新兴业务快速发展，抢占市场制高点，支行转变营销策略，从产品维向综合金融服务维转变，从单兵作战向协同作战转变，从物理渠道为主向线上线下一体化、金融和非金融服务相结合转变。至年末，新增各类银行卡总计18953张，其中信用卡净增发卡1383张，增额占全市6.8%，排名第四；商友卡发卡4523张，增额占全市6.5%；中储粮惠农卡发卡1911张，增额占全市15.46%，排名第一。新增二维码商户199户，排名第三。销售理财产品93699万元，代理基金销售额1647万。融e联、融e行客户分别新增9148户和10295户。新增企网证书客户97户，完成全年任务的129%。累计办理国际结算量、结售汇业务量和跨境人民币业务量分别为4572万美元、4030万美元和6万元，分别较上年同期增加3992万美元、3985万美元和6万元，国际业务实现新突破。

【客户质量明显提高】 2016年，瑞昌支行紧紧围绕"优化客户"目标战略，做大做强中高端客户规模，着重从存量客户转介、部门交叉推介、与第三方合作等渠道入手解决客户问题，对优质客户和潜力客户进行分层经营和维护，收到较好效果。至年末，个人有效客户总数为9.76万户，较年初新增6501户，其中5万以上客户、中高端客户数7265户，较年初新增4293户；800万以上私人银行达标客户数8户，较年初新增2户。全行个人客户资产余额167951万元，较年初新增12614万，其中10万以上客户金融资产余额99466万元，较年初新增12614万；800万以上私人银行金融资产余额17296万元。公司、机构业务中，重点维护和培育诸如亚泥、理文、新洋丰、华中木业、财政、社保、公积金中心等一批重点客户，法人拓户新增有效户122户，法人理财累计销售39700万，实物贵金属销售黄金1211克，白银2106克，"汤显祖"系列销售53套，签订现金管理38户。

【管理基础明显夯实】 开展系列主题教育活动。先后开展"遵守党纪行规、保持廉洁从业"、内控合规"基础强化年"及"三严三实"等主题教育活动，强化从业人员职业操守和党性教育；开展创优评先活动。支行党总支组织引导全员立足岗位、履职尽责，紧紧抓住银行服务业特点，给客户提供卓越金融服务为使命，先后通过设立"雷锋岗"形式引导员工提升客户服务工作；设立"共产党员示范岗"来亮标准、亮身份、亮承诺，通过"我为党旗添光彩——先锋榜"评选推优活动比作风，先后向上级行推荐三名优秀党员参加评比，其中一人由市行向省行推荐为"先锋榜"十佳候选人；通过评选旺季"揽存明星""优胜网点"比业绩，"明星客户经理""万笔无差错柜员"比技能等等，开展创优评选活动增强员工的荣誉感。加强重点岗位风险防控。全年共进行岗位轮换24人次，占员工总人数40%，同时，加大对重点业务、重要岗位和关键业务环节合规检查；协调营销与管理关系。解决产品销售与管户相匹配、贷款专业化与规范化、网点主任营销与管理三大问题；加强不良资产压降工作。至12月末，贷款不良率为0.45%，较上年减少0.02个百分点。

（柯昌国）

附：2016年中国工商银行瑞昌市支行领导名录

行　　长：曹学毅（任至8月）
　　　　　肖　辉（8月任）
副 行 长：王卫军
行长助理：陈绪义　曹桢伟

中国农业银行瑞昌市支行

【概 况】 2016年，中国农业银行瑞昌市支行紧紧围绕瑞昌推进"五大升级"的发展战略，以支持地方经济社会发展为己任，以党建工作为统领，坚持从严治行，突出抓好风险防控和业务转型，深入推进客户建设战略工程，提升发展质量和金融服务水平，各项业务呈现良好发展态势。截至年底，全行人民币各项存款余额18.22亿元，较上年末净增8356万元，其中储蓄存款余额13.91亿元，较上年末净增1.4亿元；各项贷款余额10.03亿元，较上年末净增7710万元，其中个人贷款余额8.03亿元，较上年末净增1.8亿元。被农总行授予“三化三达标”单位，瑞昌市2016年度社会治安综合治理优秀单位、和谐平安单位等称号。

【促进业务经营转型发展】　2016年，中国农业银行瑞昌支行进一步加强党建作用，引领干部员工增加责任感、使命感、荣誉感，促进业务经营发展，形成党建工作与经营管理良性互动的大好局面，增强了催生业务经营转型发展动力。深入开展“两学一做”专题教育，增强党性观念，加强基层党组织建设和作风建设；严格落实“两个责任”，强化守纪律讲规矩的政治意识，确保全行上下意志统一、政令畅通；完善绩效考核和履职考核，强化压力传导，着力推进经营转型，提高市场竞争力，充分认识完成各项目标任务是干部员工的履职底线。

【深入推进客户建设战略】　2016年，中国农业银行瑞昌市支行以“重营销、促转型、提价值”为主题，围绕“打基础、调结构、扩规模”的目标，努力实现客户结构的战略性调整和价值提升。抓住沿江开发提质提速机遇，加大对优质客户和有潜力客户及项目营销与服务力度。全力跟踪服务好华润风电等全市重点招商引资项目，积极利用“财园信贷通”“简式贷”“财政惠农信贷通”等产品营销有发展潜力的小微企业、农业产业化龙头企业、家庭农场及农户；积极营销全额质押承兑及贴现业务，降低企业融资成本；组织客户经理主动上门营销，加快汽车分期、住房按揭、个人助业贷款、随薪贷等上报和投放，推进城市管理升级和民生共享升级。

【提升“窗口”服务水平】　2016年，中国农业银行瑞昌市支行认真落实“赢在大堂”战略，解放部分柜员增加大堂人员，推广超级柜台及掌上银行、K码支付等移动网络电子产品；网点增设客户网上银行体验区及机具，提升网点服务环境和服务质量，市区新投入运行两个（罗湖车站、阳光佳缘）离行式自助银行及启动新设营业网点广场支行的装修建设；积极开展打击非法集资、打击电信网络新型犯罪等宣传活动，提升广大客户现代金融知识水平。各网点在全省农行“神秘人”屡次检查中成绩位列前茅。

【强化内控案防管理】　2016年，中国农业银行瑞昌市支行突出抓好风险管理和案件防控工作，扎实推进“三化三铁”“三化三达标”创建和员工行为排查工作。加大日常履职监督检查力度和频率，落实专人负责反洗钱和对账工作；建立完善安全保卫晨会学习制度，加大自助设备巡查力度；严把信贷准入关，加强贷款真实性和合法性调查，加强贷后管理，认真执行二十字方针，加强与法院、经侦联系，推进立案、庭审、执行、纳入黑名单、推送曝光台等环节，实现以诉促管；认真推进“三线一网格”改革试点工作，进一步落实员工行为排查责任，组织全行员工签订“禁赌承诺书”“三个严禁承诺书”，开展“知法·守法·敬法”案例警示教育、网点员工合规文化教育等活动，强化员工合规意识、法纪意识，加大对违规行为整改和责任追究力度。

【加强队伍建设】　2016年，中国农业银行瑞昌市支行加强党建及员工队伍建设，通过公开竞聘选拔5名青年员工担任网点主任（副主任），4名青年员工入选全市农行中级、初级县域青年英才培养对象；采取视频培训、网络学院远程培训等多种形式，加大员工培训力度，组织各网点负责人参加全省农行党建暨业务培训。

【关心职工生活】　2016年，中国农业银行瑞昌市支行为进一步丰富职工业余生活，积极开展“庆三八”登山比赛、“爱岗敬业奉献”主题演讲比赛、防汛抗洪抢险及巡堤值班、庆祝“农行成立65周年”节目排练及会演、成立羽毛球队等多种有益身心健康集体活动，还建立“职工之家”微信群，并推出员工生日送鲜花、生活困难员工送温暖等措施，营造全行团结和谐、健康向上的良好氛围。

【《抗洪赞》主题原创歌曲获二等奖】　10月22日晚，中国农业银行瑞昌支行歌舞节目《抗洪赞》

在九江分行庆祝农行成立65周年文艺会演中成功演出。该节目以地方曲艺赤湖渔鼓形式颂扬农行人担当、团结、拼搏、奉献的伟大抗洪精神，并于9月20日全省农行“大美农行”主题原创歌曲大赛中荣获二等奖。

【省分行领导到瑞昌调研】 11月9日，省分行党委委员、副行长陈立平到瑞昌支行就党建、县域支行业务经营、年末收官、“两加强两遏制”等工作调研。调研期间，陈立平深入支行营业部、建设中的新建网点广场支行，对网点转型、网点建设等工作提出指导意见。

（田拥军）

附：2016年中国农业银行瑞昌市支行领导名录

行　长：邓见利

副行长：杨清国　梁祖光　熊孝良

中国建设银行瑞昌市支行

【概 况】 2016年，中国建设银行瑞昌支行在市委、市政府和上级分行党委正确领导下，认真贯彻落实总行、省分行工作会议精神，求真务实、稳中求进，加快转型发展步伐，取得可喜成绩，主要经营指标在系统内排名靠前。截至年末，全口径全量资产16亿元；一般性存款余额13.76亿元，当年新增0.84亿元。其中：对公存款余额6.92亿元，新增0.4亿元；个人存款6.84亿元，新增0.44亿元，全量资产日均新增进入全省建行县支行前十名，九江分行辖内名列第一；各项贷款余额15.15亿元，其中：公司类贷款余额2.65亿元，新增1.35亿元；个人贷款余额12.49亿元，新增2.08亿元。九江分行辖内排名第一，全省建行综合考评中排名第22位，在九江分行辖内名列第一；实现利润4802万元。

【支持地方经济发展】 2016年，建行瑞昌支行以信贷业务为依托，全力支持地方经济发展。服务重点企业和小微企业发展。加大对亚东、理文、江州船厂等重点企业的信贷投入，新增授信额度共计5.7亿元，投放流动资金贷款1亿元，提供保函5100万美元，开具信用证487万美元。同时保持“财园贷”“助保贷”信贷规模，全年共发放小企业贷款1200多万元。支持全市改善基础设施建设与公共服务领域供给水平和效率。为政府购买服务项目授信6亿，投放贷款5.1亿元，助力大唐新区新型城镇化（二期）路网建设等19个项目顺利实施；积极响应配合瑞昌“五大提升”战略，关注民生领域项目，为人民医院、中医院等主要医疗机构授信1亿元，当年投放流动资金贷款0.5亿元；加快个人贷款发展。全年新增个人贷款2.77亿元，最大满足百姓改善住房条件和个人消费需求。

【抓客户、拼市场、加快转型发展】 2016年，建设瑞昌支行抓客户、拼市场、加快转型发展。抓全员。做到人人有任务，人人有考核，加强公司业务和对私业务的联动；抓客户。重点做好高端客户维护和一般客户服务工作；抓全量资产。坚持移动优先、零售优先，保持理财、基金、保险、黄金等产品营销齐头并进的发展态势。

【提升金融服务】 2016年，建行瑞昌支行始终“以客户为中心，以市场为导向”的经营理念，不断提升金融服务。开展星级网点创建工作。加大硬件投入，改善营业服务环境，全行新增智慧柜员机、自助查询、对账等设备13台。注重服务规范化。把服务质量、基础管理、服务效果等列为营业网点和员工的评价内容，实现“对标对人”管理。注重便民服务针对性。在城区营业网点辟出绿色通道，添置轮椅、婴儿车等便民服务设施，显现人性化。重视金融消费者合法权益保护，保持金融宣传服务工作常态化，所辖营业场所设立公众教育宣传专区，促进居民增强金融风险意识和责任意识。

【强化金融风险排查和案件防控】 2016年，建行瑞昌支行坚持依法合规经营，严密防范金融风险，根据监管部门统一部署，开展“雷霆行动”风险案件专项排查活动，筑牢风险案件防控“三道防线”。组织“三清查”（清查员工及近亲属与客户大额资金往来、清查员工参与民间高息借贷、清查员工违规经商办企业）；组织对各业务条线风险薄弱环节排查。深入细致开展员工行为专项排查。重点排查所属员工是否参与非法集资、参与赌博、大额博彩等行为，是否存在超出个人承受能力投资行为，是否存在违规代客理财，是否与他人有大额资金往来或经济纠纷等方面。提高案件风险防控能力，确保经营管理工作健康有序。

【扎实开展精神文明创建】　2016 年，建行瑞昌支行充分发挥银行业传播精神文明窗口和阵地作用，将文明创建工作纳入工作规划和目标任务。组织开展“正风肃纪 勤业守廉”专项整治活动。以提高执行力为手段，增强服务意识、提高工作效能为重点，促进员工思想境界大提升，精神面貌大改观，工作作风大转变，干事创业积极性和主动性明显增强，为创建文明优质服务窗口奠定良好基础；倾情开展帮困扶贫。深入贯彻落实市委、市政府关于精准扶贫工作精神和部署，支行进行精心组织和周密安排，帮扶工作小组实地了解联系点贫困户情况，与挂点乡村干部共同商谈研究扶贫工作措施。积极向上级行申报扶贫专项资金，抓好帮扶工作措施落实。8 月，成功申报建行江西省分行“高中生成长计划”援助项目，在市一中遴选 12 名家庭贫困高中学生为援助项目资助对象，每人每年可获 3000 元助学金，有效缓解学生家庭经济压力。积极践行社会责任。7 月入汛以来，瑞昌抗洪防汛形势十分严峻，支行根据市政府抗洪防汛工作部署，克服人员编制严重不足困难，及时做好人员调整和工作安排，坚持抗洪防汛和业务工作两手抓，制定防汛应急预案，成立抗洪防汛应急领导小组和小分队，要求队员保持通信畅通和待命，随叫随到。根据防汛指挥部调度，组织突击队上堤加固除险，做好城防堤责任段巡堤查险。针对城区部分路段泄涝不畅，适时提示所辖营业机构做好网点和离行式自助设备巡查，确保汛期营业网点和自助设备正常营运，为维护特殊时期金融秩序稳定提供有力保障；结合“两学一做”学习教育活动，因势利导，向全行发出“向抗洪官兵献爱心”的倡议，得到全体党员干部热情响应和踊跃参与，用募集款项为抗洪官兵购买内衣裤等生活急需品，以实际行动为抗洪抢险尽绵薄之力，以小爱传递大爱，聚集社会正能量。

【坚持以党建引领企业文化建设】　2016 年，建行瑞昌支行党支部切实“履行一岗双责”，把加强党支部建设作为推进各项工作原动力，以规范基层组织建设、提高队伍素质为重点，充分调动大家工作积极性和创造性。组织开展以“三亮、三比、三创、三评”为主题的创先争优活动，增强全体党员干部责任意识、创新意识、协作意识和合规意识，提升基层党组织创造力、凝聚力和战斗力。以开展“两学一做”学习教育为契机，开展基层党建示范点创建工作，按照“工作有新亮点、氛围有新变化、水平有新提升、成效有新显现”的要求，不断探索党建工作新思路和新方法。关心员工，凝聚队伍。建立员工思想动态汇集反应机制，开展谈心谈话和家访慰问活动，（“五要谈”：员工思想波动要谈、与同事产生矛盾要谈、工作岗位调整要谈、遭受重大挫折要谈、受到批评处分要谈；“五要访”：员工生病住院要访、家庭不和要访、生活困难要访、婚丧嫁娶要访、遭受不幸要访），让员工切身感受到大家庭的温暖；重视员工进步成长，经支行推荐走上管理岗 3 人（含挂职锻炼 1 人），11 人晋升等。还通过建立微信群，搭建干部员工互动交流平台，在团队内部营造健康和谐、积极向上的良好氛围，实现工作业绩提高与个人素质提升的良性互动。支行被省分行确定为“党建示范点”和“第五届省分行级文明单位”，被提名为“全国金融五一劳动奖状”候选单位，被建行总行评为“2016 年度信用卡营销示范网点”。党支部书记、行长范石千荣获中国金融工会授予的“全国金融五一劳动奖章”称号（2017 年 5 月表彰）；左爱民、王义红分别荣获建设银行总行“2016 年‘综合营销明星”和“2016 个人业务‘突出贡献个人奖”；周礼斌、陈晨分别荣获建行江西省分行“2016 年住房金融业务营销先进个人”和“2016 年信用卡消费信贷拓展先进个人”。

【上级行领导到瑞昌调研】　7 月 26 日，支行党支部第一书记、省分行国际业务部总经理朱京安走访江西江州联合造船有限公司，了解企业生产进度。下午来到赛湖大堤，慰问巡堤查险员工；当晚为支行全体党员讲党课。

（周识秋）

附：2016年中国建设银行瑞昌市支行领导名录

行　长：范石千

副行长：邱晔华

纪检特派员：余日星

营业主管：左爱民

营业室主任：彭婉蓉（11月任）

中国银行瑞昌市支行

【概 况】 2016年，中国银行瑞昌支行紧紧围绕绩效为中心，党建和效能两个重点，内控、发展和队伍三大核心，各项业务得到健康、稳健发展，存款业务持续增长，贷款业务稳定增长，重点项目有效突破，资产质量有效管控，非息收入稳中有升，网络金融有效突破。截至年末，各项存款余额12.2亿元，其中储蓄余额7.86亿元，较上年新增1亿元；各项贷款余额18.16亿元，其中零售贷款余额17.03亿元，住房贷款全年投放3.5亿元，公司贷款余额1.12亿元。全行资产不良率为0.45%，不良余700多万元。

【经营绩效稳步提升】 2016年，瑞昌支行拨备前利润4849万元，在九江中行系统内排名第一，全年净收入、拨备后利润、人均净收入在全省县支行中排名靠前，并获江西省分行“2016年度人均净收入贡献奖”。

【社会担当尽心尽力】 2016年，瑞昌支行在努力发展业务的同时，积极关注关爱社会弱势群体。“六一”儿童节来临之际，支行组织“六一亲子”高端客户答谢活动，邀约25名来自铜城学校的留守儿童一起观看电影。7月，组织爱心捐赠活动，并邀请数名留守孩子到支行参观体验“银行家生活”，为他们普及基本金融知识，培养理财习惯，体验支行职工之家——乒乓球室、阅览室、书画室，感受来自社会的关爱和对未来美好生活的希望。为体现中行总行“担当社会责任，做最好的银行”宗旨，支行不仅对红日乡和望仙桥社区进行爱心帮扶，还与社区建立长期关爱计划，重阳节组织员工到桂林敬老院进行走访，并送去油、米及现金等慰问品。

【党建引领成果显著】 2016年，瑞昌支行为发挥党建引领、党建带动团建的先锋模范作用，支行在赤乌东路支行发起“党员先锋号”倡议。7月，防洪巡堤工作中党员始终冲在最前面，表现出党员模范带头作用和责任担当。市赤乌东路支行获市行“先进基层党组织”称号，瑞昌支行获江西省分行“五四红旗团组织”称号，同时获九江市分行“优秀共青团支部”称号。在党建引领作用下，支行涌现出一批优秀员工，如周小庆、章小卫、朱雅南获万笔无差错员工、梁飞燕获省行“最美一线员工”、余文君获省行“最美优秀党员”称号、高青获省行十佳客户经理，胡雯雯、王海洋在市行PPT演讲活动中夺冠等。

【创新金融产品有序推进】 2016年，中国银行江西省分行打造手机综合应用平台产品——易惠通，能为客户提供便捷、优惠的生活服务和金融服务，具有车惠通、鸿运通、旅游通等十大功能。客户通过手机实现缴费、加油、理财、旅游、签证、贷款、办卡、海淘等功能，全年新增易惠通客户253户，办理ETC业务300多户，并为20余人投放网络信用实时贷款。

（陈水香）

附：2016年中国银行瑞昌支行领导名录

行　长：伍　勇

副行长：王定柱　冯华华

中国农业发展银行瑞昌市支行

【概 况】 2016年，农发行瑞昌市支行认真贯彻落实上级行会议精神，坚持业务发展、从严管党治行“两手抓、两手都要硬”，进一步增强全方位支农履职能力，主动适应新常态，在加大支农力度、推进依法合规经营、有效管控各类风险、强化党风行风建设、夯实基础管理等方面做了大量工作，取得一定成效。年末，各项贷款余额54243万元，比年初增加2503万元；各项存款余额9930万元，比年初下降7552万元；日均存贷比40.10%；实现账面利润1017万元，同比减少227万元，无不良贷款，实现“一控三防”目标，被瑞昌市政法委、综治委授予“综治工作先进单位”“和谐平安单位”称号。

【支持地方经济发展】　积极营销公司类项目贷款，推进业务转型，加大营销工作力度。全年累计发放商业性贷款1200万元、县级储备粮贷款702.5万元及大唐新区新型城镇化30000万元项目贷款。各项业务发展呈现稳健、良好上升势头，较好地完成各项工作任务。

【加强内控案防管理】　抓好有关责任制的落实。加强对员工的安全防范和警示教育，层层签订《综合治理》《安全保卫》《消防安全》《预防经济案件》等责任状；对车辆严格管控，规定非驾驶员不得驾驶公车，严禁酒后开车，严禁公车私用。春节和全国“两会”期间做好综治、维稳和安全保卫工作，安排员工值班，并对单位员工及家属进行矛盾纠纷排查，确保安全稳定。组织全行员工开展防抢劫和消防演练，增强员工对突发事件的应变能力，并经常开展安全检查，发现问题，及时消除隐患。

【强化党建工作】　组织全行党员扎实开展“学党章党规、学系列讲话，做合格党员”的“两学一做”学习教育，及时成立学习教育协调小组，制定《实施方案》和《日程安排》，组织党员逐字逐句地学习《中国共产党章程》和习近平总书记一系列重要讲话等相关文件材料，并进行专题学习讨论，全行12名党员撰写心得体会；按上级行要求，每周还上报“两学一做”学习教育进展情况，殷瑞明同志在开展“两学一做”学习教育中被省分行推荐为出席总行优秀共产党员。组织全行员工认真学习总行制定的《员工违规违纪行为处理办法》，用考试检验学习效果，并将考试卷上报市分行。把党风廉政建设与业务工作结合起来，做到同研究、同部署、同落实、同检查、同考核。在全行开展“员工行为排查”和“防范打击非法集资宣传月”等专项活动，通过开展以上活动，不断规范员工行为，增强员工法律意识，全行没有发生任何违法违纪行为。

【推进企业文化建设】　3月下旬，召开第15次职工大会，全行员工共同审议《全行工作报告》《工会工作报告》《财务收支执行情况报告》，行领导解答职工提案。不断完善《食堂管理制度》，每月组织职工对炊事员在人品、厨艺、卫生、服务态度、健康状况等方面进行测评，保障大家的饮食健康；同时，适当加大职工食堂的投入，购买必要的炊具和餐具，以满足职工用餐和来客需要。开展寻找“最美农发行人”评选活动，李晚秋在演讲比赛中获三等奖；另外还组织全行员工登山、打扑克比赛等系列活动，增强了员工队伍的凝聚力和向心力。

（梁光毅）

附：2016年中国农业发展银行瑞昌市支行领导名录

行　长：刘太火

副行长：金志新　叶裕民

中国邮政储蓄银行瑞昌市支行

【概　况】　2016年，中国邮政储蓄银行瑞昌市支行设综合管理部、三农金融、营业部等部门，全行共有员工47人，目前已开办个人存贷款、法人存贷款、理财业务、代理保险、基金、国债、银行卡、票据承兑及贴现、同业拆借等业务。

【践行普惠金融不忘初心】　2016年，瑞昌支行代发工资7400户，发放金额5125万元。新增信用卡1378张，累计结存4600张；新增电子银行客户1668户、手机银行客户740户、个人网银516户。

全年销售保险132万元，列全市第四名；销售基金98万元，列全市第三名；第三方存管开户完成计划194%，列全市第二名。

【财政惠农贷款取得突破】 2016年，瑞昌支行根据市委、市政府工作要求，结合市分行开展外拓营销和送贷下乡两项活动，分组分片走访政府涉农部门和各乡镇场，宣传惠农惠科贷款，取得较好的效果，累计发放惠农贷款2483万元，发放惠科贷款746万元，年末新型农业经营主体贷款结余2606万元，并荣获全市“财政惠农信贷通”融资试点工作“先进单位”荣誉称号。

【逾期管控工作效果明显】 2016年，瑞昌支行下决心狠抓逾期防控，在百日清收竞赛活动中，累计压降逾期415万元，压降不良181万元，超额完成“双降”任务，排名全市第三。在已核销贷款收回70.78万元，全市排名第一位，占九江地区收回已核贷款金额的53%；不良贷款移交率100%。

【内控案防工作成绩突出】 2016年，瑞昌支行根据中国邮政储蓄银行召开“内控达标年”活动电视电话会议精神，全员学习《瑞昌市支行2016—2018年“内控建设年”活动总体方案和2016年“内控达标年”活动实施方案》，要求大家按照集团公司部署，坚持把内控建设和案件防控放在突出地位，取得监管部门较好评价，并荣获全省2016年度“内控达标年”活动先进单位荣誉称号。

（梁红斌）

附：2016年中国邮政储蓄银行瑞昌支行领导名录

党支部书记、行长：熊志军

行长助理：熊建芳

九江银行瑞昌市支行

【概 况】 2016年，九江银行瑞昌市支行（含溢城支行）坚持“简约、严格、透明、快活”的管理理念，坚守“老百姓的银行、小微企业的银行、民营企业的银行、政府的银行”发展定位，各项业务得到快速发展。全年各项存款余额20.31亿元，较上年增长24.91%；各项贷款余额9.25亿元，较上年增长20.92%，其中，财园信贷通贷款1.3亿元，政府融资平台贷款3.8亿元。获2016年度“瑞昌市支持地方奖励发展先进单位”荣誉称号。

【支持地方经济发展】 2016年，瑞昌支行始终秉持“立足地方经济、深耕中小企业、服务瑞昌居民”的经营指导方针。将信贷资金和优质服务投向全市最迫切需要的地方，整合信贷资源，扶持瑞昌中小企业发展，为瑞昌制造业、服务业、建筑业及农业提供良好的融资平台。九江银行小微企业信贷中心瑞昌分中心更是“支农支小”的一支特种部队，是支持全市农业发展和基础建设的主力军，“微小贷款”被广大市民评为“微笑贷款”。

【加强营销力度】 牢牢把握“立足于地方经济、立足于中小企业、立足于城市居民”的市场定位，制定决策快速、公关有力、主动上门、服务到位的正确营销机制，创造性地开展工作，全方位拓展市场。重视企业改善和提高银企关系，不断提升经营层次，对不同特点的优良客户和企业，组建强有力的攻关小组上下联动攻关。加强与江西大筑城房地产开发有限公司、九江市广德置业有限公司、市人民医院、市妇幼保健院等建立授信业务合作关系，为支行业务迅速发展打下坚实基础。继续大力发展总行推出且深受广大市民欢迎的“流动资金贷款”“广夏福”“个人易得金”和“个人创业”等贷款品种；在个人金融业务营销上，大力宣传工资代发业务，经过上下联动集体宣传，新增大量储户量和储蓄存款，大大提高支行知名度。通过扩大增量，优化存量，把更多贷款投向双优客户，不断优化贷款结构。

【强化内部管理】 2016年，瑞昌支行严格执行九江银行内部各项规章制度、员工手册以及薪酬分配方案、奖罚方案，使全行上下养成遵章守纪的好习惯；加大监督检查力度，每天都对本网点进行抽样检查，积极配合总行审计部、风险管理部、保卫部和银监、公安部的不定时检查。加强财务核算管理，合规采购、控制成本、抵制浪费。把严格管理和科学管理相结合，促进管理上台阶，为打造一流服务品牌夯实基础。

【优化服务品质】　瑞昌支行十分重视加强和改进服务工作，多次研究和部署改进服务的有效措施，规定每周一、四下班后为员工的业务技能训练时间，计财主管对员工训练作具体指导，同时，对照总行《规范化服务考核细则》查找问题，要求员工规范礼仪，使用文明用语，树立商业银行良好的社会形象。

（文　祯）

附：2016年九江银行瑞昌市支行领导名录

行　长：杨　柳

行长助理：计　诚

湓城支行行长：张　华

瑞昌市农村商业银行

【概　况】　2016年，瑞昌农村商业银行紧紧围绕稳中求进的工作总基调和固本强基、提质增效的工作总要求，转方式、调结构、补短板、防风险、强党建，改革发展取得积极成效。至年末，各项存款余额47.16亿元，较年初净增6.6亿元，增幅16.27%。各项贷款余额27.39亿元，较年初净增3.42亿元，增幅14.25%。存贷款市场份额占比分别达30.3%和24.56%，存贷款总量、存款增量继续位居全市金融机构首位。

【支持地方经济发展】　2016年，瑞昌农商银行始终坚持战略定力，坚持支农支小，坚持服务县域经济发展。重点投放500万元以下三农和小微企业贷款。至年末，涉农贷款余额24.46亿元，净增22608万元，增长9%；小微贷款余额23.24亿元，净增2.9亿元，增长14.3%；单户500万元以下贷款余额16.97亿元，净增2.86亿元，增幅20.26%；抵质押贷款占比67.5%。累放财政惠农信贷通贷款5566万元，财园信贷通贷款1.67亿元。“两通”贷款增量、市场份额均位列全市金融机构首位。

【大力践行社会责任】　2016年，瑞昌农商银行不忘初心，积极履行社会责任。心系精准扶贫户，多次对困难群众、敬老院进行走访慰问，为他们送物资、并帮贫困户出点子、定计划，全力以赴帮助贫困户脱贫。截至年末，累计发放帮扶慰问物资10万余元。

【持续提升服务能力】　为全面提升服务能力和质量，按照优质、高效、便捷要求，逐步进行网点优化，大力完善网点布局和综合服务能力。加大自助机具网点布放，至年末，自助机具网点覆盖率100%，并实现“村村通”全覆盖。

【加快金融产品创新】　2016年，瑞昌农商银行为提供全面、优质金融服务，不断加快金融产品创新。新出台个人二手住房按揭贷款、汽车按揭贷款、精准扶贫贷款等信贷产品，努力满足客户多样化的金融需求。至年末，共发放二手住房按揭贷款4458万元，汽车按揭贷款3707万元，向贫困和库区移民建档立卡贫困户发放贷款203万元；同时创新担保方式，与市中小企业融资担保有限公司开展合作，为中小企业融资提供更完善担保服务功能。

【加强系统党建工作】　2016年，按照从严治党要求，严格落实党委主体责任和纪委监督责任及班子成员“一岗双责”。同时，不断加强基层党建工作，全年完成辖内5个基层党支部活动室硬件建设和软件设施建设，落实班子成员挂点帮扶党支部制度，并逐步规范三会一课等党内政治生活制度。

【完成农商行产权制度改革】　2016年，瑞昌农商行在省联社及九江辖区党组的正确领导以及市委、市政府大力支持下，瑞昌农商行于5月30日获省银监局开业批复；6月23日正式挂牌开业，产权制度改革顺利完成。

（江　超）

附：2016年瑞昌市农村商业银行领导名录

党委书记、董事长：余梦华（任至12月）
　　　　　　　　　黄辉东（12月任）

党委委员、行长：曹晓琴

纪委书记、监事长：黄呈霞

党委委员、副行长：徐自力　邹利和

瑞昌九银村镇银行股份有限公司

【概 况】　2016年，瑞昌九银村镇银行股份有限公司坚持审慎经营，严控防范各类风险，强化内部营销能力，追求稳步健康发展，树立品牌形象，以“扎根瑞昌、普惠三农”市场定位服务瑞昌。截至年末，存款余额28691.59万元，其中定期储蓄17903.84万元，占总存款62.4%；各项贷款余额15329.14万元，涉农贷款余额10803.05万元，其中农户贷款8993.05万元，涉农贷款余额占各项贷款余额的70.47%，发放小微企业贷款11479.82万元，其中100万元以下小微企业贷款2663.96万元，小微企业贷款余额占各项贷款余额的74.89%。

【服务县域经济发展】　2016年，瑞昌九银村镇银行以服务“三农”为己任，坚持服务三农、服务中小企业、服务百姓创业经营方向，以高效、快捷、便利服务方式促进地区经济发展做出积极贡献。始终坚持“存款立行、贷款兴行”经营理念，使存款业务不断增加。开展存款竞赛活动掀起组织存款工作新高潮，形成千斤重担人人挑，人人肩上有指标的新局面。通过各种教育方式和多种存款业务壮大自己的信贷资金力量，在搞好传统业务的同时增加业务品种和创新服务功能去拓展新资源，寻求新的效益增长点，深受社会各界好评。

【强化营销能力】　2016年，瑞昌九银村镇银行处于新成立状态，强化营销能力至关重要，通过不断加强构建全员营销体系、营销理念教育，创建积极营销的文化氛围，使市场营销的观念成为全体员工的共识，并转化为每位员工的自觉行动。制定相关学习培训计划，着力提高全行员工业务素质及营销技能，每周安排一到两次业务培训及现场演示，便于更好地开展营销工作。

【加强安全管理】　2016年，为确保各项业务正常运行，及时发现和纠正业务经营中存在的问题，防范操作风险和事故的发生，促进各项业务依法合规经营。新增人力资源条线的考勤管理制度、出境管理办法等员工行为规定制度外，还制定了员工保证贷款管理办法、担保管理办法及实施细则、各类贷款产品管理办法等更为完善的管理制度，狠抓规章制度的落实，加强规范化管理，使各项工作有规可循，有章可依。定期开展案件风险排查，进一步提高员工的政治业务素质、遵纪守法、防范案件发生的自觉性，使业务经营合法合规，全年未发现违章、违规、违纪、违法现象。

【提升服务质量】　努力树企业品牌形象，提升金融服务质量。根据业务经营发展需要，每周定点定时由员工导师授课培训，学习内容涉及授信、财务基本知识、产品知识、规范化服务等多方面内容知识，不断加强构建全员营销体系和营销理念教育，让全体员工综合素质快速提高，使市场营销观念成为全体员工的共识，从而打造一支高素质、专业化的队伍更好应对市场经济挑战。加大宣传力度，树立品牌形象。全年以悬挂横幅、张贴标语、电视拜年、电台广告、公益活动等多种宣传形式，大力开展“扎根瑞昌、普惠三农”主题宣传，并多次利用节假日组织全行员工资助贫困生、慰问抗洪战士、首届瑞昌市相亲大会、捐款、擦栏杆等公益活动与客户保持密切联系，用实际行动和真诚感化客户，让客户全面了解业务经营状况和发展趋势。

【丰富职工业余生活】　2016年，瑞昌九银村镇银行多次组织员工开展羽毛球运动，举行“靓丽三八节，相约爬青山”、儿童节、七夕节、相亲会等活动，通过这些活动形式陶冶职工情操，还进一步增强了职工凝聚力，丰富职工的业余生活。

（邓园园）

附：2016年瑞昌九银村镇银行服务有限公司领导名录

董事长、行长：陈　思

首席独立授信审批官：张家宝

中国人保财险瑞昌支公司

【概 况】　中国人民财产保险股份有限公司瑞昌支公司是瑞昌市最大的一家从事专业财产保险的国有股份制公司，经营范围涵盖各种财产保险、机动车辆保险、人身意外保险、各种责任保险以及各种政策性农业保险等业务，保险业务量占全市52%。2016年承保各类保险业务保险单达5万余份，实现保费收入7050万元（含健康险），比上年增长19.6%。上缴地方税收291万元，代理车船税收缴280万元，被评为人保财险全市系统2015度经营管理先进单位，在省公司年终综合考评中名列前茅。

【财险重大项目承保】　全面推行非煤矿山雇主责任保险、客运车辆承运人责任保险、校园方责任保险、娱乐场所责任保险以及学生平安保险、江西铜业公司武山铜矿企业财产保险。加大支农力度，全面开展水稻、油菜、棉花、林木、能繁母猪、育肥猪等种养殖业保险，深受群众好评。

【财险重大案件理赔】　公司全年受理各种理赔案件共计5020件，支付赔款2932万元，其中支付养殖户能繁母猪保险赔款128万元，重大交通事故赔款980余万元，充分发挥了保险辅助社会管理功能，维护社会和谐稳定。

（叶发众）

附：2016年中国人保财险瑞昌支公司领导名录

经　理：叶发众

副经理：戚瑞敏　熊姜华

中国人寿保险股份有限公司瑞昌市支公司

【概 况】　2016年，中国人寿瑞昌支公司认真贯彻落实中国保监会关于开展保险机构《中华人民共和国反洗钱法》和《防范和处置非法集资》专项治理工作；积极响应市委、市政府的号召，切实做好“精准扶贫”工作，累计投入2万余元，努力做到自身工作和社会责任两不误；公司全年保费总收入10119.07万元，签订保单3572份，支付各类赔款517万元，上缴税收91.48万元。

【承保项目】　2016年国寿瑞昌支公司积极担当起企业社会责任，挂点帮扶高丰镇乐丰村30户困难户，共计95人，实现“一对一”的帮扶，实行专人负责制；全年国寿瑞昌支公司为大中型企业，提供近百亿元的人身意外风险保障，为高铁的建设保驾护航，凸显了商业保险补偿的功能。其中重大项目险种有建筑工程安全险，全年共承保保单48份，降低建筑工地风险；努力拓展国寿小额贷款意外险，化解规避银行风险；国寿学生系列保险，承保2.4万人次。营销首期新单保费1122.5万元，银行代理业务2448.11万元。

【重大案件赔付】　2016年国寿瑞昌支公司共办理学生系列保险及一年期人身意外保险赔案978件，赔付金额359.46万元，全年共向中、小学生支付死亡、伤残、医疗保险金91.54万元，有效地保障了学生们的身心健康。2016年在瑞昌和码头两工地，三位工人在建设中意外死亡，支付赔款138万元。

（田国平）

附：中国人寿保险股份有限公司瑞昌支公司领导名录

经　理：叶志民

副经理：黄志奇

安邦财产保险瑞昌支公司

【概 况】　安邦财产保险股份有限公司瑞昌支公司内设经理室、出单室、查勘室、财务室、业务室，固定资产已达30万元。理赔查勘包括市管辖各乡镇，秉承“求真、求实、求善”的司训，创造安邦保险特色理赔服务体系。2016年，保费收入580

万元，赔付率84.27%，在保费收入占比上车险占98.89%、非车险占1.11%。车险保费收入稳步增长，赔付率逐步下降，经营效益不断提高。

【大型承保项目】 2016年，公司承保意外伤害保险、理财险和财产保险等业务。其中，承保安驰汽车销售服务有限公司车辆130辆，保险金额1.32亿万元。

【重大案例赔付】 4月，被保险人王某某在瑞昌市赤乌路车发生交通事故，经查勘为两重伤案件，瑞昌营销服务部向该受伤者支付交通事故赔款45万元。12月，被保险人万某在瑞昌市普湖农场发生交通事故，经查勘为死亡案件，瑞昌营销服务部向余某支付交通事故赔款35万元。

（周一心）

附：2017年安邦财产保险瑞昌营销服务部领导名录

总经理：周一心

经济管理与监督

◇◇本栏编辑　邹圣敖

发展计划管理

【概 况】　2016年，市发改委紧紧围绕市委、市政府提出的“坚持实干创新、推进五大升级”战略目标，恪尽职守，锐意进取，狠抓落实，较好地完成各项工作任务，推动发展和改革工作不断取得新的成绩。

编制经济发展规划。市发改委认真履行工作职责，科学分解落实“十三五”规划任务，制定年度工作计划，确保完成全年目标任务。督促和指导行业、部门编制“十三五”专项规划，做好与“十三五”规划的衔接和融合；积极调度全市经济社会发展，针对经济运行中的突出矛盾和问题，及时提出有前瞻性、全局性和战略性的对策建议；开展专项规划编制工作，编制和完善《瑞昌市现代服务业中长期发展规划》《瑞昌市推进昌九一体化发展规划实施方案》等规划文本。

加快推进项目建设。实施投资拉动战略，加快推进全市亿元以上重大项目59个，项目总投资429.1亿元，完成投资164.8亿元；重点推进列入全省大中型项目16个，项目总投资315.3亿元，完成投资117.1亿元，有2个项目提前完工；调度下半年省市县联动新开工亿元以上项目4个，项目总投资13.63亿元，完成投资1.2亿元。

扎实做好项目审批。按照“放、管、服”工作要求，强力推进项目审批工作。从10月8日起，所有审批项目全部进入江西省投资项目在线审批平台。全年共办结各类项目审批事项171件，其中审批类事项125件、备案类事项46件，按时办结率100%，群众满意率100%；严格执行《瑞昌市政府投资项目管理办法（试行）》，进一步规范政府投资项目建设程序，继续开展领导干部违规插手干预工程项目问题专项治理活动，使专项治理活动形成常态化。

着力发展现代服务业。积极实施服务业项目三年行动计划，重点推进新兴服务业和公共服务业等领域项目，以项目建设促进服务业发展提速。2016年，成功将林安（九江）物流园申报为省服务业集聚区，将立信置业投资集团公司申报为省服务业龙头企业；为隐心谷休闲旅游山庄申报争取服务业专项资金20万元。

大力推进生态文明建设。认真抓好六大体系建设，积极落实十二大重点工程和150项工作任务，从加强生态农业建设、水生态保护、生态红线保护、生态环境保护和做大生态旅游等五个方面着手，加快瑞昌市生态文明先行示范区建设。积极上报拟列入九江市“十三五”循环经济发展规划重点项目4个，项目总投资3.14亿元；将森奥达科技有限公司旧电机永磁化再创造技术申报列入国家重点节能低碳技术推广目录；配合环保部门抓好落实环境保护备案相关工作。

积极推动清洁能源发展。坚持以电力、天然气等民生能源管理为主抓手，积极协调市供电公司、天然气公司抓好在建能源项目，大力推广新能源，切实惠及民生；牵头抓好南义第六号煤矿、横港岩下煤矿等五对矿井的关闭验收工作，全面完成化解煤炭行业过剩产能任务；积极为范镇台达、武蛟虹源、九江鼎华及居民个人等光伏项目，向省申报第二批度电补贴；抓好裕丰500千伏变电站、华中国际木业110千伏线路和天瑞丰收110千伏线路等项目的协调服务工作；协调服务江西天然气有限公司（CNG）加气站扩建液化天然气（LNG）项目。

【瑞昌经开区获批长江经济带国家级转型升级示范开发区】 2016年5月，国家发改委公布《关于建设长江经济带国家级转型升级示范开发区的通知》，将全国33个开发区确定为长江经济带转型升级示范开发区，瑞昌经济开发区被列其中，全省仅长埮工业园区、奉新工业园区和瑞昌市经济开发区列入。瑞昌经济开发区将在规划引导、改革试点、专项安排等方面获得更多国家层面的重点支持。

【瑞昌市4个项目被列入全省重点工程】 2016年，市发改委成功将华中国际木业、天瑞丰收、立信红木家具、青铜文化创意产业基地等4个项目申报列入江西省2016年第一批重点工程，帮助企业解决配套码头报批、用地指标、融资等问题。

（周学良）

附：2016年市发展和改革委员会副科级以上领导名录

主任：周　诚（任至6月）
党总支书记：李瑞源（任至6月）
党组书记、主任：陈　刚（6月任）
党组副书记、鄱湖办主任：朱必星（任至4月）
副主任：徐济朝　柯传松
鄱湖办主任：冯良震（4月任）
能源局局长：徐国兴（任至6月）
重点办主任：冯良震（任至4月）
工委主任：梁德忠
维稳信息督查员：谈荣军（任至6月）
鄱湖办副主任：袁　美　王　芳

国有资产管理

【概况】 2016年，市国资局围绕确保国有资产保值增值核心任务，代表市政府严格履行出资人职责，规范国有资产管理，加大建设项目投融资力度，盘活国有经营性资产，坚持实干创新，全面完成各项工作任务。获评省“文明单位”、九江市安全生产先进单位和瑞昌市部门包村先进单位、新农村建设先进帮扶单位、工会互助保障先进单位、安全生产先进单位。

依规处置国有资产。市国资局按照“处置必批、交易必进”和“公平、公正、公开”的原则，全年处置国有产权交易项目15次，其中公车处置6次，包括政府行政单位公务用车改革取消车辆和其他车辆共53辆，成交额共计159.39万元；废旧机器设备处置8次，成交额3.74万元；武九高铁瑞昌段弃渣（含生产线设备）处置1次共约114万立方米，成交总额1566万元。以上资产处置总额累计1729.13万元，处置收益全部上缴市财政国有资产收益专户。

抓好国有资产经营。市国资局盘活国有经营性资产，规范国有经营性资产市场租赁经营管理秩序，挖掘潜力，实现国有资产效益最大化。全市29家行政事业单位经营性店面共收缴租金295.5万元，比上年同比增长7%；全市安置小区店面收缴租金共计22万元；充分利用改制企业闲置厂房、空场地招纳企业入驻经营，收缴驻厂企业租金累计180余万元，安置就业1200人。切实履行国有资产出资人职责，维护国有股权利益，市国资局国有控股两家企业（民爆物品专营有限公司、爆破服务有限公司）共实现主营业务收入5235万元，净利润1453万元，累计上缴税金860万元。

推进项目融资。市国资局国有独资企业投资有限责任公司通过项目工程、设备租赁、项目商票等渠道和工具，达成融资意向16笔，其中完成融资计划10笔，至12月底，到位资金27.91亿元。通过中介机构成功发行公司债券11亿元，申请专项债务资金5000万元，极大地降低了融资成本，全年上缴各项税收近1亿元，有效缓解了市财政资金压力，推动了市重点项目建设。

完成市政府交办工作。根据省、九江市政府文件要求，市国资局与相关省属集团公司和省直所属企业签订社区移交协议，制订《武山铜矿剥离国有企业办社会职能工作方案》；3月，市国资局主持对矿山企业肇陈镇八门、黄金乡双饮山矿区5家矿山企业评估资产清单进行三方签字认可；7月，委托江西中富茗仁资产评估有限公司，对中材科技（九江）有限公司涉及征迁损失补偿进行评估，最终征地补偿金额由原来的2152.51万元下调为1644.8万元，为政府节约征地补偿资金507.71万元；11月，与武山铜矿就《江铜集团武山铜矿社区移交属地管理协议》签订协议。对矿山企业进行净采矿权整合和资产评估；11月，对犁头山矿区江联、矛迪和兴业3家老矿山企业整合收购补偿资产进行现场清查核实。完成兵马垄农贸市场工程、龙泉路农贸市场工程、黄金工业孵化园地平整及临时施工道路工程、金岭创业园土方平整项目、金星路临时道路工程、泰玺综合饮料项目2号道路土方外运工程、华中木业土方平整项目、市公交配套系统工程等8项政府市政工程建设和工业园区建设任务。

【引进东升鞋业落户原麻纺总厂】 3月，市国资局利用改制后优质资产招商引资，引进东升鞋业材料加工厂落户原麻纺总厂内，总投资8000万元，实现当年引进、当年投产。

【助力瑞翔再生纸业整体搬迁至码头工业城】 5月，市国资局积极扶助对口服务的外企瑞翔再生纸业有限公司，根据城市发展规划，退城进园由城区整体搬迁至码头工业城，公司新厂占地面积50亩，建筑面积15680平方米，总投资2亿元，其中固定资产投资约1.5亿元，该项目实现当年建设、当年投产、当年纳税，截至12月底，实现税收43.8万元。

（周宏霞）

附：2016年市国资局副科级以上领导名录

局　长：王忠林
书　记：刘凌云
副局长：艾施坚（任至3月）　高　健
　　　　徐干东（6月任）　柯振东（6月任）
　　　　杨运林（任至6月）
党组成员：汪洪林
维稳信息督查员：陈学东（任至6月）
国有资产经管中心主任：李腾刚
国有资产经管中心书记：杨晓军

国土资源管理

【概 况】 2016年，市国土局紧紧围绕瑞昌市委、市政府提出的“五大升级”发展总要求，始终按照上级国土部门的工作部署，认真履行“服务发展、保护资源、保障权益”的职责，各项工作取得明显成效。荣获九江市国土资源执法监察目标考核第一名、九江市农村建房违法用地专项整治工作先进单位、九江市国土资源系统目标管理考核先进单位、瑞昌市目标管理考评综合先进单位等荣誉称号。

保障发展需求。全年共组织用地报批材料十个批次，批复面积3795亩，基本满足全市重点工业项目、重大民生工程项目用地需求，报批土地在九江各县（市、区）排第一名。确保天瑞化工、理文造纸配套企业、亚泥皮带走廊、裕丰科技园、泰德清洁能源项目、红木二期、天启新材料及立肇路、站前一路、站前广场、北外环路、丰收大道等重大工业项目和重点民生工程用地得以顺利批复，保障重点项目能顺利开工。在土地市场持续低迷的情况下，坚持不断探索，创新举措，努力提高出让成功率。全年出让土地34宗，出让面积2230.498亩，出让价款95432.6万元。其中：经营性用地12宗，出让面积80.885亩，出让价款9926万元；工业用地12宗，出让面积1719.803亩，出让价款13768.6万元；融资用地10宗，出让面积 429.81 亩，出让价款 71738 万元。2016 年，全市计划收储土地 2093 亩，截至 12 月底，全市完成储备土地 27 宗，面积为 2156 亩，占本年度收储计划市本级收储面积 103%。

坚守耕地红线。利用“4·22”世界地球日和“6·25”全国土地日，大力宣传保护耕地目的和意义，宣传国情和基本国策，按照国土资源部、省厅统一部署，对全市基本农田的量、质、违法占用等情况进行全面普查，针对存在的问题及时进行纠正，完成全域永久基本农田划定工作，并已经省级评审通过。继续加大基本农田保护力度，认真落实基本农田落地块、明责任、设标志、建表册、入图库“五项任务”，设立标志牌 177 座：县级 1 座、乡级 20 座、村级 156 座；签订永久基本农田保护责任书 5220 份，各级保护责任书一式叁份，层层落实好保护责任，其中市与乡（镇、场）签订 63 份、乡（镇、场）与村签订 507 份、村与村组签订 4650 份。确保全市耕地保有量不少于 34 万亩、基本农田保护面积不少于 30.4 万亩的目标。12 月底，全市耕地实际保护面积为 35.36 万亩，基本农田保护面积 30.54 万亩。

严格土地执法。持续保持打击违法用地的高压态势，通过巡查，全年共立案查处国土资源违法案件 29 宗，查处违法占地面积 217.64 亩、其中耕地 41.68 亩、收缴罚款 55.9044 万元，拆除建筑物 6 宗、面积 3351 平方米。申请市人民法院强制执行案件 1 宗，向市公安局移送土地违法案件 1 宗。在 2015 年卫片执法检查中，瑞昌市违法用地 46 宗，面积 104.91 亩，其中耕地面积 65.99 亩，问责比例 8.75%。通过复耕、报批及消除违法用地状态等整改方式，现已整改 52.77 亩、其中耕地 34.19 亩、整改率达 50.3%，在九江排名前列。全面实现“零问责、零约谈”的“双零”目标。土地执法监察工作连续两年在九江市政府对各县（市、区）考核中获得第一名。

推进土地开发。为有效解决全市重大项目占补平衡，2016 年实施一批土地开发项目，全年共完成土地开发总规模 3124.9 亩，其中净增耕地 2834.1 亩，在九江市第一个提前超额完成上级下达的目标任务。九江市国土局党组对瑞昌市土地开发补充耕地的做法在九江市各县（市、区）进行书面通报表扬。

整合不动产登记。自 2016 年 1 月 4 日起，瑞昌市不动产登记工作正式实行“新开旧停”，实行统一领导、统一受理、统一流程。全年共受理不动产登记业务 5484 宗，其中发放不动产证书 2800 本，不动产证明 2634 份，受理查封登记 50 宗。及时有效地为广大群众解决办证问题，切实维护了不动产权益人的合法权益。同时，全市不动产数据收集和数据整合工作全面铺开，完成房产和林业部门电子档案的移交工作，纸质档案移交 30%。不动产考核在九江地区排第二名。

【国土资源部专家组到瑞昌检查低丘缓坡项目】10 月 21 日，由国土资源部信息中心纪检书记马成俊和耕地司调研员李仁带领的专家组到瑞昌码头工业城实地核查低丘缓坡项目。省国土厅总规划师梁春祥、规划处处长周国员、信息中心主任郭新平及市长江训开、副市长谈太君陪同检查。

【中组部和国土资源部组织学员到瑞昌参观土地整治项目】 6 月 23 日，由国土资源部人事司干部培训处处长牛滢带队的中组部和国土资源部组织的“规范实施不动产统一登记工作专题研究班”的学员到瑞昌参观考察赛湖农场土地整治项目。研究班一行先后考察参观了赛湖土地整治、现代农业示范园、输港蔬菜基地等项目。九江市国土局副局长杨建勋及市长郭小云、副市长周毅等陪同参观考察。

【省政府耕地保护检查组到瑞昌检查工作】 9 月 19 日，由省国土厅信息中心主任郭新平带领的国土厅、省农业厅、省统计局等单位组成的耕地保护检查组到瑞昌检查耕地保护工作。检查组一行通过听取情况汇报和深入到夏畈、高丰、范镇等乡镇实地检查基本农田保护、耕地开发及农民建房等情况，对瑞昌的耕地保护工作的给予高度肯定。副市长谈太君陪同检查。

【省国土资源厅领导到瑞昌检查工作】 5 月 12 日，省国土资源厅地环处处长言会带领检查组到瑞昌检查简政放权、改革创新情况，检查组通过实地调研相关企业和查看相关材料，对瑞昌市简政放权、改革创新工作给予充分肯定。副市长周毅陪同检查。

【九江市国土资源局领导到瑞昌调研工作】 7月2日，九江市国土资源局党组书记、局长淦作乾到瑞昌调研国土工作，市长郭小云、副市长周毅陪同调研。

【九江市用地报批和土地整治现场调度会在瑞昌召开】 8月17日，九江市用地报批和土地整治现场调度会在瑞昌市国土局召开，九江市国土资源局党组书记、局长淦作乾及全市各县（市、区）国土资源局负责人参加会议。与会人员首先到范镇实地观摩土地开发及“旱改水”项目，其后在市国土局召开专题会议，各县市汇报用地报批及土地整治工作的开展情况，瑞昌市国土局在会上作典型经验发言。市委书记郭小云、市长江训开到国土局看望与会人员。

【瑞昌发放第一批不动产权利证书】 1月4日，市政府在市行政服务中心举行全市第一批不动产权利证书颁发仪式，市长郭小云、副市长周毅参加仪式，并为相关产权人发放第一批证书。

（曹新华）

附：2016年市国土资源局副科级以上领导名录

党组书记、局长：何　涛

党组成员、副局长：周经平　邓吉安

党组成员、总规划师：李美祖

工委主任：王　林

储备中心主任：王　剑

执法大队大队长：龚国华

局长助理：曹小勇

执法大队教导员：范远平（8月任）

不动产登记中心主任：周凌云（8月任）

不动产登记中心党支部书记：罗国兴（8月任）

矿产资源管理

【概 况】 2016年，市地质矿产局认真贯彻落实市委、市政府工作部署，坚持以“三个珍惜”力促“三个作为”为总要求，加强矿产矿业管理，强化地质灾害防治，优化矿业环境，提升服务水平，创新实干，攻坚克难，较好的完成各项工作任务。被九江市委、市政府评为九江市国土资源执法监察目标考核先进单位（第一名）；获评九江市违法探矿采矿专项整治工作先进单位，以及九江市国土资源系统目标管理考核先进单位、优秀领导班子、先进党支部和党风廉政建设、地质灾害防治工作、规划编制工作、政务信息及政务公开工作、信访工作、安全生产工作、社会治安综合治理等先进单位；获评瑞昌市防汛抗洪先进单位。

强化地灾防治。全年投入地灾防治管理经费共计203万元，其中地灾治理经费121万元、应急管理经费37万元和给150个监测员发放每人1200元误工补贴；对地质灾害点实行24小时无缝对接值班，向社会公布带班领导、值班人员和值班电话号码；市地矿局与市气象局、武装部、电视台联合，采用短信、微信等手段建立系统性预警预报机制，全年，实时发布预警预报共328条；创建地灾防治微信平台，通过平台上报灾情 、发送通知、下达指令，并与全市21个乡（镇、场、街）的分管领导进行网上互动，有效地防治和及时处置突发性地质灾害。市地灾防治工作得到上级领导部门的充分肯定，2016年10月，被省国土资源厅列为江西省地质灾害综合防治体系建设试点县；12月1日，九江市“全市地灾防治工作现场会”在瑞昌召开。

规范矿业秩序。11月8日，成立由市常务副市长任组长，分管安监工作副市长、副市长兼公安局局长、人大常委会副主任、政协副主席任副组长的瑞昌市矿业整顿与发展领导小组，领导小组下设办公室，从相关乡镇、职能部门抽调7名工作人员，统筹协调全市矿产资源执法监察、矿业秩序整顿与发展和“两违”整治等工作。与市人民检察院签订《关于联合开展行政执法监督，共同维护矿产资源监督管理的若干意见》，强化行政权力制约和监督，在全省率先成立“市人民检察院驻地质矿产局检察室”。联合公安、安监、环保、工商、供电等部门对违法违规行为的矿企实行停电、停供火工品、停办工商登记和年审换证以及不定期开展专项整治行动等措施。市地矿局在保障专项经费20万元的前提下，2016年追加投入114万元资金用于添置矿山执法设备、装备和监管设施，其中，执法设备26万元，矿山铁丝围栏投入88万元。实行矿区安装铁丝网、手机动态监控等手段进行监管，进行动态巡查和实地核查，全年累计开展动态巡查156次，出动人员460人次；发现违法行为28起，其中无证开采7起，越界开采24起，均已现场制止并责令停止违法行为，共收缴罚没款2712.69万元，制止率达100%。2015年度，国土资源部下发瑞昌市重点矿区疑似违法图斑6宗，疑似无证开采2宗、越界开采4宗，经实地核查，判定存在违法行为5宗，均已结案，收缴罚没款88.78万元。2016年，市矿产卫片违法图斑同比下降60%，受到省地质矿产厅、九江市地质矿产局和市“两违”专项整治工作领导小组的肯定，荣获九江市集中开展违法探矿采矿专项整治工作第一名。瑞昌市创建的“圈定矿区范围，联合公安监管、实行炸药管控”的监管模式和做法，得到省国土资源厅的通报表扬，并在全省国土资源系统进行推广。

深化矿权管理。市地矿局采取多项措施加强全市矿产资源开发利用和保护，规范矿政管理。启动《瑞昌市第三轮矿产资源总体规划》《瑞昌市露天采石场设置专项规划》编制工作，将采石场划为禁采区、集中开采区和允许开采区进行整治，确保全市矿山设置规范有序。全年共收缴采矿权价款1358.64万元（其中资金占用费38.02万元、滞纳金56万元），采矿权使用费2.9万元；采用动态监测确定开采量进行资源补偿费征收，全年共征收矿产资源补偿费2042.9466万元，入库率100%，占九江地区资源补偿费总额的64%以上，做到足额征收、足额入库。通过减免探矿权使用费、资源补偿费、采矿登记费、采矿权价款、资金占用费滞纳金和返还矿山环境恢复治理保证金等方式，直接为矿山企业降低成本达1869.2161万元，得到矿山企业的普遍好评，江西卫视对此项工作作了专题报道。

加强党风廉政建设。2016年，市地矿局严格落实主体责任，坚定不移抓好党风廉政建设，不断提升干部队伍思想政治素质。成立专项工作领导小组，制定印发“两学一做”学习教育和“赌博、微腐败、红包、违插”专项治理等工作方案，签订禁赌、禁酒、禁红包、禁出入会所等承诺书40余份。邀请党校专家授党课5场和观看廉政反腐专题片30余部等相关活动。创建“两学一做”学习交流微信群，每周召开支部学习会，并撰写学习心得，切实增强干部职工的政治敏锐性和高度的责任感。全年组织召开传达学习和工作部署专题会议20余次，认真学习贯彻落实上级有关会议精神和专项工作部署，重点检查各科室、局属单位在为企业办事、项目审批和行政执法中存在的侵害群众利益不正之风和腐败问题，有效地防范和减少侵害群众利益等问题的发生，全年未出现任何违纪违法行为。

【出色完成赛湖大堤防洪抢险任务】 7月初，赛湖大堤持续超警戒水位，情况十分危急。7月12日凌晨12点，市防汛指挥部召开紧急调度会，要求必须在短时间内运送5万余立方米石料，用于垒筑加固堤坝。市地矿局临危受命，从12日凌晨1时组织全局干部职工、22个矿山的法人代表召开紧急会议，部署安排全力搞好土石料抢运工作。通过实行微信实时工作调度和“半小时一计、一小时一调度、两小时一通报”的工作机制，在短短的23个小时内迅速调集1099余台车辆，两天完成运送石料共计3133车次、近7万立方米石料的运输任务，为夺取赛湖大堤防洪抢险胜利做出了积极贡献。2016年7月16日国土资源报头版头条刊发了“为了赛湖大堤安然无恙——江西瑞昌市地矿局临危受命紧急调运10万吨防汛石料纪实”的大篇幅专题新闻报道。

【省国土资源厅领导到瑞昌调研督导通江岭铜多金属矿普查项目】 12月13日，由省国土资源厅副厅长侯克常、省地质矿产勘查开发局副局长余忠珍、省国土资源厅地质勘查处处长龚健、省地质勘查基金管理中心主任王先广、省地质矿产勘查开发局地质矿产处唐维新组成的督导组，到瑞昌通江岭铜多金属矿矿区调研督导通江岭铜多金属矿普查项目。九江市国土资源局党组书记、局长淦作乾，瑞昌市委副书记、市长江训开，副市长邹剑波陪同。

【省安委会督察组到瑞昌督查安全生产工作】 1月12日，省安监局党组成员、副局长张贤义率省安委会督查组，到市地质矿产局督查安全生产工作。九江市政府办公厅正处级督查专员宋志龙，九江市安监局党组书记、局长曾宪奎，瑞昌市副市长程世贵等陪同督查。

【瑞昌启用矿产资源手机“执法通”】 1月，市矿产局启用矿产资源手机“执法通”，该执法系统将“3s”技术运用到“全程执法”和“移动执法”中，具有传递快、查图快、分析快、核查准、分析准、判断准等特点，改变了过去违法发现难、调查取证长、执法被动的局面。

【瑞昌被列入江西省地质灾害综合防治体系建设试点县（市）】 11月，在省国土资源厅组织的江西省重点县地质灾害综合防治体系建设竞争性遴选中，由全省各设区市推荐的一批县（市、区）参与此次竞争性遴选，瑞昌市成功列入江西省10个“地质灾害综合防治体系建设”试点县（市）之一。

【九江市地质灾害防治工作现场会在瑞昌召开】 12月1日，“2016年度九江市地质灾害防治工作现场会”在瑞昌召开。瑞昌市政府副市长、市公安局局长邹剑波，九江市国土资源局党组成员、副局长杨祖胜，九江市地灾应急中心主任盛翔，九江市地灾应急中心书记肖晔出席开班仪式，九江地区各县（区）国土资源局有关领导和工作人员参加了会议。

（高佳伟）

附：2016年市地质矿产局副科级以上领导名录

党组书记、局长：徐　辉

党组副书记：饶望生

执法大队大队长：付国华

副局长：丰贵友　喻小武

工委主任：余梦平

执法大队教导员：罗贤栋

应急中心主任：温瑞斌（12月任）

市场和质量监督管理

【概 况】 2016年，瑞昌市市场和质量监督管理局牢牢把握“五大发展理念”，围绕市委、市政府工作部署和安排，坚持实干创新，以服务地方经济发展为主线，严守食品、药品、特种设备三大安全底线，全面理顺职责关系，建立规范有序、覆盖全域的市场监管体系，全面完成各项工作任务。荣获九江市工商和市场监管工作综合考核第一名、九江市质量兴市工作第一名、九江市食品药品安全综合考核第一名。被九江市工商局评为2016年度商事制度改革工作、“守合同重信用”企业公示工作、网络交易监管工作、执法办案工作先进单位。

发挥优势，服务经济社会发展。深化改革推动大众创业。进一步推行“先照后证”，全面落实“五证合一”，简化住所（经营场所）登记手续，降低市场准入门槛。全市新设立型企业1480家，同比增长36.28%；新登记个体户2557家，同比增长24.3%；家庭农场新开业178户，同比增长72.81%，实现“推进大众创业万众创新”的目标要求，释放了改革红利。开展简易注销改革，注销171家企业、4589户个体工商户。悉心帮扶助推企业发展。多次对新洋丰、理文、华亨等重点项目专项调研帮扶，指导林安物流举办首届美食节，帮助吉恩重工和海底电缆企业办理2张“全国工业品生产许可证”。办理股权出质登记9件，办理动产抵押13件，融资贷款5400余万元。大力开展“守重”企业培育，获评省级守重企业3户、九江级8户、瑞昌级15户。指导瑞昌市长江四大家鱼原种场获江西省地方标准，并申报国家农业标准化示范区。指导溢香农产品有限公司、江西理文卫生用纸制造有限公司、林安（九江）商贸物流发展有限公司成功申报为九江市物流标准化试点项目。开展品牌创建、标准引领、质量提升，切实推进质量兴市工作。指导江西亚东水泥有限公司获九江市“第三届市长质量奖”，指导汇尔油泵油嘴有限公司、绿源山药产业开发中心获“江西名牌产品企业”，指导得一康、博达阳光板有限公司获江西省著名商标。认真做好招商引资工作。成立招商小分队，主要领导带头、班子成员带队，12次前往外地对接企业、洽谈项目，搜集招商信息15条。投资5.5亿元的亚克力循环利用项目已经签约，即将启动建设。

聚焦热点，守护民生安全。守护群众舌尖上的安全。开展校园周边严管区食品安全提升改造，开创政府奖补方式，121家经省市专家组评审验收合格，其中100户达到奖励评级标准，政府累计奖补36.1万元，带动小餐饮经营户投资1200余万元改造升级，劝导19家不合格的停业转行。圆满完成2016年高考中考、瑞昌两会等重大活动食品安全保障15起。开展重点品种、重点区域食品安全专项检查12次。全年完成各类抽检593批次；食用农产品日常抽样快检2356批次，合格率为99.95%；检测769家餐饮单位21935批次餐饮具，合格率86%。立案查处食品案件183起，向公安移交涉嫌刑事案件1起。守护百姓生命健康安全。依托基层分局，强化村级医疗机构监管，对药械产供用单位监管覆盖率100%，药品监管网络进一步完善。开展疫苗、含麻黄碱类复方制剂等专项整治11次。上报药品不良反应113例，医疗器械不良事件27例；完成药品抽验41批次，送检药品41个批次，查处一般程序案件13起，简易程序案件75起。检查保健食品化妆品单位94家，对11家经营单位违法行为进行立案查处。守护人民生产生活安全。开展大型游乐设施、简易升降机等9次专项整治行动，检查使用单位127家，检查特种设备1367台件，查出安全隐患65起，下达安全监察指令书28份，立案调查19起，隐患整改率98%以上，完成家用气瓶送检1.43万只。守护消费环境放心安全。整合“12315” “12365” “12331”，三号合一至“12315”统一受理投诉举报，极大地方便消费者。全年共受理投诉、举报307件，成功调解消费者纠纷307件，调解成功率100%，挽回消费者经济损失39.4万元。开展化肥、农药、成品油抽查75批次，7批次不合格。查处无照经营成品油案21起，取缔改装加油车3辆，没收非法加油器、罐7个，罚没款收入60余万元。推进“计量惠民”，免费检定计量器具3930台（件），免除计量检定费15.405万元。

明晰重心，推进科学监管。推进信用监管。引导市场主体主动公示年报信息，完成2015年度企业年报3493户，立案吊销626户，年报率达到95.28%，同比高出22.28%；个体工商户年报10117户，年报率达到99.4%，同比增加37.24%；农民专业合作社年报434户，年报率100%。加强事中事后监管，归集公示企业信用信息2451条，涉及行政审批、行政处罚、荣誉信息等20类数据，涵盖12家部门、单位。全面推行“双随机、一公开”监管，开展6次“双随机”抽查工作并公示，共抽查市场主体712户。加大重点领域执法力度。开展金融类中介服务企业定向抽查、擅自变更登记事项专项检查和涉案公司广告资讯信息排查，加强与金融办、公安分局和街道的协调配合，2016年发现涉及传销线索5起，立案3起，移交公安机关立案调查2起，其中“好老婆”一案现已批捕9人刑拘13人，涉全国20余省市，35万余人，涉案金额7.7亿余元，冻结2.8亿元。累计立案查处不正当竞争、商标、广告、无照经营、假冒伪劣类100余起。着眼大局落实重点工作。采取疏导教育和严厉取缔相结合的方式，整治引导城区露天烧烤占道经营29户。与全市餐馆、酒店、宾馆、车行等行业签订烟花爆竹禁燃禁放承诺书400余份，发放宣传资料4000余份。

凝心聚力，不断锤炼队伍意志。开展中层干部竞争上岗，副科级负责人交流轮岗率达93.75%，机关科室负责人轮岗交流率达85%。开展一般工作人员双向选择，将点兵兵选将，优化人员组合。加强培训提升队伍综合素质。制定培训计划和课程，开展每月一法测试和全省网络培训，组织40余次培训班，累计培训人员1500余人次。多次组织领导干部前往上级部门及兄弟县局培训交流，增长才干，开阔眼界，提升能力素质。加强法制建设，坚持依法行政。合理划分事权，梳理责任清单，强化内部管理，明晰奖惩措施，出台《机关内设机构与基层分局职责划分的实施意见》《行政处罚程序暂行规则》《行政处罚案件审理办法》等行政执法内部规则，使全局行政执法统一有序，有章可循，有规可依。加强基层设施建设。筹措200余万元，购置50个执法公文包、22台执法记录仪、22台打印机、40台电脑、13台留样冰箱、2台快检设备。建设机关、大队、高丰食堂，高标准改造赛湖、城区、桂林和武山四个分局，统一规范标牌标志，改善办公办事环境，拴牢干事创业人心，提升全局整体形象。加强党风廉政建设。始终把纪律和规矩挺在前面，严格落实党风廉政建设责任制，层层签订责任书，落实责任主体。组织党员干部学习《条例》《准则》《中国共产党章程》并进行考试。深入开展参赌、“红包”“违插”“微腐败”等专项治理，加强督查和风险排查，进一步增强干部纪律意识，保持全局风清气正、团结奋进的良好局面。

【省工商局领导到瑞昌调研指导工作】 5月25日，省工商局副局长沈庆中到瑞昌调研指导工作，九江市政府副市长程世贵、工商局纪检组长邹常斌全程陪同。沈庆中先后到江西新洋丰肥业有限公司、江西理文造纸有限公司、江西江州联合造船有限公司等企业，深入生产车间、码头了解企业生产经营情况，指导企业创建品牌，提升综合竞争力，助力瑞昌经济社会发展。

【省工商局督导组到瑞昌督查基础教育装备产品质量】 5月30日，省工商局消保局副局长杨国霖一行到瑞昌督查基础教育装备产品质量专项整治工作。市教育体育局、市监局相关责任人陪同。此次督查以塑胶跑道、校服、文具为重点，全面检查与学生身体健康密切相关的基础教育装备产品质量。督查组先后检查了瑞昌市育兴服装厂、二中、四中及校园周边的几家文具类商品经营户，实地查看学生校服、文具是否符合安全通用要求标准。督查组对瑞昌市基础教育装备产品质量专项整治工作给予充分肯定，并提出针对性意见。

【举办食品安全监管业务培训班】 5月4日，市场监管局举办第一期食品安全法律法规培训班，基层分局共40余人参加培训。培训班上，授课人围绕着《中华人民共和国食品安全法》修订的原则、修订的理念以及通过修订所要达到的目标，深入浅出地解读食品安全监管现状、食品安全监管体制和食品安全标准等日常执法中所需要掌握的内容，参训人员认真做笔记，现场气氛活跃、融洽，提升了参训人员业务水平。

【全面完成药品零售企业食品经营许可“两证合一”工作】 2016年，市场监管局对全市药品零售企业的食品经营许可实行“两证合一”管理。自3月1日开始，全面启用《中华人民共和国食品经营许可证》，增加保健食品、婴幼儿配方乳粉、其他婴幼儿配方食品等特殊食品销售范围。该项工作为期3个月，至6月底已全部完成《中华人民共和国食品经营许可证》换发。

【开展“平安除夕夜放心年夜饭”餐饮专项检查】 1月15日，市监局组织检查小组由分管领导带队，在全市餐饮服务行业开展“平安除夕夜放心年夜饭”食品安全专项整治行动。这次行动到2月底结束，用一个多月时间对市区所有餐饮单位操作间、库房和每个操作环节进行整治，实行“年夜饭”登记备案制，要求承办“年夜饭”及10桌以上宴席的餐饮单位进行登记备案，并签订食品安全承诺书。对查出的违法违规单位严格依法依规从重处理，并公开曝光。共出动执法人员156人次，检查餐饮单位45家，立案7起，下达责令整改通知书27份。

【开展油菜籽收购加工单位衡器检测工作】 6月，市监局组织计量检定人员对全市油菜籽收购加工单位计量器具进行全面检定、测试及维修。共检查油菜籽榨油加工厂和个体油菜籽收购点36家、检测各类衡器38台（件），其中台秤33台，电子秤5台（件），菜籽收购计量器具受检率达98%以上，所检计量器具合格率为100%。通过检测维修，有效保证了计量器具量值的准确可靠，更好地维护了广大售菜籽农民的合法权益。

【加强食用农产品抽样检测】 2016年，市监局重点加大食用农产品抽样检测任务量，大幅增加抽检数量和频次，重点是农贸市场、商场超市等经营单位销售的蔬菜、水果、畜禽肉、水产品等公众消费量大的食用农产品品种，加强对叶菜蔬菜抽检和禁限用农兽药检验。每个工作日快检数不少于10批次，每月抽样送检数不小于20批（国抽），全年检测达2400批次以上，有力保障市民食品安全。

【开展食品安全大检查】 2016年，市监局针对盛夏高温下食品易变质及食用超保质期易引发食物中毒事故的特点，扎实开展食品安全大检查活动，以辖区内的超市、食品批发户、食杂店、餐饮单位以及校园周边地区各类食品生产经营单位等为重点区域，开展拉网式检查；以粮油、饮料、啤酒、乳制品、冷冻食品、肉制品、熟食、小食品、散装食品等夏季消费量大的食品为重点品种，对不规范的生产经营行为当场下达限期整改通知书，及时消除食品安全隐患，防止食品安全事故的发生。共出动执法车辆60台次、执法人员360人次，检查各类食品生产经营户660户，规范整改60户，取缔无证无照经营2户，查扣过期食品300余公斤，立案查处4起。

【开展冬虫夏草及制品专项整治】 4月1—3日，市场监管局在全市范围内组织开展冬虫夏草及其制品的专项整治活动，市局所属10个分局和相关科室同时行动，出动执法人员160人次，共检查食品药品经营使用单位247家。其中药品经营企业86家，保健食品店6家，食品经营超市（批发部）、商店155家，覆盖全市所有保健食品、预包装食品经营店。查获冒充冬虫夏草或以冬虫夏草的名义进行虚假广告宣传、欺骗和误导消费者的保健食品、食品多个品种，进一步清理、规范了虫草市场。

【扎实开展包村帮扶工作】 2016年，市场监管局选派干部到横立山乡红旗村开展精准扶贫工作，共摸查贫困户49户119人，与九江龙开河集团洽谈签约实施产业扶贫，年底已全部脱贫。在帮扶贫困户同时，选派班子成员担任包村点第一书记，投入资金4万余元支持村组建设。

（徐木火　王笔卿）

附：2016年市市场和质量监督管理局副科级以上领导名录

局　　长：鄢俊彬

党组书记：陈卫国（任至4月）

　　　　　鄢俊彬（4月任）

副 局 长：凌兴铝　邓　彬　黄　俊　幸建臻

　　　　　李腾勇

纪检组长：周　涛

党组成员：柯于胜　詹小兵

工委主任：赵晓雪

维稳信息督查员：邱永伟

物价管理

【概 况】 2016年，市物价局以中共十八大精神为指导，以开展“两学一做”和集中整治干部作风活动为契机，紧紧围绕“稳价格、促增长、惠民生、保和谐”工作主线，深化价格改革，加强价格监管，优化价格服务，真抓实干，积极工作，全面完成价格管理各项工作任务。实现全年将居民消费价格总水平涨幅控制在2.5%内的目标。

加强市场价格监管。2016年，市物价局向江西省价格鉴证监测管理局、九江市物价局及瑞昌市委、市政府报送粮食、日用品、农业生产资料等价格监测表180份，报送市场价格监测形势分析报告45篇；向九江阳光价格网报送居民生活必需品价格监测周报表104份，为宏观决策提供客观依据。开展市场价格巡查，实施粮油、蔬菜、食用油、肉禽蛋奶等基本生活必需品和气价、票价的价格监管。查处节日促销活动中利用虚假标价、模糊标价、虚构原价、虚假折扣等价格欺诈行为，保证市场价格基本稳定。

规范价格收费管理。按照省发改委和九江市局的统一部署，放开食盐销售价格、非公立医疗机构医疗服务收费、民办教育机构收费、部分中介和事业服务收费。市物价局适时上报调整洪一、南义、横港等小水电价格；推进天然气价格改革，实现天然气的存量气和增量气价格并轨，建立居民生活用气阶梯价格制度，合理制定价格。与财政部门联合，把暂免小微企业管理类、登记类、证照类行政事业性收费改为长期措施；清理取消一批涉企行政事业性收费，据统计，共核销或降低45项收费项目，减负300多万元。规范和明确2016年春秋季中小学服务性收费和代收费项目及标准，切实减轻学生和学生家长的经济负担。

开展价格监督检查。开展节日市场巡查。元旦、春节等重要节假日，对市区各大超市、商场、集贸市场、液化气站、汽车站等进行重点巡查，确保与人民群众密切相关的粮油、肉蛋奶、蔬菜、交通运输、液化气等价格基本平稳。开展春运客运市场价格检查。会同交通运管部门开展联合执法，严肃查处价格违法行为，维护春运客票价格的基本稳定，据统计，春运期间共检查车辆140余台次，当场责令清退多收票价500多元。开展医药教育价费检查。查处部分医院超标收费、重复收取一次性材料费等价格违法行为；重点对非义务教育收费进行检查，对扩大范围收取择校生学费等行为进行严肃处理。开展涉企收费检查。对部分单位继续收取已取消收费项目和自立项目自定标准的乱收费行为进行查处，进一步规范涉企收费行为，优化经济发展环境。全年共查处价格违法案件45件，实施经济制裁70余万元。

【认真做好“12358”电话举报工作】 2016年，市物价局认真受理“12358”电话举报工作，热情解答群众咨询，落实专人值守，组织专人查处，做到第一时间上报，第一时间处理，第一时间回复。全年共受理价格举报和咨询71件，其中举报13件，咨询58件；回复率100%，办结率为100%，满意度100%。

【开展价格宣传活动】 3月15日，市物价局主动参与市委宣传部、市监局、市消协组织“3·15”消费者权益保护日宣传咨询服务活动，积极开展“3·15”价格法律法规和政策宣传，认真受理群众咨询、举报，活动期间发放价格宣传资料300多份，现场解答市民价格政策咨询30起，有效维护消费者的合法权益。为扩大价格政策宣传力度，还编印了《价格便民服务手册》3000本，利用到基层工作机会免费发送给居民及消费者，受到群众一致好评。

【实行价格成本认证】 2016年，瑞昌市价格认证中心认真履行价格认证工作职能，不断提升服务司法、服务政府、服务社会、服务系统的能力，全年共完成刑事案件涉案财物价格认证70起，为维护司法公正、化解价格矛盾，服务价格工作发挥了积极作用。

【省成本局、九江市物价局领导到瑞昌乡村走访农调户】 1月8日，省成本局局长范强、九江市物价局副局长戴勇一行，到瑞昌走访农调户。市物价局局长田立林陪同到武蛟乡集兴村等地走访，并配送电脑到农调户。瑞昌已为3个农产品成本调查点各配备一台电脑，为开展全市农产品成本调查工作打下良好基础。

（丰杨卫）

附：2016年市物价局副科级以上领导名录

局　长：田立林（任至6月）　曹茂槐（7月任）
副局长：胡小虎　刘　斌　沈贤山
价检局局长：沈贤山（任至6月）
副科级维稳员：冯家刚
价检局局长：谈秀英（7月任）

统 计 管 理

【概 况】 2016年，市统计局紧紧围绕“反映科学发展、服务科学发展、推动科学发展”这一中心，充分发挥统计职能作用，奋力推进改革创新，全力打造现代化统计体系，为市委、市政府宏观决策提供及时、准确的分析与建议，圆满完成各项统计工作任务，为全市经济持续平稳发展和“十三五”良好开局做出积极贡献。在九江市统计局年度统计工作考评中，市统计局综合统计工作评比总分居各县（市、区）第一，获特等奖；专业单项考评中，21个专业有8个专业获得第一，2个专业获得第二，2个专业获得第三，获得前三名的专业总数居九江市第一名；一篇专题获得九江市统计局优秀统计分析评比二等奖。获评全省统计规范化建设示范单位、2016年度全省统计工作先进集体荣誉称号。

主动作为，充分发挥统计智库作用。市统计局服务全市经济发展，坚持做到“五个分析”，及时为市委、市政府科学决策提供有价值的统计分析资料，充分发挥统计智库作用。信息上报更强化。全年共编发统计分析60篇、《统计简报》15期，提供统计政务信息200余条，被九江市统计内网采用180余条，省统计内网采用120余条，中国信息报采用1条，多篇统计分析得到市领导的高度重视；从3月起，每月编写全市经济运行情况分析，分析问题，提出建议，为市委、市政府科学决策提供重要参考。热点分析更前瞻。各科室在常规分析的基础上，拓展热点服务，形成一批有分量的专业分析。9月，市第七次党代会结束后，围绕党代会确定的任务和目标，深入开展专题调研，撰写了《2015年瑞昌市主要经济指标全省排位分析》和《关于瑞昌市经济发展争先创优的几点思考》两篇精品文章，得到市主要领导的高度肯定。

抓住关键，全力服务“四上”申规入统工作。市统计局积极协助市工信委、发改委、商管办等部门单位，加大“四上企业”申规入统力度，主动服务，认真指导，做到“应统尽统”。对每一家申报企业，联合相关部门上门实地查看，确保入库企业达到规模，真实可靠。坚持申报初审、预审制度，严格执行上级统计部门准入标准和要求，有效提高申报成功率。至12月底，全市“四上”工业企业124家、批发零售业企业23家、住宿餐饮业企业4家、重点服务业企业28家、房地产企业25家、建筑业企业11家，5000万元以上投资项目52个。

夯实基础，努力保障“三农普”工作有序开展。按照《第三次全国农业普查方案》统一规定，瑞昌市第三次全国农业普查工作将于2017年1月1日在全市981个普查小区全面展开。市统计局认真做好前期准备和基础工作，广泛发动干部群众参与这次重大的国情国力调查，在报纸、网络、微信等不同的平台大力宣传，以及悬挂宣传条幅120余条，张贴农普画册1万多幅，印制农业普查茶杯1万余个，在电视滚动播出宣传片累计100余小时，取得良好的宣传效果。为全面做好PDA正式录入工作，确保数据质量，组织21个乡镇场179个普查区普查员上门入户试填登记，效果良好。

强化队伍，实现统计工作规范化。2016年，市统计局以统计工作规范化建设为抓手，全面加强组织领导，完善机关管理、学习、调研、廉政等各项制度，落实工作举措，强化人员责任，不断加强干部队伍自身建设，推进统计工作规范化，全市统计工作整体水平、统计工作作风和统计服务能力均有较大提升，形成勤政务实、争先创优、开拓创新的良好风气，有效促进了各项工作的顺利开展，取得显著工作成绩，荣获全省统计规范化建设示范单位。

【举办第三次农业普查培训班】 1月，市物价局举办全市第三次农业普查培训班，用两天的时间分两批对全市乡镇分管领导、部门单位分管领导、普查指导员及部分普查员共250余人进行业务培训。

（杨升玉）

附：2016年市统计局副科级以上领导名录

局　长：温景雄

副局长：黄　涛　柯文元　徐新丰

经济调查中心主任：雷巧云

经济调查中心书记：王新霞

审计监督

【概况】 2016年，市审计局以科学发展观为统领，紧紧围绕经济建设中心，深入贯彻“依法审计，服务大局、围绕中心、突出重点、求真务实”方针，集中力量，突出重点领域、重点部门和重点资金的审计监督，加大对违法违纪问题的查处力度，在维护财经秩序，促进廉政建设，保障经济健康发展等方面发挥积极作用，成效明显。全年共完成审计项目365个，查出违纪违规金额631万元，管理不规范金额24.9亿元，上缴市财政679.9万元。完成预算执行审计项目2个，乡级财政决算审计项目4个，部门预算执行审计项目2个，领导干部经济责任审计项目41个，专项资金审计项目1个，政府临时交办的审计项目28个，基建竣工决算审计项目287个；向上级审计机关和当地党政提交各类报告、信息稿件、科研论论92篇，提出改进建议和意见65条。

预算执行审计获新进展。市审计局抓紧财政预算执行审计，按照工作方案要求，对市财政局、地方税务局、地方金库进行审计。从审计情况看，市财政部门在市人大的依法监督和市政府的领导下，坚持适度从紧的财政支出政策，强化预算约束，严格控制支出，提倡勤俭节约，集中财力办大事，进一步增强市财政服务和保障能力。教育、社会保障和就业、医疗卫生、住房保障、农林水事务等支出均有较大幅度的增长，财政公共服务的作用得到进一步的体现。但是在审计中也发现存在虚列收支等问题。全年预算执行审计共查出管理不规范金额17.2亿元。

固定资产投资审计创新业绩。市审计局紧紧围绕工程招投标、合同签订、工程造价的真实性以及财务管理、资金使用情况，加大对政府投资项目的跟踪审计和竣工决算审计力度，有效控制工程建设中的高估冒算、偷工减料、损失浪费等现象。2016年，主要对大唐新区大唐家园安置房、花海家园二标工程、新长河大道工程等项目进行了审计，成效较为明显。全年共完成审计项目287个，送审金额17.3亿元，审定金额15.9亿元，核减1.43亿元，核减率8.25%，上缴市财政610.8万元。

经济责任审计获新实效。为搞好全市换届工作，市委、市政府根据《党政主要领导干部和国有企业领导人员经济责任审计规定》及换届工作的具体要求，在5月上旬，从市审计局、市财政局等单位抽调21名同志，组成7个联合审计组，对全市21个乡、镇、场、办事处主要领导干部进行任期经济责任审计。审计结果为组织部门对拟提拔任用干部进行分析、考察提供重要依据。全年全局共完成41个单位的主要领导经济责任审计，查出管理不规范金额3.27亿元，收缴违纪款29万元。

专项资金审计上新台阶。市审计局主要对全市2013年至2015年社会抚养费管理使用情况进行就地审计，并延伸审计20个乡镇场计生办，重大问题追溯到以前年度或延伸审计相关单位，调查覆盖面达到100%。该专项资金审计共查出违规资金670.6万元，收缴违纪款17.1万元。本次审计重点关注社会抚养费征收管理、征收标准执行、收费流程、审批程序、票据管理和资金使用等情况。通过审计，全面摸清了全市三年来社会抚养费征收规模和管理的总体情况；揭露出有关部门和单位在社会抚养费征收、管理中存在的问题；提出切实可行的改进意见和建议；推动有关部门加大对社会抚养费的征管力度；推进社会抚养费征收到位、使用规范；发挥审计的“免疫系统”功能。这次社会抚养费管理使用情况专项审计获九江市审计局优秀项目奖，也得到市政府领导的充分肯定。

乡级财政决算审计拓新领域。主要开展码头镇等4个乡镇的财政决算审计，审计发现虚增预算收入、虚列预算支出、向非预算单位或非下属单位拨款、差旅费管理不规范、公务接待费管理不规范等问题，财务管理不规范、“村财乡代管”监管不到位等也成为各级乡镇财务管理方面的主要症结。共查出管理不规范金额2.36亿元，收缴违纪款13万元。

政府临时交办审计项目获新成绩。2016年是换届工作年，市政府临时交办审计任务较多，主要有市治超办2013年12月至2016年5月10日的财务收支情况、码头工业城长江公用港口码头项目征地拆迁专项资金管理及使用情况等审计项目。通过对市治超办的全面审计，理顺并明确债权债务关系，顺利完成市治超办的移交工作。在长江公用港口码头项目在专项资金审计中，发现预拨征地拆迁项目经费超出该项目竣工决算总造价335.39万元、会计核算、项目管理不够规范、公用码头征地拆迁专项资金外借未及时清收等问题。全年全局共完成28个政府临时交办审计项目，查出管理不规范金额2.18亿元，收缴违纪款11万元。

“两学一做”活动现新成果。学习教育抓平时。市审计局党组坚持把学习教育作为第一抓手，用政治理论武装头脑，让纪律规矩深入灵魂。年初制定的年度学习计划中，对研学理论作出统筹安排，系统组织学习《中国共产党章程》《中国共产党廉洁自律准则》《习近平总书记系列重要讲话读本（2016年版）》等重要文件，深刻领会其重要内涵，让干部在丰富政策理论中增强理论自信和思想自觉。落实责任抓主体。坚持把管党治党作为第一责任，建立层层传导的责任体系。局党组始终把党建工作摆在核心的位置，坚决贯彻落实上级党委的决策决议，扎实推进机关党建工作。防控风险抓关键。坚持把住关键环节作为防控纪律风险的重要途径，规避执纪不严落实不力风险。在元旦等节日前夕，采取节前召开专题会议、重申纪律规定，提出严格要求，切实防控干部因思想松懈或细节过失出现“踩线越界”现象；在开展审计工作中，针对审计工作性质和特点，注重抓好审计工作重点环节的廉政纪律、工作纪律，坚持依法审计，坚决杜绝违反廉政纪律和审计“八不准”规定，树立公正严明、依法依规审计的职业形象。

【做实村建帮扶工作】 2016年，市审计局积极开展村级帮扶工作，着力服务农村群众，全年共资助16.6万元帮助驻点村农户发展产业，创业创收，提高生产生活水平。其中资助2万元帮助夏坂镇新桥村维修村道；资助2万元帮助夏畈镇南畈村发展农村养殖业；资助夏畈镇三眼村用于改水、改路、改厕工作和扶助贫困户建立山药基地、养鱼各2万元；资助2万元帮助禁地村贫困户发展养殖产业；资助5万元帮扶横港镇省综治示范点建设；资助雷家林居委会6000元用于开展社区“六联六互”及综治工作；组织人力、物力，并投入1万元资金对夏畈镇三眼村3万多平方米的血防疫区的丁螺进行灭杀，深得当地群众的好评。

【招商引资工作取得新进展】 成立局招商引资工作领导小组，主要领导亲自挂帅，局机关干部全体动员，广泛搜集招商信息，主动外出招商，主要与深圳市服务贸易协会、深圳霸特尔防爆科技有限公司、深圳品众荣叶交易中心有限公司等外商企业进行洽谈，深圳柏特瑞电子有限公司已与市政府达成在瑞昌建立长江瑞云信息产业园初步意向，拟定投资10亿元。

（张国军）

附：2016年市审计局副科级以上领导名录

党组书记、局长：吴学银（任至4月）
宋　巍（4月任）
副局长：何学峰（任至4月）　黄　磊　张　杰
总审计师：温彩霞
工委主任：徐东升
维稳信息督查员：张国军

安全生产监督

【概 况】 2016年，市安监局坚持“安全第一、预防为主、综合治理”的方针，加强依法监督，深化隐患排查治理，严厉打击非法违法行为，属地管理责任有效压实，部门监管责任明显加强，企业主体责任得到深化，有效预防和遏制事故的发生。全年共检查企业1344家，关闭煤矿5家，责令停产整顿企业17家，排查治理二、三级（一般）安全隐患3123条，一级（重大）安全隐患11条，约谈企业负责人22人次。处理企业责任人21人，行政追责1人。瑞昌市获评九江市安全生产工作目标管理考核优秀单位、全省煤矿“打非治违”

先进单位；市安监局获评全省安全生产目标管理考核优秀单位、九江市安全生产目标管理考核优秀单位。

全面落实安全责任。建立健全“党政同责、一岗双责、失职追责”安全生产责任体系，落实属地管理责任。根据市委办、市政府办《瑞昌市安全生产“党政同责、一岗双责”实施意见》，进一步明确党委、党委主要负责人和班子其他成员以及党委工作部门安全生产工作职责，政府安全生产工作职责，以及实施安全生产各项保障制度和安全生产责任追究制度，在全市形成“党委统一领导、行政机关依法监管、企业全面负责、职工积极参与、社会支持监督”的安全生产格局。及时调整市安全生产委员会成员。2016年政府换届以后，市及时调整安委会组成人员，由市长担任市安委会主任，市安委会成员单位由46个调整为54个，各乡（镇、场、街道）由乡（镇、场）长（主任）任安委会主任，各安委会成员单位由主要负责人和副科级以上领导分管安全生产工作，进一步加强对安全生产工作的领导，落实部门监管责任，实现无缝监管。签订责任状。4月15日，召开全市安全生产工作会，会上与各乡（镇、场、街道）、各安委会成员单位签订《瑞昌市2016年安全生产工作目标管理责任状》。会后21个乡镇和54个安委会成员单位及时召开安全生产工作会议，所有乡（镇、场、街道）与辖区内单位、重点企业签订安全生产目标管理责任书，对安全生产工作目标责任进行分解和落实。加强安全生产绩效考核。着力推行严格的安全生产考核制度，加大安全生产在经济社会发展、社会治安综合治理、精神文明建设考核中的权重，对乡（镇、场、街道）和部门经济社会发展的考核，分别在2015年的基础上增加2分、1分；全面落实安全生产一票否决制，凡是发生较大及较大以上安全生产事故的单位，实行安全生产“一票否决”。开展企业主要负责人安全生产承诺活动。下发《关于开展企业主要负责人安全生产承诺活动的通知》（瑞安办发〔2016〕56号），组织全市重点企业签订《企业主要负责人安全生产履职承诺书》，承诺情况通过相关主流媒体向全社会公示，进一步落实企业的主体责任。

深入开展专项治理。开展安全生产“五进五查”活动。5月，市安监局、市监局、消防大队联合开展安全生产进企业、进机关、进校园、进社区、进乡村，查尽责、查规章、查苗头、查隐患、查整改的“五进五查”活动，对69家企业进行“地毯式”排查。突出现场检查，明察与暗访相结合，适当安排夜间现场突击检查，集中打击、整治一批表现突出的非法违法、违规违章行为，共有8家企业被通报批评并曝光，3家企业被上限处罚和严厉追责。开展安全生产“百日攻坚战”活动。从5月5日至8月15日，按照动员部署、全面排查、集中攻坚、深化提升四个阶段部署展开，突出对煤矿、非煤矿山、烟花爆竹、危险化学品、燃气管道、道路交通和水上交通、建筑施工、消防、食品安全、特重设施设备等重点行业领域开展隐患排查治理行动，进一步强化企业主体、部门监管和属地管理责任，加大安全生产打非治违力度，提升对重点领域、重点企业监管能力，严厉打击各类违法行为，有效遏制各类事故发生。开展隐患大排查大治理活动。丰城“11·24”事故以后，全市认真贯彻落实全国、全省、九江市安全生产工作会议精神，11月25日，组织召开全市安全隐患大排查大治理工作会议，印发市安委会《关于深入开展安全生产隐患大排查大治理的通知》，明确相关工作要求。11月底，全市组织4个督查组用3天时间对全市21个乡（镇、场、街道）和工业园区内安全生产工作进行督查。按照全市所有乡镇和园区、行业领域、生产经营单位、人员密集场所“四个百分之百”覆盖的要求，进行隐患全面排查、问题一针见血通报，事故隐患苗头得到有效治理。通过大排查大治理，全市共排查出安全隐患1266条，确保2016年岁末无安全生产事故。

突出重点行业监管。进一步深化“打非治违”，深入开展煤矿、非煤矿山、危险化学品、烟花爆竹等重点行业领域安全监管，严格按照安全生产大检查“五到位”（即措施、责任、资金、时限和预案“五到位”）的要求，严厉打击各类非法违法生产经营行为。加大煤矿安全生产攻坚战力度，实现煤矿安全“零事故、零死亡”目标。4月，省安委办煤矿重点县（市、区）验收评估组对瑞昌市进行评估验收；9月，全市6家煤矿中5家煤矿完成关闭工作，并通过上级验收。强化对非煤矿山的督查。通过严格把控节后复产复工关、“专家会诊”、执法监管、第三方参与管理等措施，共监督检查企业89次，下发检查执法文书59份，立案处罚12家企业，先后责令吴家金矿和白杨铁质黏土矿等5家企业停产停业。加强对危险化学品监管。制订《瑞昌市危险化学品和易燃易爆物品安全专项整治方案》，联合工信、交通运输、公安、消防等部门开展联合检查，全年共检查危险化学品和易燃易爆物品生产、经营、储存使用企业29家，查处和治理安全隐患42处，查处违规生产经营企业2家、无证经营企业1家，责令停产整顿企业2家。加强对烟花爆竹安全管理。开展春节、清明节等烟花爆竹营销旺季安全大检查，规范烟花爆竹经营市场；严格安全条件准入，严把换证“审核关”，对符合安全条件的115家烟花爆竹零售网点换发“烟花爆竹经营（零售）许可证”；联合公安、城管等部门加强烟花爆竹监管，严禁非规定节日期间燃放烟花爆竹；全年共检查烟花爆竹零售网点140家，批发企业1家，下达执法文书140份，排查、整改各类隐患80处，取缔无证经营3起，依法撤销不符合安全条件的7户“烟花爆竹经营（零售）许可证”。推进职业健康安全监管。根据市情，对职业病危害严重的行业开展专项治理，重点开展危险化学品生产、非煤矿山开采、建材企业等3个行业专项治理，围绕重点岗位，强化防尘设施、个体防护、检测监测、健康监护等关键环节，督促企业落实治理措施，改善工作环境和劳动条件，提升企业职业卫生管理水平和职业病危害防治能力。全年共检查企业32家，责令立即整改违法行为52项，限期整改违法行为6项，行政处罚1家。

稳步推进安全文化建设。积极推动安全文化建设，营造安全生产浓厚氛围。在全市开展深入学习贯彻《中华人民共和国安全生产法》及相关法律法规活动，加强《中华人民共和国安全生产法》宣传力度，组织多种形式知识竞赛，参与和组织7支企业代表队和1支安监代表队参加九江市安委会举办的《中华人民共和国安全生产法》法律法规知识电视大奖赛，经过3个月的初赛、复赛、决赛，市安监局代表队获得九江市《中华人民共和国安全生产法》电视大奖赛安监组第三名，市安监局获得九江市《中华人民共和国安全生产法》知识电视大奖赛宣传微评工作最佳单位。组织开展第十四个“全国安全生产月”活动。下发市安委会《“安全生产月”活动实施方案》，开展咨询日活动，共发放各类安全宣传资料3000余份，接受宣传教育群众达5500人次，活动月期间，在市区主要街道、全市交通要道、人口集居地、各生产经营单位、在建工程悬挂宣传标语210余条、制作安全生产大型宣传板块30余块，制作电子显示屏30多块，各乡镇场、重点企业都在醒目处悬挂安全生产宣传标语，营造良好的“关注安全，关爱生命”舆论氛围。组队参加九江市第二届“安全健康杯”乒乓球比赛，由市安委办组建一支队伍参赛，取得团体第五名。组织参加九江市“服务发展、守护平安，争做五好安监员”主题演讲比赛，瑞昌2名选手潘烨梅、黄俊尧均获得第二名。

积极开辟安全生产新领域。建立隐患排查治理暨行政执法信息系统。9月23日，瑞昌市被省安监局确定为“江西省隐患排查治理暨行政执法信息系统试点县（市）”。全市从非煤矿山、危险化学品、烟花爆竹、工贸行业中选择100家企业进行试点，开展隐患排查治理暨行政执法信息系统示范创建工作。要求每家企业每15天至少登录一次，至少上传1条隐患，并在规定时间内完成整改。隐患排查治理工作逐步由原来“部门监督检查”为主，变为“企业自报自查自改”为主，实现企业由“要我查隐患”到“我要查隐患”的转变，隐患排查治理工作成效明显。推进全省非煤矿山隐患排查治理示范县（市）工作。以全省安全生产隐患排查治理体系信息化建设示范企业

——江西亚东水泥有限公司和江西铜业公司武山铜矿为引导，按照省、九江市要求，实行重点检查、专项检查、定期检查、联合检查相结合，抓好隐患排查治理工作，着力提升对非煤矿山企业监管能力。实行政府购买第三方服务，提升安全监管能力。2016 年度市政府安排 30 万元财政专项资金用于购买第三方安全生产服务，先后与江西省赣华安全技术有限公司、江西赣安安全生产科学技术咨询服务中心、江西通安安全评价有限公司、瑞昌市瑞安矿山技术服务有限公司等多家第三方服务单位签订协议，购买安全技术服务，增强安全监管技术力量，有效强化隐患排查治理工作。积极推进“安全生产监督员入驻重点企业制度”。探索“安全生产监督员入驻重点企业制度”，在向理文化工派驻监管人员的基础上，分别在非煤矿山、烟花爆竹、危险化学品、工贸等行业内选择 2~3 家安全生产重点企业，安排安全生产监督员入驻，指导企业抓好安全生产工作，帮助企业排查消除安全隐患，提升企业安全生产水平。

【全市安全生产暨食品药品、消防安全工作会议召开】 4 月 15 日，全市安全生产暨食品药品、消防安全工作会议在市图书馆四楼会议室召开。常务副市长邵九思主持会议，市长、市安委会主任郭小云出席会议并作讲话。市安会成员单位、市食安委成员单位、市消委会成员单位主要领导，各乡镇（场、街道）主要领导，乡镇派出所所长，市安监局、市场监管局、消防大队中层以上干部，危化、煤矿、非煤矿山等重点企业负责人，食品药品重点单位负责人，消防安全重点单位负责人等 260 余人参加会议。会议书面传达省、九江市安全生产工作会议精神，总结 2015 年安全生产、食品药品及消防安全工作，部署 2016 年工作，表彰 2015 年度安全生产、食品药品和消防安全工作先进单位、先进个人。

【实行生产安全事故统计联网直报】 按照国务院安委办《关于实行生产安全事故统计联网直报的紧急通知》和省安委办、安监局关于做好生产安全事故统计联网直报工作的要求，3 月 24 日，市安监局组织召开全市生产安全事故统计联网直报工作会，明确联网直报工作的程序、时间和要求，建立瑞昌市生产安全事故统计联网直报统计人员信息台账，开展联网直报培训工作。从 2016 年 1 月 1 日起，瑞昌境内所有生产安全事故按照“24 小时入库、7 日上报、30 日内补报”的要求实行联网直报，联网直报率达 100%，有效防止瞒报、迟报、漏报行为，确保联网直报工作落到实处。

【省安监局领导到瑞昌春节走访】 1 月 20 日，受省委、省政府的委托，省安监局局长龙卿吉到瑞昌市社会福利院、九江金锋集团有限公司和柯大仲、李东风、周向荣、邓林枝等优抚对象、分散“五保”及因病、残疾致贫的困难群众家中，进行春节走访慰问活动。走访中，及时转达省委省政府的亲切关怀，送上新年的祝福及慰问金、慰问品等。九江市安监局局长曾宪奎，市政府常务副市长邵九思、副市长程世贵等陪同走访。

【省安监局调研组到瑞昌调研】 9 月 28—29 日，省安监局党组成员、总工程师周平一行到瑞昌调研指导安全生产工作。调研组先后到市两家全省安全生产隐患排查治理体系信息化建设示范企业——江西亚东水泥有限公司和江西铜业公司武山铜矿，与企业主要负责人和安全管理人员座谈，听取企业隐患排查治理体系建设情况汇报，询问并解答企业在推进隐患排查信息化建设过程中的实际问题。九江市安监局局长曾宪奎，市委书记郭小云、市长江训开，副市长程世贵、张全市及有关负责同志分别陪同调研和检查工作。

【省安监局督查组到瑞昌督查调研行政执法工作】 11 月 17—18 日，省安监局事故调查统计处陈勇处长、监管一处张勇副处长一行到瑞昌对隐患排查治理暨行政执法信息系统运行情况进行督查调研。督查组先后到市安监局，以及江西理文化工有限公司、武山铜矿、龙瑞建材等企业，对瑞昌市企业注册、隐患录入、整改跟踪、典型样板企业建立和部门监督等方面工作进行督查调研。陈勇对瑞昌市作为全省隐患排查治理信息系统建设示范县（市）寄予高度的厚望。九江市安监局局长曾宪奎、副局长单华平，市政府副市长程世贵等陪同督查调研。

【九江市安监局领导到瑞昌督查工作】 6月27日，九江市安监局党组成员、总工程师熊清华带队到瑞昌，开展为期4天的危险化学品生产企业、非煤矿山企业安全生产督查工作。重点对危化企业落实安全生产责任制度、健全安全管理制度和操作规程、隐患排查治理、安全生产培训、自动检测、监控系统运行、执行特殊作业、应急救援管理等情况，以及对非煤矿山企业安全投入、个体防护、隐患排查、台阶式开采、边坡管理、设备设施运行等情况进行详细督查检查。市政府副市长程世贵陪同。

5月26—27日，九江市安监局党组成员、副调研员王吉银带队到瑞昌督查安全生产工作。对全市存在粉尘爆炸危险、有限空间作业、劳动密集型加工三类企业展开安全生产专项检查。市政府副市长程世贵陪同。

（吴兴强）

附：2016年市安监局副科级以上领导名录

党组书记、局长：罗永林（任至4月）
陈卫国（4月任）
副局长：刘诗征　宋增坤　刘正军
总工程师：何　勇
煤监局副局长：邹志敏
安全生产监察大队大队长：蔡爱林
市经济开发区安监分局局长：李新送

港区监督

【概况】 2016年，市港管局坚持实干创新，推进“五大升级”，督促协调各执法主体部门开展综合执法工作，严厉打击非法码头抢建、非法采砂和货运车辆超限超载行为，规范码头岸线经营管理、长江河道采砂管理及货运车辆运输管理工作，积极融入长江经济带发展战略，提高瑞昌长江沿线港口资源利用效率和集约水平，保护长江沿线生态环境。被九江市评为采砂管理先进单位。

非法码头整治成效明显。瑞昌港区已建成码头共计52家77个泊位。其中，大型化、专业化码头5家16个泊位；执法及工作码头7家7个泊位；在建或拟建码头5家13个泊位；获得港口经营许可的散货码头7家9个泊位；手续不全的码头12家13个泊位；非法码头16家19个泊位。岸线整治工作本着“兼顾历史，分类处置”的原则进行，认真疏理，分类处置。通过政策宣传引导、完善机制驱导、推进整合疏导等措施实施岸线综合整治，对沿江非法码头采取“三断一封”措施予以关停，即严禁货源企业从关停码头装卸，不给关停码头供电和为其装卸船只签证，使其“断奶”“断血”“断证”，并焊接关停码头引桥及装卸料口，封住“咽喉”部位，让其无法生存。

非法采砂得到有效遏制。按照九江市长江河道采砂管理综合整治工作方案中提出的“打、堵、疏、统”四个基本要求，推进瑞昌非法采砂综合整治工作：依托长江委鄂赣水政监察大队和港管局综合执法队24小时水上巡查，严厉打击非法采砂行为；依托公安部门严厉打击水上暴力抗法行为；海事部门对涉砂船舶进行严格监管，禁止涉砂船舶非法停靠和非法移动；河道部门对涉砂船舶进行淘汰切割，全市涉砂船舶共有41艘，申请切割41艘，已完成切割41艘，采砂船舶切割淘汰工作已全部完成。非法采砂猖獗势头得到有效遏制，坚决不准非法砂子上岸。

货运治超形成“瑞昌模式”。自2016年元月起，全市货运车辆超限超载治理工作由矿山运输车辆治理为重点延伸到全市所有货运车辆超限超载治理，全面实行国标，货运车辆超限超载治理工作走上规范化、常态化、法制化轨道。4月，原露天采石场环境污染及车辆超限超载治理领导小组办公室整体移交市港管局；11月，成立市治超办，分别从公路、交通、运管、交警、城管等部门抽调执法人员组成治超综合执法大队，采取固定治超和流动治超相结合的方式，综合运用法律、行政、经济和科技手段，规范执法行为，加强执法监督，严格依法行政，形成“源头—路面—终点”三位一体的立体式治超模式。通过集中整治，超限超载现象明显减少，超限超载率基本控制在1%以内，治超工作真正实现网格化、科技化、规范化和常态化，赢得广大群众的理解、支持和拥护。形成的治超工作“瑞昌模式”得到省市领导的充分肯定，治超工作综合考评位列九江市第一名。

【水利部、交通部联合检查组到瑞昌检查长江瑞昌段采砂管理工作】 10月30日，水利部部长江水利委员会砂管局局长夏细禾、交通部部长航局安全处副处长李云带领检查组一行深入瑞昌港区联合检查长江瑞昌段河道采砂管理工作，对瑞昌长江河道采砂整治工作给予充分肯定。

（聂栋良）

附：2016年市港管局副科级以上领导名录

局　　长：熊建军（任至6月）

张吉奎（6月任）

支部书记：董志平（6月任）

副 局 长：王少钦（任至6月）　聂文科

融资平台

【概 况】 2016年，市投资公司主动适应经济社会发展新环境，坚持实干创新，努力开拓进取，始终秉承做大做强做优公司的宗旨，不断提高融资工作水平和质量，充分发挥国有资产经营效益，各项工作取得新突破，实现新超越。

【成功整合政府融资平台】 实现5个公司一套人马，以投资公司作为龙头，其余4个公司作为融资辅助平台，实现由投资公司统一管理，从新制定人员管理、岗位设置、资产管理、财务管理等相关规定，并就公司法人、银行印鉴变更做好大量后续工作，为逐步将其余4个公司的资产注入投资公司，做大做强投资公司打下坚实的基础。

【依法合规实行市场化融资】 《江西省政府性债务管理办法》中明确要求“取消融资平台公司的政府融资职能，明确政府和企业的责任，分清政府债务和企业债务，企业债务不得推给政府偿还，切实做到谁借谁还、风险自担”。市投资公司认真执行省政府政策规定，把握发展趋势，积极主动办理融资平台退出手续，在上级政府及中介机构的支持帮助下，2016年公司成功发行11亿元的公司债券，申请专项债务资金5000万元。

【积极主动降低融资成本】 市投资公司积极主动按要求置换2016年债券资金48309万元，从而极大地降低融资成本、减轻偿债压力。同时，严控融资上限，对于融资成本较高的，一律予以拒绝，主动争取融资利率下浮，市债务余额中债务成本约为4.8%左右。

【努力增强公司核心竞争力】 为进一步实行市场化经营，提高公司核心竞争力，公司加强资质管理，鼓励相关人员加强业务学习，取得工程、路政等相关中级职称。高度重视安全生产，坚持“预防为主、安全、质量齐头并进”的原则，确保公司安全生产状况良好。2016年，公司实现产值约400万元，重点实施了兵马垄、龙泉路农贸市场，黄金工业孵化园场地平整及临时施工道路，金岭创业园土方平整，金星路临时道路，泰玺综合饮料项目2号道路土方外运，华中木业（里湖区）土方平整等项目工程。

（张　红）

附：2016年瑞昌市投资有限责任公司领导名录

董 事 长：丁瑞林（任至10月）

余作银（10月任）

总 经 理：王能志（任至10月）

任祥瑞（10月任）

副总经理：陈　新（任至10月）

任祥瑞（任至10月）

贺木林（10月任）

叶祥云（10月任）

张 红（10月任）

城乡建设

◇◇本栏编辑　李木林

综　　述

2016年，全市城乡建设工作以“坚持实干创新，推进五大升级”为目标，着力提高城市环境卫生标准、城市管理标准和绿色生态标准，积极推进城建重点项目，打造精品工程和特色工程，城乡建设取得新成就。荣获2016年度全省住房城乡建设系统“先进集体”、进入九江新型城镇化考评“第一梯队”。

城市建设持续发展。2016年，全市财政总投资12.8亿元，推进道路建设、防洪排涝、园林绿化、生态公厕、集贸市场等类别的52个民生城建项目，35个项目基本完工。推进城市基础设施建设。实施城区排涝能力整体提升工程，结束城区“十年九涝”的历史；总长6.4千米的东环路、瑞码大道南延、龙泉路北段等6条道路建成通车，桂林桥交通改造全面完成，通行效率大幅提升；武九客专完成铺轨，瑞昌高铁站、站前广场、站前一路基本建成；总投资5亿元，全长7.6千米外环路项目完成征地拆迁，为全市单体投资最大城建项目，建成后将连通瑞昌南站至九码快速通道。推进公共服务设施建设，苏山新区一期、五里雅居10万平方米安置房建成交付。推进生活服务设施建设，全年共投入资金300万元新增和改造管道5.1千米，新增用户2516户，解决看守所等五家单位饮水困难、张畈新村水压低、何畈村等地群众饮水困难等问题；新建市政中压管道约7千米、民用低压管道约32千米，管网总长约170千米；新建瑞民家园、盛世家园、西站小区、中房佳园等小区燃气配套设施，覆盖总户数5万户；全面更新完善城区交通标志；龙泉路、兵马垄农贸市场基本建成。

城市管理规范有序。城市管理紧紧围绕“铁腕整治、精心打造、科学管理、宜居宜业”的思路，积极推进城市管理升级，推进城市绿化、美化、亮化、硬化、净化工程建设和发展，城市面貌焕然一新。强力推进城区禁燃禁放整治，有效遏制违规燃放烟花爆竹现象；引导城区露天烧烤经营户进入夜市集中经营，随意占道烧烤问题杜绝；高效推进占道亭棚整治，有效解决亭棚违规经营问题；有序开展工地围挡、渣土泼洒、流动摊贩、学校周边环境等整治活动，市容环境明显改善。“两违”整治有效开展。全年共拆除“两违”面积550平方米，积极妥善做好“两类”房遗留问题处置工作，实现城区“两违”建筑零增长。

农村建设成效显著。加快推动秀美乡村升级，推动集镇和新农村建设，高质量完成72个新农村点建设，农村生活垃圾治理步入常态化，获评全省农村清洁工程工作先进县（市）。赛湖国家级农业综合开发现代示范园区建设进度在加快；码头镇获评全国重点镇，高丰镇获评全国“一村一品”示范村镇；南义镇获评江西省水生态文明乡镇；白杨镇获评省级生态乡镇，农村人居环境不断改善。全市农村建设呈现环境优美、生态优良、乡风文明新气象。

（樊凌珲）

城乡规划

【概况】 2016年，市规划局在完善全市城乡规划体系，引导城乡统筹和区域发展中充分发挥职能作用，全力推进全市规划编制、审批、管理工作和服务全市中心工作，取得较好成绩。荣获“2016年度江西省住房和城乡建设系统先进集体”，“2016年度全市民族宗教工作先进单位”“2016年度全市工会组织建设工作先进单位”“2016年度全市公共机构节能先进市直单位”“2016年度综治工作优秀单位”“2016年度信访工作综合先进单位”“2016年度信访‘三无’达标单位”“2016年度希望工程先进单位”“2016年度新农村建设先进帮扶单位”。

强化规划引领。积极履行工作职责，加大规划编制力度。全年组织编制并完成了《瑞昌市“十三五”近期建设规划》《瑞昌市电网设施专项规划（2015—2030）》《瑞昌市市域村镇布局规划（2015—2030）》《瑞昌市公共交通专项规划（2015—2030）》《瑞昌市镁合金产业园规划》《瑞昌市高新科技产业园规划》等专项规划；组织编制并启动了《地下管网（综合管廊）专项规划》《给排水（排涝）专项规划》《绿地系统专项规划》《城市历史风貌保护规划》《城市棚户区及城中村改造规划》规划编制和《高铁南站周边地块城市设计》《北环路周边地块城市设计》《安定湖周边地块城市设计》三个城市设计。

提升规划设计。市规划局加大设计力度，为规划工作提供保障。全力配合市政建设及市委、市政府招商引资工作，圆满完成全年工作任务。红线图绘制：完成外环路、瀼河公园、金岭创业园等项目用地红线图共计235份；兵马垄农贸市场、第五小学等13项市政配套设计项目；市政设计：完成市府东路沥青罩面工程、瑞昌市2016年小区路网建设工程、城防堤加固初步方案设计等21项市政设计；完成建设及市政道路项目的放线定位65处，征地放线36处，完成地形测量62处，完成土方测量10处。

严格规划审批。严格执行规划委员会制度，全年共召开城乡规划委员会5次，共审查各类规划和建筑设计方案25项。严格按照《中华人民共和国城乡规划法》《中华人民共和国行政许可法》等法律、法规，进一步简化优化审批流程，依法审核办理各项规划建设项目，行政服务中心窗口全年共受理各类规划审批事项150件，办结率100%，其中，办理《建设项目选址意见书》事项32件，用地规模约600亩；办理“建设用地规划许可证”事项47件，总用地规模约1900亩；办理“建设工程规划许可证”事项71件（其中临时工程23件），其中建筑工程总建筑面积约64万平方米，市政工程道路约4300米、临时线路约30000米。“一书两证”发放率达100%。

注重批后管理。根据《中华人民共和国城乡规划法》《江西省城乡规划条例》等法律法规，加强规划建设项目的规划管理，严肃查处违法违规建设行为，将房地产建设项目纳入跟踪管理重点项目，做到及时跟踪，发现违建行为及时制止、纠正、整改、处理，有效维护规划的严肃性和权威性。全年共发出违法建设查处通知单61份（整改通知单20份、停建通知单41份），其中立案处理11件、有证结案11件。及时处理群众举报和上访案件，快速查处违法建设，及时公布监督举报电话，全年共接待来访18起，规划区内违法、违章建设行为得到有效管控，群众满意率达100%。

【促进两规合一】 2016年，根据市委、市政府的指示要求，“十三五”土地调规既要符合土地利用规划也要符合集镇总体规划的原则，对17个乡镇场上报的项目进行了实地踏勘，并且对照所在地乡镇场的总体规划进行了套图，从而使每个项目都能落到实处，完成了全域永久基本农田划定和土地规划调整完善工作，实现了土地利用总体规划和城市总体规划“两规合一”，无缝对接。同时，积极配合省厅完成了开发区目录登记工作、长江经济带市场准入负面清单调查工作。

【秀美乡村建设】 根据市委办公室、市政府办公室关于印发《全市农村违法违规建房“百日大清查”专项行动方案》的通知相关指示要求，对17个乡镇场农民建房进行了自检排查，对农民建房产生的问题，联系所在地的乡镇场进行了督促整改，结合所发现的问题进行总结，进一步完善规章制度和管理机制，突出源头防管，强化全过程管控，加大违建处置力度，大力推广新户型建房，为推进秀美乡村建设创造条件。

【帮扶挂点乡村】 2016年，市规划局在精准扶贫工作中，先后投入3万元用于范镇八都村村建帮扶；范镇陡岗村村建帮扶5万元；范镇源源村河下李中心村新农村建设3万元；洪下乡张家铺村精准扶贫帮扶款3万元。加大力度支持基层建设，支持桂林街道桂林桥社区“六联六互”帮扶资金1万元、武庙下居委会基层组织建设资金0.2万元、花园乡综治帮扶1万元。共投入帮扶资金共计16.2万元。春节期间，筹措资金近五千元，由局领导带队，走访慰问困难户，为贫困户群众过上祥和温暖的春节尽一点绵薄之力。

【妥善调解信访】 2016年，为更好地做好行政调解工作，市规划局建立了行政调解专家资源库，由单位聘请的律师、分管综治、信访领导及相关科室工作人员组成。针对群众的来信和来访，明确专人进行接待，建立台账，并根据事件从专家库抽调对应工作人员进行调解。3月，瑞南商务宾馆改造影响了住户的生活，侵占了住户利益，分管综治工作领导带队多次入户协调，最终促成瑞南商务宾馆有限公司和住户达成协议；7月，老正街住户反映龙泉路农贸市场的建设未考虑街道宽度，分管信访工作领导带队，多次实地核实并反复研究，将道路拓宽以满足周边居民的出行需求；8月，兵马垄农贸市场附近居民反应兵马垄农贸市场改建未按规划图纸施工，对其采光造成影响。分管领导带领规划科科室人员，经多次与项目建设单位协调，在不影响农贸市场使用功能的前提下，同时为满足周边住户的诉求，促使建设单位最终决定取消东北角上的“人屋面冲楼梯间”，取得了附近住户的认可。全年共受理上级来信来访件转交办件12件，信访回复率100%；接待来访群众15批56人次，解释疏导25批78人次。

【力办“建议提案”】 2016年，市两会期间，涉及规划的建议和提案共7件，其中，人大代表建议4件，政协委员提案3件。市规划局及时进行责任分解，落实工作部门，明确要求、办理标准、工作时限，形成了一级抓一级、层层抓落实的工作机制，确保每一个建议提案都做到“有人管、有人抓、有人办”，任务到人，责任到位，全部按时办理完毕，并获得满意复函。

【完成抗洪任务】 2016年，在担负赛湖堤10+550至10+750段（共200米）抗洪巡堤任务期间，市规划局共设置观察点8处，先后2次组织干部职工罐袋装土3500余袋，超额完成任务。

（陈滨彬）

附：2016年市规划局副科级以上领导名录

局　　长：柯余利
党组书记：胡　军
副 局 长：徐　勋　张　健　高　彪
工委主任：马小宝（任至6月）
总规划师：熊水辉
规划设计院院长：王国生

城 市 建 设

【概 况】 2016年，市建设局按照市委、市政府要求，根据适速、持续发展新区，进一步完善老城区城市功能、提升城市品位、推进城市管理升级工作思路，扎实推进城市建设，着力打造民生城建、法制城建、平安城建、满意城建，各项工作取得明显成效。市财政投资资金12.8亿元，推进道路建设、防洪排涝、园林绿化、生态公厕、集贸市场等类别的52个民生城建项目，35个项目基本完工。真正把城市建设的重点放在群众最迫切需要、最直接受益的民生工程上，让全市百姓共享城市建设成果。

【城市建设亮点突出】 2016年，在城市建设单体投资的项目—全长7.6千米外环路项目完成征地拆迁，总投资5亿元，这是全市单体投资最大城建项目，建成后将连通瑞昌南站至九码快速通道。总长6.4千米的东环路、瑞码大道南延、龙泉路北段等6条道路建成通车，桂林桥交通改造全面完成，通行效率大幅提升。武九客专完成铺轨，瑞昌高铁站、站前广场、站前一路基本建成。苏山新区一期、五里雅居10万平方米安置房建成交付。瀼河公园南岸景观工程基本完工，新增绿化面积4.35万平方米。龙泉路、兵马垄农贸市场基本建成。完成市府东路、市府西路南段“白改黑”，全面更新完善城区交通标志。

【城建项目顺利推进】 2016年，市建设局共实施城建项目26个，其中新建项目14个，续建项目12个。新建项目有：城市外环路、三贤路道路建设，市府东路、市府西路、杨林中路等3条道路“白改黑”工程，赤乌中路西段、浔阳东路东段、赤乌东路北段等3个污水并网工程，小区路网及市政设施完善工程，南环路街旁绿地、城区道路双排树栽植、瑞码大道与浔阳东路交叉口新增绿地等3个园林绿化工程，看守所供水管道安装工程及工业园西园人行道铺装工程。续建项目有：古桥路、东湖路、柴桑路、龙泉路北段等4条续建道路工程，五里雅居安置区，人民南路公厕（垃圾中转站）和新夜市城中转站，城南加油站东侧绿地景观提升、瀼河公园南岸2#5#地块景观工程、瀼河公园栏杆工程、瀼河公园原达亨地块景观工程等4个园林绿化项目，人民北路污水管道并网。完工项目有：东湖路、柴桑路、龙泉路北段等建设工程、人民南路公厕（垃圾中转站）、城南加油站东侧绿地景观提升、瀼河公园（栏杆工程）、人民北路污水管道并网、看守所供水管道安装工程。

【新增市民休闲好去处】 12月，瀼河公园南岸改造项目顺利完工。工程总投资85万元，新增绿化面积4.35万平方米，整个园区绿树成荫、休闲亭廊点缀相间，一副一河两岸景观图呈现在人们眼前，这是市民继人民公园、柳湖公园、市民广场、安定湖公园之后又一个休闲好去处。

【强化安全供水保障措施】 2016年，为加大全市供水保障力度，投入资金300万元新增和改造管道5.1千米，新增用户2516户，解决看守所等五家单位饮水困难、张畈新村水压低、何畈村等地群众饮水困难等问题。加大水源、水质的管理检测力度，通过对出厂水和管网水进行定期检测有效保障了供水水质安全，全年水质综合合格率达到100%。深入开展“安全生产基础年活动”，采用人防、物防、技防相结合方式，切实加强了水厂安保、管网安全巡查维护工作，抓好了应急救援体系建设，制定切实可行的供水应急预案，提高应对突限事件的能力，全年共处理较大管道及闸阀等供水设施报修110余次，未发生任何安全生产事故。

【抓好燃气行业安全管理】 2016年，全市新建市政中压管道约7千米、民用低压管道约32千米，管网总长约170千米；新建瑞民家园、盛世家园、西站小区、中房佳园等小区燃气配套设施，覆盖总户数5万户。为抓好燃气行业安全管理，市建设局大力开展联合安全检查和专项整治活动。全年开展检查7次，对全市17家燃气企业进行安全检查，下达整改通知书65份，整改意见156条，处理第三方破坏燃气管道行为1起。开展餐饮场所燃气检查工作。与餐饮经营用户签订安全责任状，指导餐饮经营用户安全用气，杜绝餐饮场所燃气安全事故的发生。

（樊凌珲）

建 筑 业

【概 况】 2016年，瑞昌市建筑业以行业监督为抓手，在建筑工程质量、建筑工程安全、建设市场行为、规范权力运行等方面从严监督、从严要求，加大管控防范力度，对违规违法问题严肃查处，有效提升行业管理水平，确保建筑业健康有序发展。

严格监督建筑工程质量。严格规范参建各方主体的质量行为，落实项目负责人的质量终身责任制；加大日常管理力度，根据住建部5号令和省质量安全监督局的要求，在办理监督手续后三天内做好监督方案，并实行网上注册登记，使用《江西省建设工程安全质量服务平台》进行动态管理，有效加强了质量监管；进一步规范企业的质量行为，强化资料查阅和日常记录痕迹比对，对施工企业执行工程建设各项标准进行督导检查。2016年新办质量监督项目31个，建筑面积54万平方米，完成建设工程竣工备案项目22个，备案面积44万平方米。全年共查处违反《建设工程质量管理条例》行为14起，罚款62万元，受理质量投诉11起。

严格监督建筑工程安全。深入开展建筑工程安全大排查行动，将脚手架、深基坑、高大模板、起重吊装等“危大”设备部件分部分项工程监督，在抓好日常监管、安全预警等工作的同时，特别是重要的会议、重大的节假日期间，建设局抽调相关职能科室人员组建专门力量，对47个在建项目开展质量安全大检查，全年共排查一般事故隐患800余项，排查重大危险源6项，下达安全整改通知书143份（限期整改56份、停工整改87份），约谈存在较大安全隐患相关责任主体方8次，举办建设工程安全专项施工方案专家论证工程6项。全市在建工程安全、质量总体可控，未发生重大安全责任事故。

严格监督建设市场行为。严格规范招投标市场秩序，全面实行电子化招投标，客观、公正、独立地进行评标，严格标后管理，加大对围标、串标的打击力度。全年完成工程项目招投标74个（总中标价63184.73万元），其中公开招标45个（总中标价16435.13万元）、邀请招标29个（46749.61万元），招投率100%。针对6个国有资金投资千万元以上项目的中标企业进行核查，严查违法违规、弄虚作假等行为。完善加强建筑工程施工合同备案和建设工程结算备案，全年审签建设工程《施工合同》26份，办理工程竣工结算登记20份，验收工程20个。准确权威发布工程造价信息。全年共计发行《瑞昌工程造价信息》12期，积极做好配套定额解释、造价专业技术咨询及纠纷调解工作，维护建筑市场秩序。加强建筑业管理。全年共办理建筑工程施工企业诚信登记29家、监理企业诚信登记4家，办理工程施工图设计文件审查备案48个，申报审核企业资质证书换证28项。加强民用建筑节能。全年民用建筑节能注册登记27个项目（建筑面积60.27万平方米），下发告知书16份。

严格监督规范权力运行。尽量减少行政审批、行政许可项目，不断优化办事流程，对保留的10项行政许可事项制定对应的责任清单。认真做好建筑工程施工许可证发放工作，全年共发放施工许可证34份，建筑总面积94.31万平方米，工程造价8.26亿元。实施在线审批，所有项目施工许可证都必须通过投资项目在线审批监管平台受理、办结，做到网上审批，一站式办结，规费征缴规范。

【加强农村危房改造工作监督检查】 2016年，省下达给瑞昌市农村危房改造任务有678户，市建设局及时将任务分解到各乡（镇、场、街道），并做好网上录入工作，适时进行监督检查。

（樊凌珲）

附：2016年市建设局副科级以上领导名录

局　长：柯卫彬（任至6月）　李　珺（6月任）
副局长：陈前林（任至7月）
　　　　徐　勋（任至12月）
　　　　田新生　曹小兵　谈华灿
　　　　但传林（7月任）
总工程师：余进发
维稳信息员：陈新宇
园林处主任：徐勋材
园林处书记：丁显炜
供水公司经理：王　勇
供水公司书记：陈凤林

新农村建设

【概况】 2016年，新农村建设工作紧紧围绕各级农业农村工作会议精神，结合市委提出的“秀美乡村升级”工作思路，立足市情，统筹城乡，以规划为先导，以中心村建设为重点，大力开展村庄整治，扎实推进新农村建设。荣获全省农业和农村工作先进县（市、区）和全省农村清洁工程工作先进县（市、区）。

新农村建设亮点多。大力推进以“三清七改五普及”为主要内容的村庄整治，高质量完成了72个新村点建设任务，惠及群众1万余人，村容村貌焕然一新。在开发乡村旅游、挖掘历史文化、做足山水文章上下功夫，涌现出一批特色亮点新农村。横立山乡芦塘村杨泉中心村利用自身村庄地形地貌，清理村后竹林、石山杂草，规划村内空地，整治村民瓦房，努力打造山间田园村庄；高丰镇高丰村港下周中心村作为红色苏区所在地，瑞昌区苏维埃政府于1930年设在该村，为发扬革命光荣传统，缅怀先辈，该村重建瑞昌区苏维埃政府旧址，传承历史精神，打造“生产发展，生活富足，村容整洁，乡风文明，管理民主”的和谐秀美新村落；范镇高泉村余家桥新村点在结合乡村旅游，打造乡村休闲基础上，凸现廉政文体氛围；武蛟乡小月村周家依托“万亩油菜花”和千年古樟，挖掘农耕文化底蕴。

农村生活垃圾治理力度大。2016年，5座垃圾焚烧中心、6座垃圾压缩中转站均已投入运行。已有27辆垃圾清运车、1辆垃圾压缩车，发放各类垃圾桶约17.4万个；按农村人口3‰比例足额配备保洁员1068名。加大投入、加强宣传。按照“以市为主、乡镇为辅，省市奖补，农户适当缴费”的原则，建立以公共财政为主的经费保障机制。市财政按照建设点人口每人每年不低于50元的标准纳入年度财政预算；各乡镇按每人每年不低于10元标准安排垃圾治理专项补助资金；农户按每户每月3~5元适当缴费。充分利用广播电视、报纸、网络等媒体进行广泛宣传农村生活垃圾治理工作，每个建设点在村内设置宣传栏和宣传标语。通过制作文化墙、向群众发放“一封公开信”，引导广大群众把自己的村庄当作“公园”来建设，提高农民的环境卫生意识，营造一种珍爱环境、保护生态、造福后代的良好氛围。组建队伍、完善设施。各建设点按每30户配备一名保洁员的标准配备了保洁员，与保洁员签订了保洁协议，落实了每月不少于600元工资报酬，配备了保洁服装及保洁工具（一车、一铲、一钳、一帚），且每10户配1个公用垃圾桶、每30户配1个挂桶车垃圾桶。重点整治、规范制度。重点对村庄存量垃圾、村内及周边水体白色污染进行了专项治理，确保常年累计的陈年垃圾得到了彻底清除。建设点制定村庄环境卫生管理制度（含卫生户评比标准）、村规民约、保洁员工作职责及管理办法等制度；通过理事会加强宣传教育，规范农民群众清洁卫生行为。还积极寻求与相关企业合作，探索推广无公害焚烧垃圾的终端处理方式，降低污染物排放。采取市场运作、财政奖补模式，由瑞昌市金茂再生资源有限公司负责管理并配备设备和人员，合理安排布置回收网点20个，重点对废旧电池等有毒有害垃圾进行回收封存处理。全市农村生活垃圾治理工作已步入常态化运行，建设点干净整洁，没有零星垃圾，没有卫生死角，可视范围内无陈年垃圾，农户庭院基本没有随地流淌的污水。在省暗访和第三方评估工作过程中，工作成效得到了省和九江市领导充分肯定。

村容村貌变化大。为有计划、有步骤、有重点地推进新农村建设工作，根据建设顺序，科学开展“一拆三改”（拆杂、改水、改厕、改栏）、“改路改房改沟渠”“环境整治及绿化”攻坚活动，建设点面貌焕然一新。新农村建设点农户改水、改厕完成率100%，改厕标准高，所有卫生间达到“六面光”，通过改厕逐步转变群众陋习。新房型推介执行效果好。市新村办联合农民建房办推广新房型，要求农村新建房屋按推介房型进行设计建设，并将推介房型建新房作为新农村建设群众动员会的一项宣传内容，列入新农村建设年终考核，新房型已成为建设点一道靓丽的风景。中心村配套设施齐全。根据中心村建设要求，制定了中心村“8+4”配套设施建设标准，11个中心村均按要求配套完善到位。综合公共服务中心包括农村信息服务站服务功能、农村电商、党员活动等功能，农村电商由阿里巴巴农村淘宝或农村e邮配备专人负责，建立具有代买代卖、代收代发邮件快件，小额贷款，信息咨询，缴费充值等服务“升级版村级信息服务站”，让农民群众在家中享受与城市居民一样的便利生活；公厕建立旅游景点风格星级公厕，贴瓷砖，做工精致，可适用于村内组织大型活动，男女厕分开，配备日常管理及保洁人员；3个中心村污水处理设施整合水保办水生态项目。

镇村联动建设进度快。全面整合各单位的项目资金，统筹用于重点镇镇村联动建设。共计整合资金12060.7万元，其中南义整合资金4570万元，范镇整合资金3489万元，肇陈整合资金1614.7万元，夏畈整合资金2387万元。南义镇的一体化新区中，鼎盛小区、王仙小区已经完工，南兴小区仍在建设中；范镇的东山新区已完成打桩，第一期正在进行地梁工程、垫层等基础工程；肇陈的一体化新区完成了新区内道路建设；夏畈镇的一体化新区路网建设基本完成，各项建设有条不紊。

【乡村信息化服务水平提升】 2016年，继续巩固提高已建的17个乡镇信息服务中心站和96个村级信息服务站。充分利用瑞昌市“三农”综合信息服务平台，开展农产品网上交易，大力发展农村电子商务，整合邮政农村e邮、农业部门益农社等项目、与阿里巴巴、京东集团等电商巨头签订合作协议，努力实现“工业品下乡，农产品进城”。

（范飞飞）

附：2016市委农工部副科级以上领导名录

部　长：曹　华（任至6月）
　　　　张友利（6月任至8月）
　　　　陈　骏（9月任）
常务副部长：张友利（9月任）
副部长、新村办主任：蔡泽贤
副部长、农办主任：程广红
农办副主任：李文瑞（任至12月）
清洁办副主任：李文瑞（12月任）
新村办副主任：温科周
农办副主任：黄兰章（任至12月）
科技兴农办党支部书记：邹雅珍（12月任）
科技兴农办主任：邹雅珍（任至12月）
　　　　詹小勤（12月任）

城市管理

【概况】 2016年，市城管局根据市委、市政府推进城市管理升级要求，围绕“铁腕整治、精心打造、科学管理、宜居宜业”指导思想，不断创新管理方法，狠抓措施落实，城市管理工作步入精细化、规范化、常态化轨道。被九江市城市管理行政执法局评为城市管理综合先进单位。

防违治违力度加大。2016年，“两违”管控创新管理办法，采取巡查和执法分开管理的工作模式，实现巡查和执法相互促进、相互督促。实行定人、定岗、定责，以日常巡查、错时巡查、集中突查等有效形式，进行全天候、全覆盖、无盲区、无漏点巡查，将“两违”建设行为消除在萌芽状态；发现“两违”现象，主动上门做其思想工作，讲明相关法律法规、实时政策，权衡利害关系，让欲建的不建、在建的停建、建好的自拆。加大督查力度，对上级转办、群众举报、巡查发现的“两违”行为，做到分管领导、大队领导及督查科多方跟踪督办、听取汇报、现场核查，始终保持“两违”管控的高压态势，坚决“发现一起、拆除一起”，全年共拆除了各类“两违”建筑343处，面积约1.4平方米。按照市委、市政府的统一部署，与规划、建设以及属地管理部门密切配合，同心协力，通力协作，形成“两违”整治的强大合力。全年协助相关部门拆违14处，面积约3000平方米，有效遏制了“两违”抢建风气。

市容整治多措并举。充分利用报纸、电视台、网络、自媒体以及瑞昌城管微信公众号等新闻媒体，广泛宣传城市管理相关法律法规和工作开展情况，调动市民参与城市管理的积极性，赢得市民的大力支持，消除被管理者的抵触情绪，减少执法阻力。对部分屡教不改的不文明行为和违法违规行为进行曝光，形成强大的舆论压力，以实现能够人人自觉做文明市民的新风。充分发挥瑞昌城管微信公众号的作用，突破固有的宣传方式，并与其他媒体建立良好的互信互动，提升自身形象。通过充分发挥宣传的舆论积极作用，真正形成了全民动员、全市行动、全城担责的齐抓共管浓厚氛围，实现城市管理工作“一盘棋”的理念，变“独唱”为“大合唱”。开展系列整治，切实解决突出问题。2016 年 7 月以来，坚持“每月一主题，每月一整治”，形成了“一宣传、二动员、三座谈、四执法”的工作模式，每项整治都取得了良好效果。整治露天烧烤。由城管委牵头组织城管局、公安局、环保局、市监局等部门，对城区露天烧烤进行集中整治，对违规占道的予以取缔，一夜之内烧烤摊全部搬迁到指定地点。整治燃放烟花爆竹。作为禁燃禁放一支主力军，城管局安排 10 名城管队员，每晚 11：30 至次日凌晨 1：00，积极参与市区禁燃禁放工作，对违规燃放鞭炮行为予以制止，有力遏制烟花爆竹燃放扰民问题。整治占道亭棚。通过召开亭棚业主座谈会，对此次整治工作的政策、原则、要求等方面进行宣传；下发拆除通知书，要求在规定的期限内自行拆除；对未按要求自行拆除的亭棚，联合相关部门集中拆除，41 家亭棚在三天内全部拆除。整治校园周边环境。强化部门协作，加强与学校沟通，加强安全教育，加大校园周边经营秩序、环境卫生等整治力度。整治期间，共清理店外店经营 384 家，暂扣 30 家商铺货物，暂扣流动摊贩三轮车 32 辆，规范非机动车乱停乱放 251 起，制止噪音 50 余次，营造了良好教学氛围。治超治限。10 月 15 日以来，城管局与治超办、公路、交通、交管等部门联合开展整治行动，要求矿山车辆必须平车装载、密闭运输、禁止泼洒，并常态化开展 24 小时全天候管控工作，超限超载行为已明显减少。整治幼儿园违规占道。对城区幼儿园违规占道情况进行全面摸底，并联合教体局下发限令整改通知书；对未按要求自行整改的占道幼儿园，依法拆除；坚决遏制城区幼儿园违规占道现象反弹，做到发现一起、拆除一起。常态化开展夜间“零点行动”。通过每星期开展开展两次夜间“零点行动”，清理街道随意堆放的物品，既可以及时发现白天巡查漏洞，又降低了执法阻力，有效净化市容市貌。

城市管理水平提升。2016 年，市城管局制定《瑞昌市建成区市政工程施工管理暂行办法》，加强施工围挡管理。审批标准更高，所有市政工程在审批前，施工方须向城管局上报施工计划；施工要求更严，施工方须按照规定颜色、宽度、高度及样式做好围挡或围墙，同时，须在场内作业和在规定时间进出材料及施工；处罚力度更大，针对不围挡施工的，取消施工资格，围挡不规范的，整顿后方可继续施工。对渣土运输管理，加大设备建设力度，所有工地按照要求设置了出入口冲洗平台，在工地出入口安装摄像头，进行实时监控；加大污染路面的清洗力度，对污染路面安排人员及时清洗，将路面污染降到最低程度；加大处罚力度，采取停工整顿，并严格予以处罚。对流动摊贩管理，坚持“堵疏结合”的原则，做到堵的严，疏的通。按照定时、定人、定岗的形式，不断加大巡查力度和密度，对流动摊贩沿街叫卖行为发现一起、纠正一起；在满足市民需求、降低市容影响的基础上，按季节、按区域合理设置临时安置点。在赛湖路、市府东路、电力路等 3 处设置了临时安置点，积极引导摊贩进入临时安置点经营。对车辆停放管理，坚持“教育为主、处罚为辅”的原则。鼓励违规车主志愿参与到车辆管理当中，以参与促学习，以传帮促提升，增强市民文明停车意识；针对机动车上人行道行为，在确保日常管理工作基础上，增加了夜间巡查管理的力度。对户外广告管理，坚持依法审批，严格监管，按照“规范审批、集中拆违、长效管理”工作思路，不断提升户外广告设置档次和管理能力，扮靓市容环境。年底，对城区所有灯杆旗广告、绿地上的广告牌等进行全面拆除，还城市应有的清新面貌。

【党员突击队奋战抗洪前线】 7 月 20 日—21 日，市城管局党员突击队协助供电部门，对防洪战线的线路进行抢修。为了节约时间，提高效率，市城管局党员突击队不畏炎热、不惧危险，驾驶冲锋舟在外河不停来回奔波，诠释了共产党员的责任和担当。

【多部门联合执法拆除“两违”建筑】 9月26日，市城管局、公安局、国土局、卫计委、桂林街道以及供电公司等部门组成联合执法队，对位于桂林街道桂林村一处占地面积约240平方米的违章建筑进行拆除。联合执法队警戒组、维稳组、思想工作组、拆违组各司其职，做好拆迁违章建筑相关工作。短短两小时内，执法人员动用钩机、切割机等设备，顺利将该处违章建筑彻底拆除。

【瑞昌城管微信公众号开通客服功能】 为了发挥居民在城市管理中的积极作用，形成全民动员、全市行动、全城担责的人人参与的浓厚氛围。9月25日，瑞昌城管微信公众号开通了客服功能。市民将所要反应投诉的内容输入到瑞昌城管微信公众号后，客服人员在第一时间作出回复，并将案件派发到具体部门，相关部门根据案件反映的情况，立即安排工作人员核实处理，以及反馈核实处理情况。

【做好精准扶贫工作】 8月26日，市城管局扶贫小组前往南阳乡严坂村走访慰问贫困户，带去了水果、月饼和牛奶等慰问物资。为把扶贫工作真正做到实处，落实到细处，随时精准掌握扶贫进程，市城管局为贫困户免费配送手机，确保与结对帮扶户之间24小时通话无障碍。配送手机为老人机，声音大、按键大，还可每月免费使用20元的话费。

（柯瑞铭）

附：2016年城市管理局副科级以上领导名录

局　　长：宋　巍（任至4月）

　　　　　周永坚（4月任）

党组书记：詹立辉

副 局 长：曹远军　田忠年　陈　珺

工委主任：陈瑞胜

第一大队大队长：陈　刚

第一大队教导员：陈　波

第二大队大队长：董耀茂

第二大队教导员：王能星

大唐新区中队：陈一鸣

码头分局局长：金大友

码头分局教导员：徐大荣

市容管理

【概 况】 2016年，市容局认真贯彻落实市委、市政府“推进城市管理升级”的要求，以“全市城市环境综合整治活动”为契机，立足本职真抓实干，努力提高道路清扫保洁、生活垃圾清运处置、街道洒水、公厕管理等工作质量，在为市民构建亮、美、优的城区环境，树立城市新形象方面做出了应有的贡献。

环卫作业模式再优化。随着城市环境综合整治活动工作的顺利推进，市民对卫生质量要求更高。面对市容环境卫生工作新形势、新任务，市容局进一步优化环卫作业模式，提高了清扫保洁质量。将中心城区所有道路划分为1～4级道路，按照“由主至次，以点带面”的原则，合理配置人员，重点整治环境卫生状况，逐步实现道路清扫保洁由人工清扫为主向机械清扫、人工保洁模式转变。创新洒水冲洗模式。尽量避开上班、上学放学等交通高峰期，采取凌晨机械清扫冲洗、白天两洒水、一冲洗的模式，按照确定的年度重点整治路段逐步实施。定期集中清理小区卫生垃圾死角，街道两边的杂草，定期整治城乡结合部环境卫生，做到大街小巷无卫生死角和四害滋生场所。积极探索创新，13座市区公厕实行市场化管理模式。

环卫设施再完善。续建的人民南路垃圾中转站已投入使用，新夜市中转站已完成主体建设进入装修阶段，可望在2017年元旦前投入使用。分别在码头、高丰、范镇建设了垃圾中转站，初步实现城乡垃圾一体化。新购置大型洗扫车、洒水车、护栏清洗车各1辆，垃圾收集车3辆，小型三轮电动保洁车20辆。以机械化清扫、冲洗为主，人工保洁为辅；逐步改善以人工板车收集垃圾为主的状况，加大机械收集垃圾力度。同时，加强次干道及边街小巷垃圾收集管理工作，实现边远路段垃圾勾臂箱全覆盖。由于现有的垃圾填埋场库容量接近饱和，市政府及时启动了新垃圾场规划建设工作，市容局积极协调，主动服务，确保新垃圾处理场建设的顺利推进。

环卫工人待遇再提高。在市委、市政府的关怀下，一线工人工资从每人每月1200元增加到1500元；同时还为符合条件的工人购买养老保险，组织一线工人进行健康体检，建立专门的体检档案；炎炎夏日，及时为职工发放各种防暑降温用品；积极开展扶贫帮困工作，职工家属生老病死，由工会组织进行慰问，重大节日开展看望慰问退休和困难职工以及扶贫慰问送温暖活动，切实解决他们的后顾之忧，充分调动环卫工人工作的积极性。

【开展城区环境卫生专项整治活动】 2016年，市容局每月开展一次城区环境卫生专项整治活动，力争做到“五个无”：即路面无白色垃圾、人行道无杂草、路缘石无浮土、城区无垃圾死角、清运无泼洒；努力实现“五个一样”：即节假日与平常一样，有无检查接待一样，白天与晚上一样，大街小巷与社区一样，雨天与晴天一样。

【荣获三八红旗集体称号】 2016年，浔阳路清扫班荣获“江西省三八红旗集体”荣誉称号。

（董丽霞）

附：2016年市市容局副科级以上领导名录

局　长：张振东

书　记：朱小林

房产管理

【概况】 2016年，市房管局在推进全市保障性安居工程建设、促进房地产业健康发展、做好房屋交易登记工作、扎实抓好党员干部作风建设、转变机关工作作风等方面卓有成效，圆满完成了全年目标任务。2016年度保障性住房工作成绩突出，获得江西省下发2016年住房保障工作奖励资金85万，排九江前三名；荣获市委、市政府授予的“2016年度招商引资先进单位”、市委授予的“2016年度包村帮扶工作先进单位”、市政法委、综治委授予的“2016年度政法综治工作优胜单位”、市综治委授予的“2016年度和谐平安单位”。

住房保障工作成绩斐然。2016年，市委、市政府高度重视保障性安居工程建设，市委、市政府领导亲自调度，确保工程安全、质量达标。通过上下积极努力，克服种种困难，工程建设快速推进。全市保障性安居工程开工任务和建成任务分别为2564套、820套，按要求全部开工，开工率100%，已完成基本建成任务820套，完成率100%，在江西省和九江市开工任务数和建成任务数均排名第一。全市有545户住房困难家庭摇号分配公租房，全年为278户低收入困难户发放廉租房补贴33.9万余元。自2009年以来全市建设公租、廉租房共5790套，面积达26万平方米，已为4528户住房困难家庭提供住房保障。保障对象动态管理、合同租金管理、物业管理、小区房屋及配套设施维修、维护管理、保障房小区住户与社区、物业协调工作等后续管理工作量越来越大，已经成为房管局重要的日常工作之一。

房地产开发市场管理有序。加强监管，规范秩序，努力保证房地产市场健康稳定。认真贯彻《中华人民共和国城市房地产管理法》，严格执行《城市房地产开发经营管理条例》，维护房地产开发市场秩序、促进房地产业的健康平稳发展。在执法监察过程中，对全市20多个房地产开发企业进行检查，制作现场检查记录80余份，收集证据14件，下达整改通知书14份，无行政处罚案件。全年共受理16起投诉案件，其中房屋质量方面5起、商品房开发11起。全年共核准房地产开发企业资质21件，其中核准新申报暂定级开发企业资质5件、资质延期延续12件、资质变更4件。全年共批准预售总建筑面积38.26万平方米，同比下降31.1%，共销售商品房面积59.09万平方米，同比增长4.86%，位居九江市前三名，销售均价3890元/平方米，同比增长1.59%，房地产市场健康有序发展。到年末，全市商品房库存得到明显的化解。全年累计化解商品房库存32.51万平方米，2016年年末全市商品房库存为77.07万平方米，较上年末下降29.67%，去化周期约为13.12个月；其中，商品住宅库存25.96万平方米，较上年末下降47.57%，去化周期约6.15个月。非住宅商品房库存51.11万平方米，较上年末下降14.92%，去化周期约30.9个月。

产权交易服务水平提升。转变工作作风，强化服务意识，房屋交易窗口工作快捷规范。全年共核发《房屋交易和产权确认书》2760本；办理《房屋他项权证确认书》2783本，抵押额17.82亿元，抵押面积92.26万平方米，抵押注销登记2932起，移交产权交易档案2379份；办理房地产交易2327宗，其中：商品房交易1215宗，二手房交易1112宗。已售商品房合同登记备案5635套，备案面积30.38万平方米，备案率达100%以上。创新服务形式，为群众排忧解难。对出国、孩子上学、抵押贷款等业务建立绿色通道；对园区企业实行优先服务；为行动不便的老人、残疾人提供上门服务20多起；对在外务工节假日回乡人员提供节假日预约加班服务，利用休息时间为群众服务30余起。严格遵守限时服务承诺制度，正确把握原则性与灵活性相结合，对急事、特事进行边审查边办理，切实方便群众，让前来办事的群众能体验到亲人般的热情和温暖。优化服务流程，提高办事效率。房管局始终把提高服务水平作为工作的中心和重点，结合工作实际，进一步优化工作流程。在保证登记准确无误的前提下，将变更登记、抵押登记由三审简化为两审；将注销登记由两审简化为一审。在此基础上，将初始登记、转移登记由法定时限30个工作日缩短到20个工作日；将抵押登记由法定时限10个工作日缩短到5个工作日；将抵押注销登记和异议登记由1个工作日缩短到随到随办，即时办结。通过大力简化审批程序和缩短办事时限，将房屋登记业务办理时限缩短至法定时限的2/3以内，提高了工作效率，最大限度地为申请人提供高效便捷的服务。

执法监察力度加大。不断规范行政执法检查监督，加大对违法案件的查处力度，明确执法责任，理顺执法程序，确保严格执法。开展整顿规范房地产市场秩序、楼盘开发矛盾纠纷排查等专项检查，涉及35家房地产开发企业43个开发项目，出动检查人次160余次，制作现场检查记录80余份，收集证据14件，下达整改通知书14份。受理投诉案件16起，其中房屋质量方面5起、楼盘开发方面11起。

【强化物业管理】 随着房地产市场的健康发展，全市物业服务从业队伍、管理区域不断扩大，物业管理任务日趋加重，为确保物业管理规范有序。房管局进一步规范了小区物业维修资金的归集工作，规范业务运作，明确分工，落实岗位责任制，分级把关，同时建立物业服务企业资质电子档案，开展动态核查。严格按照国家有关法律法规处理各类物业纠纷，全年共受理各类物业纠纷投诉事件80起，已办结76起，4起正在协调处理中；配合城管委做好市区“禁放”工作，抽调专门人员、集中时间对“禁放”工作进行了宣传和督查。共发放禁放烟花爆竹、共建美好家园致城区广大市民的一封信4万份、签订75户禁放承诺、查处21起违反禁放人员。

【加强产权产籍档案保管和利用】 随着房地产市场的繁荣，以及《中华人民共和国物权法》的出台，权属档案作用更大，为了加强档案保管工作，做到了档案存放规范，标志清楚，库房专用，严格按照市档案局要求将“八防”工作落到了实处，确保了档案的绝对安全。截至2016年12月底共计利用档案管理系统立卷归档了私产65524卷，企业4134卷。交易、抵押查询录入了4603卷，商品房交易纳税出具证明5630份，为学校报名出具无房产证明800余份，为公安法院查封、解除办理458件，公安“非转农”户口查询以及首套房查询共计约365件。

【白蚁“防治并举”】 坚持“预防为主，防治结合，综合治理”的白蚁防治理念，做到早发现，早灭蚁，热心做好白蚁防治服务工作。2016年，白蚁预防面积48.51万平方米，灭治面积0.23万平方米。

【认真做好房屋测绘】 测绘工作任务重、责任大。全市所有的拆迁项目、开发项目和自建房屋都离不开测绘。2016 年全年共完成测绘任务 891 起（含拆迁房），自建房 59 起，商品房实测 151 起，商品房预测 66 起。测绘总面积 140.84 万平方米（含拆迁面积 15.73 万平方米）。

（陈拥华）

附：2016 年市房管局副科级以上领导名录

局　长：黄梦江（6 月任）　陈　刚（任至 6 月）
副局长：张　虹　王卫华　赵相贵
　　　　傅　晔（任至 7 月）
工委主任：桂丹丹
总经济师：谌进喜
征收办主任：李广军

环境保护

◇◇本栏编辑　谈少英

综　述

【概况】　2016年，环保工作紧紧围绕市委、市政府“坚持实干创新、推进五大升级”发展战略，坚持以改善环境质量为核心，突出经济发展大局，把握环境质量核心，严格环境准入，加强监管执法，解决突出环境问题，推动环境质量改善，全面推进绿色生态美丽瑞昌建设。被省环保厅评为“全省重点工作先进单位”，被九江市环保局评为“全市环保工作目标管理考核先进单位”“全市工业污染源环境统计核查工作先进单位”。

严守生态红线。7月，省政府正式印发《江西省生态空间保护红线区划》，全市生态红线管控面积469.8平方公里，占辖区总面积的33%。其中一级管控区16.6平方公里，占辖区总面积的1.17%；二级管控区面积453.2平方公里，占辖区总面积的31.83%。生态红线划定后，市环保局严格执行一级、二级管控区管控要求，从源头上杜绝开发建设活动对生态环境的破坏。

全力服务项目建设。2016年，市环保局强化服务措施，服务决战工业大局，全力保障重大产业项目建设。对落户项目主动介入、靠前服务，全程跟踪项目的立项、规划、选址、污染治理设施建设等。建立重大项目环评审批绿色通道，主动大幅压缩市本级环评、评估、审批、验收等环节时间，对上级环保部门审批验收项目，安排专人协调配合，陪同办理，尽量缩短审批时限，做到污染治理设施与主体工程同时设计、同时施工、同时投入使用，对重点项目建设实施全过程环境监理。全年完成理文化工年产30万吨过氧化氢、2000Nm^3/h氢气提纯及配套项目、年产8万吨氯化亚砜及天瑞丰收化工年产140万吨新型肥料项目、理文兴昌环保有限公司年产20万吨聚合氯化铝等重大项目的环评报批和理文化工年产16万吨甲烷氯化物项目一期工程、有机氟化工系列产品项目一期工程、有机氯化工产品及其配套项目一期工程（75兆瓦自备热电站）等重大项目的“三同时”验收工作。全市新建项目环评执行率100%，“三同时”执行率100%，受理办结率100%，网上公示率100%。全市共审批建设项目228个，“三同时”验收100个，否决不符合环保要求项目5个。

环境监测

【概况】　2016年，市环保局加大对市域地表水4条主要河流11个监测断面、赤湖瑞昌境内2个监测断面、全市6个集中式饮用水源保护地水质的监测力度，利用2个环境空气自动监测站对城区大气环境质量进行不间断监测，全面掌握全市水质和大气环境质量状况。全市城区环境空气优良天数为344天，优良率为94.3%；地表水13个断面达到地表水质量Ⅲ类及以上标准，保持良好状态；集中式饮用水保护地水质达标率为100%。

【开展监督性监测】 2016年，市环保局加强对国控点和重点监管企业进行监督性监测，为瑞昌环境监督管理提供第一手资料。始终严把项目准入关口，对不符合国家产业政策和环保要求的项目坚决不予审批。严格执行环境影响评价和“三同时”制度，要求新落户项目必须办理环评审批手续后方可开工建设，做到污染治理设施与主体工程同时设计、同时施工、同时投入使用，对重点项目建设实施全过程环境监理。

【加强饮用水源地保护】 2016年，市环保局建立日常巡查和定期监测制度，对码头长江地表水、城区张畈地下水、南义、横港、范镇、肇陈、石门水库等7个集中式饮用水源保护区进行定期检查，每月对饮用水源地水质进行监测，并向社会公布水质状况。加快推进全市11个农村饮用水日供水千吨（含）以上水源保护区划定工作，12月22日已召开专家评审会，确保年底全面完成。

环境治理

【概 况】 2016年，市环保局积极实施碧水蓝天宁静工程，大力开展生态环境综合整治，切实改善全市环境质量，努力提高人民群众环境幸福指数。

【实施蓝天工程】 2016年，市环保局按照上级工作要求，实施蓝天工程。瑞昌市已有36家矿山企业实现封闭作业，使用布袋除尘器及喷淋设施进行除尘，2家企业使用BME抑尘剂除尘；33家矿山企业安装车辆出厂自动感应冲洗设施，并对出厂车辆加盖篷布；有35家矿山企业安装无组织粉尘在线监控设施，并与市局实现联网。加强机动车污染防治。全市共免费发放机动车环保检验合格证8325张，其中绿色标志8122张，黄色标志203张；老旧机动车和黄标车淘汰594辆，占九江市下达任务数的103%。加快加油加气站污染治理。中石化14家加油站和1家储油库全部完成油气回收治理并通过九江市环保局验收。

【实施碧水工程】 2016年，市环保部门按照实施碧水工程要求，全面落实“河长制”。认真履行河湖环境保护工作职责，开展“一江两湖七河”周边污染湖调查摸底，严防污水直排河湖。推进全市工矿企业及工业集聚区水污染整治工作，促进企业水污染物达标排放，瑞翔纸业投资2亿元整体搬迁到码头镇原陶瓷基地地块，建设先进的生产工艺和污水治理设施；恒信漂染投资近400万元对污水治理设施进行整体升级改造，实现工业污水稳定达标排放。推进农村面源污染防治，关闭搬迁5家养殖场，完成39家规模养殖场污染治理，大力推广集约、高效、生态畜禽养殖技术。瑞昌长江水资源保护工作得到省人大肯定。

【实施宁静工程】 2016年，市环保局联合公安、城管等部门开展广场舞专项整治，明确活动时间，限制活动范围，控制音响音量，改善人民群众居住环境，减少噪音扰民。加强对建筑工地、工业企业和娱乐场所日常监管，不定期开展夜间巡查，保证厂界噪声达标排放。在高、中考期间严控噪音产生单位的管制，组织执法人员24小时巡回检查，为考生营造良好的应考环境。

【开展生态环境综合整治】 2016年，全市积极推进农村环境整治和生态乡村创建。市农村水环境污染治理整县推进示范项目已通过省环保厅批准，争取中央财政资金424万元。白杨镇被授予省级生态乡镇，横立山乡光辉村、芦塘村，肇陈镇大林村、建坪村、八门村，范镇陡岗村、源源村、良田村，横港镇富强村、赤岗村，洪一乡大畈村荣获九江市级生态村。横立山乡、武蛟乡已申报省级生态乡镇，横立山乡光辉村、武蛟乡上湖村、南阳乡排砂村、花园乡南下村已申报省级生态村。

环境监管

【概 况】 2016年，市环保局探索创新环境监管模式，严厉打击环境违法行为，保持对违法行为高压态势，解决环境执法失之于宽、偏之于软问题。共出动执法人员1400余人（次），检查企业700多家（次），行政处罚18家，罚款186余万元，移送公安机关1家，关闭企业4家，调处污染纠纷91件。

【强化环境监管】 2016年，市环保局转变环境监管思路，开展零点行动，强化环境监管。采取不发通知、不打招呼、不要陪同、不听汇报、直奔现场、直接采样“四不两直”方式，对企业进行夜间突击检查，对夜间偷排污染物行为的企业，做到及时发现、从严查处。开展辖区交叉执法检查，对全市所有企业进行地毯式摸排，发现环境问题，消除环境隐患，解决执法盲区，避免人情执法。

【整改突出环境问题】 2016年，市环保局对中央环保督察组信访件认真督查整改。按照“八个一”工作机制和“六不放过”工作要求，在督察期间承办的15件中央督察组信访件全部办结，其中责令立即改正1件，限期整改8件，停产整改3件，立案处罚2件，关停取缔1件，立案侦查2件，约谈7人。截至12月底，除凹里湖垃圾填埋场尚未整改完成外，其他企业均按要求整改到位。在督查整同时，进行违法违规建设项目清理，共清理75家违法违规建设项目。其中整顿规范50家，完善备案21家，关停4家。

（柯亚芳）

附：2016年市环保局副科级以上领导名录

局　长：幸珍祥
党组书记：江昌尧
副局长：叶礼江　雷剑春　文　斌
党组副书记：柯志军
总工程师：蔡泽华
工委主任：陈珊红
党组成员：陈老四
维稳督查员：柯庭锋
环境监察大队大队长：黄治华
环境监察大队教导员：胡　元
环境监测站站长：李中华
码头分局支部书记：郑爱国

自然观测

◇◇本栏编辑　李木林

气象观测

【概 况】　2016 年，市气象局以现代化项目建设为基础，以“提高气象防灾减灾的服务能力”为核心，不断完善气象预警信息发布系统，加强气象为新农村建设服务和农村防雷减灾工作，努力提高气象服务的主动性、灾害预警的时效性、防范应对的科学性，充分发挥气象在防灾减灾、经济建设、服务群众生活和社会发展各方面的重要作用。

业务工作扎实有效。按照上级业务部门和市委、市政府要求圆满完成了全年各项任务。通过电话、手机短信、显示屏、大喇叭、电子邮件、电视、纸质材料等服务手段，将气象信息及时传递到了地方党政领导、相关单位、气象信息员和每个行政村老百姓，加强了与水利、地矿和农业等相关部门的合作。2016 年共发布暴雨、雷电、大风等各类气象灾害预警信号 136 条，发布各类气象灾害预警服务短信 1 万余条。面对全市防汛抗洪严峻形势，气象局适时启动应急预案，执行 24 小时应急值守班制度，安排了领导带班及副班，遇有重要情况及时向市领导汇报。在微信上建立了“瑞昌市气象灾害决策服务群”，群成员包括市委、市政府相关领导和各乡镇主要领导，专门提供每天的气象预报信息，遇有重大天气时每隔 1～3 小时发布未来雨势及雨情通报等信息，为市委、市政府防汛调度及各乡镇防汛提供决策气象服务。还邀请九江市气象局高工王维建到市指导汛期气象预报工作，并将业务值班人员分成两组，一组在单位值班，一组在防汛办值班，都执行 24 小时值班制度，随时关注天气情况，及时传递气象信息。7 月 7 日至 11 日，为有效保障防堤防汛队员在雷雨天气的人身安全，安排资金 2 万余元请科技服务人员对赛湖城防堤所有应急帐篷安装避雷针，共计安装避雷针 96 根；并对长江赤心堤、梁公堤所有的防汛亭进行了防雷设施检测。同时向防汛队员发放《防汛队员防雷八项注意》宣传单 1000 份，张贴注意事项 100 份。防汛抗洪期间的气象服务工作得到了市领导以及相关单位的肯定和好评，在全市防汛抗洪工作总结大会上荣获“2016 年度防汛抗洪工作先进单位”称号；职工桂训卯荣获“2016 年度防汛抗洪工作先进个人”称号。在市第三小学新建立了一个校园自动站，在湓城街道雷家林社区建立了气象防灾减灾示范社区。

加强乡、镇气象服务功能。各乡镇安装的电子显示屏和行政村安装的气象灾害预警大喇叭，在线率均稳定在 95% 左右。全市所有乡镇均建立和完善了气象信息服务站，部分村和农村合作社建立了气象服务点。继去年成功申报白杨镇、范镇、横港镇、高丰镇四个标准化气象灾害防御乡镇后，2016 年又申报了南义镇、肇陈镇、花园乡、码头镇四个标准化气象灾害防御乡镇。对 21 个气象信息服务站站长进行了气象防灾减灾知识培训，对全市 480 个信息员进行了培训，培训率达 100%。全市有 85% 以上的行政村已制作了村级气象灾害应急行动计划。与市农工部联合下文将农村防雷工作纳入农村建房审批流程、纳入新农村建设考核体系、纳入新农村建设宣传教育体系中，实现农村雷电灾害防御工作规范化、操作程序简单化、投入成本最低化、防雷安全意识普及化，确保将农村防雷工作作为一项为民办实事的惠民工程落地生根。在洪一乡大畈村建立了瑞昌市首个农业防雷减灾示范点。

继续加强党风廉政建设工作。气象局领导班子高度重视党风廉政建设工作，加强对党员干部的教育、管理和督查工作，建立健全防范党员干部侵害群众利益不正之风和腐败问题及改进干部作风的长效机制，积极营造极具地方特色又有气象行业特点的廉政氛围，严格执行“三重一大”决策制度和“三人决策”机制。全年召开专题研究党风廉政建设工作会议不少于4次。局机关层层签订党风廉政建设责任书。按照党风廉政建设宣教月活动方案，积极参加九江市局举办的廉政文化作品征集活动、演讲比赛，组织干部职工参观洪一乡瑞昌县苏维埃革命纪念馆，向职工家属发出一封倡廉互廉公开信，召开了专题民主生活会，主要领导讲党课。积极参加瑞昌市委、市政府组织开展的“清廉为民大走访”活动，组织干部职工对新城风尚小区235户住户开展了走访，宣传市经济社会建设取得的成绩，党风廉政建设和反腐败工作好的举措和取得的成效。继续开展“党员干部参与赌博问题专项治理”“集中整治和查处基层侵害群众利益不正之风和腐败问题”等专项整治工作，党员干部都填写了相应的自查自纠情况登记表和承诺书，在局政务、公务信息公开平台上公开了市纪委和本单位的监督电话及举报邮箱。8月到10月底，安排督察人员进行了5次调查摸排，都没有发现“微腐败”及“党性不强、作风不实、处事不公、办事不畅、为政不廉”现象。

【认真抓好党建工作】 按照省、市局及瑞昌政府要求，开展“两学一做”教育学习活动，制定《瑞昌市气象局“两学一做”学习教育方案》。每月积极开展党员日活动，“七一”邀请退休老党员参加座谈会并重温入党誓词。深入学习了瑞昌市第七次党代会、九江市第十一次党代会、江西省第十四次党代会和十八届六中全会等会议精神，每人都撰写了心得体会。10月完成了党支部的换届选举工作。

【积极开展气象科普宣传工作】 3月23日是世界气象日，市气象局邀请江西省气象局专家到市举办气象灾害应急防御培训班，全市各乡（镇、场、街道）分管领导、市气象灾害防御指挥部成员单位分管领导、气象信息员代表共计60余人参加了此次培训；“5·12”防灾减灾日，联合民政局、人防办、地震局、消防大队等有关部门开展了以“减少灾害风险，建设安全城市”为主题的防灾减灾日科普教育宣传活动；6月24日，在瑞昌市政府举办全市防汛、地质灾害、气象知识培训班，向各乡（镇、场、街道）分管领导、气象信息员等相关人员120余人宣传了气象知识。全年共发放气象防灾减灾宣传资料资料1万多份，通过宣传增强了人民群众科学防灾减灾意识和灾害自救的能力。

【编制瑞昌市气象事业“十三五”规划】 2016年，成立了规划编制领导机构、综合规划、专项规划编写组和重点工程编写组。瑞昌市气象事业“十三五”规划纲要已颁布，已将大气环境气象监测、城市内涝灾害预测预警实时监控系统、区域自动站更新改造、长江经济带航运安全气象保障等四个项目纳入规划纲要重点工程中。瑞昌市气象事业发展“十三五”规划稿件已交市发改委，由发改委提交瑞昌市政府常务会，待常务会讨论通过后正式发文。

【气象科技工作者下基层“三送三促进”活动走进瑞昌】 3月25日，由省气象学会、九江气象学会联合开展的气象科技工作者下基层“三送三促进”活动走进瑞昌，为基层领导和气象信息员带来了气象灾害防御与管理的科普“大餐”。省气象学会秘书长邓志华、省气候中心副主任、高级工程师王怀清、省气象灾害应急预警中心副主任、高级工程师喻迎春为瑞昌市各乡（镇、场、街道）分管领导、瑞昌市气象灾害防御指挥部领导小组成员单位分管领导、气象信息员代表进行气象灾害应急防御培训。九江市气象局局长孙国栋、副局长孙家驰参加了此次活动，瑞昌市分管副市长谈太君出席开幕式并致欢迎词。为配合这次活动，瑞昌市应急办、科协、民政局、地震局、农业局、气象局等单位联合组织技术人员在瑞昌市柳湖公园开展科普宣传活动，现场为民众讲解气象常识、防雷知识、气象与农事等方面的科普知识，发放《气象灾害防御指南》《农村气象灾害避险》《气象灾害防御明白卡》等气象科普信息资料1000余份，现场解答群众咨询100多例。

【省民政厅领导考察气象信息服务站信息传输工作】 4月12日，省民政厅救灾中心欧阳主任一行来到瑞昌市范镇气象信息服务站，了解气象信息服务站工作情况，特别是气象预警信息的传输、灾情搜集及报灾路径等情况，详细了解了县—乡气象服务平台中“灾情上报”功能模块的使用情况。考察组一行对瑞昌市气象、民政两部门长期以来紧密合作予以充分肯定。九江市民政局、瑞昌市民政局有关领导陪同。

【省气象局党组书记、局长薛根元到瑞昌气象局指导工作】 6月23日，省气象局党组书记、局长薛根元、省气象局计财处处长肖月愉到瑞昌气象局调研“县账市管”试点工作。九江市气象局党组书记、局长孙国栋，副局长王传根、办公室主任张恒桃陪同调研。薛根元对瑞昌气象局近几年的工作予以肯定，对“县账市管”工作作了明确的指导，并对大家都关心的防雷体制改革情况进行了解惑。薛根元对下步工作提出了四点要求：要加强当前的汛期气象服务工作，做好持续作战的思想准备；要持续推进气象现代化建设，做好“十二五”规划的扫尾工作，对于“十三五”规划要主动融入地方发展规划；积极应对防雷减灾体制改革，确保队伍稳定；进一步加强从严治党，落实好“两个责任”，做好党风廉政建设工作，不能重业务轻党建。

【做好防雷安全监管工作】 2016年，市气象局联合安监局开展两次防雷安全生产大检查，共检查了26家单位与企业。对一些防雷设施不完善、制度和档案不健全的小部分企业下达整改通知书，责令限期整改。针对“11·24”特别重大事故，气象局迅速落实省气象局、市气象局安全生产电视电话会议精神，召开了安全年生产大检查工作动员会，成立了防雷安全检查小组并详细部署了防雷安全大检查工作，要求检查组对瑞昌市所有化工企业、易燃易爆单位开展防雷安全大检查。与市农工部联合下文将农村防雷工作纳入农村建房审批流程、纳入新农村建设考核体系、纳入新农村建设宣传教育体系中，实现农村雷电灾害防御工作规范化、操作程序简单化、投入成本最低化、防雷安全意识普及化。在洪一乡大畈村建立了瑞昌市首个农业防雷减灾示范点。为认真贯彻落实《国务院关于第一批清理规范89项国务院部门行政审批中介服务事项的决定》《国务院关于第二批清理规范192项国务院部门行政审批中介服务事项的决定》《关于优化建设工程防雷许可的决定》、江西省气象局赣气发〔2016〕103号和九江市气象局浔气发〔2016〕46号文件精神，6月底取消了对建设项目雷电灾害风险评估、防雷设计技术评价中介服务事项；7月27日取消了对新建、改建、扩建（构）筑物防雷装置检测中介服务事项，不再要求申请人提供相关评估、检测报告，改由审批部门委托有关机构开展。已发函告知瑞昌市发改委、瑞昌市行政服务中心。新建、改建、扩建（构）筑物防雷装置检测工作仍由气象局局负责，但已取消收费。

【下发施放气球安全管理告知书】 2016年，市气象局对全市所有广告公司发放告知书，告知他们未依法履行审批程序、未按照审批内容进行施放、作业单位无资质施放、施放的气球无专人值守、施放作业违反操作规程、安全保障措施不到位以及系留气球意外脱离未按规定及时报告、发生安全事故隐瞒不报等违法违规行为，一经发现，立即查处取缔。

【瑞昌市2016年气候概况】 2016年，瑞昌年平均气温为17.8℃，比历年同期平均值17.1℃偏高0.7℃，其中1月上旬旬平均气温8.2℃，超历年极值（7.6℃）；8月中旬旬平均气温32.5℃，比历年同期平均值高4.3℃，并超历年同期极值（31.7℃）；年总降水量为1683.7毫米，比历年同期平均值1506.3毫米偏多177.4毫米；2016年汛期（4—9月）总雨量为1301.2毫米，比往年同期1019.6毫米偏多281.6毫米，6月—7月上旬降雨量（595.5毫米）比历年同期明显偏多，特别是7月上旬降雨量（169.4毫米）比往年（62.2毫米）偏多107.2毫米。年总日照时数为1431.5小时，比历年平均值1628.2小时偏少196.7小时。本年度月平均气温相对于历年同期平均值除5月和6月偏低，其余10个月偏高；月总降水量有6个月偏多，6个月偏少；月总日照时数有5个月偏多，7个月偏少。与往年相比，2016年属于气象灾害偏多的年份，暴雨日较常年明显偏多，特别是汛期雨量较常年偏多近3成，一度使全市防汛形势严峻。除汛期雨量偏多以外，其他时段的气候较为正常。

2016年瑞昌市气温情况表

单位（℃）

月份	月平均气温	极端最高气温		极端最低气温	
		极　值	出现日期	极　值	出现日期
1	4.8	18.6	3	-8.4	25
2	7.8	23.8	12	-3.5	3
3	12.2	26.3	7	0.1	11
4	18.6	30.4	30	9.6	18
5	21.2	33.0	12	11.9	17
6	25.4	37.1	23	17.5	4
7	29.4	40.1	29	23.3	5
8	29.9	39.1	20	18.4	29
9	25.1	35.3	2	17.0	2天
10	19.3	28.4	4	10.5	2天
11	12.3	25.3	5	1.2	24
12	8.0	20.8	5	-1.0	17

2016年瑞昌市降水情况表

单位：毫米

1月	2月	3月	4月	5月	6月	7月	8月	9月	10月	11月	12月	合计
65.6	45.4	60.8	242.1	143.8	426.1	219.0	80.2	190.0	92.2	45.1	73.4	1683.7

2016年瑞昌市日照情况表

单位：小时

1月	2月	3月	4月	5月	6月	7月	8月	9月	10月	11月	12月	合计
52.5	149.0	122.0	108.2	106.4	139.0	165.5	219.9	150.8	38.4	75.0	104.8	1431.5

（桂训卯）

附：2016年市气象局副科级以上领导名录

局　长：郑昌江

副局长：石　勇

水文水资源巡测

【概 况】 为深入贯彻国家新时期治水方针，全面落实水利部关于深化水利改革发展的决策部署，切实践行“大水文”发展理念，推动水文监测工作科学发展，根据九江水文监测改革及水文事业长远发展的要求，瑞昌水文水资源巡测中心于2016年4月1日正式运行，全面负责瑞昌市、九江县及市辖区的水文监测工作，进一步提升水文信息服务能力。瑞昌市辖区内共有水文站4处，水位站7处，雨量站39处，蒸发站1处，墒情站1处，水质监测站22处，构成全市水文监测网络体系。市水文水资源巡测中心全体职工切实履行工作职责，努力提高水文服务的主动性，实时发布水情预警预报，积极为地方政府和领导在防汛抗旱决策方面提供精准、及时、科学的水文数据，圆满完成了全年各项工作任务。

中心组建工作顺利完成。在九江市水文局的统一领导下，瑞昌水文水资源巡测中心基础建设、人员、仪器装备等方面顺利组建到位。中心现有建筑面积424.2平方米，在职在编人数8人。管辖区域包括瑞昌市、九江县、市辖区，辖区面积2898平方千米，总人口140.6万人。中心辖区内共有水文站6个，其中新建水文站5个；水位站26处，雨量站64处，墒情站1处，水质监测断面16个。按观测项目分有：流量6站，水位32站，雨量94站，蒸发站2站，墒情1站、水质16站。

积极做好防汛水文服务工作。2016年入汛以来，受强降雨和长江上游来水影响，瑞昌中心辖区内多条河流、湖泊水位相继超警戒。汛情就是命令，为了做好防汛水文服务工作，瑞昌中心高度重视，周密部署，严格按照市局、市县防指下达的有关防汛工作要求，增强中心水文职工防大汛、抗大洪、持续作战的意识，密切关注天气形势及水雨情变化，认真开展水文测报工作，及时主动为地方政府和防汛部门提供水文服务，充分发挥防汛的“耳目”和“参谋”作用，为安全度汛提供技术支撑。在2016年防汛抗洪工作中被瑞昌市委、市政府表彰为“先进单位”。

【及时监测雨水情况】 2016年，瑞昌市平均降雨量1610.1毫米，其中汛期（4—9月）平均降雨量1229.2毫米。降雨量最大的站点是夏畈站，为1776.0毫米。1—3月，瑞昌市江河水位延续上年末低枯水情势，江湖水位普遍偏低。进入主汛期后，受强降雨和长江上游来水影响，瑞昌市主要河流、湖泊相继超警戒：码头镇年最高水位22.5米（7月9日），超警戒1米；赛城湖年最高水位21.6米（7月15日），超警戒2.6米；乌石港铺头站年最高水位38.71米（6月19日），超警戒0.21米；赤湖年最高水位16.45米（7月20日），超警戒1.25米。

【全面掌握水资源情况】 2016年，瑞昌全市自产地表水资源量14.59亿立方米，折合年径流深1025.3毫米，比多年平均值多30.4%，比上年多18.2%。年内全市总水资源量14.59亿立方米，地表水资源量14.59亿立方米，地下水资源量2.29亿立方米。全市调度的中型水库4座。年末全市大、中型水库蓄水总量0.21亿立方米，比上年末持平。年内全市总用水量1.66亿立方米，其中地表水源供水量1.60亿立方米，地下水源供水量0.06亿立方米。农业灌溉用水量0.87亿立方米，占总用水量52.4%，林牧渔畜用水量0.03亿立方米，占总用水量1.8%，一般工业用水量0.53亿立方米，占总用水量31.9%；城镇公共用水量0.02亿立方米，占总用水量1.2%；居民生活用水量0.20亿立方米，占总用水量12.0%；生态环境用水0.01亿立方米，占总用水量0。

【积极服务防汛调度工作】 7月4日晚，瑞昌市委、市政府紧急召开防汛工作调度会，对近期的工情、水情、雨情、灾情等情况进行了通报，启动防汛Ⅲ级应急响应。同时组建7个防汛小组，根据安排，瑞昌水文水资源巡测中心归入防汛信息调度组。会后，“中心”立刻派陈新爱同志入驻市防汛指挥部参加防汛调度工作，根据防汛需要，提供及时科学的水文测报、预报服务。

【全程服务防汛抗洪】 7月10日晚，瑞昌市市长郭小云主持召开赛湖堤防汛抗洪工作调度会，部署安排赛湖堤防汛抢险工作。会上，瑞昌水文巡测中心根据降雨量、长河流量情况预测11日至12日赛城湖水位将上涨0.6～1.8米。7月12日，在赛城湖汛情日趋严峻、防汛抗洪进入关键时期，九江市水文局局长吕兰军专程赶赴瑞昌督查指导防汛测报工作，要求瑞昌水文巡测中心，加强水文监测和预报，积极主动为地方政府做好水文服务。水情科副科长樊建华就水情情报与预报工作，为巡测中心人员作了技术辅导。为做好准确预测赛城湖水位变化，“中心”加密瑞昌水文站的测流频次：6日15时测得流量85.6立方米/秒（水位19.10米）；13日10时流量37.9立方米/秒（水位19.36）；22日10时流量21.9立方米/秒（水位19.22米）。一组组实时数据，为瑞昌市防汛指挥决策提供技术支撑。

【完成中心水文规范化建设】 “中心”积极做好站容站貌、管理制度、文化建设等三个方面的规范化建设，提高“中心”的管理水平，提升水文的社会形象，增强“中心”职工的凝聚力。“中心”职工献计献策，集思广益，因地制宜、切合本身实际，完成了“中心”办公场所及下辖6个水文站、2个水位站的规范化建设。

（江　茜）

附：2016年瑞昌水文水资源巡测中心领导名录

主　任：兰　俊

副主任：郎锋祥　胡　文

防震减灾

【概 况】 2016年，瑞昌市防震减灾局以最大限度减轻瑞昌市地震灾害损失为根本宗旨，着力完善地震监测预报、地震灾害预防、地震应急救援三大体系建设，充分发挥防震减灾部门的作用，防震减灾事业得到稳步扎实的推进。荣获全省防震减灾工作综合“先进单位”、九江市“法律六进”普及达标“先进单位”称号。

*抗震设防管理稳步推进。*4月，防震减灾局进驻行政服务中心，设立审批窗口和行政审批室，确保建设工程100%经过防震许可。全年审批建设工程项目17个。联合建设局、规划局等单位，对全市在建建设工程项目进行不定期的抗震设防行政执法检查。检查各工程项目的抗震设防审批手续是否齐全、建设工程是否按审批要求进行抗震设防，并对建筑物基础、结构是否符合相关规定进行检查。确保建筑工程项目能够依法依规进行抗震设防，真正做到一旦遇到灾害也能够最大限度地减轻灾害损失，保障人民生命财产安全。

*“三网一员”体系不断完善。*2006年，防震减灾局在全市建立了群测群防“三网一员”网络，积极推动地震宏观测报网、地震灾情速报网、地震知识宣传网、防震减灾助理员“三网一员”建设。全市21个乡（镇、场、街道办）已有54个地震宏观观测点、106个农村民居地震安全示范点、63个应急避难场所和26个地震应急救援队伍。市委、市政府已连续五年将防震减灾工作列入乡镇党政目标考评体系，建立和完善目标管理责任制，激发了乡镇对防震减灾工作的重视，有力地促进了全市防震减灾事业的发展。

*应急避难场所不断扩大。*2016年，总投资180万元的花园乡6000平方米应急避难场所全面建成，防震减灾局给予了8万元资金帮扶，打造成乡镇的应急避难场所样板。帮扶3万元新建码头赤庄村四组端门张新村2000平方米的应急避难场所。在社区、学校共新建了20000平方米的地震应急避难场所，极大地提升了全市的应急避难水平。

*科普宣传活动全面开展。*在“5·12”防灾减灾日、“11·26”纪念日、“12·4”普法日期间，防震减灾局通过举办防震减灾科普讲座、组织群众参观防空防灾宣教馆、设立科普咨询台、悬挂宣传横幅50条、发放宣传手册5000余份，以及电

视台、报社、网络等多种媒体宣传的形式，广泛宣传防震减灾知识和防震减灾法律法规，并对6月1日新实行的新一代《中国地震动参数区划图》进行宣传，动员全社会共同参与防震减灾工作，做到防震减灾社会化。

中心工作任务圆满完成。按照“三会一课”制度，防震减灾局党支部每月召开一次全体党员会议，每次围绕一个专题进行讨论学习，把集中学习和个人自学结合起来，明确自学要求，引导党员搞好自学，“两学一做”学习教育取得实效；通过就业帮扶、兜底帮扶、发放助学金、走访慰问等多种形式开展精准扶贫工作。根据市委、市政府安排部署，防震减灾局在桂林街道东关村进行精准扶贫，帮扶的9户贫困对象2016年人均可支配收入均已超过国家扶贫标准（2016年达到3146元以上），扶贫工作取得明显成效；防震减灾局共外出招商6次，主要是到浙江台州一带考察相关项目，获得招商信息7条，引进总投资6500万元，固定投资3500万元的净水器生产、销售、服务等项目一个，圆满完成了市委、市政府下达的招商引资任务。

【“陆态网络”GNSS基准站落户瑞昌】 在瑞昌建设地震台站，一直是瑞昌市委、市政府领导关心和重视的工作，经过多方努力争取，2016年9月，中国地震局和省地震局有关专家到瑞昌为“陆态网络”GNSS基准站建设项目勘察选址，经过层层筛选最终选定桂林街道东关村一组团山符合建站条件，瑞昌市委、市政府给予大力支持，并无偿划拨3亩土地用于台站建设。“陆态网络”GNSS基准站建设项目全省只有5个县市获批，这在九江地区也是唯一一个获批的项目，填补了九江地区无县（市）地震站台的空白，该站建成后将极大地提升全市的地震监测预测能力。

【国家级防震减灾科普基地建成】 3月，瑞昌国家级防震减灾科普教育基地“防空防灾宣教馆”正式建成并对外开放使用。宣教馆位于市区大唐“三个中心”二楼内，总面积1800平方米，总投资800万元，内设地震体验屋、4D影院、3D投影、实景模拟等多种含有高科技元素的实景，向观众全方位、多层次地展示、宣传自然灾害的发生和应对措施，提高全民应对自然灾害的自救互救技能。2016年，防震减灾局组织市民代表、学生代表、乡镇防震减灾助理员、村民代表等30批次参观宣教馆，全年接待量近万人。

【九江市防震减灾局长会议在瑞昌召开】 3月18日，九江市防震减灾局长会议在瑞昌召开，参会人员有九江市防震减灾局全体人员和各县区防震减灾局局长。这是九江市防震减灾局长会议首次在县（市）召开，充分显示了九江市防震减灾局对瑞昌市防震减灾工作的肯定与重视。会议期间，全体与会人员参观了瑞昌市防空防灾宣教馆。

【瑞民家园荣获“全国综合防灾减灾示范社区”】 2016年，防震减灾局会同民政局积极开展国家级防灾减灾示范社区创建工作，已成功创建广场社区和黄家湾社区为“全国综合减灾示范社区”，瑞民家园社区成功申报“全国综合防灾减灾示范社区”。各示范社区内都配有专门的防灾减灾办公室、地震应急避难场所、防震减灾宣传栏等设施，极大地提高了全市防震减灾示范作用。

（王　瑜）

附：2016年市防震减灾局副科级以上领导名录

党组书记、局长：徐尤寿（任至4月）
　　　　　　　　刘全利（4月任）
党支部书记：蔡茂谊（任至4月）
党组成员、副局长：徐勋富（任至6月）
　　　　　　　　　朱卫忠（6月任）

科学技术

◇◇本栏编辑　李木林

综　　述

2016年，市科技局紧紧围绕市委、市政府提出的“五大升级”，力争进入全省十强县市，实现与全国同步全面建成小康社会”奋斗目标，积极推动科技创新驱动发展，加大自主创新工作力度，努力提升科技服务质量，加强知识产权管理，严格项目监管，各项工作扎实推进，取得了明显成效。

科技创新成效显著。企业研发投入不断增加。2016年，全市企业R&D经费投入总计可达2亿元，企业R&D经费支出占GDP比重可达1%以上。高新企业产业增加值大幅提高。瑞昌市是一个工业大市，工业增加值一直位于九江市前列，但资源型企业和纺织服装业占了半壁江山，因此，高新技术产业增加值一直靠后，上年度，全市列入高新技术产业行业代码的企业只有5家，高新产业增加值占比只有7.6%，低于省市的占比26%的要求。4—6月，科技局与市统计局多次协调，对19家企业的行业代码进行了更改，高新技术增加值可达40亿元以上，占比30%。企业创新活动明显提升。在市统计局的大力支持下，市科技局组织召开了专门的科技统计年报工作会，并深入企业指导会计填报，企业在填报主动性和准确性上都有很大的提高，全市共有42家规上企业填报了相关数据，经省市统计部门的审核，最后通过有创新活动的企业达到27家，有创新活动的企业占比达到23%。技术贸易合同登记实现突破。技术贸易合同为新增考核指标，2015年，瑞昌没有进行技术贸易合同网上登记。2016年，市科技局认真落实，积极做好技术贸易合同网上登记工作，目前已有20余家企业进行了网上登记，合同登记金额达5000余万元。知识产权工作快速推进。2016年市政府制定《瑞昌市专利费资助暂行办法》对企业申请专利进行资助，企业专利申请快速推进。全市共有15家企业、16个人获得政府资助；全市专利申请已达到488件，授权量达276件，其中发明专利申请量达到43件，专利过百企业新增2家，超过全年目标任务，实现了专利数量与质量双提升。8月，瑞昌市被国家知识产权局认定为国家知识产权质押融资试点城市，瑞昌市森奥达科技有限公司和江西格雷斯科技有限公司已用专利分别在银行分别质押融资500万元。推荐瑞昌市森奥达科技有限公司贯彻企业知识产权管理规范国家标准；溢香农产品公司被评为全省知识产权优势企业，华亨、森奥达为省级优势培育企业。

科技服务质量提升。培育科技型企业。2016年，市科技局积极帮助金宇铜业、江西凤竹、溢香农产品3家企业申报高新技术企业。其中金宇铜业已被认定，全市有7家企业为高新技术企业。培育创新平台载体。大力推进工程技术中心等平台建设，给技术研发人员提供一个施展才能的舞台。依照省工程技术研究中心管理办法，引导、鼓励和支持企业建立工程技术研究中心。2016年，组织瑞昌市渝瑞实业有限公司、瑞昌市森奥达科技有限公司、格雷斯等企业申报九江、省级工作技术研究中心，其中格雷斯的“装配式混凝土结构”被认定为“江西省装配式混凝土结构工程技术研究中心”。完善提升传统孵化器，根据全市经济发展现状，加快科技企业孵化器建设，完善创新载体。对省农业科技示范园、省民营科技示范园、华友创业孵化器、林安物流电商孵化器等现有孵化器进行升级改造，拓展了孵化功能，使科技企业孵化器提高运行质量和扩大规模。积极推动林安电商孵化器等申报省级科技企业孵化器。培育科技创新人才。围绕瑞昌市创新型企业培育人才工作的需求，坚持人才、项目、平台、环境四位一体，培养和集聚一批高层次的领军人才，打造一批优势创新团队，为全市经济的发展和科技创新型企业的培育提供强大的人才支撑。发挥科技特派团富民强县工程的示范带动作用，围绕山药、茶叶产业在种植生产及深加工方面的技术需求，组织科技特派团成员开展科技攻关、培训，提高农民科技素质和技术能力，推动山药产业及茶叶产业结构调整升级。加强院士工作站建设。2016年，格雷斯科技股份有限公司的院士工作站已获省科协审批通过并已挂牌，森奥达科技有限公司正在筹建瑞昌市第3个院士工作站，充分运用院士工作站，构建了开放的创业创新平台，促进了更多创业者加入和集聚，使院士工作站成为全市科技创新驱动发展的主战场。建立长期稳定的产展学研合作机制，大力引进高校、科研院所的科技人才，共同致力“八大”产业关键技术的研究，促进瑞昌市产业持续健康发展。

项目管理力度加大。结合各级科技项目申报指南，市科技局深入全市工、农、商等企业多次摸底调研，依托瑞昌产业发展现状和技术特点，建立科技项目库，储备科技项目30余个。择优向上申报。坚持“认真筛选、严格把关、择优申报”的原则，力求向上级科技部门推荐科技项目技术创新强、科技含量高、产品附加值高、市场前景广阔，切实对经济发展起到推动和促进作用。全年申报九江市级项目10个，省级项目10个，重点新产品3个。抓好项目监管。严格按照项目管理程序做好项目的组织实施和监督管理工作，对国家、省级及九江在建项目进行了严格的监督管理，确保项目按质按量顺利实施。目前，上级部门计划项目正按照项目合同规定的任务组织实施，其中省知识产权富民强县示范县建设专项项目于11月通过中期验收，国家科技富民强县专项行动“瑞昌山药综合利用技术研究及产品开发”项目已完成了任务，正待接受验收。

科技普及

【概 况】 2016年，市科技局不断强化服务意识，积极开展科谱宣传教育活动，以“科技三下乡”“科普之春”“知识产权宣传日”“科技活动周”为切入点，多角度、多形式、全方位地宣传国家、省、九江市有关科技方针政策，积极开展科技知识培训，提高广大市民科技意识和科普知识，提高参加培训人员生产技能。

【组织中小学生接受科普教育】 3月26日，瑞昌市科协联合瑞昌市纪委、瑞昌市气象局组织实验小学200余名学生到九江市廉政文化建设示范点、瑞昌市青少年科普教育基地—瑞昌市气象台开展参观体验活动。5月9—11日，九江市科协大篷车分别开进瑞昌市横立山学校、乐园学校、南义中心小学，带领师生进行了一次科学奇妙之旅。

【开展“科普之春”活动】 3月27日，市科协在瑞民社区广场开展“科普之春”活动。围绕“节约能源资源、保护生态环境、保障安全健康、促进创新创造”主题，展出“绿色家园”“我爱环保”等科普展板46块，发放《绿色环保宣传小册子》《食品药品安全》等宣传手册1000余份。

【科普教育进社区】 9月20—24日，市科协邀请市食品药品监督管理局、人民医院有关专家到范镇、赛湖农场、瑞民社区作食品、药品和健康科普知识讲座。广大听众对食品安全、药品与保健品的使用、真假识别以及饮食与长寿等健康科普知识有进一步了解和认识。

【认真做好农函大培训工作】 4月8日，在市桃业协会举办油桃种植技术培训班，相关农技人员、种植户和农民朋友近80人参加培训。4月20日，由九江市委党员教育中心、九江市农函大举办，瑞昌市委组织部、瑞昌市农函大承办水产养殖技术培训班在武蛟乡举办，120余名农民党员及水产养殖户参加了培训。10月10日、12日，邀请专家先后两次到铜花岭家庭农场进行科技帮扶。就土鸡养殖过程中遇到各种技术和病害预防难题进行技术指导，就如何充分发挥家庭农场的优势，搞好生产，发展壮大农场产业，提出意见和建议，并赠送实用技术图书500册。自3月开始，先后在12个乡镇对农民开展了超级稻、油茶、棉花、葡萄、蔬菜栽培技术培训，受到农民朋友的欢迎。

【有效发展“青科辅”事业】 2016年，市科技局以第31届全国青少年科技创新大赛为契机，组织举办了全市青少年科技创新大赛，并向九江市青少年科技辅导员协会推荐小发明作品10件、优秀科幻画10件。经九江市组委会评选，获得市级奖项3个。组织学生参加九江市第二十二届青少年信息学（计算机）奥林匹克联赛，经初赛、复赛的综合竞技，有6名选手获奖。

研究中心。2016年，组织了瑞昌市渝瑞实业有限公司、瑞昌市森奥达科技有限公司、格雷斯等企业申报九江、省级工作技术研究中心，其中格雷斯的“装配式混凝土结构”被认定为“江西省装配式混凝土结构工程技术研究中心”；加快科技企业孵化器建设，完善创新载体。对省农业科技示范园、省民营科技示范园、华友创业孵化器、林安物流电商孵化器等现有孵化器进行升级改造，拓展了孵化功能，使科技企业孵化器提高运行质量和扩大规模。积极推动林安电商孵化器等申报省级科技企业孵化器。

【院士工作站和“海智计划”工作站成功授牌】 江西格雷斯科技股份有限公司获批成立瑞昌市第二个院士工作站（九江市级）。10月26日，中国工程院院士、贵州大学空间结构研究中心主任、博士研究生导师马克俭为进站院士在瑞昌参加了授牌仪式。院士工作站的成立，标志着瑞昌市在引进人才，特别是高层次人才方面又迈出了坚实一步。6月21日，江西“海智计划”环保节能建材添加剂工作站授牌仪式在江西格雷斯科技股份有限公司举行。

科技成果

【概况】 2016年，市科技局积极为企业与省市科技部门牵线搭桥，帮助开展科技创新活动，鼓励企业申报重点项目，加快科技成果转化。全年有3个产品被认定为省级重点新产品。新增高新技术企业一家，新增院士工作站一个，新增院士工作站一个。

【组织申报重点新产品】 由瑞昌市渝瑞实业有限公司申报的“山药藤薯渣生物饲料”“瑞昌山药大豆露”，以及由江西汇尔油泵油嘴有限公司申报的“电控单体组合喷油泵”等3个产品获江西省重点新产品认定。

【培育创新平台载体】 依照省工程技术研究中心管理办法，引导、鼓励和支持企业建立工程技术

知识产权

【概况】 2016年，市科技局加大知识产权政策宣传力度，提高企业自主创新意识，并及时落实《瑞昌市专利自助费暂行办法》，引导企业提升市场竞争力，积极实施知识产权战略，有效推动以企业为主体的知识产权创造和运用工作，知识产权工作取得一定成效，促进了全市科技、经济、社会、文化各项事业的发展。

【专利申请数量与质量双提升】 2016年，全市专利申请、授权量分别达到488件和276件，同比增长72.4%和26.6%，在全省排位名次分别为22，其中发明专利申请量达到43件，专利过百企业新增2家，专利过10企业达10家，专利清零企业达8家。

【培育专利过百的规上企业】 为贯彻执行全省知识产权入园强企“十百千万”工程，市科技局深入园区和企业开展点对点工作，帮助企业积极省报专利。2016年，专利过百企业新增2家，分别是江西汇尔油泵油嘴有限公司和江西兴海床具有限公司，目前，全市专利过百企业已有3家。

【培育知识产权优势示范企业】 2016年，瑞昌市溢香农产品有限公司获批省知识产权优势企业；江西华亨宠物食品股份有限公司、瑞昌市森奥达科技有限公司获批知识产权优势培育企业。

【铜岭生态农庄获后稷奖】 11月上旬，瑞昌市铜岭生态农庄在第二十三届中国杨凌农业高新科技成果博览会上喜获后稷奖，为此届江西省唯一获此殊荣的业主。

【开展知识产权培训班】 9月20日，瑞昌市举办了知识产权培训班，全市科技型企业代表及科技局、知识产权局工作人员公80余人参加培训。此次培训班邀请了九江市知识产权局局长胡雄彪和南昌科悦专利中介机构经理徐尚授课，分别就专利对企业的重要意义、怎样挖掘企业专利，如何运用专利提升企业竞争力和质押融资知识进行了深入浅出的讲解。

【开展知识产权宣传活动】 4月26日，市科技局在柳湖公园大门口开展“4·26”世界知识产权日集中宣传活动，制作了7块展板，2条横幅，发放了2000余份宣传册。目的在于提升市民尊重知识、崇尚科学和保护知识产权的意识，营造鼓励知识创新和保护知识产权的法律环境。

【成功申报国家知识产权质押融资试点城市】 4月，瑞昌市成功申报国家知识产权质押融资试点城市，江西格雷斯科技股份有限公司和瑞昌市森奥达科技股份有限公司已分别成功质押融资500万元和330万元，为企业融资开辟新的渠道。

【江西省知识产权富民强县示范县建设专项通过中期验收】 11月，省知识产权局组织专家对瑞昌市知识产权富民强县项目进行中期检查，他们根据检查情况，对该项目实施给予充分肯定。

科技管理

【概 况】 2016年，市科技局加大科技项目管理力度，建立健全科技项目库，入库项目有30个；组织申报国家、省、市各级科技计划项目25个；已获批准项目14个，争取项目资金214万元。

【建立项目资源库】 依照各级科技项目申报指南，市科技局深入全市工、农、商等企业多次摸底调研，依托瑞昌市产业发展现状和技术特点，建立了科技项目库，目前项目库储备科技项目30个。

【择优申报项目】 坚持“认真筛选、严格把关、择优申报”的原则，力求向上推荐的科技项目技术创新强、科技含量高、产品附加值高、市场前景广阔，切实对瑞昌经济发展起到推动和促进作用。全年申报九江市级项目12个，省级项目10个，重点新产品3个。

【抓好项目监管】 严格按照项目管理程序做好项目的组织实施和监督管理工作。对国家、省、市在建项目进行严格的监督管理，确保项目按质按量顺利实施。至2016年年底，各级计划项目正按照项目合同规定的任务组织实施，其中省知识产权富民强县示范县建设专项项目于11月通过中期验收，国家科技富民强县专项行动“瑞昌山药综合利用技术研究及产品开发”项目已完成了任务，正待接受验收。

（费仲欢）

附：2016年市科技局副科级以上领导名录

局　长：冯　礼（任至3月）　王定荣（4月任）

副局长：科昌琦　熊孝金（6月任）

　　　　周晓露（任至6月）

科协主席：周晓露

情报站长：徐德正（任至3月）

教育　体育

◇◇本栏编辑　冯国成

综　述

2016年，全市教育体育工作坚持深入贯彻落实党的教育方针、政策，认真实施《全民健身条例》，全面推进素质教育，推进群众性体育运动发展，各项工作齐头并进，圆满完成全年工作目标任务。市教体局获评“九江市县（市、区）初中教学质量管理优胜单位”和“九江市县（市、区）高中教学管理综合优胜单位”。

义务教育均衡发展。坚持“就近入学”原则，实行划片招生，落实进城务工人员子女入学优惠政策，依法保障适龄儿童接受义务教育权利，提高义务教育普及程度，巩固义务教育办学成果。全市小学适龄儿童和初中阶段学生入学率均达100%，初中学生三年保留率为95%，各项指标均达到或超过省定标准。义务教育均衡发展工作顺利通过国家教育部检查验收。

素质教育全面推进。围绕社会主义核心价值观教育主题，全面推进素质教育。坚持开展“素质教育月”“少年传承中华传统美德”“暑假读一本好书”“我们的节日”等系列活动；开展古色文化、绿色文化、红色文化等“三项”文化教育评比活动；开展“一校一品”、文明校园创建等活动，把全市素质教育不断推向新水平。成功举办瑞昌市第三届青少年艺术节、瑞昌市中小学生田径运动会，积极参加九江市“啦啦操、健美操”比赛，获得团体三等奖，组织参加教育部“五好小公民”评选活动，获得优秀组织奖。市教育团工委获评九江市“先进团工委”。

教学教研成果丰硕。促进校际之间教研成果交流，开展送教下乡活动，全年送课下乡共38节；积极参加各类教研比赛活动，参加九江市教科所举办的说课比赛，小学英语、中学七、八年级数学和物理、中学英语和政治、初中地理、高中数学、政治和英语等均有教师荣获一等奖，其中物理和中学英语获特等奖；在九江市语文教师素养大赛中，荣获团体总分第一名；九江市小学数学优质课评比荣获一等奖；不断加强教研课题研究，2016年申报九江市立项课题8个，省级课题3个，向九江市教育学会上交各类教研论文567篇，向九江市教科所上交各类教研论文78篇，荣获九江教育学会先进单位；重点开展网络晒课活动，组织全市教师开展“一师一优课、一课一名师”活动，经评审，全市获部优课3节，省优课19节，九江市优课22节，位居九江市各县区第一。

办学条件日益改善。推进城区重点教育项目建设，通过新建、改建、扩建和搬迁等形式，城区教育资源得到明显扩充，大班额得到有效控制。投资7640万元的市六中和投资3500万元的赛湖学校初中部2016年秋季竣工投入使用。争资争项改善农村办学条件。全年投入项目资金3359万元，实施农村教育项目59个，其中，2015年农村中小学校舍维修改造项目22个，投入资金987万元，已全部竣工并交付使用；2015年农村义务教育标准化建设工程项目13个，投入资金1180万元，其中12个项目竣工并交付使用；薄弱学校改造项目

6个，投入资金735万元，其中5个项目竣工并交付使用；农村中小学教师周转房项目3个，投入资金100万元，全部竣工并交付使用；2016年义务教育学校校舍维修改造项目15个，投入资金357万元，其中14个项目竣工并交付使用。加快教育信息化建设步伐。以“迎国检”为契机，按照省颁标准，为全市中小学配齐配足教学仪器、音、体、美、卫等教育装备。投入“迎国检”资金495.26万元，购置台式计算机1310台，多媒体电子白板76套，完成四中、城东学校、二小、码头学校等12所中小学计算机、多媒体电子白板配备工作；投入资金1079.53万元，为新建六中、五小、三小二期配足配齐所有功能教室教学仪器、电教设备；投入资金450万元，购置中小学图书422141册，为全市48所“迎国检”学校配足配齐图书、图书管理软件、扫描枪、条形码打印机。

师资力量不断增强。扩充教师队伍，盘活教师资源。按照“退一补一”原则，全年选聘156名大学毕业生充实教师队伍，其中幼儿教师3名、特教教师2名，高中教师10名；安置25名定向委培教师到小学任教。按照公开、公平、公正原则，从农村中小学选调110名教师进城任教；贯彻落实《乡村教师支持计划实施细则》，对在外县任教的瑞昌籍教师开辟绿色通道，从外县调入教师15名。加强师资培训，优化知识结构。组织开展中小学教育管理岗位培训、骨干教师提高培训、乡村音体美教师专业能力培训和新教师岗前培训。全年全市教师参加国家、省、市等各级各类培训4477人次。强化思想教育，提升师德水平。结合“作风建设提升年”和“两学一做”学习教育活动，在全市中小学开展“讲奉献，争双馨”师德师风主题教育活动；以提高教师思想政治素质和职业道德水平为重点，以热爱学生、教书育人为核心，以“学为人师、行为世范”为准则，采取自查和督查相结合方式，对全市教师违反师德师风行为进行排查整改，切实解决师德师风突出问题。

助学解困力度加大。2016年，全市共计资助家庭经济困难学生10464人次，发放助困资金886.99万元；办理大学生生源地助学贷款501人次，发放助学贷款414.9万元。发放义务教育阶段贫困寄宿生生活补助3601人次206.76万元，发放全市家庭经济困难学生国家助学金3519人次361.9万元。为中等职业学校学生免学费1518人次64.52万元；发放中职学生国家助学金193人次19.3万元。对全市302名新入学特困大学生给予每人5000元入学资助，对55名新入学一般困难大学生给予每人500～1000元路费资助。认真做好学前教育资助工作，全年资助幼儿园在读幼儿1083人次81.7万元。认真做好社会助学工作，2016年落实九江教育基金会资助项目资金2.1万元，奖励或资助师生15名：落实百福慈善基金7.2万元，资助普高学生60名；落实建行阳光助学资金3.6万元，资助学生12名。认真落实省政府关于免除建档立卡等家庭经济困难学生学杂费的有关文件精神，为建档立卡、农村低保户、残疾学生、农村特殊供养对象等学生178人免除其学杂费6.11万元。

群众体育健康发展。高度重视体育事业发展，全力推进《瑞昌市全民健身实施计划》的实施。全年投入资金30多万元，用于开展各项体育健身活动及参加省市体育赛事。年内举办全市中小学生篮球赛、足球赛、田径赛，首次承办江西省“体彩杯”青少年羽毛球锦标赛获得成功。组织参加九江市第十二届运动会，获金牌23枚及3项团体冠军。

幼儿教育

【概况】　2016年，全市共有各级各类幼儿园145所，其中公办幼儿园47所，占幼儿园总所数32.41%，民办幼儿园98所。全市有省级示范园1所，九江市级示范园4所，瑞昌市级示范园13所。全市在园幼儿17638人，学前三年毛入园率达78.7%。

【开展无证幼儿园集中整治行动】　9月23日至10月30日，市教体局在全市开展为期一个多月的清理整顿无证幼儿园专项行动。专项行动依据《关于进一步开展无证幼儿园清理整顿工作的通知》（瑞教体字〔2016〕140号），组织对全市幼儿园进行全面排查，共取缔无证民办幼儿园9所，关停存在较大安全隐患的民办幼儿园4所。

【加大学前教育投入】 2016年，市教体局向上级争取学前教育专项资金1132.18万元，新建、改扩建乡镇公办中心幼儿园13所；投入资金180万元为全市公、民办幼儿园配备玩教具和保教设备。

【市公立幼儿园通过省级示范园评估】 2016年，市公立幼儿园通过省级示范园评估，成为全市首个省级示范幼儿园。省示范幼儿园评估组先后通过实地考察、查阅资料、随机访谈等多种形式对市公立幼儿园办园条件、队伍建设、幼儿园管理、保育教育管理、幼儿身心发展等5大类15个方面，逐项进行评估检查，认为该幼儿园各项指标达到《江西省示范幼儿园评估标准》，可以通过评估验收。

【邀请幼教专家举办幼教专题讲座】 2月16日和4月16日，市公立幼儿园先后2次邀请江西省著名幼教专家、江西师大教授王燕到该幼儿园举办幼教专题讲座。王燕分别以《幼儿园环境创设与区域活动的开展》《幼儿园一日常规操作》为题，向该园全体教师深刻阐述创设幼儿园环境的重要意义、具体做法及如何科学把握幼儿园一日常规操作等相关知识，受到该园教师热烈欢迎。

【市公立幼儿园多名教师参加省市教研活动获奖】 2016年，市公立幼儿园多名教师参加省市教研活动获奖。在全省中小学（幼儿园）安全教育骨干教师说课比赛中，1人获二等奖；在九江市2016年论文评选活动中，陈凤霞获特等奖，2人获一等奖，4人获二等奖，4人获三等奖；在九江市2016年案例评选活动中，辛莹、饶安琪获特等奖，2人获一等奖，2人获二等奖，2人获三等奖；在九江市2016年观察笔记评选活动中，1人获一等奖，1人获二等奖，2人获三等奖。

基础教育

【概　况】 2016年，全市有普通高中3所（含1所民办高中），在校学生8776人，当年招生3159人，毕业2793人，高中阶段学生毛入学率为88.5%；有公办初中11所，九年一贯制学校9所，中心完小24所，教学点123个，特教学校1所，共有初中生16279人，毕业4710人，当年招生6392人；共有小学生39417人，毕业6847人，当年招生6284人；有特教生66人。小学适龄儿童入学率100%，小升初比例100%；初中阶段学生入学率达100%，三年保留率为95%；全市三类残疾儿童少年平均入学率达91%，各项指标均达到或超过省定标准。

【瑞昌市通过国家义务教育均衡发展县评估验收】 12月6日，国家县域义务教育均衡发展督导检查组到瑞昌市开展评估验收。省教育厅副厅长杨慧文，九江市教育局党委委员、副局长何明，市领导郭小云、江训开、郭少雄、周洪文、钱萍、毕诗龙、程世贵等陪同或出席汇报会。市委书记郭小云在汇报会上介绍瑞昌市情并致欢迎词，市委副书记、市长江训开作工作陈述和答辩。督导检查组一行通过听汇报、查资料，深入部分中小学实地检查，详细了解瑞昌市义务教育均衡发展工作情况，认为瑞昌市推进义务教育均衡发展亮点多、特色明、成效好。12月10日，在江西省县域义务教育均衡发展国家督导检查反馈会上，国家督导检查组宣布瑞昌市顺利通过国家义务教育发展均衡县评估验收。

【义务教育均衡发展工作通过省督导评估】 6月26—29日，省政府义务教育均衡发展督导评估组一行到瑞昌市，开展义务教育均衡发展督导评估。市委书记罗文江，市委副书记、市长郭小云及市有关领导陪同或介绍情况。省督导评估组先后深入市区和农村12所中小学，进行师生走访、问卷调查，检查办学条件、教育经费投入、教师队伍建设等情况；召开人大代表、政协委员及学生家长、校长、教师座谈会；深入财政、人社、编办、团市委、妇联、残联6家相关单位实地查访。督导评估组对检查评估情况进行反馈，认为瑞昌市义务教育学校办学、校际间均衡发展、县级政府推进教育和公众满意度等4个主要指标基本达到省级标准，同意通过省级督导评估。

【中、高考再创佳绩】 2016年，全市中高考再创佳绩。中考600分以上648人，继续保持九江市先进行列。高考二本以上文理上线1430人，其中一本文理上线449人，二本以上上线率达43.5%。瑞昌一中高考600分以上54人，文化类一本上线381人、二本上线1142人，一本、二本上线人数均居九江市同类学校第二名。其中，雷书婉总分622分，排全省文科第22名，九江市应届文科第二名，录取于北京大学外国语学院俄语专业；黄奇正总分677分，排全省理科第36名，录取于北京大学生命科学学院生物专业。瑞昌二中高考应届本科上线总人数366人，较2015年增长23.6%。应届一本上线总人数82人，较2015年增长17.2%。600分以上5人，其中理科4人，文科1人。陈熙以619分成绩获全省文科第32名，录取复旦大学；江翰以666分成绩获全省理科第123名，录取浙江大学。

【开展校园和周边环境整治】 4月和9月，市教体局先后2次牵头组织开展校园及周边环境专项整治活动，对全市50所中小学、104家幼儿园食品卫生、校园安保及周边环境等进行全面整治，共出动检查车辆729台次，下发整改通知单94份，指导性监督意见书720份，清理无照经营食品店2家。

【举办全市第三届青少年艺术节】 10月18日至11月18日，市教体局组织主办全市第三届青少年艺术节。艺术节分书法、剪纸、绘画、象棋、围棋、乒乓球及声乐器乐进行比赛，共有45所学校参与，参赛人数达3600余人。

【全省青少年校外教育学生展示活动获佳绩】 11月26—27日，2016年全省青少年校外教育学生展示活动在广昌举行，瑞昌市4名参赛学生均获等级奖。此次展示活动由省教育厅和省文明办联合主办，共设置围棋、陶艺制作、航海模型、航空模型四大类，各县（市、区）均只能推送4名中小学生参加各单项赛事。市第四中学、铜城学校2名学生分获围棋、陶艺制作类二等奖，实验小学、高丰小学2名学生分获航海、航空模型制作三等奖。

【19名中学生获省教育厅表彰】 2016年，全市中学生共19人次受到省教育厅表彰。其中省级“优秀学生”1名、“初中三好学生”3名、“初中优秀学生干部”1名、“高中三好学生”11名，“高中优秀学生干部”3名。

【德国师生到一中访问交流】 4月20日，德国沃尔泽伦市文理中学师生一行20人，到瑞昌一中进行为期4天的访问交流。其间，市领导桂白丽、钱萍分别接见德国师生。17名德国学生分别与瑞昌一中学生结对子，到一中学生家中体验中国家庭生活，感受瑞昌风土人情。

【潘际銮向瑞昌一中赠《西南联大讲坛》期刊】 9月，瑞昌一中收到瑞昌籍中科院院士潘际銮亲笔签名的云南师范大学内部期刊《西南联大讲坛（第二十一期）》。3月24日，“西南联大讲坛”第二十四讲在云南师范大学开讲，潘际銮受邀作为主讲嘉宾讲述《抗日战争中的西南联大》。所赠期刊分“卷首语”“讲坛写真”“第一视角”“联大史纪”“讲坛手记”“影像联大”“研究动态”等部分。期刊以大量图文资料展示西南联大的厚重历史和人文精神，极具收藏价值。

【瑞昌一中举行成人仪式】 5月4日，瑞昌一中举行主题为“燃青春，敢担当，勇超越，赢未来”的成人仪式，高二年级近2000名学生接受成人洗礼。仪式现场，同学们通过集体宣誓、诵读《少年中国说》、步入“成人门”、向老师敬献鲜花等形式表达自己庄严的承诺和浓浓的感恩情怀。

【中科院教授陈贺能到二中演讲】 5月3日，中国科学院教授、高级工程师、著名核物理学家陈贺能受邀到市二中举行科普讲座。陈贺能以《科学让我们的生活更美好》为题，给全体学生讲述科技知识与日常生活的密切联系，引起学生广泛共鸣，极大激发学生学科学兴趣。

【北大学子到瑞昌二中传经】 5月4日，瑞昌二中邀请北京大学社会科学系2012级学生方田野为该校高一、高二学生介绍自己学习经验。方田野是安徽省阜阳市太和县人，2012年阜阳市高考文科状元。方田野以《从倒数第二到文科状元》为题向大家讲述自己怎样从“差生”转变为优生的曲折过程，听讲学生深受启发和鼓舞。

【市二中被选定为全省普通高中特色发展试验学校】 12月20日，江西省教育厅遴选确定56所普通高中为全省第二批普通高中特色发展试验学校，瑞昌二中榜上有名。市二中申报特色发展实验学校总体目标是，通过五年特色学校建设工作，形成不同层次可以推广运用的教育、教学和管理模式，打造出一所具有鲜明办学个性和风格的高质量的传统文化特色学校。研究内容主要有两个部分：瑞昌地方传统文化（商周青铜文化，瑞昌剪纸文化，瑞昌地方对联文化）和校园文化（紫峰文化）等。配合开发“瑞昌二中地方文化研究系列校本教材”：《瑞昌商周青铜文化研究》《瑞昌剪纸文化研究》《瑞昌地方对联文化研究》（已出版）《紫峰文化研究》《瑞昌二中校园植物研究》等。紫峰书院是瑞昌二中的前身，紫峰精神（经世致用，爱国兴邦；高洁自励，坚守清名；笃志尚学，重道尊师；慎思明辨，知行合一）作为校园文化研究内容，既具有二中特色，也具有现实意义。

【城东学校连续七年获教学质量奖】 2016年，城东学校获瑞昌市中考综合奖、小学质量综合奖及优胜奖。这是该校连续第七年获得以上奖项。2016年，城东学校初三毕业生553人，中考成绩700分以上2人，全市前10名学生7人，前100名学生34人，综合排名全市第一，重点高中录取率达80%。

【市五中开展“美德少年”评选活动】 6月8日，瑞昌五中首届“美德少年”命名表彰大会在该校五楼会议室召开，该校10名“美德少年”、10名“美德少年”提名奖获得者受到表彰。此次活动由学校政教处与团委联合举办，历时2个多月，受到全校师生和社会各界高度关注，为学生们树立勤奋好学、自强不息等美德起到了积极推动作用。

【五中整体搬迁到六中】 2016年秋季，市五中整体搬迁到位于大唐新区新建的市六中校园。市六中占地面积5.53公顷，总建筑面积29760平方米，可容纳学生4000人，是瑞昌市城区唯一一所具有寄宿条件的初级中学。该校现有51个教学班，在校学生2885人，其中进城务工人员子女423名，有住读生188名。

【六中一省级教研课题结题】 12月，市六中省级教研课题“初中语文字词教学专题研究”通过江西省中小学教育教学课题研究与实验基地工作领导小组办公室鉴定验收，顺利结题。该课题于2014年11月立项，历时2年多，取得丰富研究成果：共出版字词教学校本教材3本，刻录课堂实录20余节，在省市级教学刊物上发表教学论文多篇，《课程导报·中学语文》连续2期约稿。课题组长徐来喜创建的省级名师工作坊——初中语文字词教学的方法与策略，吸引省内兄弟县（市、区）600多名语文骨干教师参加学习。

【六中1名教师课件获评部级优课】 在2015—2016年度教育部组织的“一师一优课 、一课一名师”网络晒课活动中，六中教师胡元香报送的七年级体育课件《第三章发展肌肉力量的双人辅助方法》，被评为部级“优课”。

【六中师生参加教育部“关工委”征文活动获奖】 2016年，在教育部“关工委”组织的第十九届全国青少年五好小公民“老师您好 我的好老师”主题教育活动征文中，六中学生吴梓钰、杨敏获中学组一等奖，胡廷粤获中学组二等奖；徐瑞华、吴荣华、王健获优秀指导教师奖。

【实小一国家级教研课题结题】 6月，实小国家级教研课题“小学学科课业设置多样化与教师评价多元化的研究”顺利结题。该教研课题于2015年申报，经全国教育信息技术研究重大课题组审定，被列为“十二五”规划重大课题。

【实小6名学生参加全国青少年计算机奥林匹克联赛获奖】 2016年，市实小6名学生参加第二十二届全国青少年计算机奥林匹克联赛（江西赛区）获奖。其中姜南、蔡明辰分别荣获一等奖和二等奖，另有3名学生获得三等奖。此次比赛由省青少年科技活动中心、省青少年科技辅导员协会联合举办。

【市二小被授予全国校园文化系列活动优秀单位】 3月，瑞昌二小被国家语委语言文字报刊社授予全国校园文化系列活动优秀单位。该校围绕“让读书成为习惯，让书香浸满校园”主题，组织开展全校性读书活动，每班建有图书角，学校图书室每天下午课后活动时间对学生开放；各班级组织“读书、评书会”“亲子读书会”，并定期评选“读书之星”；学校统一组织朗读比赛和阅读征文比赛等活动。与此同时，学校自编《文明礼仪》和《可爱的瑞昌》2套校本教材，以加强公共文化和地域文化教育；积极开展“一校一品”活动，在全校普及推广太极柔力球；高度重视校园文化环境打造，在走廊、墙壁上张贴、悬挂名人头像、字画和学生书画作品；并且每学期举办一次校园文化节。

【市三小入选全国足球特色学校】　6月，教育部公布2016年全国青少年足球特色学校名单，瑞昌市第三小学榜上有名。此次甄选建设全国校园足球特色学校，包括4755所特色学校、31个试点县（区）。瑞昌市第三小学秉持“六年影响一生”的办学理念，制订3年足球发展规划，开展丰富多彩的足球活动，加强“球队启动、活动带动、课程推动”足球文化建设；构建“七彩课程”，将足球课作为学校一大特色纳入日常课程，定期邀请校外专业教练进行技术指导，学生全员参与，逐步形成一套系统、科学的训练计划；着力营造“我踢球，我快乐”的氛围，积极践行“足球从娃娃抓起”的目标，有力推动学校阳光体育运动蓬勃发展。

【市三小举办“成童礼”】　6月30日，市三小为毕业生举办传统的“成童礼”仪式。89名毕业生着汉服、行汉礼、诵弟子规、读三字经，向父母、老师行感恩礼、谢师礼，将心中的梦想与志向写进志向瓶，学校将这些珍贵的梦想收藏，让学生们带着梦想前行。

【市三小宣传报道工作成绩突出】　2016年，瑞昌市第三小学宣传报道工作成绩突出，共有52篇新闻稿件被《江西新法制报》、《平安江西报》、《九江日报》、《瑞昌报》、《瑞昌电视台》等新闻媒体采用。其中《青少年模拟法庭进瑞昌三小》《瑞昌市建成首个校园交通安全教育基地》、《“交通现场”进校园 身临其境学交法》3篇报道在《江西新法制报》发表。

【瑞昌特殊教育学校获评省先进】　2016年，瑞昌特教学校被江西省特殊教育学会评为特教工作先进单位，12月8日，在2016年江西省特殊教育年会上受大会表彰。

【瑞昌特校学生荣获计算机比赛省级二等奖】　6月15日，瑞昌市特殊教育学校听力障碍学生陈美龄代表九江地区参加江西省首届听力障碍学生信息技术应用能力决赛，荣获全省二等奖。此次特殊教育学生技能比赛由江西省特殊教育委员会主办，含智力障碍学生插花比赛、听力障碍学生信息技术应用能力比赛两类，每类比赛分初赛、复赛、决赛。在九江地区信息技术应用能力复赛中，听力障碍学生陈美龄获一等奖，被推进代表九江地区参加全省决赛，成为九江代表队中唯一一名参赛小学生。

【洪一学校积极联系社会开展扶贫助学】　2016年，洪一学校积极联系社会开展扶贫助学，成效明显。全年联系企业、社会组织等为贫困学生捐资捐物达9.7万余元，为改善办学条件捐资15万元。

【柯军向城区学校捐书价值达13万元】　6月7日，北京森泽文轩文化发展有限公司总经理柯军向市铜城学校、城东学校、第四中学捐赠一批价值13万元的精品图书。市政协主席郭少雄，市委常委、副市长钱萍，市政协副主席李世秀出席捐赠仪式。柯军为花园籍人士，2011年在北京创立北京森泽文轩文化发展有限公司，曾多次为家乡文化教育发展捐资捐物，并多次参与内蒙古、河北、甘肃等地教育扶贫活动，累计捐赠款物约60万元。

职业教育

【概况】　2016年，全市承担职业教育学校有市现代职业中专和教师进修学校。职业中专实行春、秋两季招生，春季招收初中应届生188人，秋季招生282人，其中应届初中毕业生240人，历届初中毕业生42人，在校学生1379人，年内毕业387人。学校根据市场需求，设置汽车维护与应用专业，增设铁航客服专业班，并对计算机课程设置进行调整，把计算机及网络维护、计算机组装作为主要培养方向。教师进修学校全年招收开放教育学员259人，“一村一”大学生42人，开展各类培训共2172人次。

【职业中专多名学生获省市专业技能大赛奖】 2016年，市职业中专多名学生参加省市专业技能大赛获奖。在2016年江西省第十二届中职生技能大赛中，该校2名学生分别获二、三等奖；在九江市第十三届中职生技能大赛中，该校20名学生参加四大项比赛，共有12人次分获一、二、三等奖，学校荣获“优秀组织奖”。

【毕业生就业率稳定在94%以上】 2016年，市职业中专继续加强同市内外企业单位联系，大力推荐毕业生就业，毕业生就业率稳定在94%以上。春季安排就业126人，在瑞昌35人、九江26人、南昌18人、上海19人、深圳18人，毕业生安置率98.7%；秋季安排就业148人，在瑞昌47人、九江44人、南昌16人、厦门8人、深圳23人、上海10人，毕业生安置率94.6%。毕业学生入职薪金在3000元/月左右，特别是在上汽荣威汽车公司工作的毕业生，月薪均在8000元左右。

【加强与高职院校合作】 2016年，市职业中专先后与景德镇卫校、九江学院继续教育学院、九江职大、兰州大学、西安电子科技大学等院校联合办学，学生在中职就读三年后，有意进入高校深造的可免试直接进入对口高校学习二年，取得全日制大专毕业文凭。

【获评九江中职学校“三校生”高考先进单位】 2016年，市职业中专获评“九江市中职学校‘三校生’高考先进单位”。该校参加2016年“三校生”高考45人，本科录取8人，专科录取37人，本科录取率17.8%。

【全国护士执业资格证统考成绩居九江同类学校之首】 2016年，市职业中专护理班19名毕业生参加全国护士执业资格证统一考试，有17名学生顺利通过考试，通过率达89.5%，居九江市同类学校之首。

【市职业中专在省“文明风采”活动中创佳绩】 3月，在全省第七届中职学生“文明风采”评比活动中，市现代职业中专取得好成绩，学生获奖数量和类别均居九江市同类学校前列。其中获征文演讲类一等奖1个，获歌舞类一等奖1个，获手工类一等奖1个。

【积极开展对外宣传工作】 2016年，市职业中专高度重视对外宣传工作，成立宣传工作领导小组，先后在各类媒体发表信息报道31篇。其中九江电视台2篇，瑞昌教育网站25篇，《瑞昌报》4篇。

【大力开展短期岗位培训】 2016年，市教师进修学校高度重视短期岗位培训工作，利用暑假举办各类短训班，收效明显。7月20—25日，举办校长和骨干教师培训班，共开设10个班，培训校长和骨干教师760名；7月28—29日，“国培项目(2014)”九江职业大学幼师国培“送培到县”示范性培训项目在市教师进修学校进行，全市150名幼儿教师参加培训。暑假其间，还开设了幼儿园园长培训班，全市有136名幼儿园园长参加培训，并对178名新上岗教师进行岗前培训，组织举行入职宣誓仪式。

【开设“心理健康教师培训班”】 2015—2016年，市教师进修学校与九江电大合作，开设“心理健康教师培训班”，共培训教师30人。通过培训，有26人获得“三级心理咨询师”证书，4人获得“二级心理咨询师”证书，为全市中小学开展学生心理咨询工作提供了人才支持。

【电大招生形势向好】 2016年，市教师进修学校电大工作站秋季招生148人，比2015年增加28人，创历史新高；招收开放性教育学员259人，比2015年增加29人；招收“一村一”大学生42人。

社会力量办学

【概 况】 2016年，全市有民办幼儿园108所，在园幼儿13638人；有民办九年一贯制学校2所，学生854人；有民办高中1所，学生140人。暑期，引进外资创办黄冈实验学校，为全市民办教育发展增添了新活力。

【创立瑞昌市黄冈实验学校】　1月，经市政府研究同意，由湖北黄冈教育集团投资在原白杨中学创办瑞昌市黄冈实验学校。该学校为全封闭、全寄宿九年一贯制民办学校。学校董事会投资500万元对原白杨中学进行升级改造，新校园于秋季开学正式投用。学校秋季招生402人，开设教学班12个，有教职工49人，其中专职教师30人。

【九江教育局正式认同瀼溪民中校内开办幼儿园】　2016年，九江市教育局正式认同瀼溪民办高中校内开办幼儿园。该民办高中近年生源一直不稳定，出现招生困难，为维持学校正常运转，2013年该校开始在校内开办幼儿园，但九江市教育局未予核准。2016年，经学校再次申请，九江市教育局为该校正式核换办学许可证。该校幼儿园现有教职工24人，幼儿240人。

【瑞昌早校再获“民办教育先进单位”称号】　2016年，瑞昌早校再次获评瑞昌市“民办教育先进单位”，受到市教体局表彰。该校为九年一贯制学校，年内有在籍学生405人，其中在校住读生184人。学校有教职员工52人，其中专职教师35人（含公办教师9人）。

队伍建设

【概况】　2016年，全市有公办在职教师3734人，比2015年增加18人。其中一中、二中605人，职业中专97人，教师进修学校20人，九年义务教育城乡学校教师3012人。年内新招聘教师156人，安置职大定向委培毕业生25人、特岗教师56人，“三支一扶”转入8人。年内晋升中教高级教师30名，一中教师周庆隆晋升为正高级教师，成为全市中小学教师晋升为正教授级职称第一人。年内先后组织开展中小学教育管理岗位培训、骨干教师提高培训、乡村音体美教师专业能力培训和新教师岗前培训。全市教师参加国家、省、市等各级各类培训共4477人次。

【陈玉梅获全国“五一劳动奖章”】　4月，中华全国总工会授予城东学校教师陈玉梅全国“五一劳动奖章”。陈玉梅从教15年，忠诚党的教育事业，热爱本职工作，关心爱护学生，业务精益求精，教学教研成绩突出，深受学校和社会好评。先后被评为瑞昌市“优秀教师”、九江市“五一巾帼标兵”，并于2014年获“江西省五一劳动奖章”。

【何文娣获评九江“十大贤母”】　6月13日，瑞昌五中副校长何文娣被评为九江市“十大贤母”，参加“九江市第二届贤母”颁奖典礼。此项活动由九江市委宣传部、市文明办、妇联、九江日报社、九江电视台联合举办，经择优推荐、组织评选，何文娣获此殊荣。何文娣教子有方，儿子刘畅毕业于清华大学，从事无人机调控研究，研究成果打破吉尼斯世界纪录。

【余新荣课案被评为教育部级“优课”】　在2015—2016年度江西省“一师一优课、一课一名师”活动中，赛湖学校英语教师余新荣所授《Can you play the guitar》课被九江市教育局评为一等奖，并获评省级“优课”；课例《Unit 1 Can you play the guitar? --Section A 1a-2d》被中央电化教育馆评为教育部级“优课”。

【实小5名教师课案被评为省级“优课”】　5月，在江西省“一师一优课、一课一名师”活动中，市实小教师解晨瑛的《诗意童年》、万亚云的《9加几》、徐婷的《种类繁多的动物》、柯长华的《平安回家》、龚藻吉的《技巧》获评江西省级“优课”。

【4人获省、九江市教育工会表彰】　2016年，市教体局干部胡承敏获评江西省教育工会先进女工委委员，获省教育工会表彰；四小校长刘礼锋获评2016年九江市支持工会工作先进个人，城东学校教师周会涛及白杨小学教师宋继彬获评九江市工会工作先进个人，获九江市教育工会表彰。

校园建设

【概 况】　2016年，瑞昌市以迎接国家“义务教育均衡发展县”验收为契机，积极争取项目资金，加大校园建设投入，全面改善办学条件，促进城乡办学条件均衡发展。全年投入资金15219万元，实施校建项目63个。其中城区重点项目2个，投入资金11140万元，（即市第六中学和赛湖学校初中部）；2015年农村中小学校舍维修改造项目22个，投入资金987万元；2015年农村义务教育标准化建设工程项目13个，投入资金1180万元；2015年薄弱学校改造项目6个，投入资金735万元；2015年农村中小学教师周转房项目3个，投入资金100万元；2016年义务教育学校校舍维修改造项目15个，投入资金357万元；普通高中扩容工程项目2个，投入资金720万元。

【教育项目获中央预算内投资980万元】　6月，省发改委下达义务教育学校建设和边远地区艰苦地区农村学校教师周转宿舍建设（二期）2016年中央预算内投资计划，瑞昌市12所学校名列其中，共获中央预算内投资980万元。其中，南义中心小学等8所农村学校教师周转宿舍建设获中央投资436万元；乐园学校等4所农村义务教育学校建设获中央投资544万元。

【瑞昌六中建成投入使用】　9月1日，瑞昌六中建成正式投入使用。该学校于2015年12月21日开工建设，占地面积5.53公顷，建筑总面积29760平方米，总投资7640万元，可容纳学生4000人。

【瑞昌五小（赛湖学校初中部）竣工投入使用】　8月底，瑞昌五小（赛湖学校初中部）竣工投入使用。该学校于3月开工建设，占地面积2.57公顷，建筑总面积11500平方米，总投资3500万元。学校建有教学楼2幢、综合楼及行政办公楼各1栋。

【瑞昌四小综合楼竣工】　8月，瑞昌市第四小学综合楼竣工。市四小位于瑞昌市湓城东路以北，洋鸡山金矿以南，共有学生数3680人，学校原可开设教学班53个，新建综合楼投入使用，能增开24个教学班，共可开设77个教学班，将基本满足现有学生教学分班标准要求，极大缓解校舍不足矛盾。

【早校自筹60万元进行校园改造】　6月—8月，瑞昌早校投入资金约60万元实施校园改造，主要项目为学校运动场改造和教学楼、食堂等建筑外墙刷新。

体　　育

【概 况】　2016年，市教体局以中央国务院《关于进一步加强和改进新时期体育工作的意见》为指导，坚持体育事业公益性，认真落实《瑞昌市全民健身实施计划》，积极推进全市体育事业发展。年内先后举办全市中小学生运动会，承办江西省“体彩杯”青少年羽毛球锦标赛，与九江市县（市）羽毛球联谊会共同主办首届九江市县（市）羽毛球联谊团体赛；组织参加九江市第十二届运动会，协助市纪委等部门举办全市“廉洁瑞昌杯”篮球赛和羽毛球赛。

【瑞昌足球队获省第八届贺岁杯足球赛亚军】　1月3日，瑞昌市足球队在省第八届贺岁杯足球赛中夺得亚军。此次赛事由省足协主办，南昌市足协承办，全省8支业余球队参赛。省贺岁杯足球赛每年元旦期间举行，是省内业余足球最高水平赛事。

【首届九江市县（市）羽毛球联谊团体赛在瑞昌举行】　6月4日，首届九江11县（市）羽毛球联谊团体赛在瑞昌市赛湖学校举行。市委常委、副市长钱萍出席。前羽毛球世界冠军熊国宝应邀到场交流献艺。联谊赛由瑞昌市教体局和九江市县（市）羽毛球联谊会共同主办，共12支代表队200余人参赛。比赛分男单、女单、男双、女双等项目，实行淘汰赛制。经过激烈比拼，瑞昌代表队一队、九江县代表队分别获得男女团体冠军。

【举办瑞昌市2016年中小学生运动会】　3月18日至4月19日，市教体局主办瑞昌市2016年中小学生运动会，城区所有学校、农村初中学校和满600学生的农村小学组队参加比赛。全市共20所中学、19所小学组队参赛，参赛学生1097人。运动会共设田径、篮球、足球三大比赛项目。篮球赛和足球赛分为初中男子组、初中女子组，小学男子组；田径赛分为初中甲组、初中乙组，小学组。运动会分三个阶段进行。3月18—20日，在四中、实验小学、赛湖学校举办初中生篮球、足球赛；3月24—26日在四中、赛湖学校举办小学生篮球、足球赛；4月17—19日，在四中举办中小学生田径赛。田径比赛有38人次刷新14项市中小学生运动会纪录。武山学校、南义中学、赛湖学校、四中、城东学校、铜城学校分获初中组团体总分前六名；铜城学校、实小、城东学校、赛湖学校、四小、码头学校分获小学组团体总分前六名。城东学校、武山学校、南义中学、流庄中学、四中、赛湖学校分获初中男子篮球赛前六名；武山学校、南义中学、城东学校、五中、四中、铜城学校分获初中女子篮球赛前六名；武山学校、四中、城东学校、五中、乐园学校、花园中学分获初中男子足球赛前六名；赛湖学校、武山学校、铜城学校、横港中学、高丰中学、南义中学分获初中女子足球赛前六名；实验小学、高丰小学、赛湖学校、范镇小学、花园小学、三小分获小学男子篮球赛前六名；四小、铜城学校、码头学校、南义小学、高丰小学、武山学校分获小学男子足球赛前六名；武山学校、赛湖学校、南义中学、四中、高丰中学、铜城学校分获田径赛初中组团体总分前六名；城东学校、铜城学校、实小、赛湖学校、四小、码头亚东希望小学分获田径赛小学组团体总分前六名。

【承办“体彩杯”江西省青少年羽毛球锦标赛】8月11—17日，2016年“体彩杯”江西省青少年羽毛球锦标赛在瑞昌市体育公园体育馆举行。此次比赛由江西省体育局、教育厅主办，江西省球类运动管理中心、瑞昌市政府、九江市体育局共同承办。比赛分甲乙丙丁四个组别，共进行1600多场比赛，来自11个设区市的11支代表队586名运动员在男子单打、女子单打、男子团体、女子团体、混合双打等项目上激烈角逐，共决出19项金牌。最终，新余市、南昌市、赣州市分获团体总分前三名。九江市、宜春市、上饶市、抚州市荣获体育道德风尚奖。

【举办“廉洁瑞昌杯”篮球赛和羽毛球赛】 11月21日—12月5日，“廉洁瑞昌杯”篮球赛和羽毛球赛举行。比赛由市惩治和预防腐败体系建设暨落实党风廉政建设责任制工作领导小组主办，市纪委、市委组织部、宣传部承办，市教体局、市文广新局协办。参加此次比赛的有市直组21个代表队，乡镇组19个代表队。经过激烈角逐，湓城街道、桂林街道、白杨镇、南义镇、大德山林场、夏畈镇代表队获乡镇组篮球赛前六名；市教体局、公安局、中医院、金融联队 、城管局、纪委检察院联队获市直组篮球赛前六名。桂林街道、湓城街道、赛湖农场、码头镇、武蛟乡、白杨镇代表队获乡镇组羽毛球赛前六名；市监局、行政服务中心、建口联队、教体局、公安局代表队和国地税联队获市直组羽毛球赛前六名。

【参加九江第十二届运动会取得好成绩】 8—10月，九江市第十二届运动会暨全民健身运动会举行。本届运动会设有18个比赛大项，瑞昌市参加其中游泳、拳击、武术表演、散打、围棋、中国象棋、跆拳道、乒乓球、羽毛球、网球、足球、篮球、广播体操、太极拳、健身气功、田径等16个大项比赛，参赛运动员共217名，其中中小学生152人。瑞昌市获运动会团体总分第六名，夺得金牌44枚，列九江各县（市、区）第五名。其中集体项目，太极拳和围棋总分排名全市第一，乒乓球总分全市第二，篮球总分全市第三，跆拳道总分全市第三，田径总分全市第五。

（朱有为）

附：2016年市教体系统副科级以上领导名录

局　长：何毓轩

党工委书记：余小雪

副局长：谈华众（任至4月）　徐建中

　　　　曹贵喜（6月任）　马　玲（任至4月）

督导室主任：吴韩风

工委主任：刘礼雄（任至8月）
维稳信息督查员：冯　琦
市政府督学：季立虎（任至6月）
何志军（任至6月）
柯于琪（任至6月）　占红林
陈新娅
教师进修学校校长：邹联峰
书　记：徐建中（兼任）
副校长：桂玉林　桂劲松
工会主席：徐年年
瑞昌一中校长：柯瑞坤
书　记：胡朝春
副书记：王仕贤　徐远新
副校长：安育民　徐新国　陈双燕　蔡红卫
周升明
校长助理：陈立新
工会主席：朱　瑜
瑞昌二中校长：徐　平（11月任）
书　记：李美龙
副书记：张吉龙
副校长：徐　平（任至10月）　周平礼　肖广谋
朱雪芹
校长助理：吴云风
工会主席：杨小宝
瑞昌市现代职业中专校长：胡应良
书　记：汪泽金
副校长：许明智　张友明　黄令部
瑞昌四中校长：李广熙
书　记：柯希周
瑞昌五中校长：王平安
书　记：丁忠胜
城东学校校长：何仁松
书　记：柯　诚
铜城学校校长：张葵军
实验小学校长：杜勇华
书　记：柯樟贤
瑞昌二小校长：李洪瑞
书　记：李洪瑞
瑞昌三小校长：柯樟贤（兼任）

文 化

◇◇本栏编辑 李木林

综 述

2016年，瑞昌市始终坚持以创建公共文化服务体系示范区为抓手，紧紧围绕文化惠民、乐民、育民目标，以创促建，以创促管，以创促变，推动全市文化事业迈上新台阶。在2016年度九江市文化事业目标管理考评中市文广新局连续四年蝉联第一名，继续保持在省、市先进行列。

公共文化服务体系健全完善。2016年，在巩固“三化”建设成果基础上，对文化工作投入进一步加大，安排了300余万元资金用于保障公共文化服务体系建设，先后改造提升了南阳、武蛟、洪下、白杨等文化站场馆设施，完成了洪一、码头、南义、范镇等乡镇百姓大舞台建设，完成了15个贫困村文体广场设施建设，为市图书馆、文化馆、博物馆改造提升设备设施功能，为农家书屋补充更新图书近3万册，推动全市6200套广播电视“户户通”安装任务全部完工，城乡公共文化服务功能更加健全。

群众文化惠民活动丰富多彩。不断推动“文化三下乡”活动向行政村、社区、学校延伸，全年开展“亲民惠民爱民”文化节、“文艺下基层”“结对子、种文化”帮扶活动120余场次，送戏120场、送电影3650场、送书4000册、送讲座展览140余场。农村电影放映工程荣获全省考核评比一等奖。市文化志愿者数据库人数达到500人，各乡、镇（街道、场）、村（社区）均组建了文艺志愿服务轻骑兵队伍，全市9大文艺协会、3大艺术团、40余个业余剧团、400多支文艺队活跃城乡，基层群众可就近享受免费文化服务，实现了每个乡镇年组织开展3场以上大型群众文化活动的目标。健全社会力量参与公共文化服务激励机制。引导瑞昌北京商会筹集资金60余万元开展了丰富多彩的惠民文化演出，天牛文化传媒举办了“我要上春晚”戏曲系列和春节黄梅戏名家展演，为全市奉献10余场文化大餐。形成了“亲民惠民爱民”文化节、“群众文化大舞台”文艺会演、廉政文艺会演、书画摄影作品展、非遗精品展、黄梅戏名家演出等特色常态化文化品牌，年举办各类大型群众性文艺活动30余场次。三名草根文化志愿者在中央电视台戏曲频道举办的黄梅戏名家名票组团战中分别摘得团体银奖和铜奖，并举办了回乡汇报演出。

特色文化品牌影响力显著提升。铜岭遗址博物馆项目建设取得新进展，推动铜岭铜矿遗址列入国家《大遗址保护“十三五”专项规划》，全年接待国内外专家、学者和客商40余批次。扎实开展第一次全国可移动文物普查，非遗项目资料收集、技艺保护与传承、对外交流展示再创佳绩，瑞昌市图书馆荣获江西省古籍保护工作先进单位，瑞昌剪纸先后代表江西参加了山东济南“江西风景独好”旅游招商活动、深圳第十二届中国国际文化产业博览交易会和“春雨工程”——全国文化志愿者广西行活动，广受好评。开展“剪纸情－竹编艺－采茶承”非遗精品进万家展示展演活动，推动“非遗”产品市场化和精品创作，省级非遗传承人朱朴光两部剪纸作品《共饮甘泉》和《光辉历程》被江西省纪委收藏。

文化（出版物）市场经营规范有序。一年来，清理取消了一批行政审批项目，进一步简化了行政审批程序，进一步优化了为民服务环境。通过连续打出“护苗行动”“清源行动”“净网行动”“秋风行动”“网吧专项整治行动”“卫星地面接收设施专项整治行动”六记组合拳，对网吧市场、图书市场、印刷市场、广电市场、娱乐市场、少儿出版物市场开展专项整治。通过开展湘鄂赣“扫黄打非·南岭工程”联防协作，建立健全“扫黄打非”邻省联防协作机制，深入推进“扫黄打非”进基层，有效保障了文化市场秩序，市场有序繁荣形势进一步好转。

文化体制改革迈出新步伐。从着力破解乡镇综合文化站人才缺乏、利用率不高、文化经费投入不足以及村级文化活动无固定场所、无保障性开放时间等问题出发，创新乡镇综合文化站管理机制，探索出了“县聘县管乡用”管理模式。通过公开招考、政府购买服务、内部调剂人员结构等途径，聘用了一批大学生到基层文化站，使每个基层文化站在编人员达到 2 名。对乡镇文化站干部实行“编制在局、工作在乡、资金统筹、培训统一、双重管理、双重考核”管理，并逐步向村、社区一级文化阵地纵深推进，通过建立考核评价、完善服务机制、丰富服务内容、优化服务环境、创建服务品牌、强化服务效能，促进“县聘县管乡用”管理模式优化升级，有效提升了基层文化场所管理和服务水平。

安全管理和综治维稳工作顺利。加强广电安全播出、文物安全管理、重点工程施工安全管理、文化设施安全管理，全年未发生一起重大安全事故。妥善解决了乡镇文化站工作的编外干部待遇等困扰文化系统多年的历史遗留难题，妥善做好了老放映员群体越级上访的稳控工作，有效地维护了社会稳定。

（文　勇）

社会文化

【概　况】　2016 年，瑞昌市着力抓好公共文化服务体系建设，公共文化管理和运行机制更加健全，公共文化产品和服务供给更加丰富，公共文化服务保障更加有力，覆盖市、乡、村、组四级公共文化服务体系基本建成。

【瑞昌市启动第三批国家公共文化服务体系示范区创建工作】　市委、市政府分别召开常委会和常务会进行专题研究，确定了全市创建工作领导小组，出台了《瑞昌市创建国家公共文化服务体系示范区规划（2015—2017 年）》《瑞昌市创建国家公共文化服务体系示范区建设实施方案》，召开了全市创建第三批国家公共文化服务体系示范区建设动员大会，签订了创建工作责任状。

【铜岭遗址管理处升格为正科级全额拨款事业单位】　铜岭遗址管理处为市政府直属单位，增挂江西瑞昌铜岭铜矿国家矿山公园、瑞昌市铜岭铜矿考古遗址公园、瑞昌市铜岭铜矿遗址博物馆三块牌子。

【瑞昌剪纸成为瑞昌对外交流展示靓丽名片】　4 月，先后组织瑞昌剪纸代表江西参加“江西风景独好”南昌—九江—景德镇—抚州—（济南）旅游招商推广活动和第十二届中国（深圳）国际文化产业博览交易会，广受好评。

【非遗专题博物馆迎来德国沃尔泽伦客人】　4 月 20 日，瑞昌市非遗专题博物馆热情接待了来自德国沃尔泽伦市文理中学师生代表团一行 20 余人，现场还邀请国家级剪纸传承人教授剪纸趣味活动，为外国友人集中展示了瑞昌传统文化的深厚底蕴和独特魅力。

【举办剪纸精品展喜迎“文化遗产日”】　6 月 13 日，为迎接“文化遗产日”，举办了瑞昌传统剪纸纹样涎兜花、抱裙花剪纸专题展。展览以瑞昌婴幼儿传统服饰类涎兜、抱裙上的剪纸纹样为主题，荟萃了 20 位剪纸艺人的 34 幅精品，吸引广大市民流连驻足，交口称赞。

【瑞昌剪纸代表江西参加文化部“春雨工程”广西行活动】　6月24日，瑞昌剪纸作为指定交流项目之一代表江西省参加由文化部、中央文明办主办的2016年“春雨工程”——全国文化志愿者广西行暨第八届“魅力北部湾”（防城港）系列群众文化活动，进一步加强对外宣传交流，提升国家级非物质文化遗产瑞昌剪纸品牌影响力。

【瑞昌组织编纂《人文瑞昌》】　2016年，市文广局组织整理编纂《人文瑞昌》系列丛书。丛书共分《青铜之源》《剪纸之乡》《茶戏歌韵》《瑞昌民俗》《瑞昌史话》《诗画瑞昌》等六部专集，年内完成初稿。

【建立“扫黄打非”邻省联防协作机制】　瑞昌市与湖北省阳新县、武穴市等相邻县市根据区域特点，相互磋商，建立健全区域联防协作机制，签订了联防协作协议，推进边界市县、乡镇、村基层“扫黄打非”工作的互联互建。

【全省“扫黄打非”进基层调研工作会在瑞昌召开】　3月3日，江西省“扫黄打非”进基层调研工作会在瑞昌市成功召开，会议传达了中央、省关于“扫黄打非”进基层工作文件精神，专题研究全省“扫黄打非”进基层工作总体要求。

（文　勇）

文艺创作

【概　况】　2016年，瑞昌市文艺创作收获一批精品。新创作歌舞类精品20余部、小戏小品类5部，获九江市级以上级奖项13个；新出版文学专著2部，在省级、国家级文艺刊物新发表文学作品11篇；剪纸、书画、摄影创作在省级、国家级各类展览、比赛成果丰硕，获等级奖6项、入围奖14项。

【艺术创作硕果累累】　2016年，市文联组织创作了歌曲《给我的爱人》《武铜之歌》，大型情景表演《我的武山我的梦》，编排小戏曲《走访》、大型荒诞秀《多彩武铜人》、诗朗诵《武铜礼赞》，舞蹈《赤湖春色》《腾飞》等歌舞类节目。原创大型现代戏曲《有这样一位老阿姨》被九江推荐申报2015年江西省优秀舞台艺术剧目，并在瑞昌展演中深受群众好评。精心改编传统黄梅戏《泪洒相思地》等数部大戏，进一步丰富下乡演出剧目。原创廉政小品《低保》获九江市“把纪律挺在前面”情景剧展演“优秀演出节目”奖，在市各乡镇演出60余场次，深受观众的好评。舞蹈家协会编创大型歌舞《莲花嫂子》获九江市纪委“把纪律挺在前面”专题文艺展演“优秀节目”奖；戏剧家协会新编排了瑞昌采茶戏《姊妹易嫁》和黄梅戏《三线姻缘》《哑女告状》在全市公开演出，作品形象生动，群众喜闻乐见。

【瑞昌采茶戏在江西省汤显祖戏剧节九江选拔赛上载誉而归】　2016年，市文联积极组织改编经典剧目《红梅惊疯》《送香茶》《皮瞎子算命》等小戏参加由江西省文联、省戏剧家协会主办的江西省第二届汤显祖戏剧奖·地方戏曲经典传统小戏、折子戏大赛，获得优秀组织奖。瑞昌采茶戏《皮瞎子算命》，荣获江西省汤显祖戏剧节九江选拔赛最佳优秀演出剧目传承人、编曲、乐队演奏、优秀演员表演等一等奖和多项优秀奖。

【瑞昌草根文化志愿者亮相中央电视台戏曲频道】　2016年，瑞昌戏剧家协会选派本土文化志愿者王霞、吴卫生和孙小英，在中央电视台戏曲和音乐频道《一鸣惊人》黄梅戏名家名票组团战中，分别斩获团体银奖、铜奖。

【书画作品扬名省内外】　2016年，瑞昌书画创作再创佳绩。在江西省第九届书法明临帖展中有17人书法作品入展，在江西省第五届老年书法作品展中有10人书法作品入展，在江西省第二届新人新作书法展中，有三等奖1人，优秀奖1人，入展3人。修晓明书法作品荣获江西省第九届青年书法展优秀奖；王志坚作品入选《民盟九江书画院作品集》和中国武术家协会江西省分会成立特邀作品展。瑞昌书法家李广志、修晓明应邀在敦煌画院举办了“悠然南山”个人书法作品展。10月，“故乡情”何燕丹书画篆刻作品展，在瑞昌文化馆展厅开幕，著名书法家崔廷瑶，九江市书协副主席兼秘书长姚杰，中国书协会员桂相文到瑞昌参加开幕式，这次展览共展出何燕丹书画篆刻作品66件，得到观众一致好评。

【积极做好文化传承】 2016年，市文广局继续做好非遗文化保护基础性工作。组织非遗专干深入基层、走访剪纸老艺人，现场拍摄影像、收集整理剪纸、竹编、采茶戏、秧号、荷灯节、牛歌等“非遗”项目实物资料，充实“非遗”资料库。依托“非遗”传习所、瑞昌职中剪纸基地等阵地，积极开展剪纸展览培训进校园、进社区、进农村活动，启动剪纸艺术普及教育计划，免费开设剪纸培训班，培训后备人才。开展瑞昌剪纸、竹编、采茶戏三个项目的10名传承人申报九江市级传承人申报工作。开展“博物馆与文化景观”“昆虫科普展览”等主题活动，营造出全社会共同参与文化遗产保护的良好氛围。

（文　勇）

文博事业

【概　况】 2016年，全市文博事业呈现新气象，铜岭遗址公园建设稳步推进，文物安全保护力度持续加强，应急安全防控体系进一步完善，文化遗产调查申报工作取得突破，免费开放服务质量和水平显著提升，全年共接待国内外参观群众17万人，年接待国内外专家、学者和客商40余批次。铜岭遗址列入国家《大遗址保护“十三五”专项规划》，瑞昌市图书馆荣获江西省古籍保护工作先进单位。

【何杰故居申报第六批江西省文物保护单位】 市博物馆邀请专家开展对洪下乡迪畲村何杰故居（敦彝堂）的建筑文化内涵和文物价值考察研讨，在九江市文物部门推荐申报基础上，完成第六批江西省文物保护单位申报工作。

【推进铜岭遗址公园建设】 2016年，铜岭遗址博物馆主体工程基本完工，陈展大纲通过省文化局专家组评审；遗址考古发掘区抢险加固工程、尾砂库坝安全治理工程、遗址公园大门工程、遗址围墙与安防工程、遗址基础设施工程等系列工程全面启动。

【第一次全国可移动文物普查工作进入验收汇总阶段】 市博物馆完成了对全市1241件/套可移动文物进行调查、认定和登记工作，将重点进行普查资料的整理、汇总和发布普查成果，形成了完整的工作记录（含图片及影像资料）。

【瑞昌市举办“5·18”世界博物馆日宣传活动】 5月18日，市博物馆面向社会广泛积极开展宣传教育活动，设立了服务咨询台1处，悬挂横幅1条，散发宣传材料3000余份，摆放宣传展板30块，集中宣传《中华人民共和国文物保护法》《博物馆管理办法》，同时举办了“博物馆与文化景观”“昆虫科普展览”等主题日活动，深受广大市民欢迎。

（文　勇）

附：2016年市文广新局副科级以上领导名录

党组书记、局长：程用新（6月任负责人，11月起任现职）

副局长：何将仁　刘　俊　叶祥水（6月任）

市文化馆党支部书记：曹　方

市图书馆馆长：吴百花

市图书馆党支部书记：曾唯忠（6月任）

市博物馆馆长：龙　艺

文化市场综合执法大队大队长：蔡茂平

市文化市场综合执法大队教导员：万秀英

铜岭遗址管理处党支部书记（正科级）：蔡茂谊（4月任）

铜岭遗址管理处主任：张绪来

铜岭遗址管理处副主任：蔡　敏（4月任）

广播　电视　电影

【概　况】 2016年，市广播电视台坚持以弘扬时代精神、激发改革动力、凝聚发展力量、围绕中心、服务大局为指导思想，积极进取，实干创新，内宣工作精彩，外宣工作出色。全年《瑞昌新闻》栏目共播出280期，自采稿件2000余条，《关注》栏目播出52期，《市民热线》播出260期。在中央级媒体用稿6条，在江西卫视《全省新闻联播》用稿54条（综合头条2个），江西人民广播电台89条，九江电视台314条（头条30个），九江电台316条（头条7个），各项指标都排在九江市前三位。荣获2016年度九江电视台新闻协作奖电视类二等奖、广播类三等奖；被评为九江市文明单位、省以上台站新闻供稿先进单位。

2016年，瑞昌市城区电影院共放映电影12927场，接待观众共计182799人次，票房总收入5345978.5万元。其中，瑞昌电影院2016年共放映3016场，观众33937人次，实现票房收入933618.5元，较2015年票房收入增长78.5%；华娱国际影城2016年共放映9911场，观众148862人次，实现票房收入4412360万元。全年累计完成送电影下乡4519场，保证了学生每学期可看两场电影，每村每月可看一场电影，观影人次达225956人次。瑞昌市农村电影放映工程荣获全省考核评比一等奖。

【围绕中心把握导向】　紧紧围绕市委、市政府中心工作，扎实开展新闻宣传。在《瑞昌新闻》中先后开办了《学习贯彻宣传落实市第七次党代会》《两会特别报道》《工业发展升级》《对外开放升级》《城市管理升级》《秀美乡村升级》《民生共享升级》《廉洁瑞昌》等专栏，对市委、市政府中心工作进行全面深入的采访报道，引导全市广大干部职工认真履职，积极投入到推进“五大升级”工作中。组织精干力量，对瑞昌重大项目签约和开工进行全程录像，及时、准确地报道市委、市政府的重大决策部署，大力宣传报道招商引资取得丰硕成果和推进新工业建设的最新进展。对市“第七次党代会”“人大、政协两会”“石油和化工行业领袖峰会”等重大活动进行全方位宣传报道。积极宣传全市党政军民齐心协力，打赢一场波澜壮阔的防汛抗洪攻坚战，谱写一曲众志成城保家园的壮丽凯歌。

【突出特色办活栏目】　新开栏目《法治瑞昌》深入、客观、全面报道全市综治维稳工作中的先进人物和典型事迹，突出各地各部门单位的工作特色和动态，为营造公平正义的法治环境充分发挥正面典型效应，栏目每两周播出一期，每期10分钟。品牌栏目《市民热线》，以传递政策信息、帮助广大市民解疑释惑为特色和宗旨，为广大市民反映的住房、医疗、交通、社会保障、生活环境等民生方面问题详细咨询相关职能部门寻找对策，同时也对个别单位工作人员办事效率不高和“四风”方面问题给予曝光，充分发挥电视媒体的舆论引导、媒体监督职能。

【紧跟时代创新宣传】　2016年，市广播电视台顺应舆论生态和媒体格局的深刻变革，积极向新兴媒体拓展，加快传统媒体和新兴媒体融合发展步伐，探索“电视+互联网”新路子。6月，推出了“视听瑞昌”微信公众号，实现了在手机上看瑞昌新闻，及时把本地新闻以及自办栏目对外发布，扩大了瑞昌的知名度和影响力。

【不遗余力推介瑞昌】　2016年，九江市广播电视台和瑞昌市广播电视台联合开办《直通县区》（瑞昌版广播）栏目，该栏目每期10分钟，重点宣传报道市委书记、市长重要时政活动，全市坚持实干创新、推进“五大升级”方面的新成效，三农经济新亮点，民生惠民新变化以及反映社会主义核心价值体系好故事等等。全年共播出52期、283条稿件。对外宣传力度加强，极大地提升了瑞昌的良好形象。

【精品佳作频频获奖】　市广播电视台送评的消息《九江欧文斯：智能温控专场对接促“一代一路”开花结果》获得2016年度“九江政府新闻奖”一等奖和九江广播电视奖；专题片《醉美江家岭》、消息《老人撞伤不索赔 反而给钱肇事者》、新闻特写《小山村的团聚年》《〈瑞昌骄子〉刘静：歌声里的幸福》获九江政府新闻将二等奖；《传承》《创业锁定互联网 青春绽放“便利仓”》、广播新闻《横立山：邮政电商助力精准扶贫》、新闻特写《堤坝上的匆匆一见》等四件作品获九江政府新闻奖三等奖。新闻消息《老人撞伤不索赔 反而给钱肇事者》《创业锁定互联网 青春绽放“便利仓”》

《新闻特写：小山村的团聚年》，新闻专题《〈瑞昌骄子〉刘静：歌声里的幸福》等作品荣获九江广播电视奖二等奖。

【廉政微电影《菊花清茶》由中央纪委面向全国发行】 2016，市纪委组织拍摄的廉政微电影《菊花清茶》收录于中央纪委《党风廉政教育参考片》，由中国方正出版社结集出版并在网络、电视、微博、微信等媒介面向社会同步展播。该片全程自编、自导、自演，主题鲜明、题材鲜活，构思精巧、寓意深刻，通过廉政微电影的宣传教育，使广大党员干部对党风廉政建设和反腐败斗争有了更加深刻的认识，促使大家在思想上杜绝腐败意识、现实中拒绝腐败行为，时刻绷紧反腐“高压线”。

【瑞昌拍摄首部精准扶贫主题微电影《春雨有声》】 2016年，市委、市政府加大扶贫工作宣传力度，以精准扶贫为题材拍摄微电影《春雨有声》。该片以推进精准扶贫工作为主线，以解决高山农民饮水问题为切入点，从主攻产业扶贫、教育扶贫等方面，描述基层一线扶贫工作现状。整部电影取材真实，并由当地干部群众本色出演，讲述精准扶贫中的感人故事，讴歌一线党员干部帮助群众脱贫致富的事迹。

（曹　辉）

附：2016年市广播电视台副科级以上领导名录

台　长：柯红斌
书　记：许洪云
总编辑：陈振洪
副台长：张友敏　葛小兵
副总编辑：周玲玲　张　杰

广电网络

【概 况】 2016年，瑞昌广电网络公司积极响应省公司“转型升级、改革创新”的号召，全面推进网格化管理，积极发展数据宽带、高清互动等新业务，锻炼职工单兵作战能力，提升客户服务水平，在电视用户新发展、数据宽带、付费机卡等方面都取得了较好的成绩。全市有线电视总用户达58000户，宽带6100户。其中城区有线电视32000户，宽带5000户，乡镇有线数字电视总户26000户，宽带1100户。全年实现经济收入2162万元，在全省县级分公司综合考评名列第五名，并荣获全省广电网络2016年度综合先进单位。

【全面推进网格化管理】 市广电网络公司从3月开始，精简职能机构，全面实行网格化管理。分公司设立3个职能部门，安排12人，城区3大网格片区，安排24人，农网以就近乡镇设立3大片区，职能部门分别对接对应网格片区做好相关上门服务营销工作，班子成员兼任网格片区片长。为适应新形势新业务发展，分公司经常性利用晚上分类组织相关员工进行各项业务培训学习，提升了客户服务水平，锻炼职工单兵作战能力。在员工待遇上实行绩效考核，按劳取酬。公司员工每月薪酬近3/4部分列为绩效考核，各片区员工绩效按本片当月实际完成收入提取绩效工资核发，职能部门员工绩效按比例核发。在工作方式方法上采取开展例会交账制，工作有计划有交代，加强执行力，实行监督回访，了解职工工作情况及用户反馈意见，进一步完善网格化管理工作，极大地提高了工作效率。

【积极拓展新业务】 2016年，公司根据网络市场竞争激烈态势，积极改革创新，有效拓展新业务。设置专职营销员拓展新业务，为各网格片区配备1名专职营销员，负责本片区新业务拓展及集团客户服务，同时营销员还负责对本片区员工进行营销及新业务发展方面的培训，发动全体员工发展新业务，营销重点就是发展数据宽带、高清互动等新业务。加强新业务知识营销培训，适时制定调整营销策略。不定期组织营销员对宽带、高清互动等新业务知识进行学习，根据市场反馈信息，及时调整新业务资费政策，有针对性地进行新业务营销。多渠道进行宣传推广。对新业务发展，分公司加大宣传力度，通过游动字幕、印制宣传彩页、张贴服务卡、喷绘广告，安排员工进社区摆摊设点面对面宣传推广。

【城乡光纤“双向网”升级改造基本完成】 2016年，公司投资2000余万元，对全市城乡进行光纤双向网升级改造。全市共完成双向网覆盖用户75969户，其中城网57371户，农网18598户；城、乡共开通双向网光节点651个，其中城网324个，农网327个；全市共完成布放光缆729千米，其中城网336千米，农网393千米。城区光纤双向网升级改造全面完成，乡镇光纤双向网升级改造完成90%，进一步提升城乡广电网络质量，为用户提供稳定高质量的有线电视及宽带信号，使家家户户电视机成为集公共传播、文化娱乐、信息服务为一体的最普及、最便捷的信息工具和信息载体，确保市委、市政府的政令及时高质量传到百姓家中，确保了广播电视安全优质播出。

（徐爱民）

附：2016年江西广电网络瑞昌市分公司领导名录

书记、副总经理：田海青

副总经理：田信军

副书记、总经理助理：柯于安

工会主席：汪先知

报　　纸

【概 况】 2016年，报社牢牢把握党性原则、马克思主义新闻观、正确舆论导向、正面宣传为主的“四个坚持”，紧紧围绕“办市委政府放心和人民群众满意的全省一流县（市）报”的发展定位，紧跟中心大局，强化采编策划，贴近基层一线，守望公平正义，加强队伍建设，强化责任担当，着力推出一批有思想、有温度、有品质的新闻作品，在积极宣传党的政策主张中，及时反映群众呼声愿望，稳步深化媒体融合发展，全力为全面深入推进“五大升级”提供坚强的思想保障和舆论支持。以“一报一刊两平台”（即《瑞昌报》《瑞昌报·月末刊》《掌上瑞昌》《瑞昌微视界》）为阵地，《瑞昌报》全年出刊126期，《瑞昌报·“启航2016”》（两会特刊）1期32版，推出“瑞昌微视界”33期。2016年，瑞昌报社被推选为九江新闻工作协会常务理事单位和江西省报纸副刊研究会会员单位，成功加入湘赣边网络媒体联盟，获评2016全市宣传思想工作综合先进单位、城市管理升级先进单位、党报党刊发行工作先进单位、包村工作先进单位、政法综治工作优胜单位。

服务中心更贴心。2016年，结合全市重大活动、重要会议和重点工作，《瑞昌报》策划制作新闻专题38个、开设专题专栏20个，累计刊发新闻类稿件4800余篇、本报评论员文章20余篇，准确传导市委、市政府的决策部署和为民情怀，及时反映部门单位和广大干群合力推进“五大升级”的积极作为。特别在7月防汛抗洪危急关头，《瑞昌报》连续推出10期抗洪特刊，采写了一大批感染力强的新闻稿件，展示了瑞昌广大干群“沉着应对、果断决策、快速行动”的担当精神、“党群一心、干群一心、共护家园”的团结精神、“不畏艰险、连续作战、敢于胜利”的拼搏精神、“一方有难、八方支援、共克时艰”的奉献精神，为全面打赢防汛抗洪攻坚战提供了强大的舆论支持、积淀了丰富的抗洪精神。8月底，又以“消息＋社论＋通讯＋部门访谈”等方式，全面报道市第七次党代会，推动新一届市委“坚持实干创新、推进五大升级”的战略部署迅速转化为全民意志和共同行动。

深耕本土更有为。深耕“要闻”“综合新闻”“民生社会”“悦读”“映像”“视点”等版面。在办好“天南海北瑞昌人”“记者观察”“创业故事”“新村新风”等品牌栏目基础上，着力打造“当好新工业十年行动主攻手、争当T型崛起排头兵”“贯彻落实党代会精神、推进五大升级”“凡人凡事”“三百六十行·出彩瑞昌人”等精品栏目，做到版面、栏目和稿件互动联动，共同出新出彩。《瑞昌报·月末刊》设置的“月末写意”“人物·故事”“文化·历史”“汽车旅游”等栏目板块，增加了新闻报道的温度和厚度，提升了报纸的传播力和影响力。

推介瑞昌更有位。一面深耕本土做好内宣，一面持续发力抓好外宣，2016年在《光明日报》《江西日报》《九江日报》等主流报刊上稿106篇，其中，人民日报海外版《武蛟油菜花引来赏花人》图1篇，光明网10篇，央广网30篇，《江西日报》4篇，《九江日报》头条8个。在第23届江西省报纸副刊好作品评选活动中继续取得好成绩，在2016年“九江新闻奖”优秀作品评选活动中，瑞昌报社有7人次9件作品获九江市新闻奖。

【《瑞昌微视界》上线】 12月23日，瑞昌报社举行全市通讯员学习交流会暨《瑞昌微视界》上线仪式，在试运行一个多月之后正式推出了官方微信公众号《瑞昌微视界》，在媒体融合发展中又扎实迈出了一大步，新闻传播和舆情引导、与热心读者联系互动更加有力高效。《瑞昌微视界》坚持“紧跟时政、深耕本土、关注民生、引领风尚”的媒体定位，常设三大栏目和若干个子栏目。其中，“新闻资讯”有“微头条（重磅要闻、全民围观），微现场（民生新闻、社会万象），微发布（政策速读）”等子栏目，“生活百态”有“微杂读（世说新语），微生活（驴行瑞昌、美食推荐），微阅读（笔墨家山，瀼溪文苑）”等子栏目，“我有话说”有“我要爆料（新闻随手拍），我来投票（关注吧），我有建议”等子栏目，上线百余天的粉丝量就接近1万。

【开展“记者大讲堂”活动】 10月，瑞昌报社开展“创先争优·最美的文字送给你”演讲比赛，全体记者通过演讲，共同分享工作感悟、抒真情实感、聚干事热情。为进一步提高全员采编业务水平和语言表达能力，11月开始，报社在每月底周末举行“记者大讲堂”活动，重点围绕政治经济文化、社会管理、党纪法规、新闻采编、新媒体运营等热点话题和焦点问题，精心外请业界精英和本社骨干进行授课，组织全社干部集中学习、互动交流。

【推出“启航2016”特刊】 2016年，市报社根据市、乡两级换届及“两会”、党代会喜事多多情况，为进一步宣传新一届市委提出的发展战略和各地贯彻市第七次党代会精神所发生的喜人变化，报社集中一个多月的时间，精心策划组织了“启航2016——坚持实干创新，推进五大升级”两会特刊，通过运用航拍大图、高清全彩、精炼文字，全景展示了各地推进“五大升级”的担当作为和喜人景象，深受社会好评。

【开展“党员活动日”活动】 2016年，市报社按照市委组织部要求，结合报社工作实际，每月开展“党员活动日”活动。“七一”期间，召开报社党员表彰大会，奖励优秀党员2名。“11·8”记者节，组织开展“健康生活·活力工作”登山比赛等活动。另外，还定期开展其他学习交流活动。

（叶定锐　柯芳华）

附：2016年瑞昌报社副科级以上领导名录

社　长：曹淑华（6月任）　曾宪利（任至6月）
总　编：余立新（12月任）
　　　　陈向农（任至4月）
党支书：余瑞江
副总编：柯尊龙　叶定锐　董　陟（任至12月）

图书发行

【概况】 2016年，江西新华发行集团有限公司瑞昌市分公司坚持“为社会主义服务，为读者服务”宗旨，秉承“为书找读者，为读者找好书”服务理念，立足图书发行业，深化改革，锐意创新，实现社会效益和经济效益协调发展。全年码洋销售3522万元，同比增长12%；教材教辅发行码洋3245万元，同比增长12%；实现利税599万元，同比增长6%。

【“新华壹品”快速拓展】 2016年，新华壹品校园文化综合服务平台进入了调整发展的关键年，在这样的特殊阶段，瑞昌分公司积极拓展新华壹品平台，在原有4家学校门店基础上又与4所学校确定合作关系，并正式投入营运。现已拥有新华壹品文化综合服务平台网点8个，服务师生总人数近1.6万余人，为后期增值服务夯实了基础。

【丰富校园读写活动】 2016年，市新华书店积极牵头组织开展校园读写活动。抓住全省“护苗活动”契机，邀请到著名儿童文学作家董宏猷老师，到瑞昌二小、瑞昌三小、赛湖学校进行公益讲座；邀请著名书法家臧磊，到瑞昌二小进行书法讲座。在门市设立本土作家专柜，陈列本土作家作品，并邀请到瑞昌籍本土作家佐王和阿乙老师，到瑞昌一中、瑞昌二中，与广大师生互相交流。通过专家讲座，极大提升了学生写作兴趣和对书法的热爱。协同武山、码头、高丰、花园、二小等中小学，举办汉字听写大赛，为师生的教学活动提供帮助。

【做好政治读物发行】 2016年，市新华书店认真做好政治读物发行工作。全年发行《习近平总书记系列重要讲话（2016版）》6200册；发行《法制热点面对面》1000册；发行《习近平关于严明党的纪律和规矩论述摘编》1000册。发行政治读物，有利于读者增长党的知识、增强党性观念和法制意识，提高思想政治觉悟。

【积极参加公益慈善活动】 春节期间，公司组织员工分别前往白杨镇白杨村、郭桥村走访慰问困难户及“五保户”（白杨村困难户8家、“五保户”10人，郭桥村困难户6家、“五保户”14人），为他们送上温暖和关怀。继续开展好社区“六联六互”的帮扶工作，帮助开展社区建设工作。在市民休闲广场开展文明单位无偿献血活动中，公司有7人自愿参加献血，共计献血2600毫升。

（雷 洁）

附：2016年江西新华发行集团有限公司瑞昌市分公司领导名录

经　理：朱　宁

副经理：石晓芳　朱明飞

党史工作

【概 况】 2016年，市党史办深入贯彻落实《中共中央关于加强和改进新形势下党史工作的意见》和省、市工作会议精神，创新工作思路，积极开展党史编撰、征研、宣教等各项工作，较好地完成了全年工作目标和任务。荣获九江市史志办“党史工作先进单位”。

【认真编撰党史著作】 经党史办精心组织和积极推进，《中国共产党瑞昌历史》第二卷（1949—1978）于2016年6月编纂完成。全书共30万字，4编13章，收录图片30张。该书详细记述了自1949年6月中共瑞昌县委成立至1978年12月中共十一届三中全会召开，县委团结带领全县人民进行社会主义革命和建设的历史，全面反映29年间县委在探索瑞昌社会主义建设道路中的经验及教训，全面反映瑞昌党组织不断发展壮大和加强自身建设的历史。党史一卷修订工作正在紧锣密鼓地进行中，编撰经费已经到位。全书共分3个部分，包括总编目，正文（共分四篇），附录，已完成了总编目、2万字的附录两个部分，正文部分已完成了第一篇。党史三卷编撰工作已启动，正在着手准备相关专题资料。

【开展党史宣教工作】 开展烈士纪念活动。利用瑞昌县苏维埃革命纪念馆这一平台，结合“两学一做”活动，组织各部门单位前往参观学习，接受革命传统教育和理想信念教育。全年已有10个单位100人先后前往参观学习。同时开展了清明节烈士祭扫、抗战纪念日、烈士纪念日等各项活动3批200人次。推进党史“五进”活动。按照上级党史部门关于深入开展党史“五进”活动的要求，依托党史教育基地，开展党史进机关、进学校、进社区、进农村、进企业活动，进一步向广大党员群众普及党的历史知识和基本经验，激发广大党员干部群众爱党、爱国感情，引导广大党员干部群众坚定跟党走的信念。办好党史网站。网站设有机构设置、工作动态、大事记略、党史编研、党史文萃、党史专题、革命英烈、红色史迹、党史成果九大板块。依托自主党史网站，及时更新瑞昌党史工作动态，上传更新瑞昌大事记、革命遗址、党史成果、人物传记等重要内容。

【编印瑞昌大事记】 坚持把《瑞昌大事记》作为

日常性工作来抓。即时记录，科学选取并准确记载全市党内重大事件，全面客观记载市委2016年大事要事及党建、党史等方面的创新经验和先进典型，为全市各级党组织总结执政经验、探寻执政规律积累宝贵资料，为今后编史、存档、利用等提供第一手史料。全年出版《瑞昌大事记》2期近14万字，向省、九江党史部门摘编上报信息100余条。

（曾宪斌）

附：2015年党史办副科级以上领导名录

主　任：李爱华

副主任：曾宪斌

地方志工作

【概 况】　2016年，瑞昌市地方志工作在各级领导关心指导下，认真落实省、市地方志工作会议精神，围绕打造精品年鉴、提升资政功效、服务经济社会思路，制定计划，收集资料，精心编辑，付印出版等工作环环紧扣，有序推进，各项业务圆满完成。

【年鉴工作创佳绩】　3月22日，瑞昌市政府办公室印发《瑞昌年鉴》（2016卷）编印方案通知后，市志办迅速组织人员组稿编辑年鉴。4～11月年鉴工作全部完成。2016卷年鉴，共设41个类目、275个分目，成书总字数65余万字。7月11日，中国地方志指导小组印发文件，对全国地方志优秀成果的406部年鉴通报表扬，瑞昌年鉴2013名列其中，获评三等年鉴。江西省有五个县级年鉴获评三等，九江市县级年鉴唯有瑞昌年鉴获此佳绩。

【完成省市年鉴文稿采编】　4～5月，按照省方志办和九江市史志办年鉴组稿要求，安排人员采编组稿，在确保组稿质量的前提下，在规定时间内完成了近万字的组稿任务。

【指导部门修志工作】　2016年，市志办发挥职能作用，加强部门修志指导。5～10月，工信委组织编写《瑞昌工业史》，市志办参与指导，提出意见；瑞昌市民宗局组织编写的《瑞昌道教志》和洪下乡瓜山村组织编写的《瓜山志》初稿形成后，市志办组织人员阅读稿件，提出修改意见，提高了志书编写质量。

【积极做好志鉴发行工作】　2016年，市志办向各单位发送2015年卷瑞昌年鉴1000册，向有关领导和文化人士赠送《瑞昌市志》和《瑞昌明清县志》各80册，深受读者欢迎。

【地情质料开发利用取得实效】　全年为社会各界提供地情资料咨询86人次，为工信委编撰《瑞昌工业史》提供电子版文字资料5万余字，为档案馆等单位提供相关电子资料10多万字。6月，武蛟乡结合一学两做活动，在大桥村建起了党建文化展览厅，弘扬铁肩膀大桥精神。乡党委、政府请市志办支持这项工作，提供资料，组织编写。经过一个月努力，协助他们完成300平方米建筑面积的布展工作，提供历史珍贵照片87张，编辑文字近万字，同时编印《人文大桥》画册一本，印刷1000册。展览馆于7月1日对社会开发后，瑞昌市四套班子领导及乡镇单位先后组织参观学习，得到一致好评。

（编辑部）

附：2016年市志办副科级以上领导名录

主　任：李英豪（任至6月）

副主任：傅霖辉　董柏村（10月任）

档 案 工 作

【概 况】　2016年，市委档案局认真贯彻落实九江市档案工作会议精神，积极推动瑞昌市档案工作创新发展，圆满完成了年度各项任务。被九江市档案局评为“全市档案工作先进单位”。

抓好各单位档案资料立卷归档工作。为指导机关、企事业单位档案工作实行规范化管理，档案局按照九江市局《关于加强机关、企事业单位档案工作规范化管理的通知》要求，对各单位的档案工作进行全面摸底，了解单位档案管理、收集、整理、归档、保管、利用、移交等情况，通过现场调研，针对发现的问题进行业务指导。加大民生档案业务指导力度。档案局在民生档案业务指导中抓重点、重实效，将凡是涉及民生档案的单位和社区作为重点指导单位，加强与民政局、人社局、农业、林业等部门的联系，积极主动提供业务指导服务，做到保障和改善民生的工作与档案工作同步进行。加强农业农村档案工作指导，做好农村土地承包经营权确权登记颁证资料的收集与整理。3 月中旬，与市农业局一起对全市 21 个乡（镇、场、街道）农村土地承包经营权确权登记颁证资料档案整理工作进行检查、指导；10 月下旬，又与农业局一起对 21 个乡（镇、场、街道）农村土地承包经营权确权登记颁证资料档案整理工作进行验收。

加强馆藏档案资源体系建设。档案资源是开展档案工作的基础条件。2016 年，档案馆加大到期档案接收力度，扩大接收范围，拓展档案门类，把各类专业档案、民生档案、企业档案、重大活动档案、重大项目档案都纳入接收范围，做到应收尽收。全年共接收档案 1388 卷、610 件，（房产档案 281 卷，人事档案 1107 卷、文书档案 610 件）；《版竹情》《五十年的回忆》等资料 15 册。档案局还热情接待广大档案利用者，全年共接待档案利用者 344 人，利用档案 1032 卷（件/册），复印和摘录档案 7053 页，并及时做好档案利用效果反馈。档案提供利用工作有效地发挥了档案在为民生服务、化解各种社会矛盾、重难点工作突破等方面不可替代的凭证作用。

提高档案事业法制化管理水平。抓好档案工作规范化管理。把档案法制宣传工作作为一项重点工作来抓，采取向市直各单位、档案利用者发送档案法规宣传资料和动员订阅档案报纸杂志等形式，积极开展档案法制宣传工作，有效地提高了机关干部职工和市民群众的档案意识。6 月 9 日，在市府西路路口处举办了“档案与民生”——国际档案日系列宣传活动，共发放档案宣传资料 200 多份，并且利用宣传板报展示档案局收藏的部分珍贵档案、利用标语宣传档案法律法规；在富贵人家、范镇红岗村等社区居委会开展档案法制宣传活动，取得了很好的宣传效果，达到了让群众走进档案，了解档案，增强全社会档案意识的目的。依照《中华人民共和国档案法》和《江西省档案管理条例》的有关规定，制定并实施机关档案工作年度检查制度，通过听汇报、现场检查等形式，对 3 个乡（镇、园区）和 4 个市直单位进行了“一法一条例”执法检查。对发现的问题提出整改意见，下达整改通知书，督促改进提高，收到了较好效果。

【推进档案信息化工作发展】 按照国家档案局提出的“电子档案接收工作全面开展，数字档案馆建设取得实质性进展”的目标要求，2016 年完成了对馆藏市政府、市委组织部等重要档案共 165 万页进行了数字化扫描，建立目录数据库 33 万条，并与档案抢救工作同时进行，对馆藏 2790 卷民国档案进行数字化工作。全馆共形成电子档案 1. 8T。

【为有关单位做好业务服务工作】 2016 年，档案局指导江西亚东水泥有限公司编制《文件材料归档范围及保管期限表》；指导瑞昌市公安消防大队申报江西省机关档案工作规范化管理省一级单位。协助九江市档案局、国家电网九江市分公司完成国家电网瑞昌市分公司申报江西省机关档案工作规范化管理省特级单位的预检工作，协助市文化馆顺利通过“档案工作规范化管理省三级”复查工作。

（汪凌晖）

附：2016 年市档案局副科级以上领导名录

局　长：王晓宁

副局长：王能著　范小平

卫生和计划生育

◇◇本栏编辑　邹圣敖

综　　述

2016年，瑞昌市卫生计生工作把解决民生问题放在一切工作的首位，推进医疗卫生体制改革，提升计划生育服务管理水平，加强行风政风和人才队伍建设，切实为人民群众搭建一个看得上病、看得好病、看得起病的平台，全民健康水平有了明显提高。市卫计委荣获国家卫计委家庭文化通讯报道工作先进单位，市人民医院荣获全国综合医院中医药工作示范单位，湓城社区卫生服务中心荣获全国百强社区卫生服务中心、中国社区卫生协会优秀培训基地，高丰镇中心卫生院、横港镇中心卫生院荣获全国群众满意乡镇卫生院，市血防站荣获湘、鄂、赣、皖、苏五省血吸虫病联防联控先进集体，市人民医院被省综治委、省卫计委授予“平安医院”，瑞昌市荣获九江市人口和计划生育工作先进县（市），市卫计委荣获九江市卫生系统综合目标考评先进单位、瑞昌市党政综合目标考评先进单位。

民生工程有新成效。医疗卫生惠民成效显著。全市农村妇女“两癌”、贫困家庭重性精神病、尿毒症、白内障、唇腭裂、儿童“两病”等10类重大疾病免费救治全部完成或超额完成九江市下达瑞昌市工作任务。白内障免费救治290例，唇腭裂免费救治1例，儿童白血病免费救治1例，先天性心脏病免费救治19例，尿毒症免费血透救治180例，重性精神病免费救治616例，乳腺癌免费救治2例，宫颈癌免费救治3例，艾滋病免费救治11例。免费孕前优生健康检查4651人，完成率为102.99%，指导孕前高风险人群123人。478名乡村医生按政策规定提高养老补贴已发放到位。

医改工作有新进展。市卫计委持续扩大基本医疗保障覆盖面，群众参保、参合率持续提高，新型农村合作医疗、城镇职工医保和城镇居民医保“三张网”覆盖95%以上的城乡居民，实现“全民基本医保”目标。全市271个医疗卫生机构全部实行国家基本药物制度，实行网上采购、统一配送、集中结算，让基层群众在家门口就能享受到“零差率”销售的基本药物，群众门急诊及住院费用均降低20%以上，“小病拖、大病熬”逐步向早诊、早治转变。市人民医院、市中医医院、市妇幼保健院2015年11月1日零时正式取消药品加成。全市全年共完成基本诊疗路径入径1127例，其中变异11例。完成基本诊疗路径定额付费232例。市医改工作得到国家卫计委副主任王国强等领导的肯定。

服务体系建设有新气象。基础设施建设进一步夯实。市妇幼保健院与市人民医院大楼置换工作已完成，12月26日投入使用；血防大楼于5月1日投入使用；黄金卫生院医技楼项目竣工投入使用；79个村卫生计生服务室建设达到规范化要求。人才队伍建设进一步加大。充分发挥“传、帮、带”作用，通过邀请上级医院专家到院授课和会诊指导，选派人员外出进修和培训，组织医务人员开展基层医疗机构全员岗位练兵和技能竞赛等形式，提高医务人员的技术水平。全年共吸纳69

名干部职工充实卫生计生队伍，其中：招录45名卫生计生人员；安置2011年度医学类定向毕业生7名和2014年度“三支一扶”医学生7名；2016年接收5名“三支一扶”医学生；安置5名退伍军人充实乡镇计生队伍。

计生工作水平有新提升。2016年，市卫计委切实加强计生工作，提升计划生育服务管理水平，与各乡镇、各成员单位签订目标管理责任书，落实目标任务。认真落实计划生育惠民政策，全年奖励扶助987人，金额1184400元；特别扶助167人，金额809280元；阳光助学250人，金额250000元；绝育奖58人，金额17400元；为222名农村独生子女和二女户家庭子女办理中考加分。推进基层卫生计生工作网络化建设，实现卫生计生业务信息共享与数据交换。全市出生6074人，出生率12.24‰；死亡人口1997人，死亡率3.95‰；自增人口4076人，自增率8.28‰。流动人口办证率为100%，流管平台协查反馈率、通报接收率达100%。

政风行风建设有新变化。以“两学一做”学教活动为契机，加强学习，提升素质。坚持三会一课，深入学习习近平总书记系列讲话精神、以及新党章《中国共产党廉洁自律准则》《中国共产党纪律处分条例》等，坚持每月集中学，并撰写心得体会，扎实开展主题党日活动。结合开展“平安医院创建”和“党建+健康服务”等活动，加强系统干部职工廉政教育、作风教育和道德品行教育。开展“先进党组织”“优秀共产党员”等创先争优活动，用身边事教育身边人，注重品性锻炼，弘扬良好作风。召开卫计系统党风廉政建设集中约谈会，要求卫计系统领导干部担当好主体责任、发挥好表率作用。着力纠正医药购销领域不正之风，医患双方签署不受和不送“红包协议”，与药商签订廉洁购销合同，10万元以上的仪器设备采购必须经卫计委党政联席会讨论通过。开展领导干部违规收受“红包”治理和违规插手工程项目专项治理，排查面100%，其间上缴廉政账户13余万元。严厉打击非法行医行为，查处非法行医案件10余起。集中整治“微腐败”，涉及问题5个，对市人民医院5名同志的违纪行为给予政纪处分。开展卫计系统改进工作作风和“不作为、不担当”问题专项整治行动，先后3次开展落实中央规定和改进工作作风明察暗访活动，严肃处理各类违纪行为。

防汛抗洪工作有新担当。市卫计委组织防汛巡查组、应急工作组和纪律督查组，制定防汛工作安排表，坚持24小时制巡堤查险，共巡查、处置渗水点65处。组织党员突击队，党员志愿服务队和机关干部160余人共装灌防汛沙袋2万余袋修筑防洪堤坝。强化医疗保障，在防汛堤设置10个医疗服务点，20支巡回医疗队，先后出动救援救护车辆100余台次，医护及防疫人员1100人次，累计接诊6216人次，投入救灾医疗卫生经费7.5万元，免费发放价值4.3万元药品。累计出动防疫车辆60车次、人员300余人次，储备漂白粉600公斤、“84”消毒液240瓶及喷雾器10台等多种消杀药品和器械，开展防汛点帐篷及周围环境的消毒处理及杀虫工作，累计消毒100余次，消毒面积约25500平方米，杀虫面积约3500平方米。张贴卫生防疫宣传画500余张、张贴标语400张、发放灾后卫生防病知识宣传单2万张，宣传折页5000份，开展健康宣传教育咨询累计达1000余人次，为防洪抢险提供周全的医疗保障。

医政管理

【概况】　2016年，市医政管理工作以深化医药卫生体制改革为中心，大力推进重性精神病免费救治等重大民生工程，强化乡村医生签约服务工作，提升基本公共卫生服务工作水平，确保小病不出村，常见病多发病不出乡，大病不出市，为百姓的医疗健康提供有效保障。

【强化医疗质量管理】　市卫计委加强医疗质量安全管理，规范医疗行为，提升医疗服务质量。在全市医疗机构开展院感专项督查和医疗服务专项整治活动，加强对27个体诊所和社区卫生服务站的质量控制监管。对11家能开展手术的基层医疗机构的手术包、产包实行统一集中免费消毒。开展“三好一满意”、基层医疗卫生机构规范化管理及群众满意的乡镇卫生院创建、抗菌药物临床应用专项整治、民营医院“规范化服务”等活动。实行“门（急）诊病历一本通”“一单通”，方便患者就医，减轻患者负担。设立文明服务监督岗、意见簿、监督电话，公开服务承诺，推行“出院病人回访制度”，让患者明明白白看病，清清楚楚消费。

【推进公共卫生服务均等化】 市卫计委积极推进公共卫生服务均等化，实行公共卫生服务全覆盖。建立居民健康档案40.2万份，建档率90.03%；电子健康档案38.86万份，建档率87.03%。对65岁以上老年人、0～6岁儿童、孕产妇开展免费健康体检服务，对3.41万名高血压、0.77万名Ⅱ型糖尿病、0.098万名重症精神病患者进行系统管理。适龄儿童国家免疫规划接种率、建档率一直稳定在98%以上。

【创建全国基层中医药工作通过省评】 2016年，市卫计委积极开展创建“全国基层中医药工作先进单位”工作。完成23个基层医疗机构中医药综合服务区建设。选调市人民医院、市中医医院中级以上中医师（专家）开展中医药“1对1”帮扶，即1名中医师（专家）帮扶1家乡镇卫生院或社区卫生服务中心。成立瑞昌市中医药学会，评选出瑞昌市十大名医。全市医疗系统开展的“全国基层中医药工作先进单位”创建工作通过了省级专家评审。

妇 幼 保 健

【概 况】 2016年，市妇幼保健院紧紧围绕“一切以病人为中心”的服务宗旨，坚持以保健带动临床的发展方向，强化科学管理，突出内涵建设、健全规章制度，改善就医条件，打造专科特色，创建专业品牌，各项目标任务顺利完成，市妇幼保健院被省卫计委授予全省妇幼健康服务先进集体。

【实施妇幼“安康工程”】 市妇幼保健院扎实推进妇幼重大公共卫生项目。全市2925名农村孕产妇得到住院分娩直补，免费发放叶酸4136人份，免费注射乙肝免疫球蛋白数511支。宫颈癌普查总人数5502人，查出宫颈癌1人、癌前病变34人；乳腺癌普查3720人，查出乳腺癌4人。婚前医学检查5156人，婚检率96%。完成计划生育手术2642例，免费发放避孕药具17800余人次。深入开展妇女儿童保健工作。全市孕产妇建卡5323人，建卡率为99.64%；住院分娩活产5391人，住院分娩率100%；筛查出高危产妇1634例，进行全程跟踪管理。

疾病预防控制

【概 况】 2016年，市疾病预防控制工作以加强疾病服务能力建设为起点，着力做好扩大国家免疫规划、突发公共卫生事件和重大传染病防控及疫情处置工作，全面完成各项工作任务。

【强化重点传染病防控】 市疾控中心认真抓好疾病防控各个环节，强化重点传染病防控，确保实现疾病防控目标任务。传染病网络直报。报告法定传染病1459例，发病率342.59/10万。开展以H7N9禽流感、寨卡病毒病为重点的传染病防控，全市无感染H7N9禽流感和寨卡病例，未发生手足口病暴发疫情。开展“02”疫情监测，监测结果均为阴性。新发现12例艾滋病感染者。全市疫苗接种率均在95%以上。开展地方病、慢病防治及结核病防治工作。收治肺结核病人293例，其中初治涂阳病人155例，初治涂阴病人138例。

【地方病防控成效显著】 2016年，市血防站组织完成血检查病4.2万人次，粪检查病1662人次，治疗及扩大化疗500人次，晚血救治169例，治疗慢性血吸虫病562人，完成查螺面积2485万平方米；灭螺605万平方米。连续十一年开展灭螺大会战活动，代表江西省接受国家五省血防联防联控工作检查，得到专家组的充分肯定。

卫生计生综合监督

【概 况】 2016年，市卫生计生综合监督执法局坚持依法行政、廉洁从政，强化机构内部和队伍建设，全面提升卫生计生综合监督执法水平，取得良好的社会效益，圆满完成各项监督监测任务。

【强化卫生计生综合监督】 综合监督执法局对全市271家医疗卫生单位开展日常卫生监督检查工作，各医院院感监测完成率达100%。全年新发、延续、变更及复核公共场所服务业证203家，并依法开展预防性卫生监督，发放卫生监督意见书386份，对13家公共场所经营单位进行卫生行政处罚，合计罚款人民币11800元。社会抚养费“非诉”执行申请65例，已执行49例，执行金额78.3万元，司法拘留7人，查处干部职工违法生育7人。

【开展市区生活饮用水卫生抽检】 综合监督执法局对19家供水单位进行监督检查。抽检市政供水公司水样167份，合格率100%；抽检二次供水单位水样60份，合格率为100%；抽检集中式供水单位水样284份，合格率为90%。对不合格单位下达限期整改意见书29份，对3家供应饮用水不合格水厂进行了立案查处。对1家生产消毒产品和60余家销售消毒产品单位进行监督监测，对不合格的单位下达50份限期整改意见书。检查6家餐饮具集中消毒单位，抽检70个餐饮具产品。

爱国卫生运动

【概 况】 2016年，市爱卫办坚持“预防为主”和“政府组织、地方负责，部门协调，群众动手，科学治理，社会监督，分类指导”的爱国卫生工作方针，以卫生创建为主线，带动和促进卫生管理、环境治理、除害防病、健康教育等各项工作的深入开展。

【开展“无烟学校”创建活动】 市爱卫办严格落实卫生计生行政部门和医疗卫生计生单位全面禁烟目标，在全市中小学范围开展创建“无烟学校”活动，发放控烟知识宣传折页5000余份。

【开展健康教育活动】 2016年，市爱卫办向全市有关单位发放宣传画49套，健康教育丛书25套，防蚊知识折页1000份，防蚊知识宣传画200份；编写发放《防汛抗洪防病宣传单》1.2万份、《防蚊灭蚊知识宣传单》1万份；10月开展“健康中国行”主题宣传活动，组织开展高血压现场义务咨询活动和义诊活动。

（田国鹏）

附：2016年市卫计委及下属单位副科级以上领导名录

主　　任：涂香仁
党委书记：张曙华（任至12月）
副 主 任：胡　荣（任至10月）
　　　　　张贵生（任至3月）
　　　　　舒自力（任至3月）　李晓英
　　　　　胡映峰　陈绪勇
　　　　　陈修瑚（任至3月）
党委副书记：黄治国　范泽茂（任至3月）
工 委 主 任：柯愈兴
维稳信息督查员：黄龙舞
人民医院院长：刘　成
　　　　书记：鄢冬发（3月任）
　　　副院长：朱永新　汪先达（任至3月）
　　　　　　　蔡茂林（任至3月）
　　　　　　　卢岳华　刘仁鹏（3月任）
　　　　　　　张在春（3月任）
　　　　　　　周　昊（3月任）
　　　　　　　张远柏（3月任）
　　　院长助理：周连生
中医院院长：周拥军（3月任）
　　　书记：陈治名（3月任）
　　副院长：李美友　王　健　吴松华

徐新春（3月任）
陈连环（3月任）
副书记：李　敏
院长助理：范育民
妇幼保健院院长：董向阳
书记：徐建华
血防站站长：周理源（3月任）
书记：潘　峰（3月任）
疾控中心主任：范治钢
书记：何深雄
综合监督执法局局长：陈亚利（3月任）
书记：范治国（3月任）
结防所所长：彭晓斌
书记：周明强（3月任）
爱卫办主任：徐　坚（3月任）
副主任：吴小兵　周升江　邹　健
计生协会办主任：陈昌喜
计生协会办书记：徐子俊

民　　政

◇◇本栏编辑　李木林

综　　述

2016年，瑞昌市民政工作紧扣民生主题，落实为民举措，凝心聚力谋发展，务实创新有作为，民政事业再上新台阶。各项工作继续保持九江市前列，被九江市民政局评为2016年度“综合评估、民政工作创新、民政信息化宣传”优秀单位。

社会救助工作扎实有效。认真开展低保专项治理，根据江西省、九江市关于提升低保管理水平专项活动要求，及时印发了《瑞昌市开展提升低保管理水平专项活动实施方案》，6月底前，各乡镇完成了自查并整改到位，全市共清理不符合低保条件对象202户、330人，得到了广大群众的赞誉。推进农村低保制度与扶贫开发政策衔接。与市扶移办建立了沟通协调机制，加强在政策、对象、标准、管理的衔接；开展了农村低保对象与扶贫建档立卡对象衔接情况的调研活动，到第四季度，有2267户4818名扶贫对象纳入农村低保，兜底脱贫成效明显。落实残疾人保障政策。3月，按照市政府办印发的《瑞昌市困难残疾人生活补贴和重度残疾人护理补贴制度实施细则》，对残疾人两项补贴（困难残疾人生活补贴和重度残疾人护理补贴）工作进行了专门研究和安排，协调市残联做好对象摸底、资料审核等工作。全年享受“两项”补贴对象8188人，发放资金463.38万元，较好地提高了残疾人的生活质量。配合医疗救助国审工作。围绕2012—2015年医疗救助资金下拨、本级资金配套、年度资金结转、救助政策执行等方面开展自查，完成了医疗救助资料整理和归档。认真整改审计中发现的问题，追缴违规低保资金16.336万元，追缴率100%。

综合减灾工作顺利推进。积极应对自然灾害，多方筹集救灾物资，及时下拨冬春救助资金和物资，同时对重点人群（“三无”、“五保”、流浪乞讨）给予重点救助。科学制定救助应急预案。制订《瑞昌市自然灾害救助应急预案》《瑞昌市洪涝灾害城区转移安置应急预案》《瑞昌市洪涝灾害物资保障应急预案》《瑞昌市民政局洪涝灾害转移安置预案》，极大提高救灾工作效率。根据省民政厅要求，启动全国综合减灾示范县（市）创建工作，计划用两年左右时间实现创建目标。为此，认真制定了创建方案，采取措施，明确任务，落实责任。同时，利用防灾减灾科普教育基地和“防灾减灾日”，向广大市民普及防灾减灾救灾知识。积极储备救灾物资，对救灾仓库进行全面整修、铺设地面、粉刷墙面，添置物资货架、消防器材和监控设备，增加救灾物资储备种类和数量。储备的物资有帐篷、救生衣、发电机、棉被、毛毯、毛巾被、羽绒服、棉大衣、折叠床9类，切实增强了灾害救助能力。

慈善、养老事业不断发展。继续提高城镇“三无”人员和22名孤儿的生活标准，确保“三无”人员每月不低于600元，集中供养的孤儿每月不低于1100元，散居孤儿每月不低于700元。

及时更新孤儿信息资料，完善孤儿档案资料管理。完成“孤儿保障大行动”爱心保险卡网上确认和发放工作。对农村老年人颐养之家（幸福院）和城市社区居家养老服务中心建设跟踪问效，促进城乡养老服务点更好地发挥作用。强化养老机构安全管理。先后3次对全市22个养老机构进行了安全大检查，对存在安全隐患问题，及时提出整改方案，确保养老机构安全运行。强化福彩宣传和阵地建设，不断扩大福彩市场份额。配合市财政局对福彩公益金扶持项目资金的检查。组织人员参加全省《中华人民共和国慈善法》培训班，及时开展宣传活动，促进《中华人民共和国慈善法》走进千家万户；传达学习“6·16”江西省慈善总会第三次会员代表大会精神，推进慈善力量参与精准扶贫。

民政综合服务能力稳步提升。提升民政发展保障能力。推进民政信息公开，加大民政工作正面宣传力度，树立民政为民的良好形象。持续保障乡镇民政所有人办事、有钱办事、有场所办事和高效办事；充分利用“数字民政”信息化平台，更好地方便和服务群众，有力提升了民政公共服务水平。强化干部队伍教育与管理。加强机关党的建设，在全体党员中开展“学党章党规、学系列讲话、做合格党员”学习教育；全面落实党风廉政建设主体责任，以高度负责的态度推动民政系统党风廉政建设和反腐败工作；开展民政专项资金监督检查、党员干部参与赌博、“微腐败”专项治理等活动；配合瑞昌市委扶贫领域专项巡察工作，及时落实整改要求，不断促进民政系统风清气正。服务全市工作大局。落实责任和措施，帮扶南义镇前进村8户28人2016年全部脱贫；在南义镇前进村、杨墩村、程家村开展村建帮扶，在新福村刘李组帮扶新农村建设，落实帮扶资金8万元；帮扶码头镇龙泉开展血防工作，安排资金1.5万元；全员参与城市文明创建活动；执行二孩相关政策；认真落实社会治安综合治理责任和措施，切实做好以进藏兵和志愿兵为重点的涉军群体信访稳定工作，为全市社会大局稳定做出贡献。

社会救助

【概 况】 2016年，社会救助工作以实施省、市民生工程为抓手，进一步完善城乡社会救助体系，健全困难群众保障标准与经济发展同步增长机制，强化社会救助能力，加强社会救助管理，实行社会救助阳光操作，不断提高社会救助效率和保障能力。

【提高城乡低保标准】 2016年，全市城市低保标准由450元提高到480元，月人均补差水平由290元提高到321.66元，超标准（320元）1.66元；农村低保由240元提高到270元，月人均补差水平由165元提高到197.1元，超标准（195元）2.1元。第四季度，全市城乡低保对象12042户22186人（其中城市3979户7337人，农村8063户14849人），全年发放低保资金6393.83万元（其中城市2900.43万元，农村3493.4万元）。

【提高“五保”供养水平】 2016年，全市集中“五保”供养标准由305元/人·月提高到365元/人·月，分散供养标准由260元/人·月提高到290元/人·月，全年为966名“五保”对象发放供养资金429.39万元，进一步改善“五保”老人生活。

【开展农村敬老院“规范管理提升年”活动】 2016年，市民政局以落实《九江市农村敬老院管理工作守则》为抓手，以落实“8+3”为重点，即基础设施、消防安全、安全防范、生活起居、管理制度、日常工作、内部管理及档案管理等8个方面，院内财务、院民医疗、院民丧葬等3项事务，促进农村敬老院管理服务水平全面提升。

【扩大敬老院服务试点范围】 2016年，市民政局根据上一年度在横港、范镇、码头3所敬老院开展护理和转型服务试点的经验，又在南义镇敬老院开展“两项”试点，与市卫计委联合在武蛟、高丰、范镇、横港4所敬老院开展医养结合试点。

【优化医疗救助服务】 2016年，市民政局完成医疗救助同步结算平台建设，11月正式投入使用。到12月底，全市医疗救助29124人次，救助资金989.06万元（其中：城市7748人次，救助资金203.33万元；农村21376人次，救助资金785.73万元）。

【实施临时救助制度】　2016年，市民政局着力做好遭遇突发性、急难性和支出型贫困家庭的基本生活保障工作，到12月底，共救助861人，救助资金202.094万元（其中：市本级大病医疗专项资金救助7人次38.672万元）。

【落实精简退职人员生活补助】　2016年，全市城乡精简退职老职工生活补助标准分别提高到365元/人·月和325元/人·月。到12月底，全市精简退职老职工157人，发放补贴金61.562万元。

防灾减灾

【概　况】　2016年，防灾减灾工作扎实开展，因灾困难群众得到及时救济，全年共发放救灾救济款780万元、大米9.75万公斤、棉被1200床、毛毯500床，保障了灾民的基本生活。全市72户因灾倒房户完成重建任务。组织“5·12防灾减灾日”“国际减灾日”和防灾减灾科普教育活动，提高了全社会灾害风险防范意识。

【积极应对自然灾害】　2016年，市民政局面对元月下旬发生的低温雨雪冰冻灾害，及时下拨冬春救助款450万元、大米9.7665万公斤、棉被1200床、毛毯500床；同时对重点人群（“三无”、“五保”、流浪乞讨）给予重点救助。

【依规处置废旧救灾帐篷】　1月27日，对2005年“11·26”地震中使用过的1600顶废旧救灾帐篷进行了处置，整个过程做到了依规、有序、利落、高效，为废旧救灾物资的处置探索了路子，积累了经验，这一做法受到民政部、省民政厅领导的高度认可，并向全国推广。

【全面启动综合减灾示范县（市）创建】　开展综合减灾示范县（市）、示范乡（镇）、示范社区三级联创活动。创建了2个省级示范乡（镇），1个国家级、2个省级、3个九江市级示范社区。4月20日、10月22日，民政部救灾司副司长胡晓春、司长庞陈敏分别到瑞昌调研综合减灾工作，他们对瑞昌综合减灾工作均给予了充分肯定。

【持续推进农房保险】　按照“农户自愿、政府推动、市场运作”的原则，加大农房保险推进力度。全市参保农房63392户，完成保费19.1万元，参保率达100%，参保率和保费金额位居九江市前列。

社会福利和慈善事业

【概　况】　2016年，社会福利和慈善事业不断发展，推进以居家为基础、社区为依托、机构为支撑的社会养老服务体系建设。细化福彩管理模式，创新福彩销售方法，积极支持慈善事业发展，不断取得新成绩。

【开展农村留守老人摸底排查工作】　5月，对全市农村留守老人进行入户摸底，登记造册。全市共有农村留守老人7206名。

【强化养老机构安全管理】　2016年，市民政局投资5万元，为市光荣院、市福利院以及17所乡镇敬老院安装了1000个独立式烟雾报警器，覆盖了每位老人房间及公共场所，有效提高了养老机构火灾防控能力。

【福利彩票发行稳中有升】　2016年，市民政局在全省率先开设“农村淘宝”福彩销售点。全年福彩销售总额2427.83万元（其中：即开票59.35万元，电脑票953.3万元，中福在线1415.18万元），同比增长8.05%，总量位居九江各县第二，电脑票销售九江第一。

【慈善事业稳步发展】　4月，组织人员参加全省《中华人民共和国慈善法》培训班，及时开展宣传活动。市慈善会共资助255贫困学生，发放助学金26万元。继上年黄金乡成立第一个乡级慈善会，2016年洪一乡又成立了慈善会，慈善组织影响力不断扩大。

优抚双拥安置

【概 况】 2016年，优抚双拥安置工作有序开展，各项政策得到全面落实，全市军人军属和广大优抚对象合法权益得到有力保障，优抚对象生活待遇进一步提高，退役士兵及时得到安置，全市共发放优待金497.7万元，重点优抚对象生活、医疗、住房条件得到改善。

【提高优抚对象抚恤补助标准】 根据省民政厅、财政厅《关于调整我省部分优抚对象等人员抚恤和生活补助标准的通知》精神，自10月1日起调整全市部分优抚对象抚恤和生活补助标准，提高残疾军人的残疾抚恤金、烈属的定期抚恤金、在乡老复员军人的生活补助标准，对在乡老复员军人提高100元/人·月，对带病回乡退伍军人提高40元/人·月，对参战参试退役人员提高40元/人·月。2016年度城乡义务兵家庭优待金标准分别为11652元和10374元，共发放优待金497.7万元。

【加大退役士兵培训力度】 2016年，市民政局加大宣传、组织和动员退役士兵参加免费教育和技能培训，到12月底，2015年冬季退役士兵参训161人，参训率100%，居九江各县（区）前列。

【举行烈士纪念活动】 在2016年“9·30”烈士纪念日，市四套班子领导、驻市部队、烈属、劳模、机关干部、少先队员及群众代表共450人，在市烈士陵园举行公祭活动，向烈士英灵敬献花篮，缅怀烈士功绩，弘扬烈士精神。同时，走访慰问了烈士家属。

【优抚项目升级改造】 2016年，市民政局投入资金15万元，对市光荣院池塘、门窗、厨房隔热层等基础设施进行升级改造，改善了光荣院生活环境。投入资金35万元，完成市烈士陵园绿化升级，有效提升了烈士陵园整体形象。

【双拥创建深入开展】 市民政局在春节、“八一”期间，开展走访慰问驻市部队和军烈属等活动；帮助退役人员解“三难”。抗洪抢险期间，组织社会各界120批次慰问抗洪官兵，再现了军爱民、民拥军的动人场景。在9月21日江西省双拥模范城表彰大会上，瑞昌市再次获全省“双拥模范城”光荣称号，这是创全省双拥模范城以来连续第五次获此殊荣。

社会事务管理

【概 况】 2016年，社会事务服务不断创新，管理能力明显提升，社会事务各项工作稳步推进。进一步提高婚姻登记、收养服务水平；继续巩固殡葬改革成果，“绿色殡葬”迈出了新步伐，取得了新成绩；切实做好流浪乞讨人员的救助工作，维护流浪乞讨人员的合法权益，救助管理工作日益规范；深入推进基层群众自治；按上级要求全面启动地名普查工作；继续推进平安边界创建。

【提升婚姻、收养服务水平】 2016年，市民政局加强婚姻登记信息化建设，全面开展婚姻登记网上预约服务，推广婚礼免费颁证服务。到12月底，共办理结婚登记3401对、离婚登记1369对，补发婚姻登记1959例，合格率均为100%。落实省政府办公厅《关于解决无户口人员登记户口问题的实施意见》和省公安厅、省民政厅《关于进一步做好私自收留抚养及救助管理机构长期滞留无人口人员落户工作的通知》等文件精神，依法办理了5例事实收养户口登记，努力降低非法收养存量。

【巩固殡葬改革成果】 2016年，市民政局积极倡导文明节俭、低碳环保的办丧新风，推广农村骨灰堂、公益性墓地建设中的典型做法，全年新建骨灰堂4个，格位1000个；新建农村公益性墓地5个，穴位500个。6月15日，民政部社会事务司司长王金华到瑞昌市调研殡改工作。

【细化流浪乞讨救助管理】 2016年，市民政局规范救助管理工作流程，创新救助管理方式，提升救助管理水平。到12月底，共救助666人次，并先后109次护送流浪人员回到亲人身边，特别是帮助湖北巴东籍流浪人员朱孝清失散22年后与亲人团聚，多家媒体予以报道，社会反响良好。

【深入推进基层群众自治】 2016年，市民政局深化城乡基层群众自治实践，加强村级组织监督机制建设，与市委组织部共同制定了《瑞昌市村务监督委员会工作细则》和《瑞昌市村务监督委员会选举规程》，指导村务监督委员会选举工作，完善基层民主协商机制，推进村部规范化建设。

【推进平安边界建设】 5月，对省界界线瑞（昌）湖北阳（新）段、瑞（昌）湖北武（穴）段进行联合检查，签订平安创建协议，边界态势保持平稳。

【做好非行政区域界线归并工作】 市民政局根据全省统一要求，按市政府第57次常务会决定，3月，将赛湖农场、青山林场、大德山林场等3个非行政区域界线分别归并溢城街道、横港镇、洪下乡，其行政管理体制和行政管理范围等方面维持现状不变。

【有序推进地名普查工作】 2016年，市民政局顺利推进全国第二次地名普查工作。到10月底，完成了机构组建、动员、培训、购买外业服务和资料收集等工作，12月上旬完成了实地踏勘，确保2017年1月20日前上报九江验收。

社会组织管理

【概 况】 2016年，市社会组织党工委认真贯彻落实省、九江市社会组织管理工作要求，明确目标任务，提高管理水平，实现社会组织健康有序发展。

【社会组织健康有序发展】 2016年，市社会组织党工委严格审批程序，不断加大规范管理力度。全年新增社会组织10家；到12月底，全市现有社会组织157个，其中社会团体127个、民办非企业30个。5月，对2015年6月1日前登记的145个社会组织进行年检，参检率95%，合格率90%。

【强化社会组织党建工作】 2016年，市社会组织党工委积极推进全市社会组织建立中共党支部工作。到12月底，全市社会组织建立中共党支部有72个，其中单建支部46个，联建支部26个，实现社会组织党建工作“全覆盖”。推进社会组织党组织“两学一做”学习教育，使社会组织中党员再次接受党性教育，增强党性观念，发挥党员作用。“七一”期间召开了全市社会组织党组织纪念中国共产党成立95周年暨“七一”表彰大会，一批社会组织党建工作单位和个人受到表彰，使之成为可看可学可推广的党建工作示范典型，并邀请市委党校教授专题讲授党课。

（范良良）

附：2016年市民政局副科级以上领导名录

局　长：曾细球

副局长：茅少燕　邹辉平（6月任）

周会桂（11月任）

黄　琍（任至7月）

崔玉伟（任至7月）

工委主任：刘诗龙（任至6月）

维稳信息督查员：吴晓红

市社会组织党工委副书记：王迎春

劳动和社会保障

◇◇本栏编辑　邹圣敖

综　　述

2016年，瑞昌市劳动和社会保障工作，紧紧围绕市委、市政府提出的"实干创新，推动五大升级"战略目标，把握民生为本、人才优先工作主线，凝心聚力，提升质效、优化作风、开拓创新，各项工作取得显著成绩。荣获全省社会保险民生工程目标绩效考核先进单位、"江西创新创业十大最具活力县（市）"、九江市文明单位、九江市"法律六进"先进单位，获评市直单位目标管理考评综合先进单位。

就业创业成效显著。加强就业信息宣传。利用电视、广播、报纸、网络、宣传车、电子显示屏、微信公众号等多种传媒广泛宣传就业信息，实现全市就业信息宣传全覆盖；发挥乡镇人社所、村协管员作用，开展"送政策、送信息、送岗位"活动，挨家挨户做宣传、发《守则》，引导计划外出务工人员留在家乡就业创业。多形式开展招聘活动。春节期间，在市政府广场和联盛国际门口，举办两场大型企业用工招聘会，以及开展"就业援助月""民营企业周""高校毕业生服务月"等活动，为全市各企业共招聘员工8236人，其中普工为5424人，技工为2655人，管理人员157人，为城乡居民就业和企业用工，提供热情周到的服务。推进创业孵化基地建设。10月9日，林安国际商贸物流产业园和瑞昌市华中国际木业产业园被认定为九江市级创业孵化基地。林安物流创业孵化基地面积5万平方米，入驻实体161个（其中24家物流企业，12家快递公司），已打造成电商+物流+商贸+配套的商业生态模式；瑞昌市华中木业创业孵化基地面积52万平方米，可容纳创业实体100个，已入驻企业26家。林安物流和华中木业创业孵化基地为电子商务、商贸物流、木材深加工、木制品交易和城乡青年创业搭建了良好的平台，有效的推进了创业就业工作的开展。

社会保障稳步提升。扩大社会保险覆盖面。在巩固原有参保成果的基础上，针对个体工商户、自由职业者、私营企业及工业园区企业，到一线送政策、送服务，还利用各种媒体广泛宣传社会保险政策，截至12月底，新增1618人参加并缴纳城镇职工基本养老保险。加大社保欠费征缴力度。实行目标管理机制，加强沟通，加大五大险种社会保险费征收力度。全年清欠社会保险费260.99万元，征缴各项社会保险基金3.899亿元，确保全市社保金按时足额发放。社会保险待遇进一步提高。9月，退休人员待遇调标全部落实到位，机关事业单位退休人员养老金首次与企业退休人员调标同步，共审核办理企业离退休16404人调待，月人均增资169.90元，月增发放养老金共计278.70万元；完成机关事业单位退休人员调待，月增发放养老金共计70.41万元。

劳动关系和谐稳定。加大劳动监察力度。全年共监察各类用人单位1438家次，涉及劳动者42398人，追讨农民工工资4142.11万元，涉及劳动者3921人；下达询问通知书116份，责令限期改正指令书179份，责令支付工资报酬决定书36件，行政处罚决定书44件，向公安部门移送逃匿隐匿等恶意欠薪行为案件9件，向市人民法院申请行政处理到期而未履行支付义务的强制执行案件24件，坚决查处和纠正各种违反劳动法规的行为，有效维护劳动者的合法权益。认真做好劳动仲裁。全年共接到各类劳动人事争议案件113件，经审查立案处理的劳动人事争议案94件，不予受理的劳动人事争议案19件。已审结88件，其中仲裁裁决22件、自动撤回申请10件、调解56件，另有6件案件正在处理中，时限内案件结案率为100%，涉案金额468万元。通过劳动仲裁促使劳动纠纷及时得到协调处理，劳动关系和社会秩序更加和谐稳定。

改革政策全面落实。全面完成机关事业单位养老保险改革。8月，按照先易后难、分期分批操作的工作思路，完成按公务员法和参照公务员法管理单位及财政全额拨款事业单位等240家单位的在职7201人，退休3310人的数据采集及核定工作；9月，全面启动全市机关事业单位基本养老保险参保登记、基金征缴及退休人员待遇发放等经办工作，截至12月底，机关事业单位基本养老保险参保单位已达242家，参保人数10606人，年基金征缴2.1277亿元，现有机关事业单位离退休人员3385人，月发放养老金1316万元。整合全市城乡居民基本医疗保险。6月，根据九江市政府关于整合城乡居民基本医疗保险工作的实施方案，市政府制定了《瑞昌市整合城乡居民基本医疗保险工作实施方案》，全面实施整合全市城乡居民基本医疗保险工作，原卫计部门新农合管理和经办职能、编制、人员、基金、资产等整体移交到人社部门，新农合业务和城镇居民基本医疗保险业务在同一经办大厅办理，2017年起执行九江市统一的城乡居民医疗保险政策。

劳动市场

【概 况】 2016年，市就业创业工作，围绕瑞昌经济社会发展大局，深化就业信息宣传，搭建就业创业平台，强化职业教育培训，扩大创业担保贷款扶持，提升服务水平，开创就业创业工作新局面。全年城镇新增就业7436人，占年度计划169%，城镇登记失业率稳定在1%，低于4.5%的年度计划目标；新增创业担保贷款17083万元，占年度目标任务163%，完成民生工程目标任务名列九江前茅。

【举办两场大型企业用工招聘会】 2月3日，市招工领导小组、市就业局在政府广场举办“春风行动”大型企业用工招聘会，市四套班子和各乡镇场主要领导参加招聘会。参加招聘会的企业达32家，前来咨询求职人员3000余人，与企业达成求职意向的求职人员652人。2月16日至23日，市招工领导小组、市就业局在联盛国际门口举办为期八天的大型综合性企业用工招聘会，参加招聘会的企业达50家，前来咨询求职人员18000人次，与企业当场签订求职意向书的求职人员达4625人，及时解决了市园区企业的急需用工问题。

【推进创业创新活动深入开展】 2016年，市就业局整合培训资源，创新培训方式，完成创业培训1731人，占全年任务的216%；10月12日至18日在全市开展主题为“发展新经济、培育新动能”的2016年双创活动周，共举办各类主题活动7场，服务各类就业创业人员1013人；继续做好失业保险稳岗补贴工作，对符合条件的企业进行补贴，全年发放稳岗补贴资金19万元，涉及企业2家，惠及632人；开发公益性岗位，由政府购买服务，全年开发公益性岗位619个，拨付购岗资金368.28万元，帮助460名困难人员实现就业；进一步加强“一网五点”工作，全年共更新劳动力信息65606条，及时完成8家园区企业用工监测工作，为及时掌握全市就业动态提供切实依据；推荐两个创业团队参加“中国创翼”青年创业创新大赛，分获大赛三等奖和优胜奖。

【举办首届林安杯青年创新创业大赛】 5—6月，市双创工作领导小组、团市委在林安物流举办首届林安杯青年创新创业大赛，本届大赛报名项目超过60个，经过筛选，有26个项目进入初赛，15个项目跻身决赛，参赛创业项目涉及餐饮、物流、节能、网络平台等多个类别。最终郎君山儿童生态体验园、小碗蒸菜餐饮连锁、LC屋顶多功能节能板分获一、二、三等奖。创新创业大赛，为广大青年营造了良好的创业氛围。

劳动管理

【概况】 2016年，市劳动管理工作，围绕市委、市政府建设“四个瑞昌”的总体要求，强化劳动法规宣传，严格劳动监察执法，加强劳动保障管理，积极协调化解侵害劳动者权益的突出问题，实现劳动关系总体和谐稳定。

【严格劳动监察执法】 2016年，市劳动监察局审查用人单位劳动管理规章制度2764条，依法纠正用人单位规章制度292条，依法督促建立职工花名册22家，依法督促指导用人单位补签劳动合同9159份，督促持证上岗1273人，补办社会保险登记74户，参加社会保险621份，缴费82.22万元，退还职工押金、保证金9.06万元，清退童工1人，农民工维权工作卓有成效。

【切实做好劳动人事争议仲裁】 2016年，市劳动监察局坚持在打基础、抓完善、谋创新等方面狠下功夫，不断提高干部职工劳动仲裁工作业务素质和办案质量，切实加大劳动人事争议仲裁工作力度，严格执行劳动法规，依法公平公正处理好每一个案件。全年共受理各类劳动人事争议案件113，立案94件，时限内案件结案率为100%，涉案金额468万元；已审结的88件案件中，个案平均审结时间为31天，调解结案率占71%，当事人自动履行率在86%以上。

【认真做好社会综合治理和信访工作】 2016年，市人社局深入宣传社会保险法、劳动法等劳动政策法规，全面落实社会综合治理各项措施，认真处理群众来信来访，做到信访工作“六到位”，全年共处理涉及拖欠农民工工资、企业改制、社会保障等来信来访案件58件，做到件件有落实、事事有回复，及时有效化解社会矛盾和劳动纠纷，维护社会和谐稳定。

社会保障

【概况】 2016年，市社会保障工作，以社会保险全覆盖和提升社会保障水平为目标，加大社会保险扩面和基金征缴力度，认真落实各项改革政策，不断推进社会保障工作信息化、规范化，全面完成社会保障各项工作任务。全年完成城镇企业职工基本养老保险参保人数8.42万人，征缴总额2.5662亿元，机关事业单位基本养老保险参保人数10606人，基金征缴总额2.1277亿元。城镇医疗保险参保人数13.8万人，基金征缴总额10983万元。全市新农合参合人数达到33.32万人，参合率突破98%。全市城乡居民养老保险参保人数16.5781万人，核定待遇领取人数5.41万人，支付养老金4560.87万元。积极向省级争取社保中央转移支付资金1.84亿元及省级调剂金2800万元，分别比上年增长15.8%和438%，实现社保资金收支平衡，略有节余。全年发放企业职工养老保险45100万元，城镇职工医疗保险报销11812万元、城镇居民医疗保险报销2931万元，新农合报销13891.53万元，工伤保险报销1800万元，生育保险报销477万元，发放失业保险266.7万元。

【全面实施被征地农民基本养老保险】 2016年，瑞昌市在全省率先全面实施被征地农民基本养老保险，广大被征地农民参加基本养老保险，享受城镇职工或城乡居民基本养老保险待遇，切实为失地农民提供社会保障。截至12月底，已为符合参保条件的1028人办理城镇职工参保缴费手续，为11人办理城乡居民参保，其中637人已享受城镇职工养老保险待遇，人均发放月养老金789.56元，城乡居保人均领取养老金379元。

【建档立卡贫困户参加城乡居民养老保险】 2016年，市政府根据九江市委、市政府《关于打赢“三年率先脱贫”攻坚战的实施意见（2016—2018年）》文件精神，及时出台了《瑞昌市建档立卡贫困户参加城乡居民养老保险工作方案》，通过实施建档立卡贫困户参加城乡居民养老保险，切实解决贫困户养老保障问题，实现全市范围建档立卡贫困户“应保尽保”，全市符合参保条件的4467人，由市财政为其代缴全部最低标准的养老保险费。

【拓展社会保险法经办服务范围】 2016年，市社保局全面按照省标准完成养老金直发，针对异地安置离退休人员资格认证，继续优化认证方式；拓宽驻上海办事处服务内容，对驻浔厂矿在沪居住的退休人员提供同等社会化服务管理工作，同时为瑞昌在沪务工人员办理社会保险参保手续。

（蔡金星）

附：2016年市人力资源和社会保障局副科级以上领导名录

局长：陈思明（任至6月） 罗小红（6月任）
书记：张国华（任至6月） 罗小红（6月任）
副局长：周继业 尹 斌 曹利民 周欢中
工委主任：邹 军
劳动监察局局长：柯木生（任至6月）
劳动监察局党支部书记：周绍平
人才开发交流服务中心主任：田晓江
人力资源市场主任：王国栋（任至6月）
姜文胜（6月任）
就业局局长：曾 宇
就业局党支部书记：喻晓筹
创业贷款担保中心主任：温礼周
社保局局长：张国华（任至4月）
徐国兴（4月任）
社保局党支部书记：周庆节
协管中心主任：吴志春
医保局局长：李奇宝
党支部书记：华绪耀
居保局局长：李洪发（任至6月）
党支部书记：陈 凌（任至6月）
农医局局长：陈修瑚
农医局党支部书记：温新国

社会生活

◇◇本栏编辑　李木林

人口与计划生育

【概 况】　2016年，瑞昌市计生工作紧紧围绕生育政策调整、人口家庭服务体系建设、流动人口服务管理等重大问题，主动适应新常态，创新工作思路，努力实现计生服务管理新突破，有效提升了计生家庭幸福感。年末全市户籍人口465308人，其中，男性人口244989人，女性人口220319人。全市共出生6184人，人口出生率为12.54‰；死亡数为2048人，死亡率为4.15‰；自增数为4136人，自增率为8.39‰。政策外多孩比6.74%，较上年下降了1.99个百分点，比九江市下达的目标值低1.46个百分点。漏报率为13.15%，电话填报率90.26%。征收社会抚养费803例，金额1518.0261万元，其中政策外多孩征收231人，多孩征收面15.24%。加快推进流动人口基本卫生计生服务均等化，流动人口建档率达95%，流动人口办证率为100%，流管平台协查反馈率99.83%，通报接收率达100%。免费孕前优生健康检查实现全覆盖，共完成检查2236.5对，任务完成率为111.83%。出生人口性别比112.22，比九江市下达的目标控制值低2.28个点，比上年下降了3.03个点。

领导重视力度大。2016年，市委、市政府全面理解掌握中央、省、市关于计生工作精神，根据省、市计划生育工作意见，出台《瑞昌市2016年卫生计生工作要点》《关于调整计划生育领导小组组成人员的通知》等一系列文件。市委中心组每季度理论学习内容都有中央、省新的计生政策法规，并听取计生政策讲解。市委、市政府主要领导多次听取人口计生工作汇报，并作出重要批示，强调要进一步做好人口计生工作。市长郭小云分别于3月28日，4月26日，7月15日主持召开政府常务会学习中央、国务院关于实施全面二孩政策完善计划生育服务管理的决定和省委《实施意见》精神，部署人口计生工作。6月17日，在桂林街道召开全市计划生育工作会，市主要领导及四套班子分管领导参加，各乡（镇、场、街道）、成员单位分别签订目标管理责任书，落实目标任务。在党代表、人大代表、政协委员换届工作中，全程监督，对违反计划生育的候选人实行“一票否决”。各部门单位评先评优均征求计划生育工作意见，市卫计委逐一核查，并出具相关意见函。共审核拟提拔重用、推荐先进集体和先进个人1573人，否决单位2个，警示单位1个，个人80人。稳妥实施全面两孩政策。2016年1月20日全面二孩政策出台后，及时把握政策界定，通过学习培训、送发资料、政策专报等多种形式，正确宣传引导广大育龄群众。平稳实施二孩政策。共办理一孩生育服务卡947例，二孩生育服务卡2505例，生育证109例，吻合术15例，引产457例。加大统筹力度、协调各项工作，合力营造社会氛围。分别于3月16日、4月22日、9月12日组织市计生领导小组成员单位召开计划生育工作会议，讨论决定计划生育重大事宜，成立出生人口性别比整治领导小组、“两非”专案组，集中解决工作重点难点，综合治理出生人口性别比。

齐抓共管治“两非”。积极推进“党委政府负责、纪检监察牵头、部门认真履职、群众积极参与、区域共同协作”的工作机制，多部门联动，有效配合，公安、纪检监察在打击“两非”活动中牵头，法院在“非诉”执行中有力，各医疗机构每月反馈共享出生人口性别比信息，卫计、民政、妇联等部门通力协作，各司其职、各负其责。市卫计委依法依规对发生“两非”行为的人口计生服务机构及有关责任人进行处理，加强对各级各类医疗保健机构的管理，严厉打击非法行医；市监局对违规经营相关药品的企业依法严肃处理，对终止妊娠药品销售、使用单位的监管并完善相关制度；市妇联发挥社会群众团体优势，动员和组织广大妇女参与整治“两非”专项行动；市公安局查处“两非”案件，依法打击溺弃女婴等违法行为。各乡（镇、场、街道）主要领导亲自过问，分管领导具体负责抓，提高认识，广泛宣传，提供有价值的案源线索，全力配合整治“两非”行动。全年共查处16起“两非”案件。其中，逮捕涉嫌非法行医罪1人；经济处罚3名“中介人”。申请法院强制执行案62起，执行38起，执行金额61.6万元，司法拘留1人，查处干部职工2人。

创新服务效率高。推进服务改革，形成计生办事新秩序。整合资源优势，全面落实省卫计委生育服务证制度改革，实行生育服务证登记制度，进一步完善规范“两证同发”，拓展生育服务卡发放渠道，即可在县级、乡级行政服务大厅卫计（办）委窗口办理，也可由育龄群众个人登录江西省卫生计生委网站首页中自行申请登记发放。规范再生育办理程序，减少证明材料，为群众提供“一站式”办理服务。实施深化生育技术服务新措施。落实“再生育天使行动”民生工程，向“失独家庭”提供再生育技术服务，建立《“失独家庭”关怀扶助政策家庭档案》12份，帮助2对“失独家庭”进行试管婴儿手术，扶助资金4.5万元。完善和增加避孕药具发放点，送药具上门，随访指导到人。2016年，全市使用药具人数为15121人，药具使用率达11.56%。5月20日召开了全市免费避孕药具流入市场专项清查治理工作会，举办了全市药管员培训班，提升了服务水平。做好婚情孕情育情等三情监测工作，做好上环结扎人引等四项技术服务，满足群众无痛手术需求。做好出生人口动态监测和分析，结合实际开展集中优质服务活动，加大市直单位女职工和男单职工家属环孕检力度。扩大免费孕前优生健康检查覆盖面，实现城乡居民全覆盖。2016年室间质评、现场质评达良好以上，目标任务完成率100%以上，有效减低了出生婴儿缺陷率。提升计生工作服务水平，推进《母子健康手册》试点工作。瑞昌作为全国母子健康手册试点县（市），2016年4月5日召开了全市启动会，印发《瑞昌市母子健康手册试点工作方案》，在全市所有产科门诊、儿保门诊、预防接种门诊、优生检测和婚检门诊、乡镇计生服务站所等窗口为孕前、孕产期及儿童期的对象发放母子健康手册。对孕妇发放共4481本、儿童发放共3108本。将母子健康手册与国家重大公共卫生服务项目（孕产妇和新生儿免费服务券）有机结合，进一步提高市重大公共卫生服务能力。重视计划生育导向机制，兑现关怀扶助政策。市乡两级及时做好2016年三项制度扶助对象的资格确认及申报工作，确保“应奖尽奖、应扶尽扶”。2016年奖励扶助987人，新增135人，退出26人；特特扶助167人；阳光助学250人；绝育奖58人；为222名农村独生子女和二女户家庭子女办理了中考加分。开展精准扶贫，对农村一女二女、贫困户子女上学安排“一对一”结对帮扶，为农村一女二绝育户办理社会基本养老保险。

规范有序监管严。“三强组合”，建立新的卫生计生执法监督队伍。将原市卫生监督所、计生执法大队、流动人口计生管理站编制人员整建制合并组建卫生计生综合监督执法局，核定编制28人，属副科级全额拨款事业单位，下设办证室，卫生监督一、二、三科，计生监督一、二科等6个业务科室。承担医疗卫生、放射卫生、职业卫生、学校卫生、公共场所、生活饮用水、涉水产品、餐饮具集中消毒单位及消毒产品卫生监督，打击“两非”行为、配合法院强制执行社会抚养费等职责。设立法院驻卫计委执行室，配备公共场所、生活饮用水、放射卫生等3大类28种快检设备，数码相机、数码摄像机、录音笔等现场取证执法工具共8台，电脑每人1台，执法用车2辆，办公用房面积720平方米。“三检合一”，简化办事程序。整合资源，将原来由三个不同机构、不同地点、不同项目免费孕前优生健康检查、婚前检查、流动人口体检三项检查进行整合，投入15万多元对业务用房进行改造及设备添置。简化检查程序，对要做婚检又符合孕前优生健康检查的对象，采取一个机构实施、一站式服务、抽一次血液进行多项检查方式，避免了重复抽血、重复走路的局面，给群众带来方便。截至九月底，全市优检完成检查对象2236.5对，高危对象153人，其中高危女性对象116人，高危男性对象35人，梅毒4人（均为怀孕），随访率为100%。婚检2059对，婚检率在95%以上。流动人口健康检查3518人。该项工作走在江西省前列，浔阳区、武宁、德安等兄弟县市纷纷前来学习参观。建立部门信息共享新常态。加强全员人口信息系统规范管理，先后四次开展全员人口基础信息专项核查，核查信息2万余条，进一步提升了全员人口信息质量，为计划生育服务管理提供更翔实、准确的信息支持。综合利用卫计、公安及相关部门信息，健全全员人口个案动态监测、综合分析、预警预报、共享和比对工作长效机制，为实现人口动态管理及时有效服务提供数据支撑。完善医疗卫生计生机构人口信息采集报告工作机制，进一步加强实名登记管理，做好初始信息采集工作，进一步推进住院分娩登记、儿童预防接种、出生医学证明发放等信息资源的交流利用，在全市助产机构落实产妇分娩信息登记直报系统，实现了卫生计生业务信息共享与数据交换。建设流动人口“一盘棋”服务管理新格局。开展流动人口基础信息核查活动，新增流入人口83例、更改10例、注销70例；新增流出1981例、更改5103例、注销1861例。在外出务工流动人口密集地区成立计划生育协会或计划生育服务联络站，开展流动人口协作区域联合服务、流动人口动态监测和专项调查。先后在北京、上海、江苏、福建、广东建立流出人口协会8个，在市经开区赛邦鞋业、码头工业城理文造纸、大唐新区林安物流建立流入人口计划生育协会，落实办公地点，明确工作人员和工作职责，签订服务协议，配备32台免费自动避孕药具发放机，有力推动流动人口基本服务均等化。

【开展“关怀工程”活动】 5月27日、7月12日、9月25日分别在府东新区社区、码头镇卫生院、湓城街道社区服务中心、桂林街道社区服务中心开展了对流入人口免费健康检查、政策咨询、发放宣传品、避孕药具等服务等活动，建立健康档案1168例、发放宣传品3000余份。“六一”期间，为80名留守儿童送去了50套四大名著和1.6万元的钱、衣物、食品及书包等生活用品。

【加大计生工作宣传力度】 2016年，市卫计委在升级计生宣传一条路、一条街、一面墙建设中，共制作（更新）宣传牌近100块、宣传画30多幅、固定标语近200余条，市、乡、村三级共投入资金100余万元。为扩大影响，利用元旦、春节、“5·29”计生协会活动日、“7·11”世界人口日、“9·25”等开展主题宣传活动。组织专题宣传队，编排专题节目，下乡入村进工业园，演出20余场次，观众1.5万人次。印发《计划生育新条例》2万份，《省卫计委主任李利就实施全面两孩政策答记者问》3万份，提高了计生政策知晓率。加强计生工作宣传报道。全年，在省级媒体用稿30余篇，其他各大媒体用稿400余篇，扩大了社会影响力，提高了瑞昌计生知名度。

（田国鹏）

附：2016年市卫计委及下属计生单位副科级以上领导名录

主　　任：涂香仁
党委书记：张曙华（任至12月）
副 主 任：胡　荣（任至10月）
　　　　　张贵生（任至3月）
　　　　　舒自力（任至3月）　李晓英

胡映峰　陈绪勇　陈修瑚（任至3月）
党委副书记：黄治国　范泽茂（任至3月）
工委主任：柯愈兴
维稳信息督查员：黄龙舞
卫生计生综合监督执法局局长：陈亚利（3月任）
书　记：范治国（3月任）
计生协会办主任：陈昌喜
计生协会办书记：徐子俊

老龄工作

【概况】　2016年，全市共有60周岁以上老年人70241人，其中90岁以上945人，100周岁以上112人。老年人口占总人口15.02%。市老龄工作委员会及其办公室在老龄工作中，坚持以维护老年人合法权益为己任，以为老年人服务为着力点，以营造社会敬老爱老为依托，扎实推进老龄工作，取得较好成绩，在九江市老龄工作目标管理考评中获得先进单位称号。

加强敬老宣传工作。表彰先进，树立榜样。对在老龄工作目标管理考评中涌现出来的17个获得先进单位、14个先进基层老龄协会、10位孝情敬老好儿女进行表彰，让他们现身说法交流爱老敬老经验和体会，以标杆形象，推动全社会敬老工作。深入开展维护老年人权益专题法律宣传学习，努力提高社会依法敬老爱老护老意识。市老龄办经常组织安排“老年法”和“江西老年法实施办法”的宣传学习，建造高效的宣传维权网络。全市老龄工作队伍已有600余人，法院和司法局也为老年人提供涉老法律援助通道，较好地维护了老年人合法权益。在“敬老月”“重阳节”大力开展走访、慰问、座谈会、健身、旅游、会餐等活动，打造形式多样的敬老平台，营造全社会敬老氛围。全市老龄工作队伍组织参与各类活动400余场次，走访慰问高龄老人800余人。不断创新宣传举措，市老龄办在督促、检查基层办好版报、橱窗、标语、条幅宣传的同事时，借助电视、报刊和网络宣传力量，大力宣传敬老爱老人和事。

做好惠老服务工作。扎实推进“70周岁以上老年人免费坐公交车”惠老工程。进一步规范老年人“优待证”办理程序和办法，市老龄办实行免费办理和节假日值班制度，及时为老年人办理“优待证”和乘车意外保险财政补贴拨付事宜。2016年，市政府为这一惠老工程财政补贴55.12万元，其中公交车补贴36万元，乘车意外伤害保险19.12万元。为保证70周岁以上老人免费坐车顺利，老龄办工作人员坚持每人每周上车巡查一次，遇到纠纷及时调解。全年共调解乘坐公交车纠纷21次。热情送发90周岁以上老人高龄长寿金，让高龄老人感受到党和政府的关怀。目前，90周以上老人达924位，其中百岁老人12位，2016年共发送财政长寿补贴资金180余万元。

开展敬老文体活动。依托老年大学、老年体协经常开展老年人文化健身活动。老年大学主办唱歌、书法、舞蹈、电脑老年学习班达20余个，参学老人达1200余名。广大老人学员在学习中感觉生活充实、增长知识，陶冶情操、心情愉悦。老年人参与的文体活动日益活跃，据统计全市全年有4万余人参加各种文化体育活动。

【李小荣获全国“敬老爱老助老模范人物”荣誉称号】　瑞昌市宏辉纺织余料有限公司负责人李小荣（桂林街道桂林村第四组）。获全国“敬老爱老助老模范人物”荣誉称号，其爱老敬老先进事迹在全市老龄工作大会上进行了通报学习。

【推进老年人意外伤害保险工作】　根据《国务院关于加快发展养老服务业的若干意见》“鼓励老年人投保意外伤害保险等人身保险产品”。瑞昌市老龄办与老年人意外伤害保险县级承保单位组成工作领导小组，老龄办负责协调指导村（居）委会和各基层老年人协会等组织，协助承保单位安排好老年人意外伤害保险业务培训、宣传发动和办理等工作。各单位由老龄工作部门牵头，协助承保单位具体开展老年人意外伤害保险业务培训、宣传发动和办理等工作。目前，已为3600多名老年人办理了意外伤害保险，投保金额24万多元。

【省、市老龄办领导到瑞昌指导工作】　12月25

日，省老龄办副主任梅继华、九江市老龄办主任曹荣品一行，就中国城乡老年人生活状况监测调查工作到武蛟乡进行实地指导。期间召开了座谈会，听取瑞昌市老龄办主任蔡炜诚关于瑞昌市老龄工作汇报，并给予充分肯定。

【全面落实80周岁以上老人高龄津贴】 12月30日，市政府办印发《瑞昌市80周岁以上老人高龄津贴实施办法》文件，规定："凡持有瑞昌市户籍且年满80周岁以上的老年人，均享受高龄津贴待遇；发放标准为：80至84周岁老人，每人每月发放现金50元，85至89周岁老人，每人每月发放现金100元，90至99周岁老人，每人每月发放现金200元，满100周岁老人，每人每月发放现金500元。发放时间从2016年1月1日起执行。"今后，根据经济和社会发展状况，建立自然增长机制。津贴标准调整时，由市民政局、市财政局、市老龄办联合提出方案，报市政府批准后公布执行。

（蔡炜晨）

附：2016年瑞昌市老龄工作委员会及办公室负责人名录

老龄工作委员会负责人名录

名誉主任：张肇山

主　任：陈　琪（瑞昌市委副书记）

第一副主任：朱发炳（瑞昌市委常委、常务副市长）

常务副主任：程世贵（瑞昌市政府副市长）

老龄工作委员会办公室负责人名录

主　任：蔡炜晨

副主任：蔡艳萍（任至6月）

居民生活

【概　况】 2016年年末，瑞昌市总户数144770户，总人口465308人。常住人口428927人，其中城镇人口211800人。全市从业人员261427人，其中第一产业60057人，第二产业105810人，第三产业95560人。私营企业6136家，个体工商户12470户。全年完成地区生产总值164.19亿元，按可比价计算，同比增长9.7%，总量排九江第四。

增幅排九江第二。全市人均生产总值38369元，增长9.0%。随着"五大升级"的推进，国民经济和社会事业迅速发展，城乡居民生活质量稳步提升。

【城镇居民生活】 全市在岗职工人数38340人，在岗职工年平均工资52366元。城镇居民人均可支配收入28189元，同比增长8.7%；城镇居民人均生活消费支出12603元，同比增长6.9%，其中食品1310元，占总支出28.9%；衣着用品1310元，占10%；家庭设备、用品及服务1032元，占0.8%；医疗保健355元，占0.2%；交通及通信1034元，占0.8%；娱乐、教育、文化服务1086元，占0.9%；杂项商品及服务93元。占0.07%。居住3394元，占26%。人均住房使用面积达到50平方米。每百户耐用消费品拥有量：洗衣机105台，电冰箱102台，采石电视机188台，家用电脑91台，移动电话248部，空调152台，摩托车28辆，家用汽车51辆。

【农村居民生活】 农村居民人均可支配收入13237元，同比增长9.0%；农民人均生活消费支出7965元，增长12.3%。其中食品2170元，占总支出27%；衣着522元，占7%；家庭设备用品及维修服务657元，占8%；医疗保健883元，占11%；交通通信657元，占8%；文化教育娱乐用品及服务970元，占12%其他商品和服务970元，占12%；住居2024元，占25%。人均住房使用面积达到50平方米。每百户耐用消费品拥有量：洗衣机64台，热水器90台，电冰箱74台，空调机69台，彩色电视机118台，电话机47部，移动电话184部，照相机3架，电脑45台，摩托车70辆，生活用汽车7辆。

【社会保障水平不断提高】 2016年，新增城镇就业7436人，转移农村劳动力8369人，安置困难群体就业766人，发放创业担保贷款1.7亿元；养老保险参保26.05万人，医疗保险基本实现全覆盖；城乡低保标准分别提至每月480元、270元，惠及2.2万困难群众；发放医疗救助金989万元，救助2.91万人次；为8188名残疾人发放困难残疾人生活补贴和重度残疾人护理补贴；将老年人高龄津贴发放范围由90岁以上扩大到80岁以上，近万人受益；摇号分配545套公租房，完成2564套棚户区改造任务，推进750户农村危房改造，城乡居民居住条件进一步改善。

【教学条件明显改善】 投资1.4亿元，完成瑞昌六中、赛湖学校初中部等5所城区学校新建、扩建工程，有效缓解城区学校大班额问题；实施59个农村校建项目，农村办学条件进一步改善。全市小学33所，在校学生39417人，专任教师2140人；初中23所，在校学生16279人，专任教师964人；普通高中3所，在校学生8776人，专任教师614人；职业中专1所，在校学生1379人，专任教师98人。强化师资队伍建设，新增教师184名，顺利通过国家义务教育均衡发展县评估验收，实现一年时间由后进到先进的转变。

【医疗卫生条件持续完善】 2016年，新人民医院投入使用，妇幼保健院搬迁改造工程顺利完成。年末，全市共有各类医疗卫生机构268家，其中，医院32家。床位数1982张，各类卫生技术人员2014人，其中，医院卫生技术人员1882人。

【文化旅游业加快发展】 2016年，全市文化旅游事业加快发展，公共文化设施日臻完善，改造提升基层文化场所250余处，组建群众文艺团队230个，开展群众性文化活动500余场次；组织举办亲民文化大舞台，惠及群众14万人次。大力推动秦山景区和洪一红色景区创建国家AAA级旅游景区，着力推进一批示范乡村旅游点建设。百户世居、千年古村的江家岭，有“庐山姐妹山”之称的青山，有神秘传说的天耙山，可览湖光山色的武山，有“江南第一洞”美誉的峨嵋溶洞，风景独好的隐心谷等等，都是市民节假日休闲观光的旅游热点。

【农村走进“电商时代”】 4月12日，市政府与阿里巴巴举行农村电子商务合作签约仪式，瑞昌由此成为阿里巴巴淘宝项目九江第一家示范县。这标志着农村走进电商时代。到12月底，全市农村淘宝拥有33个村级服务站和80个淘宝帮手服务站，实现网络营业额近2000万元。农村电子商务活动，有利于瑞昌山药、茶叶等众多特色农副产品扩大销售，提升瑞昌农业品牌的美誉度和影响力，对推进城乡一体化建设和发展具有重要作用。

【农村生活垃圾治理成效显著】 2016年，市委、市政府加大农村生活垃圾治理工作力度，投入大量资金加强基础设施和保洁员队伍建设，新建6个垃圾中转站、5座中型垃圾焚烧炉；新购置22辆挂桶式垃圾运输车、5辆10吨密闭式垃圾清运车、1辆8吨流动垃圾压缩车；发放公用垃圾桶16万余个。按农村服务人口0.3%标准，足额配备保洁员1068名，覆盖全市所有自然村庄、主要交通要道、湖泊岸线，使农村垃圾处理实现全覆盖、运行常态化。

瑞昌美食

【概 况】 瑞昌的传统美食较多，大众耳熟能详的有享誉市内外的山药炖排骨，也有名闻遐迩的肉蒸油面、鱼煮面、鱼煮糍粑、折粉炖牛肉，还有中秋糍粑圆如月，春节鱼面味特别，农闲时节淡豆折为人们津津乐道。

【人人钟爱山药炖排骨】 民以食为天，食以营养味道为先。在瑞昌，营养和美味兼备的食品，当首推瑞昌山药。山药炒、爆、溜、汤等多种烹调方法均可。山药炖排骨是瑞昌大众美食，可谓家喻户晓，人人皆知。每年山药上市后，大大小小的宾馆酒店，必有山药炖排骨这道菜。春节到来之际，家家户户都会购买山药，烹饪山药的香味随处可闻。瑞昌山药在全国80多个同类品种中，品质最优，其口感风味、营养成分及保健效果都处前列。经江西中医学院检测，瑞昌山药含淀粉16%，蛋白质2.7%，脂肪0.2%，碳水化合物14%，维生素C5毫克/100克，皂甙50毫克/100，并且富含消化酶、胆碱和各种氨基酸及钙、磷、铁、碘、钾、镁等多种元素，具有固肾益精，健脾补肺，补气养阴等功能，被人们称之为“江南人参”。由于瑞昌山药营养丰富，味鲜可口，且有滋补强壮功效，男女老幼皆宜，声名远播，食用的人越来越多，市场供不应求，价格年年攀升。近几年种植面积发展很快。原主产于南阳乡，现在高丰、横立山、白杨、洪下、夏畈等乡镇广泛种植，成为当地农民增收致富主要产业之一。

【滨湖地区的特色美食】　在武蛟、流庄一带，逢时过节，婚庆酒席，肉蒸油面、鱼煮油面、鱼煮糍粑是餐桌上不可或缺的美食。肉蒸油面俗称“猪拱泥”。烹调方法简易，将猪肉（五花肉更好）切成一厘米左右厚块状，加适量酱油、食盐、姜末、蒜末、花椒粉等佐料拌匀，放入碗（钵），再把干油面覆盖在肉上，隔水蒸熟。在蒸的过程中，油面借助水蒸气充分吸收了肉的油脂，吃起来爽滑而又有劲道；而肉肥而不腻，柔嫩可口。鱼煮面、鱼煮糍粑既可做菜，也可当主食，都是当地人的传统美食。这一带地处滨湖，盛产鱼，加上传统粮食作物以小麦为主，多数人家都会做油面，所以肉蒸油面、鱼煮面、鱼煮糍粑就成为老百姓舌尖上的美味。可见勤劳智慧的先民们在开发饮食文化方面善于就地取材、“因地制宜”。

【折粉炖牛肉是山里人的珍馐美馔】　花园、肇陈、洪一、乐园等山区乡镇群众美食菜单里必有折粉炖牛肉。这道菜的主料是折粉。折粉制作历史悠久。据制作折粉的老人讲，历史上折粉是进贡朝廷的“贡粉”。旧社会，折粉是招待贵客、产妇坐月子的佳品，有钱人家才能享受。解放后，在计划经济年代，粮食统一分配供给，山区大米紧张，制作折粉受限，平时能吃上折粉亦是一件幸事。改革开放以来，经济发展快，大米丰富，制作折粉的个体户多了起来，折粉也普及到了寻常百姓家。折粉与其他米粉不一样，其制作技艺有三个特点。一是原材料要选用优质早稻米；二是大米必须放在陶瓷缸里发酵，经过发酵，才会产生一种特有的香味；三是晾晒，将做好的米粉铺在特制的竹折上晾晒，利用竹折上缝隙通透，使做出来的粉干得快不会变味，从而保持折粉特有的口感。折粉炖牛肉，可谓是“强强联合”，味道好极了。

【中秋糍粑又圆又白】　在以洪一为代表的偏远山区乡镇，每年临近中秋节，几乎家家都要打糍粑。乡民打糍粑的热情和干劲胜过购置月饼。打糍粑虽不复杂，却也费力。先要将上好的糯米用清水浸透一夜，第二天清洗干净后放在饭甑里蒸熟，再放在石臼里反复舂。舂臼是力气活，特别费脚劲，男人责无旁贷，挥汗上阵，女人也要在臼边配合快速翻拨饭团，直到把糯米饭捣成一大坨饭泥为止，然后回家做成又圆又白如十五月亮般的糍粑。糍粑不光是自家人吃，好客的山里人总是要拿出一部分馈赠亲友，分享美味和快乐。送糍粑给亲朋好友也是欢度中秋的一种礼节。糍粑的吃法多种多样：蒸食、炸食、烤食、煮食、煨食均可。吃糍粑，度中秋，赏明月，别有一番风味。

【家家户户做鱼面】　鱼面又称捶鱼，是以黄金乡为主的北片几个乡镇老百姓最拿手的食品，也是农家过年必备佳肴。农历腊月开始，各家各户就开始张罗制作鱼面。鱼面的做法比较讲究，大概有三个步骤：第一步，选购好 1.5 公斤以上（越大越好）新鲜鲢鱼或草鱼，将鱼掐头去尾，剖去内脏，刮落鱼鳞，撕掉鱼皮，剔去鱼刺，得到纯净鱼肉，按一定比例，将鱼肉和红薯粉、水混合一起，揉成面团；第二步，把面团放在臼里捣或搅拌机里搅烂如泥，使鱼肉与红薯粉混合均匀、细腻、柔软、筋道；第三步，将面团捏成若干个小面团，擀成又薄又圆的面片，再把面片放锅里烫熟。这一步最见火候和技术，火大、时间长了会焦，火小、时间不够会夹生不熟，在既熟又不焦时出锅，一张张摊开，待稍凉不烫手时卷起来切成丝，晒干备用。鱼面味道鲜美，是春节期间招待客人的佳肴。

【农闲时节烫豆折】　农闲时节，南义、横港、范镇等乡镇人家都喜欢烫豆折。烫豆折也要有耐心。将豆粉、米粉、麦粉、荞麦粉按适当比例混合一起，用水化开搅拌不稀不稠，像烫煎饼样，放在锅里抹开烫熟，切成丝，晒干储存。随时可以拿出来像下面条一样煮着吃。煮吃豆折，方便快捷，一般备到农忙时候食用。

【传统美食承载着淳朴情怀】 长期以来，瑞昌人不厌其烦乐此不疲地制作传统美食，已经形成习俗。不光是为了享受口福，更多的是传统美食承载着老百姓纯朴的情愫和美好愿望。中秋糍粑打得又白又圆，象征着团聚、圆满、丰收、喜庆；鱼面，鱼和余谐音，寄托着人们对来年的祝愿和希冀：风调雨顺，五谷丰登，年年有余；豆折是五谷杂粮混合一起，寓意你中有我，我中有你，彼此融合，互相抱团，合作共事，共享共赢。因此，瑞昌人特别钟爱这些颇有特色、独具风味的美食。

（编辑部）

街道乡镇

◇◇本栏编辑　冯国成

湓城街道

【概况】　湓城街道地处市境东部，东与赛湖农场相接，南西北三面与桂林街道毗连。街道办事处驻市区瀼溪西路48号。辖15个居委会、1个行政村，81个居民小组、11个村民小组，总人口78303人。辖区总面积5.36平方千米，耕地面积39.2公顷，林地面积20公顷。2016年，财政收入3384万元，财政支出4262万元，城镇居民可支配收入28890元，农民人均纯收入18900元。

经济工作取得新成绩。2016年，湓城街道切实加强经济工作，以扩大经济规模，增强经济实力为重点，突出抓好招商引资和搭建纳税平台工作，取得新成绩。全年组织外出招商11批次，收集上报有效招商信息10条，签约落户项目2个。即总投资1.5亿元的江润船舶修造有限公司，6月完成企业注册，年内正式投产；总投资3000万元的瑞昌市瑞民包装制品有限公司，落户瑞昌工业南园，8月完成厂房租赁装修，年底投产。全年街道新搭建纳税平台6个，新增税收300余万元。

城市管理跃上新水平。高效服务城建项目。把服务城建项目作为提高城市管理水平切入点，周密部署，细致工作，高效完成三贤路改造和外环路建设拆迁任务。外环路拆迁用时1个多月，征地约5公顷、拆迁24户，拆迁面积3250平方米，创拆迁用时最短、速度最快历史纪录。大力开展“两违”整治。全年拆除“两违”面积550平方米，实现城区“两违”建筑“零增量”。同时，街道积极妥善做好“两类房”（2015年地震后需要重建的房屋，至今未建或面积未建足的房屋）遗留问题处置工作，对第一批25户超面积住户按政策协助相关部门进行处理，切实加快安置工作，年内安置各类对象35户。积极整治城市环境。全年组织9100人次参与城市环境治理，清理垃圾死角446处，清理下水管道89次，实施道路硬化11000平方米，投入环境治理资金达90万元。有效做好“禁放”工作。坚持突击整治和日常监管相结合，注重宣传教育，提高“禁放”认同。全年发放宣传资料2万余份，张贴标语80多条，有效增强城区市民“禁放”意识，违规燃放烟花爆竹现象得到有效遏制。

社会事业有了新发展。围绕打造“实力湓城、秀丽湓城、文化湓城、和谐湓城”目标，街道总揽全局，抓重点，促平衡，社会各项事业有了新发展。推进社会保障事业发展。做好医保社保工作，2016年城乡居民社会养老保险参保2346人（新参保159人），其中1150人领取养老保障金113.13万元；新农合参合人数共4050人，年报销费用190.38万元。加强低保动态管理，按照公平公正、应保尽保原则，清理不符合条件低保对象65户118人，新增低保79户147人，街道共有1993户3695人纳入城市低保，全年发放低保资金345.28万元。加强济困帮扶工作，全年实行大病救助127人次，发放救助资金34.11万元；开展社会帮扶工作，发放残疾人2项补贴43.65万元，困难职工慰问金7万元，扶贫助学金9万元，临时救助金 15 万元；实施扶贫攻坚，街道 22 户 50 人精准扶贫对象全部脱贫。推进文化体育事业发展。积极组织开展群众文体活动，春节期间街道组织社区业余演出队进企业开展慰问演出，与联盛集团联合组织“欢欢喜喜闹元宵”文艺会演，举办迎国庆广场舞比赛，组织“五大升级”之城市管理升级演讲比赛；惠民社区组织“中秋佳节月更明”文艺晚会，联盛社区组织开展剪纸比赛，李家湾社区联系市文广新局开展送戏下乡活动。同时，街道积极组织参加市纪委主办的“廉洁瑞昌杯”篮球、羽毛球赛及市第十一届老年体育运动会，极大丰富市民文体生活。推进人口计生工作。全年实施长效节育措施 351 例，完成优生检测 195 例，征收社会抚养费 96.07 万元。

【第七次党代会召开】 6 月 27—28 日，中共湓城街道第七次党员代表大会在市委党校二楼会议室召开，参加会议的正式代表 75 名，列席代表 26 名。大会听取和审议中共湓城街道第六届委员会工作报告、纪律检查委员会工作报告和党费收缴情况的报告；选举产生中国共产党湓城街道第七届委员会和纪律检查委员会。大会选举中共湓城街道委员会委员 10 人，纪委委员 5 人。周佐强当选街道党委书记。

【做好防汛抗洪工作】 7 月 9 日—8 月 6 日，全市启动防汛Ⅱ级响应，湓城街道积极组织干部群众投入防汛抗洪工作。街道根据市防汛抗旱指挥部安排，共值守城防堤 11.2 千米，安排值守人员 3000 余人次，出动应急抢险人员 600 余人次，招募志愿者 3000 余人次，抢修应急通道 1000 米，灌装沙土袋近万袋，调用运送物资车辆 600 多台次，运送土石方 5000 多立方米，投入防洪资金 25 万元，为确保赛湖堤及瑞昌城区安全做出了积极贡献。

【开展“平安湓城”创建活动】 2016 年，湓城街道以“讲法治，话平安”为主题，广泛组织开展“平安湓城”创建活动。全年召开平安创建座谈会 10 余场次，发放各类宣传单 3000 余份，并配合市有关单位在广场和联盛社区开展打击非法集资宣传月活动，发放宣传单 4800 份。

【开展打击传销宣传教育活动】 12 月下旬，湓城街道兵马垄社区联合市监局开展打击传销宣传教育活动。活动共发放《远离传销、共建和谐》等宣传资料 1600 余份，创办宣传专栏 1 期，排查出租屋 20 户，走访流动人口 100 余人。12 月 29 日，省打击传销办相关领导到兵马垄社区进行专题调研。

【湓城社区卫生服务中心获评“全国百强优秀社区卫生服务中心”】 2016 年，湓城社区卫生服务中心获评“全国百强优秀社区卫生服务中心”。“全国百强优秀社区卫生服务中心”由国家卫计委、国家中医药管理局委托中国社区卫生协会组织实施评比活动。2016 年，全国共有 250 家省级优秀社区卫生服务中心申报“全国百强优秀社区卫生服务中心”，江西省有 4 家通过评估，获得殊荣。

【参加“廉洁瑞昌杯”篮球、羽毛球赛取得好成绩】 11 月—12 月，由市纪委主办，市教体局等单位共同协办的“廉洁瑞昌杯”篮球、羽毛球赛在全市进行。经过激烈角逐，湓城代表队分别夺得男篮比赛第一名，羽毛球比赛团体第二名。

（余泽民）

附：2016 年湓城街道办事处副科级以上领导名录

党委书记：李　珺（任至 6 月）
　　　　　周佐强（6 月任）
党委副书记、主任：徐　巍
党委副书记：周振宁（任至 6 月）
　　　　　　李　乐（6 月任）
　　　　　　张　晋（6 月任）
人大联络处主任：周振宁（6 月任）
政协联络处主任：尹礼友（6 月任）
党委委员、常务副主任：聂　军（6 月任）
党委委员、纪委书记：尹礼友（任至 6 月）
　　　　　　　　　　余　星（6 月任）
党委委员、人武部部长：桂良兴（人武部长任至 6 月）
党委委员、副主任：陈晓茹（副主任 6 月任）
党委委员：蔡泽莹
党委委员、人武部部长：高先生（6 月任）
副主任：高先生（任至 6 月）　刘礼仁
　　　　邹婷婷（6 月任）

桂林街道

【概况】 桂林街道地处瑞昌城郊，区位优越，交通便捷。九武公路、杭瑞高速、武九高铁穿境而过。区域面积99.69平方千米，耕地面积1620公顷，林地面积4394公顷。辖12个行政村、8个居委会，204个村（居）民小组，总人口39128人。2016年，农业总产值1.63亿元，工业总产值18.42亿元，完成固定资产投资2.74亿元，财政收入2869万元，财政支出4113万元，农民人均纯收入18445元，粮食总产量5865吨，油菜籽总产量1589吨，生猪出栏23160头，生猪存栏9996头。

服务项目效率提升。2016年，桂林街道共服务市重点项目建设16个，完成征地132.5公顷、拆迁10.3万平方米、迁坟1600余座。工作坚持公开、公平、公正原则，做到"一碗水"端平，"一把尺子量到底"，保证了9.3千米武九高铁桂林段、瀼溪河景观工程、高铁广场及站前一路、洋鸡山路、湓城路农贸市场等项目平稳快速推进。外环路一个月完成征地26.4公顷，拆迁农房138户、企业7家，建筑面积5.6万平方米，开创了征地拆迁"瑞昌速度"；小微创业园完成征地97.8公顷，拆迁企业32家，面积1.4万平方米。

招商引资成效明显。2016年，招商引资签约资金2.9亿元，实际进资8000万元。新落户项目3个，即总投资1.2亿元的九江北纬30°文化生态园、投资8000万元的手机保护膜、投资6000万元的芳芸纺织等项目。由东莞三田光学材料有限公司投资创办的手机保护膜项目，为全市首个签约落户市小微创业园项目，实现当年洽谈、当年签约、当年开工。上年度引进的投资1.1亿元的东莞润鑫家具在华中木业租赁1.4万平方米厂房，开始安装机器设备；豪品家具年内完成增资3000万元，产品出口韩国、欧美等国家，投产5个月出口创汇200余万美元。

"三农"工作推进有力。推进秀美乡村建设。以隐心谷农业休闲旅游项目为龙头，全面推进秀美乡村建设。整合资金400万元打造光明村大屋詹中心村，完成5个省级新农村点建设工作；投入资金100万元推进农村垃圾治理工作；大力推进绿色生态建设，实施封山育林5330余公顷，完成造林绿化133公顷。加快农业产业化发展。投资3.5亿元的庐山花海项目初具规模，吸引大批游客参观；流转土地2330余公顷，实施"百千万"工程，培育茭白、辣木、山药、蔬菜等4个百亩基地，油茶、水稻、油菜、油桃、苗木等5个千亩基地和1个万枚蛋鸡生产基地，发展农民合作社21家，家庭农场18家；完成8个村4021户土地确权工作，面积达2000公顷，并代表瑞昌多次接受省、九江市检查。开展精准扶贫攻坚。全面建立贫困家庭档案，狠抓脱贫措施落实，年内实现预脱贫138户313人，占贫困总人口93%。加大基础设施投入。整合资金300万元完成3.8千米瑞（昌）南（阳）路桂林段改造升级，整合资金180万元维修加固长河石山段大堤和石山堰，投资9万元新建光明村范林港桥，修建村道和"户户通"道路6.2千米，

社会管理不断加强。维护社会和谐稳定。积极化解矛盾纠纷，全年排查调处矛盾纠纷65起，成功调处62起，调处成功率达95%以上；做好非访劝访工作，年内进京非访明显减少，登记量由2015年的5人次降到3人次；推进综治"三项建设"，筹措资金15万元完善综治中心建设，全市综治中心建设现场会在桂林街道召开；率先开展"平安家庭示范户"创建活动，推进留守儿童和特殊人群管理体系建设，工作经验在江西教育电视台专题进行宣传报道；加强农村建房管理，开展农民建房"百日大清查"工作，对建成区"两违"行为"零容忍"，强力拆除违章建筑21户1200平方米，对规划区外29户重点危房困难户，批准进行改建。积极发展社会事业。投资8万元新建社区人口健康文化园；投入10万元完成敬老院改造升级，新建北亭村老年人颐养之家；认真落实惠民政策，全年发放城乡低保资金416万元、残疾人"两项"补贴49万元、医疗救助金7.3万元；努

力活跃群众文化生活，积极组织参加全市群众文体活动，荣获“廉洁瑞昌杯”羽毛球赛第一名、篮球赛第二名。

【民政部领导到桂林街道调研防灾减灾工作】 10月22日，民政部救灾司司长、国家减灾中心主任庞陈敏一行到桂林街道调研防灾减灾工作。省民政厅、九江市政府相关领导及瑞昌市委副书记、市长江训开等陪同调研。庞陈敏一行深入瑞民社区实地调研，对该社区防灾减灾工作给予充分肯定。

【省农业厅验收组到桂林街道检查验收土地确权工作】 10月27日，省农业厅验收组到桂林街道检查验收土地确权工作。验收组一行深入到永积村，详细了解土地确权工作开展情况，现场查阅相关资料，对街道土地确权工作给予肯定。

【省教育电视台摄制组到桂林街道调研少年儿童防溺水工作】 8月11日，省教育电视台摄制组一行到桂林街道站前社区调研少年儿童防溺水工作。摄制组就社区基础设施、制度建设、宣传方法、工作成效进行采访拍摄，并在教育电视台进行报道。

【九江市人大领导到桂林街道调研人大联络站工作】 4月15日，九江市人大常委会副主任熊起栋到桂林街道调研人大联络站工作。瑞昌市人大常委会主任徐修武陪同调研。熊起栋实地察看裕丰村代表联络工作站建设情况，对该联络站工作表示满意。

【第七次党代会召开】 6月26—27日，中国共产党桂林街道第七次代表大会在办事处五楼会议室召开，街道党员代表、列席代表共计130人参加会议。会议听取和审议中共桂林街道第六届委员会工作报告、纪律检查委员会工作报告及桂林街道党费收缴管理的报告；选举产生中共桂林街道第七届委员会和纪律检查委员会。王再新当选中国共产党桂林街道第七届委员会书记，李汉春当选纪委书记。

【获评全国无邪教创建示范街道】 9月，桂林街道获评“全国无邪教创建示范街道”，街道黄家湾社区获评“全国无邪教创建示范社区”。

【防汛抗洪工作受到九江表彰】 8月15日，九江市委、市政府召开九江市防汛抗洪工作总结视频会，桂林街道受到会议表彰。7月，受持续强降水影响，长江、内湖水位节节攀升，赛湖水位最高时超警戒水位2.66米，防汛形势严峻。根据市防汛指挥部安排，桂林街道承担赛湖堤城防段4.2千米防汛任务。街道及时组建12支抢险突击队，吃住在城防堤近30天，排险500处次，调用车辆1000台次、劳力3000人次，调运土方4500立方、石块1320立方米，灌少袋14.5万袋，突击抢筑子坝4200米，圆满完成防汛工作任务。

【瑞民社区举办“喜迎红五月文艺晚会”】 5月5日，桂林街道瑞民社区举办“喜迎红五月文艺晚会”。社区组织居民自编、自演、自导广场舞、街边舞、黄梅戏、歌曲等12个节目参与演出，活跃了社区居民文化生活，受到群众好评。

（何　文）

附：2016年桂林街道办事处副科级以上领导名录

党委书记：王再新
党委副书记、主任：易　波
党委副书记：肖忠勇（任至6月）
　　　　　　李英豪（6月任）　王少平
人大联络处主任：李　峰（任至6月）
　　　　　　　　李卫华（6月任）
政协联络处主任：张连娣（6月任）
党委委员、纪委书记：陈向荣（任至6月）
　　　　　　　　　　李汉春（6月任）
党委委员、常务副主任：曹子轩（6月任）
党委委员、副主任：李俊龙（6月任）
党委委员：王　进（任至6月）
党委委员、人武部部长：魏中华（6月任）
副主任：丰丽华（任至6月）　肖　薇（6月任）

码　头　镇

【概　况】 码头镇位于瑞昌市北部、长江南岸，与湖北省武穴市隔江相望，为长江入赣第一镇。镇政府驻码头村，距瑞昌市区26千米。下辖15个行政村，4个居委会，144个村民小组，总人口47982人。辖区面积71.45平方千米，水域面积1173公顷，耕地面积1024公顷，林地面积867公顷。矿藏资源有石英砂，沙金，优质石灰石等。2016年，完成工业总产值8.5亿元，财政收入2.13亿元，财政支出8801万元，农民人均纯收入14659元，粮食总产量是3260吨，棉花总产量750吨，油菜籽总产量1364吨，生猪存栏7011头，生猪出栏13933头。

大力推进经济发展。加快工业发展步伐。牢牢把握码头工业城建设契机，致力加快工业发展。全年工业基础设施投入3.7亿元，新增规模以上工业企业1家，完成工业总产值8.5亿元。加强招商引资工作。围绕市委、市政府下达的招商引资目标任务，组建招商团，主动外出招商，年内引进3000万元以上项目2个，实际进资7200万元，收集有效招商信息3条，投资30亿元的万润兴业项目顺利开工。加大税收征管力度。积极协调并促成国地税分局联合办税，形成工作合力，加大矿山税收清缴力度，7家矿山企业完成税收补缴2002万元，全年完成财政收入2.13亿元，其中地方财政收入完成1.61亿元，实现可用财力1.77亿元。

征地拆迁创新思路。坚持镇村为主，充分依靠群众，提出“工作组+理事会”工作模式，采取“三统一两公开”工作方法，高效推进征地拆迁工作。全年完成土地征收547公顷，涉及12个行政村，28个自然村。其中翠林村199公顷土地征收，群众签字认可率和满意率均在95%以上，资金到户率100%；1个月全面完成循环经济产业园项目239公顷土地征收任务。全年完成农房征收499户325栋，拆除房屋面积9.3万平方米，2个月完成朱湖老屋场229栋412户农房拆除；集中17天时间，完成苏山新区302户582套6.2万平方米安置房分配工作。

“三农”工作扎实推进。加大农业资金投入，认真落实惠农政策，拓宽农业投资渠道，落实惠农信贷通贷款570万元，争取“一事一议”财政奖补资金92.09万元。推进农业产业化发展，新增长丰村水产品养殖基地1个，新增农民专业合作社4家、家庭农场4家，瑞昌市民强螃蟹养殖专业合作社获评“江西省无公害农产品基地”。实施农村清洁工程，建立长效管理机制，进一步健全“户收集、村集中、镇处理”体系，全年投资35.3万元，聘请84名保洁员，农村生活垃圾进入常态化管理。抓好土地确权工作，全镇7个村完成耕地确权面积725公顷，暂缓确权耕地面积229公顷，完成颁证90%以上。致力民生工程建设，分别投资450万元和80万元完成镇区新村西路和陵园路建设，投资150万元启动胜利、团结上山道路建设，投资50万元完成赤黄公路和金城路维修拓宽工程。着力推进精准扶贫，全镇建档立卡贫困户283户637人，做到“一户一策”，年内全面脱贫，全市19个贫困村之一的长流村达到贫困村退出标准，顺利“摘帽”。

社会事业全面进步。社会保障力度增强。全镇参加新型农村合作医疗34478人，参合率100.2%，农医所补偿住院病人310人，门诊补偿65974人，补偿金额475万元，新农保参保11340人，占任务数100.1%；全镇城市低保对象327户534人，人均补助水平由每月295元提高到320元，农村低保对象921户1802人，人均补助水平由每月175元提高到195元，全年发放城乡低保资金806.9万元，“五保”对象集中供养32人，分散供养17人，新建朱湖村颐养之家。文教卫生协调发展。码头学校、朱湖及三源小学代表瑞昌市接受国家县域义务教育均衡发展督导检查，教师节安排资金7万元，为全镇308名中小学教师发放节日补助；投入资金15万元完成码头文化站改造，广泛开展群众性文体活动，举办中秋、国庆等节日专场文艺晚会，组织“贺岁杯”乒乓球赛等体育赛事，进一步丰富人民群众业余生活；加强医疗卫生基础设施建设，投入配套资金300万元，全面启动码头医院搬迁工程，做好人口计生工作，全面落实二孩政策，实施生育证发放制度，全年征收社会抚养费180.6万元，出生人口性别比控制在115:100。

【第十五次党代会召开】 6月29日，中国共产党码头镇第十五次代表大会在镇政府礼堂召开。参加会议的正式代表135名，列席代表42名。会议听取和审议中国共产党码头镇第十四届委员会工作报告、纪律检查委员会工作报告和党费收缴情况报告（书面）；选举产生中国共产党码头镇第十五届委员会和纪律检查委员会。大会选举中共码头镇第十五届委员会委员7人，纪律检查委员会委员5人。吴国良当选党委书记。

【第十六届人代会第一次会议召开】 9月13日，码头镇第十六届人民代表大会第一次会议在镇政府礼堂召开。参加会议的正式代表68名，列席代表83名。会议听取、审议并通过码头镇人民政府工作报告，码头镇人大主席团工作报告及码头镇2015年财政预算执行情况和2016年财政预算（草案）的报告；选举产生码头镇新一届人大主席团和政府。大会选举镇人大主席1人、副主席1人；选举镇长1人、副镇长4人。

【朱湖村被列为全省农村“党建+”工作流动现场会参观点】 10月19—20日，全省农村“党建+”工作流动现场会召开，码头镇朱湖村被列为现场会参观点。20日上午，九江市委组织部副部长、村建办主任胡运龙带领与会人员60余人前往朱湖村参观调研，瑞昌市委副书记陈琪，市委常委、组织部部长邵阳现场介绍情况。近年来，朱湖村党支部将党建工作融入经济社会发展各个方面，努力构建以党建为引领，统筹推进各项工作，大力发展集体经济的机制，在工作中创优，在服务中完善，在赶超中发展，先后荣获瑞昌十大和谐村庄、九江市五好村党组织、江西省民主法治示范村、全国敬老模范村居等荣誉称号。

【3所学校代表瑞昌接受国家县域义务教育均衡发展督导检查】 12月6日，国家县域义务教育均衡发展督导检查组到瑞昌市开展督导检查，码头镇码头学校、朱湖小学、三源小学被列为督导检查点，代表瑞昌市接受督导检查。

【苏山新区688套安置房交付使用】 10月9日，码头镇苏山新区688套安置房交付使用。苏山新区位于瑞昌市人民公园以北、环城北路以南、站前路西侧，目前已建成一期一、二标段共8幢，其中7幢18层，1幢11层。该小区距离火车站、人民公园、铜城学校约1千米，距离市四中约2千米。小区内配有物业管理所、卫生所等，功能齐全，环境优美。

【举办庆国庆文艺展演活动】 9月28日，码头镇在中心文化站举行庆祝中华人民共和国成立67周年“百姓大舞台，大家一起来”欢乐进万家文艺展演活动。展演以歌舞表演为主要形式，从不同角度、不同侧面讴歌新中国成立67年来的丰功伟绩，展现码头镇人民共铸“中国梦”，推进“五大升级”，努力建设沿江一流口岸新镇的精神风貌。此次活动共有17个村（居）36支队伍300余人参加演出。

【举办“清风杯”暨第十一届“贺岁杯”乒乓球团体邀请赛】 12月23—25日，码头镇在和顺球馆举行码头镇“清风杯”暨第十一届“贺岁杯”乒乓球团体邀请赛。市委副书记陈琪宣布开幕，市政协主席周洪文参加开幕式并致辞。湖北省大冶市、咸宁市、阳新县；江西省宜春市、九江市、武宁县、都昌县、共青城市、濂溪区、九江县及瑞昌市等25家乒乓球协会共41支代表队参赛。比赛采取先循环后淘汰方式进行。经过3天激烈角逐，最终码头镇乒协一队、濂溪区代表队、共青城一中代表队分获一二三名。

【团结村获评“全国计划生育协会村级先进单位”】 5月，码头镇团结村被中国计划生育协会评为“全国计划生育协会村级先进单位”。

【朱湖村获评“全省关心下一代工作先进集体”】 9月，码头镇朱湖村被江西省关心下一代委员会、江西省精神文明建设指导委员会办公室评为“全省关心下一代先进集体”。

【码头镇武装部获评“九江市武装部及民兵基层建设突出单位”】 3月，码头镇武装部被九江市委、市政府、军分区评为“九江市武装部及民兵基层建设突出单位”。

【码头文化站获评九江市“示范乡镇（街道）综合文化站（文化活动中心）”】 12月，瑞昌市码头镇综合文化站被九江市文化广电新闻出版局评为“示范乡镇（街道）综合文化站（文化活动中心）”。

（付子欢）

附：2016 年码头镇副科级以上领导名录

党委书记：陈国胜（任至6月）
吴国良（6月任）
党委副书记、镇长：张　军
党委副书记：曹贵喜　肖文岩（任至6月）
陈　超（6月任）
人大主席：曹贵喜（任至6月）
严茂良（6月任）
政协联络处主任：刘礼益（6月任）
党委委员、纪委书记：邹淑珍（任至6月）
袁志锋（6月任）
党委委员、常务副镇长：方　耀（6月任）
党委委员：武装部部长：方　耀（任至6月）
文中琪（6月任）
党委委员、副镇长：王贤义（任至6月）
曾小燕（6月任）
人大副主席：黄春和（6月任）
副镇长：肖　微　郭秉中　余福焰（任至6月）
吴　涛　张友能（6月任）

夏畈镇

【概 况】 夏畈镇地处瑞昌市东北部，东与码头、武蛟、白杨三乡镇交界，南与南阳乡接壤，西与黄金乡毗邻，北与码头镇隔山相依。镇政府驻花园墩，距瑞昌市区 26 千米。辖 12 个行政村、2 个居委会，111 个村民小组，总人口 16619 人。区域面积 43.12 平方千米，耕地面积 778 公顷，林地面积 2128 公顷。省道九界公路、武九铁路穿境而过，杭瑞高速出口紧临辖区。境内有白云石、大理石、金、铜等矿产资源。2016 年，工业总产值 19.5 亿元，完成固定资产投资 15 亿元，财政收入 10386 万元，财政支出 7847 万元，农业总产值 6056 万元，农民人均增收 3200 元，粮食总产量 4211 吨，油菜籽总产量 1170 吨，生猪出栏 6343 头，生猪存栏 2543 头。

工业发展步伐稳健。全力以赴抓招商。全年组团外出招商 8 次，引进项目 3 个，分别是投资 10 亿元落户码头工业城的江苏振球集团特钢辅料功能材料项目，投资 3000 万元落户夏畈四九一老兵工厂的九江心家宜五金制品项目和投资 2000 万元落户南林村的瑞兴矿业有限公司；跟踪洽谈项目 4 个，分别是重庆泰山电缆项目、陕西西电与吉恩重工合作的电缆检测项目、常瑞纳米碳酸钙项目、福建东润服饰有限公司。竭诚服务促发展。协同相关部门积极争取上级部门支持，为江西吉恩重工有限公司顺利办理生产经营许可证；积极调处矿山企业与当地群众矛盾纠纷，帮助江瑞矿业重新规划矿区并做好净矿出让前各项准备工作；做好企业申规入统服务工作，江西吉恩重工有限公司成功申规入统，全镇规上企业增至 8 家。

“三农”工作扎实推进。大力发展农业产业。中船九江公司投资 5000 万元的食用菌产业基地正式投产，40 万袋菌棒顺利出菇；荣获全国休闲渔业基地的铜岭山庄，加大基础设施建设投入，着力打造“铜花岭”品牌，“铜花岭”商标松针土鸡蛋获得第二十三届中国杨凌农高会后稷奖，成为江西参展团唯一获奖单位和品牌；中粮集团在城门村投资 1000 万元的 40 公顷普络庄园马铃薯种植基地正式播种生产，获得全面丰收；福建商会在港南村投资 6000 万元的瑞昌闽发鳗鱼养殖有限公司，一期精养池全面完工，投放 3000 万元鱼苗养殖，预计年产量可达 1000 余吨。积极实施民生工程。切实做好石门水库夏畈灌区项目建设协调服务工作，保证项目顺利推进，年内基本完工；实施便民服务大厅升级改造，大厅设置窗口 24 个，涉农相关站所全部入驻大厅办公，极大方便群众办事；投入 30 余万元，完成 2 处地灾点治理；全年争取“一事一议”财政奖补项目资金 46.9 万元，完成村级公益项目 13 个；争取相关部门支持，完成农村公路维修改造 5 千米，整治加固山塘水库 2 座，修建沟渠 800 米。全力开展扶贫攻坚。全镇建档立卡贫困户 180 户 510 人，安排镇村干部 106

人实行结对帮扶，通过调查摸底，分类施策，年内实现脱贫169户472人。

社会事业协调发展。社会保障功能增强。全镇新农合参合人数15155人，新增80人，参合率达93.3%，累计医疗补偿34728人次，补偿总费用为707.54万元；新农保参保3793人，完成目标任务68.8%；年内新增农村低保18户41人，取消18户32人，动态调整5户4人，全镇享受农村低保人数274户578人，全年发放低保金（含补助金）共计131.09万元。严格贯彻落实城乡医疗救助政策，做好与城乡居民医疗保险、临时救助等政策的衔接。全镇大病医疗救助31人次，救助金额10.02万元；临时医疗救助2人次，救助金额20000元。文卫事业稳步发展。不断加大硬件设施投入，投资160余万元启动夏畈镇文化体育广场建设，镇中心幼儿园竣工交付使用，镇卫生院整体搬迁前期准备工作有序开展；扎实做好人口计生工作，全年落实长效节育措施152例，征收社会抚养费51.09万元，实施孕前优生检测93对，人口出生率13.51%，出生政策符合率90.53%，出生人口性别比133:100。

【第十四次党代会召开】 6月28日，中共夏畈镇第十四次代表大会在政府4楼会议室召开。全镇55名党代表，17名列席代表出席会议。会议听取、审议并通过中共夏畈镇第十三届委员会工作报告、镇纪委工作报告。大会通过无记名投票方式选举产生中共夏畈镇第十四届委员会委员7名，纪委委员5名。

【第十七届人代会第一次会议召开】 9月13—14日，夏畈镇第十七届人民代表大会第一次会议在政府4楼会议室召开。49名人大正式代表和非代表的村干部、镇政府包村干部及驻镇单位负责人列席会议。大会听取和审议了镇政府、人大主席团工作报告，选举夏畈镇第十七届人民代表大会主席团主席、副主席各1名及夏畈镇人民政府镇长1名、副镇长2名。

【荣获九江市2016年基层团建示范乡镇】 2016年，夏畈镇荣获九江市2016年基层团建示范乡镇。该镇团委坚持“凝聚青年、当好桥梁、服务大局、从严治团”四维工作格局，以服务党政中心工作、服务青年成长成才为主线，开展特色剪纸进校园、希望工程1%捐、学雷锋系列志愿服务等各类主题活动，有效增强基层团组织吸引力和凝聚力。

【铜岭生态农庄获第23届中国杨凌农高会“后稷奖”】 11月，瑞昌市铜岭生态农庄在第23届中国杨凌农业高新技术成果博览会上，获“后稷奖”，成为此届江西省唯一获此殊荣的企业。中国杨林农高会“后稷奖”自设立以来，总计评出“后稷特别奖”及“后稷奖”2100余项。此次共评出“后稷特别奖”50项、“后稷奖”161项。

（李伊玲）

附：2016年夏畈镇副科级以上领导名录

党委书记：郑建平（任至6月）
　　　　　邓泽举（6月任）
党委副书记、镇长：邓泽举（任至6月）
　　　　　　　　　李瑞生（6月任）
党委副书记：费伦杰（10月任）
人大主席：谈秀英（任至6月）
　　　　　张学国（6月任）
政协联络处主任：宋增大（6月任）
党委委员、常务副镇长：张学国（任至6月）
　　　　　　　　　　　彭晨方（6月任）
党委委员、纪委书记：宋增大（任至6月）
　　　　　　　　　　陈海燕（6月任）
党委委员、副镇长：柯俊成（6月任）
党委委员、武装部部长：王　林（任至6月）
　　　　　　　　　　　石　康（6月任）
人大副主席：朱振国（6月任）

白 杨 镇

【概 况】 白杨镇位于瑞昌市区北面，东临赤湖，南连桂林、赛湖与市区相接，九码快速通道穿境而过。下辖6个行政村、1个居委会，68个村民小组，总人口18397人。区域总面积59.66平方千米，耕地面积624公顷，林地面积2000公顷，可养水面733公顷。境内分布有金、银、铜、铁、硫、砷、瓷土、石灰石等矿产资源。2016年，实现工业总产值7.9亿元，农业总产值15651万元，财政收入9098万元，财政支出2408万元，农民人均纯收入16719元，粮食总产量4353吨，油菜籽总产量1069吨，生猪出栏7097头，生猪存栏2991头。

经济实力稳步提升。财税收入大幅提高。扎实开展矿山税收清缴工作，追缴矿山税收192万元，全年实现财税收入9098万元，同比增长15.32%。招商引资成绩斐然。全年上报有效招商信息33条，新引进项目9个，签约资金3.95亿元。其中品胜电子、现代豪门、大理石加工、依香儿服饰等项目先后投产，投资9000万元的汽车综合性检测项目顺利推进，总部经济项目引进利税760.6万元。工业基础不断夯实。投入资金500万元改造环武山工业小区道路，规划建设返乡创业工业小区13公顷，申报增加工业用地7.5公顷。荣获瑞昌市2016年度财税工作和工业发展先进单位。

“三农”工作扎实推进。农业产业化进程加快。推进农业基地建设，发展檀山村蔬菜基地13公顷、油茶基地33公顷，新建白杨、赤丰、郭桥3村苗木、水果基地20公顷；加大对基地技术资金支持，努力提高基地经济效益，黄桥村蛋禽养殖基地和连山村、武山站水产养殖基地经济效益同比提高15%以上。推行现代农业经营模式。新成立农业合作社5家、家庭农场11家，黄泥滩水产养殖基地四大家鱼荣获农业部“无公害农产品”证书，步前农业“瑞之参”山药获江西省著名商标称号。加强基础设施建设。投入资金550万元，完成白杨至严畈6.5千米公路改造；投入60万元实施村级“一事一议”项目5个，改造村组道路3条，实施村组安全饮水工程2个，惠及1600余人；完成李家冲水库除险加固工程。改善乡村人居环境。投入资金30余万元推进学西新村建设，清理污水沟26条，硬化道路2600平方米，绿化植树4000余株；推行河长制，实施封山育林，加强企业排污管理，依法关停排放不达标厂矿7家；实施农村清洁工程，首推农村垃圾清运外包专业保洁公司，收到良好效果，2016年荣膺“省级生态乡镇”。

各项事业协调发展。社会保障机制进一步完善，积极推进新农保、新农合工作，新农保参保率达96%，新农合参合率达100%；扩大社会救助范围，全年发放低保、大病等各类救助资金260万余元；实施农村危房改造12户，下拨危改补助资金15万余元；启动镇敬老院项目建设，完成规划设计、征地等前期工作。积极推进文卫事业发展，启动镇中心幼儿园项目建设，引进外资创办黄冈实验学校，组队参加市纪委举办的“廉洁瑞昌杯”篮球、羽毛球赛，获得篮球第三名、羽毛球第六名好成绩；白杨卫生院代表瑞昌接受九江卫生服务场所建设检查，檀山村卫生所代表瑞昌接受国家中医创建工作专项验收；全镇实施长效节育措施99例，排查“两非”案件1例，完成社会抚养费征收37.3万元。

【第十四次党代会召开】 6月28日，中共白杨镇第十四次代表大会在镇政府五楼会议室召开。全镇55名党代表参加会议。会议听取审议中共白杨镇第十三届委员会工作报告，选举产生白杨镇新一届党委和纪委班子，明确了未来五年工作目标和任务。

【第十七届人代会第一次会议召开】 9月3日，白杨镇第十七届人民代表大会第一次会议在镇政府五楼会议室召开。全镇48名人大代表参加会议。大会听取、审议并通过镇政府工作报告、人大主席团工作报告及白杨镇2015年财政决算和2016年财政预算报告，选举产生白杨镇新一届人大和政府班子，明确了白杨镇“十三五”社会经济发展目标。

【积极投入抗洪抢险】 7月3日，根据市防汛抗旱指挥部统一部署，白杨镇组建150人的抗洪抢险队伍，开往长江赤心堤值守白杨段1750米大堤，并按要求在黄泥滩圩堤备足石料、编织袋、浪桩等防汛物资。7月13日，赛湖大堤告急，白杨镇按照市防总指示，紧急驰援赛湖堤抗洪抢险，共组织运输车辆50余辆，运送石料180余车。在一个多月的抗洪抢险战斗中，白杨镇2人被评为九江市防汛抗洪先进个人，黄桥、连山2村被评为先进集体。镇党委委员、武装部部长曾召忠先进事迹先后在新华网、江西卫视、江西人民广播电台、《江西日报》《九江日报》等媒体刊发，并被人民网、光明网、中广网、凤凰网、网易、腾讯网、搜狐网等国内数十家主流网站转载。

【白杨至南阳乡镇通道竣工投用】 7月，白杨镇至南阳乡通道竣工并投入使用。该通道东起白杨镇白杨村，西至南阳乡严畈村，全长6.4千米，水泥路面宽5米。工程于2015年8月开工建设，共投入资金600余万元，其中白杨镇自筹400余万元。

【白杨镇被命名为省级生态乡镇】 2016年，白杨镇被省环保厅命名为“省级生态乡镇”。这是省环保厅命名的第九批“省级生态乡镇”，全省共命名49个乡镇。

（陈前亮　张　萍）

附：2016年白杨镇副科级以上领导名录

党委书记：李建豪
党委副书记、镇长：付承洪
党委副书记：王友华（任至6月）
　　　　　　张　勇（6月任）
人大主席：吴远光（6月任）
政协联络处主任：柯贤军
党委委员、纪委书记：朱大红
党委委员、常务副镇长：刘礼益（任至6月）
　　　　　　　　　　　顾玉曹（6月任）
党委委员、副镇长：程厚志
党委委员、武装部部长：曾召忠（6月任）
副镇长：周继昌（6月任）
人大副主席：王霁云

高　丰　镇

【概　况】 高丰镇地处市境中西部，东连桂林街道，西接洪下乡，南邻范镇、横港镇，北界南阳乡。人民政府驻乌石街人民北路，东距市区12千米。下辖8个行政村，1个居委会，128个村民小组，人口总数21802人。区域面积79.35平方千米，耕地面积1138公顷，林地面积4466公顷。境内矿产资源有金、铁、煤、石灰石、石料等。2016年，财政收入4663万元，财政支出4819万元，农业总产值2.8亿元，农民人均纯收入13995元，粮食总产量8541吨，油菜籽总产量1605吨，生猪出栏14874头，生猪存栏5437头。

招商引资成效明显。全年新引进工业项目2个，总投资2.5亿元，实际进资8900万元，超额完成目标任务。九江起点实业桥梁构建项目实现当年签约、当年动工、当年投产；年内完成高丰旅游招商策划书制作和11个子项目规划设计。

“三农”工作扎实推进。积极发展现代农业。新建油桃、杨梅、山药、蔬菜、苗木5个千亩示范基地；申报4个创建品牌；新增农民专业合作社11家、家庭农场21家；青丰村被授予“全国一村一品”示范村。着力建设秀美乡村。投入300多万元高标准完成高丰村港下周中心村、乐丰村陈斉、长垅村下孙3个新农村点建设，修复港下周苏维埃革命遗址，建设花园式公厕，实施村庄绿化，人居环境整洁一新。共完成拆旧160栋、改水改厕280户、改路6千米、改沟渠6500米，改路、改水、改厕、通电、通路、通有线电视率达100%。完善基础设施建设。年内完成6座中小桥梁、2座山塘水库及8千米沟渠改造，完成集镇府前路、教育路南延工程，硬化组级道路27千米。全力推进精准扶贫。投资130万元在2个省级贫困村建设188千伏安光伏扶贫项目，每个贫困户可年增收3000元，村集体经济收入可增加6万元；投入资金近200万元基本完成贫困村改路、改沟、改房等工作。全镇建档立卡贫困户244户587人，通过产业扶贫、转移就业扶贫、教育扶贫、医疗救助扶贫、保障兜底脱贫等途径，生活水平明显提高。完成抗洪抢险任务。组织干部群众200余人次参与全市抗洪抢险，调用车辆50余台，调运土石方3万多立方米，全面完成市委、市政府下达的防汛抢险任务，镇武装部和3名干部受到市委、市政府表彰。

社会事业协调发展。社会保障力度加大。全年新农保续保和新参保5387人，收缴参保资金88.13万元，发放60岁到龄人员养老金2860人280多万元；新农合参合人数20306人，参合率达98.86%，征缴新农合资金243.67万元，发放大病救助资金80多万元，为829名低保人口发放低保金187.21万元。文教卫生稳步发展。切实加强教育管理，办学条件继续改善，学区和中学教学质量始终保持在农村学校领先水平。加大农村文化设施建设投入，新建村民文体活动中心8个。镇卫生院医务人员技术水平和服务质量不断提高，基本医疗服务、疾病防疫、孕产妇及儿童保健等方面工作得到上级管理部门肯定，计划生育工作综合排名并列全市第一。

【第十四次党代会召开】 6月28日，高丰镇第十四次党代表大会在政府五楼会议室召开。全镇60名党代表及24名列席代表参加会议。会议听取审议了镇党委工作报告和纪委工作报告，选举产生了高丰镇新一届党委和纪委班子。肖广俊当选新一届镇党委书记。

【第十七届人代会第一次会议召开】 9月14日，高丰镇第十七届人民代表大会第一次会议在政府五楼会议室召开。全镇53名正式代表、40名列席代表参加会议。会议听取、审议并通过镇政府工作报告和镇人大主席团工作报告，选举产生了新一届镇政府班子。陈少林当选镇长。

【高丰驻昆山市陆家镇流动人口协会成立】 8月18日，高丰镇驻昆山市陆家镇流动人口协会正式成立。成立该协会旨在加强与当地卫生计生部门沟通和联系，推进流动人口基本公共服务均等化，使该镇流动育龄人群享受江苏新市民待遇。协会成立期间，两地签订了《流动人口计划生育双向服务管理协议书》，并联合开展宣传活动，共计发放宣传品1500余份，办理“婚育证明”10余份，发放避孕药具20余人次。

【举办2016年“港下周杯”暨第六届男子篮球联赛】 8月，高丰镇2016年“港下周杯”暨第六届男子篮球联赛在高丰村港下周球场举行。镇机关、企事业单位和各行政村共11支代表队、111名篮球运动员参赛。经过8天激烈角逐，乐丰村代表队获得冠军。

【祝清荣获“2016年全省基层卫生技能标兵”称号】 9月29日，省卫生计生委、省总工会、省妇联以“竞技练兵，展我风采”为主题，在江西省肿瘤医院举行全省基层卫生岗位练兵和技能竞赛。高丰镇乐丰村乡村医生祝清代表九江市“农村全科医疗组”个人竞赛项目参加决赛，通过理论考试、技能操作复赛和知识竞答三轮激烈角逐，荣获“农村全科医疗组”个人竞赛项目第一名，并被授予“2016年全省基层卫生技能标兵”荣誉称号。

（朱亚欢）

附：2016年高丰镇副科级以上领导名录

党委书记：肖广俊
党委副书记、镇长：陈少林
党委副书记：邹辉平（任至6月）
冯　翳（6月任）
人大主席：徐勋栋（任至6月）
柯元庆（6月任）
政协联络处主任：范水晶（6月任）
党委委员、常务副镇长：范水晶（任至6月）
朱纯健（6月任）
党委委员、纪委书记：柯元庆（任至6月）
吴兴钊（6月任）
党委委员、副镇长：李广真（任至6月）
刘显贵（6月任）
党委委员、武装部部长：朱纯健（任至6月）
费伦纲（6月任）
副镇长：刘显贵（任至6月）　王　佳（6月任）
人大副主席：周建华（6月任）

肇　陈　镇

【概　况】 肇陈镇地处瑞昌市西缘，东与花园乡毗邻，南与乐园乡接壤，西与阳新县洋港镇隔河相望，北与洪一乡相连。人民政府驻华坊集镇万泉路26号，距市区56千米。下辖6个行政村，1个居委会，101个村民小组，总人口15557人。区域面积53.01平方千米，耕地面积709公顷，林地面积3600公顷，其中南方红豆杉自然保护区核心区面积1324公顷。2016年，农业总产值6545万元，财政收入4922万元，财政支出4777万元，农民人均纯收入7235元，粮食总产量5801吨，油菜籽总产量970吨，生猪出栏9199头，生猪存栏2801头。

招商引资成效显著。2016年引进项目1个，即瑞昌市海洋箱包服饰有限公司，落户经开区金岭创业园，总投资1.2亿元。8月项目开工建设，11月研发楼封顶。项目投产后，预计年产值5000万元、税收150万元。全年收集招商有效信息4条，跟踪对接项目2个。

“三农”工作亮点纷呈。依托山区优势，致力发展现代农业。全镇流转耕地面积264公顷，发展油桃基地127公顷，棉花基地13公顷，吊瓜基地20公顷，新增万泉村白茶基地10公顷，大林村油茶基地20公顷，水稻种植74公顷；新建标准化农产品基地1个（瑞昌市振华家庭农场），新成立农民专业合作社2个（瑞昌市长青吊瓜种植专业合作社、瑞昌市兴邦农民专业合作社联合社）；积极探索发展旅游休闲农业，启动大禾塘红豆杉自然保护区休闲旅游基地、建坪村桃花源休闲农场项目建设。坚持统筹兼顾，全面推进“三农”工作。投资240万元引导八门村实施产业扶贫，推进村庄改造升级；投资100万元建成农机维修中心；投资80万元完成12处山塘整治、480米沟渠维修加固工程；整合资金80万元，完成“一事一议”财政奖补项目6个。全力开展扶贫攻坚，全镇建档立卡贫困户共计238户581人，通过实施产业、教育、就业、安居、医疗等精准帮扶措施，年内脱贫194户474人，脱贫率达81.58%，“十三五”贫困村八门村顺利脱贫摘帽。认真落实惠农政策，全年发放各类惠农资金415.59万元，其中耕地地力保护补助154.09万元，综合直补143.04万元，良种补贴20.4万元，退耕还林和公益林补贴81.06万元。

镇村建设有序推进。严格执行《肇陈镇总体规划》《肇陈镇控制性详细规划》，完成城乡一体化新区和中心村选址规划设计，村庄规划编制实现全覆盖；建立GPS手机监控系统，完善镇村两级巡逻机制和责任追究机制，“两违”建筑得到有效控制；投资600万元的深山移民安置工程，按照“统规、自建、分批次施工”原则，在集镇新区动工建设；投资200万元完成集镇自来水厂和管网延伸工程；投资1020万元完成肇陈镇变电站建设；整合资金200万元，完成黄士林中心村建设和万泉塘尾2个新农村示范点（省级点2个、市县共建点2个）建设；投资40万元完成八门村村部建设；投资180万元完成建坪村公墓建设；投资500万元新修村组水泥路20千米、集镇街道200米、八门村组道路网1800米，全镇组级道路硬化达90%；投资41万元实施环卫一体化工程，配备垃圾清运车1辆、挂臂式垃圾桶600个，改造维修垃圾焚烧炉1座，农村垃圾处理率达98%。

社会事业全面进步。社会保障力度增强。2016年，新型农村养老保险参保人数6754人，其中领取保险金人数1871人；农村居民参加合作医疗人数13428人，参合率达91.5%，各类住院补偿2268人次，补偿金额615.9万元；全镇享受城乡低保302户566人，发放低保资金138.9万元；51名“五保”对象，集中供养34名，发放“五保”金24.03万元；实施大病救助167人次，发放救助金17.38万元；全年发放临时救助金9.35万元、孤儿救助金0.84万元、优抚金99.8万元、精减退职补助金1.5万元、救灾救济金14万元、残疾人两项补助2万元、水库移民补助0.18万元；农村居民参加政策性农房保险3470户，参保率达100%；完成农村贫困群众危房改造21户。卫计工作稳步推进。投资40万元完成华坊、建坪2村卫生所建设；实施节育措施147例，免费孕检100.5例，征收社会抚养费60万元，发放计生奖励资金17万元。文教事业长足发展。提升公共文化服务水平，实现有线电视光纤全覆盖、村级农家书屋全覆盖；丰富活跃群众文化生活，继续开展送戏下乡活动，坚持组织妇女节、儿童节、国庆节等节日专场文艺演出活动；投资90万元新建公立幼儿园，完成中心小学改建征地工作；切实做好保学控流工作，全镇小学、初中入学率分别达100%和99.8%。

【第十四次党代会召开】 6月26—27日，中国共产党肇陈镇第十四次代表大会在政府四楼会议厅召开，全镇45名党代表和6名列席代表参加会议。市委常委、副市长王伟到会指导。大会听取、审议并通过中共肇陈镇第十三届委员会、纪律检查委员会工作报告，听取和审议党费收缴和管理情况的报告，明确今后五年奋斗目标和工作措施。大会选举产生新一届中共肇陈镇委员会和纪律检查委员会。

【第十七届人代会第一次会议召开】 9月13—14日，肇陈镇第十七届人民代表大会第一次会议在政府四楼会议厅召开，全镇50名正式代表和33名列席代表参加会议。市政协副主席王翠霞到会指导。大会听取、审议并通过十六届政府工作报告、人大主席团工作报告及2015年财政决算和2016年财政预算报告。大会选举产生新一届肇陈镇人大主席团主席、副主席、人民政府镇长、副镇长。

【举行烈士公祭活动】 9月30日，肇陈镇在肇陈烈士陵园举行公祭活动。全体镇村干部、中小学生、烈士亲属、复员军人、退伍军人及群众代表共310余人参加公祭活动。

【举行“实干创新·秀美乡村”主题演讲比赛】 10月18日，肇陈镇党委政府在集镇文化广场，举行“实干创新·秀美乡村”主题演讲比赛。镇机关各支部共15名代表参加比赛。经过激烈角逐，决出一等奖1名、二等奖1名、三等奖3名。

【开展“攀穷亲，献爱心”走访活动】 11月5—10日，肇陈镇开展“攀穷亲，献爱心”上门走访活动，镇党委、政府领导带队走访精准扶贫对象238户581人，发放大米5950公斤、食用油1190公斤。

【110千伏变电站竣工投用】 10月，肇陈镇110千伏变电站竣工并网，开始输变电。该工程于2015年10月开工建设，历时12个月建成。工程总投资1020万元，占地面积2.13亩，建筑面积207平方米。

【自来水厂竣工投用】 11月，肇陈镇新建自来水厂竣工并投入使用。该水厂于2014年12月启动建设，总投资200万元，日供水能力2000立方米。

【建坪村公墓建成投用】 12月，建坪村公墓建成投用。该公墓位于肇陈烈士陵园北面黄岗垴山坡，总投资180万元，占地面积6.2亩，建有208个墓穴。

（黄龙茂）

附：2016年肇陈镇副科级以上领导名录

党委书记：吴国良（任至6月）
　　　　　刘春晖（6月任）
党委副书记、镇长：刘春晖（任至6月）
　　　　　　　　　李汉伟（6月任）
党委副书记：黄龙脉（任至6月）
　　　　　　马昌军（6月任）
人大主席：陈小敏（任至6月）
　　　　　高兴柏（6月任）
政协联络员：何深鹏（6月任）
党委委员、常务副镇长：高兴柏（任至6月）
　　　　　　　　　　　陈绪雄（6月任）
党委委员、纪委书记：田先斌（任至6月）
　　　　　　　　　　邓　丰（6月任）
党委委员、副镇长：刘连城（任至6月）
党委委员、武装部部长：曾召忠（任至6月）
　　　　　　　　　　　黄　琨（6月任）
副镇长：邓　丰（任至6月）
人大副主席：邹　斌（6月任）

范　　镇

【概况】 范镇地处瑞昌市南部，东与九江县涌泉乡毗邻，南与德安县吴山、塘山2乡镇相连，西接横港镇，北毗高丰镇，304省道穿境而过，镇政府驻范家铺金竹路1号，距市区14千米。辖13个行政村、1个社区，205个村民小组，总人口34412人。辖区总面积116.21平方千米，耕地面积1972公顷，林地面积7033公顷。2016年，地区生产总值4.65亿元，完成财政收入5417万元，财政支出5483万元，农民人均纯收入10240元，粮食总产量15506吨，油菜籽总产量2985吨，生猪出栏24615头，生猪存栏7802头。

工业发展后劲增强。招商引资成果丰硕。全年收集上报招商信息20条，洽谈项目22个，新签约项目6个，签约资金12亿元，到位资金3亿元。6个项目分别是华润风电二期工程、繁农四季旅游开发、江西火电建设公司范镇创意农业光伏园、华润集团地热发电、瑞昌市诺文儿童日用品厂、瑞昌市无上如意工艺制品厂等项目。项目建设进展顺利。2015年引进的光伏发电项目，前期投资3.5亿元，27兆瓦已并网；华润电力（风能）项目二期工程启动基础设施建设；屹峰木业项目年内建成投产；回故里土特产项目完成4800平方米车间及800平方米成品库建设，投资2000万元订购一条压缩饼干生产线。

“三农”工作成效明显。现代农业稳步推进。继续实施“一镇一业、一村一品”工程，白茶、茭白、苗木、杭白菊、雷竹、药材、蔬菜等种植基地全面巩固，大棚西瓜、葡萄、草莓种植等“路边经济”和猪、鸡、羊、牛养殖等“山区经济”形成规模。新增农民合作社3家、家庭农场10家，引进江西繁农四季旅游开发、江西旭瑞农林生态开发、江西高泉凤羽生态茶业等项目。基本建设成效明显。争取资金2500余万元，完成全长9千米中小河流（横港河范镇段）治理工程；投入资金500余万元，完成里洼、六房垅2座小（二）型水库除险加固和坳下垅、石羊洼、民主塘等山塘整治工程及；加强基本农田保护，实施土地开发，完成“旱地改水田”40.9公顷，完成废弃果园开发15公顷。镇村联动持续推进。加快集镇新区建设，年内完成一期5栋安置房主体工程建设；推进新农村建设，高标准完成河下李中心村和余家桥新村点建设；加大农房建管力度，完成175个村庄建设规划，全年按规划批建农房92户，一律采用新户型设计。加强乡村基础设施建设，投资26万元完成集镇下水道改造工程，投资200余万元完成田源大桥建设，投资30万元完成长春村至良田村3.5千米村道建设，投资30万元完成范镇至高丰县道建设。扶贫攻坚成效明显。全镇建档立卡贫困户245户466人，通过产业发展、转移就业、安居扶贫和保障兜底等帮扶措施，370余人实现脱贫，脱贫率达80%。

社会事业统筹推进。社保功能日益增强。全镇新农保参保人数11054人，新增参保人数1032人，续保10026人，征缴参保资金125万元，新农合参合人数31998人，参合率达98.3%；全年发放城乡低保资金328.97万元、“五保”资金36.81万元、军烈属优抚补助资金236.81万元、大病救助资金45.87万元、临时救助资金13.1万元、其他补助资金54.57万元。文教事业不断进步。努力提升公共文化服务水平，不断丰富群众文化生活，镇文化站藏书突破3000册，11个农家书屋藏书达30000余册；组织举办篮球赛、节庆文艺演出等活动，承办瑞昌市（南片赛区）第十一届老年体育运动会；重视教育发展，积极改善办学条件，优先解决范镇中心小学周转房和幼儿园建设用地。卫计工作扎实推进。积极创建全国基层中医药先进单位，医疗服务水平明显提升；切实加强计生服务工作，全镇综合节育率73.26%，出生人口政策符合率89.06%，完成优生检测190对，享受国家利益导向政策129人，发放奖扶资金18.64万元，全年征收社会抚养费123.1万元。

【第十四次党代会召开】 6月29—30日，中共范镇第十四次代表大会在镇文化艺术中心影剧院召开。会议听取和审议《中国共产党范镇第十三届委员会工作报告》《中国共产党范镇第十三届纪律检查委员会工作报告》、党费收缴和管理情况报告；选举产生中国共产党范镇第十四届委员会和中国共产党范镇第十四届纪律检查委员会，选举尹诗学为党委书记，黄开佳、夏川为党委副书记，王贤义、丁达宏、朱齐荣、李响为党委委员。选举王贤义为纪委书记，刘辉为纪委副书记，詹卫星、李广清、胡凤仙为纪委委员。

【第十七届人代会第一次会议召开】 9月13—14日，范镇第十七届人大第一次会议在镇文化艺术中心影剧院召开。会议听取和审议范镇政府工作报告、人大主席团工作报告、审查和批准范镇2015年财政预算执行情况和2016年财政预算（草案）的报告。选举陈向荣为范镇人大主席团主席、刘晓春为副主席。选举黄开佳为范镇人民政府镇长，丁达宏、朱齐荣、林青、刘辉为副镇长。

【举行学习宣传市第七次党代会精神主题演讲比赛】 10月21日，范镇党委政府在政府会议室举办“实干推动绿色崛起 创新建设幸福范镇——学习宣传市第七次党代会精神”主题演讲比赛，镇政府、各行政村、各机关单位青年干部职工、大学生村干部等共30余人参赛。

【上海知青回范镇“第二故乡”参观考察】 9月3日，瑞昌市（上海）商会、上海—九江促进会瑞昌分会18位曾在范镇插队落户的上海知青相约回到“第二故乡”参观考察。18位老知青看到40多年前一同劳动、生活的村民就像看到久别重逢的亲人，亲切握手拥抱；看到集镇整齐的楼房、宽敞的街道和优美宜人环境，纷纷称赞“故乡”变化之大，并一致表示希望为“第二故乡”发展做出力所能及的贡献。

【承办瑞昌市（南片赛区）第十一届老年健身运动会】 10月22日，瑞昌市第十一届老年健身运动会（南片赛区）在范镇举行。运动会共有19支代表队350余名运动员参加，设有门球、健身秧歌、木兰双扇3个集体项目，以及乒乓球、中国象棋2个个人竞赛项目。经过激烈角逐，桂林街道、南义镇、湓城街道分获门球、木兰双扇、健身秧歌第一名。此次运动会由瑞昌市老年人体育协会举办，范镇政府承办。

【3位青年冒险进入火海救人】 3月7日13点30分左右，范镇村1村民家突发火灾，1名范姓残疾青年被困二楼，范镇村范远锋等3名青年得知情况后，不顾个人安危，冲进火海将小范救出。经医院诊断，小范除脸、脚部分烧伤，无生命危险。3名青年火海救人英勇事迹，受到当地群众广泛赞誉。

（陈向荣）

附：2016年范镇副科级以上领导名录

党委书记：周　明（任至6月）
　　　　　尹诗学（6月任）
党委副书记、镇长：尹诗学（任至6月）
　　　　　　　　　黄开佳（6月任）
党委副书记：徐千东（任至6月）
　　　　　　夏　川（6月任）
人大主席：李卫华（任至6月）
　　　　　陈向荣（6月任）
政协联络处主任：邹熊生（6月任）
党委委员、纪委书记：邹熊生（任至6月）
　　　　　　　　　　王贤义（6月任）
党委委员、常务副镇长：陈　险（任至6月）
　　　　　　　　　　　丁达宏（6月任）
党委委员、副镇长：刘孟春（任至6月）
　　　　　　　　　朱齐荣（6月任）
党委委员、人武部部长：刘晓春（任至6月）
　　　　　　　　　　　李　响（6月任）
人大副主席：刘晓春（6月任）
副镇长：林　青　丁达宏（任至6月）
　　　　刘　辉（6月任）

横　港　镇

【概 况】 横港镇位于瑞昌市西南部，东与范镇接壤、南与德安县塘山乡相连，西与南义镇毗邻，北与高丰镇、青山林场交界。镇政府驻莫家东路1号，距瑞昌市区23千米。辖13个行政村、1个居委会，总人口26292人，区域面积114.83平方千米。2016年，农业总产值20137万元，工业总产值40862万元，财政收入7441万元，财政支出2767万元，农民人均纯收入11562元，粮食总产量9180吨，油菜籽总产量2257吨，生猪出栏28340头，生猪存栏9230头。

经济建设取得新跨越。通过内引外联、引优扶强、盘活存量、做大总量，克服“营改增”等不利因素，深挖财税增收新的增长点。重点协调荣兴物流、腾辉租赁等13家总部经济型企业，为财税增收注入强劲动力。全年完成财税收入7441万元，同比增长16.2%。始终把招商引资作为头号工程来抓，镇村两级、驻镇单位齐抓共管，干部群众全面出击。出台《招商引资工作实施意见》和《招商引资工作奖惩办法》，坚持以商招商、以亲招商、以情招商、产业招商，招商引资取得明显成效。全年收集整理出口服装加工、木艺加工和溶洞开发等项目信息18条。引进亿元以上项目2个，即总投资2.6亿元的汽车检测和总投资1亿元的锋华农业；签约落户3000万元以上项目3个，其中工业项目2个，农业项目1个，签约资金4.6亿元，实际进资1.2亿元。围绕新工业十年行动，加快促进产业转型升级，关停和拆除占地面积100亩、年租金21万元、运行32年的镇办砖瓦厂，打造承接平台，盘活土地资源，壮大地方财力。关闭资源型煤矿企业2家，要求停产、责令技改扩能化工企业1家，办理矿山企业扩界审批、净矿出让手续1家。大力扶持建成投产的规上企业珍丽制衣、尔沙特纺织、金宇铜业等园区企业，提升企业核心竞争力。全程服务兴峰木业、联辉服饰等加工企业，不断夯实规上企业申报基础。及时帮助落户企业解决实际困难，为金宇铜业协调办理环评报告，消除尔莎特纺织山体滑坡地灾隐患等问题。积极跟踪对接温州制鞋产业集群转移项目，为工业转型奠定坚实基础。

“三农”工作取得新成效。着力推进产业化进程。实施龙头+基地工程，发挥大户引领作用，基本形成万亩优质稻、万羽鸽业、万头生猪、千亩蔬菜、千亩油茶和农业社会化服务等8个产业基地。切实抓好土地流转工作，全镇共流转土地面积933.33公顷，其中耕地800公顷，林地133.33公顷，流转面积和流转率均排名全市第一。年内新成立合作社7家、家庭农场19家。积极创建特色品牌。初升农庄“蕴馨山水”、远景水稻“华瑞天农”、赤岗油茶“赤岗岭”、红光鸽业“禽之生”等获批九江市知名商标。清溢种粮大户成功注册无公害基地1个。加强农业设施建设。全年新建维修各类水利工程58座（处），完成土石方12.5万立方米，其中水毁工程应急修复29处，病险水库除险加固2处，山塘整治2座，小农水工程1个，水土流失治理13处，其他水利工程11处。总投资超过4000万元的横港河中小河流治理防洪工程顺利通过省专家评审会初审。大力开展新农村建设。重点实施远景山下吴、北山新村和嵋光窑下、富强甘家山等新村点建设，整合资金293万元，全面完成“三清七改”工作，4个点全部通过市验收。新农村工作排位全市第二。持续实施清洁工程。按照“减量化、资源化、无害化”总体要求，投入160万元购买垃圾清运车2台、洒水车1台，配发垃圾桶8200个、农户“门前三包”责任牌6000余个、保洁袋8万个。继续强化保洁工作，在聘用专职保洁员32人基础上，新聘组级临时保洁员151人。加大保洁费收缴力度，全年收缴保洁费24.7万元。垃圾治理工作排位全市第二。不断完善集镇功能。投资150万元改造下水道，安装自来水，进行路面镶边，铺设路缘石，安装路灯及修建坡屋顶。投资190万元的粮油植保中心项目完成征地和招投标工作，总投资380万元的新自来水厂竣工投用。加强农民建房管理。遵循规划先行、节约用地、一户一宅、先批后建原则，全年完成集镇居民和农村村民建房审批81户，其中新户型70户，新户型推广率86.4%。全力实施精准扶贫。全镇共有建档立卡贫困户288户658人。重点实施就业扶贫、产业扶贫、教育扶贫、安居扶贫、健康扶贫、保障扶贫六大工程。年内解决就业115人，建成产业扶贫项目6个，资助贫困学生86名，通过新建及维修加固方式解决住房困难44户，其中8户特困家庭实施“交钥匙工程”，实行低保兜底258户447人。对照贫困户退出标准，全镇贫困户脱贫率达100%。整合各类扶贫资金180万元启动重点扶贫村风景村村庄整治工程，重点加大水、路、厕等基础设施建设，新建饮水工程2处，新修沟渠6千米，通村路及入户路5.9千米，新建卫生厕115户，拆除无人居住危旧房136栋，拆除杂屋47间，新装户户通电视460户。对照自评细则，贫困村顺利退出。精准扶贫工作督查排名全市第一。

社会事业取得新进步。大力发展社会保障事

业，全年新农合参合人数2.4万人，参合率达96.4%，收缴参合资金272万元。新农合住院补偿共计274人次，补偿金额147.5万元，门诊补偿2.9万人次，补偿金额173.1万元。新农保参保人数6245人，收缴保费95.8万元，参保率达70.5%，比2015年增长8个百分点。加强低保动态管理，做到应保尽保，全镇有低保对象825户1228人，残疾人445人，全年累计发放低保、新农保、优抚金、残疾补贴等各类资金1043.7万元。扎实推进计划生育工作，实行领导包村、干部包户、责任到人、整体推进。全年新生儿370人，出生率13‰，多孩率8.2%，征收社会抚养费72万元。健全计生利益导向机制，落实国家奖励扶助政策，奖励扶助139人，办理二女户养老保险130人，实行财政直补51人，阳光助学56人，中考加分19人，查处“两非”案件1起。高度重视文卫事业发展，无偿划拨土地启动公立幼儿园、教师周转房建设，投资16万元，在镇敬老院建立医养结合服务站，组织开展秋季灭螺大会战，7个村受到市通报表扬。超额完成农村妇女“两癌”筛查任务。

【九江水稻机插现场会在横港镇召开】 3月25日，九江市水稻机插技术培训暨机插演示现场会在横港镇举行。省农机局调研员郭晓巩出席培训会并讲话，九江市农业局局长魏立平、瑞昌市副市长时炼波出席培训会议并观摩机插演示。理论培训结束后，参训机手到横港镇远景村省级工厂化育秧示范点，实地观摩播种流水线播种、人工育秧对比试验、大棚摆盘操作和水稻机插演示。大家对横港镇机械化播种、机插、机耕等技术一致予以称赞。

【第七次党代会召开】 6月25—26日，中国共产党横港镇第七次代表大会召开。全镇85名党代表、30名列席代表参加会议。大会听取和审议了中国共产党横港镇第六届委员会工作报告和中国共产党横港镇第六届纪律检查委员会工作报告；审议了中国共产党横港镇第六届委员会关于党费收缴情况的报告；选举产生了中国共产党横港镇第七届委员会和中国共产党横港镇第七届纪律检查委员会。曹名娥当选镇党委书记，余水锋、李洪武当选党委副书记，聂净瓶当选纪委书记。

【第十五届人代会第一次会议召开】 9月12—13日，横港镇第十五届人民代表大会第一次会议召开。全镇58名人大正式代表、46名列席代表参加会议。大会听取、审议并通过横港镇第十四届人民政府工作报告和横港镇第十四届人大主席团工作报告；审议通过横港镇2015年财政预算执行情况和2016年财政预算（草案）的报告。会议选举产生了横港镇第十五届人大主席团，徐金火当选人大主席团主席；选举产生了横港镇第十五届人民政府，余水锋当选镇长。

【成立村组说事室】 2016年，横港镇创新信访工作机制，成立村组说事室，配备说事接待员、民情信息员和法律顾问。建立健全文明接待制、办事公开制、首问负责制、限时办结制、服务承诺制、定期回访制和责任追究制等制度，同时设置民情通道、服务热线和意见箱，畅通诉求渠道。全年共接待说事群众140人次，收集各类信息98条，接受群众意见建议65条，受理信访举报和村组排查的矛纠纷5件，解答政策咨询78件次，解决历史遗留问题4个，信访量同比下降55%。

【农村土地承包经营权确权登记颁证工作全面完成】 2016年，横港镇农村土地承包经营权确权登记颁证工作全面完成。此项工作于2014年启动，前后历时3年。全镇确权实测面积32143.5亩，比二轮承包新增面积8314.7亩，增幅达34.9%，发放土地承包经营权证书6176本，颁证率100%。

【新自来水厂建成投用】 8月8日，横港镇集镇自来水厂完成试运行。该镇原有水厂始建于20世纪80年代，输供水管线多采用镀锌钢管，锈蚀严重，水处理方式落后。随着经济发展，人口增多，原水厂远不能满足该镇建设发展需要。为此，该镇决定重新规划建设水厂。新水厂位于横港水库，于2014年4月动工兴建，工程总投资380万元，安装输水管道15千米、供水管网10千米，日供水能力达3000立方米。

（周立风）

附：2016年横港镇副科级以上领导名录

党委书记：曹名娥

党委副书记、镇长：余水锋
党委副书记：蔡小兵（任至6月）
　　　　　　李洪武（6月任）
人大主席：张绪勇（任至6月）
　　　　　徐金火（6月任）
政协联络处主任：杨胜梅（6月任）
党委委员、常务副镇长：徐金火（任至6月）
　　　　　　　　　　　费伦锋（6月任）
党委委员、纪委书记：马昌军（任至6月）
　　　　　　　　　　聂净瓶（6月任）
党委委员、副镇长：周华平（任至6月）
　　　　　　　　　邹润一（6月任）
党委委员、人武部部长：顾玉曹（任至6月）
　　　　　　　　　　　王银华（6月任）
人大副主席：刘孟春（6月任）
副镇长：周素珍（任至6月）　颜　凤（6月任）
维稳信息督察员：聂净瓶（任至6月）

南　义　镇

【概 况】　南义镇位于瑞昌市南端，316国道穿境而过，东与德安车桥、邹桥2乡镇交界，西北毗邻武宁官莲、鲁溪2乡镇，镇政府驻王家铺村王仙南路，距瑞昌市区48千米。下辖12个行政村、1个居委会、1个农科所，136个村民小组，总人口23576人。境域面积142.78平方千米，耕地面积1478公顷，林地面积8868公顷，森林覆盖率达65%，其中小山竹面积近2660余公顷。矿产资源有煤炭、石灰石、大理石、乌沙、铜、优质矿泉水等。2016年，完成地区生产总值3.61亿元，固定资产投资1.23亿元，财政收入9833万元，财政支出8907万元，农民人均纯收入12585元，粮食总产量7947吨，油菜籽总产量1751吨，生猪出栏62265头，生猪存栏23171头。

项目建设扎实推进。把项目建设视为经济可持续发展的重要保证，持续加大工作力度，工作取得明显成效。本土项目推进顺利，瑞昌市华林蜂业有限公司二期项目、瑞昌市建民驾驶员培训有限公司开发项目、瑞昌市南义镇建材服务中心项目年内建成投产；招商引资有新收获，投资1.5亿元的瑞丰新能源充电器项目成功签约，投资1亿元的和平山综合旅游开发项目签订投资意向协议，投资2亿元的轻钢制造项目及1.5亿元的棒球制造项目进入正式洽谈。

“三农”工作亮点纷呈。“三农”投入明显增加。整合涉农惠农项目资金750余万元，完成胜利水库维修加固，硬化沟渠4.5万余米，整治山塘18座，改造堰坝17处，建设高标准农田47公顷；投入资金240余万元，完成1000米乡道、4000米村道、5000米组道硬化，改建危桥2座，完成村庄整治2个，土地开发3.15公顷，改造农村自来水8处，完成人畜饮水工程1处；争取财政奖补资金120余万元，完成“一事一议”项目建设11个。秀美乡村建设成绩斐然。全面实施封山育林，大力开展农村生活污水治理，推进农村清洁工程，生态环境不断优化，南义镇获批省第二批水生态文明乡镇，朝阳、星明2村荣获省水生态文明村；加快新农村建设步伐，年内完成8个新农村点建设，全镇新农村建设覆盖面达50%以上，全市新农村建设现场会在南义镇召开，朝阳村支书获评省第二届秀美新农村建设“十佳带头人”。产业发展形成规模特色。大力发展特色农业，扩大产业规模，按照“一村一品”模式，发展万亩优质稻、万亩双低油菜、万亩小山竹、万亩黄栀子和3000亩高山辣椒、3000亩高山川芎、1000亩高山茶叶、1000亩吊瓜，蜜蜂、七彩山鸡、黑山羊、泥鳅等特色养殖业逐步发展壮大。成功协办省油菜轻简高效生产技术研讨暨现场观摩会，冬种工作荣获市先进单位。全镇135户403个贫困人口2016年脱贫率达85%，33户危房改造贫困户将于年前基本搬迁入住，110千瓦光伏产业将为每个贫困户年增加收益300元以上，东升村贫困户档案管理模式在全市推广。

集镇建设力度加大。新区建设形成规模。南兴小区6幢1.4万平方米商品房建成投用，年内入住

36户，和平村内外小岭组地质灾害点41户百姓整组搬迁至王仙小区；投资80万元完成王仙路、南兴南路“白改黑”工程。集镇功能更加完善。投资20余万元完成集镇路灯升级改造，更换太阳能路灯62杆；投资10万元完成筱源河“一河两岸”集镇休闲带后期改造工程；投资330万元完成南义二桥危桥改造工程；投资70万元实施集镇自来水并网工程。

社会事业协调发展。社会保障力度增强。全镇新农保参保人数5454人，新增416人，参保率63.82%，新农合参保人数21796人，新增430人，参合率98.21%，农医所连续11年获评全市先进单位；全年发放民政资金580万余元，其中城乡低保资金226万余元，“五保”资金20万余元，优抚资金66万余元，医疗救助资金30万余元，水库移民资金156万余元，冬春救助资金44万元，残疾人两补资金25万余元，临时救助资金9万余元；新建颐养之家1个，全市农村敬老院规范化管理提升年活动现场会在南义镇召开。文教卫生全面发展。投资150万元完成南义中学标准运动场建设，启动投资96万元的中心小学教师周转房和61万元的塑胶运动场项目建设；新建文体活动广场6个、篮球场8个、晴雨门球场4个；举办镇第四届“昌宁兄弟杯”篮球赛和广场舞比赛，举办元旦、“五一”“六一”等节庆文艺演出35场，组队参加全市“廉洁瑞昌杯”篮球赛获第四名。

【第十五次党代会召开】 6月28日，南义镇第十五次党代会召开。全镇党代表和列席人员共计106人参加会议。副市长程世贵到会指导。会议听取、审议并通过南义镇党委工作报告和纪委工作报告；选举产生中共南义镇第十五届委员会和纪律检查委员会。罗建当选镇党委书记。

【第十七届人民代表大会第一次会议召开】 9月13—14日，南义镇第十七届人民代表大会第一次会议召开。全镇110名代表参加会议。会议听取、审议并通过镇政府工作报告及人大主席团工作报告，审议通过财政预决算报告；选举人大主席团主席、副主席各1名，选举镇长1名、副镇长2名。

【全市新农村建设工作现场推进会在南义召开】 10月27日，全市新农村建设工作现场推进会在南义镇召开。各乡（镇、场）分管领导参加会议。全体与会人员参观南义镇朝阳畈中心村及新福刘李新农村建设点。南义镇、武蛟乡小月村、范镇河下李分别在会上作交流发言。

【大坳线和平段公路新建安全护栏】 3月，南义镇大坳线和平段公路改造工程全面完工，南义镇在长达1300米公路沿线隐患路段实施公路安保工程，安装钢结构护栏5000余米、安全警示柱2000余米，总投资60余万元，提高了车辆通行安全系数。

【启动建设光伏发电项目】 2016年，南义镇启动建设113.88千瓦屋顶光伏发电项目。该项目总投资91万元，建成后年均发电量可达11万千瓦时。项目分三期建设，第一期40千瓦，第二期39千瓦，第三期34.88千瓦，年内第一期完成并网验收，第二期完成施工待并网验收。

【为精准扶贫户办理就医优惠卡】 8月，南义镇中心卫生院为全镇134户精准扶贫户办理就医优惠卡。该院规定，持卡人在镇卫生院就医，按照新农合比例报销后，门诊自负部分可再减免50%，住院自负部分可减免30%。

【在外创业人士回乡捐资助学】 10月23日，在外创业人士柯爱红回到家乡南义镇，为母校新福小学48名学生捐赠书包、书籍等，同时向3名贫困学生每人提供1000元助学金。柯爱红系南义镇新福村柯家咀人，多年来一直致力于教育事业，成功创办南昌启蒙星教育集团。

（邹冬圻）

附：2016年南义镇副科级以上领导名录

党委书记：华永国（任至6月）
　　　　　罗　建（6月任）
党委副书记、镇长：罗　建（任至6月）
　　　　　　　　　陈　朋（6月任）
党委副书记：李　乐（任至6月）
　　　　　　陈　险（6月任）
人大主席：徐维德（任至6月）
　　　　　徐勋照（6月任）
党委委员、常务副镇长：徐勋照（任至6月）

张小龙（6月任）
党委委员、纪委书记：叶　春（任至6月）
王卫华（6月任）
党委委员、副镇长：熊　颖（6月任）
党委委员、武装部部长：王小敏（任至6月）
魏　智（6月任）
维稳信息督查员：田宗信（任至6月）
政协联络处主任：柯愈璋
人大副主席：田宗信（6月任）

武　蛟　乡

【概　况】　武蛟乡辖区总面积31.767平方千米，耕地面积733公顷，林地面积429公顷，可利用水面1466公顷。2016年，下辖7个行政村，68个村民小组，总人口14942人，粮食总产量1798吨，油菜籽总产量1300吨，生猪出栏11990头，生猪存栏3730头，财政总收入4606万元，农民人均纯收入16160元。

党建引领凝聚发展合力。按照市委开展“党建+”工作要求，确定七个行政村“党建+”工作目标，同步推进“一村一品”建设。集兴村的精准扶贫、上湖村的生态创建、小月村的民主协商、大桥村的集体经济、三金村的社会管理、灌湖村的村庄整治、大兴村的清洁工程等，经过整体推进，取得实质性成效。结合“两学一做”学教活动，因地制宜打造武蛟乡大桥铁肩膀展览馆、上湖村党建示范点和小月村党建文化展厅，全乡掀起“两学一做”学教热潮，广大党员干部深受启发和教育。

项目建设推动发展升级。全年共争取上级项目28个，总投资1399万元。其中：国土项目1个，即武蛟林场土地开发项目870万元；水利项目9个，包括车马湖血防工程、山塘整治工程、水毁工程和以奖代补工程共226万元；新农村建设点5个，即1个省级点4个市级点共计110万元；扶贫项目4个80万元，“一事一议”项目6个33万元。共引进外商投资项目4个，总投资12.7亿元。其中：工业项目2个，即投资5亿元的特罡冶炼项目和投资6亿元的虹源光伏发电项目。旅游项目2个，即投资1.5亿元的庐山樱花园项目和投资0.2亿元的莲庐山庄项目。特罡冶炼项目纳入全市2016年度规模以上项目，实现当年引进、当年投产、当年创收，实际验资达1.5亿元。当年增资的虹源光伏发电项目，实际当年验资达1亿元。

民生实事改善群众福祉。推进精准扶贫工作。全乡有集兴、灌湖两个“十三五”省级贫困村，建档立卡对象239户647人，通过个人结对、发展产业、自主创业、推荐就业、帮助就学、安居帮扶等措施，已实现脱贫194户514人，实现脱贫率79%，达到脱贫预定目标。民生工程落到实处。全乡完成6个村长江自来水管网延伸工程，完成灌湖村灌湖垴、集兴村座山上村庄整治和集镇改造提升工程，完成灌湖至大兴、上湖至三金5千米乡道路面拓宽工程，完成集兴村青山岭2.5千米村道硬化和灌湖村境内主干道亮化，规划建成了集兴村便民服务室、800平方米村民娱乐活动场所和灌湖村的村级卫生所，完成全乡危房改造指标23个。惠民资金发放到位。全年发放养老保险、农村低保、“五保”供养、民政救助和大病救助等各类民生资金达230余万元，发放到位率100%。新型农村合作医疗和新型农村社会养老保险参保率分别达到100%和50%以上。新农合共完成补偿63.7万元，重大疾病免费救治率达到100%。卫计工作齐头并进。推进医疗卫生与养老服务相结合，在乡敬老院开展了医养结合试点工作，成立了卫生院驻敬老院医务室，为孤寡老人提高全日制服务，计生工作仍保持在全市前列。

统筹发展建设秀美乡村。推进生态旅游。成功创建省级生态乡镇，9月经省环保厅实地考察通过验收；莲庐山庄建成并正式营业；翔龙山庄获全省AAA级乡村旅游示范点。推进三农工作。打造高标准良田示范区，完成武蛟林场122公顷土地开发项目，为全市争取用地指标109公顷。巩固万亩油菜示范区，以上湖、灌湖、小月等五个油菜生产示范片为重点，打造“两纵两横”油菜旅游观光带。

完成新农村建设，建成1个省级点4个市级点。5月，九江市“三农”工作现场会在瑞昌举行，上湖村作为基层党建示范点接受现场观摩，受到九江市委书记杨伟东肯定。

【第十六届党代会召开】 6月28日，中国共产党武蛟乡第十六届代表大会在政府三楼会议室召开。全乡55名正式代表、24名列席代表参加会议。大会听取和审议了中国共产党武蛟乡第十五届委员会工作报告、中国共产党武蛟乡纪律检查委员会工作报告和中国共产党武蛟乡第十五届委员会关于党费收缴情况的报告；选举产生了中国共产党武蛟乡第十六届委员会和纪律检查委员会。李伯阳当选乡党委书记，郭锡金和陈曦当选乡党委副书记。

【第十七届人大第一次会议召开】 9月13—14日，武蛟乡第十七届人民代表大会第一次会议在乡政府三楼会议室召开。全乡50名正式代表30名列席代表参加会议。大会听取、审议并通过2015年武蛟乡政府工作报告、2015年武蛟乡人大主席团工作报告、2015年武蛟乡财政预算执行情况和2016年财政预算（草案）的报告。会议选举产生武蛟乡第十七届人民政府和武蛟乡人大主席团。邹淑珍当选武蛟乡人大主席团主席，郭锡金当选武蛟乡政府乡长。

【创建省级生态乡镇通过验收】 9月，省环保厅考察组一行到武蛟乡考察生态乡镇创建工作。考察组一行，通过听汇报、查阅资料、实地察看等方式，对创建生态乡镇工作给予肯定并通过验收。

【大桥铁肩膀展览馆建成开放】 7月1日，武蛟乡大桥铁肩膀展览馆建成并对社会开放。武蛟乡结合“两学一做”活动，以大桥人文历史为内容，再现大桥艰苦创业历史，弘扬“铁肩膀”精神，精心打造出600平方米展览馆，至年底接待各级参观学习团队50多批2000人次，市四套班子领导亲临大桥展馆参观指导给予了好评。

【非洲考察团到小月村参观】 5月，非洲扶贫开发考察团一行到武蛟乡小月村参观。瑞昌市政府副市长蒋贤智陪同，武蛟乡党委书记李伯阳介绍情况。考察团一行参观小月细屋陈等新农村后，对扶贫开发和新农村建设工作给予高度评价。

【中华诗词学会领导到武蛟调研】 12月，中华诗词学会副会长范诗银、江西诗词学会会长胡迎建到武蛟调研。这次调研，是九江市创建诗词之乡，武蛟乡代表农村诗词文化点接受观摩，调研组一行通过实地调研观摩，对武蛟本地诗词文化给予高度评价。

【打造高标准良田示范区】 11—12月，武蛟乡完成林场122公顷土地开发项目，打造高标准良田示范区。此项目完成，为全市争取用地指标109公顷。

（李关超）

附：2016年武蛟乡副科级以上领导名录

党委书记：李伯阳
党委副书记、乡长：范　辉（任至6月）
　　郭锡金（8月任）
党委副书记：李进平（任至6月）
　　陈　曦（6月任）
人大主席：李年忠（任至6月）
　　邹淑珍（8月任）
政协联络处主任：柯亨宙（6月任）
党委委员、常务副乡长：柯亨宙（任至6月）
　　田先斌（8月任）
党委委员、纪委书记：朱志敏
党委委员、人武部部长：王卫华（任至6月）
　　李　琪（6月任）
党委委员、副乡长：陈绪雄（任至6月）
　　柯美尧（8月任）
副乡长：梁先行（任至6月）
人大副主席：孙　邦（8月任）

黄金乡

【概况】 黄金乡地处瑞昌市西北部，东与码头、夏畈镇相连，南与南阳、横立山2乡毗邻，西与湖北省阳新县枫林镇接壤，北临长江与湖北省武穴市隔江相望。乡政府驻地花厅，距瑞昌市区32千米。

下辖6个行政村，58个村民小组，总人口11199人，境域面积35.92平方千米，耕地面积383公顷，林地面积2653公顷。2016年，财政收入9215万元，财政支出6974万元，农业总产值1323万元，农民人均纯收入17513元，粮食总产量3832吨，油菜籽总产量608吨，生猪出栏6785头，生猪存栏2720头。在2016年度瑞昌市经济社会发展目标管理考评中获乡镇综合先进三等奖。

工业发展势头强劲。继续加强招商引资工作，全年引进新项目5个，跟踪对接重大项目2个，签约资金近40亿元。引进5个项目为合辉矿业公司、荣达机械科技公司、龙瑞建材二期40万吨冶金熔剂、久兴特色农业种植及深加工、蓝月谷养老服务中心。其中合辉矿业公司、荣达机械科技公司年内建成投产，荣达机械科技公司实现销售收入500余万元。继续扩大企业生产规模，全年新增规模以上工业企业1家，全乡规模以上工业企业总量达10家，位居各乡镇前列，荣获2016年全市目标管理考评工业发展二等奖。

“三农”工作力度加强。推进秀美乡村建设。累计投入资金300余万元完成界首中心村、老田铺新农村点建设任务，共拆除破旧房屋76间3300余平方米，房屋拉毛刷白近7万平方米，改造沟渠、下水道1550米，硬化乡村道路1700米，绿化2400多平方米。省道九界公路两侧实现新农村建设全覆盖，全乡新农村建设点普及率达65.5%，获全市目标管理考评秀美乡村建设二等奖。改善农村人居环境。以推进农村生活垃圾治理长效运转为抓手，扎实开展农村清洁工程宣传教育培训，增强广大群众清洁意识，并不定期开展农村垃圾督查暗访、检查评比，将督查评比结果及时利用微信群发布通报，农村清洁工程工作成效不断巩固，多次迎接省、九江市督查检查，受到好评。加快现代农业发展。继续加大土地流转力度，全年新增流转土地160公顷，用于发展优质稻、油菜规模化种植，培育种养殖科技示范户43户，新建前程村13.3公顷百香果产业基地、林泉村133.3公顷优质水稻种植基地。力推脱贫攻坚工程。整合各类资金20余万元，大力推进脱贫攻坚工程，通过实施“六大脱贫工程”，全乡100户254人建档立卡贫困对象脱贫96户238人，脱贫率达93.7%。

社会事业协调发展。社会保障体系日臻完善。全乡新农保参保人数3966人，缴纳参保金30.86万元，领取养老金人数1633人，发放养老金近100万元；新农合参合人数10572人，参合率达104.95%，新农合住院补偿2032人次，补偿金额398.4万余元，门诊补偿15719人次，补偿金额76.6万余元。全乡农村低保94户213人，发放低保金53.66万元；年内发放残疾人专项补贴7.335万元、“五保”供养金7.8万元、民政优抚和大病救助金35.6万元。文教卫生工作亮点频现。积极推进公共文化服务体系建设，黄金文化站被授予国家一级文化站，成为全市乡镇文化服务“三化”（标准化、均等化、一体化）建设示范点；投资60余万元建成黄金广场钢构门球场、晴雨地掷球场，市老年体育“三个示范”创建工作现场会在黄金召开；北山村学生雷书婉夺得瑞昌市高考文科状元，并被北京大学录取；整合资金90万元建成乡卫生院综合大楼，基层卫生条件得到明显改善；完成2孩及多孩长效节育措施97例，征收社会抚养费34万元，免费孕前优生检查57例。

【第十四次党代会召开】 6月29日，黄金乡第十四次党代会在乡政府礼堂召开。全乡35名党代表、16名列席代表参加会议。市委常委、政府常务副市长邵九思到会指导。大会选举产生中共黄金乡第十四届委员会、黄金乡纪律检查委员会。曹毓祥当选乡党委书记。

【第十七届人代会第一次会议召开】 9月13日，黄金乡第十七届人民代表大会第一次会议在乡政府礼堂召开。全乡47名人大正式代表、28名列席代表参加会议。大会选举产生新一届乡政府班子，肖文岩当选乡长，苏卫珍当选人大主席团主席。

【成立首家乡镇慈善会】 12月，黄金乡慈善会通过市民政局注册审批，成为瑞昌市首家乡镇慈善会。该慈善会所有慈善经费主要用于助学、助困、助贫、助残等活动。

【黄金籍高考生摘得瑞昌市文科状元桂冠】 2016年，在市一中就读的黄金乡学生雷书婉以高考622

分成绩摘得瑞昌市文科状元桂冠，被北京大学外国语学院俄语专业录取，成为该乡第一位考取北大的学生。

（徐秀娟）

附：2016 年黄金乡副科级以上领导名录

党委书记：蒋义明（任至6月）
　　　　　曹毓祥（6月任）
党委副书记、乡长：李瑞生（任至6月）
　　　　　　　　　肖文岩（6月任）
党委副书记：郭锡金（任至6月）
　　　　　　宋程程（6月任）
人大主席：朱　夔（任至6月）
　　　　　苏卫珍（6月任）
政协联络处主任：朱汉洋（6月任）
党委委员、纪委书记：田化滨
党委委员、常务副乡长：苏卫珍（任至6月）
　　　　　　　　　　　邓光荣（6月任）
党委委员、武装部部长：陈　强（任至6月）
　　　　　　　　　　　李　智（6月任）
党委委员、副乡长：朱汉洋（任至6月）
　　　　　　　　　祝志凯（6月任）
副乡长：刘宇浩（任至6月）
人大副主席：刘思汝（6月任）

南　阳　乡

【概 况】　南阳乡位于瑞昌市北部，东与白杨镇接壤，南与桂林街道、高丰镇相依，西接横立山乡，北与黄金乡、夏畈镇毗邻，乡政府驻双桥村枫树下，距瑞昌市区15千米。下辖8个行政村，93个村民小组，总人口14767人。辖区总面积63.96平方千米，耕地面积803公顷，林地面积4156公顷。境内山药种植历史悠久，享誉省内外。2016年，农业总产值7584万元，工业总产值4810万元，财政收入4311万元，财政支出3627万元，农民人均纯收入13992元，粮食总产量5150吨，油菜籽总产量1226吨，生猪出栏4428头，生猪存栏2214头。

大力开展招商引资。本着“集全智、举全力，助推工业发展升级”理念，进一步完善招商引资长效机制，不断创新招商方式方法，成立以党委书记为第一责任人，各村支书为直接责任人的南阳乡招商团，设立招商引资办公室，掀起全员招商热潮。全年共收集招商信息10条，引进项目3个，即瑞昌市恒祥纺织品有限公司、九江新吉花谷生态农业发展有限公司和瑞昌市闽昌养殖有限公司，签约资金达4.5亿元。

扎实推进“三农”工作。发展壮大特色农业。做大做强特色农业产业，新建罗城山山药良种保护基地13.3公顷，新成立山药种植合作社2家，全乡山药种植面积增加11.3公顷，达到80公顷；宝山家庭农场虾稻共作种植水稻64公顷，所产大米荣获有机农产品认证；罗城畈太空莲种植及红日村肉羊养殖、油桃种植基地进一步巩固，油桃扩种34.6公顷。着力建设秀美乡村。投入资金80万元，完成罗成村大房新农村建设工作，修建下水道840米，改水改厕37户、改沟渠900米、改路1500米、改房44栋，安装路灯10杆，绿化近700平方米。持续推进农村清洁工程，建立保洁工作督查制度，做到“一周一督查，一月一评比一通报”，全年投入资金37.6万元，用于购置保洁用具、支付保洁员工资等。大力实施民生工程。整合资金2000万元实施瑞南路改造升级，完成全长9.9千米水稳层铺设，硬化路面7.26千米；整合资金40万元完成江家岭村道路拓宽、硬化和登山道路改造；整合资金20万元开展石门水库流域水源地保护工作；争取市财政奖补资金，完成燕山村王家公路等7个“一事一议”公益项目建设。全力开展扶贫攻坚。实行“输血”与“造血”并举，通过产业扶贫、就业扶贫、教育扶贫、保障扶贫和安居扶贫，年内全乡脱贫271人，脱贫率达88.6%。

统筹发展社会事业。强化社会保障功能。全乡新农合参保人数14217人，参合率93.3%，报销住院费509万元，新农保参保人数4323人；年内取消低保户35户52人，新增低保户43户97人，调整8户，变更11户，发放低保资金130多万元；全年完成农村危房改造重建34户，发放优抚金40余万元、精减退职人员补偿金8万元。加强教育卫生工作。继续加大教育投入，推进学区现代技术教育发展，开展幼儿教育整治，进一步规范幼儿教育办学行为；持续开展疫区灭螺工作，全面完成秋季灭螺大会战任务；全年完成计生长效节育措施167例，征收社会抚养费51.82万元，全乡人口出生政策符合率93.81%。

【第十五次党代会召开】　6月28日，中共南阳乡第十五次代表会在乡政府二楼会议室召开。50名党代表、19名列席代表参加会议。大会听取乡党委及纪委工作报告，选举产生中共南阳乡第十五届委员会委员7名，纪律检查委员会委员5名。

【第十七届人代会第一次会议召开】　9月13日，南阳乡第十七届人民代表大会第一次会议在政府二楼会议室召开。51名乡人大代表出席会议。会议听取、审议并通过南阳乡人民政府工作报告、乡人大主席团工作报告、南阳乡2015年财政预算执行情况和2016年财政预算的报告（草案），选举产生乡人大主席团主席和南阳乡人民政府乡长、副乡长。

【举办“城市管理升级，从我做起”主题演讲比赛】　10月24日，南阳乡政府举办“城市管理升级，从我做起”主题演讲比赛，全乡机关单位、中小学、卫生院等6各支部共17人参赛，通过比赛，择优推荐吴雪梅代表南阳乡参加全市演讲比赛。

【查处4名违纪村干部】　2016年，南阳乡纪委加大违法违纪案件查处力度，查办村干部违纪案件3起，按情节轻重分别给予2名党员村委会主任党内严重警告和警告处分，给予1名村支部书记和1名村会计诫勉谈话处分。

【举办“孝亲敬老·第三届九九重阳”文艺展演活动】　重阳节前夕，南阳乡在严畈村举办“孝亲敬老·第三届九九重阳”文艺展演活动，全乡各行政村共13支表演队，分别展演舞龙灯、划龙船、丝弦锣鼓、木兰扇、太极拳及广场舞等20个节目，受到村民欢迎。展演前，南阳乡政府表彰了评选出的“夕阳红”老人6人，“孝亲敬老”楷模4人。

（韩慧芸）

附：2016年南阳乡副科级以上领导名录

党委书记：罗小红（任至6月）
　　　　　汪博林（6月任）
党委副书记、乡长：徐济忠（任至9月）
　　　　　　　　　邓居良（9月任）
党委副书记：刘志强（任至6月）
　　　　　　陈　强（6月任）
人大主席：叶祥水（任至9月）
　　　　　曹裕雷（9月任）
政协联络处主任：常建生（9月任）
党委委员、常务副乡长：常建生（任至9月）
　　　　　　　　　　　刘宇浩（9月任）
党委委员、纪委书记：曹裕雷（任至6月）
　　　　　　　　　　王水平（6月任）
党委委员、副乡长：王瑞华（9月任）
党委委员、人武部长：朱齐荣（任至6月）
　　　　　　　　　　刘　鹏（6月任）
党委委员、副科级维稳信息督察员：
　　　　　　　　　　　　　　陈海燕（任至6月）
副乡长：周　娣（任至9月）

横立山乡

【概　况】　横立山乡位于瑞昌西北部，属山头乡，东邻南阳乡，南连高丰镇，西接湖北阳新，北界黄金乡。乡人民政府驻全胜村上田，距瑞昌市区30千米。辖6个行政村，78个村民小组，总人口11011人。境域面积55.3平方千米，耕地面积573公顷，林地面积3780公顷。2016年财政收入4022万元，财政支出3823万元，农民人均收入8945元，粮食总产量1776吨，油菜籽总产量942吨，生猪出栏3400头，生猪存栏2800头。

项目建设扎实推进。2016年，收集有效招商信息7条，新引进项目1个，即投资1.1亿元的江西盛彤实业有限公司电机生产项目，该项目年内在华宸图书市场租用厂房1000平方米，一期12台设备安装到位并正式投产，全线投产后，预计年产量

20万台，产值8000万元。2015年引进的婴儿车项目3栋主体建筑全面完工，2017年1月可试投产，预计年产值1亿元，年税收300万元，出口创汇1500万元。

“三农”工作成效显著。大力发展特色产业，乡财政投入资金11万元，扶持发展特色产业种植大户3户，新增绿色产业基地2个，其中，怡田高产辣椒种植基地43.33公顷，华中中药材种植基地53.33公顷。积极推进秀美乡村建设，完成5个新农村点建设任务，拆除危房、土坯房、栏舍等共计170间5452平方米，改水、改厕153户，铺设排水管道1860米，疏通明沟3803米，硬化村级主干道1070米，硬化入户便道4206米；高标准完成杨泉新农村点建设，投资110万元实行屋顶“平改坡”面积7000平方米。全力开展精准扶贫工作，年内召开脱贫攻坚调度会18次，实现脱贫171户468人，2个贫困村如期摘帽。扎实实施民生工程，投入资金110万元实施人饮延伸工程，全乡自来水使用率超过85%；新建调节集水池和蓄水池40多个，蓄水量达5000多立方米；完成全胜村等5个行政村8处山塘维修整治工程，完成芦塘村6组、7组、11组、光辉村12组改水工作。

社会事业同步发展。加强低保动态管理，全年新增低保16户，取消4户，恢复2户，调整14户，发放低保金93.82万元。全乡“五保户”21户，集中供养8户，分散供养13户，发放“五保”金8.38万元。做好拥军优属工作，发放优抚补助34.95万元。推进社保、农医保工作，新农保参保2678人，其中新增225人，收缴保费32.68万元，全乡领取养老金人数1385人，发放养老金13万元；新农合参合9456人，参合率96.1%，发放医保补偿金276万元。推进文教卫计工作，进一步规范农家书屋建设，补充图书350册；建立电子阅览室，配备电脑9台，接通百兆光纤；新增村级文化活动中心3个，完成送戏下乡4场，完成送电影下乡72场；安装广电卫星锅58个，广电覆盖率进一步提高；积极发展学前教育，规划建立公立幼儿园1所。全乡建卡管理11316人，一孩出生64人，二孩出生71人，出生政策符合率85.23%，出生婴儿性别比109.8%。年内完成长效节育措施96例，完成补救措施21例，完成免费孕检71例，完成社会抚养费收缴32.4万元，查处“两非”案件1例。

【第十五次党代会召开】 6月27日，中国共产党横立山乡第十五次代表大召开。参加大会的正式代表35名，列席代表18名。大会主要议程为听取和审议《中国共产党横立山乡第十四届委员会工作报告》《中国共产党横立山乡第十四届纪律检查委员会工作报告》，审议党费收缴和管理情况的报告，选举产生中国共产党横立山乡第十五届委员会和中国共产党横立山乡第十五届纪律检查委员会。

【第十五届人代会第一次会议召开】 9月13—14日，横立山乡第十五届人民代表大会第一次会议召开。全乡46名正式代表（请假1人）、25名列席代表参加会议人。会议听取、审议并通过乡政府工作报告和人大主席团工作报告，审议通过《横立山乡2015年财政预算执行情况和2016年财政预算安排（草案）的报告》；各代表团共计提出了12条议案，并举办了代表拔河比赛，有效营造了会议氛围。大会选举产生了新一届乡人大主席团主席，乡人民政府乡长、副乡长。

【集镇改造项目全面竣工】 3月，历时2个月的横立山集镇改造项目全面竣工。此次改造共投资47万余元，涉及沥青路面铺设、排水管网改造、绿化带建设、人行道铺装、集镇亮化等，通过改造，集镇品位明显提升，人居环境大大改善。

【拍摄微电影《春雨》】 2016年，微电影《春雨》在横立山乡拍摄。该片由瑞昌市委组织部、横立山乡党委和九江恒信传媒公司联合摄制，本地部分干部群众参与拍摄。影片以政府推进精准扶贫工作为主线，以解决高山农民饮水问题为切入点，从主攻产业扶贫、教育扶贫等方面，描述基层一线扶贫工作现状，讲述精准扶贫中感人故事，讴歌一线党员干部帮助群众脱贫致富事迹。

【承办市第十一届老年人健身体育运动会（横立山赛区）】 10月17—18日，瑞昌市第十一届老年人健身体育运动会（横立山赛区）在横立山乡举行。比赛由市老年体协主办，横立山、高丰、范镇等3个乡镇共同承办。全市有18支代表队约300人参加比赛，设有气排球、健身气功、柔力球等3个集体竞赛项目和桥牌、民间武术2个个人竞赛项目。横立山代表队获得气排球第一名，柔力球第四名，并获体育道德风尚奖。

（柯洁静）

附：2016年横立山乡副科级以上领导名录

党委书记：曹毓祥（任至6月）
　　　　　范　辉（6月任）
党委副书记、乡长：黄开佳（任至6月）
　　　　　　　　　幸义甫（6月任）
党委副书记：谈荣邦
人大主席：黄龙泉（任至6月）
　　　　　胡明华（6月任）
党委委员、常务副乡长：胡明华（任至6月）
　　　　　　　　　　　郭秉中（6月任）
政协联络处主任：曹聂良（6月任）
党委委员、纪委书记：夏　川（任至6月）
　　　　　　　　　　陶　昊（6月任）
党委委员、副乡长：黄春和（任至6月）
　　　　　　　　　徐勋军（6月任）
党委委员、武装部部长：曹聂良（任至6月）
　　　　　　　　　　　李俊华（6月任）

洪下乡

【概况】　洪下乡地处瑞昌市中西部，东接高丰镇，南邻青山、乐山，西连大德山林场，北与横立山乡交界。乡政府驻大屋冯冷水港村，距瑞昌市区26千米。下辖6个行政村，69个村民小组，总人口13978人。区域面积60.36平方千米，耕地面积442公顷，林地面积4267公顷。2016年，农业总产值4300万元，工业总产值2100万元，财政收入4260万元，财政支出3857万元，农民人均纯收入5553元，粮食总产量2236吨，油菜籽总产量535吨，生猪出栏7400头，生猪存栏2500头。

经济实力稳步提升。主要经济指标持续增长。全年共完成财政收入4260万元，同比增长9%；完成固定资产投资1.36亿元，同比增长12%。招商引资取得明显成效。坚持把招商引资作为“一号工程”来抓，营造“人人招商”浓厚氛围。全年新引进项目5个，签约资金3.3亿元，分别是：投资1.5亿元的九江意善环保有限公司（台资企业），落户市小微创业园；投资8500万元的江西厚普电子科技有限公司，落户市经开区南园，年内建成投产；投资2000万元的瑞昌市鑫友纸制品厂，落户459“飞地”产业园，年内建成投产；投资2000万元的小玉米服饰有限公司，落户459“飞地”产业园，年内建成投产；投资5500万元的瑞昌市宏兴现代农业开发有限公司，落户返乡农民创业园，主体厂房全面竣工。同时，全力做好重大项目协调服务工作，和泽酒业项目推进顺利。

“三农”工作亮点纷呈。农业产业化进程加快。继续发展油茶产业，年内新增油茶面积80公顷，全面建成万亩油茶乡，年内生产茶油2.05万公斤。全乡基本形成以油桃为主的水果业，以山羊、生猪、家禽为主的养殖业，以油茶、山药、白茶为主的种植业发展格局。农村基础设施不断完善。投资200万元新建高露、洪下2座大桥；投资10万元完成江山水库除险加固工程；投资120万元修建大屋冯、张家铺、陶坡姜2000米沟渠以及6座石堰。秀美乡村建设力度加大。投资120万元高标准完成高露村2个新农村点建设任务，村容村貌明显改观。建立完善农村生活垃圾治理长效机制，农村环境卫生状况明显好转。根据“建设乡域综合服务中心，打造农贸新型集镇”总体定位，启动集镇改造工程，投资100万元完成一期沿街铺面6间房屋主体工程建设，拓宽集镇路面3米，完成集镇路灯安装和集镇中心休闲广场规划设计工作。

各项工作统筹推进。扎实开展扶贫攻坚。全乡建档立卡精准扶贫对象共220户662人，通过落实产业帮扶、教育帮扶、安居帮扶和政策兜底帮扶等扶贫措施，2016年脱贫197户571人，脱贫率达85%。有序推进瓜山贫困村脱贫攻坚工作，投资80万元修建瓜山公路和进村入户道路，兴建村卫生服务室；积极推进有线电视户户通工程，全面开展村庄整治等工作；引进投资40万元的50千伏光伏太阳能发电项目；成功申报全国乡村旅游扶贫工程。认真落实惠民政策。全年发放低保资金130余万元，发放优抚金、残疾人等各项补贴共计100余万元，完成危旧房改造17户；全乡参加新型农村合作医疗3915人，参加新型农村基本养老保险3422人。维护社会安全稳定。投资15万元完成“天网”工程建设和乡、村综治中心建设；安排资金5万元，解决一批老上访户实际困难，全年无越级访和安全生产事故发生。做好人口计生工作。全乡共完成长效节育措施154例，免费孕前优生检测71对，完成社会抚养费征收71万元。

【第十四次党代会召开】 6月28日，中国共产党洪下乡第十四次代表大会在政府四楼会议室召开。全乡40名党代表，26名列席代表参加会议。大会听取和审议乡党委工作报告、纪委工作报告；选举产生了中共洪下乡第十四届委员会和纪律检查委员会。第十四届委员会委员共7人，丰贵新当选党委书记。

【第十七届人代会第一次会议召开】 9月23日，洪下乡第十七届人大第一次会议在政府四楼会议室召开。49名乡人大代表出席会议。大会听取、审议并通过乡政府工作报告和乡人大主席团工作报告；选举产生了新一届政府班子。选举乡长1人，副乡长3人；选举乡人大主席团主席1人，副主席1人。

【6个村级活动场所建成投用】 2016年，洪下乡6个村级活动场所建成投用。其中除高露村为改造项目外，迪畲、张家铺、洪下、大屋冯和瓜山5个村级活动场所均为新建项目。6个活动场所总投资300余万元，5个新建活动场所总占地面积960余平方米，建筑面积2500余平方米。至此，洪下乡全面完成村级活动场所建设任务。

（宋　俭）

附：2016年洪下乡副科级以上领导名录

党委书记：黄梦江（任至6月）
　　　　　丰贵新（6月任）
党委副书记、乡长：丰贵新（任至6月）
　　　　　肖忠勇（6月任）
党委副书记：曹林峰（任至6月）
　　　　　王小敏（6月任）
人大主席：熊孝全（任至6月）
　　　　　彭易军6（月任）
政协联络处主任：朱汉新（6月任）
党委委员、纪委书记：张　靖（任至6月）
　　　　　王　林（6月任）
党委委员、常务副乡长：彭易军（任至6月）
　　　　　周　娣（6月任）
党委委员、副乡长：冯　翳（任至6月）
　　　　　张佳红（6月任）
党委委员、武装部部长：何仁强（6月任）
党委委员：张远透（任至6月）
副乡长：黄新华
人大副主席：张远透（6月任）

花　园　乡

【概　况】 花园乡位于瑞昌市中西部，东邻大德山林场，南与乐园乡相邻，西接肇陈镇，北与洪一乡隔山相依。乡政府驻大畈头，距瑞昌市区39千米。辖7个行政村，107个村民小组，总人口21695人。区域总面积101.65平方千米，耕地面积772公顷，林地面积7240公顷。2016年，财政收入2935万元，财政支出3121万元，农民人均纯收入9942元，粮食总产量4864吨，油菜籽总产量1276吨，生猪出栏15932头，生猪存栏6520头。

加大招商引资力度。建立招商引资激励机制，设立招商引资专项奖励，聘请12名在外创业能人为乡经济发展顾问，广泛收集招商信息。2016年引进工业项目2个，投资8000万元的恒斯达制衣有限公司落户市工业园南园，年内建成投产；投资1亿元的20万吨生物柴油调和燃料项目选址码头工业城，筹建工作有序开展。跟踪接洽项目3个，即恒伟佳光电有限公司、浙江传化股份有限公司、虔心小镇生态农业项目。

扎实推进“三农”工作。发展现代特色农业。积极推广良种良法，推广农业科学技术，全乡种植高产杂交水稻413余公顷，种植杂交玉米120余公顷，种植油菜666余公顷。流转耕地66余公顷建立油菜免耕直播技术示范基地及高产示范片11个，荣获全市2016年油菜冬种综合排名二等奖和油菜示范片建设奖。南屏山白茶基地新引进“庐山一号”茶叶品种，成为市指定茶叶培育基地，晨雾白茶茶场获批九江市龙头企业称号，“晨雾之盛”白茶在省经济作物局主办的茶叶博览会上获得金奖。南下村引进的26余公顷辣木、8万盆铁皮石斛初具规模，花园村种植红树莓13余公顷获得成功，产品远销上海、武汉。年内新成立小山竹、油茶等农民专业合作社4家，家庭农场2家。做大做强特色养殖业，全乡规模养猪场达11家，百头养牛场2家，养羊基地3家。全年生猪出栏15932头，肉牛出栏510头，羊出栏1833只。加强农业设施建设。2016年，投入5万元完成田畈、南下、花园3村及红旗水库小农水维修养护工程；投入13.68万元完成茅竹村腊坑山塘、南屏山18组和花园村大麦垅山塘维修整治工程；投入7万元完成田畈村南垅塘大坝灾后重建和油市村黄沙坑水堰灾后重建工程；投入7万元完成茅竹村、花园村大畈头、田畈村南下高塍沟渠维修工程；投入2万元新建花园村大塘水库管理房；投入4万元完成田畈村东坑塘渠道硬化；投入7万元完成花园村南城舍、茶山高山饮水工程；筹资26万元启动实施水毁修复项目21个，新建水利设施25个。着力打造秀美乡村。累计投资约550万元，全面完成南山下中心村建设，南山下中心村成功申报省级水生态文明村示范点。南泉原生态庄园创业人徐梦良创业故事在江西五套《稻花香里》栏目中播出。筹资68万元，完成南山村大模畈市级自建点建设，并代表瑞昌接受九江市检查。做好精准扶贫工作。全乡建档立卡贫困户330户764人，年内脱贫312户720人。

加快社会事业发展。社会保障力度加大。新农保参保新增320人，总人数达3850人，收缴农保费45.6万元，全乡2560人领取养老金246万元；新农合参合人数19086人，参合率92.13%，共征缴参合资金238.66万元，全年报销医疗费用621.5万元，门诊慢性病补贴6.7万元，生育补贴8.1万元。新增低保户77户123人，提标205户396人，发放城乡低保补助金189.9万元；全年发放优抚资金76万元、医疗救助资金16.2万元。文卫事业健康发展。投资25万元的少年宫建成投入使用，投资18万元对校园进行亮化，启动实施投资80万元的校园维修项目，投资100万元的教师周转房项目。投资350万元的公办幼儿园正式立项。投资170万元的乡卫生院医技楼建成投入使用。计生工作水平进一步提高，全年完成长效节育措施156例，全乡出生人口性别比100:103.55，人口出生率12.34‰，计生率82.58%。

【第十五次党代会召开】 6月29日，中共花园乡第十五次代表大会在乡政府五楼会议室召开，全乡45名党代表参加会议。大会听取审议了中共花园乡第十四届委员会工作报告、中共花园乡纪律检查委员会工作报告，选举产生了中共花园乡第十五届委员会和中共花园乡纪律检查委员会。中共花园乡第十五届委员会委员7名，纪律检查委员会委员5名。

【第十七届人代会第一次会议召开】 9月13—14日，花园乡第十七届人民代表大会第一次会议在乡政府五楼会议室召开，全乡52名正式代表及36名列席代表参加会议。大会听取、审议并通过了《花园乡政府工作报告》《花园乡人大主席团工作报告》和《花园乡二〇一五年度财政预算执行情况和二〇一六年财政预算安排（草案）的报告》，选举产生了新一届政府班子，选举乡长1名、副乡长2名，人大主席1名。

【徐勋浪回乡献爱心】 5月6日，福建泉州起发鞋业公司总经理徐勋浪回家乡献爱心，向花园乡茅竹小学捐赠200套校服和200双运动鞋，价值3万余元。徐勋浪是花园乡茅竹村人，在福建泉州创办起发鞋业公司，公司主要生产经营旅游鞋。

【大力实施财政奖补项目】 2016年，花园乡通过“一事一议”财政奖补政策实施村级公益项目9个，其中建成6个，到位奖补资金43.3万元，带动村民自筹、捐助及其他投资52.5万元。

（傅　倩）

附：2015年花园乡副科级以上领导名录

党委书记：周佐强（任至6月）
　　　　　沈承峰（6月任）
党委副书记、乡长：冯龙兴（任至6月）
　　　　　　　　　刘志强（6月任）
党委副书记：朱黎明
人大主席：王　轶（任至6月）
　　　　　叶祥龙（6月任）
政协联络处主任：张　靖（6月任）
党委委员、常务副乡长：叶祥龙（任至6月）
　　　　　　　　　　　余福焰（6月任）
党委委员、纪委书记：李洪武（任至6月）
　　　　　　　　　　蔡　磊（6月任）
党委委员、副乡长：张　红（6月任）
党委委员、人武部部长：蔡　磊（任至6月）
　　　　　　　　　　　谈鹏飞（6月任）
维稳信息督查员：邹婷婷（任至6月）

洪　一　乡

【概　况】　洪一乡地处瑞昌市西部边陲，是省级革命老区、贫困乡。乡政府驻地双港桥，距瑞昌市区67千米。下辖9个行政村，132个村民小组，总人口18812人。区域总面积99.27平方千米，耕地面积913公顷，林地面积7570公顷。2016年，农业总产值7189万元，工业总产值17186万元，财政收入2962万元，财政支出3190万元，农民人均纯收入4600元，粮食总产量6411吨，油菜籽总产量1432吨，生猪出栏9138头，生猪存栏3569头，家禽存栏15376羽。

经济发展后劲增强。招商引资再创佳绩。全年引进项目6个，其中锦绣铜花和家具生产2个项目落户园区并投产，投资1亿元的印刷包装项目落户裕丰科技园，投资10亿元的大北农现代农业循环产业群项目与市政府签订框架性协议。税收平台更加完备。成功构建外贸公司、物流公司、劳务公司、咨询公司、综合经营部等相对完备的引税平台，做到税收操作规范化，为加快经济发展奠定坚实基础。

“三农”工作成效显著。农业产业渐成规模。北港茶业基地栽植茶苗133公顷，长坑油茶基地完成穴垦133公顷。大北农（新庄）生态农业示范庄园建设全面开工。双港、大畈、麦良油桃基地栽植油桃达200公顷；吴家蓝孔雀，麦良生猪，边山黑山羊3个养殖基地进一步巩固。年内完成油菜种植667公顷，其中北港连片种植达200公顷。全乡累计流转林地533公顷，流转耕地306公顷，实施封山育林7086公顷。民生工程扎实推进。投资280万元的小农水建设项目主体工程基本完工；投资1400万元的山洪沟工程进入扫尾阶段；投资50余万元的小型农田水利设施建设项目及投资4.5万元的双港村高山饮水项目全面完工；投入40万元完成边山村50千瓦光伏发电项目；投入5万元完成王司畈、大畈桥梁设计工作；投入34万元修建长坑村盘山公路安全防护栏；启动北港至和山塘公路、九龙头至下马石乡道建设；投入10万元钻井寻找水源启动边山村安全饮水工程；完成双港、洞下2村自来水管网延伸改造。乡村面貌明显改观。投入3万元维修改造集镇路灯，实现集镇亮化全覆盖；整合资金50余万元，完成朱湾村畈子组新农村建设工作；投入50万元建设麦良村部公共活动场所；农村清洁工程进入常态化管理，垃圾无害化日处理能力达1.9吨；开展农房“百日清查”行动，农村“两违”现象得到有效遏制。惠农政策全面落实。全年发放地力补贴资金242万元，公益林补贴资金73万元，退耕还林补贴资金29万元，新造林补贴资金26万元。精准扶贫成效显著。全乡建档立卡贫困户360户835人，全年转移贫困户劳动力241个，通过自主创业脱贫5户，长坑村退出贫困村。

社会事业齐头并进。社会保障功能增强。全乡新农合参合15680人，征缴参合资金179.05万元，新农保参保4352人，征缴参保资金50.22万元；

全年新增低保 107 人，核减低保 121 人，新增“五保”8 人，累计发放低保救助金 151.2 万元，“五保”救助金 38.5 万元，大病医疗救助金 9 万元。文教事业稳步发展。投入 10 万元建成“百姓大舞台”，举办“推进五大升级、建设秀美洪一”文艺会演，继续开展送戏、送电影下乡活动，群众文化生活日益丰富；积极发展学前教育，启动乡中心幼儿园建设，树立尊师重教良好风尚，教师节走访慰问教师 73 人，表彰先进教师和优秀教育工作者 23 名，致力做好扶贫助学工作，全年助学解困 86 人次。卫计工作扎实推进。努力改善医疗卫生条件，启动乡卫生院医技大楼建设，全年免费接种疫苗 1569 人次，免费筛查妇女“两癌”362 人次，完成长效节育措施 172 例，开展孕前优生检测 279 人，征收社会抚养费 78.2 万元，

【第十五次党代会召开】 6 月 29 日，中共洪一乡第十五次代表大会召开。全乡 43 名党代表和 33 名列席代表参加会议。会议听取、审议并通过中共洪一乡第十四届委员会工作报告和纪委工作报告，选举产生中共洪一乡第十五届委员会、纪律检查委员会。冯龙兴当选党委书记。

【第十六届人代会第一次会议召开】 9 月 13 日，洪一乡第十六届人大第一次会议召开。全乡 52 名人大正式代表和 34 名列席代表参加会议。会议听取、审议并通过乡政府和乡人大主席团工作报告，选举产生新一届政府班子，陈小敏当选乡长，黄江龙当选人大主席团主席。

【洪一乡与湖北省阳新县 4 镇签订边界联防协议】 5 月，洪一乡与交界的湖北省阳新县枫林、洋港、木港、排市等 4 镇签订边界联防协议，协议内容包括：坚持联席会议制度；加强信息交流，建立健全社会治安预警信息机制；加强边界治安联防，携手打击跨界犯罪；加强民间纠纷矛盾排查调处工作；深入开展法制宣传教育活动。

【在外创业人士回乡献爱心】 10 月 8 日，洪一籍济南九江商会副会长方昌武趁重阳节来临之际，回乡为吴家村 70 岁以上老人献爱心。此次共走访慰问全村 70 岁以上老人 200 余人，捐赠羽绒被、食用油等物品折合人民币 3 万余元。

【千年苦槠获九江“十大树王”称号】 7 月 19 日，九江市绿化委组织开展的九江市“十大树王”评选活动结果揭晓，洪一乡麦良村千年苦槠树榜上有名。该树高 28 米，胸径 1.7 米，胸围 6.28 米，平均冠幅 29 米，树大根深、枝繁叶茂，至今已有 1000 年历史，已繁育形成方圆几十里的苦槠林。

（罗　犀）

附：2016 年洪一乡副科级以上领导名录

党委书记：汪博林（任至 6 月）
　　　　　冯龙兴（6 月任）
党委副书记、乡长：陈　朋（任至 6 月）
　　　　　　　　　陈小敏（6 月任）
党委副书记：陈　奎
人大主席：黄江龙
政协联络处主任：刘　烨（6 月任）
党委委员、纪委书记：曹　青（6 月任）
党委委员、副乡长：杨　晟（6 月任）
党委委员、武装部部长：雷　霆

乐　园　乡

【概　况】 乐园乡地处瑞昌市西南端，东与青山林场接壤，南与武宁县鲁溪镇毗邻，西与湖北阳新县洋港镇交界，北与花园乡相连。乡政府驻南庄村冯家巷，距瑞昌市区 75 千米，下辖 7 个行政村，75 个村民小组，总人口 14548 人。区域面积 89.79 平方千米，耕地面积 541 公顷，林地面积 7233 公顷。2016 年农业总值 1.6 亿元，财政收入 3620 万元，财政支出 3564 万元，农民人均收入 10321 元，粮食总产量 4612 吨，油菜籽总产量 602 吨，生猪出栏 7904 头，生猪存栏 2952 头。

招商引资成效明显。全年上报有效招商信息 9 条，引进项目 6 个，分别为：投资 1.5 亿元的华优卫浴有限公司，落户工业园北园；投资 5000 万元的从信食品有限公司，落户工业园西园；投资 5000 万元的瑞乐油茶有限公司油茶深加工项目；

投资8000万元的京洲林业开发有限公司白茶种植项目；投资8000万元的源生农林开发有限公司营造经济林项目；投资6000万元的浙江客商白茶种植项目。

“三农”工作扎实有效。大力发展种养业。以九江金玉米股份公司为龙头，引导广大农户与公司合作，加快耕地流转，发展种植业。年内种植玉米133.3公顷，优质稻266.7公顷。以牛、羊养殖为主，重点扶持天石农牧、祥龙羊业、会茂畜牧等养殖大户，发挥示范效应，发展养殖业。全年新增养殖户8户，新成立农业合作社3家，家庭农场6家，深加工企业2家。发挥山区优势，加大林地流转力度，鼓励大户承包，新增2000亩以上白茶大户2家，1000亩以上油茶大户1家，1000亩以上小山竹大户1家，100亩以上油桃种植户1家，100亩以上药材种植户2家。着力建设秀美乡村。强力推进黄土岸、庄岸、庄前等村庄整治工作，全面完成4个新农村点建设任务，共拆除旧房屋115栋，旱厕120间，猪栏158间，新修道路3800多米，排水管道900多米，村容村貌焕然一新；不断规范集镇管理，全年批复农民集镇建房12幢，查处集镇居民乱搭乱建6处，对集镇户外搭棚及乱堆乱放下发整改通知书13份；大力实施农村清洁工程，投资10万元完善垃圾处理站设施、添置保洁用具，投资2万元购置垃圾桶500个，全乡聘请保洁员48名。致力抓好灾后重建。2015年，受台风苏迪罗影响，乐园乡受灾严重，直接经济损失3500万元。在市委、市政府和有关单位支持下，当年修复部分水毁工程，但仍有7座危桥，11890米河堤、29座水堰、5.4千米道路急待维修或重建。2016年乡党委政府积极向上争项目争资金，全力开展灾后重建工作。投资3200万元的乐园河防洪工程通过省专家评审；争资350万元，实施港南33.3公顷高标准农田建设；争资200万元，实施塘头、寺下17.3公顷土地旱改水工程；争取84万元，对林岗、水段堰进行加固。争取8个“一事一议”财政奖补项目，完成塘坪道路、邢家自来水等工程。同时，发扬自力更生精神，自筹资金350余万元，加固河坝，启动7座危桥改造工程。全面开展扶贫攻坚。围绕“两年率先脱贫”目标，因户施策，因地制宜，全力实施扶贫攻坚。优先安排12人从事保洁、公路养护、护林等工作；推荐150人到本地企业务工，组织349人到园区企业就业；积极开展募捐献爱心活动，募集善款10余万元，资助贫困中小学生162人；发放临时救助资金8万余元，救助贫困户230户；为48户贫困户发放危房改造补贴，新增低保户36户98人。通过积极努力，全乡实现脱贫241户607人，脱贫率达80.1%。

社会事业不断进步。努力推进文教事业发展。加大教育投入，改善办学条件。投入资金340万元，新建学校食堂、运动场和综合教学楼；投资12.8万元，改造学生宿舍楼及卫生间；争取资金125万元，改建乡中心幼儿园；筹集资金32万元，完成庄岸小学办公用房及附属工程建设。加强教师队伍建设，年内新增教师12人。推进直播卫星户户通建设，广播电视覆盖率达75.66%。继续推进社保事业发展。全乡新农合、新农保覆盖面不断扩大，新农合参合人数达12979人，新农保参保人数达4292人。稳步推进卫生计生工作。2016年新建村级卫生所2个，落实计生长效节育措施115例，实施免费孕前优生检测93对，征收社会抚养费61.8万元。

【第十四次党代会召开】 6月28日，乐园乡第十四次党代会在乡政府三楼会议室召开，35名党代表参加会议。会议听取和审议中共乐园乡第十三届委员会工作报告、中共乐园乡纪律检查委员会工作报告；选举产生中共乐园乡第十四届委员会、中共乐园乡纪律检查委员会。何辉中当选乡党委书记。

【第十七届人代会第一次会议召开】 9月21日，乐园乡第十七次人民代表大会第一次会议在乡政府三楼会议室召开，35名乡人大正式代表参加会议。会议听取、审议并通过2016年乡政府工作报告、人大主席团工作报告及乐园乡2015年财政预算执行情况和2016年财政预算安排的报告；选举产生乡长1人，副乡长2人。

【油茶新造示范项目获国家立项】 2016年，瑞昌市京洲林业开发有限公司油茶新造示范项目通过国家第一批农业综合开发林业项目立项，成为江西省获国家林业局明确立项扶持的18个项目之一。该项目计划在乐园乡完成建设126.7公顷油茶示范林，新建8座蓄水池、5.7千米排灌水渠、120平方米管护棚、500平方米晒坪以及5.7千米作业林道等辅助设施。项目投资总额达626.07万元，其中中央财政资金投入200万元，地方财政投入80万元，其余资金由项目实施单位自筹。

【九江市科协科普大篷车开进瑞昌乐园学校】 5月10日，九江市科协科普大篷车开进乐园学校，为该校师生带去一场科学盛宴。大篷车共带去短期记忆测试、无皮鼓、静电乒乓、尖端放电等21项科普移动展台。该校300余名学生进行亲身体验，感受了科学的魅力。

（张　林）

附：2016年乐园乡副科级以上领导名录

党委书记：王义宋（任至6月）
　　　　　何辉中（6月任）
党委副书记、乡长：何辉中（任至6月）
　　　　　　　　　黄龙脉（6月任）
党委副书记：李汉伟（任至6月）
　　　　　　余泽金（6月任）
人大主席：吴远光（任至6月）
　　　　　姚俭鹏（6月任）
政协联络处主任：周小明（6月任）
党委委员、纪委书记：宋相春（任至6月）
　　　　　　　　　　余香鹏（6月任）
党委委员、常务副乡长：朱汉新（任至6月）
　　　　　　　　　　　柯　凯（6月任）
党委委员、副乡长：张　林（6月任）
党委委员、武装部部长：柯　凯（任至6月）
　　　　　　　　　　　郑　璐（6月任）
党委委员、维稳信息督查员：周明山（任至6月）

赛湖农场

【概况】 赛湖农场地处瑞昌市城东新区，东与九江县港口街镇毗邻，南临长河与九江县新塘乡隔河相望。总场驻地八里铺。下辖3个分场、11个大队、6个居委会，11个二级单位，总人口14523人。境域面积21.63平方千米，耕地面积708公顷，水域面积866公顷。2016年，固定资产投资完成12亿元，工业主营业务收入10.2亿元，财税收入5026万元，农民人均纯收入13055元，粮食总产量5634吨，油菜籽总产量488吨，生猪出栏8430头，生猪存栏3268头。

经济发展势头强劲。招商引资取得新进展。发挥区位优势，积极开展招商引资，2016年，新签约项目5个，签约资金6.5亿元，分别为北京电力设备制造、上海谦谦服饰、君联木业、深圳馨兰花卉、北京果蔬花动力示范园。项目建设取得新成效。热情服务落户企业，力促企业做大做强，华瑞缝纫线、格雷斯化工完成上市准备工作（已与安信证券签订协议，预计2017年5月“新三板”上市），君联木业实现上规，君联木业、晶科渔光互补、和泽养生酒业、古典红木、朋友服饰、现代农业科技示范园、机械设备租赁等7个企业增资达4亿多元。积极推进农场项目建设，全年自筹资金1.6亿元重点建设23个项目。其中投入500万元的精神病医院建成投入使用；投资1500万元的现代化农业园区服务中心项目主体工程竣工；投资880万元的赛湖新城三期增补项目封顶；投资1540万元的赛湖新城周边配套工程基本完成；投资6000万元的农副产品交易大市场相关手续办理完毕。服务大局具有新作为。牢固树立大局观念，全力做好城区项目建设征地拆迁工作，完成征地14宗46.67公顷，拆迁房屋20000多平方米。全面做好协调服务工作，确保赛湖学校初中部、名门世家、龙翔国际、赛湖新城三期、华中国际、安定湖1号、浔阳东路沿线等一大批落户农场项目有序推进。

“三农”工作成效显著。倾力打造现代农业示范园区。整合资金4000万元，进一步完善现代农业示范园区基础设施建设，新修道路21千米、沟渠30千米、桥梁5座，平整田地267公顷；万禾龙象科技有限公司投资2亿元建设13500平方米玻璃温控电子化大棚；争取省稻油两熟试验示范项目资金600万元，实施农业园区200公顷粮油基地全程机械化作业；争取农业部统防统治与绿色防控融合试点项目资金，实施80公顷昌玲蔬菜基地绿色防控。积极发展现代特色农业。引进外商投资600多万元，建成40公顷玫瑰产业园；投资100多万元建成腊木种植基地；扶持周烨家庭农场投资600多万元，种植火龙果、蓝莓等特色水果27公顷。大力推进“秀美乡村”建设。全年完成2个新农村点建设任务（中心村1个、自然村1个）；争取310万元，自筹资金230万元，完成燕山坳、苏家墩、螺丝港等村庄整治工作；利用危房改造及配套资金，进一步完善汪家埒、十四连、金桥、总场排水设施和道路建设；争取资金112万元，修通赛湖新城至十三连三级公路；争取资金295万元，实施螺丝港血防林工程；争取小农水项目资金970万元，完成二分场二标段沟、渠、路及三分场一标段沟、渠、路改造；投入资金450万元，完成危房改造300户；投入资金545万元，完成燕山凹、螺丝港11连自来水管网改造工程。持续推进农村清洁工程，全年出动5000多人次，投入资金150多万元，对全场20多个自然村环境卫生实行长效治理。着力开展精准扶贫攻坚。充分发挥党员先锋模范作用，对85户242人精准扶贫对象实行党员一对一帮扶，通过产业、就业、安居、保障等帮扶措施，年内74户221人实现脱贫。

社会事业协调发展。社会保障力度继续增强。新型农村合作医疗参合人数11000人，新型城乡居民养老保险参保人数4136人，其中农保3142人，新增163人；全场城乡低保对象987户1938人，其中城市低保567户1127人，农村低保420户811人，共发放城乡低保金608.89万元；全年实施大病救助59人，发放救助资金8.95万元；实行临时救助29人，发放救助资金5.07万元。文教卫生事业稳步发展。赛湖学校初中部9月1日正式开学，极大方便学生就学；精神病医院竣工投入使用，收治患者150多人；人口计生服务管理水平不断提高，全年出生政策符合率87.69%，征收社会抚养费66.99万元，征收率100%。

【刘奇到赛湖农场视察国家农业综合开发示范园项目】 5月10日，省委副书记刘奇到赛湖农场视察国家农业综合开发示范园项目。省委副秘书长李能、省林业厅党组书记、厅长阎钢军，省扶贫和移民办党组书记、主任章康华，省林科院党委书记、院长黄小春随同。九江市委书记杨伟东，市委副书记占勇，市委常委、常务副市长熊永强，市委常委、农工部部长董金寿，副市长赵伟，市委秘书长周美祥等陪同。瑞昌市领导罗文江、邵九思、程世贵现场介绍情况。

【刘粤军、刘奇到赛湖堤看望慰问抗洪官兵】 7月14日，中国人民解放军东部战区司令员刘粤军到赛湖大堤，实地察看汛情，看望慰问抗洪抢险一线官兵。省委副书记、代省长刘奇代表省委、省政府一同看望慰问。东部战区副参谋长沙军，第一集团军政委秦树桐，省军区领导张晓明、杨笑祥、方建华；副省长尹建业，省政府秘书长、办公厅主任张勇等随同。九江市委书记杨伟东，市委副书记、市长林彬杨，市委常委、九江军分区政委汪开华，九江军分区司令员宋朝阳，副市长陈和民、赵伟，市委秘书长周美祥等陪同。瑞昌市委书记罗文江，市委副书记、市长郭小云等现场汇报介绍情况。

【副省长李贻煌到赛湖农场视察国家农业综合开发示范园项目】 6月21日，副省长李贻煌到赛湖农场视察国家农业综合开发示范园项目。省政府副秘书长张小平，省工信委副主任谢光华等随同。九江市委副书记、市长林彬杨，市委常委、常务副市长熊永强陪同视察。瑞昌市领导罗文江、郭小云、钱萍等现场介绍情况。李贻煌走进蔬果大棚，与项目负责人亲切交谈，得知每个大棚年均能获利10余万元，表示十分满意。

【全国“规范实施不动产统一登记工作专题研究班”成员到赛湖农场参观】 6月23日，全国“规范实施不动产统一登记工作专题研究班”成员到赛湖农场参观土地平整项目和现代化生态农业项目。该研究班由中组部、国土资源部共同举办，研究班成员一行共50余人，为县（市、区）党政主要负责人。市委副书记、市长郭小云，副市长周毅分别介绍情况。

【九江市“三农”工作现场推进会在赛湖农场召

开】 5月28日，九江市“三农”工作现场推进会在赛湖农场召开。九江市委书记杨伟东出席会议并讲话，市委副书记、市长林彬杨主持会议。九江市领导占勇、董金寿、李洪涛、吕斌、赵伟、朱汉浩等出席会议。九江市委秘书长周美祥，市政府秘书长王丰鹏参加会议。瑞昌市委书记罗文江在会上作典型发言。九江市相关部门单位及县（市、区）党政主要领导、相关单位负责人等参加。与会人员现场参观赛湖农场国家农业综合开发现代农业示范园区，对赛湖农场“三农”工作取得的成绩给予高度评价。

【第五次党代会召开】 6月28日，中国共产党赛湖农场第五次代表大会在总场五楼会议室召开。市委常委、统战部部长潘雄到会指导工作。全场55名党员代表、50余名列席代表参加会议。会议听取和审议农场党委作工作报告、纪委工作报告和党费收缴情况报告。大会选举产生了新一届中共赛湖农场委员会和纪律检查委员会。周贲当选新一届党委书记。

【获评九江防汛抗洪工作先进单位】 8月，赛湖农场被九江市委、市政府评为防汛抗洪工作先进单位。进入7月，受长江高水位顶托和多轮强降雨影响，赛湖水位持续上涨，7月2日首超警戒线，7月15日最高水位达21.66米，超警戒水位2.66米，严重危及赛湖堤安全，防汛形势十分严峻。陆军驻浙金华73052部队和武警部队水电二总队四支队共计930名官兵先后紧急驰援赛湖农场抗洪抢险。7月1日，赛湖农场党委成立防洪抢险指挥部，由党委书记任指挥长，党委副书记、场长任副指挥长，组建5个临时党支部，9支党员除险小分队和13支党员志愿服务队，调动全场500多名党员和310多名干部参与抗洪抢险，在赛湖大堤坚持24小时轮流值守达一个多月，确保了大堤安全，夺取了防汛抗洪最终胜利。

【建成瑞昌首个微型消防站】 2月，赛湖农场依托消防安全网格化管理平台，按照“有人员、有器材、有战斗力”和充分发挥群防群治队伍作用的要求，建成瑞昌市第一家社区微型消防站——桃树林社区微型消防站。该消防站配备6名消防员，购置3万元灭火器材，有效强化社区日常消防安全管理，提升火灾防控和应急处置能力。

【组织无人机防治水稻病虫害观摩会】 8月25日，瑞昌市农业局在赛湖农业现代园组织无人机防治水稻病虫害观摩会。九江市各县（市、区）农业局副局长及相关科室负责人和瑞昌市种田大户70余人参加，昌九世纪和新和莱特科技两家公司负责飞防。

（邹中华）

附：2016年赛湖农场副科级以上领导名录

党委书记：吴高洪（任至6月）
周　贲（6月任）
党委副书记、场长：周　贲（任至6月）
谈小波（6月任）
党委副书记：姜文胜（任至6月）
雷明新（任至6月）
幸义甫（任至6月）
何育锋（6月任）
马小宝（6月任）
人大联络处主任：曾唯忠（任至6月）
周步进（6月任）
政协联络处主任：柯文元（6月任）
党委委员、纪委书记：周步进（任至6月）
柯紫薇（6月任）
党委委员、常务副场长：何育锋（任至6月）
周新明（6月任）
党委委员、副场长：柯愈璋（任至6月）
李美丽（6月任）
党委委员、人武部部长：曹子轩（任至6月）
杜炳胜（6月任）
党委委员：柯紫微（任至6月）
周小明（任至6月）
邓见红（任至6月）
李美丽（任至6月）
副场长：柯　丹（任至6月）
况小斌（任至6月）
余锦英（6月任）　柯　芳（6月任）
维稳信息督查员：徐新钢（任至6月）

大德山林场

【概 况】 大德山林场位于瑞昌市中西部，东邻洪下乡，南连青山林场，西毗花园乡，北与湖北省阳新县枫林镇接壤。场部驻港北村下港北，距瑞昌市区26千米。下辖2个行政村、3个分场，27个村民小组，总人口4066人。辖区总面积28.17平方千米，耕地面积116公顷，林地面积3459公顷，其中国营面积1466公顷。2016年，财税收入3495万元，农民人均纯收入12888元，粮食总产量748吨，油菜籽总产量184吨，生猪出栏1618头，生猪存栏505头。

努力扩大经济总量。狠抓招商引资工作。以招商引资为主抓手，广泛收集招商信息，积极开展对外招商活动。组织招商工作组先后赴广东、福建、浙江等省开展招商，共收集有效项目信息8条。成功签约九江千凯包装制品有限公司，项目投资9000万元；达成意向投资项目2个，分别是江西野山旅游开发有限公司的户外休闲项目和双军服饰项目。做好项目跟踪服务。赛邦鞋业项目顺利推进，年内建成投产；南山茶叶有限公司白茶项目开工建设。加强财政税收工作。积极培植新税源，挖掘潜在税源，出台《大德山林场关于做大总部经济的奖励办法》，鼓励全场干部职工支持参与财税工作，全年完成税收3495万元，超额完成计划任务。

着力加快产业发展。充分利用林地资源，做大做强林业产业。大力推进万亩油茶项目建设，完成高山油茶种植面积233公顷；巩固传统高山腊米产业，建成13公顷腊米种植标准化示范基地，更新腊米老旧林187公顷，高源村腊米年收入达130余万元，人均增收1000多元。推进油菜规模种植，引导农民种植“双低”油菜，在乌石河沿岸实行连片规模化种植，油菜种植面积达80公顷。

持续打造秀美乡村。按照“山水生态文明小镇”目标，坚持齐抓共管，持续开展秀美乡村建设。完善中心村建设，以“江南风格、山水特色”为格调，坚持“高起点规划，高标准建设”，全面完成港北中心村廊桥、星级公厕、垃圾分类中心等“8+4”基础设施建设。推进农村清洁工程，制定《大德山林场农村生活垃圾治理考核办法》，实行环境卫生月考核制度，开展“十星文明清洁户”评选活动，新建垃圾回收站1座，新购置240升垃圾桶100个，先后7次组织对主次道路、房前屋后、田间地头存量垃圾进行大清扫，清运垃圾40余车，转运垃圾1600余吨。加强生态环境保护，积极开展封山育林，根据全场林地现状，分类区划，科学布局，全面实行封山育林，同时，严格落实“河长制”，建立健全巡河制度。改善乡村交通条件。积极推进“组组通”工程，实现“组组通”全覆盖，全力做好立肇线大德段征地拆迁工作，完成拆迁31户、征地6.33公顷，迁坟346座。

积极发展社会事业。健全社会保障体系。全场新农合参合人数3748人，参合率93.97%，收缴参合资金43万元，新农保参保人数1239人，收缴保费14.8万元；全场有低保对象118户169人，残疾人50人，年内发放低保、新农保、优抚、“五保”、残疾人补贴等各类资金54.5万元。活跃农村文化生活。全年组织开展歌咏、篮球、乒乓球、羽毛球赛等群众性文体活动8次，组队参加市“廉洁瑞昌杯”男子篮球赛获乡镇组第五名佳绩。加强人口计生工作。全年办理一孩生育服务卡7例、二孩生育服务卡24例，完成长效节育措施33例，免费孕前优生检查25例，征收社会抚养费15.72万元，全年出生人口政策符合率92.9%，出生人口性别比100:103。推进精准扶贫工作。采取“扶贫与扶智相结合、政府扶持与社会扶助相结合、能人带动与贫困户自主脱贫相结合”方式，提升扶贫工作针对性和实效性，全年实现脱贫37户94人，脱贫率达83%。

【第十三次党代会召开】 6月27日，中共大德山林场第十三次代表大会在场部三楼会议室召开。市委常委、人武部部长淦克松亲临大会指导工作。全场35名正式代表、4名列席代表参加会议。会议回顾总结中共大德山林场第十二届委员会五年工作，商讨2017—2021年五年改革和发展大计，审议并通过中共大德山林场委员会《做好山水文章，建设大美大德》的工作报告和中共大德山林场纪律检查委员会工作报告。会议选举产生大德山林场新一届党委班子7人和新一届纪委班子3人。

【举办“实干创新·从我做起”演讲赛】　10月中旬，大德山林场举办“实干创新·从我做起”主题演讲比赛。全场8个党支部16名选手参赛。参赛选手紧扣主题，围绕全面推进工业发展、对外开放、城市管理、秀美乡村、民生共享五大升级主线，结合各自工作实际，畅谈如何从我做起，认真履职履责，为推进全市“五大升级”贡献智慧力量。全场机关干部职工和各党支部成员观看比赛。

【实施高源塌方除险加固工程】　7月3日，因持续强降雨影响，高源村老虎颈皂处公路内侧垮塌。塌方处长35米、高6米，塌方土方量200多立方米，不仅严重阻碍交通，更是危及附近5户村民生命财产安全。险情发生后，高源村两委第一时间组织在家党员、群众冒雨及时抢修，经过2天奋战，修通了道路。汛期过后，大德山林场采取“党委引导、政府扶持、支部主导、群众参与、共建共享”模式，组织党员干部群众对塌方点进行除险加固，历时一个月全面完工。工程总投入11万元，其中场部投入9.8万元，群众筹资1.2万元。修建6米高的石砌坝挡土墙40余米。

【修建人口计生文化墙】　2016年，大德山林场积极拓宽人口计生工作宣传渠道，在各村组醒目位置及人口密集场所修建人口计生文化墙。宣传内容涵盖计生政策法律法规、优生优育、婚育新风、利益导向、奖补政策等。此举不仅有效宣传人口计生政策法规及相关知识，也成为全场一个文化窗口，深受群众欢迎。

【举办首届“德和杯”男子篮球赛】　10月18—22日，大德山林场党委、纪委联合举办首届“德和杯”男子篮球赛。场机关、站所、港北村、高源村、德和物流公司等5个代表队参赛。经过激烈角逐，德和物流公司代表队获第一名，机关代表队和高源村代表队分获二、三名。

（刘　慧）

附：2016年大德山林场副科级以上领导名录

党委书记：张友利（任至6月）
　　　　　张鸣高（6月任）
党委副书记、场长：刘文斌（任至6月）
　　　　　　　　　范远强（6月任）
党委副书记：董志平（任至6月）
　　　　　　谈小波（任至6月）
　　　　　　李洪发（6月任）
人大联络处主任：何卫东（任至6月）
　　　　　　　　梁　坚（6月任）
党委委员、常务副场长：梁　坚（任至6月）
　　　　　　　　　　　柯金冬（6月任）
党委委员、纪委书记：柯金冬（任至6月）
　　　　　　　　　　况小斌（6月任）
党委委员、副场长：杨世文（任至6月）
　　　　　　　　　邓见红（6月任）
党委委员、武装部部长：张　伟（6月任）
副场长：祝　辉（任至6月）　陈　征（6月任）

青山林场

【概　况】　青山林场地处瑞昌市中南部，东、南与横港镇接壤，西与南义镇毗邻，北与洪下乡、大德山林场为界，西北与乐园乡、花园乡相连。场部驻青山脚下，东距瑞昌市区34千米。下辖3个林业分场，1个村委会，12个村民小组，总人口2107人。区域面积33.61平方千米，耕地面积72公顷，林地面积3666公顷。青山为国家AAA级风景名胜区和省级森林公园，植被丰富，林木种类达1500多种，其中野生名贵植物多达500多种，活立木总蓄积量10.2万立方米，林木覆盖率达90.3%。2016年农业生产总值380万元，财政收入2784万元，农民人均纯收入5300元，粮食总产量186吨，油菜籽总产量48吨，生猪出栏1020头，生猪存栏480头。

招商引资取得新进展。坚持以“新工业十年行动”为总抓手，把招商引资当作“生命线”工程来抓。全年签约落户项目4个。总投资1.2亿元的江西春风科技林业生态有限公司，租赁该场1000亩林地进行旅游观光综合开发；总投资1.28亿元的青山绿茶二期深加工项目建成投产；总投资8000万元的瑞昌秦山云雾茶有限公司完成公司注册和场地租赁；广州赛格集团总部经济项目完成公司注册，总部大楼开工建设，年内纳税78万元。

旅游经济迸发新活力。充分利用“省级风景名胜区、省级森林公园、赣北道教文化发源地之一”等三张名片，积极作为，筹集资金100余万元，成功创建“九江森林生态科普教育基地”和“秦山风景名胜区国家AAA级旅游景区”；积极开展“省级示范森林公园”“省级风景名胜区工程提升”等申报工作。投资382.9万元启动秦山北路改造项目，投资26万余元完成AAA级旅游公厕建设，投资35万元完成场部广场“白改黑”工程，设置标准停车位40个，投资10万元的LED显示屏投入使用，投资12万元对红军洞景点进行升级改造，修建游步道600余米。10月1日游客人数达3000余人，创历史新高。

“三农”工作迈上新台阶。全力推进茶叶产业发展，努力形成产业聚集效应。“雾上春”绿茶在中国茶叶协会组织开展的“国饮杯”全国茶叶评比活动中荣获绿茶一等奖。“山青”白茶在“第三届庐山问茶暨全省茶叶评比”活动中荣获白茶金奖。田坡畈村小组与青山茶业公司签订鲜茶收购协议，联合开发新茶园13.33公顷，公司+农户+商铺的现代农业发展模式逐步形成。扎实做好护林造林工作，全年完成老林抚育366公顷，新造林23.33公顷。森林防火工作常抓不懈，荣获全市2015—2016年度森林防火工作目标管理先进单位。积极推进秀美乡村建设，投入资金10万余元，更换旅游分类垃圾箱70个，新聘请保洁人员5人，保洁人员总数达13人，实现村组全覆盖，农村环境卫生明显改善。大力实施民生工程，投资46万元对洞下高地质灾害点进行综合治理，投资41万元建设力士沟通组公路，投资22万元完成邓家坪进村桥梁改造，国有林场职工12户危旧房改造任务全面完成。农村低保实现应保尽保，全场参加新农合1846人，参加新农保618人。着力抓好精准扶贫，全场贫困户39户79人，通过产业、教育等帮扶措施，2016年脱贫7户28人。

【第十四次党代会召开】 6月29日，中共瑞昌市青山林场第十四次代表大会召开。全场30名党代表和8名列席代表出席会议。市人大常委会副主任丰耿亲临大会指导工作。会议总结了中共青山林场第十三届委员会五年的工作，研究部署新形势下林场经济社会发展目标和任务，商讨“十三五”改革和发展规划。选举产生了新一届青山林场党委和纪委班子。田钦雳当选林场党委书记，冯平风、祝辉当选党委副书记；李广真当选林场纪委书记。

【青山林场被命名为“九江市森林生态科普教育基地”】 5月，九江市命名16个森林生态科普教育基地，青山林场名列其中。该项活动由九江市科学技术协会、林学会、环境科学学会、教育学会、旅游协会联合组织开展，旨在通过创建工作，普及森林生态科普知识，传播生态文化、弘扬生态文明，提高公众参与国家森林城市建设的积极性。近年来，青山林场坚持“建设绿色生态青山，打造休闲旅游胜地”发展理念，大力实施封山育林，推进林业可持续发展，森林植被日益丰富，林场活立木蓄积量突破10万立方米，林木种类达1500多种，其中野生名贵植物500余种。

【秦山北路竣工通车】 12月，秦山北路竣工通车。该公路南起上庙牌楼，西北至青山村石桥塘组，全长8.7千米，2015年8月开工建设，总投资382.9万元。此路修通不但解决了沿线村民出行难题，同时还开通了青山旅游的又一条通道，为全面建成青山旅游交通主干道网络打下坚实基础。

【“雾上春”获全国绿茶类一等奖】 9月，中国茶叶学会组织开展的第四届“国饮杯”全国茶叶评比第一阶段活动揭晓，瑞昌青山茶业开发有限公司选送的“雾上春”牌庐山云雾茶荣获绿茶类一等奖。“国饮杯”是中国档次高、具权威的茶叶评比活动之一。活动分专家评审团和消费者评审团进行评审，评审各个环节均由公证人员跟踪审核。

（余冬霞）

附：2016年青山林场副科级以上领导名录

党委书记：田钦雳
党委副书记、场长：张鸣高（任至6月）
冯平风（6月任）
党委副书记：冯平风（任至6月）
祝　辉（6月任）
人大联络处主任：柯丽华（任至6月）
朱模清（6月任）
党委委员、纪委书记：周新明（任至6月）
李广真（6月任）
党委委员、常务副场长：徐　霖
党委委员、武装部部长：朱模清（任至6月）
江　舟（6月任）
党委委员、副场长：徐国富（任至6月）
田　伟（6月任）
副场长：李进兵（6月任）

人物·荣誉录

◇◇本栏编辑　邹圣敖

模范人物

“全国五一劳动奖章”获得者陈玉梅

陈玉梅，女，1978年5月出生，瑞昌市南阳乡人。1999年九江师专毕业，2001年获华东师大公共事业管理本科文凭，先后在肇陈中学、范镇中学、瑞昌四中任教，现为瑞昌市城东学校初中英语教师。她在教学岗位上默默耕耘17年，工作兢兢业业、任劳任怨，全身心倾注教学事业。担任班主任，工作认真负责，时刻关心学生的学习成长，倾心帮助生活困难和后进的学生。学生受伤、生病，自己出钱及时把学生送医院治疗。少数学生沉迷网络，她利用休闲时间陪他们聊天、打球、看电影，用真情去感化，使学生戒除网瘾，专心投入学习。她刻苦钻研教学业务，不断提高教育教学水平，所教学的班级成绩长期名列年级前茅，所辅导的学生在省市各类比赛中屡屡获奖，其本人多次获得瑞昌市和九江市教学业务比赛一二等奖。先后被评为瑞昌市“优秀教师”、九江市“五一巾帼标兵”；2014年4月，荣获“江西省五一劳动奖章”；2016年4月，荣获“全国五一劳动奖章”，受到中华全国总工会的表彰。

全国司法行政系统先进工作者黄治贤

黄治贤，瑞昌市码头镇人，市司法局码头司法所所长、码头镇人民调解委员会主任。从事司法行政工作25年来，长期扎根基层，主动作为，敢于担当，忠于职守，创造出“三三”工作法。他贴近基层社会，深入基层群众，积极开展法律宣传，热情提供法律援助服务，坚持依法调解矛盾纠纷，积极为经济发展和社会稳定营造和谐的社会环境。码头工业城是市招商引资项目主要基地，他将工程建设相关法律法规列入单位年度重点普法目录和经常性法治宣传工作计划，急项目建设之所急，常驻项目工地，主动与企业联系沟通，及时化解重点工程、重大项目建设领域矛盾纠纷，保障重大项目建设快速推进。

近三年来，他带领码头司法所干部职工共排查出社会矛盾纠纷525件，成功化解517件，调处成功率达98.5%；为群众提供法律咨询2500余人次，为当事人代写法律文书320余份，代理非诉讼事务350余件；开展法治宣传活动40余次，发放各类普法资料5000多份，为各中小学校举办法治讲座30余场次，受众达3.6万余人；参加严打专项行动20余次，整治社会治安隐患点8个。那里有矛盾纠纷，他和同事的工作就做到那里，只要是人民群众、社会稳定和经济建设的需要，他都竭尽全力提供热周到服务，带领单位干部职工不断取得司法行政工作新成绩。他所在的码头司法所，2012年被省司法厅授予“全省十佳司法所”，2015年被司法部授予“全国模范司法所”。

黄治贤多次被市司法局评为“司法行政先进个人”；2007年，被省司法厅评为“优秀人民调解员”；2013年10月，被司法部授予“全国模范人民调解员”；2016 年 2 月，被司法部、人社部授予“全国司法行政系统先进工作者”。

新闻人物

社区好民警——吴文超

吴文超，1986 年出生，2011 年考入公安系统工作，瑞昌市公安局三眼桥派出所民警。他工作勤奋、务实、担当，曾两次被市公安局评为“优秀人民警察”、4 次被评为“优秀共产党员”，在九江市第四届“十大优秀民警”评选活动中，获评九江市“十大优秀民警”。

当警察是吴文超儿时的梦想，当上警察后格外珍惜和热爱这份工作。他勤于学习，勇于创新，鉴于社会微信逐步普及，2015 年年初，在辖区创建“吴文超警务室微信群”，将社区干部、治安积极分子、门店店主、矿山企业司机等按照“1 + N”的模式纳入微信群中，至 2016 年年底，已组建 16 个微信群组，活跃成员达 2000 余人。平时他经常在群里晒警情及防范措施，带动辖区群众参与群聊交流，不断提高防范意识，及时提供相关案件线索。自微信群创建以来，共获取各种线索 1000 余条，根据线索破获各类案件 26 起，成功调处各类矛盾纠纷 130 余件。2016 年 7 月，吴文超在将通过微信采集的辖区各类信息录入“全警情录入 +”系统时，发现一群众在微信中反映 14 年前一久侦未破的案件线索，称“某村居民朱某十几年从未出门，且未成家，不大正常”。顺着这一线索，吴文超将采集的朱某亲属血样与原案遗证送九江专门机构进行比对，其与 14 年前命案现场遗留信息基本吻合，朱某有重大嫌疑，同年 11 月 23 日，朱某在家中被抓获，其对 2002 年 6 月 20 日晚强奸致人死亡的犯罪事实供认不讳，此遗留案件宣布告破。

吴文超时常把百姓冷暖挂在心上，只要群众有事找到他，都能积极主动帮忙解决。一次迁居上海的夏畈籍张某从上海打来求助电话，称其十多年前迁居上海，在上海购房用的是江西省第一代居民身份证，现办理过户时发现新旧证号码不一致，要求派出所帮助查询证明。接电话后他二话没说，当日下午在一堆十多年前的老档案里埋头整整找寻一下午，才找出当年迁移证明，迅速为其办理了证明材料并自费邮寄给对方，令张某十分感动，特意给市公安局写了封感谢信。2016 年 8 月 2 日下午，吴文超在南林村走访时，发现一身材高大的中年精神病患者手拿菜刀朝周围群众肆意挥舞，为保护群众生命安全，他不顾个人安危立即冲上前去夺精神病患者手中的菜刀时，被对方砍连 12 刀，其中面部最长伤口达 12 厘米，头部顶骨骨折，经医院 10 个多小时抢救才脱离生命危险。虽然身受重伤住院，但他仍放心不下所里工作，在伤病还未痊愈情形下，主动出院又投入紧张的工作。

“悬疑天后”杨玉燕

杨玉燕，笔名上官午夜，女，1982 年出生，瑞昌横港镇嵋荣村人。悬疑小说作家，广东省作家协会会员，中文在线重点签约作家，人人网、搜狐网驻站作家，淘宝店掌柜，宅居广州。

杨玉燕出生于一个普通农家，从小喜爱文学，爱好写作，上初中时就尝试写过短篇小说，并得到老师和同学的认可和赞扬。初中毕业后，在市职中读过一年幼师班，因家境困难，便休学帮忙家里打理电话亭生意，之后突然生病做了一次手术，病稍好后，为了生计到福建、广东等地闯荡。曾给人打过工，做过专业演员、编导等多项工作。她天资聪慧、勤勉努力、多才多艺，擅长舞蹈、演唱、二胡、舞台剧兼小品编导及表演等，获得过两次全国闽南语歌唱大赛亚军。2006 年冬，杨玉燕在艰辛的打工生涯中，经过生活的积淀和对人生的感悟，以及多年写作准备，将自己所有情感倾泻而出，创作出第一部悬疑小说《七根蜡烛》，并将这部小说上传到全球中文原创作品网“榕树下”，获得该网站极高点击率，很快就被印刷出版且畅销，一个月后，又连续加印两次，让她的人生出现了重要转机。从此，走上推理悬疑小说的创作之路。

《七根蜡烛》之后，杨玉燕连续创作了《猫血》《天劫》《七杀》《血族天使》《天蝎森林》等多部长篇小说，并创作中篇小说集《第三张脸》。出版后获中央人民广播电台、腾讯电台、天津电台、河南电台、上海广播电台等多家电台热播，多家报纸抢先连载，跃居全国各大新华书店、售书网站畅销书榜前列，赢得百万“夜宵”竞相追捧与业界的一致好评。繁体版《猫血》《七根蜡烛》及中短篇悬疑小说集在台湾出版上市。2012年年底，她旧病复发，又做了一次手术。术后她一边休养，一边创作短篇小说《致命差评：淘宝网杀人事件》。经历了诸多坎坷，她更加成熟，所创作作品融入了更多对人生的看法与人性的思考。

近年来，杨玉燕作品不仅受到广大读者青睐，更被文学界所认可。她被中央人民广播电台等多家知名媒体誉为“最富才情的悬疑小说家”“中国最具畅销号召力的女性悬疑作家”“悬疑天后”。她的小说散发出浪漫而忧伤、诡谲而惊悚的独特气质，作品散见于《胆小鬼》《试胆》《男生女生》《知音》《恋爱·婚姻·家庭》《推理窗》等著名杂志，多篇作品被收录进悬疑小说合集。同时受到中央电视台、中央人民广播电台、粉丝网、新浪网、腾讯网、搜狐网、《知音》《重庆晚报》《羊城晚报》《南方日报》等50多家媒体相关报道或专访。

从精灵女歌手、舞台剧编导到畅销书作家，年轻的杨玉燕经历了许多坎坷、精彩与传奇。面临文学领域激烈竞争，对于未来，她平静亦充满豪情，她说要想成功，实力、机遇、毅力都至关重要，将以敢于挑战独木桥的勇气不断创作更加优秀的作品，不辜负广大读者对她的钟爱和期望。

小芝麻成就大事业

——九江天兴农业发展有限公司董司长叶李兴

叶李兴，瑞昌市人，原外贸公司职工，九江天兴农业发展有限公司董司长。2000年公司改制下岗，白手起家自主创业从事农副产品贸易，开始在外贸局前租一个铺面，辗转植保站、油化厂等处后，在黄金工业园租购2亩场地收购棉花、菜籽、玉米等农副产品。起初几年，由于处于摸索阶段，企业并未赚到什么钱。2006年，注册成立天兴农业发展公司，加工和经营苎麻、棉花、菜籽、芝麻等农副产品，公司状况才有所改观。叶李兴是在2003年开始接触芝麻收购和加工的，经过多年实践发现相对其他农副产品，芝麻的经济和营养价值均高出不少，到2011年年底，才将经营项目集中到黑芝麻上来，由此公司走上快速发展的轨道。

根据公司经营和发展需要，2011年，他筹资1000万元引进全套原料初加工设备；2012年，投资500万元新上一条深加工生产线；2013年，投资500万元购进黑芝麻烘烤设备，此期间公司还先后收购了“连群农业”“锦丽实业”两家公司，公司占地面积由不足3亩发展到40余亩；2015年，启动总投资4000万元恒温储存库建设，拥有库容3000平方米，可一次性储存黑芝麻原料和加工产品2000吨，有效解决了公司生产储运中原材料变质霉烂等问题，不断提高产品附加值，确保产品质量和口感。为保证芝麻原料来源与质量，公司在横港、范镇等地流转土地建立有机黑芝麻种植基地，由最初几百亩，发展到现在4000余亩套种油茶和芝麻。同时，公司还与农村专业合作社、广大农户建立长期原料收购合作关系，以扩大原料来源。在经营上加大成品的占比与开发力度，产品由普通食品向养生食品方向转变。公司十分重视产品质量管理、品牌创建和技术革新，2013年，“天兴”牌黑芝麻获评绿色食品，“天兴”牌商标获江西著名商标，黑芝麻原料、油、酱、炒货获中国工业产品生产许可证（QS）；2015年通过ISO 22000食品安全管理体系认证和有机产品认证，并成功申请8项实用新型专利，公司产品市场竞争力、公信力和对外影响显著增强。在产品销售上，由于坚持诚信和品牌经营，公司赢得广阔市场，已与五谷磨坊、广东黑牛、南方黑芝麻糊、中粮集团等国内知名大中型企业建立长期合作关系，形成稳定供求联盟。同时，与天猫、淘宝、诚信通等电商建立联盟合作关系，搭建起广阔的网络销售平台，实现食品与养生黑芝麻产品网上销售近5000万元。近年来，公司每年购售和初加工黑芝麻原料达1.5万吨，占国内总量的1/4以上，实现产值3亿元，成为全国最大黑芝麻初加工企业。2013年，天兴农业公司获评全省“农业产业化龙头企业”“农产品加工示范中小企业”，叶李兴获评“九江市优秀农产品经纪人”。

标准化养猪的带头人——陈绪佳

陈绪佳，1962年出生，瑞昌花园乡人，“新赣农”生态农牧科技园总经理。原为粮食局职工，曾担任过花园粮站出纳、会计、站长，南义、码头粮站站长。20世纪90年代末，市粮食部门企业改制，他选择自主创业，从事生猪养殖。初期，由于缺乏技术和市场动荡等原因，养殖事业并不顺利，曾一度损失惨重。2012年，陈绪佳凭着已在养猪行业摸爬滚打多年积累的丰富经验和一定资金，选择在老家花园乡南下村，按照专家设计规划，根据种猪、能繁母猪、子猪、育肥猪的存栏比例和养殖要求，筹集资金1200万元建设年出栏生猪1万头的现代化养猪场。从场地选址、设计规划、施工到设备安装调试，他起早摸黑，吃住在工地，经过一年的建设，一个集通风、保暖、照明科学合理分布，自动配送饲料，粪污的储蓄和利用，病死猪的无害化处理的标准大型养殖场建成，全部配套设施也安装调试完毕。同时，注册成立了“新赣农”生态农牧科技园。

标准养殖场建起来后，陈绪佳实行科学养殖、管理，坚持管重于养，防重于治，把疾病预防作为养猪的头等大事。同时，引进优良种猪和能繁母猪，控制母猪年饲养成本，提高母猪产仔率，以提高企业经济效益。生态农牧科技园建成第一年，养殖场存栏育肥猪达4000余头，仔猪出栏2000余头。经过不断完善和精心经营，2015年以来，均已实现年出栏生猪1万头、产值达1800万元，成为瑞昌养猪行业的龙头企业。

为了使养猪场粪污排放不影响周边农户的生产、生活，实现企业长远发展，陈绪佳建场初期就配套建设了大型粪污厌氧储蓄池，所有粪污入池发酵，对产生的沼气进行发电，配送到猪场供暖、排风、照明，自动输送饲料，实现粪污排放的综合利用，达到效益最大化、环境污染最小化，企业与环境协调发展。“新赣农”生态农牧科技园成为九江市首个标准化养殖示范基地。

集 体 荣 誉

2016年瑞昌市获得集体荣誉

荣获全国人民调解宣传工作先进单位
荣获江西省森林城市
荣获全省双拥模范城
荣获全省信访工作“三无”县（市）
荣获全省电子商务进农村综合示范县（市）
荣获全省法制宣传教育先进县（市）
荣获全省人民防空先进城市
荣获全省县级人防先进单位
荣获全程机械化工作先进县（市）
荣获九江市综治工作（平安建设）先进县（市）
荣获九江市人口和计划生育工作先进县（市）

2016年单位获地（市）、省厅级以上先进集体荣誉录

（排名不分前后）

单　　位	荣誉名称	授予部门
市工商联	全国“五好”县级工商联、	全国工商联
市普法办	全国法制宣传教育先进普法办公室	全国普法办
市凤竹纺织有限公司	全国纺织工业先进集体	人社部、中国纺织工业联合会
桂林街道瑞民社区	国家防灾救灾示范社区	民政部
桂林街道	全国无邪教创建示范街道	国务院防范和处理邪教办
桂林街道黄家湾社区	全国无邪教创建示范社区	国务院防范和处理邪教办
桂林街道瑞民社区	全国科普示范社区	中国科协、财政部
市人民医院	全国综合医院中医药工作示范单位	国家中医药管理局、卫计委
湓城社区卫生服务中心	全国百强社区卫生服务中心	国家卫计委
高丰镇中心卫生院	全国群众满意乡镇卫生院	国家卫计委
横港镇中心卫生院	全国群众满意乡镇卫生院	国家卫计委
市卫计委	家庭文化通讯报道工作先进单位	国家卫计委
市综治办	“全国青少年维权岗”	中央综治办、团中央
市统计局	全省统计工作先进单位	省统计局

续上表

单　　位	荣誉名称	授予部门
市统计局	全省统计规范化建设示范单位	省统计局
南义镇	全省水生态乡镇	省水利厅
市安监局	全省安全生产目标管理考核优秀单位	省安监局
市国资局	文明单位	省政府
市港航分局	文明单位	省政府
市供电公司	文明单位	省政府
市供电公司	安全生产先进集体、调控工作先进单位	省电力公司
市环保局	全省重点工作先进单位	省环保厅
市人防办	“六五”普法法制宣传教育先进单位	省普法办
市妇联	舆论阵地建设先进单位	省妇联
市财政局	全省一事一议财政奖补工作绩效考评工作先进单位	省财政厅
市财政局	全省农田水利重点县建设资金绩效考评工作先进单位	省财政厅、省水利厅
市财政局	信用担保工作先进集体	省信用担保公司
市财政局	公务消费网络监管平台建设工作先进单位	省财政厅
市广电网络公司	综合先进单位	省广电网络公司
市图书馆	古籍保护工作先进单位	省古籍保护中心
夏畈镇法律援助工作站	全省示范法律援助工作站	省司法厅
市普法办	全省普法教育宣传报道工作先进单位	省司法厅
市医疗纠纷调解委员会	全省模范医疗纠纷人民调解委员会	省司法厅
市司法局	2016 年省级社区矫正执法规范深化年活动“执法规范”奖	省司法厅
市司法局	2016 年省级社区矫正执法规范深化年活动“创新突破”奖	省司法厅
市妇幼保健院	全省妇幼健康服务先进集体	省卫计委
市人民医院	“平安医院”	省综治委、省卫计委
横港镇	妇女之家	省妇联
横港镇敬老院	三星级敬老院	省民政厅
横港邮政所	四星级服务窗口	省邮政厅
横港邮政所	模范职工之家	省邮政厅
铜岭生态农庄	“一村一品”示范合作社	省人社厅、省外国专家局

续上表

单　位	荣誉名称	授予部门
市矿产局	九江市国土资源执法监察目标考核先进单位（第一名）	九江市委、市政府
桂林街道	防汛抗洪先进单位	九江市委、市政府
横港镇	文明单位	九江市政府
横港镇远景村	基层党建示范点	九江市委
横港镇赤岗村	九江市生态村	九江市政府
横港镇富强村	九江市生态村	九江市政府

个人荣誉

2016 年获地（市）、省厅级以上表彰的先进个人荣誉录

（排名不分前后）

姓　名	单　位	荣誉称号	授予部门
陈玉梅	市城东学校	全国五一劳动奖章获得者	全国总工会
黄治贤	市司法局	全国司法行政系统先进个人	司法部、人社部
王　纲	市司法局	全省“六五”普法法制宣传教育先进个人	省普法办
黄　河	市司法局	记二等功一次	省司法厅
范小敏	碧野农机合作社	全省农机操作大赛亚军	省农机局
范小霞	横港镇红光村	绿色家庭	省妇联
符信勇	市供电公司	九江市劳动模范	九江市政府
何华生	龙昌塑料电子公司	九江市劳动模范	九江市政府
胡　敏	华瑞缝纫线公司	九江市劳动模范	九江市政府
徐游喜	九江市公路管理局瑞昌分局	九江市劳动模范	九江市政府
王保杰	向阳家庭农场	九江市劳动模范	九江市政府
柯美亮	肇陈镇华坊村	九江市劳动模范	九江市政府

附　　录

◇◇本栏编辑　邹圣敖、谈少英

重要文件选编

中共瑞昌市委　瑞昌市人民政府关于落实发展新理念 加快农业现代化实现全面小康目标的实施意见

瑞发〔2016〕1号

“十二五”时期，在九江市委、市政府的正确领导下，我市紧紧围绕打造“实力瑞昌、美丽瑞昌、法治瑞昌、幸福瑞昌”的发展目标，主动适应经济发展新常态，妥善应对多种困难风险，全市“三农”基础不断夯实，农业农村全面发展。粮食生产实现“十二连丰”、农民收入增长实现“十二连快”，农村改革深入推进，农村社会和谐稳定。农业农村发展保持稳中有进良好态势，为今后农业农村持续发展奠定了坚实基础。

当前，在经济发展新常态下，农业农村发展的外部环境和内在动因正在发生深刻变化，有利条件与困难挑战并存。一方面，“三农”投入持续加大，惠农政策持续加力，补足农业农村短板成为共识，开创“三农”工作新局面的推动力更加强大；沿江开放开发引擎加速，新型城镇化加快推进，以工补农、以城带乡的牵引力更加持久；农业农村改革不断深化，各项体制机制更加健全，农业农村发展的原动力更加多元。另一方面，农业生产成本抬头，提高农业比较效益、调动农民生产积极性的难度加大；农业资源环境约束趋紧，稳产量保供给、提质量保安全的难度加大；政策拉动效应递减，促进农民持续增收、缩小城乡收入差距的难度加大。全市各乡镇各部门要进一步增强做好“三农”工作的责任感、使命感和紧迫感，始终坚持把“三农”工作放在重中之重的位置，做到强农思想不松懈、富农举措不减弱、惠农力度有增加，切实拉长农业这条“五化同步”的短腿、补齐农村这块“全面小康”的短板，努力让农业强起来、农民富起来、农村美起来。

“十三五”时期，我市农业农村工作总体要求是：深入贯彻落实“四个全面”的战略部署，牢固树立创新、协调、绿色、开放、共享的发展理念，按照转型增效益、强基促统筹、改革添活力、增收惠民生的总要求，加快农业供给侧结构性改革，促进农业转型升级、提质增效，加快城乡一体化发展，推动新型城镇化与新农村建设双驱动、双促进，加快农民增收步伐，力争农民收入提前翻番、贫困人口提前脱贫，着力打造“四个瑞昌”、建设长江中游重要口岸城市、争当“T”型崛起排头兵、跨入全省十强县（市），全面建成小康社会。

一、加快发展现代农业，提高农业质量效益和竞争力

1. 调整优化农业产业结构。按照“稳面积、攻单产、提产能”的思路，以农业供给侧结构性改革带动农业生产结构调整，产业布局优化。推动传统产业转型升级，保障大宗农产品有效供给。2016年粮食面积稳定在26万亩，总产10.3万吨，油料面积22万亩，总产3.1万吨。生猪出栏30万头，牛羊出栏1.75万头，家禽出笼130万羽，肉类总产2.76万吨。水产养殖面积达到10万亩，总产4.12万吨，其中特种水产品1.58万吨。按照做大规模、做强品牌、凸显特色的思路，推进特色产业提质增效，重点发展山药、茶叶、蔬菜、油茶等产业。推进山药产业发展，着力推广绿色山药种植技术，建设有机山药生产示范基地，提高山药发展水平，提升生态效益和品牌竞争力，稳定山药面积1.5万亩。推进茶叶产业发展，2016年新增茶叶面积2000亩以上，总面积1万亩以上。推进蔬菜产业发展，巩固6个九江城郊蔬菜基地，扩大芦笋等特色蔬菜和水生蔬菜种植面积，适度加强设施蔬菜建设，全年蔬菜播种面积8万亩，总产14万吨。推进油茶产业发展，将油茶林新造林、改造低产低效林纳入林业发展“十三五”规划中，加强科技指导，扶大扶强1~2个油茶加工龙头企业，创建瑞昌油茶知名品牌。

2. 加快现代农业示范园区建设。打好赛湖国家级农业综合开发示范园区攻坚战，着力打造集农业综合开发、观光休闲旅游、农业产业发展为一体的综合示范园。以规划为引领，因地制宜建好农业种养区、农产品加工区、商贸物流区和综合服务区“四大区域板块”，发展绿色生态农业、设施农业、智慧农业和休闲观光农业“四型农业”。以园区为载体，引项目、强龙头、创品牌，以龙头企业带动现代农业示范园区建设，提升发展水平。加大农业招商引资力度，2016年全市力争新引进8个3000万元以上农业项目（其中亿元以上项目2个、加工型项目4个）。

3. 推进农村一二三产业融合发展。通过农产品生产、加工、流通、销售及休闲农业、乡村旅游等相关服务业有机整合，促进农村一二三产业交叉融合、协同发展。围绕粮油、茶叶、蔬菜等主导产业，依托已有成规模、有实力的生产主体，建设农产品初深加工生产线。在横港、赛湖等地推动粮油烘干、稻米加工设施建设，在花园、青山、范镇等地推动茶叶加工厂建设，在赛湖、范镇、桂林等地推动蔬菜冷链包装等设施建设。2016年力争全市农产品加工企业销售收入达100亿元以上。积极拓展农业功能，着力发展休闲农业、观光农业、体验农业、创意农业等新业态，结合新农村建设，利用赛湖现代农业示范园、武蛟万亩油菜基地等资源，打造休闲观光农业示范点。深化农村信息化建设工作，做好已建信息服务站点的日常管理工作，积极主动整合农村各项资源，大力发展农村淘宝等形式的农村电子商务。进一步深化与阿里巴巴等知名电商的战略合作，做到工业品下乡与农产品进城并重，积极寻求农村电子商务第三方合作伙伴，打造瑞昌农产品特色馆，实现农产品网上交易。

4. 提高农业物质技术装备水平。加快推进高标准绿色生态农田建设，推进统一上图入库，力争到2020年建成高标准绿色生态农田8万亩。健全“专家+基地+示范户+辐射户”农技推广模式，提高良种、良法、良技推广应用率，提高农业科技贡献率。大力推进农业机械化，推动农机农艺结合，提升水稻、油菜等关键环节机械化作业水平。加快现代信息技术在农业领域的应用，探索推进智慧农业发展。加强农业气候资源监测和开发利用，增强农业气象服务，加快气象灾害防御标准化乡镇建设步伐。

5. 加快水利设施建设。重点建设好节水供水工程，完善水利基础设施。2016年完成石门灌区

节水改造项目，赛湖等四座湖泊第二期水利血防治理项目，赛湖、桂林、高丰、洪一、乐园等5个乡镇小农水重点县建设项目和2016年批复实施的新出险病险水库除险加固项目，实现新增和恢复灌溉面积1万亩以上，改善灌溉面积2万亩以上。进一步巩固农村安全饮水和高山饮水项目建设成果，重点抓好水源保护和工程管护，确保管长远、长受益。

6. 提高农产品质量安全水平。推进农业标准化、绿色化生产，加快"三品一标"创建步伐，提升瑞昌农产品品牌影响力。2016年力争全市新增江西名牌产品、江西省著名商标2个，"三品一标"6个。引导和组织企业、合作社参加各类农产品推介活动，扩大品牌知名度和市场占有率。强化农产品质量安全监管、检测和综合执法机构队伍建设，健全从农田到餐桌的农产品质量安全全过程监管体系，建立全程可追溯、互联共享的信息平台。落实政府属地管理责任和生产主体责任，严惩各类食品安全违法犯罪行为，确保不发生重大农产品质量安全事件。加强农业面源污染治理，规范农业投入品管理和生产经营行为，实施化肥、农药使用零增长行动，推进农作物秸秆和畜禽粪便资源化利用、病死畜禽无害化处理、农业废弃物回收与无害化处理。积极推广病虫害绿色防控、测土配方施肥、秸秆还田腐熟等技术，鼓励农民种植绿肥、增施有机肥。

二、全面深化农村改革，增强农业农村发展活力

7. 深化农村集体产权制度改革。稳定农村土地承包关系，2016年全面完成农村土地承包经营权确权登记颁证工作，做好总结验收，确保发证质量。开展农村集体经济组织产权制度改革，到2020年基本完成"成员界定、清产核资、确权登记、股权量化"工作，建立健全非经营性资产集体统一运营管理机制。开展房地一体的农村集体建设用地和宅基地使用权确权登记发证工作。全面铺开深化小型水利工程管理体制改革工作，到2018年，基本建立适应市情、水情及农村经济社会发展要求的小型水利工程管理体制和良性运行机制。抓好县、乡两级农村综合产权交易平台运行管理。

8. 加快新型农业经营体系规范发展。引导和扶持新型农业经营主体规范发展，制定扶持家庭农场规范发展办法，加快农民合作社联合社建设。2016年力争新增合作社30家，其中大学生领办的合作社6家，新增联合社3家，新建家庭农场35家以上。鼓励和引导新型农业经营主体规范有序流转农村土地承包经营权和林权，开展代耕代种、联耕联种、土地代管，发展多种形式的适度规模经营。支持新型农业经营主体申报和实施农业综合开发高标准农田建设。鼓励和支持工商企业到农村发展适合企业化经营的现代种养业、农产品加工流通和农业社会化服务，完善工商资本租赁农地准入、监管和风险防范机制。加快构建公益性与经营性服务相结合、专业性与综合性服务相协调的新型农业社会化服务体系。

9. 加快供销合作社和农垦改革发展。深入推进供销合作社综合改革。强化基层社改造、创新联合社运行机制，推进政事分开、社企分开，加快构建新型组织体系和服务机制。支持供销合作社加快推进新农村现代流通网络、电子商务和农产品批发市场建设。加快农场企业化改革进程，大力培育具有竞争力的农垦现代农业企业集团。积极发展"集团公司＋农场＋家庭农场"等新型农业经营模式，强化对农业现代化的辐射引领和示范带动作用。完成土地、山林、水面等农垦国有资源的确权登记发证，积极探索盘活农垦资源的有效途径。

10. 加快农村金融制度创新。推进农村信用社改制为农村商业银行，提升服务水平。支持银行业机构开发针对农业农村新型生产经营方式的金融产品和服务。引导互联网金融、移动金融在农村规范发展。积极稳妥开展"财政惠农信贷通"融资试点工作，强化风险防范，提升支持的精准性。建立健全政府支持的"三农"融资担保体系。鼓励扩大林权抵押贷款，开展大型农机具、农村土地承包经营权和宅基地使用权抵（质）押贷款试点。启动农业综合开发股权投资基金和信贷担

保试点。支持发展大宗农林产品和特色农业保险，开展农业互助合作保险、农房保险。

三、提高新农村建设水平，强化农村生态文明建设

11. 深入推进新农村建设。统筹城镇村联动发展，大力推进中心镇、中心村和基础村点建设。加快南义、范镇、肇陈、夏畈四个重点镇的镇村联动建设，推进人口集聚、产业发展和配套设施建设，促进重点镇镇容提升、人气提高和公共服务均等化。加快推进绿色中心村建设，重点抓好改路、改水、改厕、改房、改栏、改塘、改沟和电力、广电、电信等“七改三网”建设，完善“10+5”公共服务配套设施，提高宜居性，2016年全面完成11个中心村、72个新农村点建设任务。统筹规划新农村建设点的布局，注重特色村、文化村、民俗村的保护与提升，着重打造横立山乡杨泉、南义镇朝阳畈两个示范中心村。加大贫困村庄整治建设力度，新农村建设点向贫困村优先安排，着力改善宜居贫困自然村的村容村貌。强化乡镇“两所一队”建设和新户型推广，推进农民建房管理规范化、常态化。实施农村防雷减灾工程，保障民生安全。

12. 扎实开展农村生活垃圾治理。按照“以一体化为方向、减量化为核心、资源化为手段、无害化为目标”的总要求，因地制宜推行“户分类、村收集、乡（镇）转运、市乡处理”等城乡一体垃圾处理模式。切实加大资金投入，市财政按照农村服务人口每人每年不低于50元标准列入年度预算。加快农村垃圾处理设施和农村环卫队伍建设，确保2016年农村垃圾收集转运设施、农村保洁员自然村庄“两个全覆盖”，力争率先通过省级验收。全面完成码头镇污水处理设施建设，并实现正常运转。

13. 加快农村基础设施建设。提升农村公路网络建设水平，2016年完成县乡道升级改造31.8千米，完成村村通30千米。加快实施农村公路危桥改造建设，完成农村危桥重建6座，新建独立桥4座。推进城乡客运一体化进程，确保立肇线全面通车，打造便捷的出行环境。做好建设用地“增减挂”工作。实施新一轮农村电网改造升级工程，推广配电网“整乡整镇”建设改造，开展农村“低电压”综合治理。加大农村广播、有线电视、宽带网络、快递网点等设施建设力度。加大农村危房改造力度，解决农村困难家庭住房安全问题。

14. 加大生态保护建设力度。积极配合九江市创建国家级森林城市。推进镇村绿化美化、植树造林、封山育林和风景林建设，2016年完成新造林1.7万亩（其中油茶林5000亩、血防林7000亩、长防林5000亩）、森林抚育3.2万亩。明确责任，上下联动，全面实行封山育林，制定封山育林护林公约，抓好护林员队伍建设，大力整治和打击破坏森林资源的违法犯罪行为。落实最严格的水资源管理制度，加强水功能区和入河湖排污口监督管理。大力开展水生态文明建设和水生态文明乡镇、村自主创建工作，重点抓好4个自主创建村和南义镇水生态文明建设。开展“河长制”工作，到2016年底，长江、赤湖、赛湖、乌石河、新长河、横港河、博阳河、双港河、乐源河、南阳河等河流建立覆盖到乡、村的“河长制”。严厉打击电击、毒害鱼虾等生物资源破坏行为。继续推进水土保持生态建设，全年完成水土流失治理面积16平方公里。强化长江河道采砂管理综合整治。落实最严格的耕地保护制度，全面划定永久基本农田。

四、着力改善民生，推进城乡协调发展

15. 千方百计促进农民增收。大力推进“一村一品”“一乡一业”富民工程，扶持发展一批种养、加工、餐饮、休闲旅游等专业村庄，挖掘农业内部增收潜力，拓展农村二、三产业增收空间。支持龙头企业、合作社与农户建立紧密的利益联结机制，引导农民自愿以土地经营权等入股，让农民分享增值收益。加大对农民工、新型职业农民和新型农业经营主体带头人的培训教育力度，继续做好“一村一名大学生”工作，加强“退耕还林技能培训”“新型职业农民培育”“雨露计划”培训，加强农村青壮年劳动力转移就业培训、创业培训，提高农民就业创业能力促增收。保障和激活农村要素资源，盘活农村土地、房屋、林权

等资源，释放财产增值潜力。

16. 实施脱贫攻坚工程。围绕“改善贫困村庄条件面貌，帮助贫困群众脱贫致富，促进移民人口同步发展”三大任务，以19个贫困村为主战场，以实现贫困户4353户、贫困人口10626人精准脱贫为目标，确保2017年之前率先在九江基本消除绝对贫困，确保贫困村同步建成小康社会。按照精准识别、精准帮扶、精准脱贫，因地因人施策的要求，对有劳动能力的主攻产业扶贫，实现创业致富；对丧失劳动能力的主攻保障扶贫，解决急难问题；对生存发展条件差的主攻安居扶贫，改善人居环境。实现不愁吃、不愁穿，上得起学、看得起病、住安全房。加大对贫困村政策、项目、资金、人才支持力度，广泛动员社会各方面力量积极参与扶贫开发。落实脱贫攻坚责任，将脱贫攻坚工作列入全市年终目标综合管理考评。

17. 加快推进农村人口市民化。积极推进户籍制度改革，统一城乡户口登记制度，保障进城落户农民享有城镇住房、养老、医疗、教育、就业、社会救助等公共服务。落实和完善农民随迁子女在城镇接受义务教育相关政策。将符合条件的进城农民纳入城镇社会保障和城镇住房保障实施范围，按规定选择参加城镇居民养老保险、医疗保险，申请城镇公租房。扶持进城农民就业创业，免费为进城农民开展就业培训和就业介绍，积极组织各类农民工专场招聘会。确保新增城镇就业4400人，新增农村劳动力转移4820人，扶持个人创业贷款1.6亿元，为城乡困难群众购买公益性就业岗位633个，安置困难群众就业400人。落实同工同酬政策，依法保障农民工劳动报酬权益，建立农民工工资正常支付的长效机制。依法保障进城农民农村土地承包经营权、林权、宅基地使用权及农村集体经济收益分配权，探索依法自愿有偿转让的有效途径。

18. 推进城乡基本公共服务均等化。建立城乡统一、重在农村的义务教育经费保障机制，认真实施农村教育专项工程，改善农村办学条件；实施乡村支持计划，选派优秀教师到贫困边远地区支教；进一步完善学生资助体系，确保贫困户子女不因家庭经济困难而失学。提升新农合保障水平，全面实施城乡居民大病保险制度，健全城乡医疗救助制度；加强乡镇卫生院和标准化村卫生计生服务室建设；全面实施一对夫妻可生育两个小孩政策，加强出生人口性别比综合治理。加强农村基层综合文化服务中心和文化小广场等公共文化服务设施建设，广泛开展具有乡土特色的文化活动，保护和传承农耕文明、乡土文化。落实统一的城乡居民基本养老保险制度，加强农村养老服务体系、残疾人康复和供养托养设施建设。加强对农村留守儿童、留守妇女、留守老年人的关爱和服务。

五、加强和改善党对“三农”工作的领导

19. 进一步加强党对“三农”工作的领导。市委、市政府站在全面建成小康社会的高度，切实加强和改善对“三农”工作的领导，在领导分工、机构设置、工作部署、财力投入和干部配备上体现“重中之重”的要求。进一步加强党委农村工作综合部门建设，提升统筹协调、决策服务能力。农口各部门要建立工作协调机制，加强资源整合，凝聚强大合力。着力加强“三农”干部队伍建设，注重选派熟悉“三农”工作的干部进入乡镇党委和政府领导班子。巩固和拓展党的群众路线教育实践活动和“三严三实”专题教育成果，提高做好“三农”工作能力和水平。科学谋划、统筹实施“十三五”时期农村改革发展各项工作。建立健全督查激励问责机制，确保“三农”各项政策不折不扣落实。

20. 建立农业农村投入稳定增长机制。把农业农村作为财政支出的优先保障领域，财政预算投资继续向农业农村倾斜，确保农业农村投入力度不减弱、总量有增加，并加大对财政资金的监督管理力度。2016年市财政安排“三农”工作专项资金主要用于新农村建设、农村生活垃圾治理、镇村联动、农业产业化、农村信息化、“一村一名大学生工程”“财政惠农信贷通”融资试点、农业综合开发、水利建设、扶贫和移民、农村集体产权制度改革等工作。充分发挥财政资金引导和杠杆作用，通过基金、贴息、担保等途径，鼓励引

导金融和社会资本投向农业农村。开展涉农资金整合试点，提高资金使用效益。严格落实农业支持保护补贴、农机购置补贴、稻谷最低收购价等各项强农惠农富农政策。

21. 加强农村基层党组织建设。深入推进“连心、强基、模范”三大工程，全面推行农村“党建+”模式，扎实推进农村基层服务型党组织建设。认真抓好乡镇换届，选优配强乡镇领导班子尤其是党委书记。选好用好管好农村基层党组织带头人，优化农村党员队伍。保障村级组织各项经费和村干部报酬待遇，完善村级组织活动阵地及服务设施。加强乡镇便民服务中心和经管站等便民网络建设，多为群众办实事、办好事。加强农村基层党风廉政建设，将全面从严治党的要求落实到农村基层。开展侵害群众利益的不正之风和腐败问题专项治理，加大对各项惠农政策执行情况的监督检查，严肃查处虚报冒领、截留贪污专项资金和吃拿卡要、欺压刁难群众等问题。

22. 加强农村精神文明建设和法制建设。深入开展社会主义核心价值观教育，组织形式多样的农村精神文明创建活动和模范评选表彰活动，切实发挥好党员干部带头作用，推动农村移风易俗，培育优良家风、文明乡风和新乡贤文化。加快推进农村信用档案建立工作，推动星级文明信用户创建活动。完善和创新村民自治机制，推进村务公开、政务公开和党务公开，建立健全村务监督机构，加强村民理事会建设。按照法治瑞昌建设要求，深入开展农村法治宣传教育，增强乡镇领导、农口部门和农村基层干部法治观念，引导农民增强尊法、学法、守法、用法意识，充分发挥乡规民约在乡村治理中的积极作用。加强农村社会治安防控体系建设，规范县乡村三级综治中心建设，推进农村网格化服务管理与视频监控系统城乡一体化建设。健全依法维权和化解纠纷机制，整治农村黄赌毒、非法宗教等突出问题，严厉打击各种涉农违法犯罪，维护农村社会和谐安定。

中共瑞昌市委　瑞昌市人民政府
关于加快旅游业大发展的实施意见

瑞发〔2016〕3号

为贯彻落实国务院《关于促进旅游业改革发展的若干意见》、江西省委省政府《关于推进旅游强省建设的意见》和九江市委、市政府《关于深化改革创新加快推动旅游发展的意见》精神，推进我市旅游业快速发展，合力把旅游产业培育成新的经济增长点，进一步提升旅游产业核心竞争力，增强我市城市软实力。经市委、市政府研究，提出如下实施意见。

一、指导思想

深入贯彻落实科学发展观，全面实施江西旅游强省和九江旅游强市战略，助力建设中等城市，打造实力瑞昌、美丽瑞昌、法治瑞昌、幸福瑞昌，坚持把旅游产业作为加快市域经济社会发展的重要引擎和抓手，按照省委、省政府提出的“像抓工业化城镇化那样抓旅游”的工作要求，健全完善旅游产业发展机制，整合旅游资源，聚集发展要素，优化发展环境，培育精品线路，打造旅游品牌。切实营造大环境，发展大旅游，形成大产业，主动对接大庐山旅游圈和长江旅游经济带，成为大庐山旅游圈知名的休闲、文化体验、观光、购物旅游目的地。

二、发展目标

到2020年，力争实现“1381”旅游发展目标：“1”，即一张青铜文化世界级名片；“3”，即三条精品旅游线路；“8”，即打造“瑞昌八景”；“1”，即一批3A或3A以上乡村旅游点（农家乐）。

从2015年起，每年至少引进一个亿元以上旅游项目，争取有3～5个在全省知名、全国有一定影响力的旅游商品。力争到2020年，游客人均旅游消费比2014年翻两番，旅游直接从业人数占全市就业人数比重和旅游业总收入占全市GDP比重均达10%以上，年接待游客达500万人次，旅游业成为全市国民经济和社会发展又一新的支柱产业。

三、发展举措

（一）整合旅游资源，高起点构建大旅游格局。

按照“特色与文化并重、开发与保护兼顾”的工作要求，在现有《瑞昌市旅游业发展总体规划（2009—2025）》为指导的基础上，加快各景点详细规划编制，完善乡镇旅游规划。相关乡镇要结合全市旅游总体规划和自身资源优势编制本区域的旅游发展规划。

根据城市发展规划、交通条件和旅游资源分布，高起点构建“一核三区”旅游总体发展格局。

一核：即以湓城区为核心的旅游集散中心。充分发挥湓城区的城市中心优势，整合城区旅游资源，加强旅游公共设施建设，强化市区示范和辐射功能，打造一流的旅游服务团队，构建一个特色鲜明的旅游产业群。

三区：一是以铜岭遗址公园为龙头，以湓城区、码头区、夏畈镇、武蛟乡为主要载体，依托龙泉寺、城隍庙、常乐寺、利泽寺、武蛟温泉、赤湖、赛湖湿地公园等高品质旅游资源，构建以铜岭遗址探秘、万里长江览胜、武蛟温泉疗养和赤湖垂钓等为主的东部文化休闲旅游区；二是依托秦山风景区、峨嵋溶洞群和青湖等优质旅游资源，构建以秦山避暑休闲、林场茶果采摘、峨嵋溶洞群探幽、横港水上运动为主的中部山水生态旅游区；三是依托鄂东南瑞昌县苏维埃政府遗址、洪一烈士陵园等旅游资源，构建以苏区遗址凭吊、乌石河乡村游、林木花卉观赏为主的西部红色乡村旅游区。

（牵头单位：旅发委 责任单位：农工部、文广新局、农业局、规划局、旅游发展重点乡镇）

（二）挖掘品牌效应，高水准打造青铜名片。

铜岭双遗址公园是一张世界级的历史文化旅游名片，必须强力精心打造，全力推介。一要加快铜岭遗址公园建设进程，力争在2016年12月底前建成并对外开放；二要以对历史负责的精神，珍视保护这一大自然的馈赠，继续加强与国家、省、九江文物主管部门的联系，争取更多的专项资金，用于青铜文化的发掘和遗址的保护；三要以时不我待的紧迫感，快速启动青铜文化艺术精品工程，精编一批以青铜文化为主题的宣传画册，摄制一部遗址公园为主题的宣传片，创作演出一本以青铜文化为题材的采茶戏大型剧目。同时要借助各种媒体平台，拓宽各种宣传渠道，强力提升“青铜故里，剪纸之乡，美丽瑞昌”的品牌形象，集约更多的游客；四要整合瑞昌本土资源，鼓励民间资金进入遗址公园的服务行业，对接遗址公园的建成开放，使之成为瑞昌文化旅游的最大亮点。

（牵头单位：宣传部 责任单位：旅发委、文广新局、商务局、夏畈镇、项目办）

（三）实施精品战略，高标准打造“瑞昌八景”。

集中人力、财力，打造好瑞昌新老八景。

一是对苍城古墩、仙桥晚照、白龙飞雾、丫髻盘云、凫洞遗踪、苏亭墨竹、榅龙戏水、吕井联珠等瑞昌老八景进行维护和打造。

二是突出特色，高标准对新八景进行建设。

1. 铜岭遗址公园。2016 年 12 月，铜岭遗址公园以国家 AAAAA 级旅游景区为标准建成并对外开放，2018 年成功争创国家 AAAAA 级旅游景区。

2. 秦山风景名胜区。科学规划，合理建设，将秦山风景名胜区建设成为山岳景观与溶洞景观于一体，自然景观与人文景观完美结合，最终建成一处环境优良高品位休闲度假目的地，2018 年成功争创国家 AAAA 级旅游景区。

3. 武蛟温泉旅游度假村。到 2017 年，建成休闲、疗养、度假、旅游、养殖、娱乐、会议中心、体育运动、垂钓、采摘等为一体的旅游度假村，与武蛟油菜花捆绑争创国家 AAAA 级旅游景区。

4. 庐山花海·庐山世界建筑博览园。项目要按照高标准、最前卫的理念引进规划设计，力争打造成国内最高端、最具特色的宜业、宜游的一流花园小镇，吸引游客来瑞昌赏花，2017 年成功争创国家 AAAA 级旅游景区。

5. 赤湖水文化旅游区。赤湖水质良好，已列入省重要湿地名录，要高规格设计，打造集生态农业、休闲度假、观光旅游为一体的综合性旅游点，2020 年争创国家 AAAA 级旅游景区。

6. 中部红木博览城国家 AAAA 级旅游景区。进一步完善中部红木产业园红木产业家具生产基地、星级立信花园大酒店和相关配套设施功能，使之成为中部地区旅游商品集散基地。

7. 红豆杉自然保护区。利用本地红豆杉种子进行红豆杉繁育，加快推进红豆杉旅游观光、茶饮食用和紫杉醇药用等系列项目开发，建设成为多功能的森林生态旅游基地和以红豆杉系列医药保健品加工为主的旅游商品基地，与红岩洞景点连体，2019 年成功争创国家 AAA 级旅游景区。

8. 鄂东南瑞昌县苏维埃政府遗址、洪一烈士陵园红色旅游。把以鄂东南瑞昌县苏维埃政府遗址、洪一烈士陵园为核心的洪一乡建设成为环庐山地区重要红色旅游基地，2016 年 12 月成功争创国家 AAA 级旅游景区。

（牵头单位：旅发委 责任单位：发改委、财政局、交通局、林业局、码头工业城、经开区、中小企业局、景点所在乡镇、相关项目服务单位）

（四）强抓精品线路，高质量构建三大旅游线路。

围绕我市历史文化和自然生态两条主线，借助强劲的工业发展优势，开发文化游、宗教游、生态游、探险游、健身游、农业观光游、工业游等多类型和多层次的旅游产品。按照旅游交通、旅游产品和客源市场相结合的思路，着力打造“三大旅游线路”：第一条线路为铜岭遗址公园（起点）→南阳江家岭古村落（观赏原生态山水）→江西亚东水泥制造厂、理文化工、理文造纸、江州造船（工业文化旅游点）→武蛟温泉旅游度假村（休闲餐饮）→赤湖水文化旅游区（欣赏水上乐园）→红木博览城（购物）→立信酒店（夜宿）；第二条线路为秦山风景区（起点）→青湖→峨嵋溶洞群→龙泉休闲旅游山庄→文化旅游夜市（休闲、购物、餐饮）→立信酒店（夜宿）；第三条线路为洪一乡红色旅游（起点）→红豆杉自然景观→大德温泉→洪下青峰峡漂流→庐山花海→天嗣山风景区→文化旅游夜市（休闲、购物、餐饮）→信华建国大酒店（夜宿）。

一是按“平安旅游、绿色通道”标准，构建旅游通道。所在地的乡镇要全力做好宣传、服务和稳定工作，合力做好通道的建设和畅通工作；旅游和交通主管部门要共同积极争取旅游通道立项建设工程；各相关部门要积极配合，确保通道工程的顺利实施。

二是按“精品工程、星级标准”打造旅游景点。对各景点建设要实行目标管理，推行问责制。要着力优化各旅游景点的建设环境，强化各相关职能部门的服务职能，同时要加大旅游景点项目的招商力度，借助外力，做强做大旅游景点。

（牵头单位：旅发委 责任单位：交通局、财政局、发改委、工信委、文广新局、商务局、市场监督管理局、规划局、农业局、农开办、林业局、城管局、安监局、国土局、景点所在乡镇、各旅行社）

（五）突出生态特色，高位推进乡村旅游。

近年来，瑞昌借助生态优势，打造乡村旅游，先后有一批农家乐建成和运营，初步形成了“乡村旅游在路上”的发展态势。

两年内，将重点打造十个乡村旅游景点：洪一乡红色旅游村、夏畈镇的铜岭生态农庄和宝龙山庄、范镇的仙姑台和“九源八景”、南阳乡的江家岭古村落、黄金乡的蓝月谷休闲山庄、武蛟乡的渔跃湾休闲中心、花园乡的白茶观光基地以及洪下乡的梦想家园。市政府将在政策上、资金上给予有力的支持，使之尽快提档升级，成为瑞昌乡村旅游第一批亮点。

各乡镇要把发展乡村旅游作为建设社会主义新农村的重要内容，视之为民谋福祉的实际行动，充分利用各级对农村建设的政策和资金扶持，依托各地独特的自然山水、特色产业、民俗文化等资源优势，鼓励和引导农民利用庭院、池塘、果园、竹林、有机农家菜、油菜、田园景观、自然生态、高山果蔬体验园、乡村人文等资源吸引游客，同时，创建一批老年快乐园、青少年生态园、亲子体验园，在“品农家菜、住农家屋、干农家活、摘农家果、钓农家鱼、摄农家影”的同时，达到“游”为基本，“乐”为目的。学校要在城市周边选一至两个田园教育基地，让学生充分体验田园生活，寓教于游，游教结合。

全市各相关部门要充分发挥职能优势，在项目资金上、人才技术上，助力乡村旅游，形成以乡镇为主体，部门联动，合力打造的发展局面。旅游主管部门要制定相应乡村旅游考核验收标准，奖励和扶持一批星级农家乐。力争到2017年，全市各乡镇都要有一家在全市叫得响的农家乐。

（牵头单位：旅发委 责任单位：农工部、农业局、农开办、教体局、旅游发展重点乡镇）

（六）创新合作机制，强势做好两个对接。

便捷快速的交通，厚重悠久的文化，是瑞昌强势对接庐山旅游圈和长江文化旅游带的巨大优势。要整合旅游资源，建立“线路对接、客源互送、促销联手、管理协调”的良好合作机制。一是建好精品线路和精品旅游点对接庐山旅游环线。按24小时旅游标准，联通庐山（庐山西海）→铜岭遗址公园→武蛟温泉旅游度假村→赤湖水文化旅游区→瑞昌博物馆→大江南瑞昌美食文化城→文化旅游夜市→中部红木博览城→信华建国大酒店；二是整合瑞昌文化资源，对接长江文化旅游带。通过举办长江系列文化赛事和文化交流活动，宣传和营销以青铜为龙头的怀古文化，以瑞昌剪纸、竹编、采茶戏为依托的非遗文化，以影视文艺为支撑的现代文化。

（牵头单位：旅发委 责任单位：文广新局、交通局、报社、电视台、景区所在乡镇、各旅行社）

（七）聚合发展要素，构建三大旅游产业集群。

坚持用现代旅游的理念谋划和推动旅游业的发展。通过吃、住、行、游、购、娱六要素的全方位聚合，构建瑞昌旅游产业集群。一是饮食餐饮业集群。努力发掘地方特色餐饮，打造瑞昌系列名菜。协调发展酒店餐饮、本地特色风味餐饮和大众餐饮三大系列餐饮服务；全力整合文化资源，高标准建设瑞昌美食和旅游商品一条街；借助瑞昌山药、水产、山果珍禽等农特产品优势，建设特色饮食店；引进大型连锁餐饮店，支持有实力的餐饮企业向旅游城镇、旅游景区扩展，实现连锁化经营；二是旅游商品业集群。加强旅游招商，引进资金、技术和人才，大力进行旅游商品的研发、设计、生产，着力打造“瑞昌元素”。以青铜工艺品、红木饰品为龙头，以瑞昌山药、小山竹、猕猴桃、雾春茶、铜花岭土鸡等农副土特产为主体，以红木大市场、联盛购物中心为平台，推进旅游商品向产业化、规模化、系列化和品牌化发展；三是旅游文化产业集群。借助瑞昌厚重的怀古文化和全国文化艺术之乡的影响力，加快瑞昌剪纸和竹编产业的深度开发及规模提档，大力发展传媒文化、影视文化，构建旅游文化产业集群。

要抢抓新一轮国家、省和九江市对旅游交通建设资金大力投入的机遇，加快建设便捷快速的旅游交通网络，畅通产业集群人流、物流通道。

（牵头单位：旅发委 责任单位：农工部、农开办、发改委、文广新局、交通局、城管局、林业局、农业局、水产局、市场监督管理局、相关乡镇）

（八）弘扬文化优势，强力推进项目营销和招商工作。

结合瑞昌实际，突出“青铜故里，剪纸之乡，美丽瑞昌”主题，整合瑞昌剪纸、竹编、采茶戏等文化资源，打好中国民间文化艺术之乡和文化旅游两张牌，全力实施“五个一”工程：一是拍摄一部具有震撼力的旅游宣传片，二是制作一本有吸引力的精美旅游宣传画册，三是征集一个有感染力的宣传口号，四是推出一个有影响力的旅游标识，五是编创一首有震撼力的旅游歌曲。

坚持文化搭台，旅游唱戏。一是做亮青铜文化，开发青铜特色文化旅游系列产品；二是做大非遗文化，重点发掘瑞昌剪纸、瑞昌竹编文化产业潜力；三是做强特色文化，借助影、视、歌、舞、词、赋等各种形式，编演一批瑞昌民歌、民舞、采茶戏等大型系列文艺节目，在各景点巡回演出，以优秀的文化产品集约游客；四是做精现代文化，借助各种媒体进行立体宣传，充分发挥电视台、瑞昌报、赣北之声等主流媒体作用，拓展官网、微博、微信、客户端等现代网络渠道，通过举办区域性旅游商品展销会和各类旅游项目大赛构建旅游营销平台，确保旅游营销“月月有活动，季季有高潮”。

继续加大对全市旅游项目的招商引资力度和旅游项目资源的挖掘力度，充实完善旅游项目库，做到“开发一批项目、包装一批项目、储备一批项目”，逐步完成瑞昌全域景区化项目建设。

（牵头单位：宣传部 责任单位：文广新局、旅发委、商务局、电视台、报社、相关乡镇和景区）

（九）建立长效机制，优化旅游发展环境。

把游客是否满意作为旅游工作的最高评价标准，建立健全旅游人才培训和旅游管理的长效机制。

一要加强景区、酒店、宾馆、娱乐休闲会所规范化管理。坚持依法兴旅、依法治旅，建立旅游市场综合治理长效机制，开展旅游市场整治活动，坚决查处景区、旅行社、导游和领队违法违规行为，有效规范市场秩序，提高游客满意度。构建以景区建设、旅游企业及从业人员为基本内容的标准化体系，提高旅游服务质量。

二要实施全市旅游业培训计划。统筹推进旅游行政管理工作人员、企业中高层经营管理人员、导游人员、涉旅相关乡镇村干部、农家乐经营户以及民间解说员的分类培训，并有针对性地组织培训对象到旅游发达地区进行学习考察，不断提高旅游服务人员的综合素质。依托职业高中、再就业培训点，开设涉旅学科，培养导游、酒店、农家乐等旅游服务人才。

依法建立和完善旅游职业资格和专业技术职务聘任制度，规范和落实导游薪酬和社会保险制度。

（牵头单位：旅发委 责任单位：文广新局、人社局、教体局、安监局、市场监督管理局、各涉旅企业）

四、政策支持

（一）加大政府引导性资金投入。设立旅游发展专项资金。从 2016 年起，一是市财政预算安排旅游产业发展专项资金 100 万元，并视情逐年增加，主要用于编制完善旅游发展和景区（点）规划、旅游形象宣传、旅游营销、旅游人才培养、旅游景点、景区基础设施及配套设施开发补助和旅游公共服务体系建设及目标考评奖励；二是要加大对旅游资金的整合力度。市发改、规划、建设、工信、农业、林业、水利、国土、扶贫、交通运输、环保、文化等部门的有关资金要向旅游业倾斜，并尽可能与发展旅游产业结合起来，用于加强旅游基础设施建设；三是积极争取国家旅游发展基金、红色旅游发展专项资金和国家国债资金等，加快我市旅游项目建设。

（二）出台奖励引导政策。市政府对当年被评为国家 AAA、AAAA、AAAAA 级旅游景区的；当年被评为四星级、五星级饭店的；当年被评为 A 级乡村旅游点、星级农家旅馆、最美乡村旅游点、有突出贡献的旅行社（含星级）和星级厕所分别给予相应奖励，奖励办法另行制定，从旅游专项发展资金中列支。三星级及以上饭店获省旅发委授牌后，取得省发改委同意，由省发改委备案并转省电力公司，执行商业电价优惠 0.10 元/KWH

的价格；有线电视终端维护管理费按不高于当地居民用户终端收费标准的90%收取。

（三）支持旅游建设项目用地。在制定土地利用和城乡建设总体规划时，充分考虑旅游产业发展需要。旅游部门根据发展需要，适时提出用地需求，由国土部门列入年度计划。优先保证纳入市旅游规划的重点项目用地，对投资额超5亿元的旅游项目，支持申请列入省重大项目调度会调度，争取使用省预留新增建设用地计划指标，并纳入审批绿色通道。对与旅游配套的公益性城镇基础设施用地，以划拨方式提供。实力雄厚的国内外大企业投资兴建大型旅游项目，实行“一事一议”制度。

鼓励旅游企业利用荒地、荒坡、荒滩、废弃矿山、湖岛等开发旅游项目。支持事业单位和改制（搬迁）后企业利用存量房产、土地资源兴办旅游业。

（四）鼓励和引导民间资本发展旅游产业。鼓励民间资本进入旅游领域，促进投资主体多元化。吸引国（境）外资本、民间资本和社会资本依法开发利用各类旅游资源，兴办旅游项目，建设旅游设施，参股旅游企业，组建经营管理企业和投资旅游服务业。支持民营企业开展以景区经营权和门票收入等质押贷款业务。鼓励中小旅游企业和乡村旅游经营户，以互助联保方式进行小额融资。

五、组织保障

（一）加强组织领导。成立瑞昌市加快旅游产业发展工作领导小组，由市长任组长，市委、市人大、市政府、市政协分管旅游工作的领导及与旅游工作相关的市领导任副组长，宣传部、统战部、农工部、发改委、工信委、卫计委、旅发委、财政局、建设局、教体局、人社局、环保局、交通局、农业局、农开办、水利局、林业局、文广新局、水产局、安监局、规划局、商务局、公安局、市场监督管理局、城管局、物价局、码头工业城、经开区、中小企业局、电视台、报社、国土局、公路管理局、地矿局、国税局、地税局等相关部门和有关乡镇主要负责人为成员，协调领导全市旅游产业发展。领导小组下设办公室，办公室设在旅发委，旅发委主任任办公室主任。

市旅游产业发展领导小组负责指导全市旅游发展管理工作，制定旅游发展的重要方针、政策和措施，协调各部门，动员全社会支持旅游产业发展。领导小组要定期调度工作进展情况，协调解决有关问题。各有关部门要强化大旅游意识，主动支持和配合旅游部门，按各自职责分工做好旅游产业发展的各项工作。市旅发委负责旅游工作的战略规划、产业政策、综合协调、市场培育、公共服务、行业监管等行政职能。

（二）落实部门责任。旅游主管部门要会同有关部门加快完善旅游产业发展总体规划和各重点景区及专项旅游规划、计划并组织实施，强化旅游综合协调和管理职能，推进旅游资源开发和项目建设工作。

市发改委要把旅游发展特别是旅游基础设施建设、旅游重点项目建设和旅游产业政策纳入国民经济和社会发展规划中长期计划体系。

财税金融部门要把旅游发展专项资金列入年度财政预算，逐步加大财政扶持力度，并引导和鼓励更多资金投向旅游。

宣传文化部门要充分挖掘文化内涵，打造文化特色旅游，搞好各种节庆活动。新闻单位要开辟专栏，无偿为景区（点）开展宣传造势。信息部门要配合做好网络宣传营销。

国土部门要将旅游项目用地纳入土地利用总体规划和年度计划，优先旅游项目土地供应。

环保部门要加大对旅游点、旅游项目开发建设施工期间的环境监督，防止因施工造成环境污染和生态破坏。

水利部门负责审批项目的水土保持和水资源保护利用工作。

城乡规划建设部门要加快重点旅游城镇规划与建设及品牌创建。

教育部门要将培养旅游从业人员纳入全市教育工作体系。

公路交通部门要加快编制旅游交通专项规划，建立方便快捷的立体旅游交通网络。

市场监管部门要加强旅游市场秩序、食品、药品安全的监督管理，引导和扶持饮食街建设以及特色菜肴的开发。

公安、安监、卫生、供电、物价、工商等部门要加强对旅游景区（点）的社会治安、公共卫生和价格的管理，鼓励旅游购物点建设。

其他相关部门要围绕加快旅游业发展开展工作，积极配合，主动作为，努力营造全社会支持重视旅游业发展的浓厚氛围。

（三）严格目标考核。从2015年起，将旅游工作纳入全市综合目标管理考评，建立完善旅游管理和考核办法，量化指标，严格考核。对综合考核成绩优异的部门单位和乡镇场街道给予表彰奖励。

中共瑞昌市委　瑞昌市人民政府
关于贯彻落实九江市新工业十年行动
实施意见

瑞发〔2016〕5号

为深入贯彻落实九江市委十届九次全体（扩大）会议精神，加快我市新型工业化发展，实现工业经济总量、质量“双提升”，根据九江市委、市政府《关于实施新工业十年行动的决定》和九江市工信委《2016年工业经济运行工作方案》等文件精神，结合瑞昌实际，特制定如下实施意见。

一、指导思想

认真落实中共十八大，十八届三中、四中、五中全会和习近平总书记系列重要讲话精神，坚持创新、协调、开放、绿色、共享五大发展理念，坚定不移走新型工业化道路，以招商引资为头号工程，以新工业十年行动为主抓手，以信息化与工业化深度融合为主线，转型升级传统优势产业，大力培育战略性新兴产业和生产性服务业，推动产业集聚、集约、集群高效发展，促进产业发展迈向中高端，实现工业经济总量和质量“双量”齐升，着力打造“四个瑞昌”、建设长江中游重要口岸城市、争当“T”型崛起排头兵、跨入全省十强县（市）、建成全面小康社会。

二、总体目标

2016年发展目标：规模以上工业增加值116亿元，同比增长15%；主营业务收入520亿元，同比增长11%；利税总额58亿元，同比增长10%；工业固定资产投资180亿元，同比增长18%；新上规模以上企业15户以上；万元工业增加值能耗下降5%。

新工业十年行动目标：

1. 总量目标：到2020年，全市规模以上企业200家，工业主营业务收入达到1150亿元以上，力争1200亿元；到2025年规模以上企业300家以上，主营业务收入达到2100亿元以上，力争达到2300亿元。工业固定资产投资年均200亿元以上，10年累计投入2000亿元以上。

2. 质量目标：工业发展速度明显高于九江市

及各县（市、区）平均水平，工业经济总量占九江市比重逐年提升，到2020年达到10%左右，2025年达到12%左右。工业竞争力得到明显增强，到2020年全市工业增加值率达到23%以上，新增高新技术企业20户以上；到2025年全市工业增加值率达到25%以上，新增高新技术企业50户以上，工业总量和质量继续位居九江市第一方阵前列。

3. 产业目标：加快传统产业转型升级步伐，到2020年，纺织服装和建筑材料两个百亿产业转型升级基本到位，总量和质量实现双提升；木业家居、造纸及纸制品、装备制造、化学品制造、铜及铜制品、电线电缆等六个产业实现主营业务收入均过100亿元。全力培育战略性新兴产业，重点发展新材料、新能源、高端装备制造业，大力发展绿色食品、电子信息等产业，到2020年全市战略性新兴产业所占比重达到35%，到2025年全市战略性新兴产业所占比重达到50%。

三、主要任务

1. 实施招商引资“头号工程”。把招商引资作为“头号工程”，根据产业规划和布局，围绕主导产业的关键环节，着力引进一批投资强度大、技术水平高、带动能力强的重大项目。市四套班子及各部门要投入更多的精力、更多的人员、更多的时间谋划项目招引和项目建设。一是明确招商产业重点。市委书记重点主抓战略性新兴产业招商，瞄准当前经济发展新热点，盯住战略性新兴产业新动态，结合瑞昌优势，重点对新材料、新能源、高端装备制造、绿色食品、电子信息等产业发力，实现战略性新兴产业突破。市长重点主抓传统产业招商，围绕产业转型升级和兼并重组加快产业集约发展，在现有产业基础上进行延链、增链、扩链招商，促进产业集聚发展。二是创新招商方式。通过组团招商、专业招商、以商招商、媒介招商、委托社团招商等方式开展全方位立体招商，把招商触角延伸到全社会各行各业有识之士。三是强化招商力量。市党政主要领导每年招商时间不能少于1/3，原则上每个月必须外出招商。经济战线的干部1/3人员抓招商，1/3人员抓日常工作，1/3人员抓安商服务。从全市行政事业单位遴选一批懂专业、有经验、肯担当的人员组建专业招商队伍，每个招商队伍由一名优秀科级干部牵头负责具体工作。确保每年新引进10亿元以上项目3个，亿元以上项目30个以上。

2. 加快培育战略性新兴产业。把握战略性新兴产业的新趋势、新特点，高位嫁接，催生一批前沿高端的战略性新兴产业，培育经济发展新的增长极，转变发展方式。根据省、九江市对我市的产业定位，结合我市产业基础和优势，重点扶持新材料、新能源、高端装备制造、绿色食品、电子信息等产业发展。

新材料产业。抓住中国制造2025战略的实施，依托吉恩重工海底电缆项目，发展高端特种电线电缆产业。同时大力引进全国知名电缆生产企业，形成集团规模优势，打造全国乃至亚洲最大的特种电缆生产基地。与此同时发展电线电缆上下游配套产业，努力形成从生产、研发、铺设全产业链条，壮大特种电缆产业。加强与武汉理工大学的合作，引进发展新型特种玻璃板材产业。根据战略性新兴产业发展需求，以轻质、高强、大规格、耐高温、耐腐蚀、耐疲劳为发展方向，发展高性能铝合金、镁合金和钛合金材料。

新能源产业。积极培育发展新能源产业，重点发展风电、光电、生物质能源、清洁能源高效利用。风电要加快推进风电项目测风工作，全力推进华润风电、新疆特变电工风电、大唐风电、天佑风电等项目建设，同时着力扶持范镇、赛湖、武蛟等地光伏企业发展，到2020年力争风电光电装机容量突破300兆瓦规模。强化科技在生物质资源中的应用，大力发展生物清洁能源，推进生物柴油提炼、生物柴油调和项目；大力支持工业固废等再生能源循环利用，推广生物质固化成型能源应用。落实国家煤炭清洁利用计划，推广水煤浆应用，加快建设蓝谷新能源水煤浆二期项目，2018年达到年产150万吨规模。

高端装备制造产业。抓住国家产业转型升级机遇，积极争取国家政策和资金扶持，加快我市高端装备制造业发展。大力提升江州联合造船有限公司装备制造技术水平和能力，引进技术和资金，加快产品创新，研发适用国家海洋战略所需的高技术船舶、海洋专用设备和关键部件、军工产品，以及高端游艇产品。同时抓住国家长江经济带建设战略，积极参与能源转换所需的各种船舶及装备制造。加强与中材集团总部的协调沟通，促成钢瓶生产基地落户，做大压力容器制造和车用天然气钢瓶产业；争取国防科工委布点，引进先进技术，开发生产军用设备。现有机械制造企业要着眼制造业未来发展趋势，加强技术创新，努力为高端装备产业进行上下游核心部件配套服务。把握新能源汽车发展趋势，积极引进新能源汽车项目，延伸产业链，发展关键零部件、动力电池、充电桩和加气站。支持汇尔油泵、人民冲压等骨干企业加大技术创新，提升装备水平，提高产品质量，增强自主研发能力和汽车配套能力。

绿色食品产业。加大招商引资力度，主攻国际国内知名食品生产企业，吸引饮料、果蔬、方便和保健食品等大型食品企业布局落户瑞昌。加快推进和泽养生酒、泰玺饮料等项目建设，发展壮大绿色食品产业。抓住居民绿色健康的消费需求变化，依托我市绿色特色资源，大力培育本土绿色食品生产企业，扶持渝瑞实业、溢香农产品、天兴农业、青山茶叶等企业采用公司 + 基地的发展模式，不断技术创新，创响品牌，促进绿色食品饮品产业走向高端、高质、高效。

电子信息产业。抓住国家“互联网 +”和智慧城市建设机遇，面向国内外电子信息产业重点区域、知名企业、配套企业、服务企业制订招商路线图，打造培育电子信息产业园。重点支持新型元器件、集成电路、智能移动终端、软件开发服务、半导体及封装产业；大力发展软件与信息服务产业，支持中财讯教育培训系统建设，围绕我市产业提供信息服务，力争在云计算、大数据方面取得进展。

3. 强力推动传统产业转型。一是促进产业转型升级。纺织服装产业大力推进企业联合重组，实施“机器换人”计划，重点实施提高无棉卷、无接头纱、无梭布、精梳纱比重为主的技术改造，推广紧密纺、喷气纺、涡流纺等新型纺织技术；服装织造产业引进敏捷生产、柔性制造等先进技术，鼓励应用智能吊挂系统，形成一批具有自主品牌和知识产权的服装生产企业。机械制造产业充分发挥紧邻东风汽车、江铃汽车、江淮汽车、奇瑞汽车和北汽昌河生产基地的辐射半径优势，重点引进汽车零配件项目，着重发展油泵、冲压件、齿轮齿圈、车用装饰等汽车零部件及其配套项目。二是促进产业集聚发展。木业家居产业抓住国家新型城镇化发展战略，充分发挥九江口岸瑞昌监管区、华中木业和红木产业园的平台优势，重点发展实木家具、板式家具、定制家具、复合木质家具及园林木艺等产品。大力支持中部红木大市场和林安物流产业园配套服务体系建设，形成设计研发、展示、销售、物流等综合专业配套市场，促进木业家居产业集聚发展。到 2020 年年进口木材达到 300 万立方以上，入驻企业 100 家以上。化学品制造业加快新洋丰肥业、天瑞丰收肥业建设，引进上下游配套企业，培育壮大生物肥料产业，力争生产规模达到 400 万吨以上；围绕理文化工积极延伸盐氟化工产业链，打造精细化工产业园。三是推进企业技改升级。鼓励企业采用先进适用的新技术、新工艺、新设备、新材料和新的管理方法，对研发设计、生产制造、营销服务等流程进行改造升级。支持工业企业对生产线进行机器换人，建设智能工厂，进而实现在线监控和远程终端控制。积极跟进国家处置落后产能和僵尸企业政策，争取政策和资金，按分业分类处置原则，稳妥做好淘汰落后产能和僵尸企业退出工作。全面推行重点企业清洁生产审核，加强对重点用能企业动态监控，促进企业单位产品能耗符合国家行业标准。大力推行资源循环利用，促进企业、园区、行业间的原料互补、资源共享、固废利用连接共生，企业余温、余热资源共享高效利用。四是加快发展生产性服务业。引导和支持企业延伸服务链条，从主要提供产品制造向提供产品和服务转变。重点发展个性化定制服务、全生命周期管理、网络精准营销和在线支持服务。大力发展研发设计、技术转移、创业孵化、知识产权、科技咨询等科技服务业，发展壮大金融服务、物流服务、检测、电子商务、人力资源服务和品牌建设等生产性服务业，为工业企业提供专业化服务。

4. 强化企业创新创业引领。一是推进创新体系建设。企业和行业协会要与武汉理工、江西农大等国内院校开展产学研合作，组建技术创新联盟、研发中心、技术中心、检测中心、院士（博士后）工作站等创新机构，自主开发创新。以项目和产品为依托，面向国内外先进技术的发展，引进成套或关键技术，结合自身优势进行系统整合再创新，形成资源、利益共有共享的机制。鼓励中小企业产品、技术、商业模式创新，加强与龙头骨干企业开展专业分工、服务外包、产业链接等多种形式的合作，提高协同创新水平。二是搭建创新创业平台。以大唐新区为重点，中小企业创业园为支撑，整合统筹闲置厂房、楼宇等资源，打造一批创新创业园、创新孵化基地、回乡人员创业基地和众包、众创空间等创新创业服务平台，为处于初创期和成长期的制造企业提供低成本、便利化的创新创业载体。三是完善创新人才引进和培养机制。制订人才引进和培养措施，支持企业引进和培养工业领域高层次人才、紧缺人才、创新创业人才和实用型人才。依托相关高校和培训机构建立企业人才培训基地，对现有管理人员、技术人才和员工进行技术培训，培养适于企业发展的创新型人才，形成有效的人才培育机制。激发瑞昌籍创新型人才热情，吸引瑞昌籍创新型人才服务我市企业创新创业和成果转化活动。四是加快两化融合。积极从行业、企业、园区三个层面开展两化融合，促进工业化与信息化深度融合。到2020年全市规模以上工业企业信息化与工业化实现初步融合；2025年全市规模以上工业企业基本实现两化深度融合。大力推进智慧园区建设，按国家级园区要求建设公共信息服务平台和支撑体系，力争2016年开始发挥作用。实施“互联网+”行动计划，充分发挥互联网在生产组织、要素配置、销售、物流的集成作用，建设园区电子商务平台；支持有条件的行业协会和企业自主开发建设电子商务平台，鼓励中小企业与电商企业进行专业化合作，实现优势互补、利益共享、风险共担的运作模式。

5. 全力推进产业项目建设。营造“以项目论英雄”“项目就是生产力”的发展氛围。项目建设既要抓可以形成一个基地、带动一个产业的龙头大项目，也要抓一批铺天盖地的“专精特新”中小项目。继续实施项目建设六个一机制，加大项目建设帮扶力度，坚持招商与安商相结合，本职工作与项目推进两不误，确保责任领导、责任单位负责人有三分之一的时间在项目推进和服务上动真格、干实事、有实效。一是促进投产项目达产达标。理文造纸项目在2020年前达到年产250万吨包装纸和30万吨生活用纸规模，产值超100亿元；理文化工项目在2018年底产值达到100亿元；新洋丰肥业确保2016年生产40万吨和出口10～15万吨复合肥的目标实现，2018年年产120万吨达产达标，产值达30亿元；亚东水泥在确保达产达标的情况下，加大新产品开发力度，努力提高企业产能和效益。二是促进在建项目竣工投产。抓好红木产业园二期、华中木业二期项目工程进度，2017年形成规模优势，到2020年产值超100亿元；支持喜得龙项目整合重组，加快建设步伐，积极拓展海外市场。三是促进签约项目开工建设。加快天瑞丰收项目开工和工程进度，力争2016年底投产，2018年底年产140万吨达产达标，产值超40亿元；西矿铜业2016年开工建设，2020年前实现产值100亿元以上，并围绕铜材发展铜压延及深加工等下游高精铜材加工产业，力争铜产业链延伸，实现产值300亿元；全力支持武山铜矿井下深部勘探项目，力促日处理5000吨矿石技扩改项目早开工、早投产，再造一个武山铜矿。四是促进项目建设滚动发展。对今后落户我市的项目，规划、国土、码头工业城、经开区、大唐新区、码头镇等单位要根据招商引资的形势和项目进展情况，做好土地调规、征地拆迁、土地平整等前期工作，确保项目落户具备条件。市财政做好资金调度安排，确保园区项目落户所需的征地、拆迁、基础设施建设资金及时到位。每年确定一批项目重点推进，促进续建项目早竣工达产，签约项目早开工建设，储备项目早签约落户，形成项目建设滚动发展的良好态势。

6. 突出工业发展平台建设。一是全力申报国家级经济技术开发区。按照国家级经济技术开发区标准，进一步完善园区硬件和软件条件，夯实申报基础。加大申报力度，组建由市委、市政府主要领导负责的申报工作组，全面统筹协调申报国家级经济技术开发区各项工作。商务局待申报工作启动后，立即跟进；各有关部门要积极服务大局，配合做好各项工作，确保申报工作顺利推进。二是加快长江中游重要口岸建设。发改、商务、码头工业城、市场监督、规划、运输、国土、港口、港监等部门要按建设长江中游重要口岸要求，高起点、高标准做好城市总体规划、土地、岸线、园区中长期规划衔接和报批等工作。积极推进码头工业城连接武穴长江大桥、杭瑞高速、铁路连接专线等疏港通道建设，提升口岸立体交通优势。加快推进重点企业专用码头等配套基础设施建设，推进九江口岸瑞昌监管区建设，进一步凸显开放型口岸优势。力争用两到三年时间，将瑞昌港区建成长江中游重要口岸。三是完善园区基础设施建设。加大码头工业城、经开区、大唐新区水、电、路、气、公共服务等基础设施建设，推进城市功能向园区延伸，促进园城融合发展。大力实施园区美化、绿化、亮化工程，努力建设绿色园区、生态园区。制定园区闲置土地和厂房处置管理办法，对闲置土地和厂房进行摸底，建立节约集约用地动态监控数据库，对企业闲置土地和厂房根据实际情况依法依规进行处置，有效盘活园区闲置土地和厂房，提高土地利用率。大力发展大唐新区电子信息产业孵化基地、中小企业创业园、桂林桥中小企业创业基地、乡镇创业小区和华中木业产业园等小微企业创业平台，夯实中小企业发展平台。

7. 着力推进质量品牌建设。深入实施质量品牌战略，注重培育一批“驰名商标”“著名商标”和名牌产品，进一步扩大“华美瑞”缝纫线、“洋房牌”水泥、“三钻”钢瓶、“天兴”“溢流香”和“独一支”食品等国家、省级品牌影响力，全面提升瑞昌工业知名度和影响力。加大品牌培育创建力度，择优扶持一批拥有自主品牌、产品市场前景好的企业，特别是龙头骨干企业和成长型企业作为培育重点，进行精准辅导和帮扶，努力提升企业品牌核心竞争力。到2025年，“中国驰名商标”达到5个，“著名商标”达到30个，名牌产品达到50个。鼓励引导企业采用国家标准或世界先进标准组织生产，应用卓越绩效管理等先进质量管理技术和方法对产品设计、生产制造、市场营销、售后服务的全过程实行全面质量管理。健全质量信用信息征集共享制度，构建系统完备的质量诚信体系，完善质量投诉和消费维权机制，加大不良信用记录和失信行为打击惩戒力度。

8. 倾力优化企业发展环境。坚持招商与安商并重，管理与服务并举，积极提供优质服务，努力营造“优商、惠商、亲商、安商、扶商”的良好环境。一是营造公平公正的市场环境。着力深化行政体制改革，为工业经济发展营造积极宽松的政策环境、优质高效的服务环境、开放有序的市场环境、充满活力的创业环境。大力推进“三单一网”工作，将行政审批由事前审批向事后监管转变，不断规范权力运行和行政行为。加强市场监管，强化知识产权运用和保护，严厉惩处垄断、侵权和不正当竞争行为，严厉打击生产“假冒伪劣”产品，清理违规使用厂房行为。推进市场主体信用平台建设，将市场信用信息作为实施行政管理和服务的重要依据，对守信主体予以支持和激励，对失信主体依法予以限制或者禁止。有关行政管理部门要进一步提升管理服务水平，落实各项政策措施，完善负面清单制度，切实做到严格执法和文明执法相统一，执法监督公平、公正、公开。加大行政执法问责力度，坚决整治行政不作为、慢作为、乱作为的人和事，对出现的行政违法违规行为，市纪委监察局从严从速进行责任追究和行政监察处理。二是加大企业帮扶力度。市四套班子领导挂点工业企业，制订帮扶工作目标，对挂点企业进行调研、指导和帮扶，确保人员到位、政策到位、措施到位。市委、市政府定期召开由主要领导主持的政府、银行、企业参加的帮扶“圆桌会议”，就企业存在的问题和困难进行充分交流，现场研究解决办法和措施，对不能立即解决的，有关部门要承诺解决办法和时间。三是加大资本市场建设力度。建立产融信息对接工作机制，提升金融服务实体经济的能力和效率，引导产业与金融协调发展。政府引导、市场化运作，吸引资金组建产业发展基金，重点扶持战略性新兴产业发展和传统产业转型升级。积极扩大信贷总量，工业贷款年增长不低于20%，用足用好“财园信贷通”“助保贷”额度，大力支持中小企业发展，降低企业融资成本。建立银行抽贷报告制度，对恶意抽贷的金融机构，市政府按恶意抽贷金额的5倍相应减少该银行财政性存款余额。整合规范现有担保公司，吸引民间资金组建中小微工业企业融资担保公司。市财政增加风险保证金和担保金的数量，尽力满足企业担保的需要。发挥证券市场融资功能，积极推进华亨皮塑、华瑞缝纫线等企业上市，对成长性企业分类辅导，储备一批后备上市企业。研究国家债权政策和业务，鼓励和推荐有条件的企业通过发行债权融资，降低融资成本。

四、组织保障

1. 强化组织领导。实行新工业十年行动计划“一把手工程”，成立新工业十年行动领导小组，市委书记任组长，市长任第一副组长，分管副市长任常务副组长，市委办、市政府办、组织部、宣传部、发改委、工信委、财政局、码头工业城、经开区、大唐新区、中小企业局、商务局、科技局、人社局、人行、统计局、建设局、规划局、国土局、环保局、市场和质量监督管理局、金融办等有关单位为成员单位，领导小组下设办公室，办公室设在市工信委，从有关部门抽调专人集中办公，负责牵头组织实施、调度帮扶、督查考核、政策落实等工作。有关部门要各司其职，各负其责，加强协调，密切配合，形成推动新工业十年行动的合力。

2. 强化调度督查。建立挂点企业和项目立体调度协调机制，挂点服务单位每周一协调；挂点领导每半月一调度；市分管工业和开放型经济工作领导每月一调度、每月一通报；市委书记、市长每两月一调度，同时不定期到项目一线协调解决项目建设中存在的困难和问题；市四套班子每季一评分，挂点领导大会点评说明情况，并表态发言。凡连续两次四套班子评分在倒数两位的挂点领导，由市委、市政府主要领导约谈，并全市通报。市委、市政府督查室与领导小组办公室每周一督查，每月一通报。

3. 强化政策支持。贯彻落实国家、省、九江市支持实体经济发展的各项税收优惠政策，对承诺的各项招商引资优惠政策及时兑现到位。用足用好国家、省、九江市支持企业发展的各类财政专项资金，积极争取国家、省、九江市重点项目、技术改造、节能和循环经济、两化融合、中小科技型企业发展项目等专项资金支持，促进企业走规模化、科技化、集约化发展的路子。加大资金扶持力度，市财政每年安排5000万元设立工业产业引导资金，主要对企业改造升级、技术创新等方面进行重点扶持。深化行政审批制度改革，依法精简审批事项，简化审批程序，全面推行行政审批窗口办结制度。进一步规范涉企收费和行政执法行为，涉企收费按下限收取，切实减轻企业负担。

4. 强化考核激励。完善新工业考核奖励机制，重奖为工业发展和招商引资做出突出贡献的单位和个人，符合条件的，按干部任用程序提拔重用。领导小组办公室、组织部于每年底，对工业经济发展目标完成情况，以及经组织部同意抽调的项目服务和招商引资工作人员进行全面考核。同时组织规模以上工业企业对各部门及干部帮扶服务进行测评打分，考核结果作为党政目标考核的重要组成部分，以及各部门党政领导班子和领导干部考核评价的重要依据。加大新工业奖励力度，完善工业经济奖励办法，形成覆盖优秀企业家、企业技术创新、企业贡献、品牌质量建设等考核奖励体系。

主要文件选目

2016年瑞发文件目录

文　件　标　题	文　号
关于落实发展新理念 加快农业现代化 实现全面小康目标的实施意见	瑞发〔2016〕1号
关于开展全市封山育林工作的实施意见	瑞发〔2016〕2号
关于加快旅游业大发展的实施意见	瑞发〔2016〕3号
关于打赢“两年率先脱贫”攻坚战的实施意见（2016—2017）	瑞发〔2016〕4号
关于贯彻落实九江市新工业十年行动实施意见	瑞发〔2016〕5号
关于2016年招商引资工作的实施意见	瑞发〔2016〕6号
关于开展企业帮扶活动的实施意见	瑞发〔2016〕7号
印发《关于推进生态文明先行示范区建设的实施方案》的通知	瑞发〔2016〕8号
关于印发《瑞昌市“党建＋村级集体经济发展”工作实施方案》的通知	瑞发〔2016〕9号
印发《关于在全市党员中开展“学党章党规、学系列讲话，做合格党员”学习教育实施方案》的通知	瑞发〔2016〕10号
印发《关于做好乡镇党委、纪委换届选举工作的意见》的通知	瑞发〔2016〕11号
批转《中共瑞昌市人大常委会党组关于瑞昌市市乡两级人大换届选举工作的意见》的通知	瑞发〔2016〕12号
关于批转《政协瑞昌市第七届委员会换届选举工作方案》的通知	瑞发〔2016〕13号
关于落实全面两孩政策改革完善计划生育服务管理的工作意见	瑞发〔2016〕14号
印发《关于落实把纪律挺在前面要求的实施细则》的通知	瑞发〔2016〕15号

2016年瑞府发文件目录

文　件　标　题	文　号
关于对《瑞昌市政府投资工程项目管理办法（试行）》部分条款进行修改的通知	瑞府发〔2016〕6号
关于颁布《瑞昌市国民经济和社会发展第十三个五年规划纲要》的通知	瑞府发〔2016〕7号
关于衔接国务院取消和调整一批行政审批事项及相应行政权力清单项目的通知	瑞府发〔2016〕8号
关于衔接国务院清理规范一批行政审批中介服务事项的通知	瑞府发〔2016〕9号
关于贯彻落实粮食安全省长责任制的实施意见	瑞府发〔2016〕10号
关于衔接九江市政府下放一批行政权力事项的通知	瑞府发〔2016〕11号
关于进一步做好政务公开工作的意见	瑞府发〔2016〕24号
关于印发《瑞昌市人民政府工作规则》的通知	瑞府发〔2016〕25号
关于加强农村留守儿童关爱保护工作的实施意见	瑞府发〔2016〕26号

杂文选录

鏖战赛湖堤

——我市多措并举全力打好城区防洪攻坚战

郭遗森　记者　熊安群

核心提示

受长江上游降雨和三峡泄洪影响，长江、赛湖水位自6月底以来持续攀升。7月2日，赛湖首超警戒水位（19米），之后连续突破20米、21米大关，15日下午高达21.53米，超警戒水位2.53米。据气象部门预测，未来数天内将有两次强降雨过程，其中18至20日我市局部地区降雨量预计将达到200毫米以上。由于赛湖湖水无法外排，其水位仍将持续上涨，并将会长时间维持高水位，赛湖堤防汛形势极为严峻。目前，我市正调动各种人力、物力和财力，正在全力打好一场城区防洪攻坚战。

城区防洪之重，重在赛湖堤；城区防洪之险，险在赛湖堤。

6月底以来，赛湖水位持续“高开高走”：19米、20米、21米，连破三道大关，且仍保持上涨态势，加之赛湖堤基础不牢、险情较多等实际情况，城区首道防线防汛形势极为严峻。市委、市政府未雨绸缪、适时而动，按照防御1998年“加强版”洪水的要求抓好防汛工作，抓实抓好各项措施，盯紧盯牢每寸堤防，全力打好这场城区防洪的攻坚战、持久战、关键战。

未雨绸缪　严阵以待

防汛抗洪有如打仗，“多算胜，少算不胜”。针对2016年厄尔尼诺现象活跃的实际情况，还有面临的水情汛情形势，我市分别于7月3日、4日、7日启动防汛Ⅳ级、Ⅲ级、Ⅱ级应急响应，适时组建5个前线指挥部和7个应急工作组，全力打好防汛抗洪攻坚战。

内湖外江、河道纵横，我市拥有丰富的水资源，但同时防汛工作的压力较大，其中尤以赛湖堤为甚。赛城湖面积广达61.32平方公里，集水面积更是达到960平方公里，作为赛城湖联圩的西段，赛湖堤基础并不牢固，并且无法自排，历史上曾数次倒堤。虽然经过多次维修加固，但在整个赛城湖联圩中是最薄弱的一段。自7月1日至13日下午，我市巡堤人员经过拉网式巡查，共发现各类隐患386处，并且随着水位的持续上升，这一数字同样“水涨船高”。

凡事预则立。早在汛期伊始，我市就牢固树立防大汛、抗久汛的思想，做好打大仗、打硬仗、打持久仗的准备，周密部署防汛抗洪的各项工作。完成修编《瑞昌市防汛抗旱应急预案》，并制定《城防堤防汛应急预案》，在赛湖堤进行实战演练和排兵布阵。这为打好城区防洪攻坚战积累了经验、赢得了时间。

与此同时，我市加强会商和信息研判。水利、气象、水文等部门坚持24小时值班，密切关注雨情、水情和汛情，掌握上情、下情和外情，即时分析，为科学决策提供依据。指挥部坚持每日一会商，及时调整应对策略，并将包括赛湖在内的小（二）型以上水库水位数据、涨落情况及天气趋势进行发布，确保一线指挥员及相关防汛责任人第一时间掌握情况，完善并调整行动方案。

除险务尽　严防死守

乌鱼爪和螺丝港两处沼塘较多，前者历史上

还出现过倒堤，均为赛湖堤的薄弱堤段。我市果断采取行动，调用500余辆重型卡车和300余辆轻型车辆，24小时持续不停运输石料到抢险现场。武警水电部队200余名官兵火速支援，连续奋战3天3夜，提前完成螺丝港、乌鱼爪除险加固工程。

除险的前提，在于早发现。6月底，我市派出200余名干部职工驻守梁公堤、赤心堤和赛湖堤。针对赛湖汛情严峻的形势，自7月6日开始，全市68个部门单位700余名干部职工赶赴赛湖大堤，吃住在防汛一线，协同赛湖农场干部群众和技术人员昼夜巡堤查险，形成了机关干部、当地群众、技术人员三支力量拉网式排查的格局，到边到角、不留盲区。目前，赛湖堤所有隐患得到了及时处理，险情得到有效控制。

除险的关键，在于早治理。为做好赛湖堤防汛工作，赛城湖西堤防洪应急处理军地联合指挥部适时成立，建立每天会商机制，成立5人协调小组，每天召开碰头会，及时处置各类问题。市防汛指挥部统筹全市防汛工作，从各方面合理调度，确保防汛工作科学推进。各责任领导深入现场，根据实际情况指挥调度，解决一线问题。随着防汛形势的日益严峻，重点强化人力、物资、器械调度，尤其是对赛湖堤螺丝港、乌鱼爪两处险段的处理，力度堪称空前。成立5个应急指挥所，动用车辆近1000辆，仅用3天时间完成两项浩大的抢险工程。两项抢险工程的完成，既提升了赛湖堤迎接下一轮强降雨的安全系数，又缔造了紧急抢险时效的“新纪录”。

联动联防　严把关卡

“魔高一尺，道高一丈”。为了抵御洪魔的侵袭，驻浙江金华某部队420名解放军官兵驻守赛湖堤，与我市民兵预备役一道投入修筑子堤、筹备物料。截至15日，9.5千米子堤全部修筑完成，并在13日前铺设彩条布2.55千米，土料装袋15.6万袋，填筑土方7800方，加筑子堤6.9千米。

强化部门联动。各防汛责任部门、应急小组服从防汛指挥部统一指挥，确保各项工作落到实处；人武部组织应急抢险队伍，先后1500人次参与防汛抗洪的巡堤、除险、加固等任务；水利部门组成多个专家指导小组，深入现场进行技术指导；宣传部门组织新闻媒体记者深入一线采访报道，弘扬先进典型、鼓舞斗志；发改、民政、交通、供电、卫计等部门结合自身工作职责，通力协作、全力以赴，为战胜“洪魔”贡献出应有的力量。

强化军民联防。在我市防汛抗洪的关键时刻，驻浙江金华某部队420名解放军官兵视汛情为军情，视堤防为战场，在赛湖堤打响了没有硝烟的战斗；地方部门全力以赴做好各项后勤保障，为部队官兵提供宿营、电力、饮水、医疗、通信、交通等必备条件；广大群众纷纷自发前来慰问，许多志愿者走上堤坝，协助官兵装袋、搬运，体现了“军爱民、民拥军”的浓浓鱼水之情。

强化纪律保障。我市出台了《关于严明防汛抗洪工作纪律的通知》，严格执行24小时防汛值班和领导带班制度，严格落实零报告制度，并组建督查组明察暗访，对人员到位、清杂清障、巡查值守、隐患排除、物资准备、制度执行等环节进行全程督查，为做好防汛抗洪提供了有力的纪律保障。

原载《瑞昌报》2016年7月16日四版

漂亮的“乌螺之役”

——赛湖堤乌鱼爪螺丝港除险加固工程建设纪实

记者　曹淑华　熊安群

19米、20米、21米……6月底以来，受强降雨和上游来水影响，赛城湖水位在几天内连破数道大关，并且有持续上涨趋势。赛城湖告急！

赛湖堤位处赛城湖西面，承担着“一城两园区三乡镇一场一所”的度汛安全，是瑞昌城区、九江城西港区、九江赤湖工业园、赛湖农场、九江县永安乡、港口街镇、城子镇、九江棉科所的重要屏障，的度汛安全。但由于各种历史性原因，赛湖堤又是整座联圩最薄弱的环节，而乌鱼爪和螺丝港因为沼塘颇多，前者多年前还出现过决堤，成为最需弥补的“短板”。然而，“困局”随之而来，两处除险工程最少需要6万方石料，新一轮强降雨又即将到来。屈指算来，留给人们的至多有5、6天时间。

紧急关头，市委、市政府尽最大可能调用各种人力、物力和财力，打响了一场艰难繁重、前所未有的堤坝除险保卫战。随着7月15日乌鱼爪最后一车石料卸下，这场除险保卫战提前10余个小时全线告捷。有人各取两个除险堤段名称的首字，称其为漂亮的“乌螺之役”。

紧张的“车轮战”
——24小时紧急调用千余辆运输车

7月11日23时，针对日益严峻的雨情汛情险情，市防汛指挥部紧急调度会要求，必须紧急筹集6万余方石料，确保在5天之内，配合武警水电部队完成赛湖堤两处除险加固工程。同时考虑到安定湖至赛湖堤路况较差，这些石料将以转运方式进行，“大车”运至石料堆放场，“小车”送至两处除险现场。

“石料哪里找?”“车辆怎么找?”“如何才能完成任务?”接到紧急任务后，市地矿局局长徐辉在心底思考着问题，并很快有了反应和行动。12日凌晨3时，随着石料协调会的召开，22家矿山企业负责人欣然同意提供石料支持抗洪抢险。与此同时，市地矿局安排22名干部，于凌晨6时分赴各矿山进行调度服务和质量把关。

这是一种怎样的节奏和速度?12日早7时，首批100余辆重型运输车从各个乡镇汇集而来，开进了设在天嗣山下的石料堆放场。此后的40个小时内，600余辆重型运输车在瑞码大道上来往穿梭，打响了一场筹集和抢运石料的攻坚战。为了确保石料按时按质送达堆放场，市地矿局利用微信群报送各矿山企业运输数量，“半小时一统计、一小时一汇报、一小时一排名”，提升了各矿山企业的运输效率和积极性。13日晚10时半，近7万方石料经4000余车次运输后，提前20余小时完成运料到场任务。

几乎与此同时，轻型运输车的调用工作也在全面展开。通过发布微信、联络车主和前往重要路口组织等方式，市交通运管所全体干部在负责人姜文胜的带领下，于12日8时许征调到200余辆轻型运输车。1个多小时后，轻型运输车增至400辆左右。载满石料的车辆络绎不绝地行驶在去往两处除险工程的路上。一名70多岁的何姓老人见后说：“我活了这把年纪，还是第一次看到这么大的抢险现场!”

新的问题来了。由于轻型运输车多为个体经营者，且又是连续作战需要休息。运送至后半夜，很容易出现停运现象。为了防止运输队伍“断流”和“停摆”，市交通运管所又从阳新枫林和九江县涌泉、港口等地紧急调用110余辆车进行增援，车辆调度应急指挥所后来又采用“乡镇包干200车、运管所包干800车”的方式，确保了石料到堤到场。

周密的“保障战”
——兵分两路运达填压石料6.3万方

7月13日下午，石料运送工作还在紧张进行中，市防汛指挥部再次召开调度会，市委书记罗文江和市委副书记、市长郭小云亲自调度，会议明确料场管理、车辆调度、交通组织、螺丝港堤段现场指挥、乌鱼爪段现场指挥等5个应急指挥所各由1名或数名市领导挂帅，同时对运输过程中出现的问题进行协商解决。其中料场管理应急指挥所因为由4名女性市领导挂帅，被大家称为“娘子军指挥所”。

通往两处除险加固工程的道路狭窄、路况复杂。起初一两天，遇到某辆运输车发生故障，后面的运输队伍就会堵在路上，少则数十分钟，多则数个小时，严重影响着石料按时到堤到场。针对这样的情况，乌鱼爪段现场应急指挥部制定预案，对在途中发生故障的现象进行防备和妥善处理，聘请3家车辆维修公司100余名工人进行车辆维修，市场监督局也组织60名党员成立突击队保持路段畅通。效果果然明显，乌鱼爪段的车辆通行率，由之前每小时100辆左右提升至150辆，最多时达到190余辆。

如此大的运输阵容，安全和后勤保障必不可少。早在12日开始，市交通局和交管大队便组织所有力量，到各段各点现场日夜维护交通秩序，各乡镇主要领导也蹲守在料场，许多干部数天时间总共睡眠不足20个小时。轻型运输车驾驶员同样辛苦，吃饭休息基本都在车上。为了确保他们人身安全和运输效率，相关部门和乡镇为所有司机订制盒饭、递送毛巾、矿泉水和防暑物品，各乡镇还派出了多名干部跟车服务，陪司机们夜间聊天，大大提升了安全系数和运输效率。在车辆征调和石料运输过程中，广大司机表现出积极良好的精神状态。他们普遍表示，参加赛湖堤防汛抗洪攻坚战，是他们的职责和荣耀，没有什么价钱和条件可讲。运输过程中，除了相关部门和乡镇的精心服务，他们还为许多群众的热情所打动。武蛟籍司机李炳志介绍，13日中午，他的六轮车行至赛湖三分场某个村落，被一个六旬老伯拦下来。李师傅以为他要搭便车，没想到车窗里塞进来一瓶水，再看看他的身旁，堆放着10余箱矿泉水。望着这名烈日下为司机师傅免费送水的老伯，李师傅他们深深为之感动。而这样的感人事例，在这场防汛抗洪战中，如同野外盛放的花朵，多得举不胜举。

完胜的“歼灭战”
——两大工程各提前10小时和30余小时完成

两处险段的除险加固工程由武警水电二总队具体承担。在时间赛跑的“乌螺之役”中，我市动用许多的人力、物力、财力乃至智力，打好了“前哨战”和“保障战”，这支铁甲之师则打响了一场漂亮非凡的“歼灭战”。

7月10日下午，武警水电二总队技术人员便上到赛湖堤，开始对乌鱼爪和螺丝港两段堤岸进行前期勘测，次日又对处置任务地域、料源、作业条件等情况做了详细勘察，为大部队作战提供充足的前期准备。11日，武警水电二总队从彭泽、永修、共青城等地陆续调集300余名官兵，携带着推土机、挖掘机、装卸机等50台（套）大型机械设备汇聚到瑞昌。12日，这支机械化部队便开赴两个除险工程现场，开始了紧张的施工作业。

武警水电二总队副政委熊壮中做过测算，赛湖堤除险工程所需的石料填筑量，超过2010年抚州唱凯堤决口封堵的5万方总量。如果将6.3万方石料堆放在一处，面前会出现一个底高均为30米的小山，这就需要对工程作业过程的科学规划。经过研究，他们对两处除险工程分别采用“24字战术”进行处置，即“分段作业、多路进料、多点卸料、推碾结合、整体推进、固基护脚”，实行24小时轮班作业，人停机不歇。13日16时，螺丝港段长150余米、用石料1.6万方的压浸平台提前30余小时完工。自此之后，两股官兵合为一处，在乌鱼爪段拓开4个作业面日夜奋战。

乌鱼爪段除险工程总长则为1280米，需要填料4.7万方。由于现场没有任何遮阳设施，官兵们顶着炎炎烈日紧张施工，发令员手执红旗、吹着口哨忙着现场指挥，工程兵驾驶着挖掘机、推土机和铲车来回奔忙，口哨声、喊话声、喇叭声、机车轰鸣声……交织成一部部澎湃动人的劳动进行曲。经过官兵们的昼夜奋战，乌鱼爪段除险工程于15日凌晨6时竣工，比计划提前10余个小时。至此，赛湖堤除险加固跑在了时间和雨水的前面，“乌螺之役”取得令人惊艳的完胜。

原载《瑞昌报》2016年7月19日一版

翻阅枣源的底片

杨世龙

这是一张不愿意翻阅但又不得不去翻阅的底片，因为它既记录了民族曾经瘢痂交错的伤疤，却也亢奋过当时民众矢志抗争生存的精神泌腺。虽然七十年已经过去，但透过那些存留于天地之间的时光底片，我们还是能于历史的伤痛中，去发现那个时代最值得追念的蓬勃心智和温暖情怀。

1938年8月，随着日寇侵略脚步的加快，瑞昌县城于24日沦陷，行政机构纷沓离散，政事中断，瑞昌县国民政府开始了驻无定所的流亡。在蛰伏3月后，于当年12月在柯乐源设立县府行署，借以领导和支撑本县域的抗战事宜。1939年底，县政府行署由柯乐源迁往洪下源沙坪坝，其目的是靠前指挥，更有利于敌后的抗战部署。1940年1月，县府所在地遭遇日伪干扰，遂迁驻洪下源的东坑，2月又迁至内王坑村。随着瑞昌抗日斗争的进一步深入，3月，瑞昌县国民政府行署不得不向西移动，迁驻到肇陈的水塅村。1941年，中国的抗战形势进入到最为严峻时刻，日伪加大了对所有抗日组织及力量的打击，是年冬，瑞昌县政府被迫迁往武宁辖地——今泉口镇的枣源村，直到抗战全面胜利的1945年8月25日才从此地迁回瑞昌县城，正式结束了八年的流亡状态。

然而，翻阅枣源这张旧底片，其上显影出来的还有跟随政府机关和其他团体一同迁入的瑞昌县立初级中学。这是瑞昌教育史上值得回眸的一件大事，它折射出炎黄民族长期的精神追求，展现了民国时代崇德尚教的社会风貌。

抗战前，瑞昌本没有初级中学，是面临生死存亡的危机之际，顽强的民族生存愿景催生出国民政府强烈的培植后备力量和人才的意识。于是，在颠沛流离的逃亡中，仍不忘调配资源举办学校。1940年3月15日，瑞昌县政府行署在洪下源大畈头徐村创办了“瑞昌县战时初级中学”，这当是瑞昌中学的前身。同年底，瑞昌县战时初级中学与1895年就创办开坛的原岷山学校合而为一，更名为“江西省第九行政区联立岷山初级中学”，地点也由瑞昌的洪下源迁往九、瑞、德交界处的岷山乡。1943年1月，为保障学校的基本安全，岷山中学更名为“江西省立赣西北第二临时中学”并迁往靖安县的邱家街，同年的2月25日，瑞昌县国民政府再次整合有限资源，在枣源村的周家垅恢复瑞昌县立初级中学。1945年12月底，瑞昌县立初级中学从枣源迁出，落户县城，是为“瑞昌中学”，原址即现如今的瑞昌第二中学。

回望瑞昌的教育历程，早在唐时就有较为完善的教育体系，其中，既有官办性质的书院，也有民办性质的私塾，还有官推民助的合作书堂。据旧志记载，宋庆历年间（1041—1048年），建县学于瀼溪之旁，嘉泰三年（1203），著名知县洪钧偲以县学狭隘，改筑于县治西三十步。元至顺四年（1333），达鲁花赤（知县称呼）亦剌马丹重为营构。明洪武四年（1371），知县黄颜于旧址重建。清顺治十七年（1660），知县李芳春迁县学于北门冈，后因年久失修而倾毁；到乾隆十七年（1752），复改迁到城隍庙，重建大成殿，增立金声、玉振坊，移修棂星门，增建东西两庑，新凿泮池，使县学规模日臻宏大，设施更趋完备。由此可知，在漫长的封建社会进程中，以教立人、以德化人，始终是县府以上官构一项不能废弛的责任和担当，也是广大人民众愿所归的精神指向。

在这样一种官民共识的作用下，瑞昌的封建时期教育，是以大型书院为支撑，县以下社学、义学为普及，进而构建了一种程式化的体系。明万历三十年间（1602），训导叶济英募资建造了“瀼溪书院”，清嘉庆十年（1805），知县赵增为纪念知名县令江皋，在城东平正坊修建了东皋书院，清道光十五年（1835）知县董恩诚于县城东关创建“紫峰书院”（今瑞昌二中前身）等。同时，不少乡贤纷纷举办义学或设私塾，颇负盛名的有宋代蔡季霖建的蔡氏义学、明嘉靖四十二年（1563）知县骆秉韶倡建的城郊罗湖洲社学、清乾隆二十三年（1758）县域耆老柯圣拔（今肇陈镇）捐资建的琢玉堂义学、清咸丰九年（1859）治北武蒋保（今武蛟乡）蔡锡畴捐地助学等。这些县学、书院、私塾及经馆等不同教育模式，对瑞昌的教育都曾产生过深远的影响。

追溯县学渊源，不难看出，国民政府于艰难时岁创办战时学校府，既因袭了千年的兴学传统，亦是民主革命带来的新格局。纵观民国一朝，不少民主先行者及教育大家笃行于科教救国，致力举办新式教育，力倡与世界接轨，开创了发掘中华民族大智的先河。

1840年鸦片战争之后，西方列强用坚船利炮轰开了中华的国门，并迫使清政府签订了一系列丧权辱国的不平等条约，中国由此走向殖民化的渊薮，国民的苦难进一步加深。这让一批有识之士看到了国弱民贫的根源是因教育的薄弱和科技的落后。发生于1898年的戊戌变法，虽然是一次改良运动，但它明确地提出了学习科学、学习西学的口号，对打开人们的茅塞，引领国民的目光，客观上起到了推动作用。孙中山建立中华民国之后，即着手谋划教育布局：

一是教育实行免费制。1912年，中华民国教育部明确规定："初小、师范、高等师范免收学费。"免费上师范就成了当时很多家境贫穷的学生接受教育的唯一途径，毛泽东就是在湖南师范学校毕业的，接受的也是这类免费教育。1946年国民政府制定了《教育宪法》，定位准确，要求明细，其内容有："教育文化应发展国民之民族精神、自治精神、国民道德、健全体格、科学及生活智能。""国家应注重各地区教育之均衡发展，并推行社会教育，以提高一般国民之文化水平。"等等，对教育者及受教育者强制性地提出了明确的心智与德智规划。

二是教育经费法制化。政府特别为教育颁布了《教育宪法》，规定"边远及贫瘠地区之教育文化经费，由国库补助之。其重要之教育文化事业，得由中央办理或补助之。""教育、科学、文化之经费，在中央不得少于其预算总额15%，在省不得少于其预算总额25%，在市、县不得少于其预算总额35%，其依法设置之教育文化基金及产业，应予保障。"其预算比例之高前所未有。

三是教师待遇高薪制。1927年公布的《大学教员资格条例》规定，大学教员的月薪，教授为600元—400元（一元为一块银洋），副教授400元—260元，讲师260元—160元，助教160元—100元。教授最高月薪600元，是与国民政府部长持平的待遇。在20世纪30年代初，大中小学教师的平均月薪分别为220元、120元、30元；而同期上海一般工人的月薪约为15元。20世纪40年代的《教育宪法》规定："国家应保障教育、科学、艺术工作者之生活，并依国民经济之进展，随时提高其待遇。"

四是教育格局多样化。当时的中国是公立学校和私立学校并存，形成了一个参差多态而又富有弹性的"差序格局"。著名的南开中学就是私立学校。私立学校跟公立学校比起来有灵活自由的优点，当时的文化环境足以让私立学校生存并且发展，社会上对于私立学校也没有偏见，这一方面得益于其时的文化生态，同时也得益于民国教育家的胸襟。

五是不惜代价办教育。抗战前全国有4亿人，当时的西部只有1.8亿人，抗战爆发后大后方涌入了5000万人口，而当时西部的国民生产总值不到全国的30%，民生工业只占5%，却要养活50%以上的人口。自1937年底开始，四川、河南、贵州、陕西、湖南、甘肃、江西、安徽等地先后成立了22所国立中学及3所国立华侨中学，先后培养教育了10万"战区流亡学生"。培养出了许多杰出的人物，他们中既有政治家，也有经济学家，既有科学家，也有文学家，谱写了一个残酷战争期间中国教育的惊世传奇。而在创办经营教育的过程中，又诞生了一大批知名的教育家，如蔡元培、胡适、陈寅恪、梁漱溟、陶行知、晏阳初、竺可桢、梅贻琦、张伯苓、马相伯，等等。

综合中华民国时期兴办教育的几个特点，就能充分理解在国难当头、民族存亡之际，瑞昌县国民政府仍孜孜不倦的兴办教育、善待教育的时代背景和国民心智了。

今日的枣源村，为武宁县泉口镇下辖的一个行政村，有1500多人口，主要姓氏为周、陈、艾、熊四宗。枣源是一个长袋形地域，四面群山环伺，西北两面山形陡峻，东南二向山体则较平缓，使得山脊线显得柔和。如由泉口镇进入枣源村，则要翻越源山进入"袋底"。枣源"长袋"的开口处为西向湖北阳新县的洋港镇，但出口的路径为两边山崖所挤压，最窄处仅供一泓小溪与一条小道通过，算是向外送出源里人生活信息的唯一通道，当然，也由此口引入山外一些必需的生活用品。其实，抗战时期的枣源，并没有如今这么多人口，大小老少也不过900余人。而当时涌入的不单是瑞昌县政府，还有武宁、阳新二县政府也同期来到，三县行署同住在陈氏的祠堂中合署办公，共同处理抗日惩伪、社会管理的军政事务。而当时的瑞昌县立初级中学则安措在周家垅村庄。一时间，政府官员、守卫部队、社会团体、机关学校，总人数不下500之众，把个偌小的枣源拥挤得空气受阻、水泄不通。由于枣源地处偏狭，百姓向来清贫度日，如今人口瞬时膨胀，生活日需就业成了个大问题。但900人的枣源勇敢地承担了这份不期而来的责任，正如前述西部人供养大后方一样，节衣缩食，砺粗砥细，无私地供奉着抗战的中流和未来的希望。

抗战是全民的抗战，教育也是全民的教育，不独枣源人这样认知，周边的洋港、泉口民众也为本地区的抗日中枢和民族未来作出了牺牲。一袋糙米，一筐红薯，家无剩米，栏无存畜，用清癯的肢体支撑着枣源那根砥柱。

艰难岁月中，苦难的百姓为民族所承担的远不止贫瘠物资的无偿馈赠及馈赠后留下的极度贫瘠，善良而可怜的民族与民众，在近乎麻木中，作了令人无法理解的担当。其实，枣源的底片，所影显的恐怕远远不止这一些……

原载《瑞昌报》2016年9月27日三版

难忘大桥“铁肩膀”

陈　曦　记者　熊安群　整理改编

解放初期，武蛟乡大桥村村民过着缺衣少食的日子，面对贫穷落后的局面，他们没有自甘落后，而是凭着两手双肩，拓荒扩地，改造红壤，经过十年的努力，最终改变了一穷二白的面貌，过上了丰衣足食的日子。他们的带头人叫胡华先，是当时的村支书，1964年9月17日，《解放日报》头版报道《“铁肩膀”大桥人》，同时发表题为《“铁肩膀”赞》的社论，使全国植棉模范胡华先和全国农业红旗单位大桥大队的事迹在全国传颂，一时成为艰苦奋斗、自力更生的典型和佳话。各级领导干部要继续弘扬“铁肩膀”精神，进一步提振艰苦创业、勇攀新高、走在前列的精气神，敢于比前人吃更多的苦、流更多的汗、付出更多的艰辛，力争通过我们的共同努力，让瑞昌经济社会发展更快，让瑞昌人民的生活更好。

——市委书记郭小云在市七届人大一次会议闭幕式的讲话（摘录）

“大桥大桥变了样，处处一片新气象。山笑水笑人欢笑，人换思想地换妆……”时光回溯到数十年前，这首《大桥变了样》歌曲可谓家喻户晓、人人传唱。歌中赞颂的，除了“变了样”的大桥大队，还有就是被誉为“铁肩膀”的大桥人。

建国初期，百废待兴。赤湖西畔的大桥村大桥大队，人少地稀，总耕地面积不到500亩，大多数村民过着缺吃少穿的日子。为了改变贫穷落后的面貌，从1953年起，大桥人在以胡华先为首的党支部领导下，开始了拓荒垦田的艰苦创业历程，“两个肩膀一双手，一枝扁担两个筐”，这一干就是十余年，由此凝就了享誉全国的“铁肩膀精神”。“铁肩膀”大桥人的事迹和精神，不仅是一笔弥足珍贵的历史遗产，更与实干创新的时代精神高度契合，具有极高的当代价值和现实意义，永可赓续和传承。

“扁担水桶胜龙王”

今天的大桥村，风景秀丽、田地丰饶、宜业宜居。可是在建国初期，这里却是另外一番景象：依山傍水，本来应该取予便利，但周围到处是荒湖、荒滩和荒山，可供耕种的田地非常有限。这些田地十之八九是肥力贫瘠的红壤土，“晴天一块铜，雨天一包脓”暂且不说，辛苦落种的庄稼，却是“草盛豆苗稀”“十种九不收”。

1953年，大桥村党支部成立，45岁的胡华先担任支部书记。当年冬，这里建立了全县第一个初级农业社——大桥农业生产合作社，首次提出“要发展生产，就要开荒，向红壤山岗要地”……书写了一部艰苦卓绝、享誉四方的瑞昌版《创业史》。在那个寒冷的冬季，胡华先带领社员们来到杨泗岭开荒，经过一个多月的集中攻坚，开垦出

40亩荒地。1954年是大水之年，大桥人也没有停止开荒垦田的步伐，此后两年披荆斩棘、南征北战，先后在丁家山、大石岭、南山脚、仰天锅等16个山岗开出荒地300多亩，同时在裤脚湖、车马湖等17个湖汊开出荒田荒地200余亩，使得耕地面积首次突破1000亩。1955年至1960年，大桥人将目光瞄准到上游的官田湖，在那里开垦出荒田荒地600余亩，使荒漠的官田湖变成了“粮仓”“聚宝盆”。

田地变宽了，还要让它变得更“肥”。1954年大水过后，大桥人开始了捞湖草湖泥工作，男女老少齐上阵，逢年过节不休息，无论是寒冬数九还是酷暑三伏，捞湖泥、挑湖草者人来人往络绎不绝。十余年间，大桥人把20余万担湖泥和30余万担湖草挑上红壤山岗，湖草湖泥覆盖耕地面积达到50%以上。大桥，由一个地瘠人穷的苦地方，变成了以棉花为主的粮棉兼作区。

天道总酬勤作人。1963年，大桥大队的粮食总产量达到25万公斤，皮棉总产量达到4万公斤，套种小麦平均亩产92.5公斤，比解放前增长两倍，创造了全县最高历史纪录。当年8月21日，县委召开全县棉花技术现场会，大桥棉花丰产田耕作技术作为重点推介。也是在当月，中共中央华东局书记处书记魏文伯在省委书记刘俊秀陪同下视察大桥公社，参观了大桥棉花丰产田，并给予高度肯定。

“铁肩”还得“龙头”带

说到“铁肩膀精神”，必然会绕不过一个名字：胡华先。胡华先是大桥公社大桥大队（今武蛟乡大桥村）下胡家村人，1908年生于这里一户贫苦农民家庭，解放前曾经做过长工，过着衣不蔽体、食不供口的生活。解放后，他积极参加“土改”“反腐”斗争，并于1953年当选为大桥大队党支部书记。1951年至1953年，他先后被评为全县乙等、甲等、特等模范。

在十余年的开荒垦田过程中，胡华先做出了榜样，哪里有重活累活，那里就有他的身影，深受大桥百姓的信任和爱戴。1955年，大桥初级农业社转为高级农业社，胡华先当选为社管理委员会。1958年人民公社建立后，他担任大桥人民公社党委第二书记、大桥人民公社管理委员会主任。不久，大桥高级农业社归属大桥人民公社管理，他长期担任大桥大队党支部书记兼队长。

胡华先不止能吃苦，更富有创新精神。担任党支部书记后，在农业技术干部的指导下，他开始钻研科学种田技术，反复做着比对试验。他尝试棉、麦等行点播套作，由于两种作物互争阳光肥料，不够高产。经过多年试验，他摸索出将棉花前作小麦由薄行点播，改为宽窄行条播，坚持棉籽“四合一”拌种下地，并创造了“麦林四边”和“麦收六抢”等整套田间管理经验，解决了之前遇到的难题。1963年，大桥大队全面推广这一经验，实现了棉、麦两熟双高产，其中棉花亩产58.75公斤，创历史最高纪录。正因如此，1957年，胡华先被评为“全国植棉模范”，受到毛泽东、周恩来等国家领导人的亲切接见；1965年，他领导的大桥大队也被评为“全国农业红旗单位”。

1966年10月，胡华先作为特邀代表参加国庆观礼，荣幸地与周恩来总理同桌进餐。1976年9月，毛主席逝世，胡华先作为人民代表向毛主席遗体告别。这些均在瑞昌史无前例。1984年11月，胡华先因病逝世，终年76岁。就在这一年，大桥全乡棉花平均亩产已跃升至102.5公斤。

外界关注“铁肩膀”

“两个肩膀一双手，一枝扁担两个筐”，当时的新闻记者在采写“铁肩膀”大桥人的时候，用这样两句话来形容。20世纪60年代，大桥人艰苦创业的经历，得到越来越多人们的关注。

1964年5月16日，《江西日报》刊载长篇通讯，以《铁肩膀大桥》为题介绍了大桥事迹，并配发了社论：这个党支部，认真贯彻执行党的方针政策，善于在群众中培养集体主义、爱国主义思想，以支部书记胡华先为首的干部班子，继承和发扬了我们党不怕困难、艰苦奋斗的优良革命传统。社论中还说："大桥的业绩对于全省起着巨大的鼓舞作用，他们的革命精神值得全省人民学习。"5月17日，九江刊载同题文章，用1万多字的篇幅分四部分内容，介绍了大桥大队棉麦套种技术经验，得到社会广泛关注。

当年9月17日，《解放日报》头版刊发《"铁肩膀"大桥人》文章，同时发表题为《"铁肩膀"赞》的社论，高度评价大桥人自力更生、艰苦奋斗的革命精神。次年，在全国各地开展农业学大寨运动中，九江地委把大桥大队树为九江地区大寨式的农业标杆，号召全区学习"铁肩膀精神"。江西省委、省政府则指派新闻单位将大桥棉花生产情况拍成纪录片，在全省巡映。自此，全国植棉模范胡华先和全国农业红旗单位大桥大队的事迹在省内外广为传颂。

大桥大队棉麦两熟种植技术成功后，得到各级领导和专家的肯定，在全县乃至全省得以推广。全国各地的领导和农业专家纷至沓来，参观学习大桥种植经验。据史料记载，十年时间里，国内有16个民族的代表共3万人前来参观学习，新闻媒体数百人前来采访，甚至还有英国农业专家前来考察学习。

"大桥喜事"久传唱

大桥人艰苦创业的经历，为文艺创作提供了不竭的源泉。同时，通过文艺节目的创作和演出，"铁肩膀精神"开始传播得更深更远。20世纪五六十年代，赞颂大桥的歌曲人人学唱，宣传大桥的曲目到处巡演，大桥的事迹甚至搬上了银幕，经验上展到北京。

1959年8月，中共八届八中全会在庐山召开。会议期间，经过周恩来总理的亲自点调，由瑞昌文艺工作者创作的《大桥姑娘喜事多》和《赞武山》一道在大会上献演，赢得前所未有的轰动效应。毛泽东、刘少奇、周恩来、朱德等国家领导人观看了演出，并给予表扬和鼓励（本报2014年11月25日三版刊载了《尘封不住的"文艺奇迹"》的长篇通讯，对事情始末作了详细报道）。2015年，夏美稀、朱湘春等当年演员聚在一起，重新排演了《大桥姑娘喜事多》，在瑞昌、九江等地演出时，再次引起了文艺界的高度关注。

1965年12月，北京农业展览馆展出了大桥大队事迹，并编发《铁肩膀大桥人》宣传册。宣传册把大桥"铁肩膀精神"概括为七条：艰苦奋斗十二年，穷乡僻壤面貌新；英雄立下愚公志，荒山荒湖献良田；铁肩挑泥为革命，红壤薄地换新装；扁担水桶胜龙王，劈山引水上山岗；胸怀全局搞试验，巧夺棉麦双高产；革命精神创大业，人换思想地换装；不断革命向前看，继续攀登新高峰。应该说，这七句话生动准确地描述了"铁肩膀精神"的内涵和实质。

20世纪60年代，以赞美大桥为内容的《红心嫂》《捞湖草》等演唱歌曲风靡一时。其中《大桥变了样》更是家喻户晓，创造了瑞昌传唱歌曲之最。如今，在瑞昌许多中老年人心目中，这些红歌是最为珍贵美好的记忆。正如那首歌所唱：大桥大桥变了样，处处一片新气象……

今天，武蛟大桥同样变化很快。我们相信，无论时间怎样流转，发展怎样迅速，关于大桥的歌曲还将一直传唱下去，大桥人缔造的"铁肩膀精神"也会一直传承下来。

原载《瑞昌报》2016年11月29日三版

统计资料选辑

国民经济主要指标

指　　标	单　位	2016 年	2015 年
年末总户数	户	144770	143853
年末总人口	人	465308	460623
男	人	244989	242689
女	人	220319	217934
常住人口	人	428927	426941
#城镇人口	人	211800	203138
政策外多孩率	‰	6.76	-
出生人口性别比（女婴=100）	%	111.99	111.90
人口出生率	‰	12.87	13.24
人口自然增长率	‰	8.55	9.23
生产总值	万元	1641935	1500359
一产	万元	146203	136888
二产	万元	1096224	1015416
# 工业	万元	982996	920502
三产	万元	399508	348055
人均生产总值	元	38369	35205
农业总产值	万元	255927	226666
规模以上工业总产值	万元	4959844	4464239
财政收入	万元	256068	268069
#税收收入	万元	212979	227927
地方收入	万元	205203	217309
#税收收入	万元	164322	179333
人均财政收入	元	5984	6290
财政支出	万元	348649	343604
社会消费品零售总额	万元	472030	412123
实际利用外资	万美元	21760	20405
出口总额	万美元	33116	37942
固定资产投资总额	万元	2681742	2273485
在岗职工年平均工资	元	52211	50238

国民经济主要指标

续上表

指　　标	单　位	2016 年	2015 年
农村居民人均可支配收入	元	13237	12144
城镇居民人均可支配收入	元	28189	25933
居民消费价格指数	%	102. 5	101. 9
年末各项存款余额	万元	1626134	1448456
#住户存款余额	万元	1079521	936843
年末各项贷款余额	万元	1115261	961524
#中长期贷款余额	万元	775901	651951
粮食总产量	吨	103045	97338
油料总产量	吨	25206	31088
棉花总产量	吨	4044	3853
肉类总产量	吨	26195	27079
水产品总产量	吨	40640	39265
私营企业	个	6136	4035
个体工商户	个	12470	14870
全社会用电量	亿千瓦时	26. 18	22. 38
#工业用电量	亿千瓦时	22. 61	18. 47
居民生活用电量	亿千瓦时	2. 04	1. 76

注：2015 年户籍取消农业和非农人口划分

地区生产总值

单位：万元

指　　标	2016 年	2015 年	16：15 ±%（可比价）
地区生产总值	1641935	1500359	9. 7
第一产业	146203	136888	4. 4
第二产业	1096224	1015416	10. 0
工业	982996	920502	9. 1
建筑业	113228	94914	18. 9
第三产业	399508	348055	10. 8
交通运输仓储及邮政业	44567	40064	9. 8
批发和零售业	40613	35775	10. 5
批发业	26384	23561	10. 2

地区生产总值

续上表　　单位：万元

指　　标	2016 年	2015 年	16：15 ±%（可比价）
零售业	14229	12214	11.1
住宿和餐饮业	24368	20925	11.8
住宿业	3361	2232	12.1
餐饮业	21007	18693	11.8
金融保险业	40326	29714	11.3
房地产业	55898	49309	10.6
房地产业（K 门类）	45816	39794	11.9
居民自有住房服务	10082	9515	5.0
营利性服务业	79569	69085	13.2
信息传输、计算机服务和软件业	–	–	–
其他营利性服务业	–	–	–
非营利性服务业	106537	96548	9.8
公共管理和社会组织	–	–	–
其他非营利性服务业	–	–	–

非公有制经济增加值

单位：万元

指　　标	2016 年	占增加值比重（%）	2015 年	占增加值比重（%）
非公有制经济增加值	1116516	68.0	1026036	68.40
第一产业	38801	26.5	35040	25.60
第二产业	903824	82.4	839388	82.70
#工业	844813	85.9	790090	85.80
建筑业	59011	52.1	49298	51.94
第三产业	173891	43.5	151608	43.56
交通运输邮电仓储业	22680	50.9	20212	50.45
批发零售业	36792	90.6	31969	89.36
#批发业	23745	90.0	21205	90.00
#零售业	13047	91.7	10764	88.13
住宿餐饮业	23023	94.5	19684	94.07
#住宿业	3162	94.1	2099	94.08
#餐饮业	19861	94.5	17585	94.07
金融和保险业	815	2.0	597	2.01

非公有制经济增加值

续上表　　　　单位：万元

指　　标	2016 年	占增加值比重（%）	2015 年	占增加值比重（%）
房地产业	46694	83.5	40749	82.64
#房地产业（K 门类）	37073	80.9	31669	79.58
#自有房地产经营活动	9621	95.4	9080	95.43
其他服务业	41079	22.1	35657	21.53
#营利性服务业	39033	49.1	33803	48.93
#非营利性服务业	2046	1.9	1854	1.92

农林牧渔业总产值和增加值

单位：万元

指　　标	2016 年	2015 年	16：15 ±%
农林牧渔业总产值（当年价）	255927	226666	12.9
1. 农业	113005	101562	11.3
2. 林业	11473	10043	14.2
3. 牧业	62238	53518	16.3
4. 渔业	59858	53355	12.2
5. 农林牧渔服务业	9353	8188	14.2
农林牧渔业增加值（当年价）	153833	143523	7.2
1. 农业	63018	58804	7.2
2. 林业	7652	7587	0.9
3. 牧业	33678	33311	1.1
4. 渔业	42688	37186	14.8
5. 农林牧渔服务业	6797	6635	2.4

主要农作物播种面积

单位：亩

指　　标	2016 年	2015 年	16：15 ±%
农作物播种面积	722970	685241	5.5
1. 粮食作物	279510	262863	6.3
稻谷	184065	175981	4.6
小麦	15750	13879	13.5

主要农作物播种面积

续上表　　　　　　　　　　　　　　　　　　　　　　　　　　　单位：亩

指　　　标	2016 年	2015 年	16：15 ±%
薯类	10575	9093	16.3
豆类	13680	11681	17.1
其他	55440	52229	6.1
2. 主要经济作物	353625	346148	2.2
棉花	29865	34879	-14.4
花生	4530	5216	-13.2
油菜籽	202875	202727	0.1
芝麻	6975	6786	2.8
苎麻	5880	5756	2.2
3. 蔬　菜	89835	76230	17.8

牧业、水产及其他生产情况

指　　　标	单　位	2016 年	2015 年
大牲畜年末存栏	头	9127	9121
生猪年末存栏	头	107617	113962
家禽年末存栏	万羽	70.90	71.01
生猪出栏	头	287900	300976
肉类总产量	吨	26195	27079
禽蛋产量	吨	3160	3168
水产品总产量	吨	40640	39265
茶叶产量	吨	16	11
水果产量	吨	17588	17924
农村用电量	万千瓦时	14549	14975
化肥施用量（实物量）	吨	23971	25655

从　业　人　员

单位：人

指　　　标	2016 年	2015 年
合　计	261427	268098
按经济类型分		
国　有	12522	13816
城镇集体	216	360
农村劳动者	161554	164304
私营企业和个体工商户及其他	87135	89618
按产业分		
第一产业	60057	60814
第二产业	105810	108336
#工业	83211	88286
建筑业	22599	20050
第三产业	95560	98948

在岗职工人数与工资

指　　　标	单　位	2016 年	2015 年
年末职工人数	人	38340	37604
国有经济	人	12522	13816
集体经济	人	216	360
其他经济	人	25602	23428
职工工资总额	万元	197012	182523
国有经济	万元	79522	78295
集体经济	万元	1685	2210
其他经济	万元	115805	102018
职工年平均工资	元	52211	50238
国有经济	元	64799	56715
集体经济	元	72238	61743
其他经济	元	46228	44651

注：以上统计口径为城镇领域非私营单位情况

国有单位从业人数与工资（一）

指　　标	单　位	2016 年	2015 年
年末人数	人	12522	13816
企业	人	515	834
事业	人	6825	7227
机关	人	5182	5755
年平均人数	人	12521	13805
企业	人	512	831
事业	人	6827	7219
机关	人	5182	5755
工资总额	万元	79523	78295
企业	万元	1730	4506
事业	万元	45336	42483
机关	万元	32457	31306

国有单位从业人数与工资（二）

指　　标	年末人数（人）	平均工资（元）
合　　计	12522	64799
1．农林牧渔业	17	69000
2．采矿业		
3．制造业	5	69200
4．电力、热力、燃气及水生产和供应业	203	33660
5．建筑业	245	26285
6．批发和零售业	32	58000
7．交通运输、仓储和邮政业	146	65416
8．住宿和餐饮业		
9．信息传输、软件和信息技术服务业		
10．金融业	22	98545
11．房地产业		
12．租赁和商务服务业	64	69314
13．科学研究和技术服务业	72	61903
14．水力、环境和公共设施管理业		
15．居民服务业和其他服务业		
16．教育	3835	68810
17．卫生和社会工作	1658	61923
18．文化、体育和娱乐业	61	65393
19．公共管理、社会保障和社会组织	6162	65308

规模以上工业总产值（现价）

单位：万元

指　　标	2016 年	2015 年	16：15 ±%
合　　计	4959844	4464239	11.1
1. 国有	3327	3147	5.7
集体	6233	12984	-52.0
外商及港澳台投资	1361276	1251980	8.7
股份合作	5913	4838	22.2
股份制	3583095	3191290	12.3
2. 轻工业	2613556	2423583	7.8
重工业	2346288	2040656	15.0
3. 八大主导产业	4265810	3849301	10.8
纺织服装业	1472342	1357625	8.4
建材制造业	1153111	1010393	14.1
木业家具制造业	495274	518477	-4.5
装备制造业	394327	357443	10.3
化学品制造业	313404	222348	41.0
造纸及纸制品业	275889	241293	14.3
铜及铜产品制造业	161463	141722	13.9

注：2016 年八大主导产业中电缆制造业的江西吉恩重工有限公司未申规，实际只统计七大主导产业产值

规模以上工业主要经济指标

指　　标	单　位	2016 年	2015 年
企业单位数	个	118	111
主营业务收入	万元	5058994	4679988
营业利润	万元	471041	401815
利润总额	万元	481410	410049
利税总额	万元	603659	526024
应交增值税	万元	101624	97249
资产合计	万元	3083025	2306634
流动资产合计	万元	1131285	590086
固定资产合计	万元	1951740	1107995
负债合计	万元	810961	726087
年末从业人员	人	36609	31874
工业增加值	万元	1027486	1008088

规模以上工业主要工业产品产量

指　　标	单　位	2016 年	2015 年
原煤	吨	0	84225
机制纸及纸板	吨	408038	393978
发电量	万千瓦时	97176	71589
纱	吨	176431	255975
水泥	万吨	992	971
服装	万件	154.3	248
铸铁件	吨	35706	33325
民用钢质船舶	载重吨	41843	39710
自来水	万吨	1429	1326

注：2016 年一套表中无原煤生产企业

社会消费品零售总额

单位：万元

指　　标	2016 年	2015 年	16：15 ±%
合　计	472030	412123	14.5
# 限额以上	241281	185879	29.8
1. 按地域分			
市级零售额	368183	322326	14.2
市级以下零售额	103847	89797	15.6
2. 按行业分			
批发业	33042	29487	12.1
零售业	387664	335724	15.5
住宿业	4121	3974	3.7
餐饮业	47203	42938	9.9

物　价　指　数（一）

单位:%

指　　标	2016 年	2015 年
1. 居民消费价格指数	102.5	101.9
食品	108.1	104.9
烟酒及用品	101.9	103.1
衣着	104.8	104.9
家庭设备及维修服务	100.0	99.9
医疗保健和用品	103.7	99.6
交通和通信	99.5	99.3
娱乐教育文化用品	100.4	100.0
居住	99.3	96.8
2. 商品零售价格指数	101.9	101.3
食品	107.3	104.8
饮料烟酒类	101.5	103.0
服装鞋帽类	104.6	104.7
纺织品类	99.9	100.0
中西药品及医疗保健用品	99.7	100.3
化妆品类	99.9	100.0
家用电器及音像器材	100.0	99.7
文化办公用品	100.0	100.1
书报杂志及电子出版物	100.1	100.0
体育娱乐用品类	100.8	100.0
日用品类	100.2	100.0
家具	99.7	99.5
金银珠宝类	103.5	96.9
交通通信	99.9	100.0
燃料类	95.1	84.8
建筑材料及五金电料	100.4	100.0
3. 农业生产资料价格指数	100.9	101.2
农用手工工农具	100.0	100.0
饲料	100.9	100.0
产品畜	116.6	105.2
化学肥料	98.2	102.9
农药及农药械	99.8	100.0
农用机油	95.7	79.2
其他农业生产资料	100.0	100.0
农业生产服务	101.4	104.1

固定资产投资（一）

单位：万元

指　　标	2016 年	2015 年	16：15 ±%
全市固定资产投资总额	2681742	2273485	18.0
按行业分			
1. 农业	37958	—	
2. 工业	1885953	1528679	23.4
3. 服务业	757831	744806	1.7
#房地产开发	146827	128308	14.4
5 亿元产业项目投资	1889826	1872997	0.9
5 亿元非产业项目投资	472791	265459	78.1
本年新增固定资产	2368347	2183485	8.5

固定资产投资（二）

单位：万元

行　　业	2016 年	2015 年
总　计	2681742	2273485
农、林、牧、渔业	37958	—
采矿业	214495	13100
制造业	1484764	1372667
电力、燃气及水的生产和供应业	186694	142912
建筑业	—	—
交通运输、仓储和邮政业	122884	100290
信息传输、计算机服务和软件业	—	—
批发和零售业	138213	276089
住宿和餐饮业	-	50164
金融业	—	—
房地产业	146827	128308
租赁和商务服务业	93760	—
科学研究、技术服务和地质勘查业	84337	—
水利、环境和公共设施管理业	—	—
居民服务和其他服务业	—	—
教　育	60700	—
卫生、社会保障和社会福利业	—	—
文化、体育和娱乐业	—	151546
公共管理和社会组织	111110	38409

财　政　收　入

指　　标	单　位	2016 年	2015 年	16：15 ± %
合　计	万元	256068	268069	-4.5
一、地方收入	万元	205203	217309	-5.6
1. 税收收入	万元	164322	179333	-8.4
#增值税	万元	17062	9078	88.0
营业税	万元	34551	47773	-27.7
企业所得税	万元	10232	11483	-10.9
个人所得税	万元	2423	2742	-11.6
资源税	万元	19079	15590	22.4
城市维护建设税	万元	4733	4803	-1.5
房产税	万元	3994	4126	-3.2
印花税	万元	4340	1860	133.3
城镇土地使用税	万元	11927	11312	5.4
土地增值税	万元	6471	16129	-59.9
车船税	万元	726	627	15.8
耕地占用税	万元	19426	14386	35.0
契税	万元	13478	19503	-30.9
2. 非税收入	万元	40881	37976	7.7
教育附加费	万元	2784	2906	-4.2
行政事业性收费收入	万元	7397	9725	-23.9
罚没收入	万元	10587	8252	28.3
国有资源（资产）有偿使用收入	万元	16270	14346	13.4
其他收入	万元	3843	2747	39.9
二、中央、省级收入	万元	50865	50760	0.2

财　政　支　出

单位：万元

指　　标	2016 年	2015 年	16：15 ± %
合　计	348649	343604	1.5
一般公共服务	26038	22787	14.3
公共安全	14306	13295	7.6
教　育	62823	62687	0.2
科学技术	617	6845	-91.0
文化体育与传媒	3819	3621	5.5

财　　政　　支　　出

续上表　　　　　　　　　　　　　　　　　　　　　　单位：万元

指　　标	2016 年	2015 年	16：15 ±%
社会保障和就业	43762	40517	8.0
医疗卫生	39094	36059	8.4
节能环保	5316	5121	3.8
城乡社区事务	80477	83063	-3.1
农林水事务	40335	37908	6.4
交通运输	3014	3109	-3.1
资源勘探电力信息等事务	2694	3308	-18.6
商业服务业等事务	3047	1282	137.7
国土海洋气象等事务	3321	3088	7.5
住房保障支出	13029	11540	12.9
粮油物资储备管理事务	878	710	23.7
其他支出（类）	581	4418	-86.8

金融机构各项存款

单位：万元

指　　标	年末余额	比年初增减数
一、各项存款	1626134	175669
（一）境内存款	1623174	175914
1. 住户存款	1079521	141321
其中：活期存款	497197	62822
定期及其他存款	582324	78499
2. 非金融企业存款	308725	33178
其中：活期存款	185958	52204
定期及其他存款	122768	-19025
3. 广义政府存款	234925	1413
其中：财政性存款	62201	-22186
机关团体存款	172724	23599
4. 非银行业金融机构存款	2	2
（二）境外存款	2960	-245

金融机构境内各项贷款

单位：万元

指　　标	年末余额	比年初增减数
一、各项贷款	1115261	153736
（一）境内贷款	1115261	153737
1. 住户贷款	691370	86200
其中：短期贷款	117952	6078
中长期贷款	573418	80122
2. 非金融企业及机关团体贷款	423891	67536
其中：短期贷款	202071	17023
中长期贷款	202483	44178
票据融资	18789	7401
融资租赁		
各项垫款	548	－1066
3. 非银行业金融机构贷款		
（二）境外贷款		－1

教育事业情况

指　　标	学校数（所）	专任教师数（人）	在校学生数（人）	毕业生数（人）
小　学	33	2140	39417	6847
初　中	23	964	16279	4573
普通高中	3	614	8776	2793
特殊教育学校	1	10	71	—
职业中专	1	98	1379	387
合　计	61	3826	65922	14600
幼儿园（公办）	47	39	6455	—

注：公办幼儿园包括2所市直公办幼儿园，11所乡镇中心幼儿园，1所武山企办幼儿园，33所市属公办幼儿园。公办幼儿园教师数为在编教师数

文化、卫生、科技事业情况

指　　标	单　位	2016年	2015年
一、文化馆	个	1	1
博物馆	个	2	2
图书馆	个	1	1
馆藏图书	千册	150	148

文化、卫生、科技事业情况

续上表

指　　标	单　位	2016 年	2015 年
二、卫生机构数	个	268	267
#医院	个	32	31
床位数	张	1982	1840
卫生技术人员	人	2014	1964
#医院	人	1882	1656

交通、邮电情况

指　　标	单　位	2016 年	2015 年
一、交　通			
1. 货物周转量	万吨公里	100948	115624
#公路	万吨公里	51025	76502
水运	万吨公里	49923	39122
2. 旅客周转量	万人公里	32478	38460
#公路	万人公里	32440	38429
水运	万人公里	38	31
3. 公路客运量	万人	811	850
公路货运量	万吨	785	1142
4. 水运客运量	万人	7.62	6.28
水运货运量	万吨	217.05	160.97
5. 港口货物吞吐量	万吨	4539.59	4201.90
二、邮　电			
1. 年末邮政支局所数	处	24	24
便民服务站、农村 e 邮站	个	119	89
2. 本地用户电话	户	44000	52233
3. 移动电话用户	户	305277	308478
4. 计算机互联网用户	户	88497	70429

2016年评定副高以上职称名单

姓　名	申报资格	工作单位
胡明顺	主任医师	人民医院
陈新荣	高级工程师	环保局
李忠华	高级工程师	环保局
余策金	高级农艺师	农业局
李建平	高级工程师	水利局
付　强	副主任医师	中医院
陈连欢	副主任医师	中医院
邓磊涛	高级工程师	工监所
刘　琴	副主任医师	保健院
陈美红	副主任医师	人民医院
刘火保	高级教师	城东学校
刘羽祥	高级教师	二　中
谈云林	高级教师	二　中
王新华	高级教师	六　中
胡珍烝	高级教师	四　中
李小兵	高级教师	四　中
陈喜生	高级教师	一　中
赵　晶	高级教师	一　中
王亲林	高级教师	一　中
曹　平	高级教师	一　中
柯金学	高级教师	一　中
但志勇	高级教师	一　中
蔡晓波	高级教师	一　中
沈青柱	高级教师	一　中
周理茂	高级教师	一　中
蔡文鼎	高级教师	一　中
柯尊雄	高级教师	一　中
朱志强	高级教师	一　中
柯银定	高级教师	高丰中学
周丽丽	高级教师	公立园
王国柱	高级教师	洪岭学校

2016年评定副高以上职称名单

续上表

姓　名	申报资格	工作单位
郭晓梅	高级教师	码头学校
汪洪生	高级教师	南义小学
黄国安	高级教师	赛湖学校
王爱民	高级教师	赛湖学校
周光辉	高级教师	赛湖学校
贺新柱	高级教师	铜城学校
黄小玲	高级教师	武山学校
陈喜爱	高级教师	职　中
雷存民	高级教师	职　中

《瑞昌年鉴（2017卷）》撰稿单位主审

（按年鉴分目顺序排列）

市委办公室	曾宪斌	市法院	李　斌
市委组织部	梁先武	市司法局	陈卫红
市委宣传部	张功和	市农业局	幸金甫
市委统战部	廖小水	市畜牧水产局	桂良罡
市委农工部	张友利	市林业局	何瑞忠
市信访局	雷新国	市扶贫和移民办	谈荣雄
市委老干局	蔡勤英	市农业综合开发办	张炳球
市关工委	周升志	市水利局	杜玉胜
市委党校	邹永峰	市工信委	陈　强
市人大	吴小明	市中小企业局	文松林
市政府办公室	蒋　力	市供电公司	符信勇
市编办	严传雄	市二轻公司	王四军
行政服务中心	宋田华	市经开区	周素珍
市政协	刘遵柱	码头工业城	刘剑舞
市纪检	谈际秀	大唐新区	邹显锋
民革市总支委员会	蒋贤智	市交通局	张吉安
农工市委会	王定华	市公路管理局	余照武
民主促进会市支部委员会	谭向阳	港航管理局瑞昌分局	陶晓军
市总工会	袁孝友	港口管理局瑞昌分局	柯瑞华
团市委	徐达胜	市邮政局	吴天平
市妇联	刘　薇	市电信公司	曹　理
市工商联	柯愫君	市移动公司	吴　超
市残联	陈莘梧	市商管办	黄新华
市文联	朱黎民	市石油公司	叶安华
市社联	谈际贵	市粮食局	朱巨华
市红十字会	王梅花	市供销社	费重爱
市人防办	傅义彬	市烟草公司	杨勤伟
政法委	吴高洪	市旅发委	沈晓华
法制办	曾昭华	市商务局	姚俭鹏
市公安局	周佐林	市财政局	董才勇
市检查院	章曙光	市国税局	曹晓勤

市地税局	吴　猛	市防震局	刘全利
市银监办	殷瑞平	市科技局	熊孝金
人行瑞昌支行	张红斌	市教体局	徐建中
工行瑞昌支行	肖　辉	市文广新局	何将仁
农行瑞昌支行	梁祖光	市广播电视台	张友敏
建行瑞昌支行	范石千	市广电网络公司	田信军
中行瑞昌支行	王定柱	市报社	叶定锐
中国农发行	刘太火	新华书店	朱　宁
邮政储蓄银行	熊志军	市委党史办	李爱华
九江银行	王　皓	市志办	傅霖辉
江西银行	柯　鹏	市档案局	范小平
农商行	徐自力	市卫计委	涂香仁
九银村镇银行	陈　思	市民政局	曾细球
人民财险瑞昌支公司	叶发众	市人社局	曹利民
人寿保险瑞昌支公司	黄志奇	市老龄委	蔡炜晨
安邦财保服务部	周一心	湓城街道	徐　巍
市发改委	陈　刚	桂林街道	李卫华
市国资局	高　健	码头镇	吴国良
市国土局	邓吉安	夏畈镇	陈海燕
市地矿局	徐　辉	白杨镇	张　勇
市场监管局	邓　彬	高丰镇	肖广俊
市物价局	胡小虎	肇陈镇	刘春晖
市统计局	王新霞	范　镇	陈向荣
市审计局	宋　巍	横港镇	费伦锋
市安监局	刘正军	南义镇	陈　险
市港管局	张吉奎	武蛟乡	陈　曦
市投资公司	任祥瑞	黄金乡	邓光荣
市规划局	张　健	南阳乡	王水平
市建设局	陈新宇	横立山乡	谈荣邦
市新村办	詹勤勤	洪下乡	张佳红
市城管局	曹远军	花园乡	朱黎明
市容局	董耀茂	洪一乡	曹　青
市房管局	徐新刚	乐园乡	黄龙脉
市环保局	文　斌	赛湖农场	周步进
市气象局	石　勇	大德山林场	李洪发
水文资源巡视中心	兰　俊	青山林场	祝　辉